U0934484

三十一国竞争法典

时建中 主编

中国政法大学出版社

序言

就国家而言，法律文本既是各种政治、经济力量博弈的静态结果，又是国家法治化进程的动态成就，并在一定程度上反映了法学研究的水平。

经千呼万唤，我国《反垄断法》于2007年8月30日出台，并于2008年8月1日开始实施。《反垄断法》的出台是我国法制建设的一个重要里程碑。然而，我国《反垄断法》只有57个条文，立法线条较粗，几乎每一项制度都有待细化，以增强其可操作性。而且，如何优化处理《反垄断法》与早在1993年制定的《反不正当竞争法》之间的关系，也已成为了一个课题。这就意味着，我国竞争法制建设步入了新的阶段，竞争法学研究有了新的内容和新的使命。无论是深化对竞争法的认知，还是完善制度建设、构建更具可操作性的实施机制、培育更为优质的竞争文化，都有必要通过研读法律文本并借鉴国外经验。为此，我们决定翻译一些国家新近修订的竞争法典，旨在捕捉国外竞争法律立法的最新动态，以服务于我国竞争法的理论研究和实务工作。

概括地讲，本书内容具有以下特点：

第一，力求文本的广泛性与典型性。在选取翻译的文本时，我们注重国家的广泛性，选择了31个国家的42个竞争法律文本；同时，注重兼顾经济社会发展水平不同的国家、法律文化传统不同的国家。考虑到美国反托拉斯法以及欧共体竞争法律已有汉译本，我们重点选取了其他发达国家及有代表性的发展中国家和若干转型时期国家的竞争法律，以尽可能地扩大借鉴的视野。

第二，力求兼顾文本的即时性和准确性。我们所选择的这30个国家的法典原文，除英语外，还涉及德语、法语、俄语、西班牙语、意大利语、韩语、日语、土耳其语、蒙语、越南语等诸多语种，由于受译者所掌握的外语语种的局限，同时为了提高翻译工作的效率，官方文本非英文的，翻译时均以所译国家权威机构提供的英文文本为主要依据。同时，又参照了不同法典的官方语言文本，为此，我们曾以不同的方式和渠道求教了熟悉其他语种的专家，以提高译文的准确性。在近四年的翻译过程中，我们密切关注和跟踪相关国家的最新立法动态，注意文本的更新，尽可能保持译文的即时性。

顺便予以说明的是，目前有近100个国家制定了竞争法典，除发达国家外，绝大多数发展中国家都是在20世纪90年代开始制定竞争法的。而且，自90年代后期到目前，多数发达国家修改了或者正在修改其竞争法典。有些国家，如德国、日本等，在短短的几年内多次修改，且修改力度非常之大。如果考察世界范围的竞争法百年史，甚至可以归纳出这样的规律：与其他法律相比较，各国竞争法律被修订的次数显得格外频繁。对于20世纪90年代之后出现的世界范围内的竞争法繁荣，我们不能不重视经济全球化对各国竞争法律施加的前所未有的影响，我们不能不重视竞争法在经济全球化背景下所肩负的特殊使命。当然，从完成本书的角度，这些国家频繁地修改法律，也增加了我们翻译的工作量。

第三，力求同一个国家的相关文本的系统性。部分国家竞争法律往往配有相关的“姊妹法”，如阿塞拜疆的《反垄断法》与《自然垄断法》；有的国家则有相关的程序法规则相配套，如南非的《竞争法》和《竞争委员会程序行为规则》等。在本书中，我们力求较为系统地展现所译国家竞争法律的发展动态，使读者对该国的竞争法律体系有一个相对全面而系统的了解。

在翻译过程中，我们发现了世界竞争立法似有以下特征及趋势：

第一，合并式立法是主流模式。在我国，几乎所有的竞争法教材都有关于竞争法立法模式的内容，并且区分为分立式立法和合并式立法，这样给读者的感觉是这两种模式可以平分秋色。事实上，考察全世界近100个国家的竞争法典之后，我们轻易但惊讶地发现，只有10多个国家采分立式立法。除美国这个特殊的国家外，几乎其余所有的国家都采取了合并式立法，即合并式立法是竞争法立法的主流模式。合并式立法的优点在于，用同一部法典规范不正当竞争与限制竞争，既可以区别对待这两类损害竞争的行为，又可以兼顾到不正当竞争与限制竞争的相互联系甚至转换。然而，分立式立法则不然，其虽然可以区别对待这两类损害竞争的行为，但是又有可能放大不正当竞争与限制竞争的区别，甚至将两者对立起来，从而出现了法典完善但是存在法律真空的现象。此外，合并式立法也可以避免反垄断法执法机构与反不正当竞争法执法机构之间出现双雄对峙的尴尬局面。合并式立法和分立式立法的特点对于我国完善竞争法制应该有所启发。

第二，竞争法律严厉化与救济机制完善化并存。各国正在加大力度打击垄断和限制竞争等破坏市场经济秩序的行为。这主要体现在三个方面：其一，提高了处罚力度，丰富了处罚的手段。例如，日本2005年《禁止私人垄断与公平交易法》的修订提高了对价格卡特尔的处罚标准，对大企业的处罚标准从原来销售额的6%提高到10%，对中小企业的处罚标准从销售额的3%提高到4%。同时，许多国家特别是发展中和转型国家，如以色列、印度、墨西哥、乌克兰、哈萨克斯坦、乌兹别克斯坦等，均将强制拆分企业作为反垄断的一项惩罚措施，这也是反垄断法特有的责任形态。其二，垄断行为入罪日益普遍。在本书收录的30多个国家中，有21个国家规定了垄断行为的刑事责任，这些规定对反垄断刑事责任的研究有重要价值。其三，豁免制度的适用范围不断缩小。豁免作为免于追究垄断者法律责任的制度，其适用范围、对象、条件从侧面体现了一个国家竞争政策的宽严度。以德国和日本为例，反垄断豁免制度曾经是这两个国家最具特色的制度之一，但近期进行了较大修改。

各国竞争法日趋严厉，与之相伴而生的是救济机制的丰富和完善。宽恕制度、经营者承诺制度已经被越来越多的国家写入法律。例如，韩国、印度、巴西、芬兰、津巴布韦等，都在其竞争法中明确规定了宽恕制度；加拿大、德国、日本、巴西、乌克兰、墨西哥、肯尼亚、爱沙尼亚、毛里求斯等国对于经营者承诺（或称履行承诺、执法和解）的条件、程序等内容均做了规定。这些制度一方面节约了执法资源，提高了执法效率；另一方面也丰富了法律救济和自我纠正的手段，“恩威并用”，有利于更好地实现竞争法的立法目标。

第三，竞争立法的国际协调与执法的国际合作日趋密切。在经济全球化背景下，国际卡特尔、跨国并购、跨国公司在国际市场尤其是新兴国家市场滥用市场支配地位的案件层出不穷。许多国家为了维护本国的经济利益，都在竞争法律中规定了域外适用。而法律的域外适用意味着通过国内法来规制国际经济行为，这必然要涉及本国与外国在立法方面的协调和在执法方面的合作问题。

1999年《“欧共体竞争法现代化方案”白皮书》发布之后，欧盟成员国纷纷开始修订本国的竞争法以适应欧共体竞争法的发展。例如，德国、法国、意大利、瑞典、芬兰、爱沙尼亚均规定了本国竞争法同欧共体竞争法之间的分工与协调关系。而在世界范围内，许多的国际经济组织与学术组织，如UNCTAD（联合国贸易与发展会议）、OECD/COMP（经济合作发展组织的竞争法律与政策委员会）、ICN（国际竞争网络组织）、GCF（全球竞争论坛）等，已经就各国的竞争立法协调问题展开了工作并取得一定的进展。

在竞争法执行方面，欧洲已经形成了一套较为成熟的成员国之间以及成员国与欧盟委员会、欧盟法院系统之间的执法、司法合作体系。在其他国家和地区的竞争法中，国际执法合作也越来越受重视。例如，加拿大《竞争法》专列一章并用极大的篇幅来规定执法的国际合作和司法协助，在本书中，英国、法国、韩国、爱沙尼亚、芬兰等10多个国家的竞争法也都规定了竞争法国际合作的内容。

第四，竞争主管机关权力强化，竞争法程序规则比重增加。从本书收录的30个国家的竞争法以及近年来的法律修订来看，竞争主管机关的权力不断强化已经成为全球竞争法发展的趋势：其一，竞争主管机关的调查权范围不断扩展。在近年来法律修订过程中，许多国家一直在扩大竞争主管机关的调查权。例如，日本2005年的修法赋予了公正交易委员会调查刑事违法案件的权力，即依法官许可证得以实施临时检查、搜查以及扣押的权力。其二，在享有准立法权、行政执法权的同时，拥有准司法权正在成为当今竞争主管机关实施机制改革的一种潮流。以法国为例，其竞争委员会原来仅是咨询机关，但1986年修法之后，在扩大咨询功能的同时，该委员会获得了裁判集体限制竞争行为的准司法权。同样的，包括日本、巴西、印度、南非、墨西哥、越南、保加利亚等十余个国家的竞争主管机关都拥有准司法权。

竞争主管机关权力的扩大，需要竞争法在程序规则上做出更多的规定。经济现象的复杂多变，也决定了竞争法的实体规则不应当过于具体，而应当依靠程序规则的引导来实现经济民主。很多国家，如土耳其、赞比亚、爱沙尼亚、蒙古等，用较为简练和原则性的表述对禁止性的行为作了规定，但对于程序规则则不吝笔墨。更多的国家在规定实体内容的同时，对法律实施的程序性问题更是事无巨细，反映了各国对于竞争法实施程序的重视程度。

第五，各国竞争法在法律移植的同时更注重法律本土化。竞争法律制度似乎是法律移植的一个重要领域，几乎所有国家的竞争法都可以或多或少地找到一些《谢尔曼法》的影子。很明显，各国立法者充分意识到，只有实现本土化了的法律制度才有生命力。

传统的反垄断法三大支柱——禁止限制竞争协议、控制企业合并、禁止滥用市场支配地位已经成为大多数国家反垄断法的主要实体内容。与此同时，许多国家根据本国的经济传统和市场结构添加了一些特色性的制度。例如，加拿大、日本、韩国等对于企业之间的股份持有、人事兼任等情形在法律上予以特别关注；俄罗斯、乌克兰、阿塞拜疆、保加利亚等转型国家对行政性垄断的规制更具特色。此外，有些国家也将与竞争有关的其他经济行为和现象放在竞争法中规定。例如，德国、墨西哥、肯尼亚竞争法规定了招投标的内容；保加利亚、爱沙尼亚将国家补贴列入竞争法的范围；俄罗斯和蒙古不仅在竞争法当中，而且单独立法规定有关自然垄断行业的问题。

各国竞争法的本土化或者差别化更多地体现在反映法律实施机制的程序规则上。竞争法要在本国有效地实施，必然要建立一个符合本国行政、司法传统的法律实施机制。从当前各国竞争主管机关的性质、地位、权限来看，准司法机关是一种主流模式，然而各国反垄断准司法机关在处理反竞争案件的准司法程序规则上又有很大的不同。例如，日本公平交易委员会虽然集调查、控诉和审判于一身，但是由其所属的不同部门分别承担相应职能，对于该裁决不服的可以向东京高等法院起诉。而巴西则由经济法实施秘书处专司调查控诉职能，由竞争保护管理委员会承担审判职能，且该委员会的裁决为终审裁决。

除了准司法机关模式之外，也存在着纯行政机关模式和竞争法专业法庭模式。前者如意大利的竞争局和俄罗斯的垄断政策与企业扶持部。后者如南非的竞争法庭和竞争上诉法院、加拿大的竞争法庭、德国联邦高等法院内的反垄断法庭，而这三个国家的专业法庭又有区别：南非的竞争法庭是行政系统内部的专业法庭，具有较高的独立性，其上诉受审法院竞争上诉法院则是司法系统内部的专业法院；加拿大竞争法庭则是专属于司法系统内的专业法庭，就像我国的海事法院和铁路法院一样，性质上与南非竞争上诉法院有些类似，具有相对独立性；德国的反垄断法庭则是法院系统内部的一个庭室，并非独立实体，类似于我国法院中的审判法庭。

有人认为，翻译是一门艺术。在认同这种观点的同时，我们还愿意相信，翻译法律文本多少有些冒险，因此更是一种责任。责任感让我们如履薄冰。对于每个译本，我们都经过了四遍以上的校对。就一些较为鲜见甚至完全陌生的表述，我们经常求助于国内、国外学者乃至外国驻华大使馆和该国竞争法的主管机关。然而即便如此，翻译工程之浩大、法律的更新速度之快超出了我们的预计，而自身专业水平和翻译水平的局限也让我们备感自责，译文不仅会有不准确之处，而且存在纰漏和错误，这是难以避免的。因此我们恳请读者不吝赐教，指正不足。

最后，我们不能不提的是，从商业利益的角度判断，出版本书无疑是不经济的，甚至会折本，但是，中国政法大学出版社依然给予我们极大的支持，对于这样一家视服务社会为己任的出版社，我们深表谢意和敬意！

2004 年底，在我有幸成为国务院法制办公室反垄断法修改审查专家小组专家之后，为了更好地履行自己的职责，我就开始组织我的博士生和硕士生开始了本书的翻译工作；换言之，本书的翻译工作历经 4 年多。陈鸣、狄嫚、邱智源、郭瑾雯、贺亮、侯树芳、胡亚芊、刘灿、梁恒、汤婧、王佳、王伟炜、王致远、卫鑫、魏修文、魏艳、宇一星、张杰斌、朱宣烨等同学提供了翻译的初稿并进行了一校和第一次交叉校译；

储菲菲、车宁、郭齐、黄杰、李菁华、孙丕伟、王楠、王潇伟、熊聃、玄玉宝、张斌、钟刚、赵晖、綦赞超、王甲同、王志岗、朱凯、施金晶、胡韵等同学参加了第二、三次交叉校译。在校译过程中，对译文的修改真的是不计其数。翻译工作的辛苦，完全可以想见！2008年9月，本是本书最为关键的收尾阶段，此时我被教育部和中组部选派为第六批援疆干部，暂别中国政法大学，来到伊犁师范学院工作3年。这样，我只能通过网络与参与译校的各位同学进行沟通交流，在相当程度上加大了他们的工作量。在此，我对所有参加本书翻译和校译工作的同学表示我由衷的谢意，尽管你们表示译校的过程也是学习的过程！

时建中

于伊犁师范学院

2009年4月22日

目 录

第一编 发达国家部分

第二编　发展中国家

第三编　转型国家篇

俄罗斯

乌克兰

乌兹别克斯坦共和国

越南

【第一编　发达国家部分】

加拿大竞争法（2009 年）

本法是调整影响竞争的共谋、贸易活动和合并的一般性商业贸易法规。

简称

简称　1. 本法可简称为竞争法。

第一章　立法目的和术语解释

立法目的

立法目的　1.1 本法的目的是，通过保护和鼓励在加拿大的竞争，提高加拿大经济的效率和适应能力，在承认国外竞争在加拿大的重要性的同时扩大加拿大参与全球市场的机会，保障中小企业享有参与加拿大经济的公平机会，并为消费者提供竞争性价格和商品选择。

术语解释

定义　2.（1）在本法中，

商品　“商品”指各种动产和不动产，包括：

（a）货币；

（b）企业或企业资产的产权、既得或期待利益等权利的相关性或证明性文书契据；

（c）授予收回或接收财产权的文书契据；

（d）在特定地点、特定时间的出席权或运输权的票证及类似权利证书；以及

（e）能源，无论以何种方式产生的。

经济活动　“商业”包括从事下列行为的经济活动：

（a）商品的制造、生产、运输、购买、供应、储藏和其他的经营活动；以及

（b）服务的购买、供应及其他经营活动。

此外，还包括募集慈善基金或其他非营利性目的的基金。

竞争局　“竞争局”［已废止，1985 年第十九章（第二次修订），第 20 条］。

局长　“局长”是指依照第 7 条第 1 款任命的竞争局局长。

董事　“董事”［已废止，1999 年第二章，第 1 条］。

合并　“合并”［已废止，1985 年第十九章（第二次修订），第 20 条］。

部长　“部长”指工业部长。

垄断　“垄断”［已废止，1985 年第十九章（第二次修订），第 20 条］。

产品　“产品”包括商品和服务。

证据资料　“证据资料”包括不论何种物理形式或特性的信件、备忘录、账簿、计划表、图纸、图表、画报或图文材料、照片、胶片、微缩品、录音制品、录像带、计算机识别材料，以及任何其他文件性材料，及其复制品或一部分。

服务　“服务”指任何工业、商业、专业或其他形式的各种服务。

供应　“供应”指：

（a）有关商品的销售、租赁或以其他方式对商品或其利益、权利的处分或要约；

（b）有关服务的销售、租赁或以其他方式提供服务或提供服务的要约。

商业、工业或专业　“商业、工业或专业”包括任何等级、任何部门、任何领域的贸易、工业或专业。

法庭　“法庭”指根据《竞争法庭法》第 3 条第 1 款设立的竞争法庭。

（2）在本法中，

关联企业、合伙或独资企业　（a）一家企业与另一家企业有关联关系是指其中一家企业是另一家企业的附属企业，或这两家企业均是同一企业的附属企业，或这两家企业分别为同一人所控制；

（b）如果两家企业同时与同一家企业有关联关系，则这两个企业也被认为是有关联关系；

（c）合伙或独资企业与其他合伙、独资企业或公司有关联关系是指其中二者为同一人所控制。

附属企业　（3）在本法中，若企业被其他企业控制，则该企业是该其他企业的附属企业。

控制　（4）在本法中，

（a）在下列情形下，企业是被私人而不是女王陛下控制：

（i）该私人通过一家或多家的附属企业或其他方式，直接或间接地持有选举该企业董事的有表决权股的 50% 以上股份，或其他非股权方式，但为该私人利益而行事；以及

（ii）私人所持有的有表决权股足以选举企业中的大多数董事。

（b）在下列情形下，企业被认为由代表加拿大联邦或省权利的女王陛下控制：

（i）女王陛下以（a）项所述方式控制该企业；或者

（ii）在企业不具有股份资本的情况下，除当然董事以外，大部分董事以下列方式任命：

（A）根据具体情况，由省议会的总督或副总督任命；或者

（B）根据具体情况，由加拿大政府部长或省政府部长任命。

以及

（c）如果某人持有的合伙中的份额使其能够获得合伙利润的 50% 以上，或者在合伙关系终止时获得合伙财产的 50% 以上，则可以认为该合伙企业为其所控制。

特定情形下对女王代理企业的约束力

2.1 代表加拿大联邦或省名义行事的女王陛下的代理企业，如果企业实际上或潜在地从事了商业行为，并与本法适用的非女王陛下代理企业的企业构成了竞争，则本法约束并适用之。

形式瑕疵

3. 不得以任何形式方面的瑕疵或技术方面的不规范为由主张本法规定的任何程序无效。

集体谈判

4.（1）本法不适用于下列情形：

（a）工人或雇员为合理保护其自身的权益所进行的联合或活动；

（b）渔民或者渔民协会同购鱼者或购鱼者协会之间关于在特定条件下捕鱼并以特定价格供鱼的契约、协议或协定；或者

（c）商业部门、工业部门或专业部门中的雇主之间直接地或通过企业或由雇主组成的企业协会签订的关于雇员在工资薪金和雇佣条件方面的集体谈判的契约、协议或协定。

限制

（2）除工人或雇员提供的服务之外，雇主签订的拒绝他人产品或阻止任何人从他处获得某种产品的契约、协议或协定，均不得豁免本法的适用。

承销商

5.（1）第 45 条不适用于一般性地从事证券交易行业的团体成员之间的协议或协定，或不适用于在证券首次发行的情况下，也不适用于在证券二次发行的情况下，此类人员与特定证券销售者之间的协议或协定，如果该协议或协定与特定证券的承销存在合理关系。

承销的定义

（2）在本条中，证券的“承销”指证券的首次或二次发行。证券的发行应当遵循以下规定：

（a）依照加拿大或其他国家的证券交易监管法律的规定，应当提交招股说明书，并得到承认或批准；或者

（b）应当提交招股说明书并获得承认或批准，但（a）项所提及法律中包含或给予明示豁免的除外。

业余运动

6.（1）本法不适用于参加业余体育运动的运动队、俱乐部、体育联盟之间的协议或协定。

业余运动的定义

（2）在本条中，“业余运动”是指参加者不计报酬参与的体育运动。

第二章 实 施

竞争局长

7.（1）总督可任命一名官员担任竞争局局长，竞争局局长对下列事项负责：

（a）本法的实施和执行；

（b）《客户包装与标签法》的实施；

（c）《客户包装与标签法》的执行，但涉及按照《食品和药品法》第2条定义的食品除外；以及

（d）《贵重金属标记法》和《纺织品标签法》的实施和执行。

就职宣誓　（2）在就职之前，竞争局长应在枢密院书记官所在地，以下列形式对书记官宣誓或提交宣誓书：

本人庄严宣誓，将忠诚地、真实地、公正地，尽我最大的判断、技能和实力行使我作为竞争局长所被赋予的权力和信任。（还可附加“上帝保佑”）

工资　（3）局长的工资应保持稳定并经总督认可。

副局长　8.（1）依照法律规定的方式可以任命一名或多名副局长。

副局长的权力　（2）在局长缺席、无法履行职责或局长职位空缺时，总督可以授权一名副局长行使局长的权力，履行局长的职责。

其他人员的权力　（3）在局长或副局长均缺席、无法履行职责或职位均空缺时，总督可以授权任何人员行使局长权力，履行局长职责。

副局长的调查权　（4）局长可以授权副局长调查局长职权范围内的事项。一经授权，副局长就应当对该事项履行局长职责，并可以行使局长权力。

局长的职权不受影响　（5）副局长或其他任何人依据本法代为行使局长权力履行局长职责时，不得以任何方式限制或约束局长的权力或职责，不论在一般事项上还是在特殊事项上。

申请调查　9.（1）任何六位居住于加拿大且年满18周岁的人，若认为有下列情况：

（a）有人违反依据本法第32～34条或第七章之一或第八章作出的命令；

（b）存在依据第七章之一或第八章作出命令的理由；

（c）已经或将要触犯第六章或第七章规定的罪行；

可以申请局长进行调查。

提交的材料　（2）申请人依据第1款所作出申请的，应同时以庄重或法定的形式进行陈述，并应当注明以下情况：

（a）申请人或申请人其中之一的姓名和住址，或为了进行本法规定的联络而被授予代理权的律师或法律顾问的姓名和住址；

（b）

（i）被指控的违法行为的性质；

（ii）要求作出命令的理由的性质；或

（iii）被指控的犯罪行为的性质，以及所涉人员和利害关系人的姓名；及

（c）支持其主张的证据的简要陈述。

局长调查　10.（1）在下列情况下：

（a）依据第9条提起的申请；

（b）局长有理由认为：

（i）有人违反了依据本法第32～34条或第七章之一或第八章作出

的命令；

（ii）存在依据第七章之一或第八章作出命令的理由；或

（iii）已经或将要触犯第六章或第七章所规定的罪行；或

（c）受部长指示调查（b）项（i）至（iii）分项所指的任何状况。

局长应当为确定事实而对上述情况进行其认为必要的调查。

调查信息

（2）应行为正在依本法受到调查的人或依第 9 条申请调查的人的书面请求，局长应当向其告知调查的进展状况。

秘密调查

（3）依本条所进行的调查活动均应当秘密进行。

口头审查、材料出示或书面报告的命令

11.（1）若根据局长或其授权代表的单方面申请，高等法院或地方法院的法官可以根据宣誓后的信息相信，依本法第 10 条的调查正在进行以及某人知道或可能知道与调查有关的情况，则该法官可以命令此人：

（a）以命令中的特定人的身份出席，并对局长及其授权代表作出宣誓或庄重誓言，就有关调查的任何事项接受命令中指定的，本条及本法第 12～14 条中提到的“主管官员”的调查；

（b）依据命令中规定的时间和地点，向局长或局长的授权代表提交命令规定的经过宣誓可被确认为真实地证据资料或其复本或其他材料；或

（c）依据命令规定的时间，制作并向局长或其授权代表交付宣誓后的、详细说明命令中所要求的有关情况的书面报告。

分支机构拥有的证据资料

（2）若根据第 1 款（b）项对其发出调查命令的人是企业，且接受根据第 1 款中申请的法官根据宣誓或庄重誓言相信该企业的分支机构有与调查有关的材料，则该法官可以命令该企业出示这些材料，不论该分支机构是否在加拿大境内。

遵守命令不得例外

（3）任何人不得以证言、证据材料、其他材料或要求其提交的报告可能会证明其有罪或使其陷入诉讼或受处罚为由，而不予遵守本条第 1 款或第 2 款的命令；但是，个人依据第 1 款（a）项的命令提供的证言，或依据第 1 款（c）项的命令所提交的送达回证不得用于针对该人所提起的刑事诉讼，依据《刑法典》第 132 条或第 136 条的起诉除外。

命令的效力

（4）根据本条作出的命令在加拿大全国范围内有效。

作证能力和可强制作证

12.（1）任何根据第 11 条第 1 款（a）项被传唤出庭的人有作证能力并可强制作证。

证人费用

（2）任何依据第 11 条第 1 款（a）项被传唤出庭的人都有权利获得与到省高等法院出庭相同的报酬或津贴。

律师代理

（3）主管官员可以允许依第 11 条第 1 款（a）项的命令受到审查的人或者任何其行为正接受调查的人委托律师代理。

受调查人出席

（4）任何其行为正在依据第 11 条第 1 款（a）项的命令受到审查的人及其代理律师均有权出席审查会，除非局长或其授权代表，或受

审查人或其雇主，使主管官员相信，受审查人的出席将会导致以下情形：

(a) 影响有效进行的审查和调查行为；或

(b) 可能泄露受审查人或其雇主的商业秘密。

主管官员

13. (1)在省律师协会担任律师10年以上的现任律师或者曾经在省律师协会担任过律师10年以上者，均可被任命为主管官员。

补偿开支

(2)主管官员应当获得报酬，并有权要求获得依本法履行其职责过程中支付的差旅费和其他费用，具体金额由总督确定。

主持宣誓

14. (1)主管官员在依第11条第1款 (a) 项进行的审查中，可以主持宣誓仪式并接受宣誓书。

主管官员的命令

(2)主管官员可以发布其认为有理由的，依第11条第1款 (a) 项的审查行为相适应的命令。

向法庭申请

(3)依据主管官员的申请，高等法院、地方法院的法官可以要求任何人遵守主管官员根据本条第2款所发布的命令。

通知

(4)主管官员在本条第3款的命令发布之前，必须提前24小时通知命令所针对的人和局长，可以对该命令提起听证申请，或者类似的接受申请的法官认为合理的简短通知。

进入场所搜查状

15. (1)依据局长或其授权代表的单方面申请，如果高等法院或地区法院的法官通过宣誓或庄重誓言认为：

(a) 有合理的理由相信：

(i) 有人违反依据本法第32~34条或第七章之一（犯罪行为）或第八章作出的命令；

(ii) 存在依据第七章之一或第八章作出的命令的理由；或

(iii) 已经或将要触犯第六章或第七章所规定的罪行；且

(b) 有合理的理由相信在某些场所，有某些证据资料或其他事物可以提供与 (a) 项的 (i)、(ii) 或 (iii) 分项涉及的情况有关的证据，

法官可以视情况签发书面搜查状，授权局长或搜查状中指定的其他人：

(c) 在搜查状规定的条件下进入该场所搜查；

(d) 搜查该场所以搜集任何有关证据资料并进行复制或为检查或复制的目的而扣押这些材料。

搜查状的内容

(2) 依本条发布的搜查状应当载明搜查理由、搜查场所和搜查的证据资料或这些资料的种类。

搜查状的执行

(3) 执行依本条发布的搜查状应当在上午六点至下午九点之间进行，除非签署该搜查状的法官在搜查状中授权可以在其他时段执行。

搜查状的执行

(4) 依本条发布的搜查状可以在加拿大全国范围内执行。

场所控制人的义务

(5) 依据第1款发布搜查状所指的场所或证据资料或其他物品的所有人或控制人，在执行人员出示搜查状后，应当允许局长或搜查状中指定的其他人进入、搜查该场所，审查、复制或扣押证据资料。

拒绝进入

（6）若局长或其他人在执行依据本条第1款发布的搜查状时，被拒绝进入有关场所搜集证据材料，或局长有正当理由确信将被拒绝，则发布搜查状的法官或同一法院的其他法官，根据局长的单方面申请，可以命令治安官员采取该法官认为必要的措施，帮助局长或其他人进入有关场所搜查。

无需搜查状

（7）如果在本条第1款的（a）项和（b）项下的情况下，由于情况紧急，无法及时申请搜查状时，局长或其授权代表可以在没有搜查状的情况下，行使本条第1款的（c）项或（d）项下的任何权利。

紧急情况

（8）在本条第7款中，紧急情况是指若申请本条第1款中的搜查状将会延误时间从而导致证据灭失或被毁。

计算机系统的应用

16.（1）根据第15条第1款被授权在有关场所搜查证据资料的人，可以使用场所内的计算机系统搜集可储存在计算机系统或用计算机系统可以获得的资料，或可以以打印或其他方式复制这些资料，并为检查或复制的目的将其扣押。

计算机系统控制人的义务

（2）第15条第1款的搜查状中所指有关场所的所有人或控制人，在执行人员出示搜查状后，应允许搜查状中所指定的任何人使用或允许该指定的人让别人使用该场所中的计算机系统或其某一部分，以搜集储存于计算机中的或用计算机可获得的资料，以便搜查人搜集他被授权搜集的证据材料，取得该资料的有形复制品并将其扣押。

限制计算机系统使用的命令

（3）根据第15条第1款发布搜查状的法官或同一法院的其他法官，应局长或占有或控制有关场所中计算机系统或其一部分的人的申请，可以发布命令：

（a）规定具体操作计算机的人员并确定其操作的次数；

（b）规定计算机使用的任何其他条件。

控制人通知

（4）除非全部或部分占有或控制计算机系统的人提前24小时将其听证申请向局长汇报或在法官认为合理的较短期限内向局长汇报，否则不得依其申请根据发布第3款的命令。

局长通知

（5）在对有关场所的搜查开始后，不得依局长的申请根据第3款发布命令，除非局长提前24小时通知占有或控制有关场所的人听证申请或在法官认为合理的较短期限内通知该人。

定义

（6）在本条中，“计算机系统”和“资料”与《刑法典》第342条第1款第2项的定义具有同等含义。

扣押资料的提交或报告

17.（1）证据资料根据第15条第1款（d）项、第15条第7款或第16条被扣押的，局长或其授权代表应尽快：

（a）将证据资料提交发布搜查状的法官或同一法院的其他法官；在没有发布搜查状的情况下，则应将这些资料提交高等法院或地方法院的法官；或

（b）向（a）项中的法官报告有关证据资料的情况。

报告

（2）依据第1款（b）项向法官提交的报告应包括以下内容：

（a）关于是否已根据第15条第1款（d）项、第15条第7款或第

16 条对有关证据资料扣押的陈述；

（b）关于搜查场所的描述；

（c）关于被扣押证据资料的描述；

（d）证据资料扣押的地点。

扣押资料的维持或归还

（3）证据资料根据第 15 条或第 16 条被扣押之后，接受该证据资料或关于该证据资料报告的法官，如果确信该证据资料是依本法进行的调查或其他程序所必需的，可以授权局长扣留这些证据资料。

局长谨慎行事

18.（1）局长应尽到合理注意义务，以保证根据第 11 条提供或根据第 15 条或第 16 条被扣押的证据资料，在交还提供人或被扣押人之前或在本法规定的程序中提交之前保存完好。

经证明的复本

（1.1）局长无需归还依第 11 条提交的证据资料复本。

获取证据资料

（2）根据第 11 条提供证据资料的人，或根据第 15 条或第 16 条证据资料的被扣押的人，在合理的时间以及局长规定的合理条件下，有权检查该证据资料。

归还资料复本

（3）在归还根据第 11 条提供或根据第 15 条或第 16 条扣押的证据资料之前，局长可以要求复制并保留这些证据资料的复本。

扣押资料的扣留

（4）根据第 11 条提供的或根据第 17 条第 3 款授权扣留的证据资料，应当自提交或授权被扣留之日起 60 日内交还给提供人或被扣押的人，除非在上述期限届满前：

（a）证据资料的提供人或从被扣押的人同意继续延长保留期限；

（b）授权提交或保留这些证据资料的法官或同一法院的其他法官，根据具体情况确认有关延长扣留的特定期限并发布有关命令；或

（c）该证据资料为启动该诉讼程序所必需的。

主张律师—客户守密特权（第 11 条）

19.（1）根据第 11 条，某人被命令提供证据材料时，若其主张律师—客户守密特权，他应当将证据材料密封起来并加盖封印，然后交给本条第 3 款中所指定的人保管。

主张律师—客户守密特权（第 15 条或第 16 条）

（2）根据第 15 条或第 16 条，即将或正在检查、复制或扣押证据资料时，若某个有资格的人声明在这方面存在律师—客户守密特权，有关人员不得检查或进一步检查有关证据资料或复制有关证据资料，而应将有关证据资料或其复制的证据资料及其记录密封起来并加盖印章，然后交给本条第 3 款所指定的人保管。该声明人收回其声明或者有关人员停止检查复制证据资料或扣押该证据资料或其复制品除外，

资料保管

（3）根据第 1 款或第 2 款，主张律师—客户守密特权的证据资料应交给下列人员保管：

（a）证据资料被命令提交或被发现的所在省份的高等法院、地方法院或者联邦法院的登记官、首席书记官或其他类似官员；

（b）证据资料被命令提交或被发现的所在的区或郡县的行政司法官员；

（c）局长或其授权代表与作出该守密特权声明的人共同商定的人。

守密特权的确定

（4）依局长或证据资料的所有人及占有证据资料而被发现的人，根据法院规则，在证据资料交付保存之日后的 30 日内提出的申请，且该申请已通知了所有其他有资格提出申请的人，依本法须保管的证据资料被命令提供或被发现所在地的省的地方法院或高等法院的法官或联邦法院的法官，可以以不公开审理的方式，决定有关证据资料的律师—客户守密特权问题。

守密特权的确定

（5）在有关证据依本法交付保存之后 30 日内没有接到本条第 4 款中的申请，本条第 4 款中所指的任何法官，可以根据局长或以局长名义提出的单方面申请，将有关证据资料移交局长。

法官的权力

（6）本条第 4 款所指的法官可以作出其认为可以使本条生效的指示，可以命令向其转交其所决定的律师—客户守密特权问题的保管的证据资料，并可以审查任何此类证据资料。

禁止事项

（7）在没有给予适当的机会依本条规定主张律师—客户守密特权的情况下，任何人都不得根据第 15 条或第 16 条检查、复制或扣押证据资料。

保管资料的获得

（8）依据本条进行资料保管的期限内，保管所在地的省高等法院或地方法院的法官，或联邦法院的法官，可以根据本条中主张律师—客户守密特权的人的单方面申请，授权该人在保管人或法官在场的情况下检查或复制证据资料，但是授权应当采取保证有关证据资料重新被包装密封而不被弄错或损害的措施。

证据资料的检查

20.（1）局长或局长指定的人可以检查局长获得的或收到的所有证据资料。

复本

（2）本条第 1 款所指的证据资料的复本，包括摄影技术制作的复本，在经过口头或书面宣誓确认其真实性后，可以在本法规定的诉讼中被作为证据使用，并同原件具有相同的证明力。

证据

（3）本条第 2 款中所指的证据是经宣誓提供的，如果宣誓证词对相关信息已作出说明，则无需证明宣誓证人的签名或法律性质或证明接受宣誓人的签名或其法律性质。

律师

21. 局长为了公共利益需要，其可以请求加拿大总检察长任命和指示律师在调查中依据第 10 条进行法律援助。根据这种请求，加拿大总检察长可以任命和指示相应的律师。

停止调查

22.（1）依第 10 条进行调查的任何阶段，如果局长认为正在调查的事项没有进一步调查的必要，可以停止调查。

报告

（2）停止调查后，局长应向部长提交书面报告，说明已掌握的情况以及停止调查的理由。

通知申请人

（3）依据第 9 条的申请进行的调查停止后，局长应将有关停止调查的决定通知申请人并说明停止调查的理由。

决定的复核

（4）部长可以根据第 9 条规定的申请人的书面请求或主动决定，复核局长停止第 10 条中的调查的决定；如果部长认为有必要，可以命令局长继续调查。

移交总检察长

23.（1）在依第10条进行的调查的任何阶段，局长在继续调查的同时，可将所有证明记录、报告文件或证据资料移交加拿大总检察长，以便总检察长判定是否存在或将要发生违反本法的犯罪行为，以及决定针对这些行为可能要采取的行动。

总检察长起诉

（2）加拿大总检察长可以依本法提起或实施刑事诉讼或本法规定的其他刑事程序，且为此目的可以行使《刑法典》赋予省总检察长的权力，并履行其职能。

规章

24.（1）总督可以制定规制第11～19条中的有关申请、诉讼和命令的行为和程序规章。

公布拟议规章

（2）依照第3款的规定，总督依据第1款建议制定的每一项规章的复本应当至少在该规则的拟生效日前60日内在加拿大政府公报上公布，并为利害关系人对此提出异议提供适当的机会。

例外

（3）如果拟议的规章已经提前依照第2款公布，则不论其是否已根据第2款中的异议进行过修订，都不需要再依据第2款的规定公布。

雇员

25. 实施本法所需的官员、职员和雇员都应按照《公共服务雇用法》任命。但为应对本法实施所出现的特殊情况，局长经总督批准雇用临时的、技术的和特别的助理除外。

临时雇员报酬

26.（1）由局长雇用的临时的、技术的、特别的助理应获得报酬，并有权获得因履行本法规定的职责而产生的差旅费，具体办法可以由总督规定。

拨款支付报酬及费用

（2）局长及局长雇用的临时的、技术的、特别的助理以及根据本法任命的律师的报酬、差旅费应从议会拨付的实施本法的费用中支付。

《公共服务雇用法》的适用

（3）根据本条和第7条，《公共服务雇用法》和其他可以适用的有关公共服务的法律，适用于局长及其他所有根据本法雇用的人员。

技术或特别助理的权力

27. 根据本法雇用的技术的或特别的助理或其他人员，经局长授权或委托，有权行使依据本法规定的与特殊事项有关的局长的权力和职责，并可以接受局长作出的指示。

部长要求阶段报告

28. 在调查期间，部长可在任何时候要求局长提交依本法进行的有关调查的阶段报告。局长有责任应部长之要求，提交说明其采取的措施、掌握的证据以及对证据效力的意见的阶段报告。

保密

29.（1）在实施本法过程中履行或曾经履行义务或职责的人，不得向他人披露或允许他人披露下列事项，但向加拿大法律实施机构提供有关情况或为了便于本法的实施与执行除外：

（a）根据本法从其处获取资料信息的人的身份；

（b）根据本法第11、15、16条或第114条取得的资料信息；

（c）是否已发出关于第114条中的特定拟议交易的通知，或提供有关该交易的资料信息；或

（d）从第102条中的证明书的申请人处获得的资料信息；

（e）依据本法自愿提供的任何资料信息。

例外

（2）本条不适用于已经公布的资料信息或经提供资料的人授权可

以披露的资料信息。

向交通部长披露信息

29.01(1)不论第 29 条第 1 款如何规定，如果交通部长依据本条第 3 款作出请求，局长可以向交通部长披露或要求他人向该部长披露其所特别要求的第 2 款中所涉及的资料信息。

资料信息

（2）依据本条可以披露的资料信息有：

（a）依本法从其处获得资料信息的人的身份；

（b）在第 10 条的调查程序中获得的资料信息；

（c）依第 11、15、16 条或第 114 条获得的资料信息；

（d）从依照第 102 条申请证明书的人之处所获得的资料信息；

（e）是否已发出关于第 114 条中的特定拟议交易的通知，或提供有关该交易的资料信息；

（f）局长或代表局长的人所搜集、接收或制作的资料信息，包括编辑材料和分析材料。

请求的内容

（3）本条规定的请求必须采取书面形式且必须：

（a）详细说明涉及第 29.01 条第 2 款中（a）项至（f）项所需的信息；

（b）阐述交通部长所要求的信息符合《加拿大交通法》第 56.1 条或第 56.2 条的目的，且经过依据该条款审查该交易。

限制

（4）依照第 29.01 条第 1 款披露的信息只能为《加拿大交通法》第 56.1 条或第 56.2 条之目的而适用，视情况而定。

保密

（5）实施和执行《加拿大交通法》的过程中，任何履行或曾经履行其职责的人均不得披露或允许他人披露第 29.01 条第 1 款中规定的信息，但该受信息方依据《加拿大交通法》第 56.1 条或第 56.2 条履行义务或职能的除外。

与财政部长交流

29.02(1)不论第 29 条第 1 款如何规定，如果财政部长依据本条第 3 款提出请求，局长可以向财政部长披露或允许他人向该部长披露其所特别要求的第 29.02 条第 2 款中所涉及的资料信息。

信息

（2）依据本条披露的资料信息有：

（a）依本法从其处获取资料信息的人的身份；

（b）在第 10 条的调查程序中获得的资料信息；

（c）依第 11、15、16 条或第 114 条获得的资料信息；

（d）从依照第 102 条申请证明书的人之处所获得的资料信息；

（e）是否已发出关于第 114 条中的特定拟议交易的通知，或提供有关该交易的资料信息；

（f）局长或代表局长的人所搜集、接受或制作的资料信息，包括编辑材料和分析材料。

请求的内容

（3）本条所规定的请求必须采取书面形式且必须：

（a）详细说明涉及本条第 2 款中（a）项至（f）项所需的信息；

（b）说明财政部长需要该资料信息以便能够：

（i）依据《银行法》、《信用合作社法》、《保险公司法》、《信托与

贷款公司法》审查企业的合并或拟议合并；或者

（ii）准予财政部长决定其是否向局长提交依据第94条（b）项规定的有关企业合并或拟议合并的证明书；及

（c）认定合并或拟议合并。

限制

（4）依据本条第1款所披露的信息只能被用于作出有关合并或拟议合并的决定。

保密

（5）在实施和执行《银行法》、《信用合作社法》、《保险公司法》、《信托与贷款公司法》的过程中，任何履行或曾经履行其职责的人，不得披露或允许他人披露本条第1款中规定的信息，但对其他正依法履行该职责的人披露除外。

第三章　司法协助

术语解释

定义

30. 本条中的定义适用于本章的内容。

协议

“协议”是指加拿大作为一方当事人签订的，就有关竞争事项互相提供司法协助的条约、协约或其他国际协议，《刑事司法协助法》适用的范围除外。

行为

“行为”是指在有关协议中所涉及的，依据本章规定所请求的司法协助中针对的行为或事实。

资料

“资料”是指以各种形式表现出来的信息或数据。

外国

“外国”是指除加拿大以外的任何国家，包括政府间国际组织。

法官

（a）在安大略，“法官”是指高等审判法院的法官；

（b）在魁北克，“法官”是指高等法院的法官；

（c）在新斯科舍、英属哥伦比亚、纽芬兰、育空以及西北部地区，“法官”是指高等法院的法官；在纽那瓦特，是指纽那瓦特省裁判法庭的法官；

（d）在新布伦瑞克、马尼托巴、萨斯喀切温、奥尔伯特，“法官”是指王座法庭的法官；

（e）在爱德华王子岛，“法官”是指最高法院分支法庭的法官；以及

（f）“法官”同时还指在加拿大境内任何省份或地区的联邦法院的法官。

司法部长的职能

司法协助协议

30.01 在加拿大签订某一司法协助协议之前，司法部长必须确定以下事实：

（a）外国法律所定义的行为与本法所禁止的或应审查的行为实质上相似，且在内容上与本法的相关规定类似，无论该行为是否通过刑事手段处理；

（b）由加拿大依据协议提供的、受有关保密法律保护的证据资料与加拿大法律的规定实质相似；

（c）协议包含以下内容：

（i）加拿大可能完全或部分地拒绝批准某一司法协助申请的情形；

（ii）加拿大所提供的证据资料应当保密；

（d）协议应当包含外方的以下承诺，也即：

（i）必须能够在加拿大提供司法协助的对等范围内向加拿大提供司法协助；

（ii）加拿大所提供的任何证据资料只能用于司法协助所申请的目的；

（iii）使用加拿大所提供的证据资料必须遵守加拿大法律规定的各项条件，包括有关可享有的权利或特权条件的规定；

（iv）外国利用加拿大提供的证据资料进行调查或诉讼之后，应当向加拿大归还证据材料以及全部复制品，或者经过加拿大的同意，归还证据材料并销毁全部复制品；

（v）根据（ii）分项规定，外国应当最大可能地符合法律的要求，保证已申请获得的证据资料的保密性，并拒绝任何第三方披露该证据资料的申请；

（vi）如果协议约定的证据资料保密性被破坏，外国应当迅速及时通知司法部长；

（e）协议中包含有关协议终止方式的规定。

协议的公布

在《加拿大政府公报》上公布

30.02(1)司法协助协议应当在生效后 60 日内在《加拿大政府公报》上公布，但该协议已依本条第 2 款规定公布的除外。

在《加拿大条约集》中公布

（2）司法协助协议可以在《加拿大条约集》中公布，但应当在协议生效后 60 日内公布。

司法认知

（3）在《加拿大政府公报》或《加拿大条约集》中公布协议即为司法认知。

域外的司法协助请求

司法协助请求

司法协助请求

30.03 司法部长按照协议和本章的规定，负责处理外国依协议提起的司法协助请求。

搜查与扣押

第 15、16 条和第 19 条的适用

30.04 第 15、16 条和第 19 条适用本章有关搜查和扣押行为，视情况的不同作相应的调整，但是那些与本章规定不一致的条款除外。

搜查扣押申请的批准

30.05(1)如果司法部长批准外国的搜查和扣押申请，应当向局长提供申请搜查状所必需的全部文件和资料信息。

搜查状的申请

（2）局长或其授权的代表应当向法官单方面申请搜查状。

进入场所搜查状

30.06(1)在依据宣誓或庄重誓言认为存在下列合理理由的情况下，依据第30.05条第2款接受申请的法官可发布搜查状，并授权搜查状指派的人在加拿大境内，执行搜查状：

（a）外国的司法协助申请所针对的行为正在发生、已经发生或将要发生；

（b）在要进入的场所中将发现与（a）项中的行为有关的证据；

（c）依客观情况不宜依据第30.11条第1款发布命令。

授权

（2）依本条第1款发布的搜查状授权其指派的人在搜查状中规定的特定的情况下，进入并搜查特定的场所，搜查、检验、扣押特定的证据资料。

举行听证

（3）依本条第1款发布的搜查状的法官应当确定一个时间和地点举行听证，以审议搜查状及有关第30.07条的报告的执行情况。

搜查状的内容

（4）依据本条第1款发布的搜查状应当：

（a）确定本条第3款所规定的听证时间和地点；

（b）说明在听证中将发布命令向外国方面送交依搜查状所扣押证据资料；并且

（c）说明执行搜查状过程中被扣押其证据资料的人以及声称与被扣押的证据资料有利害关系的人，可以在听证时、发布涉及证据资料的命令之前陈述自己的意见。

场所控制人的义务

（5）依本条第1款发布的搜查状中涉及的场所、证据资料的占有人或控制人，在出示搜查状的情况下，应当允许搜查状中指定的人进入该场所搜查、检验和扣押证据资料。

准许或拒绝进入场所

（6）依本条第1款发布的搜查状在执行过程中，如果进入场所遭到拒绝、被拒绝提供证据资料或局长有合理理由相信执行行为将被拒绝，发布搜查状的法官或同一法院的其他法官，依据局长或其授权的代表的单方面申请，可以通过命令指示治安官员采取法官认为必要的措施帮助搜查状中指定的人实现执行。

报告

30.07(1)执行搜查状的人员，至少在举行听证的5日之前，应当向发布搜查状的法官所在的法院提交包含关于扣押的证据资料全面描述的书面报告。

给司法部长的复本

（2）本条第1款中的执行人员应当在提交报告之后立即向司法部长送达报告的复本。

域外送达

30.08(1)依第30.06条第3款进行的听证中，在充分审查司法部长、局长、被扣押证据资料的人及声称与证据资料有利害关系的人陈述之后，发布搜查状的法官或同一法院的其他法官可以：

（a）在知悉搜查状并没有依照其中的各项条件执行，或者，知悉依（b）项发布的命令没有被严格执行的情况下，命令执行人员将扣押的证据资料归还下列人员：

（i）被扣押证据资料的合法所有人；或

（ii）证据资料的合法所有人或经合法授权该资料的占有人，如果该所有或占有是公认的，且该证据资料被他人非法占有而扣押；或

（b）在其他情形下，作出命令将扣押的证据资料送达第 30.05 条第 1 款所涉及的外国，并在命令中规定法官认为有必要规定的各项条件。其所包含的特定条件有：

（i）为该条款中所涉请求有效实现所必需；

（ii）扣押的证据资料的保存和归还加拿大的有关事宜；以及

（iii）有关第三方利益的保护。

听证中的证据出示

（2）在依本条第 1 款举行的听证中，法官可以要求当庭出示所扣押的证据资料。

条件

30.09 不得依照第 30.08 条中的命令向国外送达扣押的证据资料，但司法部长确定外国同意遵守域外送达证据资料的条件的情况除外。

域外使用的证据

取证申请的批准

30.10（1）如果司法部长批准外国以法官命令的方式调取证据的请求，司法部长应当向局长提供申请命令所必需的文件和信息。

命令申请

（2）局长或其授权的代表应当单方面向法官申请作出搜集证据的命令。

取证命令

30.11（1）依据第 30.10 条第 2 款接受申请的法官如果有合理的理由确信以下事实，则可以作出搜集证据的命令：

（a）外国所提出的请求中涉及的行为正在发生、已经发生或将要发生；

（b）将在加拿大境内获得（a）项中所涉行为的证据。

命令的条款

（2）依据本条第 1 款所作出的命令应当规定证据的取得方式，以便第 30.10 条第 1 款中涉及的请求能够有效实施，且该命令可以：

（a）要求命令中指定的人员以发誓或其他方式接受审查；要求该人到依据（c）项指派的人所确定的场所接受审查，且在得到指派的人的许可后方可离开；要求指定的人在适当的情况下制作证据资料的复本或者按照有关数据作出记录，并随身携带该复本或记录；要求指定的人随身携带他们占有或控制的任何证据资料，以便在审查时向有关人员出示；

（b）要求命令中指定的人员制作证据资料的复本或按照有关数据作出记录，并向依（c）项指派的人出示该复本或记录；要求命令中指定的人向指派的人出示其占有或控制的任何证据资料，并在适当的情形下将按照申请的要求作出的宣誓书或证明文件，与证据资料的复本、证据资料或物品一并提交；

（c）指派一位人员从事本条第 1 款中的审查，并接受本条第 2 款所涉及的证据资料的复本、证据资料、物品以及宣誓书和证明文件的出示或提交。

法官选任

（3）依据本条第 1 款作出命令的法官，可以将其本人或包括加拿

大以及外国法院的法官在内的其他法官作为本条第2款（c）项中涉及的指派人员。

全境有效　（4）依据本条第1款所作出的命令在加拿大全境具有执行效力。

命令的条件　（5）依据本条第1款所作出的命令应当包含法官认为合理的条件，包括那些关于保护命令中指定的人及相关第三方利益的条件。

变更规定　（6）依据本条第1款所作出命令的法官或同一法院的其他法官可以依情况变更命令规定的各项条件。

其他法律的适用　（7）依据本条第1款作出的命令中指定的人应当按照外国在申请中要求的关于证据资料的法律和程序，向依本条第2款（c）项指派的人提交证据资料并回答相关问题。但是如果回答该问题或提交的证据资料会泄露受到加拿大有关信息保密和免证权法律保护的有关信息，则该指定的人可以拒绝。

命令执行的完成　（8）如果命令中指定的人拒绝回答相关问题或提供证据资料，则依本条第2款（c）项指派的人：

（a）如果是加拿大或外国法院的法官，则其可以在其管辖范围内针对异议或争议作出即时裁决；

（b）在其他情形下，应当继续审查和询问任何其他问题，或要求出示命令中涉及的其他证据资料。

拒绝理由陈述　（9）本条第1款中指定的人，拒绝按照本条第7款的规定回答问题或提供相关证据资料的，应当在7日内，向依本条第2款（c）项指派的人以书面形式详细陈述其拒绝回答的每一个问题或拒绝提交证据资料所依据的任何理由，但指派的人员已经依据本条第8款（a）项对异议作出了裁决除外。

开支　（10）依本条第1款作出的命令中指定的人，有权要求获得同其被要求出庭作证时一样的差旅费。

命令的内容　（11）依本条第1款作出的命令应当规定，命令中指定的人，以及任何声称和命令中涉及的证据资料有利害关系的人，可以在按照第30.13条第1款作出命令之前进行第30.13条第2款所涉及的陈述。

报告　30.12(1)在按照第30.11条第1款作出的命令中依据第30.11条第2款（c）项指派的人员，应当向作出命令的法官或同一法院的其他法官提交报告，并附带提交：

（a）依照该命令进行的审查内容的副本；

（b）对按照命令要求提交的证据资料进行概述的材料，或者在法官的要求下，提交该证据资料本身；

（c）按照第30.11条第9款作出的对有关拒绝回答问题或提供证据资料的原因进行陈述的材料的复本。

司法部长备份　（2）依照第30.11条第2款（c）项作出的命令中指派的人员应当在报告的复本制作之后立即向司法部长送达该复本。

拒绝　（3）如果按照第30.11条第9款拒绝回答问题或提供相关证据资料的原因是基于加拿大有关信息保密和免证权的法律，接受报告的法官应当判断这些理由是否充分，如果法官认为理由充分，则应当按照第 30.13 条将此意见写入所有有关的命令中。但是如果法官认为理由不充分，则应当要求依据第 30.11 条第 1 款作出的命令中指定的人回答问题或提供证据资料。

基于外国法律的拒绝

（4）如果按照第 30.11 条第 9 款进行陈述的复本包含了基于针对外国适用的法律的原因，应当在法官依据第 30.13 条作出的命令中附加说明。

域外送达

30.13（1）依据第 30.12 条第 1 款接受报告的法官应当要求有关人员向第 30.10 条第 1 款涉及的外国送达下列文件或资料：

（a）第 30.12 条第 1 款所涉及的报告、誊本以及应当提交的证据资料；

（b）依第 30.11 条第 1 款作出的命令的复本，并附带送达按照第 30.11 条第 9 款作出的陈述文件的复本，这些陈述文件包含基于适用外国的法律的某些原因；及

（c）依第 30.11 条第 9 款作出的陈述中所包含的依据第 30.12 条第 3 款作出的决定的理由都应当是充分的。

条件

（2）法官应当在充分审查司法部长、局长、向依第 30.11 条第 2 款（c）项指派的人员提交证据资料的人、声称对证据资料有利害关系的有关人员的意见之后，在依第 1 款作出的命令中规定法官认为合理的条件，该条件包括：

（a）为第 30.10 条第 1 款中涉及的请求有效实现所必需；

（b）提交的证据资料之保存和归还加拿大的有关事宜；

（c）有关第三方利益的保护。

继续执行

（3）在以有关适用于外国的法律为由而拒绝回答问题或者提交证据资料给依第 30.11 条第 2 款（c）项指派的人员，导致依照第 30.11 条第 1 款作出的命令无法完全执行的情况下，该命令仍应当继续执行，但是如果外国法院或外国指派的人确定该理由为不合理，且外国因此向司法部长提出建议，而法院也已经依照第 30.11 条第 8 款（a）项对异议作出裁决的情况下，可以不再执行。

必需的法官许可

（4）依第 30.11 条第 1 款作出的命令中指定的人拒绝回答问题或拒绝提交证据材料的理由不充分，或拒绝的理由被裁决违反第 30.11 条第 8 款（a）项规定的，该人不得在命令或裁决规定的继续执行的期间内，再次拒绝回答问题或向第 30.11 条第 2 款（c）项指派的人提交证据资料，但得到作出命令或裁决的法官或同一法院其他法官的同意除外。

条件

30.14 在司法部长确信外国方面已同意遵守关于所送达的证据资料的所有条件之前，不得依据第 30.13 条向第 30.10 条第 1 款涉及的外国方面作出送达证据资料的命令。

同意视频取证

30.15（1）如果司法部长批准了外国的请求，允许通过技术手段，在该外国的司法管辖区域之外，实现个人的虚拟到场，或通过该方式

对该个人进行审判或审查，以强制该个人就该请求中所指的行为提供证据或陈述，司法部长应该向局长提交一切申请该命令所必要的文件或信息。

申请命令

（2）局长或其授权的代表如要从该人处获取证据资料或陈述文件，应当单方面申请法官作出命令。

视频使用的命令

30.16(1)接受按照第30.15条第2款作出的申请的法官，在确定以下合理情形后，应作出获取证据资料或陈述文件的命令：

（a）外国提出的申请中所指的行为已经发生、正在发生或将要发生；

（b）外国相信该证据资料或陈述文件是与（a）项中所涉行为的调查或诉讼相关。

命令条款

（2）依据本条第1款作出的命令应要求该人：

（a）到达法官指定的地点以便法官通过视频等科技手段获取证据和陈述材料，并在该地点停留直至外国有关权力机关同意其离开；

（b）回答外国有关权力机关或其授权人员所提出的任何问题；

（c）制作证据资料的复本，或按照数据作出记录，并在适当的时候将其出示；

（d）出示其占有或控制的证据资料，以便在适当的时候将这些资料通过科技的手段向有关权力机关展示。

命令全境有效

（3）依照本条第1款发布的命令在加拿大全境施行。

命令的条件

（4）在依照本条第1款发布的命令中应当包括法官认为必要的条件，包括那些有关保护命令中指定的人及任何相关第三方利益的条件。

变更

（5）依据本条第1款所作出命令的法官或同一法院的其他法官可以依情况变更命令规定的条件。

开支

（6）依本条第1款作出的命令中指定的人，有权要求获得同其被要求出庭作证时一样的差旅费。

其他法律的适用

30.17(1)当依照第30.16条第1款作出的命令提供证据资料或陈述文件时，应当如同本人亲自在加拿大境外的法院或法庭出庭一样，遵守有关适用于该法院或法庭的证据或诉讼方面的法律，但是，如果提供证据或陈述文件将泄漏受到加拿大有关保密和免证权法律保护的信息，则其可以全部或部分地拒绝提供。

拒绝理由的陈述

（2）依第30.16条第1款发布的命令中指定的人员如果以将泄漏受到加拿大有关保密和免证权法律保护的信息为由，拒绝提供证据和陈述文件的，应当在7天之内，向发布命令的法官或同一法院的其他法官提交一份详细的、有关拒绝提供证据的各项理由的书面陈述。

拒绝

（3）接受依照本条第2款提交的有关拒绝陈述的法官应当判定该拒绝理由是否充分，如果认为该理由不充分，则应当命令依第30.16条第2款发布的命令中指定的人员提供其证据资料和陈述文件。

藐视法庭

（4）当证人依第30.16条提供证据时，有关藐视法庭的加拿大法律适用于拒绝按照法官要求回答问题或提供证据资料的情形。

逮捕状

30.18(1)依第 30.11 条第 1 款或第 30.16 条第 1 款发布命令的法官或同一法院的其他法官，根据经宣誓或严肃声明的书面资料能够确定以下事实，法官可以针对命令中指定人的发布逮捕状：

（a）该人没有按照命令的要求出庭或中途退庭，或者企图逃避出庭；

（b）命令已被直接送达该人；且

（c）在第 30.11 条第 1 款命令的情况下该人可能提供实物证据，以及在第 30.16 条第 1 款命令的情况下，外国方面认为该人的证据将关系到相关行为的调查和诉讼。

全境有效

（2）加拿大境内的治安官均可执行依本条第 1 款发布的逮捕状。

命令

（3）治安官执行依照本条第 1 款发布的逮捕状时，应当毫不迟延地将被逮捕人带到或使其被带到发布逮捕状的法官或同一法院的其他法官之前，以确保依第 30.11 条第 1 款或第 30.16 条第 1 款制作的命令得以遵守，并使被逮捕人处于监视拘禁状态，或交纳保释金具结释放，并视情况要求提供保证人担保。

资料复本

（4）依据本条第 1 款发布的逮捕状所逮捕的人，经过申请，有权获得作出逮捕状所依据的资料的复本。

出借证据的展示

外借请求的批准

30.19(1)司法部长根据协议批准外国展示证据的请求的，部长应当向局长提供申请出借命令所需的任何文件和资料。该证据是指在加拿大法院有关犯罪行为的诉讼中得到确认的证据，或竞争法庭向国外出借在其诉讼中所确认的证据。

申请出借命令

（2）局长或其授权的代表在合理通知诉讼的当事人后，应当向占有证据的法院或法庭申请与所展示证据有关的出借命令，同时应当：

（a）在向联邦法院或联邦上诉法院提出申请，通知加拿大的总检察长的情况下；

（b）在向通知所展示的证据所在地的省检察长除联邦法院或联邦上诉法院以外的法院提出申请的情况下；

（c）在向竞争法庭提出申请的情况下，通知竞争法庭庭长。

申请内容

（3）依据本条第 2 款作出的申请应当：

（a）包含对请求租借展示的证据资料的描述；

（b）指派一名或一组人员接收所要展示的证据；

（c）说明请求的原因，如果要利用展示的证据进行试验，还要对该试验及试验进行的场所进行描述；

（d）说明展示的证据的去向；以及

（e）说明展示的证据应归还的具体时间。

出借命令

30.20(1)如果法院或竞争法庭（依案件而定），确定外国方面申请租借证据已持续一段时间、并已经同意遵守法院或法庭在出借命令中提出的条件，则可以在充分审查第 30.19 条第 2 款规定的该申请的被通知人的陈述意见后，发布证据出借命令。

出借命令的条款　（2）依据本条第1款作出的出借命令应当：

（a）包括对证据进行的描述；

（b）要求占有证据的人将证据交给命令中指派的人员或指派的小组中的成员；

（c）包括对利用证据已授权进行的试验以及进行试验的场所进行说明；

（d）确定证据的去向；

（e）确定证据必须归还的期限。

条件　（3）按照本条第1款发布的出借命令应包括法院或法庭认为必要的条件，包括有关证据的保存事宜等。

出借命令的变更　30.21 法院或法庭可以变更其发布的出借命令中的各项条件。

命令复本送交保管人　30.22 局长应当将出借命令的复本或变更了的出借命令复本送交司法部长，以及在出借命令发布时占有证据的人。

推定不变　30.23 如果依据第30.20条第1款作出的命令中的证据在出借外国时与归还加拿大时存在不同状况，那么对于该证据的变化是发生于出借命令发布之前或是出借命令发布之后的证明责任采取“谁主张，谁举证”的原则。如果均缺乏证据，则推定该证据资料一直处在发布命令的法院或法庭（依案件而定）掌管之下。

上诉

法律问题上诉　30.24（1）如果在命令或决定作出后15日内，向上诉法院的法官申请批准上诉，则该上诉只能是有关法律问题的上诉。该上诉是在《加拿大刑法典》第2条的含义内，针对加拿大境内的法官或法院依本章规定作出的命令或决定，而不是联邦法院或其法官作出的命令或决定。

法律问题上诉　（2）如果在命令或决定作出后15天内，向联邦上诉法院的法官申请批准上诉，则该被批准的上诉只能是有关法律适用问题的上诉，且该上诉只能是针对联邦法院或竞争法庭依本章作出的命令和决定。

域外取证

证据　30.25 加拿大依司法协助协议向外国请求调取证据的，司法部长在收到证据之后应当立刻送交竞争局长。

国外证据　30.26（1）在议会有管辖权的事件中，外国方面应加拿大方面的请求，将档案资料或其复本、已经过提供者宣誓书、证明文件或其他由证据资料保管者或知情人提供的陈述材料，依据司法协助协议送交司法部长的，除非这些证据资料包含有道听途说和主观臆断的陈述，都应当予以承认。

证明力　（2）为了判断依第七章之一或第八章承认的证据的证明力，审理的法院或正在进行诉讼的竞争法庭，可以对证据资料或其复本进行检验，接受口头的或书面的宣誓、证明文件或其他关于证据资料的陈述，以确定所提供证据的制作是否符合有域外效力的法律之规定，确定证据是否具备外国有关部门认可的宣誓方式，包括证据材料中所包含的信息的书写、储存或复制状况，法院或竞争法庭由此可以从证据或其复本的内容或形式中作出合理推论。

外国物品

30.27 在议会有管辖权的事件中，加拿大方面可以依照司法协助协议取得某一外国物品，以及于取得物品之时直到司法部长将该物品送交竞争局长之时这段时间内，与该物品有人身和财产关系的人员的宣誓书、证明文件或其他陈述文件，都应当予以承认，但这些证据资料包含有道听途说和主观臆断的陈述除外。

证明书的状况

30.28 如果没有相反证据证明的情况下，第 30.26 条或第 30.27 条规定的宣誓书、证明文件、和陈述材料，即使没有在经过本人的签字或官方认可的表明已签字的情形，也可以视为其陈述证据。

一般规定

国外证据和请求的保密

30.29(1)除非为了执行和贯彻本法之目的，在实施和执行本法过程中，任何履行或曾经履行其职责的人员不得披露或允许他人披露：

（a）外国方面向加拿大提出的请求的内容，或提出请求这一事实本身；或

（b）依加拿大请求从国外获得的所有证据资料的内容。

加拿大证据的保密

（2）在实施和执行本法过程中，任何履行或曾经履行其职责的人员不得披露或允许他人披露依据第 30.06 条或第 30.11 条获取的信息，但是向加拿大法律执行机构披露或为了实施、执行本法之目的除外。

例外

（3）本条不适用于已经公之于众的信息。

已掌握资料的取得

30.29.1(1)应确定的是，外国方面依照协议请求提供的证据，只能按照协议或本章所设置的程序，以使请求有效实现为目的而获得的，即使证据资料已经掌握在竞争局长手中。

例外

（2）本条不适用于已经公之于众的信息，或信息提供人授权可以进行披露的信息。

非正式协议保留

30.30 除依本章订立的有关竞争局长与外国权力机关进行合作的协议外，本章内容不应当被视为对其他任何协助协定或协助协议的废除或限制。

第四章　特别救济

减免关税

31. 如果根据本法所进行的调查，以及法院或法庭的判决结果，总督确信有如下情况：

（a）任何商品的竞争在实质上受到阻碍或减少；且

（b）竞争的阻碍或减少是由于对该产品或任何其他类似产品征收关税的结果，或者撤销或降低关税可以恢复其竞争；

总督可以发布命令撤销或降低任何此类关税。

联邦法院限制

32.(1)在下列情况下，如果发明专利、商标、版权或已注册的综

贸易特权

合性地理标志的专有权和优先权的行使：

（a）不正当地限制了运输、生产、加工、供应、储存或经营任何商品或任何可以成为交易或贸易标的产品的便利；

（b）不正当地限制或损害了此类商品或产品的交易或贸易；

（c）不正当地阻碍、限制或减少了此类商品或产品的加工或生产，或不合理地提高了其价格；或

（d）不适当地阻碍或减少了此类商品或产品的生产、加工、购买、交换、销售、运输或供应方面的竞争；

联邦法院可以在本条第 2 款规定的情形下发布该项涉及的一个或几个命令。

命令

（2）为了阻止以本条第 1 款的方式行使有关或影响商品或产品的生产使用或销售的发明专利、商标、版权或已注册的综合性地理标志的专有权和优先权，根据加拿大总检察长的正式通知，联邦法院可以发布一项或多项下列命令：

（a）宣告关于上述不合理使用的协定、协议或许可证全部或部分无效；

（b）限制任何人执行该协定、协议或许可证的任一条款或所有条款；

（c）命令将专利权、版权或已注册的综合性地理标识以法院认为适当的条件转让给他人，或如果转让或本条之下的其他救济方法还不足以阻止上述不适当的使用，则可撤销该项专利；

（d）命令撤销或修改在登记机关注册的商标或综合性地理标识；及

（e）若法院认为有必要阻止此类权利的滥用，亦可酌定是否采取其他措施。

条约

（3）根据本条作出的命令不得与加拿大参与的与其他国家订立的关于专利、商标、版权或综合性地理标识的条约、公约、协定或协议相抵触。

临时禁令

33.（1）依据加拿大总检察长或省总检察长的申请或以其名义提交的申请，如果法院认为直到第 34 条第 2 款规定的诉讼结束之前或者对该人的指控结束之前，申请中所指的人已经、将要或可能从事的行为是第六章或第 66 条规定的，可能使得法院认定其犯罪的行为，并具有下列情形的，可以发布临时禁令进行禁止：

（a）该犯罪行为已经发生或正在继续；

（i）将导致对竞争的损害，且已无法通过本法其他规定加以补救；或

（ii）可能会使某人遭受犯罪的侵害，其损失根据本法的其他规定无法补救，将显著超过在尚未犯有或不会犯有或不可能犯有第六章或第 66 条规定的罪行的情况下，根据本款发布禁令给禁令指定的人造成的损失；

（b） 如果第 52.01 条或第 53 条规定的犯罪行为已经发生或正在继续；

（i） 将导致对竞争的损害；或

（ii） 可能会使一人或一人以上遭受犯罪的侵害，其损失将远远超过在尚未犯有或不会犯有或不可能犯有第 52.01 条或第 53 条规定的罪行的情况下，根据本款发布禁令给禁令指定的人造成的损失。

欺诈性电话销售或通知

（1.1） 在被供应人，或者在被供应人为公司的情况下公司的高管或董事原先具有下列情形的，依据第 52.01 条或第 53 条就犯罪作出的禁令，可以禁止任何人向将该产品用于实施或继续实施犯罪的被供应人供应产品的行为，

（a） 被判定犯有第 52.01 条或第 53 条规定的罪行，或者第 52 条规定的为第 52.01 条或第 53 条所禁止的罪行；或

（b） 因为违反依本条或第 34 条发布的，针对在（a）项中规定的有关犯罪、持续犯罪和重复犯罪的命令而受到惩罚。

申请的通知

（2） 在可能情况下，根据本条第 3 款的规定，就本条第 1 款规定的禁令的申请至少应提前 48 小时由加拿大总检察长或省总检察长或以其名义通知禁令所针对的每个人。

单方面申请

（3） 如果接受本条第 1 款提出的申请的法院确信：

（a） 有正当理由不能遵守本条第 2 款；或

（b） 情况紧急，若按本条第 2 款进行通知将有损于公共利益；

法院可以单方面处理申请，但法院根据单方面申请依据本条第 1 款发布的禁令仅在禁令规定的期限内有效，不得超过 10 日。

禁令条款

（4） 根据本条第 1 款发布的禁令：

（a） 应当包含发布该禁令的法院认为能满足案件情况需要的和对其有必要的条款；及

（b） 根据本条第 3 款应在禁令规定的期限内有效。

禁令的延长或取消

（5） 发布本条第 1 款规定的禁令的法院，根据具体情况，根据加拿大总检察长或省总检察长的申请或以其名义提出的申请，或在有关申请已通知有关各方的情况下，根据针对其发布禁令的人的申请或以该人名义提出的申请，可以定时或不定时地发布命令：

（a） 即使有本条第 3 款或本条第 4 款的规定，亦可将禁令延长一定期限，而无论是否对禁令有所更改；或

（b） 撤销禁令。

申请者的义务

（6） 根据本条第 1 款发布禁令后，加拿大总检察长或省总检察长根据具体情况，尽快对禁令所针对的行为提起公诉或进行诉讼。

违反的惩罚

（7） 法院对任何违反或不遵守本条第 1 款规定的禁令的人，可以酌定处以罚款或两年以下的监禁。

法院的定义

（8） 本条所称的法院是指联邦法院或《加拿大刑法典》规定的高等刑事法院。

禁止令

34.（1）若某人被证明犯有第六章规定的罪行，依据加拿大总检察

长或省总检察长的申请，法院在对该人进行定罪并裁定其他惩罚措施时，可以禁止犯罪人或任何其他有可能继续或重复此类犯罪的人继续或重复此类犯罪或从事此类行为。

禁止令

（2）在本条中，加拿大总检察长或省总检察长对某人已经、将要或可能作出第六章中规定的犯罪行为提起公诉的，高等刑事法院拥有管辖权的案件，法院可以禁止该人的犯罪行为或继续从事其他任何行为，或其他任何人可能从事的构成或导致犯罪的行为。

说明条款

（2.1）依本条发布的有关犯罪的命令可以要求任何人：

（a）采取法院认为必要的措施防止犯罪行为的发生、持续和再犯；或

（b）采取与该人、加拿大总检察长或省检察长协商一致的任何措施。

命令的期限

（2.2）依本条发布的命令有效期为10年，但命令中特别规定了更短期限的除外。

变更与废止

（2.3）如果命令针对的人具有下列情形，法院可以变更或废止其依据本条发布的命令：

（a）如果该人与加拿大总检察长或省总检察长均同意变更或废止；或

（b）依据该人、加拿大总检察长或省总检察长的请求，如果法院发现作出命令的条件已经改变，或者依照申请命令之时的条件并不应当作出命令或作出命令无助于实现既定目的的。

其他诉讼

（2.4）如果已经对第2款规定的命令中所针对的人提起诉讼的，不得基于该诉讼所指控的相同的或实质上相同的事实，依第六章规定再次提起诉讼。

向上诉法院、联邦法院上诉

（3）如果在案件中涉及法律问题，或上诉法院认为有充分的上诉理由，并在判决宣判后21日内同意上诉，或上诉法院或其法官在存在特殊原因时，同意在延长期限内上诉，则加拿大总检察长、省检察长或依本条发布的命令所针对的人，可以对该命令的作出、拒绝作出或撤销命令的行为提起上诉：

（a）经由省刑事高等法院向省上诉法院上诉；或

（b）经由联邦法院向联邦上诉法院上诉。

向加拿大最高法院上诉

（3.1）如果在案件中涉及法律问题，或最高法院同意上诉，或最高法院认为有其他充分的上诉理由，则加拿大总检察长、省检察长或依本条发布的命令所针对的人，可以视情况对该命令的作出、拒绝作出或撤销命令的行为，经由省上诉法院或联邦上诉法院向加拿大最高法院提起上诉。

上诉处理

（4）若上诉法院或加拿大最高法院同意上诉，它可以撤销被诉法院的命令，并以自己的判断站在被诉法院的立场作出新的命令。

程序

（5）根据本条第3款以及第4款，《加拿大刑法典》第二十一章可以按照情况的不同作出相应调整以适用于本条规定的上诉。

违反的处罚

（6）对任何违反法院依据本条所发布的命令的人，法院可酌定处以罚款或五年以下的监禁。

程序

（7）法院审理加拿大总检察长或省检察长依本条提起诉讼的案件，不应当设置陪审团，且应尽可能适用省高等法院适用于禁令诉讼的程序。

高等刑事法院的定义

（8）在本条中，高等刑事法院是指刑法典规定的高等刑事法院。

法庭要求报告

35.（1）不论第六章有何规定，若有人被证明犯有该章之下的罪行，审理该案的法院可以在其后的 3 年内定时要求该犯罪人提交法院认为适当的有关其商业活动的信息，并且，在不限制前述条款普遍效力的情况下，法院可以要求该人向法院报告他自犯罪之日以来关于他与他人签订的，或明示或默示的涉及其商业活动的合同、协议或协定进行交易、经营或进行其他活动的全部情况。

处罚

（2）对违反本条规定的命令的人，法院可以酌定处以罚款或两年以下的监禁。

损害赔偿

36.（1）由于以下原因遭受损害或损失的人：

（a）违反第六章规定的行为；或者

（b）其他人没有遵守竞争法庭或其他法院依据本法发布的命令；

可以向有管辖权的法院提起诉讼，请求实施该行为或违反规定或命令的人等额赔偿因其行为所造成的损害或损失，以及法院允许的不超过依据本条规定进行与损害或诉讼有关的调查而支付的全部费用的额外赔偿。

先例证据

（2）依据本条第 1 款对某人进行的起诉过程中，有关该致害人犯有第六章规定犯罪行为，或因不遵守竞争法庭或其他法院发布的命令而被定罪、受罚的诉讼记录，在没有相反证据证明的情况下，该记录可以作为该致害人从事上述行为的不利证据，同时在这些诉讼程序中存在有关起诉人受害的证据的，也可以成为对起诉人有利的证据。

联邦法院的管辖权

（3）联邦法院对本条第 1 款中的行为拥有管辖权。

时效

（4）以下情形不得依据本条第 1 款提起诉讼：

（a）诉讼所针对的违反第六章规定的行为，自以下任一时日起已经超过 2 年的：

（i）该行为作出之日；或

（ii）任何针对该行为的刑事诉讼程序被终止之日；以及

（b）诉讼所针对的，不遵守竞争法庭或其他法院发布的命令的行为，自以下任一时日起已经超过 2 年：

（i）竞争法庭或法院发布命令之日；或

（ii）任何针对该行为的刑事诉讼程序被终止之日起。

第五章 ［1985 年废除］

第六章 破坏竞争秩序的犯罪行为

共谋

45.(1)任何人与他人通过共谋、联合、协定或协议，从事：

(a) 不正当地限制用于运输、生产、制造、供应、储藏及交易的任何产品之便利；

(b) 不正当地阻碍、限制或减少某种产品的制造、生产或不合理地抬高其价格；

(c) 不正当地阻碍或减少在生产、制造、购买、交换、出售、储藏、租借、运输或供应某种产品过程的竞争，或者，不正当地阻止或减少人身或财产保险价格的竞争；

(d) 其他不正当地限制或破坏竞争的行为；

将被控有罪，并可被判 5 年以下有期徒刑或 100 万加元罚款，或者两者并处。

共谋

(2) 在认定共谋、联合、协议或协定是否违反本条第 1 款规定时，无须证明已实行的共谋、联合、协定或协议可能完全或实质地减少相关市场的竞争，也无须证明任何一方或各方有完全或实质地破坏市场竞争的目的。

共谋的证据

(2.1) 在本条第 1 款规定的诉讼中，无论是否存在被控各方之间相互披露信息的直接证据，法院可以从间接证据中推论被控各方之间存在共谋、合作、协定或协议，但须有正当理由怀疑在被控各方间存在合谋、联合、协定或协议。

故意的证据

(2.2) 在确认共谋、联合、协定或协议是否违反第 1 款规定时，必须证明有关各方故意且确实达成了合谋、联合、协定或协议，但无须证明各方希望共谋、联合、协定或协议产生第 1 款之下的效果。

辩护理由

(3) 根据本条第 4 款规定，在依据第 1 款进行的诉讼中，若合谋、联合、协议或协定仅与下列一项或多项有关，则法院不应判被告有罪：

(a) 统计数据的交换；

(b) 产品标准的界定；

(c) 信贷信息的交换；

(d) 用于贸易、行业或专门职业的术语的定义；

(e) 研发方面的合作；

(f) 对广告或推销的限制，但针对大众媒体成员的歧视性限制除外；

(g) 包装商品的容器的规格和形状；

(h) 度量衡公制的采用；

(i) 环境保护措施。

例外

(4) 若合谋、联合、协议或协定在以下方面不适当地减少或可能减损竞争，则本条第 3 款不适用：

（a）价格；

（b）生产的数量或质量；

（c）市场或消费者；

（d）销售的渠道或方法；

或者若合谋、联合、协议或协定限制或可能限制他人从事或扩大贸易、工业或专业性质的业务，第3款也不适用。

抗辩

（5）根据本条第6款规定，若合谋、联合、协议或协定仅涉及加拿大产品的出口，依据本条第1款进行的诉讼中法院不得判被告有罪。

例外

（6）若合谋、联合、协定或协议有下列情况，则本条第5款不适用：

（a）已经或可能导致产品出口值的实质性减少或限制；

（b）已经或可能限制他人从事或扩大加拿大产品的出口；或

（c）已经或可能不适当地阻止或减少为促进加拿大产品出口而提供的服务方面的竞争。

（d）［已废除］

抗辩

（7）在本条第1款规定的起诉中，如果发现合谋、联合、协定或协议在下列方面，仅与服务有关，且仅与符合保护公众的之合理必需的资格和完整性的标准有关，法院不应当判定被告有罪；

（a）与该服务有关的贸易或专业性活动方面；或

（b）搜集和传播有关该服务的信息方面。

例外

（7.1）本条第1款不适用于第49条第1款规定的联邦金融机构间的协议或协定。

例外

（8）第1款不适用于关联企业之间的合谋、联合、协定或协议。

依第79条或第92条申请

45.1 如果将依据第79条或第92条对某人提起诉讼，不得再依照第45条第1款规定，以相同的或实质相同的指控事实再次提起诉讼。

国外指示

46.（1）任何公司，不论其在哪里设立，在加拿大开展业务并且在加拿大全境或部分地区执行来自加拿大境外的其地位可以指示或影响该公司政策的主体下达的指令、指示或暗示或其他信息，其目的在于达成共谋、合作、协议或协定的，如果是在境内达成上述协议，将会违反第45条的规定，则，无论加拿大境内的该公司高管或董事是否知悉该共谋、合作、协议或协定，那么该公司就可被控告有罪，且可被酌定处以罚款。

限制

（2）如果局长依据第83条，基于某一事实针对某公司或其他任何人提出申请有关命令，则不得依本条基于相同的或实质上相同的事实对该公司提起诉讼。

串通投标的定义

47.（1）在本条中，“串通投标”是指投标人背着招标人在投标之时或投标之前达成如下协议或协定：

（a）对招标人的招标，投标人之中的一人或多人约定或实施不投标的协议或协定，或者约定或实施退出投标的协议或协定；或

（b）以投标人之间商定的条件投标的协议或协定。

串通投标

（2）每个参与串通投标的人都可被指控犯罪且酌定处以罚金，或被处以14年以下的监禁，或二者并罚。

例外

（3）本条不适用于关联企业之间就投标达成的协议或协定。

职业运动的共谋

48.（1）任何人与他人合谋、联合、协议或协定从事下列两种行为的，可以被指控为犯罪，且酌定处以罚金，或处以5年以下的监禁，或同时判处上述两种处罚：

（a）不合理地限制其他人作为运动员或竞争对手，参加职业体育运动的机会，或对这些人参加职业体育运动附加不合理条件；或

（b）不合理地限制其他人谈判选择职业联盟俱乐部的机会和为其所选择的俱乐部效力的机会。

审查事项

（2）在确定某一协议或协定是否违反第1款时，受理对该行为指控的法院应考虑：

（a）被指控违法的运动项目是否为国际赛事，若为国际赛事，是否因此与指控有关的限制因素、条件必须为加拿大所接受；且

（b）保持参加同一联盟的运动队或俱乐部之间的平衡是否合乎需要。

适用

（3）对参加职业体育运动的属同一联盟成员的运动队和俱乐部之间的，以及这些运动队和俱乐部的董事、高管或雇员之间的专门涉及第1款规定事项的或涉及联盟中特权的授予和行使的协议和协定或其规定，适用本条，而不适用第45条；对运动队、俱乐部以及人员之间的所有其他协议、协定和其他规定适用第45条，而不适用本条。

联邦金融机构之间的协定或协议

49.（1）根据第2款，任何与其他联邦金融机构签订的关于下列事项的协议的联邦金融机构以及故意代表该金融机构签署协议的董事、高管或雇员，被指控为犯罪并处以1000万元以下的罚金，或5年以下的监禁，或二者并罚：

（a）存款利息率；

（b）贷款利息率或贷款费用；

（c）为客户服务的费用的数额或种类；

（d）客户贷款的数额和种类；

（e）为客户提供的服务的种类；或

（f）向其提供贷款或其他服务或拒绝向其提供贷款或其他服务的人员或各类人员。

例外

（2）第1款不适用于下列协定或协议：

（a）关于加拿大境外的存款或贷款的协议；

（b）仅适用于金融机构间的交易或金融机构间提供的交易或服务，或由两家或多家金融机构提供的与其客户有关的服务协议，而他们的客户又知道该协议的；或由一家金融机构代表该客户的客户而提供的与该客户有关的交易或服务协议；

（c）关于由联邦金融机构或包含联邦金融机构的金融集团进行的

有关投标或购买、销售或认购债券的协议；

（d）关于交换统计资料和信贷状况，系统、方式、方法、程序和标准的开发和利用，普通设备的利用，以及关于上述方面的联合研发和广告宣传的限制协议；

（e）关于参与根据议会法律或地方法律而批准的有担保或保证的贷款的合理条件的协议；

（f）关于任何服务费用数额的协议或关于提供给加拿大境外客户的、在加拿大境外履行的、或在加拿大境内为加拿大境外人员利益而履行的服务的协议；

（g）关于在加拿大境外为其提供贷款或其他服务的人员和人员类别的协议；

（h）财政部长为金融政策目的而要求签订获批准的、并证明了当事人各方名称的协议或协定；

（i）仅仅是金融机构各自的分支机构之间签订的协议。

联邦金融机构的定义

（3）本条和第45条中的“联邦金融机构”是指银行、在《银行法》第2条中规定的获得授权的外国银行、适用于《信托和贷款公司法》的公司、或适用于《保险公司法》的公司或团体。

依据第76、79、90或92条开始的程序

（4）不得依照下述事实针对个人启动本条规定的程序与局长根据第76、79、90.1或92条规定，申请法院发布针对个人的命令所依据的事实相同或基本相同的事实。

虚假或误导性陈述

50.［废除］

51.［废除］

52.（1）任何人不得为直接或间接促进某种产品的供应或使用，或为直接或间接促成某种商业利益，以任何方式故意地或不计后果地向公众对有关该产品实质性内容进行虚假或误导性的陈述。

无需特定事项的证据

（1.1）如果确定有违反第（1）款规定的行为，则无需证明：

（a）有人受骗或受误导；

（b）对加拿大国内的任何公众作出虚假或误导性陈述；或

（c）此虚假或误导性陈述在公众允许进入的地点作出。

获准陈述

（1.2）本条或第52.01、74.01条或74.02条中涉及的有关陈述，包括作出陈述的许可。

附着于商品的陈述

（2）在本条中，下列陈述被认为是根据第2.1款规定，并且仅由表达、制作或涉及下列陈述的人向公众作的陈述：

（a）标于为销售而提供、展示的商品上及其包装或外壳上的陈述；

（b）标于可粘贴、插入或附于为销售而提供、展示的商品上的任何东西上的陈述，置于其包装或外壳或为销售、展示商品而置于其上的任何东西之上的陈述；

（c）在贮存地或购买地上的展示的陈述；

（d）在存放、上门送货或电话销售过程向最终使用者所作的陈述；

（e）包含于任何销售、邮寄、移交、传送或以任何其他方式给予

公众成员的任何东西之内或之上的陈述；

境外陈述

（2.1）如果第2款中的表达、制作或控制该陈述的人在加拿大境外，作出了第2款（a）项至（c）项或（e）项中的陈述，则为了实现第1款之目的，应被认为是向加拿大进口该条涉及的商品、产品或展品的人对公众所进行陈述。

视为公众陈述

（3）根据第2款，为了直接或间接促进某种产品的供应或使用或任何商业利益的目的，而向产品的批发商、零售商或任何其他销售商供应产品、材料或其他东西，这些东西含有第1款所指性质的陈述，则视为已向公众作出该陈述。

应考虑的总体效果

（4）在任何违反本条的诉讼中，确定一项陈述是否在实质内容上具有虚假性或误导性时，不仅应考虑该陈述的字面意义，还要考虑其总体效果。

犯罪刑罚

（5）任何违反第1款规定的人，都可被控有罪，并且

（a）若以公诉书定罪，则可酌定处以罚金或处以14年以下的监禁，或二者并罚；

（b）若简易定罪，则可处以20 000加元以下的罚款或1年以下的监禁或二者并罚。

可复审行为

（6）第七章之一中的有关可复审行为的规定不应当被误读为是对本条规定的陈述行为适用的排除。

重复诉讼

（7）如果已经依据第七章之一对某人提请发布命令，则不得基于相同的或实质相同的事实依据本条再次对该人提起诉讼。

电话销售的定义

52.01(1)本条中的“电话销售”是指为了直接或间接促进某种产品的供应或使用或任何商业利益的目的,采取的电话沟通的方式的行为。

信息披露

（2）除非做到以下三点，否则任何人不得从事电话销售：

（a）在每次进行电话沟通之初采取公平合理的方式进行信息披露，包括有关电话沟通人的身份、产品的性能、及电话沟通所促成的商业利润情况以及电话交流的目的；

（b）公平、合理、及时地披露被供应或被使用的产品的价格，以及有关交货的实质性限制及条件；

（c）公平、合理、及时地披露规章规定的其他与产品有关的信息。

欺诈性电话销售

（3）进行电话销售者不得从事下列行为：

（a）在实质内容上作出的虚假或误导性陈述；

（b）进行或声称进行竞赛、抽奖或其他含有偶然因素、技巧因素或二者皆有的游戏，具有下列情形：

（i）参加者从竞赛、抽奖或其他游戏中获得奖品或其他利益需以预付一定数额款项为条件；或

（ii）未公平、充分披露奖品的数量、近似价值和中奖区域以及指示影响中奖几率的推销人知道的其他事实；

（c）出于诱使客户购买或使用其产品的目的，无偿或低于公开市场价格供应商品，但公开、及时、合理地披露前述商品的公开市场价

格以及向客户供应产品的限制、条件的除外；或

（d）预先付款产品的价格远远高于该产品公开市场价格。

总体效果

（4）在对违反第3款（a）项的行为进行起诉时，应当考虑陈述所表达的总体效果以及其字面意义，来判断其是否成为在实质方面的虚假性或误导性陈述。

例外

（5）第2款（b）项或（c）项，或第3款（b）项或（c）项涉及的信息披露，应当在电话沟通过程中进行，但被告证实信息已经在电话沟通之前的合理时间内作出披露，且该信息在电话沟通过程中未被要求的除外。

适当注意

（6）如果行为人证明其已尽适当注意以努力阻止犯罪行为，则不应当依据本条规定被判定为有罪。

雇员和代理人犯罪

（7）尽管有第6款规定，在对实施本条规定的犯罪行为的公司起诉时，不论该雇员或代理人的身份是否明确，若有充分犯罪证据证明雇员或代理人实施了犯罪行为，则足以成为该公司犯罪的证据，但公司证明其已尽适当的注意以努力阻止犯罪行为发生的除外。

董事和高管的责任

（8）如果公司实行本条规定的犯罪，则对公司作出该行为的决策有引导或影响力的该公司的董事或高管，同样被认为参与该犯罪或犯有该罪，并应当受到基于该犯罪的刑罚，不论公司是否已被起诉或定罪。但该董事或高管证明其已经尽适当的注意努力阻止犯罪行为的发生除外。

犯罪刑罚

（9）任何违反第2款或第3款规定的行为，可被控有罪，并且：

（a）若以公诉书定罪，则可在法院权限内处以罚款或处以14年以下的监禁或两者并处；

（b）若简易定罪，则可处以20 000加元以下的罚款或1年以下的监禁或两者并处。

宣判

（10）在对犯有本条之罪的行为人进行判决时，除其他情节外，法院应当审查以下加重情节：

（a）使用原先受到电话销售欺诈的人员清单；

（b）被电话销售欺诈人员的特性，包括容易受到伤害策略的影响的群体；

（c）行为人从电话销售中获取的收益总额；

（d）行为人有施行本条或第52条禁止的犯罪行为的前科；

（e）电话销售中信息传递的方式，包括使用伤害策略。

欺诈性中奖通知

53.（1）任何人不得直接或间接地为了促进商业利益、促进产品的供应和使用的目的，通过电子邮件、普通邮件或其他任何形式发出或要求他人发出任何形式的文件或通知，该文件或通知告知接收者其已经或将要或通过某种特殊行为得到奖品或其他利益，并且要求接收者付款或引诱其进行其他消费来获得奖品。

不适用

（2）如果接收者确实获得奖品或其他利益，且通知者做到以下情形的，第1款不予适用：

（a）充分而公平地披露奖品或其他利益的数额和价值，奖品分布的范围以及推销人知道得实质影响中奖几率的因素；

（b）毫不迟延地发送奖品或其他利益；以及

（c）在奖品分布的范围内，参与者的挑选或奖品及其他利益的分配是随机的或依据参与者的技巧决定的。

适当注意

（3）如果行为人证明其已尽适当注意努力阻止本条规定的犯罪行为，则不应当被判定为有罪。

雇员及代理人犯罪

（4）尽管有第6款规定，在对实行本条规定的犯罪的公司进行起诉时，不论该雇员或代理人的身份是否明确，若有充分犯罪证据证明雇员或代理人实施了犯罪行为，则足以成为该公司犯罪的证据，但公司证明其已尽适当的注意以努力阻止犯罪行为的发生除外。

董事和高管的责任

（5）如果公司实施本条规定的犯罪，则对公司作出该行为的决策有引导或影响力的该公司的董事或高管，同样被认为参与该犯罪或犯有该罪，并应当受到基于该犯罪的刑罚，不论公司是否已被起诉或定罪。但该董事或高管证明其已经尽适当的注意努力阻止犯罪行为的发生除外。

犯罪和刑罚

（6）任何违反本条规定的行为，可被控有罪，并且：

（a）若以公诉书定罪，则可酌定处以罚款或处以14年以下的监禁或两者并处；

（b）若简易定罪，则可处以20 000加元以下的罚款或1年以下的监禁或两者并处。

宣判

（7）在对犯本条之罪的行为人进行判决时，除其他情节外，法院应当审查以下加重情节：

（a）使用受到本条或第52.01条犯罪行为欺诈的人员清单；

（b）第1款涉及的通知接收者对伤害策略的易受害性；

（c）行为人预计从实施本条犯罪行为中获取的收益总额；

（d）行为人有施行本条、第52条或第52.01条中的犯罪行为的前科；

（e）中奖通知中信息传递的方式，包括使用伤害策略。

双重标签

54.（1）如果对某些产品已经以下列方式标明了两个或两个以上的价格，则任何人不得在同样的时间和供货量的情况下高于该价格之中最低价格销售产品：

（a）标于产品或产品的包装或外壳之上；

（b）标于任何可粘贴、插入或附于产品之上的任何东西之上，或为销售、展示商品而置于其上的任何东西之上；或

（c）标于存放地或购买地的展示或广告之上。

犯罪刑罚

（2）任何违反第1款的人可被控有罪并依简易定罪处以10 000加元以下的罚款或1年以下的监禁或两者并处。

多层次传销的定义

55.（1）在本条和第55.01条中，“多层次传销”是指供应产品的计划，即该计划的某一参与者向另一参与者提供产品而获利，被提供

者再向其他参与者提供产品获利，如此循环。

报酬陈述

（2）从事或参与多层次传销的人无需陈述有关在传销计划中对潜在参与者支付报酬的情况，但是其应当公平、合理、及时地披露陈述人知道的下列有关信息：

（a）传销计划中有代表性的参与者的实际获得的报酬；

（b）在审查以下相关因素后，传销计划中有代表性的参与者可能获得的报酬：

（i）产品的性质，包括其价格和效用；

（ii）产品的相关市场的性质；

（iii）该计划及类似计划的性质；以及

（iv）计划施行人是公司、合伙、独资企业或是其他商业组织。

报酬陈述

（2.1）操作多层次传销的人如果对该计划给予潜在参与者报酬进行陈述，应当保证由该计划参与人或操作人的代理人作出的关于该计划中针对上述报酬的陈述能够公平、合理和及时地披露操作人知道的下列信息：

（a）传销计划中有代表性的参与者的实际获得的报酬；

（b）在审查相关因素，包括第 2 款（b）项中规定的因素后，传销计划中有代表性的参与者可能获得的报酬。

适当注意抗辩

（2.2）依据第 2.1 款被指控犯罪的人如果能证明其已事先尽到合理注意，谨慎行事以保证如下事项，则其不能被定罪：

（a）该计划的参与者或受指控人的代表没有对该计划中的报酬进行陈述；

（b）该计划的参与者或受指控人的代表所作出的有关该计划中报酬的陈述是对该项中涉及的信息进行公平、合理、及时地披露。

犯罪刑罚

（3）任何违反第 2 款或第 2.1 款的人将被控有罪，且

（a）若以公诉书定罪，可酌定处以罚款或 5 年以下的监禁或两者并处；

（b）若简易定罪，可处以 20 000 加元以下的罚款或 1 年以下的监禁或两者并处。

“金字塔式销售”的定义

55.01(1)在本条中，“金字塔式销售”是指一种通过以下方式进行的多层次的销售计划：

（a）该计划的参与者如果招募新成员加入到该计划中，则可以由此获得报酬，而该新成员有上述相同的权利；

（b）作为参与该计划的条件，参与者需要购买特定数额的商品且该商品并非销售者为促销而以其成本价格销售的；

（c）故意以商业上不合理的数量将产品出售给参与者；或

（d）计划中接受产品的参与者：

（i）不能得到在可行的、合理的商业条件下要求供应者购回或退货的保证；或者

（ii）没有被通知存在关于产品的保障或权利及其实现方式。

金字塔式销售　（2）任何人不得确立、运作、宣传或推进金字塔式销售计划。

犯罪刑罚　（3）任何违反第2款的人将被控有罪并承担责任，且

（a）若以公诉书定罪，可酌定处以罚款或5年以下的监禁或两者并处；或者

（b）若简易定罪，可处以200 000加元以下的罚款或1年以下的监禁或两者并处。

56. ［废除］

57. ［废除］

58. ［废除］

59. ［废除］

抗辩　60. 第54条不适用于代表加拿大境内另一人的利益而印刷、出版或以其方式发行说明或广告的人，条件是其能证实他掌握并记录了该另一人的姓名和地址，并且其是在其正常业务范围内善意地接受印制、出版或以其他方式发行该说明或广告的。

61. ［废除］

民事权利不受影响　62. 除本章的有关规定之外，本章内容不应当被解释为对任何人民事权利的剥夺。

第七章　其他犯罪

犯罪行为

63. ［废除］

阻却　64.（1）任何人不得以任何方式阻碍或阻挠或企图阻碍或阻挠本法规定的调查或审查。

犯罪与刑罚　（2）任何人违反（1）款即构成犯罪，且：

（a）适用公诉书定罪，处以法庭裁量的罚金或10年以下监禁，或两者并处；

（b）适用简易程序定罪，处以10万加元以下的罚金或2年以下监禁，或两者并处。

违反第二章的规定　65.（1）任何人不执行第11条之下的命令以及违反第15条第5款或第16条第2款的规定，且未证明有正当和充分理由的，构成犯罪，且：

（a）适用公诉书定罪，处以法庭裁量的罚金或2年以下的监禁，或两者并处；

（b）适用简易程序定罪，处以10万加元以下的罚金或2年以下的监禁，或两者并处。

未提供信息　（2）任何人违反第114条第1款，且未证明有正当和充分理由的，构成犯罪，可以通过简易定罪或公诉书定罪处以5000加元以下的罚款。

证据卷宗的损毁和篡改　（3）任何人损毁或篡改或导致损毁或篡改依据第11条被要求出示的证据资料或第15条的搜查状涉及的证据资料或其他物品的，即构成

犯罪，且可

（a）适用公诉书定罪，处以法庭裁量的罚款或 10 年以下的监禁，或两者并处；

（b）适用简易程序定罪，处以 100 000 加元以下的罚款或 2 年以下的监禁或两者并处。

董事的责任

（4）公司实施本条规定罪行的，任何指挥、授权、同意、默许或参与该犯罪的公司高级职员、经理或代理人也属于当事人，构成该罪，无论该公司是否被起诉或定罪，该人都可被处以该罪应有的处罚。

对第 30.06 条第 5 款的违反

65.1(1)任何人违反第 30.06 条第 5 款的规定，且未证明有正当和充分理由的，构成犯罪，可以通过简易定罪或公诉书定罪处以 5000 加元以下的罚款或 2 年以下的监禁或两者并处。

证据卷宗的毁损、篡改

（2）任何人毁损、篡改或导致毁损、篡改与依据第 30.06 条发布的搜查状有关的，或依第 30.11 条第 1 款或第 30.16 条第 1 款作出的命令需要进行出示的卷宗证据，即构成犯罪，且应当

（a）适用公诉书定罪，处以 50 000 加元以下的罚款或 5 年以下的监禁或两者并处；或

（b）适用简易定罪，处以 25 000 加元以下的罚款或 2 年以下的监禁或两者并处。

驳回异议后的拒绝行为

65.2(1)在法官依照第 30.11 条第 8 款（a）项对其异议作出驳回的命令后，任何人没有正当充分的理由而拒绝向第 30.11 条第 2 款（c）项指派的人回答问题或出示卷宗证据的，构成犯罪，并可以适用公诉书定罪或简易定罪处以 5000 加元以下的罚款或 2 年以下的监禁或两者并处。

对不作出相反判决的拒绝

（2）第 30.11 条第 8 款（a）项规定的裁决并未作出，任何人拒绝向第 30.11 条第 2 款（c）项指派的人回答问题或出示卷宗证据，且未证明有正当和充分理由的，构成犯罪，可以适用简易程序或普通程序处以 50 000 加元以下的罚款或 2 年以下的监禁或两者并处。

（a）并未按第 30.11 条第 9 款的要求进行详细的陈述；或者

（b）如果该人事先被问及相同的问题或被要求出示相同的卷宗证据，而又拒绝的，且经过下列主体断定先前提供的拒绝理由并不充分：

（i）如果原因是由法官基于加拿大有关信息保密和免证权的法律断定的；

（ii）如果原因是由外国法院或外国方面指派的人员基于外国法律断定的。

对第七章之一或第八章命令的违反

66. 任何人违法了依据第七章之一［除第 74.10 条第 1 款（c）项和（d）项外］，或第八章（除第 79 条第 3 款第 1 项外）的规定，则构成犯罪，且可以

（a）适用公诉书定罪，法院可以依裁量处以罚款或 5 年以下的监禁或两者并处；或

（b）适用简易定罪，处以 25 000 加元以下的罚款或 1 年以下的监

禁或两者并处。

检举　66.01(1)任何人有合理的理由相信有人已经或将要施行本法规定的犯罪的，可以将事件的细节告知竞争局长并要求他（她）对检举者的身份予以保密。

保密性　(2) 竞争局长应当保守第1款中检举者的身份，并要求在实施或执行本法过程中履行职责的任何人保证保守该机密。

禁止事项　66.02(1)任何雇主不得以下列原因对雇员进行解雇、停职、降级、处分、烦扰或其他不利行为，或拒绝提供雇员有关的雇佣利益：

(a) 雇员善意地，且基于合理的理由向局长检举雇主或其他人已经或将要施行本法规定的犯罪行为的；

(b) 雇员善意地，且基于合理的理由拒绝或表示拒绝施行本法规定的犯罪行为的；

(c) 雇员善意地，且基于合理的理由，已经或表明意图将要从事为避免本法规定犯罪行为发生而被要求从事的行为；或

(d) 雇主认为雇员将从事 (a) 项或 (c) 项的行为，或拒绝从事 (b) 项的行为。

救济　(2) 本条的规定不得对雇员在法律上或在雇佣合同或集体协议上的权利有所损害。

定义　(3) 本条中的“雇员”包括独立的缔约者，“雇主”亦然。

程序规则

执行处罚的程序　67.(1)如果就违反本法的犯罪对一个非公司被告人提起控告，被告可以选择没有陪审团参与的方式；如果他做了这样的选择，则他将由受理该诉讼的法院的首席法官审判或主持任何后来的审理的该法院的法官审判或在任何受理该诉讼的法院受审判。

《刑法典》的适用　(2) 根据本条第1款的规定作出选择之后的程序，应尽可能适用《刑法典》关于由法官在没有陪审团的情况下审理可起诉犯罪的规定。

法院管辖权　(3) 除高等刑事法院（采《刑法典》中的定义）之外，任何法院无权审理第45～48条或第49条之下的任何犯罪。

公司在无陪审团情况下受审　(4) 无论《刑法典》、其他法律、法规有何规定，被控犯有本法之下罪行的公司应在没有陪审团的情况下审理。

根据第34条第2款选择程序　(5) 在可以适用第34条第2款的任何情况下，加拿大总检察长或省总检察长可以在其权限范围内，或以该款之下的起诉书或以控告方式提起诉讼。

诉讼时效　(6) 根据本法可以通过简易定罪处罚的犯罪可以在诉讼事由发生后的两年之内的任何时候提起诉讼。

起诉地点　68. 不论其他法规有何规定，除了根据《刑法典》可以起诉的地点以外，还可以在下列两种地点的条件下对第六章或第66条之下的犯罪提起诉讼。

(a) 若被告为公司，则为该公司主办事机构或分办事机构所在

地，不论关于分公司或公司组织的法律或法规对分支机构是否有规定；以及

（b）被告不是公司，则为其住所地或营业地。

定义

69.（1）在本条中，

当事人的代理人

“当事人的代理人”是指根据本条有证据资料确认的或以其他方式证明是当事人的高级职员、代理人、服务人员或代表人；

文件

“文件”［已废除］；

当事人

“当事人”是指根据本法被起诉之人，在公诉的情况下指任何被告和任何虽不是被告但被指控是该罪的共谋或其他当事方或利害关系人的人。

对当事人不利的证据

（2）在法庭进行的诉讼中或在本法规定的法院进行的控告或诉讼中，

（a）在缺乏相反证据的情况下，当事人的代理人所为、所说或所同意的任何事项，视具体情况，将被认为是经当事人授权所为；

（b）在缺乏相反证据的情况下，当事人的代理人所作出或接受的记录，视具体情况，将被认为是经当事人的授权所为；

（c）若无进一步证据，被证实为当事人持有或处于由其适用或占有的场所内，或为其代理人所持有的证据资料，是下列事项的初步证据：

（i）当事人知道该证据资料及其内容；

（ii）资料中记录的任何由当事人或当事人的代理人所为、所说或同意的事项确如所记录的一样被做过、说过或同意，且资料中所记录的当事人的代理人的上述行为均是经当事人的授权行为；

（iii）可能由当事人或当事人的代理人所书的资料，确实由其所写，且在可能由当事人的代理人所写的情况下，应认为是经当事人授权所写。

数据的可采性

70.（1）根据下列各项法规准备或发布的关于统计信息的集成、汇编、分析、抽象或其他资料或报告，均可作为在法庭进行的诉讼中或在本法规定的法院进行的起诉或诉讼中的证据：

（a）统计法；或

（b）议会或省级立法机关的其他法规。

数据的可采性

（2）应部长或局长的要求，

（a）加拿大统计长或加拿大政府任何部门或加拿大政府的代理机构的官员（其职能包括收集统计资料）应该；以及

（b）加拿大的省政府的任何部门或代理机构的官员（其职能包括收集统计资料）可以；

根据要求的条件，从其资料中编制有关工业或工业部门的统计资料陈述，这类陈述均可作为在法庭进行的诉讼的或在本法规定的法院进行的起诉或诉讼的证据。

不受影响的特别信息

（3）本条的任何规定不得强迫或授权加拿大统计长或加拿大政府

部门或其代理机构的官员以议会或省级立法机构的保护个人隐私或商业秘密的法规所禁止的方式披露个人隐私或商业秘密。

证书

（4）在法庭进行的诉讼中，或根据本法在法院进行的起诉或诉讼中，一项声称是由监督准备、发布本条所指的统计资料、统计报告或统计报表的加拿大统计长或加拿大国家或省政府部门或其代理机构的官员签署的、证明有关统计资料、统计报告或统计报表是在他的监督下准备、发布的证明，就是被指控的没有关于声称是由其签署的签名或官方性质的证据这一事实的证据。

通过抽样搜集的证据

71. 局长或以局长的名义或其他诉讼当事方（包括法庭诉讼中或在本法所指法院进行的起诉或诉讼中的当事方）通过抽样方式搜集到的有关统计资料的集成、汇编、分析、抽象或其他资料或报告，均可作为法庭进行的诉讼或在本法所指的法院进行的起诉或诉讼的证据。

通知

72.（1）第70条或第71条所涉及的有关数据信息或统计资料的证据、报告或报表不应当成为法庭或有关法院的证据，除非将统计资料报告或报表提交法庭作证的人，以适当方式通知对方当事人并将这些资料的复印件送交对方——若涉及第71条所指的证据资料、报告或报表，还应将参加制作这些统计资料的人的姓名和身份情况一并通知对方。

统计人员的到庭

（2）任何接受第70条所指的统计资料或报告的人，为交叉讯问的目的可以要求任何监督制作统计资料的人到庭。

统计人员的到庭

（3）任何接受第71条所指的统计资料或报告的人，为交叉讯问的目的，有权要求参加制作这些统计资料的人出庭。

联邦法院的管辖权

73.（1）根据本条，加拿大总检察长可以在联邦法院分庭根据第34、45～49条提起诉讼或其他程序。在需要起诉的情况下，可以根据第52、52.01、53、55、55.01条或第66条提起诉讼；并且，为了起诉或其他诉讼程序的目的，联邦法院分庭可以根据《刑法典》和本法之规定行使高等刑事法院的所有权力和审判权。

无陪审团审判

（2）联邦法院对第五章或第66条之下犯罪应在无陪审团的情况下审判。

上诉

（3）根据《刑法典》第二十一章关于上诉程序的规定，对本法第六章或第66条之下的控告或诉讼，当事人可以由联邦法院向联邦上诉法院、由联邦上诉法院向加拿大最高法院上诉。

程序选择

（4）总检察长根据其权限可以决定第34条第2款之下的诉讼在联邦法院分庭或在省的高等刑事法院进行。但是，未经个人的同意，个人犯有第六章或第66条之下罪行的诉讼不应在联邦法院进行。

74. ［废除］

第七章之一 欺诈性销售行为

应审查的事项

向公众的误导性陈述

74.01(1)任何人为了直接或间接促进产品的供应和使用或促进任何商业利益，不论采取何种方式，从事下列行为的，构成应审查行为：

（a）向公众作出实质性的虚假或误导性陈述；

（b）通过陈述、保证或担保的方式向公众说明产品的性能或使用期限，这些性能或使用期限并没有基于充分或适当的检测，且即使该作出陈述的人有证据证明；或者

（c）按照下列方式向公众作出陈述；

（i）产品的保证书或担保书；或

（ii）如果保证书、担保书或承诺在实质上构成了误导或者并没有可实现的合理期待，其中的更换、维修商品或商品的某一部分的承诺，或出现某一特定后果时进行其他售后服务的承诺。

正常价格：一般供应者

（2）根据第 3 款，任何人为了间接或直接地促进产品的供应或使用或促进任何商业利益的，以各种方式向公众陈述有关产品或类似产品的价格，该产品在相关地理市场中的一般供应者考虑其性质后，正在、已经或将要以该价格正常供应，具有以下情节的，构成从事应审查行为：

（a）在作出陈述之前或之后的一段合理期间内没有以该价格或更高的价格出售大量的产品；及

（b）在作出陈述之前或之后的很短的一段时间内没有善意地以该价格或更高的价格供应产品。

正常价格：供应者本身

（3）任何人，为了间接或直接地促进产品的供应或使用或促进任何商业利益的，以各种方式向公众陈述有关产品或类似产品明定的价格，在该人考虑产品和相关地理市场性质后，已经、正在或将要正常地以该价格供应该产品，具有以下情节的，构成从事应审查行为：

（a）在作出陈述之前或之后的一段合理期间内没有以该价格或更高的价格出售大量的产品；及

（b）在作出陈述之前或之后的很短的一段时间内没有善意地以该价格或更高的价格供应产品。

第 2 款和第 3 款涉及的时间

（4）为进一步明确，第 2 款（a）项及（b）项和第 3 款（a）项及（b）项规定的期间是在作出陈述之前或者之后取决于有关陈述的下列因素：

（a）已经供应或正在供应的产品的价格；或

（b）将要供应的产品的价格。

救济

（5）如果该人能证明其有关价格的陈述在一定情况下并非构成实质性的虚假或误导性陈述的，第 2、3 款不适用。

有关合理检测的陈述

74.02 行为人为了直接或间接地促进产品的供应或使用或促进任

及证书的公开

何商业利益的，以各种方式向公众陈述已经对产品的性能、功效或使用期限进行检测，或分发有关产品的质量证书的，除非能证明以下事项，否则构成应审查的行为：

（a）进行检测或颁发证书的人员事先已经进行了陈述或已公布了证书；

（b）在进行检测陈述或公布证书之前已经过检测者或证书颁布者的书面认可或批准，以及陈述或证书的公布是依据先前已作出、颁布或认可的陈述或证书。

附随产品的陈述

74.03(1)在第74.01条及第74.02条中，下列陈述被认为是由且仅由依据本条第2款引起该陈述被表述、发布或包含其中的行为人作出的，向公众作出的陈述：

（a）在提供或展示以待出售的商品上或其包装或容器上表述；

（b）在提供或展示以待出售的商品的附随物、夹带品或附带品之上，或其包装或容器上表述，或待展示或出售商品的有关信息的表述；

（c）在商店或其他购买点表述；

（d）向在店内销售、上门销售或电话销售过程中将商品销售给的最终使用者进行陈述；

（e）在销售、送货、交货、转交货其他任何方式可以使公众获得的商品上进行陈述。

境外的陈述

（2）当本条第1款中涉及的人在加拿大境外，则在第74.01条或第74.02条中，本条第1款中的（a）、（b）、（c）项或（e）项所规定的陈述行为视为是向加拿大进口该项中所涉及的商品、物件或展示品的进口商向公众作出的。

视为向公众陈述

（3）根据本条第1款，行为人为了间接或直接地促进产品的供应或使用或促进任何商业利益的，向产品批发商、零售商或其他销售商供应包含第74.01条涉及的有关产品性质陈述的原材料和物件，视为向公众陈述。

不需要证实的事项

（4）为了更好地确定第74.01条及第74.02条规定的行为，无需证实：

（a）有人受骗或受误导；

（b）对加拿大国内的任何公众作出虚假或误导性陈述；或者

（c）此虚假或误导性陈述在公众允许进入的地点作出。

应考虑的总体效果

（5）依第74.01条及74.02条进行的诉讼，应当充分考虑陈述的字面含义和陈述传达的总体效果，来确定作出陈述的当事人的行为是否构成可审查行为。

低廉价格的定义

74.04(1)在本条中，“低廉价格”指

（a）在参考普通的或其他正常的价格后，在广告中标明的低廉价格；或

（b）客户在阅读、收听或观看广告时可以合理地认为是作为与做广告的产品或类似产品的正常供应价格相比时较为低廉的价格。

引诱及转变销售

（2）行为人以低廉的价格为产品做广告，但在考虑到其经营地的市场性质、个人经营事务的性质和规模以及广告的性质之后，没有提供合理数量的产品的，构成应审查行为。

救济

（3）如果行为人能证明以下事项，则本条第2款不予适用：

（a）行为人充分考虑广告的效应之后，为获得一定数量的商品在适当的时间内采取了合理的措施，但由于其无法控制的不能合理预见的原因未能获得足够的商品；

（b）行为人在充分考虑广告的效应后获得了一定数额的商品，但由于无法预见的原因仍然无法满足客户的需求；或者

（c）在无法提供与广告相一致的产品之后，行为人在合理的时间内向所有请求购买该产品的人以及在低廉价格适用期内没有获得产品供应的人提供了质量相同或更好的同类商品或类似产品。

高于广告价格销售

74.05(1)行为人在其广告相关的时间及市场中，以高于广告的价格销售商品或出租商品的，构成应审查行为。

救济

（2）本条第1款在下列情形下不予适用：

（a）行为人可以证明其广告价格是错误的，并在待售商品目录上的显著位置加以说明；

（b）及时发布对先前广告价格的更正广告；

（c）在证券募集期间提供在公开市场上获得的证券；

（d）供应商品的行为人或其代理人并非从事商品的交易事业。

适用

（3）在本条中，与广告有关的市场就是在合理期待下，广告能影响到的市场，除非广告中通过描述地理区域、商店、销售部门、按照待售目录销售或其他条件将市场的定义缩小。

有奖促销竞赛

74.06　行为人为了间接或直接地促进产品的供应或使用或促进任何商业利益的，组织任何竞赛、抽奖、凭运气或技巧或二者皆具的游戏、或其他任何凭运气、技巧或二者皆具的得到产品或其他利益的方式，当具有以下情形时，构成应审查行为：

（a）没有充分和公平地披露奖品的数量、价值、分布区域和其他实质性影响中奖几率的信息；

（b）不合理地推迟奖品的发放；或

（c）在奖品分布地区，选择参与者或分配奖品并非随机或基于技巧因素。

救济

74.07(1)行为人如果是代表加拿大境内其他人的利益进行印刷、宣传或以其他形式散布包含广告在内的陈述，如基于善意，在正常商业活动中实施上述行为而获得记录其他人的姓名地址以及接受陈述的，第74.01条至第74.06条对该行为人不适用。

不予适用

（2）第74.01条至第74.06条不适用于第52.01、53、55条以及第55.01条所禁止的有关行为。

民事权利不受影响

74.08　除本章的有关规定之外，本章内容不得被解释为对任何人民事权利的剥夺。

行政救济

法院的定义

74.09 第74.10条至第74.14条以及第74.18条，“法院”是指竞争法庭、联邦法院或省高级法院。

应审查行为的判断以及司法命令

74.10(1)经由竞争局长的申请，法院确定行为人正在从事或已经从事本法的应审查行为，法院可以要求该人：

（a）停止从事该行为或实质相同的应审查行为；

（b）为引起可能受到审查行为影响的人的注意，以法院规定的方式以及在其规定的时间内，公告或其他形式发布有关其进行商业活动所持的名义及根据本条所作决定的通知；包括：

（i）对应审查行为的描述；

（ii）与该行为相关的期间和地理区域；以及

（iii）对陈述或广告发布的方式，包括所应用的出版物或其他媒体进行描述；以及

（c）以法院规定的方式，支付行政罚款，总计不超过：

（i）行为人是自然人的情况下，数额为75万加元，对于每个后续的命令，则为100万加元；或者

（ii）行为人是公司的情况下，数额为1000万加元以及对于每个后续的命令，则为1500万加元。

（d）如果行为是依据第74.01条第1款（a）项应审查的行为，以法院规定的方式向接受此类产品的人支付不超过支付总额的罚款数额，批发商、零售商或者其他分销商在转售或者分配产品的范围内除外。

命令的期限

（2）依据本条第1款（a）项发布的命令可以适用10年，除非法院确定了一个更短的期限。

救济

（3）如果行为人能够证明其已经尽到合理注意避免应审查行为的发生，则不得依据本条第1款（b）项或（c）项对其发布命令。

命令的目的

（4）依据本条第1款（b）项或（c）项针对行为人的命令条款的确定，应当以与本章目的相一致的促进行为而非惩罚为目的。

加重或减轻因素

（5）以下证据在依照本条第1款（c）项对行政罚款的数额进行确定的时候应当加以考虑：

（a）在相关地理市场内该行为的影响；

（b）该行为的出现频率及持续期间；

（c）可能受该行为负面影响的人群的易受害性；

（d）任何陈述的实质内容；

（e）相关地理市场可能具有的自我纠正因素；

（f）对相关市场中的竞争的损害；

（g）来自受该行为影响的交易产生的净收入；

（h）本命令所针对的人的经济状况；

（i）本命令针对的人遵守本法的历史记录；

（j）依据本条第1款（d）项规定的命令适用的法院决定；

（k）本命令所针对的人所支付的其他罚款是对该行为的退款或者补偿；

（l）任何其他相关因素。

后续命令的含义

（6）在本条第1款（c）项中，依据第74.01条第1款（a）、（b）项或（c）项，第74.01条第2款或第3款，或第74.02、74.04、74.05条或第74.06条，对从事应审查行为的人发布以下的命令称为后续命令：

（a）先前已经依据相同的规定对行为人的有关应审查行为作出命令；

（b）根据本章生效前的“第六章”与本章一致的规定，行为人已被判定犯有相应的罪名；

（c）在依据第74.01条第1款（a）项对应审查行为作出命令的情况下，根据本章生效前第52条或第52.01条的规定，行为人已经被判定犯有相应的罪名；

（d）在依据第74.01条第2款或第3款对应审查行为作出命令的情况下，根据本章生效前的第52条第1款（d）项的规定，行为人已经被判定犯有相应的罪名；

已经支付的罚款

（7）在依据本条第1款（d）项作出罚款数额决定时，法院应当考虑作为对本命令所针对的行为人的行为的退款或补偿，并已经支付的其他任何罚款数额。

命令的执行

（8）法院就根据本条第1款（d）项规定作出的命令，可以规定对于该命令执行有必要的任何条款，包括以下条款：

（a）规定罚款如何执行；

（b）考虑执行罚款的执行机构的任命并规定执行条款；

（c）要求命令针对的行为人支付与罚款有关的执行费用以及执行者的费用；

（d）要求潜在的原告注意法院规定的时限和方式；

（e）规定起诉的时限和方式；

（f）规定原告的适格条件，包括与要求行为人回收产品有关的条件；

（g）对任何未诉或未分配的罚款的处理提供方式和条款；

条款的更改

（9）经局长或命令针对的行为人的申请，法院可以对第8款规定的任何条款进行更改。

临时命令

74.11（1）法院依据局长的申请，发现在具有较强初步证明力的案件中行为人从事本章规定的应审查行为的，如果法院能够确定以下因素，其可以命令该行为人停止该行为或实质上类似的应审查行为：

（a）除非发布命令，否则可能产生严重损害后果；以及

（b）有利于发布命令的便利的平衡。

期间

（2）根据本条第5款，命令已经生效，或可以依据局长的申请，延长一段法院认为必要的、充分满足客观情况的期限。

局长作出申请的通告

（3）根据本条第4款，局长或其授权代表依据本条第1款或第2款提出申请的，（法院）应当在至少48小时内通知命令或延长期限所针对的行为人。

单方面申请

（4）当法院确定第3款无法被适当地遵守或情形紧急下按照第3款进行通知不符合公共利益，其可以依据第1款的申请单方面继续审查。

单方面命令的期间

（5）单方面发布的命令应在其规定的期限内有效，该期限一般不超过7天，除非存在关于第3款的规定通知的进一步申请，而法院将该期限作必要处分的延长。

局长的责任

（6）依本条发布的命令生效后，局长应当尽快地完成依据第10条进行的对与命令有关的行为进行的调查。

暂时禁令

74.111（1）如果经竞争局长申请，在案件具有较强初步证据的情况下，法院查明行为人正在从事或者已经从事依据74.01（1）（a）的规定应予以审查的行为，并且法院确信拥有、占有或控制法院控制权内的商品的行为人，正在或者可能通过任何方式处置这些商品，而且该商品的处置实质上会损害依据74.1（1）（d）作出的命令的可执行性，法院就可以发布一项暂时禁令，禁止行为人或其他任何人处置或以其他方式处理这些商品，除非依照禁令中指定的方式和条件。

应列入的陈述

（2）依据第1款申请的禁令，应该包含竞争局长已经申请了74.1（1）（d）规定的命令的陈述；如果竞争局长申请74.1（1）（a）规定的命令，依据第1款申请的禁令应该列入的陈述，也可以是关于竞争局长打算申请74.1（1）（d）规定的命令的陈述。

期间

（3）依据第6款的规定，禁令生效，或者可以依据竞争局长的申请，该期间可以延长到法院认为充分满足案件情况的期限。

竞争局长提出申请的通知

（4）依据第5款的规定，竞争局长提起第1款或第3款中规定的申请的，竞争局长或者其授权代表应当至少在48小时内向禁令或者延长期限所针对的当事人发布通知。

单方面申请

（5）当法院确定第4款无法被适当地遵守，或在情形紧急下按照第4款进行通知可能违反禁令的目的，或不符合公共利益时，其可以依据第1款的申请单方面继续审查。

单方面禁令的期间

（6）单方面发布的禁令应在其规定的期限内有效，该期限一般不超过7天，除非存在依据第4款规定的通知提起进一步申请的情况，法院才可以将该期限作其认为充分的延长。

驳回禁令申请的提交

（7）依据单方面禁令所针对的当事人提出的申请，法院可以发布一项命令驳回该禁令，或者根据其认为合适的情形改变该禁令。

局长的责任

（8）依本条发布的禁令生效后，局长应当尽快地完成依据第10条对与所发布的禁令相关的行为所进行的调查。

定义

（9）本条中适用的定义

“处置”

“处置”，涉及某种商品时，包括从法院的控制权中移开，耗尽其价值，出租给别人或者在其之上设置担保物权。

担保物权

“担保物权”是指用来保证支付或者义务履行的设置在财产上的利益或者权利，担保物权所包括的利益和权利，创设或者来源于公司债券、抵押、担保、留置、保证、委托、证券、被视为的或实际的信托、转让以及不论以什么形式、怎样或何时成立或视为成立的债权。

应允协议

74.12(1)局长与其申请的或将要申请的依据本章的命令中有关的行为人可以达成应允协议。

应允协议的条款

（2）应允协议中的内容应以法院发布的针对该行为人的命令中可能所涉及的内容为基础，以及包括其他无论法院是否实施的条款。

登记

（3）应允协议可以由法院及时登记归档。

登记的效力

（4）应允协议一经登记，如果存在任何诉讼程序，诉讼终止，则应允协议具有与法院命令相同的强制力和效力，则当事人可以据此提起诉讼。

应允协议或命令的废除或变更

74.13　基于局长、同意该应允协议的人或命令所针对的行为人的申请，如果法院发现以下情形的，可以废除或变更依本章规定经过登记的应允协议或发布的命令：

（a）导致协议签订或命令发布的情况已经改变，以及申请时所存在的情况，使得协议或命令为达成其既定的目标可能无需发布或可能无效；或者

（b）局长与同意该应允协议的行为人已经达成一项选择性协议，或局长与命令中所针对的行为人已经就一个选择性的命令达成一致。

证据

74.14　在决定是否依据本章发布命令时，法院应当审查所有可能依据本法判定犯罪或作出其他命令的证据。

无需支付罚款

74.15　依据第74.10条第1款（c）项作出的行政罚款视为是对代表加拿大联邦的女王陛下的债务，一旦行为人在有管辖权法院获得胜诉，罚款将予以偿还。

依据第六章提起的诉讼

74.16　若依据第52条规定行为人已经被提起诉讼，局长不得基于与该诉讼中被指控的相同或实质上相同的事实依据本章申请作出针对该人的命令。

程序规则

法院的权力

74.17　联邦法院的规则委员会或省高等法院可以制定有关法院处理本章中命令申请程序的规则。

上诉

向联邦上诉法院上诉

74.18(1)当事人可以对法庭或联邦法院依本章作出的命令或判决，或拒绝作出命令的决定向联邦上诉法院提起上诉。

向省上诉法院上诉

（2）当事人可以对省高等法院依本章作出的命令或判决，或拒绝作出命令的决定向省上诉法院提起上诉。

上诉的处理

（3）如果联邦上诉法院或省上诉法院依本条同意上诉，其可以废除被上诉的判决或命令，可以发回原审法院，或作出他们认为被上诉

法院应该作出的判决或命令。

对事实问题的上诉

74.19　对依本章作出的判决或命令中的事实问题提的上诉，只能在联邦上诉法院或省上诉法院同意的情况下提起。

第八章　法庭应审查的事项

限制性商业行为

拒绝交易

法庭针对拒绝交易的管辖权

75.（1）经局长或依第103.01条获得许可的人的申请，法庭认为存在以下情形的：

（a）由于某人在市场中依正常交易条件，无法获得产品的充分供应，致其经营受到实质影响或阻碍而无法从事其经营；

（b）（a）项所指的该人不能获得产品的充分供应是因为市场上该产品的供应商之间的不充分竞争；

（c）（a）项所指的该人愿意并且能够满足该产品的某一供应商或多个供应商的通常的交易条件；

（d）该产品供应充足；并且

（e）拒绝交易对市场中的竞争产生或可能会产生负面作用；

则法庭可以责令市场上一个或多个供应商在特定时间内以正常交易条件与该人交易，除非在该特定时间内，如果加在某种产品之上的任何关税被免除、减少或退缴，且免除、减少或退缴的结果使该人与其他在加拿大能够获得该种商品的充分供应的其他人处于平等地位。

产品为独立产品的情形

（2）在本条中，仅因某种商品的商标、专利名称或类似事项有别于其他同类商品，该种商品不是独立的商品，除非该种商品区别明显且在其市场上占据主导地位，以至于如果某人没有渠道获得该种区别明显的商品，将给该人从事那一类商品经营的能力造成实质性影响。

交易条件的定义

（3）在本条中，“交易条件”是指有关支付、购货单位和合理的技术及服务要求的条件。

不得参考

（4）法庭在审查依据第103.01条已获得许可的人所提出的请求时，不可以参考局长已经采取的或还没有采取的与申请事项有关的行为。

价格维持

价格维持

76.（1）经“局长”请求或者在依据第103. 1条已获得许可的人提出请求时，当法庭发现以下情况时，可以根据第2款之规定作出命令：

（a）在第3款直接或间接提到的当事人：

（i）使用协议、条约、承诺或者其他类似的手段，影响涨价或者阻止当事人的客户使来自于转售商或者在加拿大境内提供给供应商或广告商的价格下降，或者

（ii）拒绝提供某种商品或者对由于某人或某类人实施低价政策，对其在加拿大境内的商业实施价格歧视，并且

（b）这种行为已经、正在或者可能对于市场竞争产生负面影响。

命令

（2）法庭可以作出命令，禁止第3款所涉及的当事人继续从事第（1）（a）中的行为，或者要求上述当事人在特殊时间内以普通贸易条件接受另一个人作为其客户。

受规制的当事人

（3）在第2款的情况下，可能会针对以下当事人作出命令

（a）参与生产或提供商品；

（b）以信用卡的方式延长信用或者参与了与信用卡相关的交易；或者

（c）在专利、商标、版权、注册工业设计或者注册集成电路地图上被赋予专有经营权和特权。

不作出命令的可能情况

（4）如果第3款涉及的当事人，以及在第（1）（a）（i）或第（1）（a）（ii）中出现的顾客或其他人，是下述企业的委托人和受托人，或者是下述企业的关联公司的董事、代理人、官员或者雇员，法庭不能根据第2款作出命令：

（a）相同的公司、合伙企业或者独资企业；或者

（b）关联的公司、合伙企业或者独资企业

建议零售价

（5）为达本条之目的，生产者或者供应商之间关于商品的转售价格或者最低转售价格的暗示，不论是怎样形成的，对于那些达成暗示的当事人来说，都有证据证明其受到了影响。尽管没有生产者或供应者在这样做，但是十分明确的是：他们没有任何义务接受这种暗示的价格，并且如果他们没有接受这个价格，那么他们绝不会在其商业关系中忍受生产者或供应者护着其他任何人的行为。

广告价格

（6）为本条之目的，生产者或供应商而不是零售商公布的含有转售价格的广告，是证明生产者或供应者在影响提高他人购买该商品的零售价格的证据，除非该价格表达的方式十分明确的证明其广告的意图是为了使得该商品以更低的零售价出售。

例外

（7）第5、6款不适用于附属商品、一揽子商品或者集装箱内商品的价格。

拒绝供应

（8）在经“局长”请求或者当依据第103.1条已获得许可的人提出请求时，法庭发现该人使用协议、条约、承诺或者其他类似的手段，引诱在加拿大境内和境外的供应商，将让供应商拒绝向特定人或特定种类的人供货作为与其交易的条件，而原因是这些特定的人或者特定种类的人实施低价政策，并且这种引诱行为已经、正在或者可能对于市场竞争产生负面影响，法庭可能做出命令禁止该当事人持续这种行为，或者要求该当事人以正常贸易条件与供应商进行交易。

不作出命令的可能情况

（9）当涉及第（1）（a）（ii）中的行为时，法庭可能不根据第2款作出命令，只要法庭在涉及第3款的某人提供产品之时，对于该段涉及的人或某类人满意，

(a) 使用商品是为了进行招揽顾客而低价出售的经常行为，这也就是说，不是为了在这些商品上盈利，而是为了广告；

(b) 利用这些商品开展经常性行为不是以出售其盈利为目的，而是为了销售其他产品而吸引顾客；

(c) 利用这些商品开展误导性广告的经常性行为；或者

(d) 经常性地没有提供购买商品者可能合理预期到的服务水平。

推论

(10) 考虑到依据第103. 1条已获得许可的人所提出的请求，法庭可能会根据局长在该请求涉及的事宜已经或者还采取行动的事实中作出推论。

第45、49、79或90. 1条涉及的诉讼开始程序

(11) 在本节中，如果根据以下相同或者基本相同的事实，不能提出针对某人的请求：

(a) 根据第45、49条已经开始了针对某人的诉讼程序；或者

(b) 根据第79、90. 1条已经对某人作出了命令。

"贸易条件"的定义

(12) 为达到本条之目的，"贸易条件"指有关支付、购买的单位，以及合理的技术和服务要求的条款。

排他性交易、搭售和市场限制

排他性交易

77.(1)在本条中，"排他性交易"指：

(a) 作为向客户供应商品的条件，供应商要求该客户：

(i) 仅仅或主要经营由该供应商或其指定之人提供或指定的商品；

(ii) 限制经营特定种类的商品，除非由该供应商或其指定人提供；和

(b) 商品供应商以客户同意上述各项条件之一即承诺提供更为优惠的供货条件的方法诱使客户满足(a)项(i)分项或(ii)分项所列之条件的行为。

市场限制

"市场限制"指商品的供应商以客户仅在限定的市场内供应商品，或者如果该客户在限定的市场之外供应商品即要求其支付罚款，作为向客户提供该项商品的条件的行为。

搭售

"搭售"指：

(a) 以客户满足下列情况作为向客户提供商品(进行"搭售"的商品)的条件的行为：

(i) 从该供应商或其指定人获得其他商品；或

(ii) 限制使用或分销与搭售商品有联系的另一种商品，该商品不属于与该供应商或其指定人同一商标或指定的供应商；以及

(b) 商品供应商以客户同意上述各项条件之一即承诺提供更为优惠的供货条件的方法诱使客户满足(a)项(i)分项或(ii)分项所列之条件的行为。

排他性交易和搭售

(2) 经局长或依第103.01条获得许可的人的请求，法庭认为，由于有市场主要供应商参与的，或在市场中形成泛滥的排他性交易或搭售，这种情况可能：

（a）阻碍商家进入或拓展市场；

（b）阻碍某种产品引进或拓展销售市场；或

（c）在市场上具有其他排他性影响；

致使竞争受到或可能受到实质性削弱，法庭可针对所有或任何一个供应商发布命令，禁止其继续从事排他性交易或搭售，并且该命令包括任何法庭认为消除市场影响或恢复或刺激市场竞争所必要的其他要求。

市场限制

（3）经局长或依第 103.01 条获得批准的人的请求，法庭认为，由于有主要供应商参与或在市场中形成泛滥的市场限制，可能是实质地削弱有关商品的竞争的，法庭可针对所有或任何一个供应商发布命令，禁止其继续从事排他性交易或搭售，并且该命令包括任何法庭认为消除市场影响或恢复或刺激市场竞争所必要的其他要求。

损害赔偿

（3.1）法庭不可以依据本条对依第 103.01 条第 7 款中获得同意的人作出赔偿。

不得发布命令和申请的限制

（4）如果法庭认为存在下列情形，其不应依本条之规定发出命令：

（a）从事或将要从事的排他性交易或市场限制仅在一段合理时期内进行，其便利了某种新产品供应商或某种新产品进入市场；

（b）所从事之搭售与适用的两种或多种产品之间的技术关系合理相关；或

（c）从事信贷业务的人所进行的搭售，为更好地保障该人之贷款，并且为该目的之合理必要；

并且，依本条发布的有关排他性交易、市场限制或搭售的命令，不适用于两个或多个有关联关系的公司、合伙及独资企业。

有关联关系的公司、合伙及独资企业

（5）在本条第 4 款中：

（a）如果一公司为另一公司的附属机构或二者为同一公司的分支机构或两个公司均为同一人所控制，即为一个公司与另一公司存在关联关系；

（b）如果两公司同时与同一公司有关联，他们即可视为具有关联关系；

（c）如果一个合伙或独资企业与另一合伙、独资企业或公司同为一人所控制，即为二者存在关联关系；

（d）一个公司、合伙或独资企业与另一公司、合伙或独资企业二者之间签订协议，由此一方授权另一方使用某种商标或商号以确认被授权人之经营，即为二者存在关联关系；如果

（i）依照实质上由授权人规定的销售计划或体制，该被授权人之经营与多种从竞争性的供货渠道和多个供应商那里获得的商品的销售与分销有关；并且

（ii）没有一种商品支配该被授权人之经营。

视为具有关联关系

（6）本条第 4 款适用市场限制时，如果存在一个协议，由此一人

（第一人）向另一人（第二人）提供或接受提供某种食品或饮料的一种成分或多种成分，第二人追加劳动力和原料加工成该种食品或饮料，然后第二人以第一人拥有或第一人为注册使用人的相关商标进行销售，该第一人与第二人就此协议可视为具有关联关系。

不得参考

（7）法庭在审查依据第103.01条已获得许可的请求时，不可以参考局长已经采取的或还没有采取的与申请事项有关的行为。

滥用市场支配地位

反竞争行为的定义

78.（1）在第79条中，“反竞争行为”这一术语的普遍适用不受限制，包括以下任何行为：

（a）为阻碍或防止某客户进入或扩展其市场之目的，采取供应商垂直联合之手段，排挤与其竞争的非关联客户可获得的差价；

（b）为阻碍或防止某竞争者进入市场或消除该竞争者之目的，某供应商收购某一客户，否则该客户可为该供应商的竞争者所利用，或者，某客户收购某一供应商，否则该供应商可为该客户的竞争者所利用；

（c）为阻碍或防止某竞争者进入市场或消除该竞争者之目的，采用等同于该竞争者厂家的运费；

（d）暂时有选择地使用攻击性商标以约束或消除竞争者；

（e）以先买权优先购得某竞争者进行经营所需要的稀缺设备或资源，目的在于制止该设备或资源流出市场；

（f）买断商品以防止现行价格水平受损；

（g）采用与其他人生产的产品不相容的商品规格，以防止上述其他人进入市场或将其从市场上消除；

（h）要求或诱导某供应商仅向或主要向特定客户销售，或者限制其向某竞争者销售，目的在于防止该竞争者进入或拓展市场；

（i）以低于商品的买进成本价格销售，目的在于约束或消除某竞争者。

禁止滥用市场支配地位

79.（1）经局长请求，法庭认为有以下情形的：

（a）一人或多人事实上或完全地控制全加拿大或某一地区的某类或某种交易；

（b）上述一人或多人已经或正在从事反竞争行为；并且

（c）上述行为在市场上已经、正在或可能产生防止或削弱竞争的实质性影响；

法庭可发布禁止上述所有或其中之任何人从事上述行为的命令。

增补性或选择性命令

（2）如果经根据本条第1款的请求，法庭认为某种反竞争行为已经或正在妨碍或削弱某市场竞争的实质性影响，依本条第1款作出之命令不可能恢复该市场竞争，法院可以对根据本条第1款作出之命令进行增补或者代之以新的命令，此命令针对上述第1款中的任何或所有的人，该命令包括没收资产或股份在内的合理的、必要的措施，以消除该行为在市场中的影响。

限制 （3）在根据本条第2款发出命令时，该命令的条款妨碍其针对人的权利，或者为达到命令之目的必要范围内所影响到的任何人的权利。

行政罚款 （3.1）如果法庭根据1、2款发布了针对行为人的命令，则它可以同时命令该人按照法庭所规定的方式支付总额不超过10 000 000加元的行政罚款，对于依据这些条款的每个后续的命令，不超过15 000 000加元。

加重或减轻情节 （3.2）在决定行政罚款数额时，法庭应当考虑下列因素：

（a）对相关市场中竞争的影响；

（b）受该行为影响的交易产生的净收入；

（c）受该行为影响的任何实际或者预期利润；

（d）本命令针对的行为人的经济状况；

（e）本命令针对的行为人违反本法的历史记录；

（f）其他任何相关因素。

命令的目的 （3.3）依（3.1）款发布的针对行为人的命令的目的在于，鼓励行为人的行为符合本条规定，而非惩罚。

高层次的竞争行为 （4）在确定本条第1款中的某种行为是否已经、正在或者可能产生、妨碍或削弱市场竞争的实质性影响时，法庭应考虑该行为是否为高层次竞争行为的结果。

例外 （5）在本条中，行使依据《版权法》、《工业设计法》、《综合性地理标志法》、《专利法》、《商标法》或任何其他关于知识产权或工业产权的议会法案赋予的任何权利或权益的行为，不是反竞争行为。

时效 （6）该反竞争行为终止后超过3年的，不得再依本条提起任何请求。

依据第45条或第92条提起诉讼 （7）依本条之规定，不得基于以下相同或实质相同的事实对行为人提起任何请求：

（a）针对行为人的诉讼已根据第45、49条启动；

（b）针对行为人的命令由局长根据第76、90.1、92条作出。

未支付的罚款 79.1 依第79条第3.1款对经营实体征收的行政罚款视为是对代表加拿大联邦女王陛下所负的债务，且可以在有管辖权的法院要求该经营实体赔偿损失。

交付定价

交付定价的定义 80.（1）在第81条中，“交付定价”是指拒绝向某客户，或欲成为其客户的人在任何地方交货，在此被拒绝的交付中，该供应商从事给任何其他多个客户交付货物的做法，如果上述第一次提到的某客户与其他多个客户的营业地处于同一地，该供应商向其他多个客户交货的交易条件对上述第一次提到的客户也同样是可以适用的。

交易条件的定义 （2）在第1款中，“交易条件”是指与支付、购货单位和合理的技术及服务要求相关的条件。

交付定价

81.（1）经局长请求，法庭认为交付定价是有市场主要供应商参与的，或在市场中形成泛滥的交付定价，并导致某客户或欲成为其客户的人的某种本可为其所用的优势被否定，法庭可命令所有或任何供应者停止进行交付定价。

大量投资除外

（2）依本条之规定，如法庭认为，该供应商如不在某地进行大量投资，他就不能在该地容纳更多的客户，则不应根据本条对该供应商作出命令。

商标使用除外

（3）本条规定中的供应商拒绝向客户供应商品的行为中，如所供应的商品是客户将出售的，与供应商所拥有的商标有关联的或供应商是该商品的注册使用人的，且如果法庭认为，该行为是维持某商品的质量水平所必须，则不应对该供应商发出命令。

外国判决与法律

外国判决及其他

82. 经局长请求，法庭认为有下列情形的：

（a）一项由加拿大以外的国家的法院或其他团体作出或发出的判决、法令、命令或其他给定程序，可以由加拿大的人、被议会或省立法机构或遵照其法令合并的公司，或者通过在加拿大采取措施，部分或全部地执行；并且

（b）在加拿大部分或全部地执行该判决、法令、指令或其他程序；将

（i）对加拿大的竞争造成不利影响；

（ii）对加拿大的贸易和工业的效率造成不利影响，而无法引导或增加加拿大的竞争以恢复或促进上述效率；

（iii）在没有补偿利益的情况下，对加拿大的对外贸易造成不利影响；或

（iv）在没有补偿利益的情况下，限制或损害加拿大的贸易和商业。

法庭可以通过指令指示：

（c）不采取任何措施在加拿大执行该判决、法令、命令或程序；或

（d）除采用法庭规定的为避免（b）项（i）分项至（iv）分项所指的影响的方式以外，不得采取任何措施在加拿大执行该判决、法令、指令或程序。

外国法律和指示

83.（1）经局长请求，法庭认为一项决定已经或即将由加拿大的人或由议会或省立法机关或遵照其法律合并的公司作出：

（a）是由下列情形所导致：

（i）在加拿大以外的国家有约束力的法律；或

（ii）指示、指令、政策的通知或给与某人、或某公司或任何其他人的其他信息，上述人、公司或任何其他人来自：

（A）加拿大以外的国家的政府或任何行政区域，处于指导或影响

上述人或公司的政策的地位；或

（B）加拿大以外的国家的某人，处于指导或影响上述人或公司政策的地位，

若该信息基于对在加拿大以外的国家的有效的法律施加影响的目的，且上述决定一旦实施，将会或可能会产生第 82 条（b）项（i）分项至（iv）分项所指的影响；或者

（b）作为给与上述处于加拿大之外该人或公司或任何其他人的指示、指令、政策之通知或其他信息的结果，其处于指导或影响该人或公司之政策的地位，若发出上述信息之目的在于对在加拿大之外达成的共谋、联合、协定或协议施加影响，若上述共谋、联合、协定或协议在加拿大达成，将违反第 45 条的规定，法庭可指令：

（c）在（a）项或（b）项规定的情形下，上述加拿大的个人或公司不得采取任何措施执行该法律、指示、指令、政策通知或其他信息；或

（d）在（a）项规定的情形下，上述加拿大的个人或公司不得采取任何措施执行该法律、训令、指令、政策通知或其他信息，但采取法庭规定的旨在避免第 82 条（b）项（i）分项至（iv）分项的影响的方式除外。

限制

（2）局长不得依本条的规定，针对根据第 46 条之规定对某公司的程序，在其已经开始的情况下，基于与该项请求所指的相同或实质上相同的事实，申请作出指令。

外国供应商

外国供应商拒绝供应

84. 经局长请求，如果法庭认为加拿大境外供应商在供应某种商品时存在歧视，或者拒绝将商品供应给加拿大境内的人（为方便表述以下称为“第一人”）是基于某境外人的请求或是由于该人的市场购买力影响的缘故，则法庭可以要求加拿大境内与该境外人有代表、代理或其他服务关系的人（为方便表述以下称为“第二人”）

（a）在同等条件下，以该第二人从供应商处获取该商品的到货价，将其已经或将从供应商处获取的商品销售给第一人；或

（b）在加拿大不得经营或停止经营该供应商的该种商品。

特殊协议

定义

85. 在本条和第 86 ~ 90 条中，

商品

“商品”包括按照第 2 条限定含义的每一种独立的类别、规格、重量和质量生产的商品；

登记

“登记”指在遵循第 89 条规定的登记册上接受登记；

特殊协议

“特殊协议”指在协议下，在协议的各方同意在协议达成时停止其正在进行的提供商品或服务的活动，并且包括协议双方同意互相独家购买协议项下的对方的该种商品或服务的协议的条件下，协议中相

关的各方同意停止在协议达成时其正进行的提供某种商品或服务的活动。

命令指示登记

86.(1)如果依任何人之请求，且在提供给局长合理的获知机会后，法庭认为，请求人已经或即将订立特殊协议；并且：

(a) 协议的实施可能增进效率，该增进的效率将大于或抵消该协议将会或可能产生的任何防止或削弱竞争的影响，如果该协议未获执行，该增进的效率将不可能获得；并且

(b) 已经或即将订立该种协议的人，不曾有胁迫任何人或协议一方的企图，法庭可根据本条第4款之规定，作出命令指示上述协议在命令规定的时期内登记。

要审查的因素

(2) 在审查某协议是否可能产生本条第1款(a)项规定效率的增加时，法庭应审查到效率增加是否会导致下列后果：

(a) 出口的实际价值显著增加；

(b) 国内商品或服务显著替代进口的商品或服务。

收入再分配不必然导致效率增加

(3) 在本条第1款(a)项中，法庭不应仅因两个或多个人之间收入的再分配就认为某协议可能导致效率的增加。

附条件的命令

(4) 若依本条第1款请求，法庭认为某协议满足该款(a)项和(b)项规定的条件，但同时发现，执行协议将导致在协议相关的一个或多个市场不可能保持实质性的竞争，法院可在依本条第1款所作的命令中规定：如果在命令规定的合理时期内已经发生了命令规定的如下事件，则命令应当生效：

(a) 没收命令规定的特定财产；

(b) 专利权和已注册的综合地理标志许可放宽；

(c) 关税降低；

(d) 议会依据《财政管理法》第23条作出的命令导致法庭命令中规定的协议中的商品关税的退缴；

(e) 取消进口配额或进口许可。

变更登记

87.(1)经已登记的特殊协议一方请求，且在提供给局长的获知机会后，法庭可作出命令指示对该项协议的变更登记。

取消登记的命令

(2) 若经局长请求，法庭认为已经登记的协议或其修正案：

(a) 已不再符合第86条第1款之(a)项或(b)项所规定的条件；或

(b) 没有执行；

法庭可以发布指示撤销该协议或其修正案的登记的命令及其任何相关命令。

干涉权

88. 省总检察长可依第86条或第87条的规定，基于代表本省陈述意见之目的，介入在竞争法庭中提起的任何诉讼。

特殊协议的登记

89.(1)法庭应指令登记的特殊协议及其修正案以及任何包含在指令规定的特定时间内登记的特殊协议及其修正案，在遵照《竞争法庭法》第14条第1款之规定设立的登记处登记。

登记簿的公开

（2）登记簿应在法庭的正常工作时间内对任何人开放查阅。

第45条和第77条不适用

90. 第45条及第77条适用于排他性交易，而不适于经过登记的特殊协议或修正案。* ［1985年第十九章（第二次修订），第45条］

合并

合并的定义

91. 在第92条至第100条中，“合并”指由一人或多人无论是采取购买或租赁股份或资产，还是采取混合或联合或其他类似作法，直接或间接地在竞争者、供应商、客户或其他人之全部或部分经营之上获得或设定控制权或重大权益。

命令

92.（1）经局长请求，法庭认为合并或拟议的合并实质上或可能在实质上阻碍或削弱下述之竞争：

（a）贸易、工业或专业部门；

（b）贸易、工业或专业部门获取产品的来源；

（c）贸易、工业或专业部门处置产品的渠道；或

（d）上述（a）项至（c）项规定以外的其他事项。

法庭可根据第94～96条，

（e）在已完成的合并的情况下，命令该合并的任何一方或其他任何人：

（i）以法庭指示的方式宣告该合并无效；

（ii）以法庭指示之方式处分指定的资产或股份；或

（iii）征得命令中所针对的人和局长的同意，采取其他措施或替代（i）分项或（ii）分项所指的措施；或

（f）在拟议合并的情况下，发布命令指示其任何一方或任何其他人：

（i）要求命令中针对的人停止该合并；

（ii）要求命令中针对的人停止该合并的某一部分；或

（iii）追加发布或替代（ii）分项中涉及的命令，或两者并用。

（A）如果合并或其一部分应该完成，在法庭认为必要的情况下，应当禁止命令相对人从事的命令中的任何行为或情事，以确保合并或其一部分不在实质上防止或削弱竞争；或

（B）征得局长和命令中针对的人同意，要求该指令当事人采取任何其他措施。

证据

（2）在本条中，法庭不应仅在集中或市场分割的证据基础上认定合并或拟议的合并实质上防止或削弱或可能实质上防止或削弱竞争。

有关防止削弱竞争因素的审查

93. 在决定第92条中的合并或拟议的合并是否实质上防止或削弱或可能实质上防止或削弱竞争时，法庭可以审查如下因素：

（a）外国商品或外国竞争者合并或拟议的合并的各当事方造成或可能造成的有效竞争的范围；

（b）合并或拟议的合并的一方之经营或部分经营是否已经失败或可能失败；

* 修订后的竞争法条文中已无第90.1条。——译者注

（c）合并或拟议的合并的各方所提供的可接受的替代商品可以利用或可能利用的程度；

（d）进入市场的任何壁垒，包括：

（i）国际贸易的关税和非关税壁垒；

（ii）省际的贸易壁垒；

（iii）对进入市场的制度控制，以及合并或拟议的合并对如下壁垒的任何影响；

（e）市场中留存或将留存的有效竞争受到或将受到合并或拟议的合并影响的程度；

（f）合并或拟议的合并将可能消除有活力和有效果的竞争；

（g）在相关市场中变化和革新的性质和范围；及

（h）与受到或将受到合并或拟议的合并影响的市场竞争相关的其他任何因素。

例外

94. 法庭不应按照第92条对下列情况作出命令，当：

（a）在本条生效之前，已实质上完成的合并；

（b）按照《银行法》、《信用合作社法》、《保险公司法》或《信托与贷款公司法》实行的合并或拟议的合并，如果财政部长已向局长书面证明有关各方的名称，且审查到上述法律所规定的条件，合并是有利于或可能有利于公共利益的；

（c）根据《加拿大交通法》第56.02条第6款获得批准的合并或拟议的合并，且财政部长已向局长书面证明有关各方的名称。

合营企业除外

95.（1）法庭不应依第92条就已形成的或拟议形成的合并发出命令，但通过一个公司研究和开发的特定计划或项目且符合下列情形的除外：

（a）上述性质的计划或项目：

（i）在缺少上述联合的情况下，将不能进行或不可能进行；或

（ii）由于相关计划或项目以及与其有关的经营的风险，在缺少该联合的情况下，将不能合理地进行或不可能合理地进行。

（b）该联合不会产生或不可能产生对联合的任一方控制权的变化；

（c）组成联合的所有的人都是书面协议的当事方，该协议使其一方或多方承担提供财产及协调他们之间的持续关系的义务；

（d）（c）项所指的协议限制依合并可从事的活动的范围并规定协议在计划或项目完成时终止；及

（e）联合不妨害或削弱或不可能妨害或削弱竞争，但为承担和完成该项目或计划所要达到的合理限度的妨害或削弱或可能妨害或削弱竞争的除外。

限制

（2）本条不适用于有关联合企业财产的收购。

效率增进的例外

96.（1）如果法庭认为，有关请求的合并或拟议的合并已经或可能增进效率，这将大于或任何将来自或可能来自该合并或拟议的合并的

妨害或削弱竞争的结果，且如果作出命令，该效率的增加将不可能得到，则法院不得依第92条发出命令。

审查的因素

（2）在审查一个合并或拟议的合并是否可能产生本条第1款所描述的效率增进时，法庭应审查此种增进是否将导致：

（a）出口实值的显著增加；或

（b）国内商品对进口商品的显著替代。

限制

（3）在本条中，法庭不应仅因两个或多个人之间收入的再分配而认定合并或拟议的合并已经或可能增进效率。

时效

97. 合并已实质完成1年后，任何不得依第92条的规定再行提起有关合并的请求。

依据第45、49、79或90.1条提起的诉讼

98. 不得基于与按照第45、49、79或90.1条规定的程序指控的相同或实质相同的事实，按照第92条之规定对以下人员提起请求：

（a）依第45条或49条之规定已经开始的诉讼所针对的人；

（b）依第79条或90.1条之规定已发布的命令所针对的人。

指示解散合并的有条件的命令

99.（1）在依第92条发布的，指示某人解散合并或处分财产或股份的命令中，法庭可以规定，在该命令规定的合理期间内，如果存在下列情形，该命令可予以撤销或变更。

（a）已发生下列情事：

（i）命令规定的任何相关关税的减少、取消或退缴；或

（ii）命令中规定减少或取消依据议会制定的有关该命令中规定的商品进口加拿大的法案实行的禁止、控制或管制；或

（b）该人或任何其他人已采取命令规定的措施，并且法庭认为，该措施将防止该合并实质上妨害或削弱竞争。

附条件命令的变更或废止

（2）依任何根据第92条所发布的命令的所针对的人的请求，如果法庭确认：

（a）根据本条第1款（a）项所作指令规定的减少、取消或退税已经发生；或者

（b）根据本条第1款（b）项的规定所作命令规定的措施已得到实施，

法庭可由此撤销或变更指令。

在没有依据第92条申请情况下的暂时命令

100.（1）依照局长之请求，如果法庭发现，与拟议合并有关的请求未曾根据第92条或此前按照本条之规定提起，则当存在下列情形时，法庭可以发出暂时命令，禁止上述请求提到的任何人从事在法庭看来可能构成或导致该拟议的合并的完成或实施的任何行为或情事：

（a）依据局长的申请，证明第10条第1款（b）项中的调查正在进行，且局长认为需要更多时间来完成调查，法庭认为如果不发布暂时命令，有合并意向的一方或其他人可能从事的行为将实质性削弱法庭根据该条对拟议的合并对竞争的影响进行救济的能力，且这种行为是难以扭转的；或

（b）根据局长的请求，法庭认为存在违反根据第114条有关拟议

合并的规定。

申请的通知　（2）根据本条第3款规定，申请根据本条第1款规定所作的暂时命令的通知，至少在48小时内由局长或以其名义交给该命令所针对的每一个人。

单方面适用　（3）就本条第1款（b）项的规定作出暂时命令的请求，若法庭确信：

（a）本条第2款规定不能得到合理遵守；或者

（b）形势十分紧迫，致使按照本条第2款提交上述通知将不符合公共利益，法庭可以单方面行事。

暂时命令条款　（4）根据本条第1款发出的临时性指令：

（a）应符合法庭认为满足案件情况的必要而充分的条件；并且

（b）根据本条第5款和第6款，应在该两款规定的时期内有效。

命令的期间：调查　（5）根据本条第1款（a）项发布的暂时命令的有效期不得超过30日。

命令的期间：不遵守　（6）根据本条第1款（b）项发布的暂时命令的有效期不得超过以下期限：

（a）若暂时命令是依据单方面申请而发布的，在履行第114条规定之后10日；

（b）在其他情况下，在履行第114条规定之后30天。

期间的延长　（7）在申请暂时命令的通知于在48小时内交给该命令所针对的每一个人后，依局长的申请，法庭认为，由于存在局长无法控制的情形，无法在命令规定的期间内完成调查，则法庭可将命令的有效期限延长至命令生效起的不超过60日的某一时限。

完成调查　（8）如果法庭依据本条第1款（a）项发布一项暂时命令，局长根据第10条规定应当尽快完成对拟议的合并行为的调查。

介入权　101. 根据第92条，为代表本省作出陈述，该省的总检察长可介入法庭的任何程序。

事先判定证书　102.（1）拟议交易的一方或多方向局长报告，但局长没有充分理由依第92条向法庭提出请求的，其可以就其所确信的结果出具证明书。

局长的责任　（2）局长应尽可能迅速地审查对本条规定的证明书的要求。

不得依据第92条提出请求　103. 当局长根据第102条开出书面证明书时，如果证明书相关的交易已在证明书开出后1年内实质上完成，局长不应按照第92条对仅基于与其开出证明书所依据的相同或实质上相同的信息的交易，向法庭提出请求。

一般规定

同意依据第75、76条或第77条申请　103.01（1）任何人可以向法庭请求同意其依照第75、76条或第77条提出申请。申请同意书应当附有支持该人依上述三条提出申请的对事实情况进行说明的宣示陈述书。

通知　　（2）申请人必须向局长提交和向依第75、76条或第77条申请作出的命令中针对的行为人送达申请同意书的复本。

局长的证明　　（3）局长在接到申请同意书的复本之后应当在48小时之内，向法庭证明同意书针对的事项是否：

（a）是局长正在调查的事项；或

（b）曾经是调查事项，但已经通过局长和依第75、76条或第77条申请作出的命令中针对的行为人协议而停止调查。

终止申请　　（4）如果申请同意书存在本条第3款（a）或（b）项中的事项，或局长依据第75、76条或第77条已经向法庭提出申请的有关事项，法庭对申请同意书不予审查。

法庭的通知　　（5）法庭在收到局长依据本条第3款作出的证明之后，应当尽快地通知申请人以及申请人申请作出的命令中所针对的行为人是否对申请同意书进行审查。

陈述　　（6）提交请求的人在收到本条第5款中的通知后15日内，可以以书面形式向法庭作出陈述，并应当向本条第2款涉及的其他人送达陈述书的复本。

同意依据第75条或第77条作出申请　　（7）如果法庭有理由相信申请者的经营受到第75条或第77条规定行为的直接或实质的影响，可以同意依据第75条或第77条作出申请。

（7.1）如果法庭有理由相信申请者的经营受到第76条规定行为的直接影响，可以同意根据该条作出申请。

提出申请的时间和条件　　（8）法庭可以规定依照第75、76条或第77条作出申请的时间和条件。申请必须在申请所针对的行为终止后1年之内作出。

决定　　（9）法庭决定同意或拒绝申请者的请求的，应当书面说明原因并将副本送达申请者、局长以及其他本条第2款中涉及的其他人员。

限制　　（10）如果已得到法庭依第7款或第7.1款同意申请的人已经依据第75、76条或77条向法庭提出申请，则局长可以不再依据相同的或实质上相同的事实再次依据第75～77条或第79条提出申请。

参考　　（11）法庭在审查是否同意申请的事项时，可以不参考局长已经采取的或还没有采取的有关事项有关的措施。

局长的调查　　（12）如果局长根据本条第3款证明申请同意的事项正处于调查之中，且局长随后终止了该调查的，但不是以双方协议方式终止调查的，局长应当尽快通知申请人调查已经终止。

局长的介入　　103.02　如果法庭根据第103.01条第7款或第7.1款同意申请人依第75、76条或第77条作出申请，则局长可以参与该诉讼。

暂时命令　　103.03（1）依据局长单方面申请，且申请中证明了其正在进行第10条第1款（b）项下的调查，法庭根据本条第2款规定可以发布暂时命令：

（a）以阻止该行为，该行为可能成为第75～77、79、81条或第84条中的命令的规制对象；或

（b）避免采取第82条或第83条规定的措施。

限制

（2）如果法庭发现可能存在本条第1款（a）项或（b）项所描述的行为或措施，以及如果没有暂时命令，就可能发生以下后果的，法庭可以作出暂时命令：

（a）可能产生的对竞争的损害，且该损害是法庭无法完全补救的；

（b）可能导致竞争者人数的减少；或

（c）可能导致竞争者市场份额的大幅减少、收入的大量减少或其他法庭无法补救的损害。

咨询

（3）如果依照第75～77、79、81条或第84条中任何一条申请法庭作出命令以阻止以上条款规制的行为发生的主体，是依据《银行法》、《保险公司法》、《信托与贷款法》或《合作信用社法》成立的实体，或其分支机构，则局长必须向财政部长咨询该实体安全和合法经营状况。

期限

（4）根据本条第5款和本条第6款的规定，暂时命令自从作出之日起有效期为10日。

命令的延长或废止

（5）经局长申请，并在48小时内通知每位暂时命令针对的人后，法庭可以：

（a）将暂时命令的期限延长1到2次，每次的延长期为35日。

（b）废止该命令。

向法庭申请延长

（5.1）在本条第5款中涉及的第二次35天延长期限届满或法庭依照第7款确定的期限届满之前，局长视案件情况可以向法庭申请暂时命令的再次延长。

局长申请的通知

（5.2）对于根据本条第5.1款提出的申请，局长最少应当在48小时之内通知暂时命令中所针对的人。

暂时命令的延长

（5.3）如果出现以下情形，法庭可以发布延长暂时命令的有效期限的命令：

（a）局长证明其为进行调查所请求提供的信息尚未提供，或需要更多的时间来审查信息；

（b）依照案件的实际情况，在暂时命令最初的有效期间内，或在之后的本条第5款下第一次延长的35日之内，或在本条第7款下第一次延长的35日之内，向法庭请求提供信息；且

（i）该信息的内容是经过书面承诺的；或

（ii）该信息依照第11条规定被要求提供；且

（c）确实需要信息来确定是否存在局长根据本条第1款（a）项或（b）项提出申请的原因。

期限

（5.4）依据本条第5.3款发布的延长暂时命令的命令在法庭认为合理的期限内有效，这段期限应当赋予局长充分的机会获取和复查该条涉及的信息。

申请的作用

（5.5）如果依照本条第5.1款提出了申请，暂时命令在法庭决定是否依照本条第5.3款作出同意延长决定之前一直有效。

当向法庭提出申请时

（6）如果依照本条第 7 款提出了申请，暂时命令在法庭依据该条作出命令之前一直有效。

确认或撤销暂时命令

（7）法庭的暂时命令所针对的人可以在命令生效后 10 日之内向法庭提出申请，要求变更或撤销命令，则：

（a）如果经确定存在或可能存在本条第 2 款（a）项至（c）项中的一种或几种情形，法庭应当发布命令确认暂时命令的效力，并视情况的需要作出或不作出变更，并确定该命令的不超过 70 日的有效期限，自该命令确认的暂时命令的效力之日起计算；以及

（b）如果确定不存在或不可能存在本条第 2 款（a）项至（c）项中的情形，法庭应当发布命令撤销暂时命令。

通知

（8）依本条第 7 款作出申请的人应当在作出申请后 48 小时内书面通知局长。

陈述

（9）在对本条第 7 款中的申请进行听证过程中，法庭在依据作出的命令之前，应当向申请者、局长以及受暂时命令直接影响的任何人提供出示证据和进行陈述的机会。

特别救济的禁止

（10）无论《竞争法庭法》第 13 条作出何种规定，除了本条第 7 款的规定之外，不得对暂时命令向任何法院提起上诉或复审。

局长的责任

（11）一项暂时命令处于有效状态时，局长应当尽快完成对于作出命令有关的行为所引起的调查。

暂时命令

104.（1）若申请依本章作出命令而非申请依第 100 条或第 103.03 条作出的暂时命令，应局长或依据第 75 条或第 77 条提出申请的人的请求，法庭在认为适当时，并在审查上级法院准予临时救济或禁止领救济通常审查的原则的情况下，可以发布类似的暂时命令。

暂时命令条款

（2）根据本条第 1 款发布的暂时命令，应在法庭认为为满足该案件情况所必要而且充分的条款和时间内有效。

局长的责任

（3）如果依局长的申请根据本条第 1 款发出的暂时命令生效，局长应尽快按照本章规定完成由命令中的有关行为所引发的程序。

应允协议

105.（1）局长和局长依据本章已经申请或可能申请的命令中的有关人员可以达成应允协议，但命令是依据第 103.03 条中的暂时命令的除外。

应允协议的条款

（2）应允协议中的内容应以法院发布的针对该行为人的命令中可能所涉及的内容为基础。

登记

（3）应允协议可以由法庭即时登记归档。

登记的效力

（4）该应允协议经过登记后，如果存在任何诉讼程序的话，一旦程序终止，则应允协议具有与法院命令相同的强制力和效力，以及可提起的诉讼程序。

应允协议或命令的废止或变更

106.（1）基于局长或应允协议中的或命令所针对的行为人的申请，如果发现以下情形的，法庭可以废除或变更除第 103.03 条规定的命令及依第 106.01 条规定订立的应允协议之外的依本章规定制作的应允协议或命令：

（a）协议签订或命令发布的情况已经改变，以及申请时所存在的情况，使得协议或命令可能无需发布或者其不能有效地实现既定目标；或者

（b）局长与应允协议中的行为人已经达成一项选择性协议，或局长与命令中所针对的行为人已经达成一个选择性的命令。

直接受到影响的人　（2）受到应允协议直接影响的人，除其本身是协议当事方外，可以在协议登记之后60天内请求法庭废止或变更其中一项或几项条款。如果法庭认为其能证明该条款不符合法庭作出的命令，可以同意该请求。

应允协议——私人诉讼的当事人　106.01(1)如果获得第103.01条同意的申请人向法庭请求作出75条或77条规定的命令，且该命令的条款已经过所要作出命令中所针对的人的同意且符合本法的规定，则应允协议可由法庭登记归档。

通知局长　（2）经法庭登记归档后的应允协议，当事方应当毫不迟疑地向局长送达其复本。

公布　（3）应允协议应当毫不迟疑地在加拿大政府公报上公布。

登记　（4）应允协议应当在公布后30天之内进行登记，但登记之前第三方向法庭提出申请要求发布命令撤销或取代应允协议的除外。

登记的效力　（5）应允协议经登记便具有与法庭命令相同的执行力和效力，以及可提起的诉讼程序。

局长可能干预　（6）依局长的请求，如果应允协议已经或可能具有反竞争的后果，则法庭可以变更或废止已经过登记的该应允协议

通知　（7）局长应当将本条第6款中的申请事项通知应允协议的当事方。

证据　107. 在决定是否作出本章规定的命令时，除非证据与本法规定的违法行为相关，或由此法庭可能依本法作出另一命令外，法院都应当审查该证据。

第九章　应通知的交易

解释

定义　108.(1)在本章中，

经营性企业　"经营性企业"是指与其有关的雇员通常报告工作的加拿大境内的商业实体；

人　"人"是指个人、团体法人、非联合辛迪加、非联合组织、受托人、执行人、管理人或其他法定代表人，但不包括单纯受托人；

规定的　"规定的"是指依据第124条制定的规章中所规定的；

表决权股份　"表决权股份"是指在任何情况下或由于已发生并且正在持续的事件，而带有表决权的任何股份。

女王陛下控制的公司　（2）在本章中，除第113条规定的种种目的之外，根据具体情况，仅因为两个公司均由代表加拿大联邦或某一省权利的女王陛下控制之事实，一个公司并非与另一个公司有关联关系。

适用

对当事人的一般限制

109.（1）本章不适用于拟议的交易，除非有关各当事方，同其关联企业一起，从事以下行为：

（a）在规定的时间内，以规定的方式于加拿大境内所确定拥有的财产的总值超过 4 亿加元，或者是可能规定的更大的数额的；或者

（b）在规定的年度内以规定的方式于加拿大、来自加拿大或进入加拿大销售的收入总值超过 4 亿加元的，或者是可能规定的更大的数额的。

股份收购的当事方

（2）在本章中，有收购股份意向的当事方，是想要取得股份的人以及被收购股份的公司。

本章的申请

110.（1）本章仅适用于本条规定的拟议交易。

财产的收购

（2）根据第 111 条和第 113 条规定，本章适用于对经营性企业在加拿大境内的任何财产的拟议收购，条件是在规定的时间内以规定的方式确定的上述企业的该项财产的总值超过本条第 7 款或第 8 款规定的数额，或者，在规定的年度内以规定的方式确定的由上述该项财产在加拿大或来自加拿大的销售总收入超过本条第 7 款或第 8 款规定的数额。

股份收购

（3）根据第 111 条和第 113 条，本章适用于对从事经营性活动的公司，或者控制一个从事经营性活动的公司有表决权股份的拟议收购。

（a）如果：

（i）为该公司或受其控制的多个公司所拥有的，在规定的时间以规定的方式确定的在加拿大境内的财产总值，除了上述公司的股份形式的财产外，超过本条第 7 款或第 8 款规定的数额；或者

（ii）在规定的年度内以规定的方式所确定的，且由（i）分项涉及的财产所产生的，在加拿大或来自加拿大的销售总收入，本条第 7 款或第 8 款规定的数额；并且

（b）如果拟议的收购有表决权股份将导致取得该股份的人连同其关联企业，将拥有总计超过下列比例的公司表决权股份：

（i）20%，如果公司存在可公开交易的表决权股份的情况下；或者

（ii）35%，如果公司不存在可公开交易的表决权股份的情况下；或者

（iii）50%，如果说一人或多人在待议的收购之前已经拥有超过（i）或（ii）规定的比例。

新设合并

（4）根据第 113 条以及本条第 4.1 款之规定，本章适用于两个或两个以上公司的合并，其中一个或多个公司是从事经营性活动的企业或控制从事经营性活动企业的公司，如果：

（a）在规定的时间以规定的方式确定的、由该合并而来的存续公司或由其控制的公司，在加拿大境内所拥有的财产总值，除了上述公

司的股份形式的资产外，超过本条第7款或第8款规定的数额；或者

（b）在规定年度内以规定方式确定的，且由（a）项涉及的财产所产生的，在加拿大或来自加拿大的销售总收入将超过本条第7款或第8款规定的数额。

对新设合并当事人的一般限制

（4.1）本章的规定对拟议新设合并的两个或两个以上的企业中，存在有一个或多个进行经营性业务或其控制的公司进行经营性业务的情况不适用，除非至少两个合并公司中的一个，连同其附属公司：

（a）在规定的时间内，以规定的方式于加拿大境内所确定拥有的财产总值超过了根据第7款或第8款确定的总价值金额，或者

（b）在规定的年度内，以规定的方式于加拿大、来自加拿大或进入加拿大销售的收入总值超过了根据第7款或第8款确定的总价值金额。

联合

（5）根据第112条和第113条之规定，本章适用于两个或两个的人为进行商业经营而为的拟议联合，但通过由上述人中的一人或多人意图提供组成一个由他们管理的经营性企业的全部或部分资产，或者由上述多人控制的多个公司除外，并且，如果：

（a）在规定的时间以规定的方式确定的，与上述联合事项有关的在加拿大的财产总值超过本条第7款或第8款规定的数额；或者

（b）在规定的年度内以规定的方式确定的，且由（a）项涉及的财产所产生的，在加拿大或从加拿大的销售总收入将超过本条第7款或第8款规定的数额。

联合体

（6）根据第111、112条和第113条之规定，本章适用于对联合体的权益的拟议收购，该联合体从事着经营性的活动，但通过公司运作以下情形的除外，

（a）如果：

（i）在规定的时间内，以规定的方式确定的，与上述联合事项有关的在加拿大的财产总值将超过本条第7款或第8款规定的数额；或者

（ii）在规定的年度内以规定的方式确定的，且由（i）分项涉及的财产所产生的，在加拿大或来自加拿大的销售总收入将超过本条第7款或第8款规定的数额。

（b）如果拟议收购权益将导致收购人及其关联企业在联合体中持有的权益总额足以使其获得超过该联合体利润的35%，或在该联合体解散时获得超过35%的财产份额，或该收购人已经有权可以获得上述利润或财产的50%以上。

通知的数额

（7）在本款生效的1年内，按照第2款至第6款规定的拟交易的数额达到7 000万加元。

一年后的通知数额

（8）在第7款生效以后的任何1年，按照第2款至第6款规定的拟交易的数额是：

（a）本条规定的任一数额；或者

（b）如果本条没有对其数额作出规定；

（i）部长所确定的本年1月份的数额通过四舍五入接近100万加元时使用该公式：

A ×（B / C），

其中：

A代表上一年的数额；

B代表按最近连续四个季度的市场价格计算的平均名义的国内生产总值，并且

C代表按前1年可比期间的连续四个季度的市场价格计算的平均名义国内生产总值，或者

（ii）部长已经根据第9款公布了第i项下确定的年度数额，该款得出的数额为上一年度数额。

在加拿大政府公告中公布

（9）在确定任何1年的数额后，部长应尽快公布在加拿大政府公报中所确定的数额。

豁免

收购

111. 如下几类交易可以豁免本章的适用：

（a）按照通常的商业作法收购不动产或货物，如果有意向收购财产的一人或多人，作为该收购的结果，不控制一个企业全部或实质上全部的财产或者其正在运营的某个部分；

（b）在第5条第2款的含义内，收购表决权股份或权益仅仅出于认购该股份活权益的目的；

（c）作为赠与、法定继承（无遗嘱继承）或遗嘱继承所导致的表决权股份、权益或财产的收购；

（d）抵押物或应收款项的收购，或者，回赎权丧失、违约赔偿或债务的组成部分所导致的收购，这些收购是由债权人在通常的商业活动中善意达成的信贷交易作出的；

（e）根据书面协议收购《所得税法》第66条第15款所规定的加拿大的资源性财产。该协议规定，只有收购人承担开采、开发上述财产的费用，方可将该财产转让给收购人；

（f）根据书面协议收购公司的有表决权股份。该书面协议规定，只有收购人承担开采、开发有关的加拿大资源性财产所产生的费用，方可发放所要收购的股份。该资源性财产是指《所得税法》第66条第15款规定的财产；并且若被收购公司没有除该资源性财产之外任何重大的财产，该公司有权对资源性财产进行开采或开发活动。

联合

合营企业的联合

112. 下列联合豁免本章的适用：

（a）有意向进行联合的所有的人都是一个书面协议或者有意向形成的书面协议的当事方，该协议使他们当中的一人或多人承担提供资

产并维系各当事方之间的关联关系的义务；

（b）该联合不产生对联合的任一方的控制权的变化；并且

（c）（a）项所指的该协议限制依照联合可以进行的活动范围，并且包括允许有秩序地终止该协议的规定。

一般规定

一般豁免

113. 下列几类交易豁免本章的适用：

（a）各当事方互为关联企业的交易；

（a.1）财政部长已经依据第94条（b）项因其涉及公共利益而向局长提交了有关的书面证明的交易；

（b）局长已依据第102条就其发布了证明书的交易；

（c）由于已经实现提供与第102条中的证明书申请有关重要的类似信息，局长或局长授权的人已经免去其依照本章规定通知局长或提供信息的义务之交易；以及

（d）规定的其他种类的交易。

通知和资料

议定交易的通知

114.（1）依照本章规定，如果有以下情形，那么意图完成交易的当事方，在该交易完成前，应告知局长该交易已处待议状态，并向其提供本章规定的资料：

（a）一人、二人或数人在第110条第2款规定的情形下根据协议或安排谋求获得资产的，或于第110条第3款规定的情形下收购股份的，或在第110条第6款规定的情形下收购关联企业的；

（b）两个或两个以上公司在第110条第4款规定的情形下企图合并；或

（c）两个或两个以上的公司在第110条第5款情形下，企图建立联营企业；

意图完成上述交易的当事方，在该交易完成之前，应告知局长该交易已处拟议状态并向其提供符合本章规定的资料。

额外资料

（2）局长或其授权的人可以在收到资料之后30天内，通知提供资料的当事方进一步向其提供与评估该待议交易有关的额外资料。

通知的内容

（2.1）局长向当事方发出的该通知应当指明提供哪些特定的额外资料或者是何种额外资料。

股份被收购的公司

（3）如果拟议交易是股份的收购，被收购公司没有提供信息，而局长依据本条第1款收到该事务中的一方当事人所提供的信息，则在收到该公司的这些信息之前：

（a）局长应当立即通知该公司，局长已经收到了该当事方提供的所规定的资料；

（b）该公司应当在收到（a）项中的通知之后10天内，向局长提供规定的资料；

通知和信息

（4）被要求依据本条作出通知及提供信息的人可以：

（a）在获得适当授权的情况下，代表或代替在该相同交易中有同样义务的其他人作出通知或提供信息；或

（b）与上述的其他人共同作出通知和提供信息。

收购的预先通知

115.（1）如果已遵守依相同限制要求的第 114 条的规定，则在此之后 3 年内收购拟议联合企业中有表决权股份或权益，即使超越第 110 条第 3 款或第 6 款规定的限制，也不适用第 114 条。

未来收购的通知

（2）若一人或数人意欲收购一联合企业中的有表决权股份或权益，则应当遵守第 114 条的规定，因为该收购将导致其超过第 110 条第 3 款中规定的 20% 或 35% 的限制或第 110 条第 6 款中规定的 35% 的限制。该人可以在遵守上述规定的同时，将拟议继续收购将导致超过上述规定限制的 50% 的联合企业的股份或权益这一事实通知局长，并向局长提供该继续收购的具体执行步骤的细节的书面材料。

表决权股份继续收购的豁免

（3）若发生下列情况，则本条第 2 款所指的拟议继续收购可不适用第 114 条：

（a）已按本条第 2 款规定向局长提交了继续收购的通知并且已按本条第 2 款规定提交了执行细节；

（b）在继续收购之前 21 天之内，且至少在 7 天之前，向局长再次书面通知继续收购。

限制

（4）该继续收购仅在本条第 2 款规定的通知提交后 1 年内完成时，方可适用本条第 3 款。

当信息无法被提供

116.（1）第 114 条要求的资料尚未为人所知或不合理取得时，或者由于律师、公证员或者他们的客户存在特权而不能提供，或其取得将违反法律规定的保密要求，则须提供该资料者可以不提交该资料，并以宣誓或以庄重誓言的方式告知局长未提供的资料以及未提供的理由。

无关信息

（2）若第 114 条规定的资料，没有合理的理由认为其与局长对某一拟议交易实质地阻碍或减少竞争或将造成此后果的调查有关，则该资料提供者可以不提交该资料并以宣誓或庄重誓言方式告知局长未提供的资料或资料与违法行为无关的理由。

如果信息事先已提供

（2.1）如果依据第 114 条要求提供的信息事先已经提交给局长，欲提供信息的人可以不再提供，但要以宣誓或庄重宣誓的方式告知局长事先已经提供信息以及提供的时间。

局长可要求提供信息

（3）在一方决定不向局长递交第 114 条要求的资料并以本条第 2 款或第 2.1 款规定的方式通知局长情况下，若局长在被通知后 7 日内告知该方他仍需要提供该资料，则该方应向局长提供此资料。

救济

［撤销］

被完全控股公司

117.（1）若一家公司并非完全控股公司或被完全控股公司，则其董事仅依其董事身份取得的信息可以不按第 114 条的规定提交。

（2）在本条第 1 款中，一公司实际直接被另一公司拥有除了为成为董事而必须拥有的股份外其他所有已发行的有表决权股份，或另一

公司通过其关联公司间接地实际拥有该公司除为成为董事而必须拥有的股份外其他所有的已发行的有表决权股份，则该公司为本条第1款所指被完全控股公司。

完全控股公司

（3）在本条第1款中，若一公司实际直接拥有另一公司除了为成为董事而必须占有的股份额之外其他所有已发行的有表决权股份，或通过其关联公司直接或间接地实际拥有该公司除为成为董事而必须拥有的股份外其他所有的已发行的有表决权股份，则该公司为本条第1款所指完全控股公司。

需要确证的信息

118. 按第114条规定向局长提交的资料，应以宣誓或庄重誓言方式确证：

（a）若信息提供者为法人的，则由该法人的高级职员或者由董事会或其他管理机构正当授权的人予以提供；

（b）若信息提供者为个人的，则由该个人予以提供，该人应当对该资料进行审查，并尽其可能保证该资料在实质问题上的确切和完整。

交易未完成

119. 若与拟议交易有关的信息及通知业已按第114条规定提供，但该交易在此后1年内或局长据具体情况特别指定的时间期限内并未完成，则如同未提供信息与通知一样适用第114条。

120～122［废止］。

拟议交易的完成

禁止交易的期间

123.（1）第114条所指的拟议交易在下列期限终止满前不得履行：

（a）在局长收到按第114条第1款要求提交的资料后30天内，如果局长没有在上述期限内要求提供按第114条第2款要求提交的额外资料。

（b）在局长收到按第114条第2款要求提交的资料后30天内，如果局长在上述期限内已经查阅（a）项所规定的按第114条第2款要求提交的额外资料。

等候期间的放弃

（2）第114条所指的待议交易应当在本条第1款规定的期限届满之前完成，如果局长或局长授权的人在上述期限届满前向被要求发出通知或提供资料的人作出通知，通知其：局长不打算依第92条就待议交易作出申请。

收购表决权股票

（3）在第114条第3款适用的收购表决权股票的情况下，确定第1款中的期间不应当考虑局长收到依据第114条请求的由被收购公司提供信息的日期。

当事人不履行上述义务的情形

123. 1（1）当局长就待议交易作出申请时，如果法院认定缺乏善意和充分理由的人，在第123条规定的期限届满之前已经完成或者有可能完成待议交易，法院可以：

（a）要求该人按第114条第2款提交相关资料；

（b）发布临时禁令以禁止任何人实施与完成或实施待议交易有关的任何行为；

（c）在待议交易完成的情况下，要求交易的任何当事人或其他人以法院指导的任何方式解散合并或处理法院指定的资产或股份；

（d）在待议交易完成的情况下，法院在考虑以下任何证据后，要求该人就违反第123条规定，以法院指定的任何方式支付不超过10 000加元/天的行政罚款：

（i）该人的经济状况；

（ii）该人遵守本法的记录；

（iii）违反本法的持续时间；

（iv）以及其他相关因素。

（e）准予法院认为适当的其他任何救济措施。

命令的目的

（2）本条第1款（d）项规定的命令条款应当以促进该人实施与本部分目的一致的行为为目的，而不以惩罚为目的。

未支付的罚款

（3）本条第1款（d）项规定的行政罚款是对至高无上的加拿大之权利的债务，并可以从具有完全管辖权的法院内的当事人处索回。

“法院”的定义

（4）在本条中，“法院”指的是法庭、联邦法院或一个省的高等法院。

规章

规章

124.（1）总督可以制定规章规定本章所规定的内容。

议定规章的公布

（2）依据本条第3款的规定，总督根据本条第1款授权作出的规章在其可能生效之日至少60天前公布于加拿大政府公报，并且应给予利害关系人合理的机会以陈述其意见。

例外

（3）任何上述规章，若先前已经按本条第2款规定的条件得以公布，则不论是否按本条第2款所述之意见对其进行了修改，亦不必再次公布。

第十章　一般规定

局长的意见

申请书面意见

124.01（1）任何人向局长申请作出适用本章中的条款或规章于申请者将要从事的行为的意见，并附带支持其申请的信息。局长可以为申请者出具书面指导意见。

意见的约束力

（2）如果申请者或其利益代表者已经提交所有的材料事实且该材料均是正确无误的，依据本条提供的书面意见对局长具有拘束力。只要意见书所依据的主要事实没有改变且申请人基本上是按照其意向行事的，该意见书就应当维持其效力。

向法庭求助

双方同意的求助

124.02（1）局长以及依据第10条进行调查针对的人员可以通过协议求助法庭确定法律的、法律和案件事实相结合的、管辖权的、惯例或诉讼程序的问题，这些问题与第七章之一或第八章的适用、解释以及是否已依据第七章之一或第八章作出请求的事项有关。

局长的求助

（2）局长可以在任何时候向法庭求助与第七章之一至第九章的适用和解释问题有关的法律的、管辖权的、惯例或诉讼程序的问题。

私人诉讼当事方的协商求助

（3）依据第103.01条获得批准的人或依据第75条或第77条寻求发布的命令所针对的人可以通过协议向法庭求助与第八章的适用和解释有关的法律的、法律和案件事实相结合的问题，如果法庭许可他们的请求，他们必须将许可申请的通知送交可能介入该诉讼的局长。

求助程序

（4）法庭对向其求助的问题应当非正式但及时地加以解决，且符合依据《竞争法庭法》第16条作出的有关求助的规定。

向委员会、竞争局或其他法庭作出的陈述

向联邦委员会陈述

125.（1）局长可以应任何联邦委员会、竞争局或其他法庭之要求或是依职权或按部长之请求，向该机构、委员会或法庭陈述其与竞争相关的意见并调用证据材料；若该意见或证据与该机构、委员会或法庭处理的问题有关且与该委员会、竞争局、法庭有权力解决该问题的因素有关。

联邦委员会、竞争局或其他法庭的定义

（2）在本条中，“联邦委员会、竞争局或其他法庭”是指进行管理性活动并经议会法案明令授权或按该法规定有权对某产品的生产、供应、购买、分配直接或间接地作出决定或建议的任何委员会、竞争局、法庭或个人。

向省委员会等机构陈述

126.（1）如果局长可以提供与省委员会、竞争局或其他法庭处理的问题有关的证据或意见，或该证据意见可以作为处理问题所应当考虑的因素的话，局长可以应省委员会、竞争局或其他法庭的要求，或经省委员会、竞争局或法庭之同意，向该委员会、竞争局或法庭陈述其与竞争有关的意见或提交证据材料。

省委员会、竞争局或其他法庭的定义

（2）在本条中，“省委员会、竞争局、其他法庭”指进行管理性活动，并经省议会法案授权或按该法规定有权对某产品的生产、提供、购买或分配直接或间接地作出决定或建议的任何委员会、竞争局、法庭或个人。

向议会报告

年度报告

127. 局长应当向部长提交有关第7条第1款涉及的本法执行情况的年度报告，部长应于收到报告后在议会会期开始后的前15天内向议会各院递交该报告。

规章

规章

128.（1）总督可以制定为贯彻执行本法以及实现有效管制所必需的规章。

拟议规章的公布

（2）依据本条第3款的规定，总督根据本条第1款授权作出的规

章在该其可能生效之日至少 60 天前公布于加拿大政府公报，并且应给予利害关系人合理的机会以陈述其意见。

例外

（3）依据本条第 2 款事先已将拟议规章公布的，则无论该项陈述是否导致规章的修改，该拟议规章都无需再次公布。

芬兰竞争法（2004 年）

第一章　总　　则

第一条　为保护全面、有效的竞争不受有害的限制性行为的影响，制定本法。

适用本法时，应对消费者的利益、保证企业的自由经营不受不合理阻碍和限制给予特别关注。

第一条 a（2004 年第 318 号法律）　当对竞争的限制可能影响到欧盟成员国之间的贸易时，应当适用《欧盟条约》第 81 条和第 82 条。

第二条　本法不适用于与劳动市场有关的协议或安排。（1994 年第 447 号法律）

本法不适用于农业生产者或生产者协会关于农产品的初级生产、旨在提高农业生产力、促进市场的有效运行、增加食品供应以及达到合理的消费价格和较低成本的协议、决定或协同行为。（1995 年第 908 号法律）

但若第 2 款规定的行为严重阻碍农产品市场的正常有效竞争或导致滥用市场支配地位，则适用本法。（1994 年第 447 号法律）

本法不适用于不直接损害芬兰消费者利益的境外限制竞争行为，但国会另有规定的除外。按照芬兰与外国达成的协议，或者为了保护芬兰的对外贸易，国会可以将本法的效力扩大适用于国外的限制竞争行为。（2001 年第 1529 号法律）

第 4 款不适用于芬兰竞争局采取的符合欧盟竞争规则的措施。（1995 年第 908 号法律）

第三条　本法中，企业是指专门从事购买、销售或以其他方式有偿取得或提供货物或服务（产品）的自然人、私法人或公法人。

支配地位是指由一个或更多的在全国范围或一个特定区域内的企业或者企业联合体拥有，在一种特定产品市场拥有排他性的权利或者其他独占性的地位以至于严重地控制了价格水平或者交付该产品的条件，或以其他相应方式在特定的生产或销售水平上对竞争环境产生影响的地位。（2004 年第 318 号法律）

第二章　限制竞争行为

第四条（2004 年第 318 号法律）　以严重阻碍、限制或扭曲竞争为目的，或者产生导致阻碍、限制、扭曲竞争后果的，企业间所有协议、企业联合体的任何决定或企业实施的任何协同行为应予以禁止。

当协议、决定或行为有下列特殊情形时，应予以禁止：

（一）直接或间接地固定购买或销售价格或者任何其他交易条件；

（二）限制或控制生产、市场、技术进步或投资；

（三）分割市场或原材料的供应；

（四）对相同交易的其他交易方适用差别待遇使之处于竞争劣势地位；或者

（五）合同的缔结取决于附随义务的其他交易方的承诺，在本质上或根据商业惯例，这些附随义务与此合同的主体无关。

第五条（2004年第318号法律） 第4条的禁止性规定不适用于任何具有下列情形的企业间的协议、企业联合体的决定或企业的协同行为，或者任何种类的协议、决定或协同行为：

（一）有助于提高商品生产或销售或者促进技术进步或经济发展；

（二）允许消费者在最终利润中享有合理份额；

（三）不对企业施加并非为达到以上目标所必需的相关限制；或者

（四）不得为该企业提供消除相关产品的实质部分竞争的可能性。

第六条（2004年第318号法律） 禁止1个及1个以上的企业或企业联合体任何滥用市场支配地位的行为。滥用行为特别包括以下情况：

（一）直接或间接强加不公平的购买或销售价格或者其他不公平交易条件；

（二）限制生产、市场或技术发展，从而对消费者造成损害；

（三）与其他交易方进行同等交易时适用差别待遇，因此使其处于竞争劣势地位；

（四）合同的缔结取决于附随义务的其他交易方的承诺，在本质上或根据商业惯例，这些附随义务与此合同的主体无关。

第七条（2004年第318号法律） 应当对违反欧盟条约第4、6、81条或第82条规定的企业或企业联合体处以罚款（一种损害竞争罚款），但情节轻微或处以罚款并不利于保护竞争的情况除外。

在确定罚款数额时，应考虑竞争限制的严重性、范围及持续时间。这一数额不应超过有关企业或企业联合体上一个年度总营业额的10%。

应由竞争法院基于芬兰竞争局的建议征收惩罚性罚款。罚款应当上缴国家。

第八条（2004年第318号法律） 竞争法院可以减少第7条规定对企业或企业联合体处以的惩罚性罚款，或者，如果企业或企业联合体对芬兰竞争局的限制竞争调查给予重要协助，则可不予以任何处罚。

第九条（2004年第318号法律） 依据欧盟条约第4条或第81条的规定，竞争者之间关于向第三方销售产品的价格、生产限制以及分享市场、消费者或原材料供应等事项作出限制竞争行为的，如果相关企业具有以下情形，则芬兰竞争局不应当向竞争法院提出对竞争者处以惩罚性罚款的建议：

（一）向芬兰竞争局提供有关限制竞争的信息，使其能够干涉这种限制竞争行为的；

（二）在芬兰竞争局从其他地方得到第1款第1项所规定的信息前为其提供该信息的；

（三）向竞争局递交其拥有的全部信息和文件的；

（四）在限制竞争整个调查期间与竞争局保持协作的；并

（五）在向竞争局提供了第1款第1项规定的信息后已经终止或立即终止所参与的限制竞争行为的。

芬兰竞争局应当对企业是否符合了第1款下的所有条件作出单独决定。不得就此决定单独提起上诉。

第三章　关于限制竞争行为信息的规定

第十条 应芬兰竞争局的要求，企业或企业联合体应当向竞争局提供为其调查限制竞争行为的内容、目的和影响以及查明竞争条件所需的全部信息和文件。

应芬兰竞争局的要求，企业或企业联合体亦应当向竞争局提供为其判断企业或企业联合体是否占有市场支配地位所需的信息和文件。

地方行政机关调查对竞争的限制或竞争条件时，应向地方行政机关提供相应信息和文件。

任何时候都应以书面形式提供所要求的信息。

第十条 a（2003 年第 400 号法律）　在《政府活动公开法》（1999 年第 621 号法律）中已有对于向芬兰通讯管理局提交机密文件的相关规定，但如果此举为通讯管理局履行其职责所必需，则芬兰竞争局有权依照《政府活动公开法》第 24 条规定向芬兰通讯管理局提交在执行本法设定的职责的过程中获得或起草的机密文件。

第十条 b（2004 年第 318 号法律）　《政府活动公开法》（1999 年第 621 号法律）第 30 条规定了芬兰竞争局向外国竞争当局提交其拥有的机密文件的情况。

第三章 a　对集中的控制

第十一条（1998 年第 303 号法律）　在本法中，“集中”指：

（一）取得《公司法》（1978 年第 734 号法律）第一章第 3 条所指的控制或取得相应实际控制（控制）；

（二）收购一个企业经营业务的全部或部分；

（三）合并；

（四）建立将长期起到自治经济组织作用的合营。

关于对集中实行控制的规定不适用于第 1 款所指的公司集团的内部安排。

集中的一方是指取得控制地位的一方；第 1 款第 2 项中所指的全部或部分经营业务的收购方、控制对象；第 1 款第 2 项中所指的全部或部分经营业务；第 1 款第 3 项中所指的合并涉及的实体或其主体部分和第 1 款第 4 项中所指合营的创办方。

第十一条 a（2004 年第 318 号法律）　本法有关对集中实行控制的规定应适用于以下两种经济集中行为：第一，集中各方总营业额超过 35 000 万欧元；第二，双方从芬兰获得的最低营业额超过 2000 万欧元。

在本法中，关于营业额的规定适用：

（一）《信贷机构法》（1993 年第 1607 号法律）第四章规定的信贷机构、投资公司和其他金融机构并已结算相关盈亏账目的各收入项目的总数，特别收入除外；及

（二）保险和养老机构的已收总保险金额或养老基金的已收保险金额。

如果在经济集中行为属于委员会规章（EEC）1989 年第 4064 号控制企业之间集中的范围，除非委员会依据前述委员会规章第 9 条的规定向芬兰竞争局报告该集中行为，本法控制经济集中行为的规定不适用。（2000 年第 318 号法律）

第十一条 b（2004 年第 318 号法律）　具有控制地位的受让人、本法第 11 条第 1 款和第 2 款规定的经营活动或经营活动中某部分的受让人、吸收合并中受让实体或创办方、新设合并中的合并实体或创办方以及合营的设立人的营业额应包括：

（一）处于控制地位的实体或创办方的营业额；

（二）处于被控制地位的实体或创办方的营业额；

（三）被本条第 1 款中的实体或创办方控制的实体或创办方的营业额；以及

（四）与第 1 款中所涉及之实体或创办方控制的情形相同，被同一自然人所控制的实体或创办方的营业额。

收购对象的营业额是指：

（一）处于控制地位的实体或创办方的营业额；

（二）与本法第 11 条第 1 款和第 2 款中所涉及的经营活动或部分经营活动有关的营业额；

（三）在吸收合并中合并商事实体或创办方的营业额。

收购对象的营业额亦应包括第 2 款第 1 项或第 2 款第 3 项规定被控制的实体或创办方的营业额。

在经营业务是通过两次或两次以上连续交易所获得的情况下，收购对象的营业额是指从同一实体或创办方取得的之前连续两年的经营业务的总营业额。

关于营业额更具体的计算办法由相关部门规定。

第十一条 c　自下列情形发生之日起 1 周内，应当向芬兰竞争局作出申报：

（一）取得控制；

（二）收购第 11 条第 1、2 款中所指的全部或部分经营活动；

（三）发出《证券市场法》（1989 年第 495 号法律）第六章第 2 条所指的公开招标公告；

（四）并入收购公司的决定；或

（五）在创立大会上作出的成立合营的决定。（2004 年第 318 号法律）

《保险公司法》（1979 年第 1062 号法律）第三章第 16 条或第 16 条 a、《雇用养老金的保险公司法》（1997 年第 354 号法律）第三章或第十章、《保险业协会法》（1987 年第 1250 号法律）第一章第 2 条第 3 款或第十四章、《养老基金法》（1995 年第 1774 号法律）第十一章或《保险基金法》（1992 年第 1164 号法律）第十二章所规定的集中，应在集中各方收到保监局同意该集中的通知或获知保监局不反对该集中后一周内向芬兰竞争局进行申报。如果保监局已根据本项援引的有关法律已经要求芬兰竞争局就该项集中发表声明，且芬兰竞争局在其声明中并未对该项集中提出反对，则不必进行申报。（1999 年第 91 号法律）

合并中取得控制权的一方、全部或部分经营业务的取得方、实体或财团及合营的创立方有申报义务。（1998 年第 303 号法律）

有关各部应就申报义务提供更详细的信息。（1998 年第 303 号法律）

第十一条 d（2001 年第 1529 号法律）　如果企业集中将导致支配地位的出现或加强，严重阻碍国内市场或其实质部分的竞争，竞争法院可以依竞争局的提议禁止或解散该项集中或者对实施这种集中附加条件。

除前款规定外，如果由于在电力市场的集中，使得集中所涉及的各方以及与其具有第 11 条 b 第 1 ~ 3 款所规定关系的有关实体或机构所从事的 400 伏高压输电网业务的电力传输总份额占全国总额的 25% 以上，则竞争法院可以根据芬兰竞争局的提议禁止该集中。

如果通过对实施集中附加条件可以避免第 1 款所指的对竞争的阻碍或第 2 款所指的集中带来的不利影响，则芬兰竞争局不应当只是提出建议，而应当对这种条件进行磋商，并且命令附加这些条件而不是提出建议。

为实施以上条件，芬兰竞争局可以处以附条件的罚款。竞争法院可以为实施禁止令、禁令或附加条件而处以附条件的罚款。对罚款的支付命令应由竞争法院作出。

第十一条 e　芬兰竞争局应当立即对申报进行审查。在初始阶段，芬兰竞争局应当决定是否需要进行进一步的调查。如果在收到通知之日起 1 个月内，芬兰竞争局没有作出启动进一步调查程序的决定，则应视为其批准了该项集中。期限自提交的通知材料完备之日起计算。（1998 年第 303 号法律）

如果在决定启动进一步调查程序之日起 3 个月内，芬兰竞争局没有提出附加条件或禁止集中的建议，则应视为其批准了该项集中。该期限最多可由竞争法院延长 2 个月。（2001 年第

1529 号法律)

芬兰竞争局在集中事宜中的调查权由第 10、20 条和第 25 条规定。(1998 年第 303 号法律)

第十一条 f　集中各方在最终决定作出前或取得对有关集中的案件的其他批准前，不得采取措施实施集中，现行法律另有规定或对事项进行评价后准许集中各方采取该项行动的除外。(1998 年第 303 号法律)

第 1 款的规定不应妨碍《证券市场法》第六章第 1 条所指的公开招标的进行、该法第六章第 6 条第 1 款所指的回赎义务的履行或《芬兰公司法》第十四章第 19 条第 1 款规定的回赎义务的履行或回赎权的行使。(1998 年第 303 号法律)

第 1 款的规定不妨碍实施合并许可的授予。但在最终决定或有关集中的其他批准作出前，实施合并的不应对其进行登记。(1998 年第 303 号法律)

第 3 款的规定亦适用于《商业银行及其他股份制金融机构法》(2001 年第 1501 号法律)、《合作银行及其他合作金融机构法》(2001 年第 1504 号法律)及《储蓄银行法》(2001 年第 1502 号法律)中有关经营业务转让的规定。(2001 年第 1512 号法律)

第十一条 g (2004 年第 318 号法律)　应根据第 7 条的规定对违反第 11 条 c 规定的申报义务或者实施违反第 11 条 d 或第 11 条 f 规定的集中的企业处以罚款，情节轻微或为保护竞争而处以罚款是不正当的除外。

第十一条 h (2001 年第 1529 号法律)　如果芬兰竞争局建议禁止集中，竞争法院应当自建议提出之日起 3 个月内作出决定，否则视为该集中获得批准。

除非竞争法院在提出建议或上诉之日起 1 个月内作出相反指令，否则实施集中的禁止令失效。

第十一条 i　由于市场条件的重大变化或其他重要原因，芬兰竞争局依申请可以提高或降低实施集中的附加条件。(1998 年第 303 号法律)

尽管有在先的决定，如果相关当事人提供的对决定的作出有实质影响的信息是虚假或引人误解的，或当事方违反第 11 条 d 或第 11 条 f 的规定实施了集中，则芬兰竞争法院可以根据芬兰竞争局的建议禁止或解散集中或对集中的实施附加条件，但是必须在作出最终决定生效或开始实施集中之日起 1 年内通知集中的各方芬兰竞争局已提出重新对案件进行审查的建议。(2001 年第 1529 号法律)

第四章　程序性规定

第十二条　芬兰竞争局应当对限制竞争的行为及其影响进行调查。如果芬兰竞争局发现企业或行业(企业)协会以本法第 4 条或第 6 条或《欧盟条约》第 81 条或第 82 条规定的方式限制了竞争，应当启动必要的程序消除对竞争的限制或其有害影响。但是，如果不考虑对竞争的限制，前述市场仍可以被视为有效的统一市场，则芬兰竞争局可以决定不采取措施。(2004 年第 318 号法律)

地方行政机关应当对限制竞争行为及其影响进行调查，并且根据芬兰竞争局的指令，启动程序以消除限制竞争行为及其影响。(1998 年第 303 号法律)

第十三条 (2004 年第 318 号法律)　如果依本法第 4 条或第 6 条或《欧盟条约》第 81、82 条的规定，限制竞争行为应当予以禁止，芬兰竞争局可：

(一) 责令企业或企业联合体终止违反本法第 4 条或第 6 条或《欧盟条约》第 81、82 条的行为；并且

（二）责令企业以类似于该企业向其他处于相似地位的企业提出的条件为条件。

芬兰竞争局为执行本条第1款中禁令、禁止令或义务的实施，可对此处以附条件的罚款。支付附条件的罚款的决定由竞争法院作出。

根据竞争委员会的决议，芬兰竞争局可指令从事被称为限制竞争行为的企业或企业联合体履行决定中的义务，如果义务的履行可消除行为的限制竞争性。如果作为决定所依据的任何案件的事实发生重大改变，或相关企业违反其义务，或决定是基于不充分的、虚假的或引人误解的信息作出的，芬兰竞争局可重新审理案件。

根据2003年第1号《欧盟委员会条例》第29条第2款关于执行《欧盟条约》中第81、82条竞争规则的规定，当芬兰竞争局发现适用集体豁免规定的决议、企业联合体的决定或协同行为在芬兰境内产生了与《欧盟条约》第81条第3款规定不符的后果，或企业的决议或企业联合体的决定或协同行为中的某些行为具有不同的地域市场特征时，芬兰竞争局可撤回商事企业的决议、企业联合体的决定或协同行为在芬兰境内的豁免利益。

第十四条 如果需要立即阻止限制竞争行为的运用或实施，芬兰竞争局可以公布相应的临时禁令。芬兰竞争局也可以临时要求某一企业按照向其他企业供货的相同条件向另一企业交付产品。

芬兰竞争局应对主要事项作出决定或依据第7条第3款规定自发出临时禁令之日起60日内向竞争法院提出建议。竞争法院可根据竞争局在此期间内提出的申请决定延长上述期限。芬兰竞争局未能在规定的期限内就主要事项作出决定或提出建议的，则其发出的禁令和要求的义务失效。(2004年第318号法律)

在芬兰竞争局发出禁令或要求企业履行义务之前，除非事态紧急或有其他特定原因，应当给予企业或行业（企业）协会陈述的机会。

为实施禁令或要求企业履行义务，芬兰竞争局可以处以附条件的罚款。处以附条件罚款的决定应由竞争法院作出。(2001年第1529号法律)

第十五条 限制竞争事项应当通过第7条第3款或第11条d第1款规定的建议，第21条第1款规定的上诉、第14条第2款或第20条a第1款规定的申请提交至竞争法院。建议、申诉和适用应以书面形式提交。(2004年第318号法律)

在第1款规定的建议或申诉到达竞争法院后，首席法官或竞争法院法官应当在开始最终程序前进行初步程序，以迅速作出决定，除非不应受理该事项或因该事项不成立而裁定驳回。(2001年第1529号法律)

在初步程序中，应当赋予相关企业或企业联合体以口头或书面形式答复建议的机会。也可给予作为被限制对象的企业以陈述的机会。即使相关当事人未就建议提交所要求的答复，也可终止初步程序。(2001年第1529号法律)

竞争法院可根据第20条a的规定，不经听取相关企业或企业联合体的陈述而决定批准申请。(2004年第318号法律)

第十五条a（2001年第1529号法律） 竞争法院可以要求相关方出庭并向其提供有助于解释限制竞争行为的商业信函、财务账目、备忘录和其他资料。要求提供资料的义务不得涉及技术性商业秘密。除非要求提供资料的义务已履行或者相关当事人无法定障碍却未能出庭，可责令相关当事人提供资料或出庭，否则予以罚款。

《行政审判程序法》(1996年第586号法律）也适用于解决本法相关问题。该法在审判和记录的公开方面有单独规定。

第十六条 ［被2004年第318号法律废止］

第十七条（2004年第318号法律） 如果一项限制竞争行为为本法第4条或第6条或《欧盟条约》第81条或第82条所禁止，则竞争法院可以利用附条件的罚款以实施禁令、禁止令或履行义务。

竞争法院应当要求支付附条件的罚款。（2001年第1529号法律）

第五章 附 则

第十八条（2004年第318号法律） 如果协议、章程、决定或其他法律行为或安排中的条件违反第4条或第6条、竞争法院或芬兰竞争局发出的禁令或禁止令或规定的义务或者芬兰竞争局发出的临时禁令或课加的义务，则不得适用或实施该条件。

第十八条a 如果企业因故意或过失违反了本法第4条或第6条或《欧盟条约》第81条或第82条中的禁止性规定，则有义务赔偿因此给另一企业造成的损失。损失赔偿应包括对费用、差价、损失的利润或因限制竞争行为造成的其他直接或间接经济损害的赔偿。（2004年第318号法律）

如果根据损失的性质和程度、当事方的情况和其他有关事项，全额赔偿被认为是不合理的，则可以对赔偿进行调整。（1998年第303号法律）

如果企业自知道或应当知道损害发生之日起5年内没有提起损害赔偿诉讼，则丧失求偿权。（1998年第303号法律）

在损害赔偿诉讼期间，法院可以要求芬兰竞争局作出说明。（1998年第303号法律）

第十九条 ［被2004年第318号法律废止］

第十九条a ［被2004年第318号法律废止］

第十九条b ［被2004年第318号法律废止］

第二十条（2004年第318号法律） 为监督对本法及任何根据本法颁布的后续规则的遵从情况，经芬兰竞争局核准的官员和地方行政官员享有实施检查的权利，按照欧盟委员会的要求，芬兰竞争局有义务根据欧盟规则的规定实施检查。

芬兰竞争局应协助欧盟委员会按照欧盟规则的规定实施检查。

为了检查的目的，企业或企业联合体应当允许第1款和第2款规定的官员进入他们的任何营业场所、储藏区、土地和交通工具。实施检查的官员有权检查账簿、财务账目、电脑档案和与确保遵从本法和根据本法颁布的后续规则可能相关的其他资料，并且有权复制被调查的资料。

官员实施检查时有权要求被检查人当场作出口头解释并就所作答复制作笔录，官员实施检查时亦有权在检查期间查封营业场所和账簿或记录，必要时可延长查封期间。

在实施第1款和第2款或第20条a规定的检查时，如有需要，警察应当依请求以其他相关规则规定的方式提供官方协助。

第二十条a（2004年第318号法律）如果欧盟委员会通过决定要求按照2003年第1号《欧盟委员会条例》第21条规定进行上述检查，而不是按照本法第20条规定进行检查，则经欧盟委员会申请，竞争法院应授权其实施检查。

前款授权应提前申请。

竞争法院可禁止欧盟委员会任意或过度地实施检查。在确定检查是否任意或过度时，竞争法院应特别注意与授权要求的相关可疑违法行为的严重性、所寻找证据的重要性、相关企业的关联性以及与检查事项相关的商业账簿和记录被保存在场所中的合理可能性。

第二十条b（2004年第318号法律） 在对不动产实施第20条规定以外的检查时，经授权的欧盟委员会官员，芬兰竞争局和地方行政机关的官员享有第20条规定的权力，而不是第20条第4款规定的权力。

在检查过程中，欧盟委员会、芬兰竞争局和地方行政机关可以授权其他人员协助其检查。

第二十一条 芬兰竞争局依据本法作出的决定可按照《行政审判程序法》规定的程序向竞争法院上诉。芬兰竞争局根据第11条e第1款和第14条第1款作出的决定和芬兰竞争局根据第20条实施检查的决定不得上诉。即使上诉，芬兰竞争局根据第10条或第13条规定采用的决定应当执行，竞争法院另有规定的除外。（2004年第318号法律）

竞争法院根据本法作出的决定可按照《行政审判程序法》的规定向最高行政法院上诉。竞争委员会执行根据第11条e第2款规定作出的决定或根据第14条第2款规定作出的延长时限的决定或根据第20条a规定作出授权进行检查的决定不得上诉。即使上诉，竞争法院的决定应当执行，最高行政法院另有规定的除外。

对根据第20条第5款作出的官方协助的决定不得上诉。（2001年第1529号法律）

即使未按照《追缴税费执行法》（1961年第367号法律）的规定作出的判决或裁定，罚款仍应当得到执行。（2001年第1529号法律）

第二十二条（2004年第318号法律） 除非在对竞争的限制结束之日起或芬兰竞争局得知对竞争的限制之日起5年内将案件提交竞争法院，否则不得对违反本法第4条或第6条或《欧盟条约》第81条或第82条的行为处以罚款。

第二十三条 前述第10条和第11条规定的提供信息的义务以及第20条第3款（1994年第448号法律）规定的提供文件的义务不适用于技术性商业秘密。

第二十四条 ［被1999年第623号法律废止］

第二十五条（2001年第1529号法律） 为履行第10条规定的提供信息或提交文件的义务、第11条规定的申报或提供第11条规定的信息的义务以及第20条规定的义务，芬兰竞争局可以处以附条件的罚款。竞争法院有权命令支付附条件的罚款。

第二十六条 《附条件罚款法》（1990年第1113号法律）中关于处以附条件罚款或命令支付附条件罚款的规定，在本法无特别规定的情形下也适用于本法。

第二十七条 向竞争局提供虚假证据应按照《刑法典》第十六章第8条的规定给予处罚。

在处理限制竞争的违法行为案件时，法院应当给予芬兰竞争局陈述的机会。如果对该行为作出决定需要有关竞争的特殊知识，则法院可以依职权或由有关当事人提出由竞争法院进行说明的要求。

第二十八条 ［被1999年第623号法律废止］

第二十九条 必要时，本法的实施细则将在《芬兰竞争局法令》中予以公布。

在必要时，芬兰竞争局可以基于欧盟委员会的集体豁免规定和指导意见公布其指导意见以阐明本法适用程序。芬兰竞争局可以特别公布指导意见对第4条的严重性标准和第5条的除外规定作出解释

第三十条 本法自1992年9月1日起生效，但本法第6条的规定在本法生效后6个月内不适用。

本法废止1988年7月29日公布的《竞争法》（1988年第709号法律）。

根据上述第2款所指的法律作出的决定继续有效。

《竞争法》修正案（2004 年第 318 号法律）自 2004 年 5 月 1 日起生效。

该修正案适用于在其生效后完成的企业集中。

本法生效时，根据前法第 19 条和第 19 条 a 向芬兰竞争局作出的任何豁免决定或豁免证明申请均失效；根据前法第 19（b）条作出的免除罚金决定自本法生效时起效力终止，视为未决申请。

根据前法第 19 条和第 19 条 a 条作出的豁免决定和豁免证明，在豁免决定和豁免证明中规定的期间届满之日终止。

芬兰竞争局法（1999 年）

第一条 芬兰竞争局隶属于贸易工业部，其任务是保护充分、有效的竞争。

第二条（1992 年第 482 号法律） 芬兰竞争局应当调查竞争案件，审查对竞争的限制，采取措施消除限制竞争的有害影响，采取措施促进竞争并废除限制性的规章和指令，以及采取法律规定的其他措施。

第三条 ［该条第 1 款被 1992 年第 482 号法律废止］

在适当的限度内，芬兰竞争局应当公布其认为必要的调查结果。

［该条第 3 款被 1999 年第 623 号法律废止］

第四条 芬兰竞争局的任务、组织机构、行政管理和职位的详细规定应当在相关法令中作出。

第五条 本法案自 1988 年 10 月 1 日起生效。

本法将废止 1973 年 5 月 25 日公布的《行政监察专员法》（1973 年第 424 号法律）及嗣后的修改。

本法生效前可采取措施任命芬兰竞争局的官员，同样也可以采取为本法生效后开始履行职责所必需的其他措施。

芬兰竞争局令（2001 年）

按照贸易工业部部长的建议，依据 1988 年 7 月 29 日公布的《芬兰竞争局法》（1988 年第 711 号法律）第 4 条对以下情况制定法律：

第一条（1999 年第 175 号法律）　［芬兰竞争局的任务］按照《芬兰竞争局法》（1988 年第 711 号法律）第 1 条规定的任务，芬兰竞争局应当：

（一）检查限制竞争行为并采取措施消除这些限制行为或其有害影响；

（二）调查在其管辖权内的集中案件；

（三）解决向竞争局提出的豁免和豁免证明的申请；

（四）对依据《竞争法》（1992 年第 480 号法律）作出的关于限制竞争行为的决定的遵守进行监督；

（五）监控和调查竞争环境；

（六）从事经济立法的准备工作，并就有关该领域的问题发表意见；

（七）提出促进竞争和废除限制性规则和规章的动议；

（八）对企业间集中的控制可依据《欧盟委员会条例》（1989 年第 4064 号）第 9 条作出通告及依据该条例第 22 条第 3 款作出要求；

（九）依据欧盟法律作为有权国家机关负责其权限下的事项并在该领域内参与国际合作；

（十）发布公告和其他该领域的相关信息；以及

（十一）执行规定或指定的其他任务。

第二条　［地方性国家管理局的作用］地区国家管理局的官员在芬兰竞争局的指导下进行有关保护充分经济竞争的工作。

第三条　［芬兰竞争局的组织机构］芬兰竞争局的首脑为总局长，其对竞争局经济、高效和成功履行法定义务负责。

两名主任协助局长工作。芬兰竞争局也配备其他行政事务人员或劳动合同制人员。

第四条（1999 年第 175 号法律）　相关各部应当给总局长安排相应副局长。

第五条　必要时芬兰竞争局可发布单行条例确定其内部组织。

程　　序

第六条　芬兰竞争局职权范围内的事宜应由局长或按照局内规章由局内的另一名公务员作出决定。

总局长也可决定本应由另一名公务员作决定的个别事务。

除非局内规章另有规定，应在陈述的基础上对事务作出决定。

第七条　必要时，局内条例可对有关程序和其他管理事务制定细则，由总局长批准。

资　　格

第八条　局长应当具有相关专业硕士学位，以及政府机关、商业经济和领导职务的工作经验。

主任应当具有相关专业硕士学位，以及政府机关工作经验。然而，其中一名主任必须具有法学硕士学位。

任职和人员聘用

第九条（2000 年第 306 号法律） 总局长由国会任命。

其他人员由芬兰竞争局任命或聘用。

第十条 ［被 2000 年第 306 号法律废止］

附　　则

第十一条 ［被 2001 年第 185 号法律废止］

第十二条 芬兰竞争局每年应当向贸易工业部提交一份年度报告。该报告的提交时间不得晚于次年的三月。

生　　效

第十三条 本法令自 1993 年 2 月 1 日起生效。

本法令废止 1988 年 7 月 29 日颁布的《芬兰竞争局法令》（1988 年第 712 号法律）及嗣后的修正。

在本法令生效之前，可采取为执行本法案所需的有关措施。

法国《法国商法典》第四编定价自由和竞争（1986年）

第一章　总　　则

第L410－1条　本编的规定应适用于所有的生产、销售和服务活动，包括由公共机构，尤其是在公用事业特许权的框架内实施的上述行为。

第L410－2条　1987年1月1日之前适用1945年6月30日的第45－1486号法令的商品、产品和服务的价格应由市场竞争决定，法律另有规定除外。

价格竞争受到垄断、长期供给困难或法律、监管规定限制的行业或领域，国务院（Conseil d'Etat）可在咨询竞争委员会（Conseil de la concurrence）后通过法令对价格实施管制。

上述两款规定不影响以下政府决定，该决定以国务院（Conseil d'Etat）法令的方式阻止价格过快上涨或下跌，或由于危机、特殊状况、公共灾难或某一行业市场的明显不正常情况而采取临时措施。该法令在咨询国家消费委员会后获得通过，且应包括不超过6个月的有效期。

第二章　反竞争行为

第L420－1条　以阻碍、限制或扭曲市场竞争为目的或阻碍、限制或扭曲市场竞争的协同行为、协议、明示或默示协议或合并应被禁止，即使由隶属于法国境外设立集团的公司通过直接或间接代理人实施的行为，特别是具有下列目的的行为亦不例外：

（一）限制其他企业进入市场，或者限制其他企业的自由竞争；

（二）通过人为控制价格的涨幅来阻碍价格的自由形成；

（三）限制或控制产量、产出、投资或技术进步；

（四）分割市场或分割市场供给来源。

第L420－2条　在第L420－1条规定的情形下，禁止公司或公司集团在国内市场或其主要部分滥用支配地位。上述滥用行为包括：拒绝销售、捆绑销售、歧视性销售条件、由于交易对方拒绝接受不公平的交易条件而违背确定的商业关系等。

禁止公司或公司集团实施的可能影响竞争功能和结构的滥用客户公司或供应方对其经济上依赖关系的行为。上述滥用行为包括第L442－6条规定的拒绝销售、捆绑销售或歧视性行为。

第L420－3条　与第L420－1条和第L420－2条禁止行为有关的任何承诺、协议或者合同条款均无效。

第L420－4条　下列行为不适用第L420－1条和第L420－2条的规定：

（一）为执行上述条款规定而适用一项法律文件或规章的行为；

（二）行为人有证据证明其行为有促进经济进步的效果，包括通过创造或维持就业，将利润中适当部分回馈给使用者并没有使相关公司可能消除相关产品范围内的竞争。在农产品或农产品加工产品领域，上述行为包括在使用同一商标或标志的情况下组织产品数量和质量及销售策略，包括通过协议达到统一销售价格的方式；该行为仅在对达到预期进步必不可少的范围才能限制竞争。

某类协议或某些协议，尤其是其目的是改进中小企业管理的，可以通过竞争委员会批准发布的法令被认定为符合上述条件。

第 L420 －5 条 向消费者提供的价格或销售价格远低于生产、加工和销售价格，且该行为目的或效果是将某公司或其产品排除出市场或阻止其进入市场，则该行为应被禁止。

销售成本应包括与产品安全性相关的法定义务和监管义务导致的所有成本。

上述规定不适用于“如有转售”（“asis” resale），在物理媒介上录音的复制除外。

第 L420 －6 条 任何欺诈性地、亲自明确地参与计划、组织或实施第 L420 －1 条和第 L420 －2 条规定行为的个人，应被判处 4 年监禁并处以 50 万法郎的罚金。

法院可以要求将其裁决的全文或摘要在报纸上公布，并由受处罚主体承担费用。

根据第 L462 －7 条规定导致提交竞争委员会（Conseil de la concurrence）时限中止的行为，其公诉时效也应中止。

第 L420 －7 条 在不违反第 L420 －6、L462 －8 条、第 L463 －1 条至第 L463 －4 条、第 L463 －6、L463 －7 条及第 L464 －1 条至第 L464 －8 条的情况下，与适用第 L420 －1 条至第 L420 －5 条规定的规则相关的争议，及违反上述条款的争议均应由地方法院（Tribunaux de Grande Instance）或法令列举的商事法院管辖。

第三章　合并和收购

第 L430 －1 条 下列合并行为有效：

（一）两个或两个以上的先前独立的公司进行的合并；

（二）已拥有至少一家公司控制权的一人或多人，或一家公司或多家公司通过参股、购买资产、合同或其他方式直接或间接地取得一家或多家公司全部或部分控制权。

设立长期存在的具有独立经济实体功能的合资公司构成本章所指的合并。

为适用本章规定，控制权应产生于在特定事实或法律环境下单独或共同地对公司活动可能发挥决定性影响的权利、合同或其他方式，尤其包括：

（一）对企业全部或部分资产的所有权或使用权；

（二）对企业的管理机构的组成、审议事项或决定产生决定性影响的权利或合同。

第 L430 －2 条 第 L430 －1 条规定的合并行为符合下列条件的，应遵守本章第 L430 －3 条的规定：

（一）参与合并的所有公司、个人团体或实体的全球税后收入总额超过 1.5 亿欧元；

（二）至少两个公司或个人团体或相关实体在法国的税后收入总额超过 1500 万欧元；

（三）合并行为不受欧洲经济共同体第 4064/89 号规则的审查，该规则是由欧共体委员会于 1989 年 12 月 21 日发布，与控制企业间合并行为相关。

但依据上述相关规则全部或部分发回成员国主管机关审查的合并行为，应在上述发回审查的限定范围内受本法条款的约束。

第 L430 －3 条 合并交易必须向经济部部长申报。该申报应在相关主体已作出不可撤销承诺（例如，尤其是在拟定合伙协议、公开收购要约或交易要约或收购控制利益）后进行。欧共体委员会发回审查应等同于申报。

申报义务人是全部或部分控制公司的个人或实体，在合并或设立合资公司的情况下，上述主体应共同申报。申报内容由法令确定。

接受申报或共同体范围内行为的全部、部分发回审查的，经济部部长应根据法令规定的方式发布公告。

收到申报文件后，经济部部长应向竞争委员会（Conseil de la concurrence）提供一份副本。

第 L430 –4 条 在获得经济部部长和负责相关行业部长的进一步批准后，合并行为才能有效实施。

在适当地证明特别需要的情况下，申报主体可以请求经济部部长豁免，在获得前款规定的决定前全部或部分实施合并，且不影响前款规定的决定。

第 L430 –5 条 经济部部长在收到完整的申报材料之日起5周内，对合并作出决定。

在第1款规定的决定作出之前，合并交易当事人可以在申报时或自完整申报受理之日起5周内承诺恢复合并的反竞争效果。经济部部长在合并行为的完整申报两周后收到承诺的，第1款规定期间自经济部部长收到上述承诺之日起3周后届满。

经济部部长可以：

（一）依据合理的理由，认定所申报的行为不符合第 L430 –1 条和第 L430 –2 条的规定；

（二）依据合理的理由，确信当事人能有效履行其所做承诺，批准合并行为。

经济部部长认为合并行为有可能削弱竞争，且当事人所作出承诺不能充分恢复削弱竞争效果的，经济部部长应将该事项提交给竞争委员会（Conseil de la concurrence）获得建议。

在第1款规定的期间内（该期间可以依据第2款规定得以延长），经济部部长未作出第3款规定的三种决定的，该合并行为将视为被批准。

第 L430 –6 条 合并行为已根据第 L430 –5 条第3款规定提交给竞争委员会的，竞争委员会将认定该合并是否会削弱竞争，尤其是通过建立或加强市场支配地位，或者通过建立或加强购买力，造成供应者的经济依赖等方式。竞争委员会应认定该合并对经济进步共享能否弥补反竞争影响。竞争委员会应考虑公司在国际竞争中的竞争力。

第 L463 –2 条第2款和第 L463 –4 条至第 L463 –7 条规定的程序均适用于向竞争委员会的咨询。

已申报主体和政府官员均应在3周内提交其对报告的意见。

在作出裁决前，竞争委员会可以在提交申报材料的当事人回避的情况下听取第三方的意见。在相同情形下，应合并企业的请求，竞争委员会应该听取作为合并行为当事人的工会理事会的意见。

竞争委员会应在3个月内向经济部部长提供其意见。

经济部部长应立即将该意见送达申报主体。

第 L430 –7 条 合并行为被提交竞争委员会后，应自竞争委员会的意见送达给经济部部长之日起4周内作出决定。

在竞争委员会意见确定后，合并当事人自该意见送达经济部部长之日起4周内，可提出弥补合并行为反竞争效果的承诺，该合并已导致产生第1款规定决定的除外。

合并当事人的承诺自意见送达经济部部长之日起1周之后递交给经济部部长的，则第1款规定的期间在经济部部长收到上述承诺之日起3周后届满。

经济部部长以及负责有关行业的部长可以以适当法令的形式作出以下决定：

（一）禁止合并行为，并且在某些情形下要求合并当事人采取恢复充分竞争的措施；

（二）批准合并，并要求合并当事人采取保证充分竞争的措施或通过强制其遵守促进充分的经济和社会进步的条件，以抵消反竞争的影响；

上述两项规定的指令和要求应是强制性的，无须考虑合并主体可能已经订立的合同条款。

法令草案应送达相关当事人，其应有充分时间提交意见。

如果经济部部长和负责有关行业的部长不按本条第 3 款规定作出决定的，经济部部长将通过作出适当决定来批准该项合并。该决定可依附于提交申报的主体充分履行其所做的承诺。

在第 1 款规定期间（该期间可以根据第 2 款规定得以延长）内，未作出本条第 3 款和第 4 款规定的决定的，则视为合并得到批准。

第 L430 -8 条 未经申报实施合并的，经济部部长可以对负责申报人处以罚金；申报义务人是经济实体的，罚金数额不超过其上一会计年度在法国境内取得的净收入的 5%，且可视情况加上被收购主体上一会计年度在法国取得的净收入的 5%；申报义务人是个人的，罚金数额不超过 150 万欧元。

除罚金外，经济部部长可命令合并主体申报其合并，其恢复到了合并前状况的除外。经济部部长也可在未申报的情况下将该事项提交给竞争委员会处理，并适用第 L430 -5 条至第 L430 -7 条规定的程序。

未取得第 L430 -4 条第 2 款规定豁免的合并行为申报后，在本条第 1 款规定的决定作出之前已实施的，经济部部长可以对申报者处以不超过第 1 款规定数额的罚金。

申报材料中存在遗漏或不准确信息的，经济部部长可以对申报者处以不超过第 1 款规定数额的罚金。

除罚金外，经济部部长可撤销批准该合并的决定。合并主体应在撤销决定作出后 1 个月内提出一项新的合并申报，并被处以第 1 款规定的罚金。

经济部部长认为合并主体在规定的期间内未遵守禁令、要求或承诺的，可以将该事项提交给竞争委员会征求意见。

竞争委员会认为合并主体存在违反禁令、要求或承诺行为的，经济部部长以及负责有关经济部门的部长可以作出以下决定：

（一）撤销批准合并的决定。对未履行义务合并主体处以第 1 款规定的罚金，并要求其在撤销决定之日起 1 个月内申报合并，合并主体恢复到合并前的状况除外；

（二）对未履行义务合并主体处以罚金，并要求其遵守各部长确定的禁令、要求或承诺。

而且，经济部长可以对未履行义务合并主体处以不超过第 1 款规定数额的罚金。

第 L430 -9 条 在滥用市场支配地位或经济依赖地位的情况下，竞争委员会可以请求经济部部长同负责经济的部长，采纳合理意见，迫使被讨论的该公司或公司集团在一个确定的期间修改、完成或取消任何包含经济力量集中的可能被滥用的协议和行为，即使该行为符合本章规定的程序。

第 L430 -10 条 根据第 L430 -5 条至第 L430 -8 条作出的决定与竞争委员会的意见应当按照法令规定的方式同时公布。

经济部部长在调查第三方当事人的行为及其影响、当事人所作承诺，以及经济部部长在第 1 款规定的情况下公布其决定时，应当考虑申报当事人和所提及主体的合法利益，以防止泄露商业秘密。

第四章　透明度、限制竞争行为及其他被禁止的行为

第一节　透明度

第 L441 -1 条 有关消费者的法律规则规定在《消费者法》第 L113 -3 条，内容如下：

《消费者法》第 L113 -3 条：任何商品的经营者或服务的提供者将根据财政部与国家消费者协会协商后制定的规则中规定的情形，通过作标记、贴标签、做广告或者任何合适的方式，告知消费者价格和限制（如果有的话），如合同责任、出售的特别条件。

这项规定适用于《消费者法》第 L113 -2 条最后 1 款中规定的所有行为。

与《货币金融法》第 L518 -1 条规定的信用机构或组织的义务相关的规则，规定在这部法典的第 L312 -1 -1 条第 1 款和第 2 款。

第 L441 -2 条　利用任何载体进行散发或可见于销售地点外表的向消费者所作的广告，对易变质的食品标明减价促销性销售价的，应明确标明产品的性质、产地以及发布广告者维持其要约的期间。产地证明的大小应与标明价格的字体大小相称。

当上述的促销活动可能由于规模或频率扰乱市场时，部际命令，或者无部际命令的，省长命令将决定相关产品的促销频率及期限。

在经营者和消费者之间达成的转让价格协议中，新鲜水果和蔬菜的价格可能在销售地点以外做广告，广告时间最长为 72 小时，从产品一上市那天开始到随后的 5 天之内。

在所有的案件中，任何销售地点以外做广告的新鲜蔬菜水果的价格，不管其产地，都必须遵循省际命令规定，有一个《农业法》第 L632 -1 条规定的 1 年的更新期。

上述的价格协议可能在《农业法》第 L632 -3 和第 L632 -4 条的规定下扩张。

上述 3 个条款的规定可能不适用于产地不是法国大都市的新鲜水果蔬菜。

对任何违反本条规定的所作的广告，处以 1.5 万欧元罚款。

不适用本条规定的广告条款可能将适用《消费者法》第 L121 -3 条的规定。

第 L441 -2 -1 条　对于法令所列的易变质或生产循环期短的农产品、活的动物、畜体和渔及渔副产品，如果分发商和零售商在与供应商签订的书面合同中约定，也仅仅可以享有打折、减产、回扣或基于商业合作服务的酬劳。

此书面合同应包含涉及承诺的条款，此承诺是基于产品数量、质量、相关服务和最低价格，关于数量和价格计算方法的承诺。

当规范第 1 款中买卖活动的标准契约被包含在依据《农业法》第 L632 -3 条和第 L632 -4 条规定负责相关产品及扩展产品的部际组织所认可的省际法令中时，第 1 款中的契约即必须符合法令中的标准契约。标准契约将包含关于承诺的标准条款、第 2 款中提到的价格计算方法、运输方式、合同期限及价格原则的底线，标准契约条款的内容由缔约双方通过商业谈判来决定。

对任何违反本条规定的行为，处以 1.5 万欧元罚款。

第 L441 -3 条　作为一种职业活动，买卖商品或提供服务均应开具发票。

出卖人，一旦完成出售或服务行为，即应开具发票。买受人应要求提供发票。发票应一式两份，出卖人和买受人各保留一份。

发票应注明双方当事人的姓名及住址、出售或提供服务的日期、出售产品或提供服务的数量、具体名称和不含税的单价，以及于买卖日或提供服务日获得的、并与该次买卖或提供服务行为直接相关的减价，但不在发票上注明折扣的除外。

发票还应注明应进行价款支付的日期。发票将写明依据一般买卖条件和罚款比率执行的日期之前支付时执行的折扣条件。客户将资金交与受益人或其代位受偿人之日视为已完成价款支付。

第 L441 -4 条　任何违反第 L441 -3 条规定的行为，处 7.5 万欧元的罚款。

罚款金额可高至发票金额或发票应开价金额的50%。

第 L441-5 条 对违反第 L441-3 条规定的法人，可依《刑法典》第 L121-2 条规定被宣布承担刑事责任，对法人的刑罚如下：

（一）罚金，依据《刑法典》第 L131-38 条规定的方式判处；

（二）根据《刑法典》第 L131-39 条第 5 款的规定，在不超过 5 年的期间内取消其进入公共市场的资格。

第二节 限制竞争行为*

第 L442-1 条 与有奖销售、拒绝出售商品或提供服务、受分批供应或限定数量影响的供应有关的规则规定在《消费者法》第 L121-35 条和第 L122-1 条，具体如下：

> **第 L121-35 条** 禁止在任何已售或拟售产品和货物、已提供或拟提供服务中，免费给予消费者产品、货物和服务的奖励，不管是直接的或是间接的，除非奖励品与他们提供的产品、货物或服务是同一的。
>
> 这项规定不适用于小型的商品买卖或低价的服务或样品展示。
>
> 对于《货币金融法》第 L518-1 条中提到的信用机构及其他机构，有奖销售的规则被制定在该法典的第 L312-1-2 条第 2 款第 1 项中。
>
> **第 L122-1 条** 禁止无理由拒绝向消费者出售某种商品或提供某种服务，禁止以固定数量或先购买另一种商品或服务为条件出卖商品，或者以先购买另一种服务或商品为条件提供服务。
>
> 对于《货币金融法》第 L518-1 条中提到的信用机构及其他机构，关于有条件销售的规则规定在该法典的第 L312-1-2 条第 1 款第 1 项中。

第 L442-3 条 法人违反本法第 L442-2 条规定的，可以依据《刑法典》第 L121-2 条规定的条件，被宣判承担刑事责任。对法人的刑事责任如下：

（一）罚金依据《刑法典》第 L131-38 条规定的方式判处；

（二）该同一法典第 L131-39 条第 9 项规定的刑罚。

停止进行广告措施可依照《消费者法》第 L121-3 条规定的条件予以公布。

第 L442-4 条 下列情形，第 L442-2 条规定不予适用：

（一）因停止或变更以下商品的商业活动而自愿或强制进行的出卖：

1. 销售具有明显季节性的商品，在销售季节的末尾阶段或两个销售季节之间；

2. 因时尚变化或新技术的出现已不再适应普遍需求的商品；

3. 同一特点的商品，再进货时价格降低，实际购买价因此被根据新发票得出的价格取代；

4. 在销售面积不足 300 平方米的商店里出售的食品，以及在销售面积不足 1000 平方米的商场出售的非食品商品，并且售价参照同一活动区域内另一商人对同类商品合法实施的价格。

（二）条件是减价要约自易变质产品面临很快变质之时起不在销售地点以外进行任何广告或通知。

前一项规定的例外情况不妨碍第 L625-5 条第 2 款和第 L626-2 条第 1 款规定的执行。

---

* 英文版及法文版均无第 L442-2 及 L442-6 条。——译者注

第 L442－5 条 如果任何人直接或间接地强加给一种产品或货物最低转售价、一项服务的最低提供价或者最低保证金，将会被处以 1.5 万欧元的罚款。

第 L442－7 条 任何协会、企业或行政机构合作社，在其章程没有规定的情况下，不得经常性地提供销售商品或提供服务。

第 L442－8 条 禁止任何人在非法条件下使用国家、地方性质单位以及国家或地方行政单位的事业机构的公有财产，提供销售商品或推荐服务。

违反上述禁令的行为将会依据第 L450－1 条至 第 L450－3 条和第 L450－8 条规定的条件受到调查和确认。

调查官员可以在其确定的场所，并在不超过 1 个月的期限内，封存供销售的产品以及用于销售产品或提供服务的财产。

封存产品与财产应立即制定笔录，笔录应包含记录被封存财产、商品及其价值的清单。笔录在其做成后 5 日内送交检察官和当事人。

法庭可裁定没收供销售的产品以及用于销售产品和提供服务的财产，法院在未进行扣押的情况下可判决当事人向国库缴纳一笔相当于被封存产品价值的财物。

第 L442－9 条 在《农业法》第 L611－4 条定义的经济危机期间，任何被记录在商业登记中的生产者、交易者、厂商或个人，如果使现行法典第 L441－2－1 条中所列的产品适用或促成其适用极低的初级成本，则将会被致使对此负责并被强迫补偿因此所造成的损害。

第 L442－6 条第 3 款和第 4 款的规定适用于本条规定的行为。

第 L442－10 条 通过网上反向拍卖在供应商和被记录在商业登记中的生产者、交易者、厂商或个人之间订立的契约，如果没有遵守如下规则，契约无效：

（一）在拍卖之前，代表买方利益来组织拍卖的某个买主或个人将会以一种透明的、无歧视的方式告知所有经审查合格的潜在投标者：其希望获得的产品或服务的决定性特征、竞买条件、中标情形 、详细的竞拍标准和拍卖进行的规则；

（二）拍卖完成之后，如果其他投标人想要知道的话，有权要求告知中标人的身份。如果成功投标的推荐者未能履行，没有一方会被要求以最低报价或最低出价订立契约。

代表买方利益来组织拍卖的某个买主或个人将制作一份关于拍卖流程的记录，并保存 1 年。如果有任何依据现行法规第五章提出的质询，拍卖流程的记录将会公布出来。

依据第 L441－2－1 条第 1 款的规定，由买方或其代表组织的网上反向拍卖不适用于农产品和由此类产品初步加工成的日常消费食品。

不遵守第 1 款至第 3 款规定者，将会引发相关责任并被强迫对造成的损失进行赔偿。第 L442－6 条第 3 款和第 4 款的规定适用于本条第 2 款至第 3 款规定的交易。

第三节 其他被禁止的行为

第 L443－1 条 任何生产者、转卖者或服务提供者，其支付期限一律不得超过下列时间，否则，处以 7.5 万欧元罚款：

（一）对购买的易变质食品、冷冻或速冻肉、速冻鱼、熟食以及易变质原料制成的罐头食品，交货后 10 日期限结束之后 30 天，但在《农村法》第 L326－1 条和第 L326－3 条所指的种植合同的范围内进行的季节性产品购买行为除外；

（二）对购买用于消费的活的牲畜及其新鲜的肉，交货日之后 20 日；

（三）对购买需交纳《税收总法典》第 403 条规定的消费税的酒精饮料，交货当月结束后

30 日；

（四）如果没有根据《农业法》签订的并以条例方式将其转为在支付期限方面强制实施于整个法国大陆上的所有买卖者之间的行业间协议，对购买需交纳《税收总法典》第 438 条规定的流通税的酒精饮料，交货日之后 75 日。

第五章　调查权

第 L450－1 条　经济部部长授权的公务人员可以采取为适用本编规定所必要的调查措施。

竞争委员会的案件负责人对委员会处理的案件享有同等权力。

经济部的 A 级公务人员，特别是根据经济部部长的推荐并由司法部部长授权的公务员，可以接受地方预审法官的调查信件。

本条中规定的经授权的公务人员可行使其依第 L450－1 条享有的全国性调查权。

第 L450－2 条　调查应制作记录，必要时应制作报告。

记录应送交主管机关，副本由有关当事人保留。如无相反证据，笔录具有证据效力。

第 L450－3 条　调查员可进入任何用于经营活动的营业场所、土地或商用运输工具，要求提供账簿、发票及其他商业文件，以任何方式和手段取得或制作其复制件，命令在其办公地点或指定地点提供信息及重要文件。

调查员可要求其所报告的主管机关任命专家，并在双方在场的情况下实施专家调查。

第 L450－4 条　根据经济部部长或竞争委员会调查负责人依据案件经办人的建议确定的调查范围，或根据相关地区法院院长或由该院长授权的法官发布的命令，调查员始可以对任何场所进行搜查，扣押任何文件及任何信息介质。

搜查场所处于数个法院管辖范围内，并需要在各个法院辖区内同时进行搜查的，可以由其中一个有管辖权法院的院长发布命令。

法官应当审查向其提出的批准申请的理由是否成立；该申请应包含一切能够说明搜查理由的信息材料。

调查旨在确认第四编规定违法行为的，该授权申请可以只包括在该案中怀疑存在违法行为的证据线索。

搜查与扣押应由作出批准的法官的授权和控制下进行。该法官可指定一名或数名司法警官，负责协助进行搜查与扣押，并向其报告进展情况。搜查与扣押在该法官所属的地区法院（高等法院）的管辖区域以外进行时，该法官应向搜查进行地所在的高等法院院长出具调查信件，授权进行相应监督。

法官在搜查期间可亲赴现场，并可随时决定中止或停止搜查。

对本条第 1 款规定的命令，只能根据《刑事诉讼法典》规定的规则，向最高法院提起上诉。上诉期间不中止命令的执行。

在搜查时，应向营业场所占有人或其代理人当场宣读命令，占有人或其代理人应当取得一份副本，并在提供回执或在笔录上签字。在营业场所占有人或其代理人不在场的情况下，命令应在搜查后以附有回执的挂号信方式邮寄送达。回执记载的日期应视为通知送达日期。

6 点以前或 21 点以后不得开始搜查，搜查应在营业场所占有人或其代理人在场的情况下进行。在营业场所占有人或其代理人均不在场时，司法警察官员应在两名证人在场的情况下方可进行搜查，上述证人应不在司法警察官员的管辖范围内，且不受竞争、消费者事务和控制欺诈总局或竞争委员会的管辖。

在文件和材料被扣押之前，调查人员、营业场所占有人或其代理人以及司法警察官员方有权阅读。

制作扣押物品清单与查封，应依照《刑事诉讼法典》第56条规定进行。

笔录和扣押物品清单的原始副本应呈交批准搜查的法官。

不再为查明真实情况所需的文件与材料应退还营业场所占有人。

查封的材料与文件应自竞争委员会决定明确之日起6个月内退还营业场所占有人。

通过附有回执的挂号信对营业场所占有人作出正式通知的，占有人应在2个月内取回查封的材料和文件。期间届满后，占有人未取回的，材料和文件应被退回并由占有人承担费用。

第L450-5条 根据经济部长命令启动第L450-4条规定调查程序且与第L420-1条和第L420-2条规定的行为相关的，则应立即向竞争委员会调查负责人通报调查的开始与结束。

竞争委员会调查负责人可建议将案件自动提交给委员会。

第L450-6条 为审查每项案件，调查负责人应指定一名或数名案件处理人。

应调查负责人的要求，第L450-1条规定的公务员所属机构应指定调查员并命令立即进行案件处理人认为必要的调查。

案件处理人应确定调查方向，并了解调查进展情况。

竞争委员会主席提出合理要求的，法令应明确第L450-1条规定的公务人员所属机构使调查人员在特定时期内依照案件处理人确定的指南进行调查的条件。

第L450-7条 调查员可以查阅国家政府机构以及其他公共机构持有的文件或信息材料，包括商业秘密。

第L450-8条 任何人以任何方式阻碍第L450-1条规定的公务人员和竞争委员会案件处理人根据本法行使其职权的，应被处以6个月监禁和5万法郎的罚金。

第六章　竞争委员会

第一节　机　　构

第L461-1条 竞争委员会由17名委员组成，委员由根据经济部部长的报告而颁布法令任命，任期6年。

竞争委员会由下列人员组成：

（一）8名国务院、最高法院、总审计署或其他行政或司法机构的现任或前成员；

（二）4名依其在经济或竞争与消费方面的专业能力挑选的人士；

（三）5名在生产、销售、手工业、服务业或自由职业领域任职或曾任职的人士。

竞争委员会设主席和3名副主席，其中3名从国家委员会、最高法院、总审计署的现任或前成员中任命，1名从第2款第2项和第3项规定人员中任命。

第2款第2项规定的4名人士从第2款第1项规定的8名成员推荐的8人名单中挑选。

竞争委员会委员可连任。

第L461-2条 竞争委员会主席和副主席为专职工作，且作为政府公务人员不得兼职。

委员会委员无合理理由连续3次不参加会议或不履行以下两款规定义务的，由经济部部长依职权撤销其职务。委员会委员必须将其拥有的或意外获得的利益及其在经济活动中担任的职务通知委员会主席。

委员会委员不得参加其有利害关系或其代表或曾代表一方当事人的案件审议。

派驻竞争委员会的政府公务人员由经济部部长任命。

第 L461－3 条 竞争委员会可召开全体会议、小组会议或常设委员会会议。

常设委员会由竞争委员会主席和 3 名副主席组成。票数相等时，主席拥有决定性投票权。

调查负责人、调查副负责人及常设案件处理人，由经济部部长根据竞争委员会主席的建议予以任命。其他案件处理人由委员会主席任命。

调查负责人可以委托调查副负责人行使本法第四编授予的全部或部分职权。

竞争委员会运作的经费由经济部部长列入公共预算。

竞争委员会主席有权对委员会收入和支出等事项作出决定。

第二节 职 能

第 L462－1 条 国会委员会关于法律草案及与竞争相关的任何议题可以咨询竞争委员会。委员会应政府要求可以就竞争相关的任何议题提供意见。委员会亦可以应地方政府、贸易团体或协会、经批准的消费者组织、农业协会、贸易协会、商业和行业协会的要求，就以上组织负责的与竞争相关的任何议题提供意见。

第 L462－2 条 政府与下列内容直接相关的法令草案应咨询竞争委员会：

（一）对交易或市场准入设定数量限制；

（二）在特定领域创设特许权；

（三）设定统一的价格或销售条件。

第 L462－3 条 法院在受理案件中发现有第 L420－1、L420－2 条和第 L420－5 条规定的反竞争行为的，可征求竞争委员会对该行为的意见。竞争委员会应在听取双方意见后作出决定。但竞争委员会拥有先前程序中所搜集信息的，可以不适用上述程序即作出决定。

期限的效力因向竞争委员会征求意见的行为而中止。

委员会的建议可以在驳回裁定或作出判决后予以公布。

第 L462－4 条 对第三章规定情况下的任何计划实施的企业合并或可能损害竞争的企业合并，经济部部长可向竞争委员会征求意见。

第 L462－5 条 第 L420－1、L420－2 条和第 L420－5 条规定的任何行为均可由经济部部长提交竞争委员会。竞争委员会可以依职权、由于公司提交，或者与其负责权益相关的事项而启动案件程序，并由第 L462－1 条规定的组织进行处理。

第 L462－6 条 竞争委员会应确认其审查的行为是否属于第 L420－1、L420－2 条或者第 L420－5 条规定的行为，或者是否可依第 L420－4 条证明其正当性，并依情况宣告罚金或发布命令。

被审查行为属于第 L420－6 条规定行为的，竞争委员会将该案呈请刑事公诉负责人，该送达使公诉的期限效力中止。

第 L462－7 条 对特定事实超过 3 年未进行调查、予以供认或实施处罚的，该事实不得再提交竞争委员会。

第 L462－8 条 竞争委员会可以通过一项合理的决定，宣告由于申请人无利害关系或缺乏履行其诉讼权利的能力，或特定事实超过第 L462－7 条规定的期限，或该事实不属于委员会权限范围内等原因，而拒绝受理该事实。

竞争委员会认为无充分证据证明该事实的，委员会可通过一项合理决定拒绝受理该事实。

当事人放弃其申请时，竞争委员会主席或代表主席的副主席的决定对其放弃行为予以正式通知。

第 L462－9 条 竞争委员会在其权限范围内，在事先通知经济部长后，可以应要求并基于互惠关系，在有能力的其他国家的主管机关受与法国相似的商业秘密保护条款之限制的情形下，与欧共体委员会或行使类似职能的其他国家的职能机构交流其所持有或收到的信息或文件。

应行使类似职能的外国机关之请求，基于互惠条件，依照与履行其职责所规定的相同的程序、条件和处罚，竞争委员会可以进行调查或者要求经济部部长进行调查。

应欧共体委员会和的其他国家的主管机关（上述机关行使类似职能、受同样保护商业秘密义务的约束）的要求，竞争机关可交流其持有或收到的信息或文件，包括商业秘密。

履行相似职能的外国主管机关要求竞争委员会协助调查，或递交其拥有或收到的信息的请求将被拒绝，如接受该请求损害法国的主权、安全、基本经济利益或公共秩序，或者如果在相同事实和当事人基础上已经启动了刑事程序，或者后者已经因相同的事实作出最终的处罚决定。

在其权限范围内，竞争机关可以使用由欧共体委员会或其他行使类似职能的成员国国家机关递交给竞争机关的信息或文件。

为实施本条规定，竞争委员会可以与行使类似职能的其他国家的主管机关缔结协议，建立关系。竞争委员会应依第 L463－7 条规定的方式批准这些协议。上述协议在《欧洲共同体公报》上公布。

第三节 程 序

第 L463－1 条 在竞争委员会进行的事实查明过程和程序需要双方全程参与。

第 L463－2 条 在不违反第 L464－1 条规定的措施的前提下，调查负责人向当事人和政府官员通知该调查。当事人和政府官员可以查阅文件并在 2 个月内提交其报告。

上述报告及案件处理者作出决定所依据的案件文件和相关主体发表的意见应送达当事人、政府官员和有关的部长。

当事人可以在 2 个月内提交一份摘要。在开庭之前 15 日内，前款规定人员可查阅该项摘要。

特殊情况下，竞争委员会主席可以发布一项不可上诉的决定，将用于审查和将文件提交给当事人的时间延长 1 个月。

第 L463－3 条 竞争委员会主席或其委派的一名副主席可以在向当事人通知调查后，决定在无需准备报告的情况下由竞争委员会作出裁决。该决定应通知当事人。

第 L463－4 条 竞争委员会主席和其委派的一名副主席可以拒绝传递包含商业秘密的文件，传递或查阅该文件对当事人行使权利是必需的除外。有问题的文件应从文档中移除，或者其中的部分信息应该被删除。

第 L463－5 条 负责审查程序和裁决的法院可以应竞争委员会的要求，将与竞争委员会受理的事实直接相关的调查记录或报告送达给竞争委员会。

第 L463－6 条 一方当事人披露关于另一方当事人或第三人的信息，且可能已经成为信息交换或审查的惟一结果的，该披露应遵守《刑法典》第 L226－13 条的处罚规定。

第 L463－7 条 竞争委员会的会议应以非公开方式举行，只有当事人和政府官员才可参加。当事人可以向竞争委员会请求听审、陈述意见及获得帮助。

竞争委员会可以听取任何人可能提供进一步信息的证词。

调查负责人、副负责人以及政府官员可以作出监督报告。

调查负责人、副负责人以及案件处理者在咨询基础上进行商议，除非竞争委员会依照第 L462－5 条规定处理其受理的案件。

第 L463－8 条 在调查的任何阶段，调查负责人可以应案件处理人或一方当事人的请求，决定邀请专家。该决定不能提起上诉。

指定专家的决定中应明确其任务和期限。专家的调查应在双方均在场的情况下进行。专家的调查费用由申请调查的当事人承担，或者在应案件处理者的请求而提起的情况下，由竞争委员会承担。

竞争委员会可以作出决定，要求受处罚的一方或多方当事人按其认为适当的比例承担最终的全部费用。

第四节　决定和救济措施

第 L464－1 条 竞争委员会应经济部部长和第 L462－1 条规定的个人或公司的要求，在听取案件当事人和政府官员的意见后，可以采取请求的或其认为必需的临时措施。

仅在争议行为整体上严重且直接损害整体经济，或者损害相关行业和消费者利益或原告公司的利益时，才可以采取下述措施。

下述措施包括：中止争议行为，以及命令当事人恢复到事件发生前的状态。

临时措施必须严格受限于所要求的内容，以应付紧急情况。临时措施应在《贸易、消费和控制欺诈公告》中公布。

第 L464－2 条 竞争委员会可以命令相关当事人在确定期限内停止反竞争行为或对其施加特殊条件。竞争委员会可以立即或在当事人未遵守命令时对其处以适当的罚金处罚。

第 L464－3 条 当事人未遵照第 L464－1 条和第 L464－2 条所规定的措施和命令，竞争委员会可以在第 L464－3 条所规定的限度内对其处以罚金处罚。

第 L464－4 条 罚金应以不同于税收或国有财产费用的形式予以收缴。

第 L464－5 条 根据第 L463－3 条规定的简化程序进行处理时，竞争委员会可以宣告第 L464－2 条第 1 款规定的措施。但对实施禁止性行为的单个主体处以的罚金不得超过 75 万欧元。

第 L464－6 条 不存在可能损害竞争行为的，在案件提交人和政府官员仍能审查文件并进行分析的情况下，竞争委员会可以决定无理由继续进行案件调查。

第 L464－7 条 对竞争委员会依据第 L464－1 条作出的决定，案件当事人或政府官员可以在其公布之日起 10 日内向巴黎上诉法院提起上诉，请求司法审查或撤销决定。法院应在收到上诉之日起 1 个月作出判决。

上诉不影响临时措施的执行。但如果临时措施可能产生明确的过度影响，或自上述措施公布之日起发生新的、特别严重的事实，巴黎上诉法院院长可以命令延迟执行临时措施。

第 L464－8 条 第 L462－8、L464－1、L464－2、L464－3、L464－5 条及第 L464－6 条规定的竞争委员会决定应通知案件当事人和经济部部长。任何一方可在 1 个月内向巴黎上诉法院提起上诉，请求司法审查或撤销判决。

上述决定应在《竞争、消费和控制欺诈官方公告》中公布。经济部部长应监督其实施。上诉并不影响决定的执行。但决定可能产生明确的过度影响，或者如果自该决定公布之日起，发生了新的、特别严重的事实，巴黎上诉法院院长可以要求延迟执行该决定。

对上诉法院判决的上诉应当自判决公布之日起1个月内向最高法院提出。

第七章　杂　　则

第 L470－1 条　对于根据本法令及为实施本法令制定的文件的规定判处法人负责人的罚金，法院可判处法人承担连带责任。

第 L470－2 条　在根据第 L441－3、L441－4、L441－5、L442－2、L442－3、L442－5 条和第 L443－1 条进行处罚的情况下，法院可命令依照《刑法典》第 L131－10 条规定的条件张贴或散发其判决。

第 L470－3 条　因犯有第 L441－2、L441－3、L441－4、L441－5、L441－6、L442－2、L442－3、L442－4、L442－5 条和第 L443－1 条规定的犯罪行为之一被判处罚的人，在不到两年内又犯同一犯罪行为的，罚金的最高额可提高至2倍。

第 L470－4 条　因犯有第 L441－3、L441－4、L441－5、L441－6、L442－2、L442－3 和 L442－4 条规定的犯罪行为之一被处罚的法人，在不到两年内又犯同一犯罪行为的，罚金的最高额为自然人因犯有同样行为所适用罚金数额的10倍。

第 L470－5 条　为实施本法令，经济部部长或其代表在民事或刑事法院可提出意见并在开庭时进行口头陈述。该部长或其代表也可制作调查笔录和报告。

第 L470－6 条　为实施《欧盟成立条约》第82条和第83条的规定，经济部部长以及该部长依据本法令规定任命或授权的公务员，一方面，拥有竞争委员会拥有的权力；另一方面，拥有分别由本法令、关于控制公司合并的2004年1月20日欧共体委员会第2004－139号条例、关于（《欧盟成立条约》第81条和第82条规定的）竞争规则的执行的2002年12月16日欧共体委员会第2003－1号条例赋予的权力。这些条款规定的程序规则亦适用。

为实施《欧盟成立条约》第82条和第83条的规定，经济部部长以及该部长依据本法令规定任命或授权的公务员，拥有本法令第五章赋予的权力。

第 L470－7 条　行业组织可因对行业或其代表的领域的集团利益或者对正当竞争造成直接或间接损害的行为向民事或商事法院提起诉讼。

第 L470－8 条　本法令的实施方式由一项征求最高行政法院意见后制定的法令决定。

德国反限制竞争法（2005 年）

第一编　限制竞争行为

第一章　限制竞争的协议、决议及协同行为

第一条　［限制竞争协议的禁止］

企业间达成的协议、企业联合组织作出的决议以及协同行为，以阻碍、限制或扭曲竞争为目的的或者使竞争受到阻碍、限制或扭曲的，应当被禁止。

第二条　［受豁免的协议］

（一）企业间达成的协议、企业联合组织作出的决议以及协同行为，如其能够使消费者分享由此产生的收益、有利于产品的生产或销售或者有利于促进技术和经济的进步，可以豁免适用第 1 条的禁令。但应排除下列情形：

1. 为实现上述目标给企业强加不必要的限制；或者

2. 为企业消除所涉产品实质部分的竞争提供可能性。

（二）第 1 款准用理事会条例或欧盟委员会关于实施《欧共体条约》第 81 条第 3 款关于特定类型的企业组织的协议、决议和联合一致行为的条例（类别豁免条例）。上述的协议、决议和行为出现不适当地影响成员国之间的交易情况的，同样适用。

第三条　［中小企业卡特尔］

（一）以通过企业间的合作来实现经济行为合理化为主旨的竞争企业间达成的协议、企业联合组织作出的决议，如果能够满足下列条件，则属于第 2 条第 1 款的适用范围：

1. 市场上的竞争未因此遭受严重损害；并且

2. 协议或者决议有利于加强中小企业的竞争力。

（二）只有在《欧共体条约》第 81 条第 1 款规定的条件得到满足的情况下，企业或者企业联合组织经申请，并说明其决议具有显著的法律上或者经济上的利益，才能依据第 32c 条的规定实施决议。该条于 2009 年 6 月 30 日失效。

第四条至第十八条　［废止］

第二章　市场支配，限制竞争的行为

第十九条　［滥用市场支配地位］

（一）禁止一个企业或多个企业滥用市场支配地位。

（二）一个企业，如其作为相关产品市场和地域市场的某种商品或服务的供应者或需求者符合下列要件，即具有市场支配地位：

1. 没有竞争者或不存在实质上的竞争；或者

2. 相对于其他竞争者具有突出的市场地位；在此，特别要考虑该企业的市场份额、财力、其供应渠道或进入市场的渠道、与其他企业的联系、其他企业进入市场所面临的法律上或事实

上的限制、住所设在本法适用范围之内或之外的企业的事实上的或潜在的竞争、将其供应或需求转向其他商品或服务的能力以及市场相对人转向其他企业的可能性。两个或两个以上企业之间就某种商品或服务不存在实质上的竞争，并且这些企业在总体上符合本款第1项的要件的，则该两个或两个以上企业具有支配市场地位。本法中的相关地域市场的概念可以广于本法的适用范围。

（三）一个企业至少占有1/3市场份额的，推定其具有市场支配地位。多个企业组成的整体满足下列条件的，视为具有市场支配地位：

1. 该整体由3个或3个以下企业组成，它们共同占有的市场份额达到50%；或者

2. 该整体由5个或5个以下企业组成，它们共同占有2/3的市场份额，除非这些企业能够证明在此竞争条件下它们之间能够开展实质上的竞争，或者这些企业在总体上相对于其他竞争者不具有突出的市场地位。

（四）一个具有市场支配地位的企业作为特定商品或服务的供应者或需求者，如有下列行为，即构成滥用（市场支配地位）：

1. 无客观正当理由，以对市场上的竞争产生重大影响的方式损害其他企业的竞争力的；

2. 提出与在有效竞争情况下理应存在的报酬和其他交易条件相悖的报酬或其他条件的，在此，特别应当考虑存在有效竞争的可比较市场上的企业的行为方式；

3. 提出的报酬或其他交易条件差于该支配市场的企业本身在可比较市场上向同类购买人所要求的报酬或其他交易条件的，除非该差异存在客观正当理由；

4. 拒绝另一个企业以给予适当报酬的方式进入自己的网络或其他基础设施的，除非该另一个企业出于法律上或事实上的事由，非使用他人网络或其他基础设施则无法在上游或下游市场上作为支配市场企业的竞争者从事活动；但支配市场的企业能证明这种共同使用因经营或其他事由是不可能的或不能合理期待的，不适用本款的规定。

第二十条 ［禁止歧视，禁止不公平阻碍］

（一）支配企业，第2、3条、第28条第1款规定的企业联合组织，以及依第28条第2款或第30条第1款设定零售价格的企业，不得在同类企业通常均可参与的商业交易中，直接地或间接地不公平地阻碍另一个企业，或在无客观正当理由的情况下直接地或间接地给予该另一个企业不同于类似企业的待遇。

（二）中小企业作为某种商品或服务的供应者或购买者依赖于某企业或企业联合组织，致其没有足够的、可合理期待的可能性转向其他企业的，第1款规定也适用于该企业或企业联合组织。某种商品或服务的需求者在供应者处除得到交易上通行的折扣或其他给付报酬外，还经常额外地取得类似购买者无法得到的特别优惠的，推定该供应者在本款规定意义上依赖于购买者。

（三）第1款意义上的具有市场支配地位的企业和企业联合组织，不得利用其市场支配地位，无客观正当理由在商业交易中要求或导致其他企业向自己提供优惠条件。涉及依赖于它们的企业时第1款也适用于第2款规定的企业和企业联合组织。

（四）相对于中小竞争者具有市场优势的企业，不得利用其市场优势，直接或间接地不公平地阻碍这些中小竞争者。特别是一个企业非临时性的以低于成本的价格供应商品或提供服务的，构成本款规定的不公平阻碍，但具有客观正当理由的除外。

（五）基于某些事实，根据一般经验，一个企业有利用了其第4款意义上的市场优势的迹象的，该企业有义务对此提出反证；该企业业务范围内可产生请求权的情形，相关的竞争者或

第33条规定的协会无法予以澄清，而被请求的企业却轻易能够澄清，并且可以合理期待它澄清的，该企业有义务澄清之。

（六）如果拒绝某个企业加入经济联合会和企业联合会以及质量标志协会会对该企业构成无实质上合理理由的不平等待遇，并可能导致该企业在竞争中处于不公平的不利地位，则不得拒绝其加入。

第二十一条 ［禁止联合抵制，禁止其他限制竞争的行为］

（一）企业或企业联合组织不得以不公平地损害某些企业为目的，要求另一个企业或企业联合组织拒绝销售或拒绝采购。

（二）企业或企业联合组织不得胁迫或加害其他企业，不得向其他企业允诺或提供好处，以促使该其他企业从事依本法或依卡特尔当局根据本法所作出的决定不得作为合同主旨的行为。

（三）企业和企业联合组织不得强迫其他企业从事下列行为：

1. 加入第2、3条或者第28条第1款规定的协议或决议；或者

2. 与其他企业进行第37条规定的合并；或者

3. 以限制竞争为目的，在市场上采取统一行动。

（四）禁止因向卡特尔当局申请采取措施，或建议卡特尔当局采取措施，而使其他企业在经济上受损。

第三章 欧盟竞争法的适用

第二十二条 ［本法与《欧共体条约》第81、82条的关系］

（一）本法也适用于《欧共体条约》第81条第1款意义上可能影响成员国之间贸易的企业间达成的协议、企业联合组织作出的决议以及协同行为。《欧共体条约》第81条也适用于欧盟2002年12月第1/2003号《关于实施〈欧共体条约〉第81条规定的竞争规则的条例》(OJEC2003L1)第3条第1款第1项规定的情况。

（二）依据《欧共体理事会2003年第1号条例》第3条第2款第1项，如企业间达成的协议、企业联合组织作出的决议以及协同行为虽可能影响欧盟成员国之间的贸易，但不属于《欧共体条约》第81条第1款意义上的限制竞争，或者满足《欧共体条约》第81条第3款规定的条件，或者受到《〈欧共体条约〉第81条第3款实施条例》的保护，则其不能为本法所禁止。

（三）本法也适用于为《欧共体条约》第82条所禁止的滥用行为。《欧共体条约》第82条也适用于依据《欧共体理事会2003年第1号条例》第3条第1款第2项规定的情况，本法更为严格的条款仍有效适用。

（四）为了不违反欧盟的法律，第1款至第3款不适用于有关监控合并的条款。主要旨在达到不同于《欧共体条约》第81、82条所确立的目标为目的的条款不受本章的影响。

第二十三条 ［废止］

第四章 竞争规则

第二十四条 ［概念，申请承认］

（一）经济联合会和企业联合会可以在其领域制定竞争规则。

（二）竞争规则，是指那些规范企业在竞争中的行为，以抵制竞争中有悖正当竞争原则或效能竞争原则的行为，并鼓励在竞争中形成的符合这些原则的行为的规定。

（三）经济联合会或企业联合会可以向卡特尔当局提出承认竞争规则的申请。

（四）有关承认竞争规则的申请书应当包括下列内容：

1. 经济联合会或企业联合会的名称、法律形式或通讯地址；

2. 其代表人的姓名和通讯地址；

3. 竞争规则在业务方面和地域方面的适用范围的描述；

4. 竞争规则的文本。

申请书中应附上下列内容：

1. 经济联合会或企业联合会的章程；

2. 用来证明竞争规则是根据章程规定制定的相关材料；

3. 同一经济层次的局外的经济联合会或企业联合会和企业，以及供货人联合会和购买人联合会，以及相关行业各有关经济层次的联邦性组织的清单。

申请书中不得作出不正确的或不完整的陈述或使用不正确的或不完整的材料，以为申请人或其他人骗取对竞争规则的承认。

（五）对已获承认的竞争规则所作的修订和补充，应告知卡特尔当局。

第二十五条 ［第三方的意见］

卡特尔当局应当给同一经济层次上的非参与企业、受竞争规则影响的供给者和需求者的经济联合会和企业联合会，以及牵涉到各有关经济层次的联邦性组织以发表意见的机会。在消费者利益受到实质影响的情况下，该发表意见的机会同样适用于消费者权益咨询中心和其他获得公共基金资助的消费者组织。卡特尔当局可以就有关要求承认的申请安排公开听证，任何人都有权提出反对承认的抗辩意见。

第二十六条 ［承认］

（一）卡特尔当局以决定的方式承认竞争规则。其中应该说明不存在卡特尔当局行使第六章所规定的职权的理由。

（二）只要竞争规则违反了第 1 条的禁止性规定并且不能依据第 2、3 条得到豁免，或者违反了本法的其他规定、《反不正当竞争法》或其他法律规范的，卡特尔当局应当拒绝承认申请。

（三）经济联合会和企业联合会应将由其制定的、已获承认的竞争规则的失效事实，告知卡特尔当局。

（四）卡特尔当局事后认定具备第 2 款所称的拒绝承认的要件的，应对已作出的承认予以撤回或撤销。

第二十七条 ［提供有关竞争规则的情况，公告］

（一）被承认的竞争规则应当在联邦公报上或者其电子版上公布。

（二）下列事项应公布在联邦公报或者其电子版上：

1. 第 24 条第 3 款规定的申请书；

2. 第 25 条规定的听证日期的安排；

3. 有关竞争规则的承认以及对竞争规则所作的修订和补充。

4. 第26 条第4 款规定的对竞争规则的拒绝承认，第26 条第4 款规定的竞争规则的撤回或撤销。

（三）在依第 2 款第 1 项公布申请书时，应当指出，被申请承认的竞争规则已存放在卡特尔当局供公众查阅。

（四）第 2 款第 1 项的申请书得以承认的，公布该项承认时，仅需援引已公布的申请书即可。

（五）已被承认的竞争规则没有依据第 1 款公布的，卡特尔当局应请求提供第 24 条第 4 款第 1 项所规定的有关该竞争规则的详细信息。

第五章　特定经济部门的特别条款

第二十八条　［农业］

（一）若农业生产者企业间达成的协议或者农业生产者企业联合会与此类农业生产者联合会联盟之间达成的协议或作出的决定的内容涉及以下情形的，则第 1 条不适用：

1. 农业产品的生产或销售；或

2. 为储藏、加工或处理农业产品而对共同设施的使用，但以其不包含价格约束并且不排除竞争为限。生产者联合会的联合会订立的协议和作出的决议，必须由该联合会即时向卡特尔当局申请登记。植物栽培企业和动物饲养企业以及在该类企业的层次上从事经营的企业，也视为农业生产者企业。

（二）第 1 条不适用于有关农业产品的分类、标记或包装的垂直转售价格维持协议。

（三）农业产品是指《欧共体条约》附录一所列的产品以及对这些产品进行加工或处理后所得的商品，这些商品的加工或处理通常由农业生产者企业及其联合会承担。

第二十九条　［废止］

第三十条　［对报纸和杂志的转售价格维持］

（一）企业通过法律上或经济的手段对购买其报纸或杂志的购买人进行约束，要求他们必须维持其转售价格，或者要求他们责成他们的购买人在向最终消费者转售时接受相同的约束的，不适用第 1 条规定。依据综合因素的考量已具备了出版物的主要特征的报纸和杂志的复制品和替代品以及具备了报纸或杂志的主要特征的组合产品都属于报纸或杂志的范畴。

（二）第 1 款所称的协议，以其涉及价格和价格要素为限，须以书面形式订立。当事人在援引价目表或价格通知书的文书上签名的即可。《民法典》第 126 条第 2 款不适用。

（三）如存在下列情况，则联邦卡特尔局可依职或应某个受约束的购买人的申请，宣布转售价格维持为无效，并禁止实施新的、同类性质的维持转售价格行为：

1. 转售价格的维持被滥用；或者

2. 转售价格的维持，或转售价格的维持与其他限制竞争行为相结合后，可以使价格受约束的商品涨价，或者阻止其降价，或者限制其生产或销售。

第三十一条　［废止］

第六章　卡特尔当局的职权，制裁措施

第三十二条　［违法行为的终止和裁决］

（一）卡特尔当局可以要求企业、企业联合组织终止违反本法或者《欧共体条约》第 81 条或第 82 条的行为。

（二）为了实现这一目的，卡特尔当局可以对企业或者企业联合组织实施一切能有效制止该侵害行为所必要的并且有针对性的措施。

（三）在存在合法利益的情况下，在违法行为被终止后卡特尔当局也可以宣布发生了违法行为。

第三十二条 a ［临时措施］

（一）在竞争将受到严重的并且不可挽回的损害的紧急情况下，卡特尔当局可以依职权命令采取临时措施。

（二）第1款的命令具有时间限制。该期间可以延展，但总计通常不得超过1年。

第三十二条 b ［承诺］

（一）企业在第32条规定的程序中提出承诺，如该承诺可以消除卡特尔当局经初步评估对其表示的关注，卡特尔当局可以通过裁决的方式宣布企业受这些承诺的约束。这一裁决需要说明，依据第2款的规定卡特尔当局不得行使第32条和第32条a中的权力，其具有时间限制。

（二）发生下列情形时，卡特尔当局可以废除依据第1款作出的裁决并重新开始程序：

1. 其后环境发生了对裁决具有实质性影响的变化；

2. 相关企业没有遵守其的承诺；或者

3. 裁决是基于当事方提供的不完整的、错误的或者误导性的信息作出。

第三十二条 c ［无理由采取行动］

依据卡特尔当局所获得的信息，（案件）不满足本法第1、19～21条、《欧共体条约》第81条第1款或第82条规定的禁止所需要符合的条件时，卡特尔当局可以裁决其无理由采取行动。裁决应当说明基于新的发现，卡特尔当局不行使第32条和第32a条规定的职权。其不包括对前述意义上的禁止的豁免。

第三十二条 d ［豁免的撤回］

被归入类别豁免的协议、企业联合体所作出的决议以及协同行为，如其在特定案件中产生违反本法第2条第1款或者《欧共体条约》第81条第3款的后果，并且该后果的影响范围涉及以整个内国构成的相关市场的，卡特尔当局可以在此范围内撤回类别豁免的获利。

第三十二条 e ［对经济部门和协议类型的调查］

（一）如果价格僵化或其他因素表明国内的竞争可能受到限制或扭曲，则联邦卡特尔局和州最高国家机关可以对某特定经济部门，或跨经济部门对特定协议类型进行调查。

（二）联邦卡特尔局和州最高国家机关有权为实施本法或《欧共体条约》第81、82条在调查过程中使用必要的调查手段。他们有权要求有关企业和企业联合体提供信息，尤其是有关所有的协议、决定和协同行为的信息。

（三）联邦卡特尔局和州最高国家机关可以公布第1款进行调查的结果的报告，并可邀请第三方对此作出评价。

（四）准用第57条和第59～62条的规定。

第三十三条 ［禁令请求权，损害赔偿责任］

（一）任何人违反本法、《欧共体条约》第81、82条规定或卡特尔当局的决定，对受（其行为）影响的当事人负有纠正义务，以及为防止重复发生危险禁止该行为。禁令请求权在侵害是可预见时就已存在。受影响当事人包括受违反竞争法行为损害之竞争者或者其他市场参与者。

（二）具有法定资格并且以促进商业或独立行业利益为目的的协会，如果其多数成员企业在同一（相关）市场上提供相似或相关种类的商品或者服务；并且其能够（尤其从其人员构成和物质、资金的来源考察）确实发挥其促进工商利益或独立行业利益的法定功能；并且其成员企业利益受到违法行为的侵害，也可主张第1款的请求权。

（三）违反第1款规定行为人有故意或过失的，负有因此产生的损害赔偿责任。如果一个商品或者一项服务以超高价格购得，则不能因该商品或者服务转售而排除损害之存在。损害大小的评定依据《民事诉讼法典》第287条规定应特别考虑（违法）企业从其违法行为中所获收益的比例。（违法）企业应支付依据本款规定产生的金钱债务的自损害发生时起的利息。准用《民法典》第288条和289条第1项的规定。

（四）在审理依据本法或《欧共体条约》第81条或第82条的规定主张损害赔偿的案件时，法院受卡特尔当局、欧共体委员会及其他欧共体成员国的竞争主管机关或法院作出的终局裁决中的事实认定之约束。这同样适用于对前述裁决所提出的上诉的终局判决中所认定的事实。依据《欧共体理事会2003年第1号条例》第16条第1款第4项的规定，履行本款义务时不得损害《欧共体条约》第234条规定的权利和义务。

（五）如果卡特尔当局开始一项针对第1款意义上的违法行为的调查程序，则第3款的请求权的诉讼时效中止。此规定同样适用于当欧共体委员会或者其他欧共体成员国的竞争主管机关对违反《欧共体条约》第81条或第82条的行为展开调查的情况。（诉讼时效的计算）准用《民法典》第204条第2款的规定。

第三十四条　［卡特尔当局对违法收益的收缴］

（一）企业因故意或过失违反本法、《欧共体条约》第81、82条的规定或卡特尔当局的裁决并获得经济收益，卡特尔当局可以收缴这一经济收益，并要求该企业缴纳相当于这一数额的金钱。

（二）若这一经济收益已被用于支付损害赔偿、罚款或已被没收，则第1款不再适用。若由企业作出的支付发生在违法收益收缴之后，则企业可以在此范围内得到补偿。

（三）实施收缴违法收益过于严厉而显失公平的，则应下令缴纳适当的金额，或不作出缴纳的命令。额外收入金额不大的，也不应作出缴纳的命令。

（四）额外收入的数额可以估算。必须明确规定应交金额的数目。

（五）违法收益必须在违法行为结束时起5年内追缴，且以5年为限。准用本法第81条第9款的规定。

第三十四条a　［联合体和公共机构对违法收益的收缴］

（一）对故意实施第34条第1款意义上的违法行为，并因此从多重购买者或供应者的损失中获益的任何人，依据第33条第2款有停止请求权的协会以卡特尔当局未以罚金、没收的方式或依据第34条第1款收缴的违法收益为限，要求违法者将收益上缴国库。

（二）企业因违法行为已支付的数额应从请求中扣除。准用本法第34条第2款的规定。

（三）如果数个债权人主张收缴违法收益，准用《民法典》第428～430条的规定。

（四）债权人应当向联邦卡特尔局提供依据第1款提出的请求主张的有关信息。其有权就提出请求主张的必要费用以不能从债务人处获得的数额为限向联邦卡特尔局要求补偿。该补偿数额不得超过联邦财政因此获得的经济收益。

（五）准用本法第33条第4款和第5款的规定。

第七章　集中控制

第三十五条　［集中控制的适用范围］

（一）有关集中控制的规定将适用，如在集中之前的最后一个营业年度出现：

1. 所有相关企业在全球的总销售额合计超过5亿欧元；并且
2. 至少一个参与企业在国内的销售额超过2500万欧元。

（二）在下列情形下，第 1 款规定不适用：

1. 一个不属于第 36 条第 2 款所规定的企业，且在上一个营业年度的全球销售额低于1000万欧元，与另外一个企业合并；或者

2. 在相关市场上，至少 5 年以来有商品或服务供应，且上一年度的销售额低于 1500 万欧元。

报纸或杂志或其附属产品的出版、生产或销售领域的竞争因集中受到限制的，仅适用第 1 款第 2 项。

（三）欧洲共同体委员会依据修订后的 1989 年 12 月 21 日《第 4064/89 号理事会条例》关于企业间集中控制的规定享有专属性管辖权的，不适用本法的规定。

第三十六条　［集中评估的原则］

（一）如可预见，集中将产生或加强市场支配地位，联邦卡特尔局应禁止集中，除非企业证明集中也能改善竞争条件，且改善竞争环境所带来的好处超过形成市场支配地位所具有的弊端。

（二）参与集中的一个企业是《股份公司法》第 17 条意义上的从属企业或支配企业，或是《股份公司法》第 18 条意义上的康采恩，则以此类方式联合在一起的诸企业视为单一企业。若干个企业开展合作经营，以致它们能够对另一个企业施加支配性影响的，它们之中的任何一个企业都视为支配企业。

（三）一个非企业的人或人合组织对一个企业控股的，该人或人合组织视为企业。

第三十七条　［集中］

（一）下列情形，构成集中：

1. 取得另一个企业的全部或主要资产；

2. 一个或若干个企业取得对另外一个或若干企业的全部或部分的直接控制或间接控制。这种控制因权利、合同或其他手段而发生；虑及一切事实上的或法律上的情形，这些权利、合同或其他手段，或单独或共同地，可确保对另一个企业的活动施加决定性影响，特别是通过以下方式：

（1）对该企业的全部或部分资产享有所有权或用益权；

（2）享有可确保对该企业各机关的组成、投票或决议施加决定性影响的权利，或订立有此类合同；

3. 取得另一个企业的股份，以致所购股份本身或与其他业已属于企业所有的股份相加，达到另一个企业资本或表决权的：

（1）50%；或者

（2）25%。

取得企业所拥有的股份，包括另一个为该取得企业的利益工作的企业所拥有的股份；企业所有人是独资商人的，还包括作为该企业所有人其他财产的股份。若干个企业同时或者先后取得另一个企业的股份达到上述范围，则就该另一个企业所经营的市场而言，其取得行为也视为参与取得的诸企业之间的集中；

4. 其他任何形式的企业联合，因该联合，一个或若干企业可以直接或间接地对另一个企业施加竞争上的重大影响。

（二）相关企业先前已经进行合并的，也应认定为集中，但该集中不会在实质上增强业已存在的企业联合体的实力的除外。

（三）信贷机构、金融机构或保险企业以转让为目的取得另一个企业的股份的，只要以此类企业不行使这些股份所产生的表决权，且在 1 年之内转让这些股份，则该取得行为并不是集中。如可证明在 1 年之内转让这些股份是不可合理期待的，则联邦卡特尔局可应申请延长这一期间。

第三十八条　［销售额和市场份额的计算］

（一）对于销售额的计算，适用《商法典》第 277 条第 1 款的规定。联合企业之间因供货和提供服务所产生的销售额（内部销售额）以及消费税不予考虑。

（二）对于市场贸易，以其销售额的 3/4 为估定值。

（三）企业以出版、生产或销售报纸、杂志或其附属产品，制作、销售和举办广播电视节目以及销售广播电视广告时间为营业的，以其销售额的 20 倍数额为估定值。

（四）企业为信贷机构、金融机构和建筑贷款机构的，以 1992 年 2 月 10 日《信贷机构会计条例》（《联邦法律公报》第 1 卷，第 203 页）第 34 条第 2 款第 1 项第 1 目 a 则至 e 则所称的总收益额，作为其销售额，但应扣除营业税及其他对这些收益直接征收的税款。企业为保险企业的，以上届营业年度的保险费收入为准。所谓保险费收入，是指从保险和再保险业务中获得的收入，包括为补偿而转让的部分。

（五）取得另一个企业的资产的，计算出让人的市场份额和销售额时，应仅以出让部分的资产为准。

第三十九条　［申报义务］

（一）在实施集中前，应根据第 2 款和第 3 款规定，向联邦卡特尔局申报集中。

（二）负有申报义务者如下：

1. 参与集中的诸企业；

2. 第 37 条第 1 款第 1 项和第 3 项规定的情形，亦适用于出让人。

（三）申报时应说明集中的形式。此外，申报还必须包括关于每一个参与集中的企业的下列情况：

1. 商号或其他标志以及营业场所所在地或注册地；

2. 经营种类；

3. 在本国、欧洲联盟以及全世界范围内的销售额；企业为信贷机构、金融机构和建筑贷款机构的，以第 38 条第 4 款所称的总收益额代替销售额；企业为保险企业的，以其保险费收入代替销售额；

4. 市场份额，包括对市场份额进行计算或估算的依据，但以参与集中的企业在本法适用范围内或在本法适用范围的主要部分至少共同占有 20% 的市场份额为限；

5. 取得另一个企业的股份的，所取得的股份数额以及总共持有的股份数额；

6. 一个被授权在国内接受送达的人（如果该企业的注册地不在本法的适用范围之内）。

在第 37 条第 1 款第 1 项或第 3 项规定的情形下，本条第 2 款第 1 项和本条第 6 项要求说明的事项还应包括出让者的情况。参与集中的一个企业是联合企业的，则第 2 款第 1 项和第 2 项要求说明的事项还包括联合企业的情况；第 2 款第 3 项和第 4 项要求说明的事项还包括每一个参与集中的企业的情况、与该企业相联合的企业的总的情况以及联合企业之间的内部集团关系、支配关系和参股关系等情况。申报时不得作出不正确的或不完整的陈述，或使用不正确的或不完整的材料，以使卡特尔当局不作出第 36 条第 1 款的禁止令或第 40 条第 1 款的通知。

（四）欧洲共同体委员会已将集中事件转至联邦卡特尔局，且联邦卡特尔局已有第 3 款所要求说明事项的德文版本的，无须申报。联邦卡特尔局应立即将收到（欧共体委员会）提交材料的时间告知相关企业，并以德文形式将有关第3款规定的必要详情告知相关企业。

（五）联邦卡特尔局可以要求任何一个相关企业提供有关该企业的市场份额的情况，包括对市场份额进行计算或估算的依据，可以要求其提供有关某种商品或服务在集中前上一个营业年度中的销售额的情况。

（六）参与集中的企业，必须在实施集中后即时向联邦卡特尔局作报告。

第四十条 ［集中控制程序］

（一）已向联邦卡特尔局作出集中申报的，则联邦卡特尔局只有在完整的申报材料送达后1个月内通知提出申报的企业，称自己已开始对集中事件进行审查（主要审查程序）的情况下，才可禁止该集中。有必要对集中作进一步审查的，应开始进行主要审查程序。

（二）在主要审查程序中，联邦卡特尔局以决定的方式作出禁止集中或准许集中的决定。在收到完整的申报材料后4个月内决定未送达申报企业的，集中视为准许。决定送达的日期必须即时通知与程序有关的当事人。除非：

1. 申报企业同意延长期限；

2. 因提供不正确的材料或未及时依第39条第5款或第50条提供情况的，联邦卡特尔局未依第1款作出通知，或未为禁止集中的决定；

3. 违反第39条第3款第6项规定，未提出一个被授权在国内接受送达的人的。

（三）合并许可书可附有条件和义务。这些条件和义务不得以对相关企业进行长期的行为控制为目的。

（三a）如果合并许可书是基于不正确的材料作出，或者以欺骗的方法取得，或有关企业不按照合并许可书履行义务，则该合并许可书可以被撤销或者修改。不履行所附义务的情况准用第41条第4款的规定。

（四）在禁止集中之前，应给参与集中的企业的注册地的州最高国家机关发表意见的机会。

（五）发生第39条第4款情形的，第1款和第2款规定的期间自裁定到达联邦卡特尔局并且第39条第3款所要求的必要材料都已以德文形式取得之时起算。

（六）联邦卡特尔局的合并许可书被最终生效判决全部或部分撤销的，第2款第2项的期间自判决最终生效之时重新起算。

第四十一条 ［集中实施的禁止，解散］

（一）在第40条第1款和第2款规定的期间届满之前，企业不得实施联邦卡特尔局未予准许的集中或参与实施此类集中。违反这一禁令的交易无效。这一原则不适用于有关企业改组、企业加入或企业设立的合同，不适用于《股份公司法》第291条和第292条意义上的企业合同，但以此类合同已在有关登记簿作登记并已发生法律效力为限。

（二）如相关企业提出宜解除实施集中禁令的重大理由的，特别是旨在避免一个参与企业或第三人遭受重大损害的，联邦卡特尔局可应申请解除禁止实施集中的命令。该解除令可随时发出，甚至可在申报集中之前发出，并可附有条件和义务。准用第40条第3a款的规定。

（三）如果一项集中满足第36条第1款规定的禁止条件，则该项集中应予以解散，但联邦经济和劳动部长依第42条批准该集中的除外。联邦卡特尔局应下令采取为解散此类集中所必需的措施，也可以恢复原状以外的其他方式消除对竞争的限制。

（四）联邦卡特尔局可以特别采取下列措施贯彻其指令：

1. ［废止］

2. 拥有一个参与企业的股份，而该股份属于另一个参与企业或应归属于该企业的，禁止或限制拥有者行使这些股份的表决权；

3. 委派一名受托人实施集中的解散事务。

第四十二条　［部长批准］

（一）在个别情况下，集中对整体经济产生的利益可弥补对竞争的限制，或集中符合重大的公共利益的，应申请，联邦经济和劳动部长可批准为联邦卡特尔局所禁止的集中。在批准时，也应考虑参与集中的企业在本法适用范围之外的各个市场上的竞争力。只有在限制竞争的规模不危及市场经济秩序的情况下，才能为此批准。

（二）前款批准可附条件和义务，准用第 40 条第 3 款和第 3a 款的规定。

（三）申请应在禁令送达后的 1 个月内，以书面形式向联邦经济和劳动部长提交，若有对禁止提出起诉的，前项期间自禁止决定成为不可撤销之时起算。

（四）联邦经济和劳动部长应在 4 个月内对该申请作出决定。在作出决定前，应征求反垄断委员会的意见，并给参与集中的企业的注册地的州最高国家机关发表意见的机会。

第四十三条　［公布］

（一）联邦卡特尔局依据第 40 条第 1 款启动的主要审查程序以及申请部长批准的情况都应即时地在联邦公报上或者其电子版上公布。

（二）下列事项应公布在联邦公报上或者其电子版上：

1. 联邦卡特尔局依第 40 条第 2 款作出的决定；

2. 部长批准书，其拒绝和变更；

3. 联邦卡特尔局的合并许可书的撤回或撤销或部长批准书的撤回或撤销；

4. 集中的解散以及联邦卡特尔局依第 41 条第 3 款和第 4 款作出的其他决定。

（三）第 1 款和第 2 款规定的公告的具体内容包括第 39 条第 3 款第 1 项以及第 2 款第 1 项和第 2 项所规定的内容。

第八章　反垄断委员会

第四十四条　［职责］

（一）反垄断委员会每两年制作一份鉴定书，对德意志联邦共和国企业集中的现状和预期发展作出评估，对有关集中控制的法律规定的适用作出评价，并对其他竞争政策方面的现实问题发表意见。鉴定书应当反映最近两年中的情况，并在下一年度的 6 月 30 日之前制作完毕。联邦政府可以委托反垄断委员会撰写额外的鉴定书。此外，反垄断委员会可以根据自己的裁量制作鉴定书。

（二）反垄断委员会仅仅受基于本法所产生的委托的约束，其活动是独立的。撰写鉴定书时，如有少数人持不同意见，可以将不同意见反映在鉴定书中。

（三）反垄断委员会将其鉴定书提交给联邦政府。联邦政府将第 1 款规定的鉴定书即时呈交给立法机构，并在合理期间内对此发表意见和评论，鉴定书由反垄断委员会公布发表。依第 1 款规定制作的鉴定书，在联邦政府将其呈交给立法机构之时，予以公布。

第四十五条　［成员］

（一）反垄断委员会由 5 名成员组成，他们必须具备国民经济学、企业管理学、社会政策科学技术或商法学方面的特别知识和经验。反垄断委员会从其成员中选择 1 名主席。

（二）反垄断委员会的成员应由联邦政府提名，联邦总统任命，任期 4 年，可以连任。联邦政府在提名新成员人选前，应听取委员会成员的意见。成员有权向联邦总统声明辞去职务，1 名成员在任期届满前退出委员会的，任命新委员完成其剩余任期。

（三）反垄断委员会的成员既不得任职于联邦或州的政府或立法机构，也不得担任联邦、州或其他公法法人的公职，但担任高校教师或科研机构研究人员的不在此限。此外，他们也不得担任经济协会、雇主组织或雇员组织的代表，或与这些组织发生长期的雇佣关系或事务处理关系。在被任命为反垄断委员会成员之前的最后 1 年内，他们也不得担任过此类职务。

第四十六条　［决议，组织，成员的权利义务］

（一）反垄断委员会的决议应至少有 3 名成员的同意。

（二）反垄断委员会制定工作条例并设秘书处。秘书处的职责是在科学、行政以及技术等方面支持反垄断委员会的工作。

（二 a）为了合理履行其职能，反垄断委员会可以查阅保存于卡特尔当局的档案资料，该资料包括运营秘密、商业秘密和个人资料。

（三）反垄断委员会的成员以及秘书处的工作人员对商议内容以及被反垄断委员会视为保密的商议材料，负有缄默义务。该缄默义务也涉及提供给反垄断委员会并被反垄断委员会视为保密的信息以及依据第 2a 款获取的信息。

（四）反垄断委员会成员的差旅费予以一次性补偿或报销。差旅费标准由联邦经济劳动部部长会同联邦内政部长确定。反垄断委员会的开销由联邦政府负担。

第四十七条　［统计数据的传送］

（一）为对企业集中化的发展进行鉴定，联邦统计局以及各州统计局应从联邦统计局及各州统计局制作的经济统计表（生产行业统计表、手工业统计表、对外贸易统计表、税收统计表、交通统计表、商业和旅店餐饮服务业统计表）中汇总出有关各个经济领域中最大的企业、经营单位或企业的专业分公司以下各项指标方面的百分比的具体数据，提供给垄断委员会：

1. 用于销售的产品的价值；
2. 销售额；
3. 雇员人数；
4. 薪金和工资总额；
5. 投资额；
6. 租用或出租的固定资产的价值
7. 附加值或毛收益；
8. 所属单位的数量。

第 1 项准用最大的企业所占百分比的规定。为了核对的目的，垄断委员会应当向联邦统计局提供公司的名称、地址、其与企业联合组织的关系及其代码。汇总的各具体数据不得少于 3 家企业集团、企业、经营单位或企业的分公司。通过与其他传送的事项或公知的事项进行组合或进行时间上的联系，应无法反推出少于 3 家企业、经营单位或企业的专业分公司的汇总数据。该原则准用于对概括性集中数值的计算，即如赫尔芬达尔指数和吉尼系数。各州统计局将必要的具体数据呈交给联邦统计局。

（二）应当获得第 1 款所称的汇总的具体数据的人，在传送之前承担缄默的义务，但公务员或为公共事业承担特别义务的人不在此限。准用《义务承担法》第 1 条第 2、3 款和第 4 款第 2 项的规定。依第 1 项规定承担特别缄默义务的人，在适用《刑法典》关于侵害私人秘密

（第 203 条第 2、4、5 款；第 204 条；第 205 条）和职务秘密（第 353 条 b 第 1 款）的规定方面，与为公共事业承担特别义务的人相同。

（三）汇总的具体数据只能用于所规定的目的。第 1 款所称目的一旦达成，应注销这些具体数据。

（四）垄断委员会必须采取组织上和技术上的措施，确保只有公务人员、为公共事业承担特别义务的人或第 2 款所称的义务人才能获得汇总的具体数据。

（五）具体数据的传送事宜，应根据《联邦统计法》第 16 条第 9 款规定予以记录。该记录应至少保留 5 年。

（六）在根据第 1 款对经济数据进行统计时，应当书面通知接受询问的企业，告知它们汇总的具体数据可以依第 1 款规定传送给垄断委员会。

第二编　卡特尔当局

第一章　总　则

第四十八条　［管辖权］

（一）卡特尔当局是联邦卡特尔局、联邦经济劳动部以及依州法享有管辖权的州最高国家机关。

（二）本法的规定未将某项管辖权赋予特定的卡特尔当局的，如果限制竞争行为或歧视性行为或竞争规则的影响效果超越一个州的范围，则由联邦卡特尔局承担和享有本法赋予卡特尔当局的任务和权限。在其他情形下，由依州法享有管辖权的州最高国家机关承担这些任务并享有这些权限。

第四十九条　［联邦卡特尔局与州最高国家机关］

（一）联邦卡特尔局启动程序或者展开调查，应同时通知相关企业注册地的州最高国家机关。州最高国家机关启动程序或进行调查的，应同时通知联邦卡特尔局。

（二）联邦卡特尔局依第 48 条第 2 款第 1 项对案件享有管辖权的，州最高国家机关应将该案件移交给联邦卡特尔局处理。州最高国家机关依第 48 条第 2 款第 2 项对案件享有管辖权的，联邦卡特尔局应将该案件移交给州最高国家机关处理。

（三）依据联邦卡特尔局的申请，如果根据案件情况由联邦卡特尔局审理更为有利，州最高国家机关可以将其依据第 48 条第 2 款第 2 项享有管辖权的案件移送联邦卡特尔局，联邦卡特尔局由此获得对案件的管辖权。

（四）依据州最高国家机关的申请，如果根据案件情况由州最高国家机关审理更为有利，联邦卡特尔局可以将其依据第 48 条第 2 款第 1 项享有管辖权的案件移送州最高国家机关。州最高国家机关由此获得对案件的管辖权。移送以前，联邦卡特尔局应告知其他有关的州最高国家机关。如果其他有关的州最高国家机关在联邦卡特尔局规定的期限内提出反对的话，则案件不能移送。

第五十条　［欧盟法的执行］

（一）依据本法第 48、49 条，联邦卡特尔局和州最高国家机关在某种程度上都是有法定资格的竞争主管机构，在《欧共体理事会 2003 年第 1 号条例》第 35 条第 1 款的含义之内负责《欧共体条约》第 81、82 条的实施。

（二）州最高国家机关如果要适用《欧共体条约》第81、82条，则州最高国家机关和欧共体委员会或欧共体其他成员国的竞争主管当局的联系均要通过联邦卡特尔局。

联邦卡特尔局可以为州最高国家机关进行这些联系提供指导。

在此情形下，依据《欧共体理事会2003年第1号条例》第14条第2款第1项，联邦卡特尔局应作为有关限制行为和支配地位的咨询委员会的代表参加。

（三）联邦卡特尔局是唯一为了适用《欧共体条约》第81、82条，负责欧共体委员会或者欧共体其他成员国的竞争主管机构就有关事项进行合作的主管机构。同时应该适用本法的相关程序规定。

（四）依据《欧共体理事会2003年第1号条例》第22条第1款，联邦卡特尔局可以允许欧共体某个成员国的竞争主管机构的官员，以及其他由该机构授权的随行人员，随同本局官员进行调查。

（五）发生除第1款至第4款规定以外的其他情形时，联邦卡特尔局应履行《欧共体条约》第84、85条及依照83条的守则和《欧共体条约》其他的授权条款规定的欧共体各成员国主管机构的职能。本条第3款经必要修正应适用。

第五十条a ［欧洲竞争主管机构管辖范围内的合作］

（一）《欧共体理事会2003年第1号条例》第12条第1款授权联邦卡特尔局在欧洲竞争主管机构管辖范围内提供合作，欧共体委员会和欧共体其他成员国的竞争主管机构为了《欧共体条约》第81条和第82条的适用，就任何事实或者法律问题，包括秘密信息，特别是运营秘密和商业秘密，传递适当的文件和材料，并要求这些竞争主管当局传送该类信息，获得并利用该信息作为证据。第50条第2款经必要修正应适用。

（二）卡特尔当局仅以《欧共体条约》第81、82条的适用及应及传达当局收集的标的物为目的时，才能以获得的信息作为证据。但是，如果所适用的本法的条款与《欧共体理事会2003年第1号条例》第12条第1款第2项一致，依据第1款规定的交换的信息也可用于适用本法。

（三）卡特尔当局依据第1款获取的信息只能被用于作制裁自然人的证据，其中传达当局的法律所预见的制裁与违反《欧共体条约》的第81条或者第82条的制裁相似。

当第1项设定的条件无法满足时，如果根据接受方卡特尔局的规定，以同等水平保护自然人被告的权利的方式收集的信息，也可能作为证据使用。

根据第1项禁止使用的证据不排除反对法人或者法人组织的证据。

但是，关于禁止使用证据的遵守应建立在遵守宪法的基础上。

第五十条b ［与外国竞争主管机构的其他合作］

（一）为实现竞争法的目的联邦卡特尔局根据第50条a第1款有权在其他情况下与欧共体委员会或者其他国家的竞争主管机构为了实施竞争法的规定进行合作。

（二）只有接受信息的竞争主管机构遵循下列限制性条件时，联邦卡特尔局应根据第50条a第1款发送信息：

1. 使用该信息作为证据是为了竞争法条款的适用和符合联邦卡特尔局收集该信息的目的；

2. 保护秘密信息并只有当联邦卡特尔局同意传送时才传送该信息至第三方，这同样适用于在法律和行政程序中公开秘密信息的情形。

产生于合并控制程序的秘密信息，包括运营秘密和商业秘密，只有在提供该信息的企业同意的情况下，才能由联邦卡特尔局传送。

（三）关于刑事案件的法律合作的规定及关于行政和法律合作的条约不受影响。

第五十条 c ［机构间的合作］

（一）不管特定案件选择何种程序，卡特尔当局和管制机构为实施他们相关的竞争法职责的必要，可以相互之间交换包括个人数据和运营秘密及商业秘密的信息。对证据的禁止利用不受影响。

（二）卡特尔当局在履行其职责时应与联邦金融监督局、德国中央银行和各州的媒体组织进行合作。前述机构，根据相互请求可在他们之间交换在某种程度上为履行其各自的竞争法律职能必须的信息。该规定不适用于：

1. 秘密信息，尤其是运营秘密和商业秘密；以及

2. 根据第 50 条 a 或者根据《欧共体理事会 2003 年第 1 号条例》第 12 条获得的信息。

第 2 项和第 3 项 1 不得影响与实施证券收购和接管法及证券交易法的其他机关的合作的有关条款。

第二章 联邦卡特尔局

第五十一条 ［所在地，组织］

（一）联邦卡特尔局是一个独立的更高级别的联邦机关，所在地在波恩。它隶属于联邦经济与劳动部。

（二）联邦卡特尔局的决定由依据联邦经济与劳动部的规定而设立的各个决议部门作出。此外，由联邦卡特尔局局长颁布工作条例，规定联邦卡特尔局的业务分工和业务程序；工作条例应经联邦经济与劳动部确认。

（三）决议处的决定必须由一名主席和两名委员作出。

（四）决议处的主席和委员应是终身公务员，并具备担任法官或高级公务员职务的资格。

（五）联邦卡特尔局的成员既不能拥有或管理任何企业，也不得是企业、卡特尔、经济联合会或企业联合会的董事会或监事会成员。

第五十二条 ［联邦经济与劳动部一般指示的公布］

依本法关于作出处分或不予处分的决定，联邦经济与劳动部就该决定向联邦卡特尔局作一般性指示的，应将这些指示在联邦公报上公布。

第五十三条 ［业务报告］

（一）联邦卡特尔局每两年发表一份有关其工作活动及其业务领域现状和发展的报告。报告中应包括第 52 条规定的联邦经济与劳动部的一般性指示。此外，联邦卡特尔局应该定期地公布其行政原则。

（二）联邦政府应即时将联邦卡特尔局的报告转呈给联邦议会，并附上自己的意见。

第三编 程 序

第一章 行政案件

第一节 在卡特尔当局进行的程序

第五十四条 ［程序的启动，当事人］

（一）卡特尔当局依职权或应申请启动程序。应相关申请，卡特尔当局可以为保护控诉人的利益而依职权启动程序。

（二）在卡特尔当局进行的程序，其当事人有：

1. 申请启动程序的人；

2. 作为程序相对人的卡特尔、企业、经济联合会或企业联合会；

3. 与行政裁定有利害关系的人或者人合组织，卡特尔当局根据他们的申请传唤他们参加程序；在行政裁定对众多消费者产生作用并且对消费者利益产生实质性影响时，消费者权益咨询中心和其他获得公共基金资助的消费者组织；

4. 第 37 条第 1 款第 1 项或第 3 项情形的出让人。

（三）联邦卡特尔局也应作为当事人参加在州最高国家机关进行的程序。

第五十五条　［关于管辖权的初步裁定］

（一）当事人主张卡特尔当局不具有地域管辖权或事务管辖权的，卡特尔当局可以就管辖权作初步裁定。

对该裁定可以通过向法院起诉提出异议，起诉具有暂缓执行的效力。

（二）当事人并未主张卡特尔当局不具有地域管辖权或事务管辖权的，则不得以卡特尔当局不正确地行使了管辖权为由提出诉讼。

第五十六条　［发表意见，听证的机会］

（一）卡特尔当局应当给当事人以发表意见的机会。

（二）卡特尔当局可以在适当的情况下，给与程序有关的经济各界的代表发表意见的机会。

（三）卡特尔当局可以依职权或者依申请举行公开的听证；听证有涉危害公共秩序，特别是危及国家安全，或重大的运营秘密或商业秘密之虞的，则应当依职权或应一名当事人申请，全部排除或部分排除听证的公开性。在第 42 条情形，联邦经济与劳动部及劳工部应当举行公开听证；当事人表示同意的，卡特尔当局可以不进行听证而作出决定。

（四）适用《行政诉讼法》第 45 条和第 46 条的规定。

第五十七条　［调查，取证］

（一）卡特尔当局可以进行一切必要的调查，并获取一切必要的证据。

（二）对通过勘验以及从证人和鉴定人处获取的证据，准用《民事诉讼法》第 372 条第 1 款、第 376、377、378、380～387、390、395～397、第 398 条第 1 款、401、402、404、404a、406～409、411～414 条的规定，且不得为羁押。州高等法院对起诉作出判决。

（三）证人证言应作成笔录，由进行调查工作的卡特尔当局成员签字；如有书记员在场，笔录还应由书记员签字。笔录应记载询问的地点和日期以及工作人员和当事人的姓名。

（四）笔录应向证人宣读，或请证人亲自过目，以获得其认可。证人已为核准的，应将此记录在案，并由证人签字。没有签字的，应说明原因。

（五）在询问鉴定人时，准用第 3 款和第 4 款的规定。

（六）如卡特尔当局认为，证人只有宣誓才能作出真实的证言，则可以请求初级法院让证人宣誓。证人是否必须宣誓，由法院裁定。

第五十八条　［扣押］

（一）卡特尔当局在调查中可以扣押那些作为重要证据使用的物品。进行扣押应及时告知受扣押影响的相关人。

（二）扣押时既没有相关人在场，又没有其成年的亲属在场，或者相关人或在其不在场时其成年亲属对扣押明确地提出异议的，卡特尔当局必须在 3 天内向扣押发生地的初级法院请求司法确认。

（三）相关人可以随时就扣押向法院请求司法审查。应当将此项权利告知相关人。对于该申请，由依第 2 款具有管辖权的法院作出裁定。

（四）对于法院的裁定，可以上诉。准用《刑事诉讼法》第 306 ~ 310 条以及第 311 条 a 的规定。

第五十九条　［要求提供资料］

（一）以为履行本法赋予卡特尔当局的职责所必需为限，卡特尔当局享有下列权力直至其裁决生效：

1. 要求企业和企业联合组织公开关于他们经济状况的信息并提交资料；该资料包括为企业或企业联合组织所掌握的共同市场调查，以便于评估或分析竞争状况或市场状况；

2. 依据第 36 条第 2 款，要求企业和企业联合组织公开与它们进行联合的企业的经济状况的信息，提交这些企业的业务资料，只要这些信息在他们的掌控之下，或者与他们存在法律上的关系使之能够有权获得这些被要求的有关企业联合组织的信息；

3. 在正常营业时间经企业和企业协会的允许，查验审核他们的业务资料。

第 1 款第 1 项和第 3 项依据法律和（卡特尔当局）决议适用于商业和工业协会及专业组织，以及关于他们的活动，以及受决定影响的成员的数量和名称。

（二）企业所有人或其代表人，法人、合伙和无行为能力社团依法律、法规任命的代表人，有义务提交所要求的资料，公开所要求的信息，出示业务资料供查阅和审核，并接受对这些资料进行审核，允许进入办公场所及营业场所。

（三）受卡特尔当局委托进行审查工作的人员，有权进入企业以及企业联合组织的场所。《基本法》第 13 条的基本权利仅限于此范围。

（四）搜查只能根据搜查地初级法院法官的指令进行。对于该指令的上诉，准用《刑事诉讼法》第 306 ~ 310 条以及第 311 条 a 的规定。存在紧迫危险的，即使没有法官的搜查令，第 3 款所指的人员也可以在营业时间内进行必要的搜查。应当就地对搜查及其主要结果作成笔录；搜查时没有法官的命令的，笔录还应包括对推定会存在紧迫危险的事实的说明。

（五）负有提供情况义务的人有权在下列情况下拒绝回答问题：回答这些问题将会使他本人或《民事诉讼法》第 383 条第 1 款第 1 ~ 3 项所指的亲属罹于刑事追究的危险，或罹于依《违反社会秩序法》提起的诉讼的危险。

（六）联邦经济劳动部或州最高国家机关以书面的个别命令形式要求提供情况，联邦卡特尔局以决议的形式要求提供情况。在此类命令或决议中，应当载明要求提供情况的法律依据、提供情况的内容和目的，并应当为提供情况规定一个适当的期间。

（七）联邦经济与劳动部或州最高国家机关以书面的个别命令形式命令进行审核，联邦卡特尔局以决议的形式，并在征得局长的同意后，命令进行审核。命令中应当载明审核的时间、法律依据、内容和目的。

第六十条　［初步裁决］

为规范临时事件，卡特尔当局可以在就下列事项作出最终决定之前，作出初步裁决：

1. 依第 40 条第 2 款，第 41 条第 3 款作出的决议，或依第 40 条第 3 款 a 作出的撤销批准或变更批准；

2. 依第 42 条第 1 款作出的特批，第 42 条第 2 款对特批的撤销或变更；

3. 依第 26 条第 4 款、第 39 条第 3 款，或第 34 条第 1 款作出的决议。

第六十一条 ［程序的终结，处分的理由，送达］

（一）卡特尔当局作出的处分应陈述理由，并应连同向当事人所作的其有权使用的法律救济手段的建议一起，依《行政送达法》的规定予以送达。《行政送达法》第 5 条第 4 款和民事诉讼法第 178 条第 1 款第 2 项的规定适用于企业和企业联合组织以及依第 98 条所指的契约实体。对于住所设在本法适用范围以外的企业作出的处分，由卡特尔当局送达给该企业向联邦卡特尔局任命的送达代理人。该企业未任命送达代理人的，卡特尔当局通过在联邦公报上公布该处分的方式送达处分。

（二）程序的终结未按照第 1 款所规定的应将处分送达当事人的，应以书面形式通知当事人程序的结束。

第六十二条 ［处分的公布］

卡特尔当局依据第 30 条第 3 款、第 32 条至第 32 条 b 和第 32 条 d 作出的决议应当在联邦公报上或者其电子版上公布。依据第 32 条 c 作出的决议可以由卡特尔当局公布。

第二节　提起诉讼

第六十三条 ［准许，管辖］

（一）不服卡特尔当局的处分的，可以提起诉讼。起诉可基于新的事实和证据提出。

（二）在卡特尔当局进行的程序中的当事人（第 54 条第 2 款和第 3 款），有权提起诉讼。

（三）申请人声称有权要求卡特尔当局作出某项处分，并向卡特尔当局申请为该项处分的，如卡特尔当局未作出该项处分，申请人也可就此提起起诉。卡特尔当局无充分理由，未在适当期间内对要求作出处分的申请给予答复的，也视为未作出处分。未作出处分的行为，视同于拒绝请求。

（四）在卡特尔当局所在地有管辖权的州高等法院，排他性地对起诉作出判决；在第 35 条至第 42 条情形下，在联邦卡特尔局所在地有管辖权的州高等法院排他性地对起诉作出判决，因不服联邦经济劳动部作出的处分而提起起诉的亦然。准用《民事诉讼法》第 36 条规定。

第六十四条 ［延缓效力］

（一）对下列决议起诉的，决议效力暂停：

1. 依第 32 条及第 19～21 条作出的决议；这不适用于依据第 32 条以及第 19 条第 4 款作出的涉及滥用电力和煤气供应网络的独占地位的决议；

2. 依据第 26 条第 4 款，第 30 条第 3 款或者第 34 条第 1 款作出的决议；

3. 对基于第 42 条第 2 款作出的特批的撤销或更改。

（二）因某项处分而依第 60 条作出了初步裁决的，如提出撤销此项处分的诉讼，则受理法院可以作出命令，被撤销的处分全部或部分在起诉程序终结之后或在提供了担保之后才可生效。上述命令可在任何时候撤销或更正。

（三）第 60 条规定准用于在受理法院进行的程序，但不适用于第 65 条的情形。

第六十五条 ［立即执行的命令］

（一）卡特尔当局可以在第 64 条第 1 款情形下命令立即执行，但以此举符合公共利益或当事人的重大利益为限。

（二）本条第 1 款所称的命令，在提交起诉状之前即可发布。

（三）在下列情形下，受理法院可基于申请恢复起诉的全部或部分延缓效力：

1. 未曾具备依本条第 1 款发布命令的要件，或已不再具备这些要件；

2. 对被提起诉讼的决定的合法性存在着重大疑虑；

3. 此项命令的执行会对相关当事人产生不公平的、不符合重大的公共利益的严重后果。

在起诉不具有延缓效力的情况下，卡特尔当局可以下令暂缓执行；具备本条第 3 款第 3 项要件的，应下令暂缓执行。具备本条第 3 款第 2 项或第 3 项要件的，受理法院可以依申请下令赋予起诉全部或部分延缓效力。如果有第三方对依据第 40 条第 2 款作出的处理提出上诉时，只有在第三人的利益因此处理受到损害时，其申请本条第 3 项下的命令才能被许可。

（四）在提交起诉状之前，即可依本条第 3 款或提出申请。申请所依据的事实，申请人应予以证明。在作出判决之时决定已被执行的，法院也可以命令取消执行。恢复和规定延缓效力的指令，可以以提供担保为前提作出或其他条件作出，亦可在指令中规定期限。

（五）对依本条第 3 款提出的申请所作出的裁定，可以对其进行变更或撤销。

第六十六条 ［期限和形式要求］

（一）起诉应在 1 个月内以书面形式向其决定起诉的卡特尔当局提出。期间自卡特尔当局的决定送达时起算。在第 36 条第 1 款情形下，如依第 42 条提出特批申请，则不服联邦卡特尔局的决定而提出诉讼的期间自联邦经济与劳动部长的指令送达之时起算。在上述期间内将起诉状送达受理法院即可。

（二）未对申请作出决定的（第 63 条第 3 款），起诉不受期间约束。

（三）起诉应陈述理由。陈述起诉理由的期间为 2 个月，在第 63 条第 2 款情形下期限为 1 个月；该期间自提交起诉状之时起算，并可应申请，由受理法院的院长予以延长。

（四）起诉理由必须包括下列事项：

1. 在何种程度上要撤销决定以及在何种程度上申请变更或取消决定的陈述；

2. 起诉所依据的事实和证据内容。

（五）起诉状以及起诉理由的说明必须由一名经德国法院准许营业的律师签字；本规定不适用于由卡特尔当局提出的起诉。

第六十七条 ［受理诉讼的当事人］

（一）在受理法院进行的诉讼的当事人为：

1. 起诉人；

2. 作出被起诉决定的卡特尔局；

3. 与决定有明显的利害关系，并经申请被卡特尔当局允许参加诉讼的人或社团。

（二）不服州最高机关的决定而提出起诉的，联邦卡特尔局也应该为诉讼一方当事人。

第六十八条 ［律师的强制代理］

在受理法院，当事人应授权一名在德国法院准许营业的律师作为代理人。卡特尔当局可以由其成员代表。

第六十九条 ［听证］

（一）受理法院根据听证对起诉作出判决；当事人同意的，可以不进行听证作出判决。

（二）当事人在听证不出庭或未为适当代理的，只要及时传唤了当事人，仍可对案件进行听证并作出判决。

第七十条 ［调查原则］

（一）受理法院依职权调查案情。

（二）法院院长应力求做到消除形式上的错误，解释意义不明的提议，作出相关提议，补充不足的事实信息，并作出一切对认定和评价事实有重大意义的公告。

（三）受理法院可以责成当事人在规定的期间内对需要澄清的问题发表意见、详细阐述证据并提交其持有的文件和其他证据。未遵守时间限制的，可以不考虑未提供的证据，根据案件的实际情况作出判决。

（四）对依第 59 条第 6 款提出的要求或依第 59 条第 7 款作出的命令进行起诉的，卡特尔当局应对事实方面进行证明。适用《民事诉讼法》第 294 条第 1 款的规定。本法第 20 条规定中小企业依赖于某企业，并不存在充分或合理的选择依附其他企业的，则无需进行此项证明。

第七十一条 ［对起诉的判决］

（一）受理法院以从诉讼的整个程序中自主得出的结论为依据作出判决。判决只能以当事人得以对此发表意见的事实和证据为依据。被传唤人因重大事由，特别如为保守商业秘密或营业秘密，而不能查阅卷宗材料，以及因这些原因没有公布卷宗材料内容的，受理法院可以不遵守上述原则。因与同一判决有关而参与到争议的法律关系中的当事人，不适用该规定。

（二）如受理法院认为卡特尔当局的决定不被许可或不成立的，应撤销该决定。决定已经被撤回或以其他方式失效的，受理法院依申请宣布卡特尔当局的决定不合法或不成立的，但以起诉人对该项认定具有合法利益为限。

（三）依第 32 条至第 32 条 b 或者第 32 条 d 所作的决定，因事后实际情况的变更或因其他原因而失效的，受理法院依申请宣布该决定是否成立、在何种范围内以及至何时成立。

（四）如受理法院认为拒绝决定或不为决定是不合法的或不成立的，则应宣布卡特尔当局负有依申请作出决定的义务。

（五）卡特尔当局不适当的行使裁量权，即如超越了裁量的法定界限或以违反本法的意义和目的的方式行使自由裁量权的，则决定不合法或不能成立。在此，法院不应对卡特尔局作出的整体经济的形势和趋势的评价进行审查。

（六）判决必须陈述理由，并连同司法救济手段的说明一起送达当事人

第七十一条 a ［对于侵犯听证权的救济］

（一）受到法院判决侵害的一方当事人提出异议的，如存在下列情形，诉讼可以继续：

1. 没有提供上诉或者其他针对该判决的法律救济；以及
2. 法院适用与该案件判决相关的方式侵犯了当事人的听证权。

在作出决议前不允许提出反对该决议的异议。

（二）该异议应在知道听证权被侵犯之日起 2 周内提起，知道的时间应由表面证据予以证明。

被上诉的判决宣告后满 1 年的，不得再提出异议。

非正式通知的决定被认为在寄出后的第 3 天公告。

异议应以书面形式作出或者应由上诉判决法庭的书记员记录。

异议须指明被上诉的判决以及表明第 1 款第 1 项提及的条件得到满足。

（三）其他当事人，必要时可以发表评论。

（四）异议没有得到允许或者未按照法定的形式或者时间限制提出的，将因不予许可而予以驳回。异议不成立的，法院将不予受理。该判决为最终判决。判决应附有简短的理由说明。

（五）该异议有法律依据的，法院应继续异议必需的诉讼来给与救济。

在法院审理结束后，应将诉讼移交至州。

如果在书面诉讼的情况下，材料的递交将作为听证的终结。

《民事诉讼法》第343条应该适用于有关司法公告。

（六）《行政法院法》第149条第1款第2项应该准用。

第七十二条 ［卷宗材料的查阅］

（一）第67条第1款第1项和第2项以及第2款所称的当事人，可以查阅法院的卷宗材料，并可以自费请法院工作人员制作卷宗材料的副本、节录和复本。准用《民事诉讼法》第299条第3款规定。

（二）查阅原始卷宗、附本卷宗、鉴定书或情况资料，必须征得保存卷宗材料或取得相关资料的机构的同意。因重大事由，特别如为了保守商业秘密或营业秘密，卡特尔当局应当拒绝同意查阅属于它的资料。如拒绝查阅卷宗材料，或如查阅卷宗材料是不合法的，则判决时引用的资料，答辩状中陈述的内容。因重大事由，即如为了保守制造秘密、商业秘密或营业秘密，而要求对某些事实或证据进行保密的，受理法院在听取相关当事人的意见后，可以以裁定的形式，命令公布这些事实或证据，但以这些事实或证据对判决具有决定性意义、不存在其他澄清事实的可能性，并且在权衡了具体情况的一切情形后发现本案对于维护竞争的意义超过了相关当事人对于保守秘密的利益为限。该裁定应陈述理由。在依第4项进行的诉讼中，相关当事人无需由律师代理。

（三）受理法院在听取档案所有人意见后，可以允许第67条第1款第3项所指当事人在同样范围内查阅的卷宗材料。

第七十三条 ［《法院组织法》和《民事诉讼法》规定的适用］

下列规定准用于在受理法院提起的诉讼，但另有规定的除外：

1.《法院组织法》第169～197条关于公开性、法庭秩序的维护、法庭用语、评议以及表决的规定；

2.《民事诉讼法》关于法官的排除和回避、关于诉讼代理人和诉讼支持人、关于依职送达、传唤、开庭日期和期间限制、关于当事人亲自出庭的命令、关于若干个诉讼的合并、关于证人证言和鉴定人鉴定以及其他的取证的程序以及关于先决条件的恢复的规定。

第三节　对法律问题的上诉

第七十四条 ［准许上诉，上诉的绝对理由］

（一）州高等法院准许提出对法律问题的上诉，对于州高等法院就诉讼标的作出的判决，应向联邦最高法院提出对法律问题的上诉。

（二）在下列情形，必须准许提出对法律问题的上诉：

1. 应对某个具有根本意义的法律问题作出判决；

2. 为了法律的发展，或为了确保司法的统一，需要由联邦最高法院作出判决。

（三）州高等法院在判决书中应对准许或不准许提出对法律问题的上诉作出裁定。不准许提出对法律问题的上诉的，应说明理由。

（四）原审诉讼有下列瑕疵之一，并且当事人主张该瑕疵的，对不服原审法院的判决不应准许其提出对法律问题的上诉：

1. 作出判决的法院没有合理组成；

2. 参与作出判决的一名法官依法不得履行司法职能，或因偏见而被申请回避；

3. 一名当事人没有依法接受询问；

4. 一名当事人在诉讼中没有依法指定代理人，但他以明示或默示的方式同意进行诉讼的除外；

5. 判决根据违反诉讼公开性的规定作出；

6. 判决中没有陈述理由。

第七十五条 ［对不准上诉裁定的上诉］

（一）可以对不准上诉的裁定提出上诉。

（二）不准上诉裁定的上诉应由联邦最高法院作出裁定并附带理由。该裁定可以不经开庭审理而作出。

（三）对不准上诉裁定的上诉状应在1个月内以书面形式提交给州高等法院。期间自被撤销的裁定送达之日起算。

（四）对不准上诉裁定的上诉，本法第64条第1款和第2款、第66条第3款及第4款第1项和第5款、第67条、第68条、第72条以及第73条第2项，《法院组织法》第192条至第197条有关评议和表决的规定准用之。上诉法院有权发布暂时禁令。

（五）不准许提出对法律问题的上诉，州高等法院的判决在联邦最高法院的裁定送达之日起成为最终裁定。准许提出对法律问题的上诉的，则上诉期间自联邦最高法院的裁定送达之日开始起算。

第七十六条 ［上诉权利，形式要求和期限］

（一）卡特尔当局以及原审诉讼的当事人有权提出对法律问题的上诉。

（二）对法律问题的上诉只能基于主张判决违反法律规定提出；准用《民事诉讼法》第550、551条第1～3项以及第5～7项的规定。对法律问题的上诉不得基于主张卡特尔当局违反了本法第48条规定、错误地认为其具有管辖权而提出。

（三）对法律问题的上诉应在1个月内以书面形式提交给州高等法院。该期间自被上诉的判决送达之日起算。

（四）联邦最高法院受被上诉的判决中认定事实的约束，但被准予对法律问题提出的上诉理由除外。

（五）此外，对上诉还准用本法第64条第1款和第2款、第66条第3、4款第1项和第5款、第67～69、71～73条的规定。上诉法院有权发布临时禁令。

第四节　一般规定

第七十七条 ［当事人参与诉讼的资格］

自然人和法人、无权利能力社团也有能力参加在卡特尔当局进行的诉讼、一审诉讼和对法律问题的上诉。

第七十八条 ［费用的分担和核定］

在一审诉讼和对法律问题的上诉中，法院可以命令一名当事人全部或一部支付为合理解决问题所需要的费用，但以此举符合公平原则为限。一名当事人因毫无根据地提出上诉或因重大过失造成支出费用的，应责令其承担这些费用。此外，准用《民事诉讼法》关于费用确定诉讼和执行费用分配的裁定的规定。

第七十九条 ［法规］

在卡特尔当局进行的程序的具体事宜应由联邦政府以法规规定，该法规须由联邦议院批准。

第八十条 ［需缴费的行为］

（一）在卡特尔当局进行的诉讼应缴纳费用，以弥补行政开支。下列行为必须缴纳费用（需缴费的行为）：

1. 依据第39条第1款作出的申报；

2. 根据第26条、第30条第3款、第32条至第32条d以及第50条至第50条b、第36条、第39～42条和第60条规定所为的职务行为；

3. 依卡特尔当局的卷宗材料中制作副本。此外，还应收取的费用包括：公布的费用、公共通知的费用、补充的生效副本、副本和摘录的费用以及比照《公平报酬和补偿法案》应支付的费用。卡特尔当局根据第36条第1款禁止合并的，禁止合并时收取的费用中，应当扣除依第39条第1款为申报合并所收取的费用。

（二）收费数额依据卡特尔当局的人力物力消耗，并考虑需缴费行为之标的所具有的经济意义，进行确定。但收费标准：

1. 在第36条、第39条、第41条第3、4款和第42条情形下，不得超过5万欧元；

2. 在第32条和第32条b第1款，第32条d和第41条第2款第1项和第2项情形下，不得超过2.5万欧元；

3. 在第32条c情形下，不得超过7.5万欧元；

4. 在第26条第1款和第2款及第30条第3款情形下，不得超过5000欧元；

5. 颁发核准副本不得超过17.50欧元；

6. （a）在第40条第3（a）款，同时涉及第41条第2款第3项及第42条第2款第2项情形下，不得超过发布合并许可书时收取的费用；

（b）针对第28条第1款所称的协议或决议的作出决定费用，不得超过250欧元；

（c）在第26条第4款情形下，不得超过依第26条第1款第4项为决定时收取的费用；

（d）在第32条a和第60条的情形下，不得超过主要程序费用的1/5。

在特殊情况下，如果卡特尔当局人力物力支出异常巨大的，考虑有关缴费行为的经济价值，收费可以增至其数量的2倍。出于公平事由，可以将本款第1～3项确定的收费标准减免到原来的1/10。

（三）对于多次类似的职务行为或同一缴费义务人的同类申请，可以规定用支出较少行政费用的总额收费标准进行收费。

（四）下列情形，不得收费：

1. 以口头和书面形式要求提供信息和建议；

2. 如正确处理案件，就不会产生费用；

3. 在第42条情形下，联邦卡特尔局先前依第36条第1款作出的决定被撤销。

（五）在作出决定之前撤回申请的，按半价收费。在卡特尔当局收到申请后3个月内予以撤回该申请的，亦同。

（六）缴费义务人为：

1. 在第1款第1项情形下，递交申报的人；

2. 在第1款第2项情形下，因申请或申报致使卡特尔当局开展工作的或卡特尔当局作出决定所指向的人；

3. 在第1款第3项情形下，要求制作副本的人。

向卡特尔当局作出声明或与其沟通，承担缴费义务的人，或依法对他人的缴费债务承担责任的人，也是缴费义务人。多个缴费义务人负连带负责。

（七）对支付费用的请求权，诉讼时效为费用确定后 4 年。对偿还预付费用的请求权，诉讼时效为费用确定后 4 年。

（八）兹授权联邦政府制定法规，对收费标准和执行本条第 1 ~6 款规定向缴费债务人收取费用以及对偿还第 11 条第 2 款、第 22 条第 5 款、第 27 条第 2 ~4 款、第 43 条和第 62 条所称公告的预付费用作出规定，法规必须征得联邦参议院的同意。在此，联邦政府也可以就公法法人收费豁免、有关限制的规定以及收费事宜作出规定。

（九）有关偿还因在卡特尔当局进行诉讼而产生的费用的详细事宜，由联邦政府制定法规，根据第 78 条的原则加以规定，法规应该征得联邦参议院的同意。

第二章　罚款程序

第八十一条　［有关行政罚款的规定］

（一）行政违法指任何故意或过失违反 2002 年 12 月 24 日公布的《欧共体条约》的行为：

1. 与第 81 条第 1 款相悖的达成协议、作出决议或协同行为；或者

2. 与第 82 条第 1 款相悖的滥用支配地位的行为。

（二）行政违法指任何故意或过失的行为：

1. 违反第 1 条，第 19 条第 1 款，第 20 条第 1 款，同时涉及第 2 款，第 20 条第 3 款，第 20 条第 4 款或第 6 款，第 21 条第 3 款或第 4 款或第 41 条第 1 款所规定，关于协议禁止，决议禁止，协同行为的禁止，滥用支配地位、市场地位或优势行为禁止，不公正妨碍的禁止或区别待遇的禁止，拒绝承认企业资格，实施经济胁迫的禁止，施加经济不利条件或实施集中的禁止的有关规定；

2. 违反下列条款中强制性指令的行为：

（a）第 30 条第 3 款，第 32 条第 1 款，第 32 条 a 第 1 款，第 32 条 b 第 1 款或第 41 条第 4 款，同时涉及第 40 条第 3 款，同时涉及第 41 条第 2 款或第 42 条第 2 款或第 60 条；

（b）第 39 条第 5 款；

3. 违反第 39 条第 1 款，未能准确或完整地对协议或集中予以申报；

4. 违反第 39 条第 6 款，未能公告或没有适当地或完整地或及时地申报；

5. 违反第 40 条第 3 款或第 42 条第 2 款规定的强制性义务的行为；

6. 违反第 59 条第 2 款，未能提供信息或者未准确，完整或及时地提供信息，未能出示商业文件以供查阅和审核，未能完整或及时地出示，或者不接受对这些商业文件档案的审核，拒绝他人进入办公和营业场所。

（三）行政违法指任何如下情况：

1. 违反第 21 条第 1 款，请求拒绝销售或购买；

2. 违反第 21 条第 2 款，威胁或导致损害或承诺或授予利益；或者

3. 违反第 24 条第 4 款第 3 项或第 39 条第 3 款第 5 项关于提供或利用信息。

（四）依本条第 1 款，第 2 款的第 2a 项和第 5 项及第 3 款的行政违法行为可以被处以 100 万欧元以下的罚款。罚款由一个企业或者企业联合承担的，除了本款前述协定，则对参与违法的每个企业或企业联合的罚款不超过前一营业年度总营业额的 10%。所有其他案件，行政违法可被处以 10 万欧元以下的罚款。在确定罚款数额时应考虑违法行为的严重程度和持续时间。

（五）罚款数额确定适用《行政违法法》第 17 条第 4 款，按其规定，依据该条第 4 款，从

行政违法行为所获的经济利益要被收回。如果仅为惩罚性罚款，在确定罚款数额时必须考虑该获益。

（六）对个人或个人的联合体所处罚款包括利息；罚款的利息以强制执行行政罚款之后的 2 周起计算。准用《民法典》第 288 条第 1 款第 2 项和第 289 条第 1 项的规定。

（七）联邦卡特尔局在确定罚款数额时制定行使自由裁量权的一般行政原则，同时还要兼顾与外国竞争主管机关的合作。

（八）依据《行政违法法》的规定，如果同时印制资料的分发被确认为违法行为的，则本条第 1 款到第 3 款规定的适用于行政违法行为的程序是禁止性条款。依据第 1 款、第 2 款第 1 项和第 3 款认定的行政违法行为应在 5 年后为法律所禁止。

（九）欧共体委员会或者欧共体成员国的竞争主管机构，作为卡特尔当局，依职权或者依控诉从事违反《欧共体条约》第 81 条或者第 82 条的反对相同的协议，处分或者行为，根据本条第 1 款的行政违法的时效期限将由于这些竞争主管机构根据《行政违法法》第 33 条第 1 款第 1 项所述的行为而中断。

（十）依据《行政违法法》第 36 条第 1 款第 1 项的规定确定的行政管理机构，即为依据本法第 48 条，同时依据本法第 49 条第 3、4 款或第 50 条确定的主管机构。

第八十二条　［因对法人或人合组织确定行政罚款而进行的诉讼的管辖权］

在下列情形，卡特尔当局对于因对法人或人合组织确定行政罚款而进行的诉讼（《行政违法法》第 30 条）享有专属管辖权：

1. 实施了某项同时也符合第 81 条第 1 款、第 2 款第 1 项和第 3 款规定的犯罪行为；或

2. 实施了某项《行政违法法》第 130 条所列故意或过失违反社会秩序的行为，其应予以刑事处罚的违反义务行为同时也符合第 81 条第 1 款、第 2 款第 1 项和第 3 款的规定。

但该机关将涉及《行政违法法》第 30 条的诉讼移送给检察机关处理的，前项规定不适用。

第八十二条 a　［有关行政罚款的法律程序中的职权和管辖范围］

（一）在关于行政罚款的法律程序中，卡特尔当局的代表人有权向当事人、证人和专家提问。

（二）如果联邦卡特尔当局作为初步程序中的行政机关，行政罚款和规定罚款的没收将由联邦卡特尔当局作为法定的执行机关，根据有关执行行政罚款的规定和法院书记员发送的判决的实施规定的证明文件和授权执行声明书予以执行。

行政罚款和金钱的数额以及规定没收的罚款应上交给联邦现金办公室，同时还要承担财政部征收的成本。

第八十三条　［州高等法院在诉讼案件中的管辖权］

（一）在因实施第 81 条所列违反社会秩序行为而进行的司法诉讼中，由具有管辖权的卡特尔当局所在地的州高等法院作出裁判；在《行政违法法》第 52 条第 2 款第 3 项和第 69 条第 1 款第 2 项情形，州高等法院也对他人提出的要求作出法院裁判的申请作出裁定。《刑事诉讼法》第 140 条第 1 款第 1 项，结合《行政违法法》第 46 条第 1 款的规定不适用。

（二）州高等法院应以包括首席法官在内的 3 名法官作出裁判。

第八十四条　［向联邦最高法院提起关于法律问题的上诉］

联邦最高法院对关于法律问题的上诉（《行政违法法》第 79 条）作出裁判。联邦最高法院取消被撤销的判决，而未对案件本身作出裁判的，应将案件发回其判决已被撤销的州高等法院。

第八十五条 ［对行政罚款决定的再审］

在因不服卡特尔当局的行政罚款决定而进行的再审（《行政违法法》第85条第4款）中，由依第83条具有管辖权的法院作出裁判。

第八十六条 ［执行时的法院裁定书］

执行中所必需的法院裁定书（《行政违法法》第104条），由依第83条具有管辖权的法院作出。

第三章　执行

第八十六条a ［执行］

卡特尔当局可以依据有关行政措施执行条款执行其命令。罚金的数额至少1000欧元但不得超过1万欧元。

第四章　民事诉讼

第八十七条 ［州法院的专属管辖权］

（一）不论诉讼标的价值大小，州法院对涉及适用本法、《欧共体条约》第81条或第82条及《欧洲经济领域协议》第53条或第54条的民事诉讼案件享有专属管辖权。如果一项民事诉讼的裁判全部或部分地取决于根据本法作出的一个裁决，或者取决于《欧共体条约》第81条或第82条或《欧洲经济领域协定》的适用，前述规定也应适用。前述规定不适用于《社会法》第五编第69条提及的法律关系所引起的民事诉讼，也不适用于第三方当事人的权利因此受到影响的情形。

（二）该法律纠纷应视为《法院组织法》第93～114条规定的商事案件。

第八十八条 ［诉的合并］

如果一项诉讼与在根据第87条有管辖权的法院进行的诉讼有法律上的或经济上的直接联系，则可将这个诉讼与根据第87条第1款提起的诉讼合并审理。若另一法院对根据第87条第2款提起的诉讼有专属管辖权的，也适用前述规定。

第八十九条 ［一个州法院对多个法院辖区的管辖］

（一）兹授权州政府制定法规，将依第87条由州法院专属管辖的民事法律纠纷，指定由一个州法院代理数个州法院的辖区进行管辖，但以该集中有利于卡特尔案件的执法审理，特别是有利于保证司法判例的统一为限。州政府可以将该项授权转授给州司法行政机关。

（二）州与州之间可以订立条约，使某个州法院管辖数个州的个别辖区或整个区域。

（三）当事人在本条第1款和第2款规定的法院中可以让在如没有本条第1款和第2款规定本应受理该法律争议的法院中准许营业的律师代理自己。

第八十九条a ［争议标的价值的调整］

（一）依据本法第33、34条提出了权利要求的诉讼中，一方通过初步证据证明了它的经济状况将受到严重的危害，而同时还要承担双方的诉讼费用，法院可以根据该方的申请并结合该方的经济状况，责令该方自行承担诉讼费用。法院可以视该方提供的初步证据的证明力决定是否由该方承担由第三方间接承担的诉讼费用。该决定导致受益方仍然要承担律师费。当诉讼费用被强加于该方时，该方应该按比例偿还对方已付的诉讼费和律师费。如果非讼审判费用被强加于对方，受益方的律师可以从对方获得律师费补偿。

（二）依据上款提出的权利请求可以在法院登记报告中被公告。它应在对案件进行实质性审查之前提出。之后，只有假定的或判定的争议金额随后被法院提高，该请求才能被允许。应在对该请求作出裁决前听取对方当事人的意见。

第五章　一般条款

第九十条　［卡特尔当局的信息及其参与］

（一）法院应将根据第 87 条第 1 款的规定所产生的所有法律纠纷告知联邦卡特尔局。应请求，法院应向联邦卡特尔局送交一切书状摘要、笔录、处分和裁判的副本。其他涉及适用《欧共体条约》第 81 条和第 82 条的诉讼准用上述规定。

（二）如联邦卡特尔局局长认为有利于维护公共利益，则可以从联邦卡特尔局的成员中任命一名代表，在法律纠纷涉及第 29 条所称的企业的情况下，也可以从主管的监督机关中任命一名代表；该代表有权向法院提交书面陈述，提出事实和证据，参加庭审，在庭审中作陈述并向当事人、证人和鉴定人提问。代表人的书面陈述应当由法院传达给当事人。

（三）法律诉讼的影响效果不超过一个州的领域的，则在本条第 1 款和第 2 款的范围内，由州最高机关代替联邦卡特尔局行事。

（四）本条第 1 款和第 2 款规定准用于以价格的执行作为诉讼标的的法律诉讼，且该价格是依据第 30 条针对受约束的购买者或另一个企业而设定的。

第九十条 a　［法院和欧共体委员会及卡特尔当局的配合］

（一）在所有适用《欧共体条约》第 81 条或第 82 条的司法程序中，法院在向当事人送达裁判后，应该毫不迟延的通过联邦卡特尔局向欧共体委员会送达裁判副本。联邦卡特尔局可以向欧共体委员会移送依据本法第 90 条第 1 款获得的文件档案。

（二）依据上款，欧共体委员会可以依职权向法院提交书面观察报告。如果欧共体委员会依据《欧盟理事会 2003 年第 1 号条例》第 15 条第 3 款提出请求，法院应向其提供所有与案件有关的文件档案，包括简报的复印件，报告、命令和决议的副本。应准用《联邦数据保护法案》第 4 条第 5 款和第 6 款联邦卡特尔局应申请已作必要的修正。法院应向卡特尔局和案件各方提供欧共体委员会依据《欧盟理事会 2003 年第 1 号条例》第 15 条第 3 款提交的书面观察报告复印件。欧共体委员会也可以在庭审中提交口头观察报告。

（三）在根据本条第 1 款进行的程序中，法院可以要求欧共体委员会提供它拥有的信息以及支持有关《欧共体条约》第 81、82 条适用问题的观察报告的信息。法院应通知各方当事人根据前述规定所提出的请求，并向当事人和卡特尔当局提供欧共体委员会答复的副本。

（四）在本条第 2 款、第 3 款所提及的案件中，法院和欧共体委员会也可以通过联邦卡特尔局才能建立联系。

第九十一条　［州高等法院的卡特尔庭］

州高等法院设卡特尔庭。卡特尔庭对于依第 57 条第 2 款、第 63 条第 4 款、第 83、85 条和第 86 条规定指定由其审理的法律案件，对于不服依第 87 条第 1 款对民事法律纠纷作出的终局判决提出的上诉，以及对于不服依第 87 条第 1 款对民事法律纠纷作出的其他裁定而提出的上诉，进行裁判。

第九十二条　［一个州高等法院对数个法院辖区的行政案件和行政罚款案件的管辖］

（一）一个州设有多个州高等法院的，州政府可以制定法规，将依第 57 条第 2 款、第 63 条第 4 款、第 83、85 条和第 86 条由州高等法院专属管辖的法律案件，指定由一个或几个州高等法院或者由州最高法院审理，但以该集中有利于卡特尔案件的司法审理，特别是有利于保证判例的统一为限。州政府可以将该授权转授给州司法行政机关。

（二）州与州之间可以订立条约，使某个州高等法院或州最高法院管辖数个州的个别辖区或整个区域。

第九十三条 ［上诉的管辖权］

因不服依第87条第1款对民事法律纠纷作出的终局判决和其他裁定而提出上诉的，因不服依第87条第1款对民事法律纠纷作出的其他裁定而提出上诉的，对此类上诉裁判，准用第92条第1款和第2款规定。

第九十四条 ［联邦最高法院的卡特尔庭］

（一）联邦最高法院设卡特尔庭；它可以决定适用下列司法救济：

1. 在行政案件中，对不服州高等法院所作判决提出的对法律问题的上诉（第74、76条）以及对不准上诉的上诉（第75条）；

2. 在行政罚款诉讼中，对不服州高等法院所作判决提出的对法律问题的上诉（第84条）；

3. 依据本法第87条第1款提出的民事诉讼：

a）对不服州高等法院的终局判决提起的复查；包括对不准许提出对法律问题的上诉的裁定的上诉；

b）对不服州法院的终局判决提起的申诉；

c）在《民事诉讼法》第574条第1款情形下，对不服州高等法院的裁判提起的上诉。

（二）根据《法院组织法》第132条，卡特尔庭应为处理刑事案件组成一个庭，其他情况下为处理民事案件组成一个庭。

第九十五条 ［专属管辖］

依本法对裁判有管辖权的法院系专属管辖。

第九十六条 ［废止］

第四编　公共采购合同的招标投标

第一章　招标投标程序

第九十七条 ［一般原则］

（一）公共采购人应根据下列规定，通过竞争以及透明的招标投标程序，采购商品、建筑工程和服务。

（二）招标投标程序的参与人应受到平等待遇，除非本法明确规定区别对待参与人是合适的或合法的。

（三）中小企业的利益，主要应通过将采购分解为行业份额和部分份额的方式，予以优先考虑。

（四）采购应向精通业务、高效可靠的企业招标；只有在联邦法和各州的法律有相应规定的情况下，才能向投标人提出其他的要求或进一步的要求。

（五）最为经济的投标中标。

（六）兹授权联邦政府制定法规，对招标投标应遵循的程序，即如对招标投标的公告、过程以及种类，对企业和投标的选择和审核，对合同的订立及招标投标程序的其他问题，作出规定；法规必须经联邦参议院同意。

（七）企业有权要求招标人遵守有关招标投标程序的规定。

第九十八条　［采购人］

本编意义上的公共采购人是指：

1. 区域性或地区性团体及其基金组织；

2. 其他旨在履行公共利益范围的非营利性任务而专门设立的公法法人或私法法人，但以第 1 ~ 3 项所称实体通过参股或以其他方式，单独或共同向这些法人提供主要资金，或者监督其领导，或者决定其事务执行机关或监督机关中一个机关半数以上的成员人选为限；单独或与他人共同提供主要资金，或决定事务执行机关或监督机关中一个机关半数以上成员人选的实体是前项所称的法人的，亦同；

3. 以第 1 项或第 2 项所称主体为成员的联合会；

4. 私法上的自然人或法人，它们在饮用水供应或能源供应领域，或在交通或通讯领域从事经营，但以此类主体依据主管机关授予的特殊的或排他的权利从事该经营活动为限，或以第 1 ~ 3 项所称的采购人可以单独或共同对此类主体施加支配性影响为限；

5. 为实施土木工程，为修建医院、体育设施、休养设施、业余娱乐设施，为修建学校馆舍、高校馆舍或行政办公大楼，或为提供与此相关联的服务和悬赏征答程序，而从第 1 ~ 3 项所称的实体处获得超过此类工程项目所需资金 50% 的资金的私法下的自然人和法人；

6. 私法上的自然人或法人，它们与第 1 ~ 3 项所称的实体订立有关提供建筑工程服务的合同，但以建筑工程的对待给付不是支付报酬，而是取得建筑设施使用权，即取得向第三人发包的权利（可能尚需支付额外费用）为限（建筑特许权）。

第九十九条　［公共采购］

（一）公共采购是指公共采购人与企业之间以货物供应、建筑工程或提供服务为内容的有偿合同，以及旨在产生服务采购的悬赏征答程序。

（二）货物采购是指购置商品的合同，即如买卖合同或分期付款买卖合同，或融资租赁合同、使用租赁合同或收益租赁合同，而不论这些租赁合同是否约定留购权。此类合同也可以包括次要给付。

（三）建筑工程采购是指有关对建筑工程项目或者作为地下建筑工程或地上建筑工程之结果的、具有某种经济功能或技术功能的建筑物进行施工或同时进行规划和施工的合同，也指第三人根据采购人提出的要求提供建筑服务的合同。

（四）服务采购是指有关不属于第 2 款或第 3 款范围并且也不是悬赏征答程序的服务的合同。

（五）本编意义上的悬赏征答程序，仅指旨在依据价格法庭的比较性评价帮助采购人实现某项规划的悬赏征答程序，而不论是否颁发奖金。

（六）公共采购合同，其标的物为购买商品和采购服务，如果服务履行的价值超过了提供产品的价值，应被认为是劳务合同。公共采购合同，除了涉及施工的服务，涉及主要标的物的附属设施，应被认为是服务合同。

第一百条　［适用范围］

（一）本编规定仅适用于达到或超过依本法第 127 条制定的法规所规定的采购值（门槛值）的采购合同。

（二）本编规定不适用于下列劳动合同或采购合同：

1. 根据国际协定，在编制部队时订立的、适用特殊程序规则的合同；

2. 根据德意志联邦共和国与一个或若干个非《欧洲经济区条约》缔约方的国家订立的国际协定，为某个应由缔约国共同实现和承担的、适用其他程序规则的项目所订立的合同；

3. 根据某个国际组织的特别程序订立的合同；

4. 依据有关法律规定和行政规定，在德意志联邦共和国被宣布为保密的合同，或根据这些规定，其执行要求采取特殊的安全措施或为保护国家重大安全利益应当采取安全措施的合同；

5. 属于《欧共体条约》第 296 条第 1 款 b 则适用范围的合同；

6. 在饮用水供应或能源供应或交通或通讯领域从事经营活动的采购人，根据依本法第 127 条制定的法规所作的具体规定，在其自己经营的领域中订立的合同；

7. 与本身即是第 98 条第 1 ~ 3 项的采购人，且基于法律或法规对提供给付享有排他性权利的人订立的合同；

8. 关于取得或租赁土地或现成的建筑物或其他不动产的，或关于土地或现成的建筑物或其他不动产上的权利的，不论以何种方式提供资金的合同；

9. 依本法第 127 条制定的法规作出具体规定的联合企业，为在饮用水供应或能源供应或交通或通讯领域从事经营活动的采购人提供服务的合同；

10. 有关广播电视节目播送的合同；

11. 有关电话服务、电传服务、移动电话服务、呼叫及卫星服务；

12. 有关仲裁服务和调解服务的合同；

13. 有关提供与有价证券或其他金融工具的发行、销售、购买或转让相关的金融服务以及有关中央银行提供的服务的合同；

14. 有关科研和开发服务的合同，但科研开发服务的成果排他性地属于采购人所有，供其在从事自己的活动时使用，并且由采购人完整地为该服务支付报酬的，不在此限。

第一百零一条 ［招标投标的方式］

（一）公共货物采购、建筑工程采购和服务采购的招标投标，以公开程序、限制性程序、商议程序或竞争性谈判程序进行。

（二）公开程序是指邀请候选者中一定数量的企业公开进行投标的程序。

（三）不公开程序是指虽公开发出招标邀请，但其后在竞争者范围内邀请有数量限制的企业进行投标的程序。

（四）议商程序是指不论事先是否发出公开招标邀请，采购人与择定的一个或若干个企业就采购条件进行协商的程序。

（五）竞争性协商是指由公共缔约实体缔结特殊复杂的合同的裁决程序。在此程序中，应作出参加邀请，被选中的企业被邀请参加协商所有的合同细节。

（六）公共采购人应当采用公开程序，但本法规定可以采用其他程序的除外。第 98 条第 4 项所称的采购人，可以自由选择采用三种招标投标方式。

第二章　审查程序

第一节　审查机关

第一百零二条 ［原则］

公共采购应接受招标投标审核处的审查；有关监督检查部门和招标投标检查机关的审查权

不受影响。

第一百零三条 ［招标投标审查机关］

（一）联邦和各州可以设立招标投标审查机关，负责对第 98 条第 1～3 项规定的采购人是否遵循招标投标规定进行审查。招标投标检查机关也可以在行业监督部门和法律监督部门内设立。

（二）招标投标审查机关应申请或依职权，对第 98 条第 1～3 项意义上的采购人是否遵循招标投标规定进行审查。招标投标检查机关可以责成执行招标投标程序的实体撤销违法的措施，采取合法的措施，并在适用招标投标的过程中向此类实体以及企业提供咨询、调解纠纷。

（三）为维护第 97 条第 7 款所规定的权利，不服招标投标审查机关作出的决定的申诉只能向招标投标审核处提出。招标投标审查机关的审查不是向招标投标审核处提出请求的先决条件。

第一百零四条 ［招标投标审核处］

（一）联邦招标投标审核处负责对归属于联邦的公共采购的招标投标进行审核，各州招标投标审核处负责对归属于各州的公共采购的招标投标进行审核。

（二）第 97 条第 7 款规定的权利，以及其他要求公共采购人在招标投标程序中为或不为某项行为的请求权，除可以向招标投标审查机关主张外，只能向招标投标审核处以及受理法院主张。普通法院对主张损害赔偿请求权的管辖权以及卡特尔当局的权限不受影响。

第一百零五条 ［组成，独立性］

（一）招标投标审核处在法律规定的范围内独立地、自负责任地履行其职责。

（二）招标投标审核处以一名主席和两名委员的名义作出决定；两名委员中，一名是荣誉职位委员。主席和专职委员必须是终身任期的、具有担任高级行政职务或相应专业职务的能力的公务员。主席或专职委员必须具有担任法官职务的能力；通常情况下主席应当具有担任法官职务的能力。委员应当具备扎实的招标投标知识，荣誉职位的委员还应当在招标投标领域具有多年的实践经验。

（三）招标投标审核处在案件与事实或法律问题上都不存在重大困难，且决议并不十分重要时，可以不经审讯，以不可上诉的决议的形式将案件转给主席或有关专职委员，单独自行决断。

（四）招标投标审核处成员任期 5 年。他们独立地作出决定，只受法律约束。

第一百零六条 ［设立，组织］

（一）联邦政府在联邦卡特尔局设立必要数量的招标投标审核处。联邦卡特尔局局长决定有关招标投标审核处的设立、人员配备以及分工等事宜。联邦卡特尔局局长根据公法立法机构的中央组织提名，任命荣誉委员及其替补委员。联邦卡特尔局局长在征得联邦经济劳动部的同意后，颁布招标投标审核处工作条例，并将其公布在联邦政府公报上。

（二）本章所称的各州机关（审查机关）的设立、组织和人员配备，由各州法律规定的有管辖权的机关决定；如无此类决定，由州政府决定；州政府可以将该权力授予其他组织。在为招标投标审核处配备人员时，必须确保至少有一名成员具有担任法官职务的资格，并确保成员尽可能掌握深厚的招标投标知识。各州可以设立联合的招标投标审查机关。

第二节　在招标投标审核处进行的程序

第一百零七条 ［程序的启动，申请］

（一）招标投标审核处仅依申请启动审核程序。

（二）任何一个与合同有利害关系，且主张因不遵守招标投标规定而损害其依第 97 条第 7 款享有的权利的企业，都有权提出申请。申请人应表明，其所主张的违反招标投标规定的行为给该企业造成了损害，或将要造成损害。

（三）申请人在招标投标程序进行过程中即已发现其声称的违反招标投标规定的事实，而未即时向采购人提出申诉的，该申请将不被接受。此外，明显违反招标投标规定，而申请人未在公告所规定的投标期间或向采购人提出申请的期间提出异议的，该申请同样不被接受。

第一百零八条　［形式］

（一）申请应以书面形式提交给招标投标审核处，并应即时陈述理由。

申请书中应记载一项特定的请求。申请人住所地或经常居住地、所在地或业务领导机关不在本法适用范围内的，应任命一名在本法适用范围内享有受领权的代理人。

（二）陈述理由时，必须指出被申请人的姓名，描述所声称的权利侵害行为及案情，指称可资利用的证据，并说明已向采购人提出异议；以已知为限，还应指出其他当事人的姓名。

第一百零九条　［程序当事人，传唤］

程序当事人是申请人、采购人，有关决定将对其利益产生重大影响因招标投标审核处传唤而其参加程序的企业。有关传唤的裁定是不可上诉的。

第一百一十条　［调查原则］

（一）招标投标审核处依职权调查案情。招标投标审核处在其全部活动中，应注意不对招标投标的进展过程产生不适当的影响。

（二）除非申请明显不合法或不成立，招标投标审核处在收到申请书后，应将申请书送达采购人，并要求采购人提供说明招标投标程序的卷宗材料（招标投标卷宗材料）。如果设有招标投标审查机关的，招标投标审核处将申请书的副本转交给招标投标审查机关。采购人应立即提供招标投标卷宗材料。准用第 57 条至第 59 条第 1 款至第 5 款的规定。

第一百一十一条　［卷宗材料的查阅］

（一）当事人可以在招标投标审核处查阅卷宗材料，自行负担费用要求办事处制作副本、节录或复本。

（二）因重大事由，尤其为了保守秘密或为了维护营业秘密或商业秘密，招标投标审核处应拒绝当事人查阅卷宗材料。

（三）每一个当事人在提交其卷宗材料或意见时，都应指明第 2 款所称的秘密，并应在有关资料中作相应的注明。否则，招标投标审核处可以认为当事人同意查阅。

（四）对查阅卷宗材料的拒绝，只能与立即提起的对主要问题的投诉有关。

第一百一十二条　［听证］

（一）招标投标审核处依据听证作出决定；听证应限于一个期日。所有当事人都应有发表意见的机会。当事人同意的，或申请不合法或明显不成立的，可以根据卷宗材料的情况作出决定。

（二）当事人在听证时没有出席或者没有进行合理代理，仍可以对案件进行辩论并作出决定。

第一百一十三条　［延长］

（一）招标投标审核处应在收到申请书后 5 周内，以书面形式作出决定，并说明理由。存在事实上的或法律上的特殊困难的，主席可以在例外情况下，通知当时人将期间延长到所需要的时间。主席应以书面形式陈述作出这一指令的理由。

（二）当事人应当本着促进程序进行以及使程序迅速终结的精神，协助澄清案情。可以给当事人规定期间，一旦期间届至，所作陈述可以不予考虑。

第一百一十四条　［招标投标审核处的决定］

（一）招标投标审核处应对申请人的权利是否受到侵害作出决定，并且应采取适当措施，以便对受侵害的权利予以救济并阻止对相关利益的损害。招标投标审核处不应受申请的约束，也可以独立对招标投标程序产生合法影响。

（二）已经确定的中标不得撤销。审核程序以中标的确定、招标投标程序的废止或中止或以其他方式终结的，应一个当事人的申请，招标投标审核处应认定是否曾发生权利侵害行为。在此情况下，第 113 条第 1 款规定不适用。

（三）招标投标审核处的决定应以行政行为的方式作出。决定根据联邦和各州的《行政执行法》执行；被执行人为公权主体的，亦然。准用第 61 条规定。

第一百一十五条　［招标投标程序的中止］

（一）要求审核的申请书送达采购人后，采购人不得在招标投标审核处作出决定以及第 117 条第 1 款规定的起诉期间届满前，确定中标。

（二）如虑及一切可能遭受损害的利益以及因公共利益要求迅速终结招标投标程序的，将招标投标延迟至审核完毕之时所产生的弊害超过了其优越性，则应采购人申请受理，招标投标审核处可以允许采购人在招标投标审核处的决定公布 2 周后确定中标。应申请，受理法院可以恢复依本条第 1 款作出的该项确定中标的禁止；第 114 条第 2 款规定不受影响。招标投标审核处不允许确定中标的，应采购人申请，受理法院可以在具备本款规定要件的情况下，允许立即确定中标。对于在受理法院进行的程序，准用第 121 条第 2 款规定。不服招标投标审核处依本款规定作出的决定的，不得依第 116 条第 1 款提出立即起诉。

（三）在招标投标程序中，如申请人依第 97 条第 7 款享有的权利以确定中标以外的其他方式受到危害，则应特别申请，招标投标审核处可以采取进一步预备措施介入招标投标程序。在介入时，招标投标审核处应以本条第 2 款的评价标准为依据。这一决定不得单独予以撤销。

第三节　直接起诉

第一百一十六条　［合法性，管辖权］

（一）不服招标投标审核处作出的决定的，可以直接起诉。在招标投标审核处进行的程序当事人，有权直接提出起诉。

（二）招标投标审核处未在第 113 条第 1 款规定的期间内对要求审核的申请作出决定的，当事人可以直接起诉；在此情况下，申请视作被驳回。

（三）对于直接起诉，由对招标投标审核处所在地具有管辖权的州高等法院专门作出判决。州高等法院内设立一个招标投标审判庭。

（四）州政府可以制定法规，将本条第 1 款和第 2 款所称的法律案件交给其他州高等法院或州最高法院审理。州政府可以将该授权转授给州司法行政机关。

第一百一十七条　［期间，形式］

（一）在第 116 条第 2 款情形下，直接起诉应在决定送达之日起 2 周内，以书面形式向起诉法院提出。

（二）直接起诉在其提出的同时即应陈述理由。起诉理由应包括下列事项：

1. 在何种程度上撤销招标投标审核处的决定并适用不同于此项决定的陈述；

2. 起诉所依据的事实和证据。

（三）起诉状必须由一名德国法院准许营业的律师签名。这不适用于公法人提出的起诉。

（四）一旦提出起诉，起诉人应以传达起诉状副本的方式，向在招标投标审核处进行的程序的其他当事人发出通知。

第一百一十八条 ［效力］

（一）直接起诉对招标投标审核处作出的决定具有延缓效力。延缓效力在起诉期间届满2周后终止。招标投标审核处驳回要求审核的申请的，应起诉人申请，受理法院可以将延缓效力延长至对起诉作出判决之时。

（二）法院在依第1款对申请作出判决之时，应考虑起诉成功的可能性。如虑及一切可能遭受损害的利益以及要求迅速终结招标投标程序的公共利益，将招标投标延迟至对起诉作出判决之时所产生的弊害超过了其优越性，法院应驳回申请。

（三）招标投标审核处以禁止确定中标的方式对要求审核的申请表示支持的，在受理法院依第121条或第123条规定撤销招标投标审核处的决定之前，不得确定中标。

第一百一十九条 ［起诉程序的当事人］

在受理法院进行的程序中的当事人，即是在招标投标审核处进行的程序中的当事人。

第一百二十条 ［程序规定］

（一）在受理法院，当事人应由一名德国法院准许营业的律师作为其代理人。公法法人可以由具有担任法官职务能力的公务员或职员代理。

（二）准用《民事诉讼法》第69条、第70条第1款至第3款、第71条第1款和第6款、第72、73条——对第227条第3款的援引除外——以及本法第111条和第113条的规定。

第一百二十一条 ［对确定中标的初级裁定］

（一）应采购人申请，法院在虑及直接起诉成功可能性的情况下，可以允许继续进行招标投标程序并确定中标。如虑及一切可能遭受损害的利益以及因公共利益要求迅速终结招标投标程序，将招标投标延迟至对起诉作出判决之时所产生的弊害超过了其优越性，法院也可允许确定中标。

（二）申请应以书面形式提出，且应同时陈述理由。应对陈述申请理由时提出的事实以及紧急处理的原因进行证明。在对申请作出裁定之前，关于起诉的程序可以中止进行。

（三）裁定应即时作出并应陈述理由，最迟应在收到申请书后5周内作出并陈述理由；存在事实上的或法律上的特殊困难的，主席可以在例外情况下，以向当事人发出通知并说明理由的方式，将期间延长到所需要的时间。可以不经听证作出裁定，陈述理由应阐明招标投标程序的合法性或违法性。准用第120条规定。

（四）不服依本条规定作出的裁定的，不得上诉。

第一百二十二条 ［招标投标程序在受理法院作出判决后终结］

采购人依第121条规定向受理法院提出的申请未获支持的，判决书送达10日后，招标投标程序视为终结，除采购人采取判决书中规定的、旨在使程序恢复合法性的措施外；不得将程序继续进行下去。

第一百二十三条 ［起诉判决］

法院认为起诉成立的，应撤销招标投标审核处的决定。在此情形，法院应自行对案件作出判决，或者责成招标投标审核处考虑法院的法律意见，对本案重新作出决定。应申请，法院应认定采购人是否损害了提出审核申请的企业的权利。准用第 114 条第 2 款的规定。

第一百二十四条 ［约束力，移送管辖］

（一）因违反招标投标规定而请求损害赔偿的，如已在招标投标审核处进行过审核程序，普通法院受招标投标审核处的最终决定、州高等法院以及可能依本条第 2 款接受申请的联邦最高法院对起诉所作出的判决的约束。

（二）州高等法院欲作出的判决不同于另一个州高等法院或联邦最高法院作出的判决的，应将该案件移送至联邦最高法院。联邦最高法院应取代州高等法院作出判决。该移送义务不适用于依第 118 条第 1 款以及依第 121 条进行的程序。

第三章　其他规定

第一百二十五条 ［权利滥用时的损害赔偿］

（一）依第 107 条提出的申请或依第 116 条提出的直接起诉自始即为不当的，申请人或起诉人有义务赔偿被申请人或有关当事人因滥用申请或诉讼权利遭受的损害。

（二）所谓滥用，即如：

1．因故意或重大过失，作出虚假陈述，以使招标投标程序中止或再次中止；

2．以阻止招标投标程序的进行或损害竞争对手为目的，提出审核的申请；

3．以事后撤回申请而获得金钱或其他利益为目的，提出申请。

（三）招标投标审核处对依第 115 条第 3 款提出的特别申请而采取临时措施的，如这些临时措施自始即为不当，则申请人应赔偿采购人因执行规定的措施而遭受的损害。

第一百二十六条 ［损害赔偿请求权］

采购人违反某项旨在保护企业的规定，而如无此项违法行为，该企业在评标时本应有真正的中标机会，但这一机会因采购人的违法行为而受到影响的，该企业可以要求赔偿其为准备投标或为参加招标投标程序所支出的费用。其他损害赔偿请求权不受影响。

第一百二十七条 ［授权］

联邦政府可以依国会的批准制定法规，对下列事项进行规范：

1．将《欧洲共同体关于协调公共采购招标投标程序的指令》规定的起始值转化为德国法；

2．对饮用水供应或能源供应领域、交通或通讯领域的经营活动作更精确的规定，但以此举为履行欧洲共同体诸项指令所设定的义务所必需为限；

3．对下列附属企业作进一步规定：根据欧洲共同体的诸项指令，本编规定不适用于这些附属企业为在饮用水供应或能源供应领域、交通或通讯领域从事经营活动的采购人提供的服务；

4．对在饮用水供应或能源供应领域、交通或通讯领域从事经营活动的企业的采购作更精确定义，根据欧洲共同体的诸项指令，本编规定不适用于这些企业的采购活动；

5．对联邦和各州的招标投标审核处的职能进行精确界定，对各州的招标投标审核处相互之间的职能进行精确界定；

6．对下列程序作出规定，根据这种程序，采购人可以向独立的审核人获取一份证明，证明其在招标投标中的行为符合本法以及根据本法制定的规则的规定；

7．根据 1992 年 2 月 25 日《欧洲共同体部长理事会第 92/13 号指令》（《欧共体公报》L76，第 14 页）第三章对校正机制作出规定，根据该指令第四章对自愿调解程序作出规定；

8．对采购人、招标投标审核处、受理法院为履行欧洲共同体部长理事会诸指令所设定的义务而向联邦经济与劳动部传送的信息作出规定；法规必须征得联邦参议院同意。

第一百二十八条 ［在招标投标审核处进行的程序的费用］

（一）招标投标审核处的职务行为应收取费用（费用和预付款），以弥补行政开支。适用《行政费用法》。

（二）收费标准根据招标投标审核处的人力物力消耗，并考虑审核程序标的所具有的经济意义，予以确定。收费不低于2500欧元；出于公平，可以将这一金额减至最低1/10。收费不应超过25 000欧元，但如在个别情况下，开支或经济意义特别重大的，可以将收费标准提高到50 000欧元。

（三）一名当事人在程序中败诉的，应承担上述费用。多个费用债务人作为连带债务人承担责任。申请在招标投标审核处作出决定之前以撤回或以其他方式终结的，缴纳一半费用。出于公平事由，可以完全或部分减免费用。

（四）向招标投标审核处提出的申请获得支持的，或招标投标检查机关对申请予以支持的，应偿还为合理实现权利所必需的费用。当事人在程序中败诉的，应承担被申请人为合理实现权利所必须支出的垫款。准用《行政诉讼法》第80条以及各州行政诉讼法的相关规定。

第一百二十九条 ［招标投标审查机关的开支］

联邦所辖招标投标检查机关的职务行为，如超越第103条第2款所称的招标投标检查机关的检查活动以及与检查相关联的措施，应收取费用，以弥补行政开支。准用第128条的规定。收费标准为第128条第2款规定的最低费用的20%；在个别情况下，开支或经济意义特别巨大的，可以足额收取最低费用。

第五编 本法的适用范围

第一百三十条 ［公用企业，适用范围］

（一）本法也适用于全部或部分属于公有或由公共部门管理或经营的企业。本法第一编至第三编的规定不适用于德意志联邦银行和复兴信贷机构。

（二）本法适用于一切在本法适用范围内产生影响的限制竞争行为，限制竞争行为系本法适用范围以外的原因所致的，亦同。

（三）《能源产业法》的规定并不排除第19条和第20条规定的适用。

第六编 过渡性规定及终止性规定

第一百三十一条 ［过渡性规定，失效的规定］

（一）根据第4条第2款和第9条第3款的协议和决议的豁免，根据第17条第3款的许可协议的豁免，中小型企业根据《反限制竞争法》第22条第4款2005年6月30日的版本的提出的建议的豁免，到2007年12月31日失效。该日期之前，2005年6月30日版本中的第11条第1款，第12条和第22条第6款继续适用。

（二）卡特尔局的决定，根据适用的2005年6月30日的版本的第10条第1款协议和决议的豁免，到2007年12月31日失效。如果卡特尔局的豁免决定早于该时间届满，则适用该更早的时间。在前述涉及的期限届满前，第11条第1款和第12条在2005年6月30日的版本的法律中继续适用。

（三）本条第 2 款准用于卡特尔局根据 2005 年 6 月 30 日的版本第 26 条第 1 款和第 2 款第 1 项豁免适用竞争规则的决定。

（四）2005 年 6 月 30 日的版本中的第 34 条应适用于截止到 2005 年 6 月 30 日的违反竞争法条文或者违反卡特尔局的决定的行为。

（五）第 82 条 a 第 1 款应适用于法庭没有设立听证程序的诉讼直到本法实施为止。第 82 条 a 第 2 款应适用于 2009 年 6 月 30 日之后的所有判决。

（六）第 103 条和第 105 条及 1990 年 2 月 20 日公布的《反限制竞争法》的其他规定（《联邦政府公报Ⅰ》，第 235 页），涉及的内容通过 1998 年 8 月 26 日的法案第 2 条第 3 款（《联邦政府公报Ⅰ》，第 2512 页）最近一次修订，继续在有关公共供水的范围内适用。同样适用于上述范围，及上述条款。

以色列限制性商业行为法（1988 年）

第一章　定　　义

第一条　在本法中：

“法院院长”包括法院副院长；

“商业联盟”是指由多个主体组成的组织，无论其成员间是否有关联，其全部或部分目的是促进成员间的商业事务；

“消费者组织”是指由司法部长依本法目的批准的、代表消费者的组织；

“法院”是指依本法设立的管辖贸易限制行为的法院；

“贸易限制行为”是指限制性协议、垄断或者公司合并；

“协议”包括明示的或者默示的，书面的、口头的或以实际行为表现的，无论法律是否作出明确规定；

“公司”是指依据《公司指令》（新修订）（1983 年 5743 号），成立并注册登记的公司，包括注册登记的外国公司，根据《合作协会指令》注册登记的合作协会和依据《合伙企业指令》（新修订）（1975 年 5735 号）注册登记的合伙；

“子公司”是指由另外一个公司所控制的公司；

“价格”包括与指数或者流通、利率、偿还率和其他与支付有关的差额；

“公司合并”包括一个公司被另外一个公司收购大部分资产或者股票，致使收购方获得该公司 1/4 以上发行股票的票面价值、投票权，或者超过 1/4 的董事任命权，或者分享超过 1/4 的公司收益；收购可能是直接的、间接的或者通过合同赋予的权利进行的；

“主任”是指根据第 41 条任命的主管贸易限制行为的官员；

“资产”是指动产，土地和权利；

“商业”是指从事生产、销售、营销、收购、进口或者出口资产的行业，也包括提供或者接受服务的行业；

“控制”是指持有下列任一控制方式一半以上的权力：

（1）公司股东大会或者另一企业的类似组织的投票权；

（2）任命公司董事的权力；

“部长”是指工业和贸易部部长。

第二章　限制性协议

第一节　限制性协议的定义

第二条　［限制性协议］

（一）限制性协议是在从事商业行为的人们之间签订的，是指至少一方当事人通过一定程度上限制其自己使得其和协议的其他当事人之间或其和协议的非当事人之间在商业活动中能够消除或减少竞争。

（二）除（一）款中的一般性描述外，当一个协议涉及对下列事项的限制时，将被确认为限制性协议：

1. 需求价格、报价或者支付价格；

2. 获取的利润；

3. 根据商业行为的区域、人数或者与该商业有关的人的类型分割全部或者部分市场；

4. 商业中资产或服务的数量、质量或类型。

第三条 ［非限制性协议］

不拘于第 2 条的规定，下列协议不应被认定为限制性协议：

1. 协议中所有的限制是法定的；

2. 协议是关于下列任一资产使用权的限制：专利、标本、商标、著作权，罪犯的权利或者养育者权，须符合下列条件：

（1）协议是由该资产的所有者和使用权接受者签订的；

（2）资产需要依法登记的，已经依法进行登记；

3. 土地权赠予人和受让人之间签订的关于限制土地权受让人在上述土地上添附资产或者服务类型的协议；

4. 协议是关于限制一定区域内下列类型农产品的种植和买卖的：水果、蔬菜、农作物、牛奶、鸡蛋、蜂蜜、牛、羊、家禽或者水产，协议成员均是大规模的种植者或批发商；该规定不适用于这类农产品的人造加工品；工业和贸易部部长获得农业部部长的授权和以色列金融委员会的批准可以发出指令以增加或者减少上述农产品的类型；

5. 协议的成员是母子公司；

6. 商品或者服务的买方与供应方之间签订的协议，该协议的限制包括供应方承诺不向买方以外的人供应特定的商品或服务用于交易，以及买方只从供应方处购买这些商品和服务，但是以供应方和买方都不从事这些商品的生产或服务的提供为条件；该协议可覆盖以色列全境的或者部分地区；

7. 限制性协议是关于国际海洋或航空运输，或者是海洋、航空和陆地的联合国际运输，若其成员是：

（1）海洋或航空运输托运人；或者

（2）由交通部部长为此批准的海洋或航空运输托运人、国际组织，或者航空或海运公司；

并且上述的通告将会以交通部部长指示的方式作出；交通部长每年将向以色列金融委员会提交该项通告；

8. 一项交易的卖方向与之相对应的买方承诺其不再从事同种类型的交易，该承诺不得违反合理的公认标准；

9. 以工会或者雇主组织为一方当事人的关于限制职员雇佣和工作条件的协议。

第二节　限制性协议的禁止

第四条 ［限制性协议的禁止］

任何人不得成为全部或者部分限制性协议的成员，除非其依照第 9 条获得了法院批准、或依照第 13 条获得了临时许可、或依照第 14 条获得豁免，并且，批准、临时许可或者豁免是有条件的，即符合以上各条规定。

第五条 ［商业联盟一致行动的判定］

若商业联盟为其所有或部分成员实施的或其推荐的一致行动，在成员之间的商业活动中阻止或者减少了竞争，则应视之为第 2 条所称的限制性协议，且该商业联盟及其中的任一成员均被视为限制性协议的参与人。

第六条 ［实施配合限制性协议的行为］从事商业行为者知道存在限制性协议，且实施配合全部或者部分协议的行为的，将被视为协议的当事人。

第三节 限制性协议的登记与批准

第七条 ［限制性协议的批准申请］

（一）欲订立限制性协议的申请者应依照第 2 款的规定将申请书复印件登记后，向法院递交一份申请批准限制性协议的申请书。

（二）申请者须向主任递交一份申请书的复印件；贸易限制主管将会依照第 42 条的规定将申请登记在备案簿上，并将在政府公报（Reshumoth）和两份日报上发布一份通告；该公告的详细内容和方式依照法律规定。

第八条 ［听取主管陈述和异议］

（一）主管将会被邀请至法庭陈述其对于申请的观点和意见。

（二）任何人，包括商业联盟或消费者协会，认为自身利益受到限制性协议的损害，可以在依第 7 条第 2 款规定的政府公报（Reshumoth）上发布公告之日起 30 日内向法院递交一份书面的有充分理由的异议书。

第九条 ［法院的裁定］

如果法院认为该协议符合公共利益，并且法院可以在一定条件下作出批准，则法院应裁定批准限制性协议的全部或者部分内容。

第十条 ［考虑公共利益的事项］

基于本章的目的除考虑公共利益外，法院还应考虑该限制性协议对以下列举的事项作出的贡献，以及给公众带来的期待利益实质上是否大于对全部或部分公众，或者非协议当事人以外的任何人所造成的损失，即：

1. 生产效率、商品或服务的营销，向消费者作出的质量或者降价保证；

2. 保证向公众供应充足的商品或服务；

3. 防止协议成员通过不公平竞争对非协议成员在供应、商品或者服务上产生限制竞争的结果；

4. 向协议成员提供使其在合理的期限内从拥有多数供应品的人手中获得商品或服务的供应，或者向对那些需要购买大量商品或服务的人在合理期限内给予供应的可能性；

5. 防止国家经济中至关重要的行业受到严重损害；

6. 在一定区域内，保障工厂的持续存在使之成为就业渠道，因为该区域的工厂的关闭或减产将会造成事实上的失业；

7. 通过减少进口或者降低进口价格，或者通过增加出口和增加出口的可行性，以改善国家的收支平衡。

第十一条 ［批准期间］

法院应确定批准的期间；如果法院没有确定一个期间，协议获批准实施的期间将为协议成员决定的期间，但最长不得超过 3 年。

第十二条 ［批准的撤销或者变更］

（一）依贸易限制主管的申请，如果法院确信情况相对于协议获得批准时有实质性的改变，其将会撤销已经发出的批准或者改变批准的条件。

（二）认为自己受到了限制性协议损害的人、消费者组织和商业联盟认为情况相对于协议获批准时有实质性改变的，可以向主任申请要求其依照第 1 款的规定行使权力；如果主任认为情况不足以使其行使上述权力，其也应在收到申请的 30 日内书面答复申请者并说明理由。

第十三条　［临时许可］

（一）如果限制协议的成员已经递交了申请获得批准限制性协议的申请书，且主任已经进行推荐并认为该协议明显对公共利益具有第 10 条所规定的意义，法院院长可以按照协议成员的要求给予其依照协议行事的临时许可；该许可的批准期间将至法院依照第 9 条作出裁定时止，但最长不得超过 1 年；法院院长可进行附条件许可。

（二）主任将会向依照第 8 条对协议提出异议的人发出协议获得临时许可的通知。

（三）法院院长可以根据主任或者协议异议人的请求撤销其发出的临时许可或者变更该期间，但是应当给予协议成员、主任和异议人陈述观点的机会。

第十四条　［取得批准的豁免］

（一）若主任依据限制性协议成员的申请书确信该协议对商业竞争的限制是微乎其微的，其可作出一项决定并进行说明，豁免该协议成员应取得法院批准的义务。

（二）主任可以设立附条件的豁免，改变豁免的条件，也可以撤销豁免。

（三）关于豁免及其期限、改变期限和撤销豁免的公告，应将其告之协议成员和法院院长并在政府公报（Reshumoth）上公布。

（四）若有关限制性协议的豁免申请已经递交，且该项协议内容涉及政府部门职权内的事务，主任应将该申请书通告给该部门主管，并且在发出通告的 14 日后针对该申请作出决定。

第十五条　［豁免的撤销］

（一）认为自己受到了依照第 14 条被豁免的限制性协议侵害的人，商业联盟或消费者组织，可以针对主任授予的豁免决定或拒绝撤销其作出的豁免的决定，在有效期限内向法院院长书面提起诉讼。

（二）如果法院院长认为限制性协议不符合第 14 条第 1 款所规定的豁免条件，其可以取消该豁免；该项豁免的取消自法院院长裁定作出之日起生效。

（三）法院院长的裁定在协议成员和主任陈述其各自观点后方可作出。

第十六条　［限制性协议的改变］

（一）已获得了法院的批准、依照第 13 条获得临时批准或者依照第 14 条获得豁免的限制性协议在实质内容上作出改变，将被视为一个新协议，须在自改变作出之日起 30 日内依照第 7 条的规定递交批准申请书。

（二）限制性协议当事人认为关于协议的改变不是实质性改变的，可以向主任主张其不是实质性改变；若主任认为该改变是实质性的，其将提请法院院长对争议作出裁决。

（三）在本条中“改变”包括由于限制性协议成员的退出而带来的新成员的加入。

第三章　公司合并

第一节　合并的情形和禁止

第十七条　［合并情形（5749 号修订）］

（一）本章的规定适用于下列任一情形的公司合并：

1. 合并使得合并公司在特定商品或类似商品的生产、销售、营销或购买的份额中超过1/2，或提供特定服务或类似服务超过1/2的份额，或者尽管占一个较低的比例，但如果部长依照第26条第3款认为其构成垄断；

2. 合并公司共同的销售额在合并前的一个财政年度内超过5000万新沙克；工商部长可以依据以色列金融委员会的批准改变上述数额；

3. 合并的公司之一拥有第26条规定的垄断地位。

（二）1. 依照提升指数相对于基本指数提升的比例，倘若该比例超过10%，在上述第1款第2项所说的数额将会在每年的1月1日和7月1日更新（以下称为更新日）；

2. 这个更新的数额应采用与1万新沙克的倍数最接近的一个数额；

3. 更新的数额从工商部长在政府公报（Reshumoth）上发布通告时起生效；

4. 在本条中：

“指数”是指中央统计局公布的消费者价格指数；

“新指数”是指更新日之前最后一次公布的指数；

“基本指数”是指先前的更新日之前最后一次公布的指数，即本法生效之后的第一个更新日——1988年10月公布的指数。

（三）工商部长经过以色列金融委员会的正式批准可以确定上面第1款第1项规定的公司市场份额和上面第2款第2项所规定的销售额的测定规则。

（四）在本条中：

“类似的商品”是指一件商品有着相类似的特征，即使其不是完全一样的；

“类似的服务”是指一项服务有着相类似的特征，即使其不是完全一样的。

第十八条 ［与海外公司的合并］

本部分的规定在适用于同时从事国内和国外贸易的公司时，只涉及该公司在以色列境内的销售额和该公司在以色列境内生产、销售、购买以及营销一类商品或者提供一类服务所占的份额，或者它在以色列的收入。

第二节 合并的申报和贸易限制主管的批准

第十九条 ［公司合并的禁止情形］

除非按照本节的规定发布了合并事先申报并且获得贸易限制主管对合并的批准，否则公司不得合并。如果批准是附条件的，要依照其设定的条件进行合并。

第二十条 ［公司合并的申报］

（一）拟参与合并的公司应将合并事宜以书面形式向贸易限制主管申报，并按法规规定写明具体内容（以下称合并申报）。贸易限制主管可以要求进一步提供审查申报必要的详细资料。

（二）贸易限制主管应自其收到拟参与合并的公司的全部合并申报之日起30日内，通知申报公司：是否同意合并，或者附条件的同意合并（条件应在通知中写明）；未在上述期限内作出通知的，视为同意合并的通知，但上述期限依照第38条延长的除外。

（三）如果提交给贸易限制主管的合并申报表明谋求合并的公司的活动领域受到其他政府部门管辖，贸易限制主管应将申报请求的副本转送该部门的主管。

第二十一条 ［贸易限制主管的决定］

（一）贸易限制主管应反对公司合并或者对合并设定条件，如果其认为拟实施的合并将明显地损害所在行业的竞争或通过以下方式损害公众：

1. 商品或者服务的价格水平；

2. 商品或者服务质量低下；

3. 商品供应的数量或者服务的范围，或者对供应的条件和规则。

（二）贸易限制主管应在政府公报（Reshumoth）以及两种日报上公布其同意合并、反对合并或者附条件的同意合并的决定。

第二十二条　［对贸易限制主管决定的上诉］

（一）贸易限制主管反对公司合并或者附条件同意合并的，各谋求合并的公司可以在收到贸易限制主管的决定之日起 30 日内向法院提起上诉。

（二）贸易限制主管有条件同意或者无条件同意公司合并的，可能受到合并损害的任何人，商业联盟和消费者组织可以在贸易限制主管在两种日报上公布决定之日起 30 日内，针对上述决定向法院提起上诉。

（三）法院可以维持、撤销或者改变贸易限制主管的决定。

（四）合并不因依第 2 款提起的上诉而推迟，但法院或法院院长依第 36 条作出临时指令的除外。

第二十三条　［公司合并咨询委员会］

（一）公司合并将会建立一个由具有经济学专业和知识背景的成员组成的咨询委员会。

（二）工商部长为委员会任命一名主席和一名副主席，同时确定一份 5 名公务员身份的委员名单和一份五名非公务员身份的委员名单。

（三）委员会的一个小组由 3 人组成；委员会主席确定讨论某个合并申报的小组；每个小组都应该包括委员会主席或者副主席、一名公务员身份的委员和一名非公务员身份的委员，并且尽可能地依照名单的顺序进行指定。

（四）委员的其他职业可能与其作为讨论合并申报的小组成员产生利益冲突，或者其在小组讨论中有个人利益，则该委员不能成为讨论该合并申报的小组成员。

（五）委员会主席应设定工作的程序。

第二十四条　［咨询义务］

（一）贸易限制主管在依照第 23 条向咨询委员会进行咨询之前，不得无条件或者附条件同意公司合并。

（二）贸易限制主管在收到合并申报后，应立即将合并申报的副本提供给委员会主席。

第三节　公司的拆分

第二十五条　［法院拆分已合并公司的权力］

（一）法院根据贸易限制主管的申请，有合理理由认为公司的合并违法本法规定，并显著损害所在行业的竞争，或使公众受到本法第 21 条规定的损害，则法院可以命令拆分已合并的公司。

（二）拆分已经合并的公司可以通过恢复合并之前情形的方式或者根据合并的各公司的选择将一部分股份转让给一家和它们无关的主体，或者建立一个新公司并向其转让部分资产，或者采取法院认为合适的其他任何方式。

（三）如果合并后公司的活动领域受到其他政府部门的管辖，法院应将申请书副本送交该部门的主管。

（四）本条未作出规定的，适用第31条的有关规定。

第四章　垄　　断

第二十六条　［垄断和垄断者］

（一）根据本法，商品供给或服务提供的全部或其1/2以上集中掌握于一人（以下称垄断者）时，应认为构成垄断。贸易限制主管应在政府公报（Reshumoth）上公告宣布存在垄断；该公告应依照第43条第1款作出，并适用第43条第2～5款的规定。

（二）垄断可以是在某个特定的区域。

（三）根据贸易限制主管的建议，工商部长可以决定将市场份额低于1/2的特定商品或服务的集中视为垄断，如果其认为掌握该集中的人对该商品或者服务的市场具有决定性影响。

（四）上述第1款或第2款规定的集中是由两个以上的、没有竞争关系或只有很小竞争关系的人实施的（以下称为集中团体），如果贸易限制主管已根据第43条第1款第4项作出决定，则该集中被视为垄断，该集中团体被视为垄断者。

（五）贸易限制主管每6个月会向以色列金融委员会提供全部垄断者的名单。

（六）本条中"个体"包括公司及其附属机构，公司的附属机构同样包括其所控制的个人和公司。

第二十七条　［对垄断者的限制］

贸易限制主管可以：

1. 书面要求垄断者［其与消费者或供应者签订或打算签订《格式合同法》（1982年5743号）规定的格式合同］依据《格式合同法》第三章提交批准合同的申请书。没有在要求的时间内提交申请书的，垄断者不得同消费者或者供应者签订要求申请的格式合同；

2. 要求制造或进口商品、或提供服务的垄断者［其技术条件依据《标准法》（1953年5713号）被确定为标准］提供的商品或服务达到标准，否则其不能进行制造、进口并且不能销售该产品也不能提供该服务。

第二十八条　［不服限制垄断的上诉］

垄断者可以在收到贸易限制主管依照第27条发出要求的30日内向法院提起不服的上诉；贸易限制主管的要求不因上诉而推迟执行，但法院另有决定的除外。

第二十九条　［不合理的安排］

垄断者不得不合理地拒绝提供其垄断的商品或者服务。

第二十九条a　［垄断地位的滥用］

（一）垄断者不得滥用其在市场中的地位以减少商业竞争或者对公众造成损害。

（二）垄断者实施以下行为时将被视为滥用其在市场中的地位减少商业竞争或者对公众造成损害：

1. 限定受其垄断的商品或者服务的不公平交易的价格水平；

2. 在非公平竞争行为的框架内，垄断者减少或者增加提供商品的数量或者提供服务的范围；

3. 对相似的交易确定不同的合同条件，使得特定的消费者或供应者在竞争中处于不公平的优势地位；

4. 对垄断商品或服务规定在性质上或根据公认的商业条件与标的无关的合同安排。

上面部分的规定是对上面第 1 款的补充。

第三十条　［垄断行为的规制］

根据贸易限制主管或者消费者组织的申请，如果法院认为垄断的存在通过以下之一的方式对公众造成了损害：

1. 商品或者服务的价格；
2. 商品或者服务质量低下；
3. 商品供应的数量或服务的范围，或者供应的一致和条件；
4. 在垄断者和其他市场主体之间存在着不公平竞争；

法院可以向垄断者发出指令，垄断者必须执行该指令以消除损害。

第三十一条　［解散垄断组织］

（一）如果法院根据贸易限制主管的申请认为，垄断的存在以第 30 条列举的方式之一对公众造成了明显的损害，并且依照第 30 条规定的对垄断行为的规制不能有效地避免该损害，只有将垄断组织分解为两个或者两个以上的商事团体，它将会发出解散垄断组织的指令。

（二）解散垄断组织的方式可以通过将一部分股份转给垄断者选择的一个与之无关的团体的方式，或者通过建立一个新公司以转移垄断组织的部分资产的方式，也可以通过其他法院认为合适的方式。

（三）如果垄断组织活动的范围受到某个政府部门的管辖，贸易限制主管将会向该部门的主管转送一份申请书的复印件。

第五章　贸易限制法院

第三十二条　［法院的成立和成员的委任］

（一）管辖贸易限制行为的法院是根据本章成立的。

（二）该法院的成员人数不得超过 17 人。

（三）该法院的院长和副院长是司法部长咨询最高法院院长后从地区法院的法官中任命的。

（四）该法院的其他成员由司法部长根据工商部长的推荐委任，应包括至少 3 名消费者组织的代表和 3 名经济组织的代表；成员中公务员的人数不得超过成员总数的 1/3。

（五）该法院成员的任职期限为 2 年；在其任期届满时可以被再次任命，但是连任不得超过 3 届。

（六）法院成员委任的公告将在政府公报（Reshumoth）上进行公布。

第三十三条　［法院合议庭（5754 号修改）］

（一）法院判决案件应组成一个 3 人的合议庭，但是在某个特定案件审理开始前，院长可以指示，该讨论由多于 3 人的奇数组成小组进行。

（二）院长应确定合议庭的人员组成；每个合议庭应由法院院长或者副院长和其他成员组成，但是合议庭中公务员的数量不超过一半。

第三十四条　［利益冲突］

（一）如果某个成员的其他利益在某个诉讼中将会与其作为法院合议庭成员的身份构成冲突，或者在该程序中涉及其个人利益，则该成员不能在审判该项诉讼的合议庭中任职，并且之后应向法院院长递交一份声明。

（二）合议庭成员对是否会产生利益冲突有疑问的，该成员应向法院院长告知。

第三十五条　[附随的权力]

如果法院作出了关于贸易限制行为的决定，其可以在该决定或其他决定中发布可能必要的指令以确保该决定的执行。

第三十六条　[临时指令]

提交至法院或法院院长的案件，法院或者法院院长可以根据案件的情况作出一个临时指令。

第三十七条　[证据和程序]

（一）除了关于《证据规则》（新版）（1971年5731号）中第三章关于作证豁免和证据特权的规定，法院和院长可以不受关于证据的法律的限制。

（二）法院院长在召集证人和搜集证据方面拥有同地方法院在民事案件同样的权力；并且，法院为规范法庭行为和蔑视法庭的行为所发出的指令同地方法院在民事案件中的指令有同样的效力。

第三十八条　[期限的延长]

如果认为有特殊原因，法院院长可以根据贸易限制主管或者利益相关人的请求延长依照本法确定的期限，即使已经到期。

第三十九条　[上诉的权利]

如果诉讼人认为自己受到了法院决定的损害，包括依照第30条作出的决定和法院院长依照第13条作出的临时指令或者临时批准，可以在其被告知决定之日起45日内向最高法院提起上诉；不服临时指令提起的上诉，不服法院依照第43条作出的裁定提起的上诉或者不服临时批准提起的上诉应由一名法官进行审理，但最高法院院长作出其他决定的除外。

第四十条　[程序]

（一）法院和法院院长应按照司法部长依照本条第2款颁布的程序进行审理；当没有该程序时，其应按照最有利于公正和迅速作出判决的方式进行审理。

（二）司法部长可以颁布程序规则。

1. 法院或者法院院长的讨论，包括下列有关规定：

（1）可以为诉讼人利益进行辩论，进行答辩，或者在作出决定前应听取其陈述的个人或组织；

（2）审理的连续性；

（3）成本和司法费用的支付，以及举证时限；

（4）诉讼费用。

2. 最高法院审理依照第39条提起的上诉。

第六章　管理贸易限制行为的贸易限制主管机关及其负责人的职责与权力

第四十一条　[贸易限制主管（5754号修订）]

（一）政府根据工商部长的建议任命一名贸易限制主管；该主管应为公务员。

（二）任命的公告应在政府公报（Reshumoth）上公布。

第四十一条a　[主管机关]

（一）反垄断主管机关依据本法设立（以下称为主管机关）。

（二）贸易限制主管是主管机关的主管。

（三）主管机关的预算应通过《预算法基本准则》（1985 年 5745 号）规定的单列预算的方式纳入《预算法》。

（四）为执行本法，主管机关的主管和会计师有权根据《国家财产法》（1951 年 5711 号）第 4、5 条规定的交易（不动产交易除外）中代表政府，并在上述协议上以国家的名义签字。

第四十二条 ［登记管理和在政府公报（Reshumoth）上发布公告］

（一）贸易限制主管应对下列事项进行登记：限制性协议申请书和批准的限制性协议，临时批准，依照第 14 条给予的豁免，主管或者法院作出批准的公司合并以及垄断。

（二）该登记簿应向公众查询开放；但是，法院可以基于涉及国家安全，法院的公共关系或者包括利害相关人的商业秘密在内的其他重要问题，指令某事项不对公众查询开放。

（三）贸易限制主管应在政府公报（Reshumouth）上对法院裁决以及最高法院作出的上诉裁决进行公告，包括下列事项：

1. 依照第 9 条作出的对限制性协议的批准；

2. 对依照第 22 条提起的关于公司合并的上诉的裁决；

3. 依照第 30 条对垄断者的指令。

第四十三条 ［贸易限制主管的裁定（5756 号修改）］

（一）贸易限制主管可以作出决定，如果：

1. 协议或者当事人想要达成的协议是一项限制性协议；

2. 商业联盟已经决定的或者提议的，希望决定或者提议的一系列行为构成一项限制性协议；

3. 在一项公司合并中具有第 17 条规定的条件；

4. 一个集团是一个垄断组织；

5. 垄断者实施了第 29 条 a 中规定滥用市场地位的行为。

（二）贸易限制主管决定的通知应送达给相关限制性协议的当事人、合并公司的当事人或者垄断者，并且应在政府公报（Reshumouth）上进行公告；贸易限制主管认为由于公众利益而需要公告的，应在作出通知之日起的 30 日后在政府公报（Reshumouth）和两种日报上公布该决定。

（三）收到依照第 2 款发送的通知的人对裁定或者裁定的部分内容有异议的，可以在收到通知之日起 30 日内向法院提起上诉。上诉人在诉讼中承担举证责任。

（四）法院在对当事人进行讯问之后，可以维持、撤销或者变更贸易限制主管的裁定。

（五）在任何法律程序中贸易限制主管应出示其作出裁定的证据。

（六）贸易限制主管使用或者不使用本条规定的权力不会成为审讯违反本法规定的人的障碍。

第四十四条 ［贸易限制主管向法院提出请求］

如果认为发生以下情形，贸易限制主管应请求法院依照第 25、30 条或者第 31 条行使权力：

1. 有合理的迹象表明一项公司合并将会造成违反本法规定的结果，该行业的竞争将会受到明显损害或者公众会受到第 21 条第 1 款所列举事项之一的损害；

2. 垄断的存在对公众造成了第 30 条第 1 ~ 4 项规定的情形之一的损害；

3. 第 2 款所指的损害不能通过垄断的安排而避免，只有通过第 31 条规定的解散垄断组织解决。

第四十五条 ［搜查和查封］

（一）如果有合理的理由认为是为确保本法的执行或者阻止违法行为而必要的，贸易限制主管或者其授权的人可以：

1. 进入任何商业场所并进行搜查；但是其不可以进入以居住为目的的场所，从有管辖权的法院获得搜查令的情形除外；《刑事程序规则》（现行本）（1969 年 5729 号）第 26～29 条（逮捕和搜查）的规定，根据实际情况作出相应的修改，适用于本节所规定的搜查行为；

2. 根据《刑事程序规则》的规定，对有合理理由认为会成为审理这种违法行为的证据的任何物品可以进行查封。

（二）依照第 1 款对某个物品的查封可以保持到收到递交的与所涉违法行为有关的物品保管单的法院作出对其如何处置决定之时；自物品被查封之日起 60 日内没有递交该保管单的，物品将被返还；对于向何人返还有疑问的，有权查封物品的地方法院可以基于对该物品主张权利的人的请求，或者基于贸易限制主管的请求或者其授权的人的请求进行决定。

（三）如果要依照第 1 款对某人的文件进行查封，查封人员应按该人的要求允许其制作一份影印资料。

（四）对依照第 1 款持有查封物品的人必须如同所有权人一样对待该物品；如果其没有这样做并造成了物品的灭失或者损害，应从国库对所有权人进行赔偿。

（五）有权查封物品的地方法院可以根据贸易限制主管及其他授权的人的请求或者根据对物品主张权利的人的请求，命令将该物品交给对物品主张权利的人或者其他符合竞争法院发出的指令的条件的人。

第四十六条 ［调查和信息提供］

（一）贸易限制主管或者其授权的人可以对涉嫌违反本法的人进行调查，《刑事程序（证词）规则》第 2 条和第 3 条的规定适用于该调查行为。

（二）任何人都必须根据贸易限制主管或者其授权的人要求，提供贸易限制主管认为能够确保或者保障本法执行的全部资料、文件、账目以及其他证明文件。

（三）第 45 条第 2～5 款的规定（已作必要修改），适用于依照本条第 2 款获得文件的保管和返还。

第六章之一 代表诉讼

第四十六条 a ［代表诉讼〔5756（2 号）修改〕］

（一）任何人或者消费者组织（以下称为原告）基于有关原告可依本法以自己名义起诉的任何理由，可以以集团的名义，对原告可以以自己名义起诉的被告提起诉讼（以下称为代表诉讼）。

（二）根据第 46 条 c 第 2 款的规定，代表诉讼的审判将构成有关集团所有成员的法庭诉讼。

第四十六条 b ［法院批准〔5756（2 号）修改〕］

提起代表诉讼需要相关法院或者特别法庭的批准（在本节中对法院的规定），法庭不应批准代表诉讼，除非具备下列条件：

1. 集团的规模证明提起的诉讼是代表诉讼；

2. 存在合理的可能性，即在代表诉讼中，关于集团共同的事实上和法律上的实质性问题的决定将有利于集团；

3. 提出代表诉讼是提出私人诉讼的更好的方式，并且在相关情况下对于争议能作出公平公正的判决；

4. 有合理的根据认为原告通过适当的方式代表集团成员的利益。

第四十六条 c　［集团的确定〔5756（2 号）修改〕］

（一）法院批准提交的诉讼作为代表诉讼的，应确定提起代表诉讼的集团的名义，并指定其决定的公告方式。

（二）法院确定的集团的成员应视为同意提起代表诉讼，除非其在法院公布裁定后的 45 日内，已经通知法院其不愿意成为该团体的成员；如果有特殊原因，法院可以应任何人的要求延长上述期限。

第四十六条 d　［协商或者和解〔5756（2 号）修改〕］

除非经过法院的批准，原告不得脱离代表诉讼，不得与被告达成协议或者和解。

第四十六条 e　［规则〔5756（2 号）修改〕］

（一）司法部长可以为代表诉讼的目的确定程序规则和执行规则，并且其可以确定聆讯检察长或者贸易限制主管的方式。

（二）司法部长可以对有关集团成员所受损失的证明方法作出指令。

第四十六条 f　［通知〔5756（2 号）修改〕］

提起代表诉讼的原告应书面通知检察长和贸易限制主管。

第四十六条 g　［费用的免除〔5756（2 号）修改〕］

提起代表诉讼免交诉讼费用。

第四十六条 h　［司法费用］

代表诉讼原告的律师费用需要获得法院批准。

第四十六条 i　［补偿和特殊赔偿〔5756（2 号）修改〕］

（一）如果法院在代表诉讼中作出经济赔偿的裁定，它可以：

1. 指令立即支付赔偿或者在法院确定的期限内支付赔偿；

2. 指令按照法院确定的条件分期支付赔偿；

3. 在扣除成本和司法费用后，指示向为提起诉讼和搜集证据的原告支付占全部赔偿额合理比例的补偿，余额应根据集团成员受损害的程度或者法院指示的其他方式进行分配。

（二）或者因为赔偿数额无法确定，或者因为赔偿将导致相当成本或其他原因，法院认为对集团的全体或者部分成员进行经济赔偿不切实际，则其可以在此情况下给予全部或部分集团成员或者公众适当的其他形式的福利。

第四十六条 j　［对其他财产的适用〔5756（2 号）修改〕］

本节中的规定没有否定原告可以根据本法要求执行被告的其他合法财产。

第七章　罚金和救济

第四十七条　［罚金（5756 修改）］

（一）任何人从事以下行为之一：

1. 作为未经合法批准的限制性协议的成员，该协议也没有依照第 14 条获得临时批准或者豁免；

2. 不遵守获得批准或者获得临时批准或者豁免规定限制性协议的条件；

3. 违反第三章的规定，不履行公司合并的通知义务或者类似全部或者部分合并行为；

4. 不遵守批准的合并所确定的条件；

4a. 第29条a规定的滥用市场地位，如果证明其故意减少商业竞争或者对公众造成损害；

5. 违反依照第30条规定作出的指示或者依照第25条、第30条规定作出的指令；

6. 违反第35条或者第36条的指令，应根据《刑法》（1977年5337号）（以下称《刑法》）被处两年监禁或者《刑法》第61条第1款第4项规定的罚款数额10倍的罚款，并且如果在贸易限制主管依照第43条发出公告之后，违反上面第1项或者第3项规定犯罪行为仍在继续，每天应被处根据《刑法》第61条第3款规定的罚款数额10倍的额外罚款（以下称为额外罚款）；如果法人违法，处以2倍上述罚款或者额外罚款。

（二）违反本法其他规定的人将会被处1年监禁或者《刑法》第61条第1款第3项规定罚款数额10倍的罚款，持续的犯罪行为将会被处额外罚款；如果法人违法，处以2倍上述罚款或者额外罚款。

第四十八条 ［人合公司的责任］

如果人合公司违反本法，从事违法行为时公司中的任何人，同时是另一个公司的成员、主要负责人、除有限合伙人之外的合伙人或者管理该行为的高管人员，如果不能证明其的违法行为超出了其的认知范围并且其实行了合理的步骤以确保遵守本法，将会被指控。

第四十九条 ［职员和代理人的辩护］

根据本法规定，对被指控的员工或者代理人的有效辩护是指，其能证明其是以雇主的名义或者委托人的名义并且是根据其的指示行事，而且其善意地认为其的行为不会违反本法的规定。

第五十条 ［侵权行为的非正义］

违反本法的作为或者不作为将会依照《侵权法（现行）》被认定为侵权行为。

第五十条a ［禁止令］

根据贸易限制主管的请求，在竞争法院院长缺席时，耶路撒冷地区法院的其他法官可以

1. 指令任何人不得实施违法行为，并提供担保；

2. 指令实施任何对阻止违法行为发生的必要的行为。

第八章 杂 则

［执行和规制］

（略）（详见实施细则）

意大利竞争与公平交易法（1990 年）

第一编　限制竞争协议、滥用市场支配地位与集中

第一条　[适用范围以及与欧盟法的关系]

（一）本法贯彻了《宪法》第 41 条关于保护和保障自由企业的权利的精神，该法适用于在《建立欧洲煤钢共同体条约》的第 65 条和/或第 66 条以及建立《欧洲共同体条约》第 85 条和/或者第 86 条的范围之外的限制竞争协议，滥用市场支配地位和集中行为的规定。欧共体规则或者法案具有相同的法律效力。

（二）第 10 条中所指的竞争主管机构，下文称主管机构，如果认为一个案件不在根据本条第 1 款确定的本法适用的范围内，它应该通知欧盟委员会并向之转交它所拥有的相关信息。

（三）如果欧盟委员会根据上文中第 1 款的规定对案件已经启动了一个正式的诉讼程序，竞争主管机构应该中止对案件的任何调查，除了完全属于国内的相关部分。

（四）本章规定的解释应当符合欧盟竞争法的原则。

第二条　[限制竞争自由的协议]

（一）企业之间的协议、协同行为视为协议。公会、企业协会或其他类似实体通过的决议也被视为协议，即使这些决议是根据其内部章程或规章作出的。

（二）禁止企业之间签订下列协议，这些协议在国内市场或一个特定市场内具有可知的阻碍、限制或者扭曲竞争的目的或效果：

1. 直接或间接地固定购买或销售价格或其他交易条件的；

2. 限定或者限制生产、市场的退出或进入、投资、技术发展或进步的；

3. 划分市场或货源的；

4. 在相同的交易中对其他交易对象适用明显不同的交易条件，因而置其于不利的竞争地位的；

5. 要求对方当事人接受与合同标的在本质上或商业惯例上无关的附加义务，作为签订合同的前提条件的。

（三）被禁止的协议自始无效。

第三条　[滥用市场支配地位]

一个或多个企业在国内市场或一个特定的市场滥用市场支配地位的行为是被禁止的。它还禁止：

1. 直接或间接地实施不公平的购买或销售价格或其他不公平的交易条件的；

2. 限定或者限制生产、市场的退出或进入、投资、技术发展或者进步的；

3. 在相同的交易中对其他交易对象适用明显不同的交易条件，因而置其于不利的竞争地位的；

4. 要求对方当事人接受与合同标的在本质上或商业惯例上无关的附加义务，作为签订合同的前提条件的。

第四条 ［限制竞争协议禁止的豁免］

（一）竞争主管机构可以确认，第 2 条中禁止的限制竞争协议或者限制竞争协议的种类在一个特定的时期内具有改善市场供应，给消费者带来实质性利益的效果。这些改善必须考虑到保障企业国际竞争力的必要水平的需要，尤其要促进产量的增加、产品质量的提高、销售的改善或科学技术的进步。豁免不适用于没有严格遵守本条目的的协议，和在一个特定市场内消除了竞争的协议。

（二）在有关当事人故意滥用这种豁免或豁免基于的条件不再存在的情况下，竞争主管机构可以通过发出通告撤销本条第 1 款规定的豁免。

（三）企业应当把豁免的请求提交给竞争主管机构，竞争主管机构行使第 14 条中的调查权进行调查，并在企业提交请求后的 120 日内作出是否准予豁免的决定。

第五条 ［集中］

（一）以下情况视为集中：

1. 两个或两个以上的企业合并；

2. 一个或多个已经控制至少一个企业的人，或者一个或者多个企业，通过购买股票或者资产、签订合同或其他手段，获得对另外一个或多个企业全部或部分的直接或间接的控制权的行为；

3. 两个或两个以上的企业建立一个合资公司。

（二）银行或者金融机构在企业成立时获得其股份或在该企业增加股本时在市场上抛售股份，这种情形不视为取得了企业的控制，但要适用该例外，持股机构不得行使股权，在任何情况下，持股不得超过 24 个月。

（三）各自独立的企业之间的协调行动的主要目的或效果不能导致集中。

第六条 ［禁止限制自由竞争的集中］

（一）竞争主管机构应当评估根据第 16 条规定所提交的集中的通知，以确定集中行为是否在国内市场产生了或加强了支配地位而导致了消除和限制竞争的效果。在进行认定时，主管机构应考虑以下因素，供应商和客户可以获得的选择性产品，企业的市场地位，市场的进入条件，相关市场的机构，企业在国内企业中的竞争地位、竞争性企业的进入障碍以及相关产品和服务的供求变化趋势。

（二）只要根据第 16 条第 4 款的调查表明，集中行为导致前款所规定的后果，主管机构应该禁止该集中行为或者采取必要的措施防止出现这样的后果。

第七条 ［控制］

（一）根据本节的目的，《民法典》第 2359 条的规定的情形，通过拥有权利、合同或其他法律关系或者上述手段中之一项或多项，以及应予考虑的有关事实或法律因素，因而获得对一个企业行使决定性影响的可能性的，构成控制。特别在下列情况下构成控制：

1. 拥有一个企业全部或部分资产的所有权或者使用权；

2. 通过权利、合同或其他法律关系对一个企业的机构的组成、议案或决定具有决定性影响的。

（二）个人或者企业、个人团体或企业团体在下列情况下获得控制：

1. 是权利的享有人或合同的受益人或其他法律关系的当事人；

2. 虽不是权利的享有人或合同的受益人等这些法律关系的当事人，但对上述权利的行使具有影响力的。

第八条 ［公共企业和法定垄断］

［根据2001年5月5日第57号法律第11条第3款修改，颁布控制市场开放和市场规制的规定］

（一）上述章节的条款适用于私人企业和公共企业，包括国家作为大股东的那些企业。

（二）上述章节的条款不适用于下列企业，这些企业被授予为提供具有整体经济利益的服务而在市场上处于垄断地位，仅仅限于在他们执行被授予的特殊任务是绝对必要的情况下。

（二）之二　第2款涉及的企业如果准备进入市场交易，应当通过独立的公司运行，除了他们根据上述第2款的规定进行交易。

（二）之三　上款所说的在不同市场上进行贸易的企业之间的合并和控制股权的收购行为需提前向主管机构申报。

（二）之四　为了保障平等的商业机会，当第2款所规定企业向他们的子公司或对其拥有控制权的公司在第2款之二所提到的不同的市场上提供包括信息服务在内的商品或货物，除了他们因实施了第2款规定的行为而获得的专营权利，他们应该以相同的交易条件向其直接竞争者提供相同的商品或服务。

（二）之五　在上3款规定的情况下，主管机构应该根据第14条的规定行使权力。当触犯了第2款和第3款的规定时，主管机构应该根据第15条的规定采取措施和进行处罚。

（二）之六　在企业未能遵守第2款之三规定的申报义务时，主管机构应该处以最高1亿里拉数额的罚款。

第九条 ［内部生产］

（一）授予国家或公共实体或机构的法定垄断，以及授予代理向公众销售商品或提供服务的企业的法定垄断，不禁止第三方当事人为内部使用或为其母子公司生产相同的产品或提供相同的服务。

（二）根据相关的法定垄断或电信服务的规定，除政府特许外，在涉及公共秩序、公共安全和国防利益的情况下，禁止内部生产。

第二编　竞争主管机构的建立和职能

第一章　竞争主管机构的建立

第十条 ［竞争主管机构］

［根据2005年12月23日第266号法律第1节第69条修改］

（一）竞争主管机构，下文称主管机构，总部设在罗马。

（二）主管机构应享有完全的自主权和保持判断和评价的独立性，它是由意大利上下议院议长联合提名和任命的由主席和四名成员组成的集体机构。主席必须保持高度的独立性，并身居要职承担主要的机构责任。四名成员也必须保持高度的独立性，他们必须从最高行政法院、审计法院、最高上诉法院、经济或法律专家或是有相当高的专业水平且声誉好的企业董事中选任。

（三）竞争主管机构成员任职不得超过7年。在任职期间，不得参加专业或咨询活动，不能成为公共或私人实体的领导或雇员，或担任其他公共职务。公务员在其担任竞争主管机构成员期间应暂时离开其公务员职位。

（四）主管机构可以和任何一个政府部门或公法上的任何一个法定机构保持联系，他在履行职责时可以要求有关人员提供信息和与其合作。作为国内的竞争主管机构，它应当根据欧盟法的相关规定向欧盟的相关机构负责。

（五）在此法案生效的90日内，总统应根据工商业部长的提议，经与财政部长商议，最终依部长委员会的决议颁布法令，从而设立调查程序以保证主管机构调查过程中所有文件的公开性，以及企业回复、辩论和辩护的权利［1998年4月30日第217号总统令，1998年7月第158号政府公报］。

（六）主管机构应制定管理其组织和运作的规则，制定机构工作人员的工资水平、雇佣条件和晋升制度的规则，制定将其支出控制在本法规定范围内的规则，即使他们的规则不受公共会计的一般性规定的约束。

（七）主管机构在国家财政预算范围内对与其自身运行产生的支出费用负责。其支出在工商业部的预算中被单列一项。它每年的财政支出必须以其在上个年度12月31日之前主管机构批准的预算为基础。在预算的内容与结构中，支出应限定在预计的收入内，应和第6条的规则相一致，并规定预算修改的程序。主管机构的财政报告应在来年的4月30日之前通过，并由审计法院审计。预算和财政报告应在意大利的政府公报上公告。

（七）之二　为了补偿合并审查的成本，竞争主管机构每年应当在依照《竞争法》第16条第1款向合并企业和收购企业履行法定通知义务的情况下决定向公司收取存档费用。为实现该目的，主管机关应当确保这笔收费和审查合并和收购的总成本相等，以交易的价值为基础考虑经济业务工作量，并且无论如何在总数上都不能超过业务总价值的1.2%，设置收取费用的最低起线和最高值。

（八）主管机构主席和成员的报酬应由工商业部长提议，经财政部长同意，由总理法令规定。

第十一条　［主管机构成员］

（一）总理法令规定，应为主管机构的成员建立特别档案。［2005年2月25日第67号法令又设立了20个职位。］总人数不得超过150人。除了依照1987年2月28日第56号法第16条的规定被录取之外，其成员必须通过公开的考试才能被录取。

（二）考虑到主管机构特殊的职能和组织要求，其成员的工资、雇佣条件和晋升制度应与意大利银行职员签订的集体劳动合同的标准相一致。

（三）禁止主管机构的成员成为其他机构的成员或担任其他机构职务，以及从事任何专业、商业或工业活动。

（四）按照私法中格式条款的规定主管机构最多可以雇佣50名成员。在适当情况下如果有必要，主管机构还可以聘请专家咨询特殊的问题。

（五）秘书长负责监督主管机构的工作情况，并向主席汇报。他是由工商业部长任命，依主管机构主席的提议开展工作。

第二章　主管机构在规制限制竞争协议和滥用市场支配地位中的权力

第十二条　［调查权］

（一）在评估了其所掌握的材料以及公众团体或其他利益相关当事人包括消费者代表机构提供的引起其注意的材料之后，主管机构应该进行调查来确定企业是否实施了第2条和第3条所禁止的违法行为。

（二）主管机构也可以依职权或者根据工商业部长或国有股东的代表的请求，展开一个普通事实调查，通过某个地区的贸易发展、价格的变化或者其他情形来看，竞争是否可能受到阻碍、限制或扭曲。

第十三条　［协议的申报］

企业应向主管机构申报其缔结的任何协议。主管机构应当根据第14条的规定在申报后120日内启动调查程序，除非该申报被认为是不完整或不真实的。

第十四条　［调查］

（一）在声称企业违反了第2条或第3条的规定的情况下，主管机构应该通知企业和相关机构已经启动调查程序，企业或者机构的所有者或法定代表人在通知设定的截止期限内可以亲自或通过专业的律师提交申述书，也可以在调查阶段中提出建议和意见以及进一步的申述，直至调查结束。

（二）在调查的任何阶段，主管机构可以要求企业、机构和个人提供他们所拥有的信息和展示与调查相关的文件；主管机构可以对企业的账簿和档案进行检查，并对其进行复制，如有必要，主管机构可以与其他政府部门合作，可以制作专家报告以及经济和数据分析，还可以向专家咨询与调查有关的事项。

（三）调查中涉及的企业的有关信息或数据必须完全保密，禁止向外泄漏，包括向其他政府部门。

（四）在履行职责过程中，主管机构的官员被视为公职人员，他们负有保密义务。

（五）主管机构可以对无正当理由拒绝提供或未能按照第2款的规定提供信息或者出示文件的企业处以5000万里拉以下的罚款，如果提交不真实的信息或文件，除了现行法律规定的其他罚款，还处以1亿里拉以下的罚款。

第十五条　［送达通知书和罚款］

［根据2001年3月5日第57号法案第11条第4款修改，颁布管理市场开放和市场规制的规定］

（一）如果根据第14条规定的调查表明企业实施了第2条或第3条所禁止的违法行为，主管机构应当规定相关企业和机构在规定的期限内采取补救措施。在最严重的情况下，主管机构可以根据违法行为的严重性和持续时间对企业或相关机构处以其在上个财政年度营业额10%以下的罚款，在规定的期限内，企业必须缴纳罚款。

（二）在企业不遵守上款的规定的情况下，主管机构应该处以其营业额10%以下的罚款，或者在根据第1款规定的已处以罚款的情况下，罚款不能少于已处罚款的2倍，但是最高额为第1款规定的营业额的10%。主管机构应当设定缴纳罚款的期限。如果企业再次不缴纳罚款，主管机构可以决定命令企业停业，但不得超过30日。

第三章　主管机构在禁止集中上的权力

第十六条　［集中的申报］

（一）在第5条规定的集中行为中，如果各有关合并企业的国内总营业额超过5000亿里拉或者被收购企业的国内营业额超过500亿里拉，应该向主管机构提前申报，这些数字每年应以相当于GDP物价紧缩指数的速率增长。

（二）对于银行和金融机构所采用的营业额应相当于他们总资产的1/10，不包括备查账册；对于保险公司，已收保险费应包括在内。

（三）收到集中申报的5日内，主管机构应通知总理和工商业部长。

（四）在接到正式申报或者通过其他方式接到通知的30日之内，如果主管机构认为这个集中根据第6条的规定有可能遭到禁止，它应当根据第14条的规定展开调查。当收到一个正式的集中申报且主管机构认为没有必要对此调查时，它应当在收到申报的30日内通知企业和工商业部长其对该项合并的决定。

（五）任何可能构成集中的收购要约也应当根据本条第1款的规定进行申报，在将申报发给意大利全国公司和证券交易委员会的同时，主管机构也应该接到申报。

（六）在根据本条第5款收到收购要约申报的15日内，主管机构应发出开始进行调查的通知，并同时通知意大利全国公司和证券交易委员会。

（七）当企业申报的信息严重失真，不完全或不正确时，主管机构展开调查的时间可以不受本节规定的限制。

（八）根据本条的规定，在展开调查的45日内，主管机构应将结论通知有关企业和工商业部长。只要企业未能按要求提供它们所拥有的信息和数据，调查的期间可以延长，但延长期间不得超过30日。

第十七条 ［集中行为的暂停］

（一）当根据第16条的规定进行调查时，主管机构可以要求有关企业在调查结束前不得继续进行集中行为。

（二）本条第1款的规定不能中止已根据第16条第5款的规定申报给主管机构的收购要约，但是收购者不得行使任何受质疑的证券所授予的投票权。

第十八条 ［关于集中的调查结论］

（一）按照第16条规定所作的调查，如果主管机构确定这个集中行为在本法第6条的范围内，该集中应该被禁止。

（二）当调查证据不足以证明实施的行为和集中有关，主管机构应结束调查并将其结果立即通知有关企业和工商业部长。如果企业能证明集中最初歪曲竞争的效果已经消失，主管机构也会根据有关企业的要求采取这一措施。

（三）如果集中已经发生，主管机构应采取措施，以恢复有效竞争的条件，并消除任何扭曲竞争的影响。

第十九条 ［对于不能遵守集中的禁止或者通知的要求的罚款］

（一）如果企业在实行集中时违反第18条第1款或者不能遵守第18条第3款颁布的指令，主管机构将对其处以组成集中实体的营业额1%到10%的行政罚款。

（二）如果企业未能遵守第16条第1款规定的提前申报的要求，除了根据第1款规定的其他罚款，根据第三章规定实施的调查，主管机构将处以企业被质疑之前一年年营业额1%的行政罚款，从根据本条规定的罚款通知之日起起算。

第四章 特殊条款

第二十条 ［银行，保险公司，广播与出版企业］

（一）［已废除］

［1997年7月31日第249号法令第1条第6款c项9，已经被废除，它是关于通讯监管和担保机构将权限赋予新的机构的规定，这种权限不包括先前根据第287/90号法令第20条第1

款属于广播和出版主管机构的职能］

（二）［被 2005 年 12 月 28 日颁布的第 262 号法令第 19 条第 11 款废除］

（三）［被 2005 年 12 月 28 日颁布的第 262 号法令第 19 条第 11 款废除］

（四）当涉及保险公司时，主管机构应当在听取私营保险管理机构的意见后根据第 10 条的规定采取措施，这个意见应该在收到主管机构关于采取措施的文件的 30 日内发布。如果没有在 30 日之内发布意见，根据第 10 条的规定主管机构有权采取措施。

（五）银行的法定监管机构也可以根据第 4 条第 1 款的标准通过授权给予第 2 条规定的协议一段时期内的豁免，以保证金融系统的稳定性。这种判断协议是否妨碍竞争的授权应该由监管机构和主管机构签订的协议所认可。

（六）［被 2005 年 12 月 28 日颁布的第 262 号法令第 19 条第 11 款废除］

（七）作为前述条款的例外，在各行业运行的企业的限制竞争协议，滥用市场支配地位和集中行为被不止一个的权力机构所规制，那么每个权力机构可以在其职权范围内采取措施。

（八）本节规定的监管机构应该采取和第 10 条规定的竞争主管机构同样的程序。

（九）本法案关于集中行为的规定并不废除银行业、保险业、广播与出版业法定条款的规定。

第三编　主管机构调查事实和协商的权力

第二十一条　［通知国会和政府的权力］

（一）为了更有效地保护竞争与市场，主管机构应鉴别一些案例，这些案例应该与法律、法规或一般性行政性条款对竞争与市场的顺畅流转所产生的歪曲有特定的关系，而这些歪曲根据整体利益的要求是不合理的。

（二）主管机构应该向国会或总理告知立法措施产生的对市场和竞争的歪曲，以及向总理、其他相关部长和相关的地方当局告知其他情况产生的对市场和竞争的歪曲。

（三）在自由裁量时，主管机构应发表关于消除或防止歪曲市场和竞争的措施的意见，并且可以公布申报的案件以及在适当时根据歪曲的性质和严重性所发表的意见。

第二十二条　［协商活动］

主管机构在认为有必要时或政府相关的部门和机构提出要求时，可以对竞争和市场的立法草案或规章及相关问题发表意见。总理也可以要求主管机构对可能直接影响下列情形的有关立法与规则发表意见：

1. 对实施一项活动或进入市场施加数量限制；
2. 在特定的商业领域中规定独占性的权利；
3. 强加一般定价规则或销售条件。

第二十三条　［年度报告］

主管机构应于每年 4 月 30 日向总理提交有关其上一年活动的报告。总理应于此后 30 日内将报告提交给国会。

第二十四条　［向政府特定部门报告］

与政府相关部门协商后，主管机构应于其成立后的 18 个月内向总理提交一份报告，这份报告是关于使有关公开投标、公共特许经营权权利人和商业销售的立法符合竞争的原则而所要采取的措施。

第四编 有关政府在集中行为上的权力的条款

第二十五条 ［政府在集中行为上的权力］

（一）当根据本法第6条的规定授权主管机构不实行禁止时，当欧洲一体化的进程中涉及国家经济的大部分利益时，委员长会议应该在工商业部长的提议下制定主管机构的一般规则，如果竞争没有在从市场中消失或者在一定程度上被限制，前述利益严格说来并不是正当的。在这些情况下，主管机构应当在特定的期限内采取措施以恢复完全竞争。

（二）在第16条规定的集中涉及以下国家的实体和企业的情况下，这些国家根据上述章节的具有同等效力的条款不保护法人和企业的独立性，或对其适用差别条款，或施加有关被意大利企业或实体收购的具有相似效力的条款，这时总理可以在收到第16条第3款中的申报之日起的30日内，根据工商业部长的提议作出部长委员会决议，基于集中给国家经济利益造成实质性的损害而禁止集中。

第二十六条 ［公布决议］

根据第15、16、18、19条和第25条的规定所作的决议将在20日内在总理办公室发行的特殊期刊上发布。如果主管机构认为合适，根据第12条第2款所作的调查结果也将在上述期刊上发布。

第二十七条至第三十条 ［删除］

第五编 最后条款

第三十一条 ［罚款］

违反本法的行政性罚款已在1981年11月24日第689号法律中的第1章第1、2节相应的部分中作了规定。

第三十二条 ［财政开支］

实施本法的费用，预计1990年为200亿里拉、1991年为320亿里拉、1992年为350亿里拉。在1990年至1992年的预算中，这些费用的拨付应该在财政部1990年预算中6856标题财政分配中相应地减少，并使用了一个特别的“为了保护竞争和市场”的条款。

第三十三条 ［司法管辖权］

（一）根据本法第一编至第四编受理的对行政措施的上诉，行政法院享有专门性的管辖权。它们必须向拉齐奥地方行政法院提起。

（二）在向地方有审判权的上诉法院上诉之前，对第一编至第四编中的违法行为提起的无效诉讼和赔偿请求以及采取紧急措施的请求必须向地方有管辖权的上诉法院提起。

第三十四条 ［生效］

本法在意大利共和国政府公报上公布的次日开始生效。

本法将收入法令全书中，盖国家印章，对全国有约束力，并且像国内法一样实施。

日本禁止私人垄断及确保公平交易法（2005 年）

第一章　总　　则

第一条　［目的］

本法旨在通过禁止私人垄断、不合理限制交易以及不公平交易行为，防止经济力量的过度集中，排除因联合、协议等方法形成的对生产、销售、价格、技术等不合理限制以及其他对商业活动的不正当限制，促进公平、自由竞争，发挥事业者的创造性，繁荣商业活动，提高就业水平以及国民实际收入水平，以总体上确保消费者的利益并促进国民经济民主、健康地发展。

第二条　［定义］

（一）本法所称“事业者”是指从事商业、工业、金融业及其他事业者。为事业者的利益进行活动的干部、雇员、代理人及其他人员在适用以下各条款及本法第三章的规定时，视为事业者。

（二）本法所称“事业者团体”，是指以增进事业者的共同利益为主要目的的两个或者两个以上事业者组成的结合体或者联合体。但是，由两个或者两个以上事业者组成的结合体或者联合体中，其股份或出资由成员事业者拥有，并以营利性为主要目的经营商业、工业、金融业或其他事业的，且现在正实际经营该事业的事业者除外。上述“事业者团体”包括以下几种形式：

（i）以两个或两个以上的事业者为成员（含准成员）的社团法人及其他社团；

（ii）由两个以上事业者共同控制其董事和管理人的任免、业务的执行和存续的法人组织及其他非法人组织；

（iii）以两个或两个以上事业者为其成员的结合体或者依契约形式构成的两个以上事业者的结合体。

（三）本法所称“干部”是指董事、拥有执行权并承担无限责任的合伙人、监事或类似地位的监察人员、管理人、总部或分部的营业负责人员。

（四）本法所称“竞争”，是指两个或两个以上事业者在通常的商业活动范围内，且没有对该商业活动的设施或者商业活动的种类作重要改变的情况下实施或能够实施下列行为的状态：

（i）向同一消费者或使用人提供相同或类似的商品或服务；

（ii）从同一供给人处获得相同或类似的商品或服务。

（五）本法所称“私人垄断”，是指事业者单独地，或与其他事业者相结合、或采取合谋等其他任何方式，排除或者控制其他事业者的商业活动，从而违反公共利益，实质性地限制一定交易领域内竞争的行为。

（六）本法所称“不合理交易限制”，是指事业者以契约、协议或其他合意行为，与其他事业者共同决定、维持、或者提高交易价格，或者对数量、技术、产品、设备或者交易对象等加以限制，相互约束或支配其商业活动，从而违反公共利益，对一定交易领域内的竞争构成实质性的限制。

（七）本法所称“垄断状态”，是指由内阁法令所规定的同种商品（含无需对与该同种商品有关的通常商业活动设施或者种类加以重要变更而能够提供的商品）（本款下称“一定的商品”）以及与该类商品的性能和效用显著类似的其他商品的国内供应（出口商品除外）价格（扣除相当于该商品直接课税额的金额）或者国内提供同种服务的价额（扣除相当于由接受该服务者就该服务缴纳税款额的金额）在最近一年内总金额超过1000亿日元的，在该一定的商品或者服务的商业领域内，对下列在市场结构和市场造成弊害状态：

（i）在一年内，一个事业者的市场占有率超过1/2，或者两个事业者的市场占有率总和超过3/4的；其中，市场占有率是指该一定的商品以及性能和效用与之明显类似的其他商品的国内供应数量（不适用于以数量计算时则以价格总额计算，本项下同）。或者在国内提供该服务的数量（不含出口商品）中，该事业者提供的该一定的商品以及性能和效用与之明显类似的其他商品或者服务数量所占有的比例。本项下同。

（ii）在上述特定商业领域内，存在给其他事业者经营新事业带来显著困难的情况的。

（iii）该事业者提供的一定的商品或者服务，在较长的期间内，根据供求关系变动或者供给所需费用的变动，价格明显上涨或者居高不下且该事业者在此期间内，有下列行为之一的：

（a）该事业者在内阁法令规定的商业种类范围内，其利润率显著超过内阁法令规定的该商业标准的；或者

（b）该事业者所支付的销售费和一般管理费，被认定为显著超过其所属事业领域一般标准的。

（八）当经济状况发生变化，对国内生产者的交货情况及批发价格产生显著影响时，应考虑这些情况，以内阁法令形式对前款金额作出特别规定。

（九）本法所称“不公平交易行为”是指符合下列规定之一，可能妨害公平竞争，且由公平交易委员会认定的行为：

（i）不公正地歧视其他事业者的；

（ii）以不公平的价格进行交易的；

（iii）不正当地采取引诱、强制的方式，使竞争方的顾客与自己进行交易的；

（iv）以不正当地限制对方商业活动为条件，而进行交易的；

（v）不正当地利用自己交易地位，而与对方进行交易的；

（vi）不正当地妨害与自己有竞争关系的事业者与其他事业者的交易行为，或妨碍其作为股东、干部的公司与其他事业者的交易行为；或者在该事业者是公司时，以引诱、唆使或者强制的不正当方式，使该公司的股东或者干部作出有损于公司利益行为的。

（十）本法所称“子公司”是指其所有股东（包括所有合伙人的股份；以下相同）过半数的表决权（《商法典》［1899年第48号法律］第211条之二（iv）项所规定的合伙人的各种股票或股份的表决权除外，但同条（v）项规定的合伙人的股票或股份的表决权包含在内；第四章也适用同种规定）被某一公司所控制的日本国内其他公司。

第二章　私人垄断以及对交易的不合理限制

第三条　［私人垄断或不合理交易限制的禁止］

事业者不得进行私人垄断或不合理的限制交易行为。

第四条　［禁止特定协同行为］［删除］

第五条　［禁止私人控制机构］［删除］

第六条　［特定的国际协定或契约的禁止、呈报义务］

事业者不得订立含有不合理的交易限制及不公平的交易行为事项内容的国际协定或国际契约。

第七条　［排除措施］

（一）如果有违反第 3 条或前述有关条款的行为时，公平交易委员会可以依据第八章第二节规定的程序，命令事业者停止该行为、转让部分业务，或者采取任何其他必要措施排除违反上述规定的行为。

（二）即使违反第 3 条或前述有关条款的行为已经消失，公平交易委员会如认为有特别必要，可以依据第八章第二节规定的程序，指令事业者采取措施发出该行为已经停止的公告，并指令其采取其他确保该行为被排除所必需的措施。但是，自该行为停止之日起超过 3 年的不在此限。

第七条之二　［课征金］

（一）当事业者实施了不正当的交易限制行为，或者订立了含有不正当交易限制事项内容的国际协定或国际契约，且该行为属于本项以下条款所规定的范围内的行为时，公平交易委员会应当依照第八章第二节规定的程序，命令上述事业者向国库缴纳一笔课征金。该课征金应相当于这些商品或服务由于该限制交易行为而根据内阁法令规定的方式计算出的增加的销售额（如果这种行为是与所提供的商品或服务的收据有关，那么就应当按照有关商品或服务的内阁法令规定的方法来算定购入额）所增加金额。该课征金数额为：自该事业人实行符合上述行为的商业活动之日起到该商业活动结束之日止的期间（该期间超过 3 年时，则为从实行上述行为的商业活动结束之日起，向前追溯 3 年的期间。以下称“实行期间”）内上述商品或服务的销售额（须依内阁法令规定的方法计算）乘以 10%（零售业为 3%，批发业为 2%）所算出的数额。但是，该课征金数额不足 100 万日元时，不得命令其缴纳。

（i）涉及商品或服务的价格；

（ii）实质性限制了以下任何有关的商品或服务并因此影响到其价格的：

（a）供给或购入的数量；

（b）市场占有率；

（c）交易对象。

（二）前项的规定适用于下列情形时应作适当变更，即某事业者通过私人垄断（限于通过对其他事业者的商业活动进行控制），实施下列关于前述的其他事业者（以下条款中称为“被支配的事业者”）提供的商品或服务的条款规定的范围内的行为。在此类情形中，前项规定的“按照前款内阁法令规定的方法来算定的商品或服务的销售额（如果这种行为是同所提供的商品或服务的收据有关，那么就应当按照有关商品或服务的内阁法令规定的方法来算定购买价额）”，就可以视为“根据内阁法令规定的方法来算定的该事业者向其他被支配事业提供商品或服务（包括有必要由被支配事业者提供的与垄断行为相关的一定交易领域的商品或服务）的销售额，以及该事业者在任何特殊贸易领域提供商品或服务（除了那些提供给被支配事业者的商品或服务）的销售额。”“（零售业为 3%，批发业为 2%）”可以视为“（或零售业该事业者参与达 3% 或批发业该事业者参与达 2%）”。

（i）涉及他们的价格；

（ii）实质性限制了任何以下情况并因此影响它们的价格：

（a）供给数量；

（b）市场占有率；

（c）交易对象。

（对第7条之二第2款的注释）

考虑到与本项所有的不同，第7条之二第1款应适用于下述领域的事业者行使或获得对其他事业者商业活动控制的私人垄断权的案件：

（i）关于他们的价格；

（ii）事实上限制了任何以下情况并因此影响它们的价格：

（a）供给数量；

（b）市场占有率；

（c）交易对象。

私人垄断的行政课征金，根据内阁指令规定的方法，基于商品或者服务的总销售额，或基于由私人垄断者在其非法控制之下提供给事业者或者直接提供给消费者的商品和服务的总销售额来计算。私人垄断者提供的商品或服务包括其通过非法控制提供给事业者，且在特定商品领域由其控制的事业者提供给消费者的部分。当商品或服务是由私人垄断者直接提供给消费者的情况下，由私人垄断者提供的商品或服务不包括由私人垄断者控制并被提供给事业者的部分。

（三）前两款所述“市场份额”是指一个、两个或更多的事业者提供的或接受的所有商品或服务份额之和所占一定时期特定交易领域商品或服务总份额的比率，或是指一个、两个或更多的事业者提供的或接受的所有商品或服务的价格之和所占一定时期特定交易领域商品或服务总价格的比率。

（四）在本条第1款的条件下，事业者属于下列情形之一的，本条第1款中提到的“10%”应改为“4%”，“3%”应改为“1.2%”，“2%”应改为“1%”：

（i）资本额或者出资总额为3亿日元以下的公司且正式的雇员人数在300人以内的公司或个人，并以从事制造业、建筑业、运输业及其他行业〔本款（ii）至（iv）项所列行业及（v）项由内阁法令所规定的行业除外〕为主业的；

（ii）资本额或者出资总额在1亿日元以下的公司及平常雇佣的从业员人数在100人以内的任何公司或个人，以从事批发业〔本款（v）项由内阁法令所规定的行业除外〕为主业的；

（iii）资本额或者出资总额为5000万日元以下的公司且平常雇佣的从业员人数在100以内的公司或个人，以从事服务业〔本款（v）项由内阁法令所规定的行业除外〕为主业的；

（iv）资本额或者出资总额为5000万日元以下的公司及平常雇佣的从业员人数在50以内的公司或个人，以从事零售业（下一项内阁法令所规定的行业除外）为主业的；

（v）资本额或者出资总额在内阁法令根据各行业所规定的金额以下的公司及平常雇佣的从业员人数在内阁法令根据各行业所规定的人数以内的公司或个人，以从事内阁法令所规定的行业为主业的；

（vi）根据特别法基于商业合作的目的建立起来的合作团体或其他团体（包括团体同盟），其规模同内阁法令规定的一样并与前述（i）至（v）项下的个体行业规模相符。

（五）在被命令支付本条第1款规定的课征金的情况下，事业者如果能够在第47条第1款（iv）项和第102条第1款规定的措施第一次被采取之日（本条以下称“调查开始日”），或者在上述措施没有被采取的情况下（只适用于该违规行为持续的时间少于2年的情形，下款规定的范围内的行为除外）在收到有关违规行为通知（本条第6款和第7款简称“事先通知”）之日1个月前停止违规行为，则在本条第1款下针对该事业者所罚课征金中“10%”改为

“8%”，“3%”改为“2.4%”，“2%”改为“1.6%”，第 4 款的“4%”改为“3.2%”，“1.2%”改为“1%”，“1%”改为“0.8%”。该违规行为是指违反了本法第 49 条第 5 款的规定，准用本法第 50 条第 6 款的规定（第 50 条第 6 款的规定仅适用于实施该违规行为少于两年的情形。除非该行为满足以下款项的规定）。

对本条第 5 款的注释：在第 47 条第 1 款（i）项或第 102 条第 1 款规定的措施执行前（以下称为调查开始日）该事业者停止该违法行为已满至少 1 个月的，基于本条第 1 款规定的职权对事业者征收的行政课征金将按以下规定减少：

10%→8%，3%→2.4%，2%→1.6%

关于本条第 4 款按以下规定减少：

在收到公平贸易委员会根据第 49 条第 5 款（修改自原第 50 条第 6 款）发出的“预先通知”之日前 1 个月，该事业者停止违规行为的，则课征金也依上所述进行缩减。当且仅当该违规行为持续时间不超过 2 年，并且下一款规定的行为除外。

（六）根据本条第 1 款如果该事业者有以下情形之一而被罚以课征金（包括准用本条第 2 款规定的情形；本款以下的规定应同样适用），则同款的“10%”改为“15%”，“3%”改为“4.5%”，“2%”改为“3%”，本条第 4 款“4%”改为“6%”，“1.2%”改为“1.8%”，而“1%”改为“1.5%”：

（i）自开始审查之日起 10 年内，事业者收到依据本条第 1 款作出的指令（只在该指令是最终的和确定的情况下适用，该规定也适用于以下各项）、依据第 13 款或是第 16 款作出的通知或者根据第 51 条第 2 款作出的决定；

（ii）在第 47 条第 1 款（iv）项和第 102 条第 1 款的措施没有实施的情形下，自调查开始之日起 10 年内，该事业者收到依据本条第 1 款作出的指令、依据本条第 13 款或第 16 款作出的通知以及根据第 51 条第 2 款作出的决定。

（七）如果事业者具备以下所有情形的，公平交易委员会将不按照第 1 款的规定，不对该事业者罚以课征金：

（i）在违规的事业者中，该事业者是第一个依据公平交易委员会规则向公平交易委员会单独提交关于该违法行为的报告和文件的（不包括该报告和文件在调查开始日或之后涉及该违法行为而被提交的情况），调查开始日指事业者因没有执行第 47 条第 1 款（iv）项或第 102 条第 1 款规定的措施而收到事先通知之日，以下各条款同样适用；

（ii）事业者自调查开始之日起没有再实施有关被审查的违规行为的。

（八）在本条第 1 款以及本款（i）项至（iii）项规定的情形下，公平交易委员会应根据第 1 款或第 4～6 款的规定减少 50% 的课征金；在第 1 款以及本款（ii）项至（iii）项规定的情形下，公平交易委员会应根据第 1 款或第 4～6 款的规定减少 30% 的课征金：

（i）在违规的事业者中，该事业者是第二个依据公平交易委员会规则向公平交易委员会单独提交了关于该违法行为的报告和文件的（对该违法行为调查开始之日或以后提交报告和文件的除外）；

（ii）在违规的事业者中，该事业者是第三个依据公平交易委员会规则向公平交易委员会单独提交了关于该有关违法行为的报告和文件（对该违法行为调查开始之日或以后提交报告和文件的除外）；

（iii）自对该违法行为调查开始之日起，事业者不是有关被审查的违规行为的实施者的。

（九）依本条第 1 款作出的指令或者依本条第 13 款作出的通知之前，如果依据本条第 7 款

（i）项或第8款（i）项或（ii）项向公平交易委员会报告违规行为的事业者数目少于3个，并且该违规事业者具备以下所有情形的，则公平交易委员会将根据第1款或第4款至第6款的计算方法对具备第1款情形的事业者减少30%的课征金［只在依据第7款（i）项或第8款第（i）项或（ii）项或者根据下述（i）项，向公平交易委员会报告违规行为的事业者数目为3个或更少的情形下适用］：

（i）事业者在开始审查之日后，公平交易委员会的规则规定的日期前，依据该规则单独向公平交易委员会报告该有关违规行为的［不包括已经被公平交易委员会掌握的，已依第47条第1款（i）项至（iv）项以及第102条第1款被所采取了措施的有关违规行为的事实材料］；

（ii）按上述条款规定提交报告和文件之日或者之后实施上述违规行为的事业者，本款不适用。

（十）公平交易委员会收到事业者根据本条第7款（i）项、第8款（i）项或（ii）项或者第9款（i）项提交的报告和文件的，应立即书面通知事业者递交有关事实的上述报告和文件。

（十一）对有本条第7～9款情形之一的事业者发布依本条第1款作出的指令或者依第（13）款作出的通知之前，公平交易委员会可以另外要求该事业者提交有关违法行为的报告或文件。

（十二）在公平交易委员会依第1款作出的指令或依第13款作出的通知前的期间内，根据第7款（i）项，第8款（i）或（ii）项或者第9款（i）项，如果提交违规行为报告材料的事业者如果存在以下情形之一的不管第7～9款如何规定，上述条款不适用：

（i）该事业者提交的报告包含错误信息；

（ii）在本条第11款情形下，该事业者没有提交所需报告材料或者提交了错误的报告材料；

（iii）该违规事业者强迫其他事业者实施第1款下的违规行为或者阻止其他事业者停止实施违规行为的。

（十三）如果公平交易委员会根据本条第7款的规定决定不对该事业者课征罚金，那么在其通知其他违反本条第7款规定行为的事业者缴纳课征金的同时应书面通知该事业者（如果公平交易委员会根据本条第1款没有发出指令则在公平交易委员会规定的日期前；该规定同样适用于第16款）。

（十四）在本条第1款情形下（包括准用本条第2款规定的情形；本款及本条第17款和第18款也同样适用），如果基于同样事实对该事业者作出予以罚款的终局性判决，公平交易委员会征收的课征金不再只是简单根据本条第1款，第4～6款，第8款或第9款的规定计算出来，而是将计算出来的课征金再减去判决罚金的一半进行征收。

但是，如果根据本条第1款，第4～6款，第8款或第9款的规定计算出来的课征金尚不足判决所规定罚金的一半，或者扣减后罚款不足100万日元的，前述条款不适用。

（十五）公平交易委员会不应对前款但书规定的事项征收课征金。

（十六）依据前款规定，在公平交易委员会不征收课征金的情况下，当公平交易委员会对事业者发布本条第1款规定（包括准用本条第2款规定的情况）的命令时，除了该事业者作出本条第1款和第2款规定的违法行为外，公平交易委员会应当向被罚款的事业者发出书面通知。该通知应当向该事业者告知其不应被命令缴纳课征金并且是其他事业者应被命令缴纳该课征金。

（十七）事业者收到依据本条第 1 款作出的命令的，应缴纳依据本条第 1 款、第 4 ~6 款、第 8、9 款或第 14 款的规定计算出的相应的课征金。

（十八）依据本条第 1 款、第 4 ~6 款、第 8、9 款或第 14 款规定计算出的课征金不足 1 万日元的部分将忽略不计。

（十九）如果实施违反本条第 1 款或第 2 款规定行为的事业者是公司，当该公司因与其他公司合并而消灭时，该公司的违法行为被视为是合并后存续的公司或因合并及依本条第 1 款规定而设立的公司的违法行为，适用以上各款的规定（包括对本条第 2 款下规定准用的情形）。依照第 13 条和第 16 条规定作出的通知，及该公司接受依照第 51 条第 2 款作出的判决（本条以下称为“指令等”）应被认为是一种指令，该指令被合并后存续的公司或因合并而设立的公司所接受，并且前款规定应适用于这种情况。

（二十）前款规定的情形下，适用本条第 7 ~9 款规定的条件由内阁法令加以规定。

（二十一）自违法行为结束之日起 3 年后，公平交易委员会不得命令就该违法行为缴纳课征金。

第三章　事业者团体

第八条　［事业者团体的禁止行为、报告义务］

（一）事业者团体不得实施下列行为：

（i）实质性地限制一定交易领域内的竞争；

（ii）订立本法第 6 条规定的国际协定或国际契约；

（iii）限制一定商业领域内现存或者将来的事业者数目；

（iv）不正当地限制成员事业者（指该事业者团体的成员，下同）的职能或活动；

（v）致使事业者实施不公平交易行为。

（二）事业者团体应依照公平交易委员会规则的规定，在其成立之日起 30 日内，向其设立的情况向公平交易委员会报告。但是，事业者团体的行为符合以下（i）至（iii）项规定的，不必报告。

（i）依照特别法律设立，并由内阁法令规定，且符合以下的（a）和（b）两项的事业者团体：

（a）遵守本法目的及本法有关商业活动和行为的规定，不实施前项所列禁止行为的事业者团体；

（b）为实现小规模事业者之间或其与消费者之间的互助，或者为实现其自身健康发展而设立的事业者团体。

（ii）根据内阁法令，以小规模事业者互助为目的且不实施前项所列禁止行为的事业者团体。

（iii）《票据法》（1932 年第 20 号法案）或《支票法》（1933 年第 57 号法案）相关条款规定的票据交换所。

（三）事业者团体在有关前项规定的报告事项发生变更时，应依照公平交易委员会规则的规定，自其变更之日所属的事业年度终了之日起 2 个月内，将其变更的情况向公平交易委员会报告（不包括本条第 2 款规定的事业者团体）。

（四）事业者团体解散时，应依照公平交易委员会规则的规定，须其解散之日起 30 日内，将其解散的情况向公平交易委员会报告（不包括本条第 2 款规定的事业者团体）。

第八条之二 ［针对事业者团体禁止性行为的排除措施］

（一）发生违反前条第1款规定的行为时，公平交易委员会可以依照第八章第二节规定的程序，命令事业者团体停止该行为，解散该团体及采取其他排除该行为所需的措施。

（二）第7条第2款的规定，准用于违反第8条第1款规定的行为。

（三）公平交易委员会在命令事业者团体采取本条第1款或者前款准用的第7条第2款所列的措施时，如认为有特别必要，也可以依照第八章第二节规定的程序，命令该团体的干部、管理人，或者其成员事业者（当上述事业者团体的干部、雇员、代理人或为该团体利益活动的其他人员本身是成员事业者时，则包括该事业者团体，第26条第1款及第59条第2款亦同）采取必要的措施确保本条第1款或前款所准用的第7条第2款规定的措施得以实施。

第八条之三 ［对成员事业者的课征金］

第7条之二第1款、第3~5款、第7~13款、第17、18款和第21款规定应准用于违反第8条第1款第1项（仅适用于对交易造成不合理限制的行为）或第8条第1款第2项（仅适用于事业者是国际协定或国际契约的一方，且该国际契约或国际合同包含有对交易造成不合理限制的内容的情况）规定的行为。在这种情况下，应适用以下规定：第7条之二第1款规定的“事业者”条款应改为“事业者团体”；该款的“该事业者”应改为“该事业者团体的成员事业者”（当上述事业者团体的干部、一般职员、代理人或为该团体利益活动的其他人员本身是成员事业者时，则包括该事业者团体，本条称为“特定事业者”）；第7条之二第4款的“该事业者”应改为“该特定事业者”。第7条之二第5款的“事业者”应改为“特定事业者”；“停止实施”应改为“停止实施包含违法行为的商业活动”；“除了下款规定的情况以外，违法行为的实施少于2年”应改为“包含违法行为的商业活动的实施少于2年”；第7条之二第7款的“事业者”应改为“特定事业者”；“作出违法行为的事业者”应改为“作出违法行为的事业者团体的特定事业者”；“违法行为”应改为“执行包含违法行为的商业活动”。第7条之二第8款的“事业者”应改为“特定事业者”；“第1款或第4~6款”应改为“第1款、第4款或第5款”；“作出违法行为的事业者”应改为“作出违法行为的事业者团体的特定事业者”；“违法行为”应改为“执行包含违法行为的商业活动”。第7条之二第9款的“事业者”应改为“特定事业者”；“作出违法行为的事业者”应改为“作出违法行为的事业者团体的特定事业者”；“第1款或第4~6款”应改为“第1款、第4款或第5款”；“违法行为”应改为“执行包含违法行为的商业活动”。第7条之二第10款和第11款的“事业者”应改为“特定事业者”。第7条之二第12款的“提交材料的事业者”应改为“提交材料的特定事业者”；“由该事业者提交”应改为“由该特定事业者提交”；“该事业者”应改为“该特定事业者”；“该事业者实施违法行为”应改为“该事业者团体实施违法行为”；“其他事业者”应改为“其他特定事业者”；“作出本条第1款规定的违法行为”应改为“实施包含该违法行为的商业活动”“停止实施违法行为”应改为“停止包含违法行为的商业活动”。第7条之二第13款的“事业者”应改为“特定事业者”；“作出违法行为”应改为“依据第7款第1项规定提交报告”。第7条之二第17款和第18款的“第4~6款，第8款、第9款或第14款”应改为“第4款、第5款、第8款或第9款”。

第三章之二 垄断状态

第八条之四 ［制止垄断状态的措施］

（一）存在垄断状态时，公平交易委员会可以依照第八章第二节规定的程序，命令事业者转让部分营业或采取其他恢复该商品或者服务的竞争所必需的措施。但是，该措施给事业者带来供给商品或者服务所需费用显著上升，造成经营规模缩小，破坏其财务状况或者国际竞争力难以维持的，或者公平交易委员会认为其他可替代措施足以恢复该商品或者服务的竞争的，不适用上述措施。

（二）公平交易委员会命令采取前款措施时，应保证该事业者及其相关事业者的经营活动的正常进行以及其雇员的生活安定，下列事项应予考虑：

（i）资产、收入和支出以及其他方面的财务状况；

（ii）干部及从业人员的状况；

（iii）工厂、营业场所及办公场所的位置及其他周边环境；

（iv）经营设施状况；

（v）专利权、商标权及其他知识产权的内容和其他技术性特征；

（vi）生产、销售等的能力和状况；

（vii）取得资金、原材料等的能力和状况；

（viii）商品或者服务的供给和流通状况。

第四章　股份的持有，干部的兼任，合并、分立和营业的受让

第九条　［禁止设立可能导致经济力量过度集中的公司及报告义务］

（一）任何公司通过持有其他国内公司的股票（包括合伙人的股份，下同），可能导致经济力量过度集中的，其设立不予批准。

（二）在日本境内，公司（含外国公司，下同）不得通过获取或持有其他国内公司的股票而导致经济力量的过度集中。

（三）前两项所称的“经济力量的过度集中”是指一种状态。这种状态是由规模巨大的公司及其子公司和其通过持有股份而控制了在日本国内总体业务范围涵盖了众多商业领域的其他公司形成的，上述公司对其他事业者所产生的显著巨大影响是通过其资金往来和拥有对大量相关商业领域的影响地位而实现的；给国民经济造成重大影响，并阻碍促进自由、公平的竞争。

（四）公司和其一个或多个子公司，或者仅其一个或多个子公司，持有国内其他公司所有股东中 50% 以上的表决权，则该国内公司应被视为上述公司的子公司；本条规定理应适用于任何这种作为上述公司子公司的公司。

（五）任何符合以下任一规定的公司，依照公平交易委员会规则规定的程序合计出的资产总额（此资产总额指公司在日本的相关资产，其依照公平交易委员会规则指定的程序计算；本条以下各款均同）以及其子公司的资产总额，大于由内阁法令规定的数额并不低于以下规定列举的数额的，应当依照公平交易委员会的规则从每一个商业年度结束后 3 个月内向公平交易委员会提交一份关于该公司及其子公司营业的报告。但是，如果该公司是另外一个公司的子公司，则不在此限。

（i）某公司的子公司取得股份的总价值（或者最新资产负债表列明的其他价格）超过该公司总资产价值的 50%，不低于 6000 亿日元的（这样的公司下文称为“控股公司”）；

（ii）从事银行、保险或证券行业的公司（被划分为控股公司的除外），不低于 80 000 亿日元的；

（iii）前两项规定以外的公司，不低于 20 000 亿日元的。

（六）符合前款任一规定的新设立的公司，应根据公平交易委员会规则的规定，自设立之日起30日内，应向公平交易委员会报告。

第十条　［对公司特殊持股的限制、呈报义务］

（一）若公司取得或持有其他公司的股份，将足以导致一定交易领域内的限制竞争效果时，任何公司不得取得或持有该公司的股份；任何公司也不得以不公正的交易行为取得或持有其他公司的股份。

（二）根据公平交易委员会规则，符合下列条件的公司取得资产总额超过10亿日元的上市公司的股票（包括股票以金钱或证券信托财产的形式由委托人或受益人及能行使表决权的或这种委托人或受益人可以对表决权的行使发布指导而持有的情况）超过10%时（在规定了多个不同数值的情况下，依据内阁法令确定每个数值），应在30日内提交一份关于股票交易的报告。根据内阁法令，这些公司是指其资产（即最新资产负债表上显示的资产总额；以下同）不少于20亿日元的公司；上述公司和其子公司以及拥有该公司所有股东50%以上表决权的日本国内公司（即“控股公司”）的资产总额（以下称“总资产”），超过100亿日元的。但是，上述规定不适用于以下情形：发行公司设立被收购公司并且前者在设立时取得了后者全部的已发行股票；从事银行或保险业务的公司取得或持有其他日本公司（不包括从事银行或保险业的公司，以及公平交易委员会规则规定的其他公司；本规定同样适用于下一条第1款和第2款的规定）股票的情形；以及从事证券业务的公司在经济活动中取得或持有股票。

（三）依据内阁法令的规定，持股公司取得或持有外国公司股票时，如果该外国公司在日本的商业机构（包括其子公司的商业机构）依据最新的资产负债表做成的损益表上的净销售额（以下称为“国内销售额”）不少于10亿日元，则前款的规定应当准用于此种情形。

第十一条　［对保险公司和银行表决权比例的限制］

（一）从事银行和保险业务的公司，不得获得或持有日本其他从事保险业的公司表决权超过5%或10%，或拥有同等情形下的股票表决权；但已经按照公平交易委员会规则获得公平交易委员会预先同意的，以及属于下列情形的，不在此限：

（i）取得或持有投票权的行为是基于一个合法的抵押权利或相应的替代权利的行使的结果；

（ii）依附于股票的投票权增加是伴随于上述公司所有股东拥有股票的增加而增加的，且这一增长的原因是另一个日本公司获得了该公司的股份；

（iii）通过获得或持有股票的行为取得或持有的投票权是附随于财产或证券类信托财产权而取得的信托财产附随的权利；

（iv）表决权是通过以股票作为合伙财产而取得或持有的，而作为合伙财产的股票，是通过合伙人以中小型企业等有限合伙目的而取得或持有的（指“有限合伙人”，本项下同）；

前款不适用于以下情形：有限合伙人能够行使表决权；有限合伙人能够在行使表决权时对在该中小型企业等有限合伙中承担无限责任的人发布指示；行使前述表决权时，有限合伙人持有的前述表决权超出内阁法令所规定的期限；

（v）如果表决权的取得或持有是由于作为合伙财产的股票是通过成为合伙人而取得或持有的，而这项合伙（委托一个或更多的合伙人来执行合伙事务的有限合伙）是根据《民法》（1896年第89号法案）第667条第1款中关于公司（除了受托执行合伙事务的合伙人；可参照下文中的“非执行事务合伙人”）投资事务操作的规定而由合伙协议设立的；上款不适用于以下情形：非执行事务合伙人能够行使表决权；非执行事务合伙人能够在行使表决权时对执行事务合伙人发布指示；行使前述表决权时，非执行事务合伙人持有的前述表决权超出内阁法令所规定的期限；

（vi）除以上所列情形外，如果表决权的取得或持有属于下列情形的，依据公平交易委员会规则的规定，该项行为不会妨碍其他公司的经营活动。

（二）任何公司，在上文（i）至（iii）项以及（v）项情形下，［在上文（iii）项情形下，以及委托人和受益人能够行使表决权或者他们能够指示受托人行使表决权的情形下除外］企图保留对另一公司的表决权并从持有该公司股票所代表的表决权超过全体股东表决权的 5% 的股票时算起超过 1 年时，应依照公平交易委员会规则，事先从委员会获得授权。公平交易委员会在此种情况下的授权意味着从事银行或保险业务的公司可以及时地处理前述表决权。上文（iii）项情形下除外。

（三）公平交易委员会在前两款情形下向某公司授权，应事先与首相协商。

（四）前项规定的首相事务应当指派金融厅长官办理。

第十二条　［购买公司债券的限制］［删除］

第十三条　［特殊关联董事的禁止和报告义务］

（一）公司的干部或雇员（本条是指公司正式雇用的非干部者）因同时在其他国内公司中兼任干部的职务，在一定交易领域内实质性限制竞争的，则不得兼任该干部职务。

（二）公司不得以不公正交易行为，强迫与自己在国内有竞争关系的其他公司同意自己公司干部兼任该公司的干部或雇员，或者自己的从业人员兼任该公司的干部。

第十四条　［非公司事业者特殊持有股份的限制、报告义务］

非公司事业者取得或持有国内公司的股份，在一定交易领域内实质性限制竞争的，则不得取得或持有该股份，也不得以不公正交易行为取得或持有国内公司的股份。

第十五条　［特殊合并的禁止、报告义务］

（一）符合下列情形的，公司不得合并：

（i）该合并将在一定交易领域内实质性限制竞争的；

（ii）合并过程中，实施不公正交易行为的。

（二）意图参与合并一方的国内公司（本条以下称为“合并公司”），按内阁法令的规定，其总资产超过了 100 亿日元，且另一公司的总资产超过 10 亿日元时，则应按照公平交易委员会规则向委员会提交声明。但是，下列情形除外：

（i）一个合并公司对其他每个合并公司均持有所有股东总表决权 50% 以上的；

（ii）一个公司对全部合并公司均持有所有股东总表决权的 50% 以上的。

（三）前款规定准用于意图参与合并一方的外国公司。在这种情况下，本款中的“总资产”应改为“国内销售额”。

（四）依照本条第 2 款（包括准用修改后的本条第 3 款规定的情形）的规定，提交声明的公司在前述声明被接受之日起 30 日的等待期届满后，方可进行合并。但是，公平交易委员会认为有必要时，可缩短该期间。

（五）公平交易委员会根据第 17 条之二第 1 款的规定决定对有争议的合并采取必要措施时，必须在前项规定的 30 日等待期届满之前或者其中限制性条件规定的缩短的期间内依照第 49 条第 5 款的规定，通知参与合并的公司（如果公平交易委员会要求参与合并的公司中至少有关于一个以上的公司在该期限届满之前递交必要的报告、信息或者根据公平交易委员会规则的规定提交文件［本项下同“报告等”］，公平交易委员会应当自接受前项规定的声明之日起

120 日内或者接受所有报告之日起 90 日内通知参与合并的公司，以到期日在后者为准）。但是，以下情形除外：

（i）本条第 1 款规定的重大事项没有在指定期限内执行，该期限由依据本条第 2 款规定提交的合并计划确定（包括本条第 3 款所准用的情形，以下同）；

（ii）依照本条第 2 款规定提交的有关合并计划中的重大事项存在虚假陈述的情形。

（六）在前款（i）项规定的情况下，如果公平交易委员会计划对依照第 17 条之二第 1 款规定进行的前述合并采取必要的措施，则应当自（i）项所规定的期限届满之日起 1 年内发布前款的通知。

第十五条之二 ［特殊分立的禁止、报告义务］

（一）在下列情形下，公司不得实施共同新设分割（某公司与其他公司共同设立分割；以下同）或并购分割：

（i）共同新设分割或并购分割可能在一定的交易领域内实质性限制竞争的；

（ii）在共同新设分割或并购分割过程中实施不公平交易行为的。

（二）意欲参与共同新设分割的公司，符合下列任一情形的，应当按照公平交易委员会规则向委员会事先提交共同新设分割的计划：

（i）意欲参与共同新设分割的公司（限于意欲通过设立新设公司而取得其全部营业的公司［下文称之为“完全让与公司”］），其总资产超出内阁法令规定的 100 亿日元，并且另一公司（限于完全让与公司）的总资产超出内阁法令规定的 10 亿日元；

（ii）意欲参与共同新设分割的公司（限于完全让与公司），其总资产超出内阁法令规定的 100 亿日元，并且其中另一公司（限于意欲通过共同新设分割使新设公司取得其营业中实质性部分的公司［下文称之为“实质性部分让与公司”］）以最新资产负债表为基础制作的损益表所显示的该取得部分的净销售额超出内阁法令所规定 10 亿日元；

（iii）意欲参与共同新设分割的公司（限于完全让与公司），其总资产超出内阁法令规定的 10 亿日元，并且其中另一公司（限于意欲通过共同新设分割使新设公司取得其营业中实质性部分的公司［下文称之为“实质性部分让与公司”］）以最新资产负债表为基础制作的损益表所显示的该受让部分的净销售额超出内阁法令所规定 10 亿日元（前项所示情形除外）；

（iv）依据其中一个公司（限于实质性部分让与公司）的最新的资产负债表所制作的公司被转让部分的损益表上的净销售超额出内阁法令所规定的数额，即不少于 100 亿日元，并且依据公司（限于实质性部分让与公司）的最新的资产负债表所制作的吸收公司的损益表上的净销售额超出内阁法令所规定的数额，即不少于 10 亿日元。

（三）意欲设立吸收公司的公司如果符合下列条件之一的，应当按照公平贸易委员会规则向委员会提前提出申请：

（i）意欲影响吸收公司的公司（限于那些意欲通过分立而让与其全部业务的公司［下文称之为“完全让与公司”］）的总资产超出内阁法令所规定的数额，即不少于 100 亿日元，并且意欲通过分立而继受其全部业务的公司的总资产超出内阁法令所规定的数额，即不少于 10 亿日元；

（ii）意欲设立新设公司的其中一个公司（限于完全让与公司）的总资产超出内阁法令所规定的数额，即不少于 10 亿日元，并且意欲通过分立而继受其全部业务的公司的总资产超出内阁法令所规定的数额；即不少于 100 亿日元；

（iii）依据另一公司（限于那些意欲通过分立而转让其实质性业务的公司［下文称之为

“实质性部分让与公司”]）的分立部分（限于实质性部分让与公司）的最新的资产负债表所制作的公司被转让部分在损益表上的净销售额，超出内阁法令所规定的数额，即不少于 10 亿日元（前段所示情形除外），并且意欲继受其业务的公司的总资产超出内阁法令所规定的数额，即不少于 10 亿日元；

（iv）依据其中一个公司的分立部分（限于实质性部分让与公司）的最新的资产负债表所制作的公司被转让部分的损益表上的净销售额超出内阁法令所规定的数额，即不少于 10 亿日元，并且意欲继受其业务的公司的总资产超出内阁法令所规定的数额，即不少于 100 亿日元。

（四）上述两款规定不适用于以下情形：

（i）意欲成立新设公司或分立公司的公司，一方持有另一方股票所代表的表决权超过其他公司所有股东持有的表决权的 50%；

（ii）一个意欲成立新设公司或分立公司的公司的全部股东总表决权的 50% 以上由同一公司持有。

（五）上述三款规定准用于任何想成为新设公司或吸收公司的外国公司。在这种情况下，本条第 2 款和第 3 款中的“总资产”和“依据最新的资产负债表制作的损益表中的净销售额”应改为“国内销售额”。

（六）前条第 4～6 款的规定应准用于对本条第 2 款和第 3 款规定的通知有关的新设分立和吸收分割的限制（包括在前款规定下准用的情况）以及由公平交易委员会依据第 17 条之二第 1 款规定作出的决定。在这种情况下，前条第 4 款和第 6 款的“合并”规定应改为“新设分立或吸收分割”；前条第 5 款的“关于合并”规定应改为“关于新设分立或吸收分割”；该款的“合并公司”规定应改为“意图成为新设分立或吸收分割一方的公司”。

第十六条 ［特殊营业等受让的禁止、报告义务］

（一）当下列行为可能在一定交易领域内实质性限制竞争时，公司不得从事该行为；公司亦不得通过不公平的交易方式实施下列行为：

（i）受让其他公司的全部营业或营业中的实质部分；

（ii）受让其他公司用于营业的全部固定资产或其中的实质部分；

（iii）租赁其他公司的全部营业或营业中的实质部分；

（iv）受托经营其他公司的全部营业或营业中的实质部分；

（v）与其他公司缔结共同负担全部营业盈亏的契约。

（二）任何总资产超过了内阁法令规定的 100 亿日元的公司（即本条第 3 款提到的“受让公司”），符合下列情形之一时，应当事先依照公平交易委员会规则，向公平交易委员提交受让营业或将用于该营业的固定资产（本条以下称为“营业等”）的计划。

（i）受让其他国内公司的全部营业，且其总资产超过内阁法令规定的 10 亿日元的；

（ii）公司受让其他国内公司营业的实质部分或用于营业的全部固定资产或其中的实质部分，且受让部分的净销售额（根据最新的资产负债表制作的损益表计算）超过内阁法令规定的 10 亿日元。

（三）前款规定不适用于公司的以下行为：

（i）营业等的受让公司或营业等的转让公司持有其他各公司所有股东总表决权的半数以上；

（ii）营业等的受让公司和营业等的转让公司，其所有股东总表决权半数以上的股份都为同一公司所持有。

（四）前两款的规定应准用于取得外国公司营业等的公司，在这种情况下，本条第2款（i）项的“总资产”及第2款（ii）项的“受让部分的净销售额”（根据最新的资产负债表制作的损益表计算）应改为“国内销售额”。

（五）第15条第4～6款应准用于第15条第2款规定的作出声明时营业等的受让限制（包括准用前项规定的情况）以及公平交易委员会依照第17条之二第1款规定发布的命令。在这种情况下，第15条第4款和第6款规定的“合并”应改为“营业或营业中固定资产的受让”；第15条第5款规定的“关于合并”应改为“关于营业或营业中的固定资产的受让”；“一个以上的合并公司”及“合并公司”应改为“意图受让营业或营业中固定资产的公司”。

第十七条 ［对规避的禁止］

禁止以任何形式规避第9～16条中的禁止性规定或限制性规定。

第十七条之二 ［对公司非法行为的排除措施等］

（一）发生违反第10条第1款、第11条第1款、第15条第1款、第10条之二第1款、第16条第1款或者前条规定的行为时，公平交易委员会有权依照第八章第二节规定的程序，命令事业者处分全部或部分股份、转让部分营业以及采取其他对排除上述违规行为所必要的措施。

（二）发生违反第9条第1款或第2款、第13、14条或者前条规定的行为时，公平交易委员会有权依照第八章第二节规定的程序，命令该违法者处分全部或部分股份、辞退公司干部，以及采取其他对排除上述违规行为所必要的措施。

第十八条 ［对违法合并采取的措施］

（一）在公司违反第15条第2款（包括准用修改后的第15条第3款的情形）和第4款的规定进行合并时，公平交易委员会有权提起诉讼，要求确认该新设或合并无效。

（二）前款规定应准用于公司违反第15条之二第2款和第3款规定的实施共同新设分割或吸收分割的行为（包括这些规定被准用于第15条之二第5款的情形）以及第15条第4款被准用于第15条之二第6款规定的情况。在此情形下，前款规定的“该新设或合并”应改为“该共同新设分割或吸收分割”。

第五章 不公平交易行为

第十九条 ［不公平交易行为的禁止］

事业者不得实施不公平交易行为。

第二十条 ［对不公平交易行为采取的措施］

（一）发生违反前条规定的行为时，公平交易委员会有权依照第八章第二节规定的程序责令事业者停止该行为、删除契约条款以及采取其他排除该行为所必要的措施。

（二）第7条第2款的规定，准用于违反前条规定的行为。

第六章 豁　免

第二十一条 ［行使知识产权的行为］

行使著作权法、专利法、实用新型法、外观设计法或商标法规定的权利的行为，不适用本法。

第二十二条 ［团体行为］

依专门法律规定设立的团体（含团体的联合），其行为具备以下要件时，不适用本法，但是如果该团体实施了不公平交易行为，或者实质性限制特定交易领域的竞争，导致价格不正当地提高时除外：

（i）以小规模事业者或者消费者间的互助为目的的；

（ii）团体是自由设立，且可以自愿加入和退出的；

（iii）成员享有平等的表决权；

（iv）拟向团体成员分配利益时，应限于法律、内阁法令或团体章程规定的范围内。

第二十三条 ［转售价格的维持］

（一）如果这种商品的统一质量标准易于确定，且由公平交易委员会指定，则本法不适用于事业者在生产或销售商品中的固定和维持转售价格行为。（这意味着交易相对方或第三方购买这种商品后须以该固定价格售出）。但是，如果上述行为可能严重损害消费者整体利益，或者转售者在销售商品时违背了提供商品的事业者意愿的除外。

（二）除非具有以下情形，公平交易委员会不得指定前款规定的商品：

（i）该商品一般用于消费者的日常使用；并且

（ii）该商品须处于自由竞争市场中。

（三）依第 1 款作出的商品的指定，应以官方公告的形式作出。

（四）由发行著作权的事业者或其营业是出售这种发行物的事业者为了同其他的购买这种发行物的事业者固定和维持有关的转售价格而实施的合法行为，应当豁免适用本法相关条款的规定。

出版或销售出版物的事业者实施的固定和维持转售价格的合法行为，应当获得本法的豁免。

（五）第 1 款或前款规定中的作为"交易相对方"购买商品或著作权作品的事业者，不适用于依照以下法律规定设立的组织。

但是，依第 8 条和第 8 条之二规定设立的组织，仅适用于商业协作、小型商业协作、联合协作、工商团体或工商团体的联盟为其直接或间接成员消费而购买以上第 2 款或第 4 款规定的商品、著作权作品的情况。

（i）《国家公务员法》；

（ii）《农业协作法》；

（iii）《国家公务员及其互助团体法》；

（iii－ii）《地方公务员及其互助团体法》；

（iv）《消费者协作法》；

（v）《渔业协作法》；

（vi）《公众公司及其劳动关系法》；

（vii）《工会法》；

（viii）《中小企业及协作法》；

（viii－ii）《中小企业团体组织法》；

（ix）《地方公务员法》；

（x）《森林协作法》；

（xi）《地方公用企业劳动关系法》。

（六）当事业者根据第 1 款的规定已经固定了转售价格，并签订了旨在维持固定价格的合同时，该事业者应当依照公平交易委员会规则的规定，在该合同成立之日起 30 日内向公平交易委员会递交一份声明。但是，公平交易委员会有其他规定的除外。

第七章　禁令和赔偿金

第二十四条　［申请禁令权］

违反第81条第1款第5项或第19条规定的行为，致使利益遭受侵害或具有严重侵害可能时，任何人均有权要求中止某事业者或某事业者团体实施的该种侵害，或就可能带来的侵害采取预防措施。

第二十五条　［绝对责任］

（一）违反第3、6条或第9条规定，实施违法行为的事业者（违反第6条规定实施违法行为的事业者限于在有关的国际协议或合约里实施不合理的贸易限制或者采用不公正的贸易惯例的事业者），以及违反第8条第1款规定实施违法行为的事业者团体，负有向受害人赔偿的责任。

（二）任何事业者或者事业者团体都不能通过证明自己并非故意或者无过失而免除前款规定的赔偿责任。

第二十六条　［对行使损害赔偿请求权诉讼的限制和规定］

（一）前条规定的受害人求偿的权利，应在根据第49条第1款的规定作出的停止或终止违法行为的禁令（在没有发布该禁令的情况下，则为根据第50条第1款作出的缴纳命令［不包括针对某事业团体成员的事业者违反第8条第1款第1、2项的规定作出的违法行为发布的禁令］）或者根据第66条第4款的规定作出的决定发生终局效力后，才得以在法院行使。

（二）前款提及的权利自停止或终止的禁令、缴纳命令或前款提及的终审性判决作出之日起满3年而丧失。

第八章　公平交易委员会

第一节　组织及权限

第二十七条　［职责与地位］

（一）为实现本法第1条规定的目的，并依《内阁府设置法》（1999年第89号法令）第49条第3款的规定，特设立公平交易委员会。

（二）公平交易委员会直接隶属于首相管辖。

第二十七条之二　［公平交易委员会的权限］

为履行前条第1款规定的职责，公平交易委员会应负责以下事务：

（i）有关私人垄断的规制；

（ii）有关不合理交易限制的规制；

（iii）有关不公平交易行为的规制；

（iv）有关垄断状态的规制；

（v）有关公平交易委员会管辖权限内的国际合作事项；

（vi）除以上各项规定外，依据法律（包括依法律制定的命令）规定属于公平交易委员会管辖的事务。

第二十八条　［独立性］

公平交易委员会的主席及委员独立行使职权。

第二十九条　［组织，主席、委员的任命及其法律地位］

（一）公平交易委员会由主席和 4 名委员组成。

（二）主席及委员应年满 35 周岁、是法律或经济方面的专家；由首相征得参众两议院同意后任命。

（三）主席的任免由天皇认证。

（四）主席、委员为国家公务员。

第三十条　［主席和委员的任职期限］

（一）主席和委员任期 5 年。但是，补缺的主席和委员的任期为前任者的剩余任期。

（二）主席和委员可以连任。

（三）主席和委员年满 70 岁应退休。

（四）若主席或委员任期届满或者发生职位空缺，但因国会休会或者众议院解散，其任命不能得到国会两院同意时，首相有权从前条第 2 款规定的有资格者中任命主席或委员。在这种情形下，应在任命后的第一次国会上取得两院的事后承认。

第三十一条　［主席和委员的身份保障］

主席或委员不得在任期中违背其意愿而将其罢免，除非有下列情况之一：

（i）受到禁治产、准禁治产或者破产宣告的；

（ii）受到惩戒免职处分的；

（iii）违反本法规定而受到处罚的；

（iv）被处以监禁以上刑罚的；

（v）因健康原因不能执行职务而由公平交易委员会作出决定的；

（vi）在前条第 4 款规定的情形下，未能得到两院事后承认的。

第三十二条　［主席或委员的罢免］

在前条（i）项或者（iii）至（vi）项规定的情形下，首相应当罢免主席或委员。

第三十三条　［主席］

（一）主席负责公平交易委员会的事务，代表公平交易委员会。

（二）公平交易委员会应预先从委员中确定一名委员，以便在主席因故不能执行职务时，代行主席职务。

第三十四条　［投票和选举］

（一）公平交易委员会非有主席及 2 名以上委员出席，不得进行议事、作出决议。

（二）公平交易委员会的决议由出席者的过半数通过。

赞成票数与反对票数相同时，由主席决定。

（三）公平交易委员会作出第 31 条（v）项规定的决定时，必须经本人外的全体成员一致同意，而不受前款规定的约束。

（四）适用本条第 1 款规定时，若主席因故不能执行职务，则应将前条第 2 款规定的代行主席职务者视为主席。

第三十五条　［事务总局］

（一）公平交易委员会应下设事务总局，以处理其事务。

（二）事务总局应设一名事务总长。

（三）事务总长负责事务总局的事务（公平交易委员根据第 56 条第 1 款的规定，指定由审判官处理的事务除外）。

（四）事务总局由秘书处和各局组成。

（五）前款秘书处和各局的设立、权限及内部组织，准用《内阁府设置法》第 17 条第 2 款至第 8 款的规定。

（六）根据第 4 款规定设立的秘书处和局应不超过 3 个。

（七）实施全部或部分审判程序（不包括撤销决议的程序）的审判官应在事务总局进行公告。

（八）审判官的数量应当由内阁法令来规定。

（九）审判官应当由公平交易委员会从事务总局的工作人员中指定，所选人员应具备法学和经济学方面的必要知识和经验，以实施审判程序，并能作出公正判决。

（十）事务总局的成员应包括检察官、执业律师或者有律师资格的人。

（十一）前款检察官的职责范围应限于违反本法案规定的案件。

第三十五条之二 ［地方事务所］

（一）必要的地方可以设置地方事务所，作为公平交易委员会事务总局的地方机关。

（二）前款地方事务所的名称、位置及管辖区域，由内阁法令加以规定。

（三）在地方事务所之下，可在必要的地方设置其支所，分管地方事务所的事务。

（四）前款支所的名称、位置及管辖区域，由内阁法令规定。

第三十五条之三 ［职员的人事管理］

事务总局职员的任免、惩戒及其他人事管理事项，适用《国家公务员法》（1947 年第 120 号法案）的规定。

第三十六条 ［主席及委员的报酬］

（一）主席及委员的报酬另行规定。

（二）主席及委员的报酬，不得在任中违背其意愿而减少。

第三十七条 ［对主席、委员和职员特定行为的禁止］

主席、委员及内阁法令规定中的公平交易委员会的职员，任期中不得从事下列行为：

（i）成为国会或地方公共团体议会的议员，或者积极参加政治活动；

（ii）无首相的许可担任其他有报酬的职务；或者

（iii）从事商业或其他营利性事业。

第三十八条 ［禁止公开发表意见］

主席、委员及公平交易委员会的其他职员，不得就有关案件的事实、法律适用对外发表意见。但是，有本法规定的情形或者有发表关于本法的研究成果的情形除外。

第三十九条 ［保守商业秘密义务］

现任或曾任主席、委员及公平交易委员会其他职员者，不得泄漏、窃取履行职务过程中知晓的事业者的商业秘密。

第四十条 ［调查的强制权限］

公平交易委员会为履行职务，必要时，对于国家机关、依特别法或命令设立的法人、事业者或事业者团体，或其职员，有权要求其出面接受调查或者提交必要的报告、信息或资料。

第四十一条 ［委托研究和调查］

公平交易委员会为履行职务，必要时，可委托国家机关、依特别法或命令设立的法人、学校、事业者、事业者团体、专家或其他人员进行研究和调查。

第四十二条 ［听证会］

公平交易委员会为履行职务，必要时，可召开听证会以征求公众意见。

第四十三条　［必要事项的公布］

公平交易委员会为保证本法的正确实施，可公布事业者商业秘密之外的其他必要事项。

第四十四条　［向国会提交报告，提出意见］

（一）公平交易委员会就本法实施情况，应通过首相向国会报告提交年度报告。

（二）公平交易委员会为实现本法目的，可通过首相就必要事项向国会提出意见。

第二节　程　　序

第四十五条　［违法事实的报告和调查］

（一）任何人，在认为有违反本法之规定的事实发生时，均可向公平交易委员会报告，并要求采取适当的措施。

（二）收到前款规定的报告时，公平交易委员会应就该事项进行必要的调查。

（三）在依第 1 款规定提交的书面报告中，提出了符合公平交易委员会规则规定的事实的情形下，公平交易委员会若就该报告中的事项决定采取或者不采取措施时，应及时将处理结果通知该报告者。

（四）公平交易委员会在认为有违反本法规定的事实发生或者有垄断状态存在时，可依职权采取适当的措施。

第四十六条　［对垄断状态采取措施的程序］

（一）公平交易委员会若认为有垄断状态的事实发生，并决定采取前条第 4 款的措施时，应向主管该事业者经营事业的主管大臣通知有关情况。

（二）在前款规定的通知发出后，该主管大臣可以就垄断状态是否存在及第 8 条之四第 1 款但书规定的足以恢复竞争的其他措施，向公平交易委员会陈述意见。

第四十七条　［调查的强制措施］

（一）公平交易委员会为对事件进行必要的调查，有权采取下列各项措施：

（i）责令事件关系人或证人出面接受质询，听取其意见或接收其报告；

（ii）要求专家出面出具专家证词；

（iii）责令账簿、文件或其他物品的持有人提交上述物品，或者将提交的物品留置于公正交易委员会；

（iv）进入事件关系人的营业场所或其他必要场所，检查业务及财产状况、账簿文件、及其他物品；

（二）公平交易委员会认为适当时，可以根据内阁法令的规定，指定其职员为审查官，并令其采取前款规定的措施。

（三）职员根据前款规定进入检查时，应携带身份证明并向相关人员出示。

（四）第 1 款规定的采取措施的权限，不能解释为刑事调查权限。

第四十八条　［调查记录］

公平交易委员会就违法事件进行必要的调查时，应将其主要内容记入调查笔录；当采取前条第 1 款规定的措施时，应明确记载这些措施的实施日期和处理结果。

第四十九条　［对违法行为人采取排除措施的命令］

（一）公平交易委员会根据第 7 条第 1 款或第 2 款（包括准用第 8 条之二第 2 款或第 20 条第 2 款的情形）、第 8 条之二第 1 款或第 3 款、第 17 条之二或第 20 条第 1 款的规定作出的命令（以下称“排除措施命令”），应当采用书面形式，该书面命令应当指明排除或确保排除违法行为的必要措施，并指明公平交易委员会已经认定的事实和由其制定的法律的适用，且依据第69条第1款的规定参与表决的各委员和主席均应在该命令上签字、盖章。

（二）排除措施命令书的签署副本送达到受送达人后，该排除措施命令生效。

（三）若公平交易委员会拟作出一个排除措施命令，其应当事先给将成为前述命令的被送达人一个机会，以陈述其观点并为此提交相关证据。

（四）将成为前述命令的受送达人在根据前款规定陈述观点或提交证据时，可以指定一名代理人（限于律师、律所或其他公平交易委员会认为合适的人员；此处限制同样适用于第52条第1款、第57、59、60条和第63条）。

（五）当公平交易委员会根据本条第3款的规定给予当事者机会，以陈述观点和为此提交相关证据时，应当在确保受送达人有一个合理的期间进行观点陈述和证据提交的前提下，设定一个最终期限，并应当以书面形式通知其下列事项：

（i）拟采取的排除命令措施内容；

（ii）公平交易委员会已认定的事实和由公平交易委员会制定的法律的适用；以及

（iii）公平交易委员会给予其机会陈述观点并为此提交相关证据，并为其指定与前述两项款有关的最终期限。

（六）任何人如果对排除措施命令有异议，其可以根据公平交易委员会规则，自该排除措施命令书的签署副本送达之日起60日内提出请求（若由于不可抗力或其他不可避免的原因使得该请求未在最终期限前作出，则可以从该原因停止之日的次日起顺延一周），公平交易委员会将对该排除措施命令启动审判程序。

（七）如果在前款规定的期间内没有提出相应请求，排除措施命令将成为终局性决定。

第五十条　［课征金程序］

（一）公平交易委员会根据第7条第之二第1款（包括准用第7条之二第2款或第8条之三的情形）作出的命令（以下称“缴纳命令”）应当采用书面形式，该课征金缴纳命令书应当确定课征金的应纳数额、该数额的计算依据、与该课征金有关的违法行为和缴纳的最终期限，并且依据第69条第1款的规定参与表决的各委员和主席均应在该命令上签字、盖章。

（二）课征金缴纳命令书的签署副本送达后，缴纳命令生效。

（三）本条第1款规定的课征金缴纳期限，应为发出课征金缴纳命令书的签署副本之日起3个月内。

（四）任何人如果对该缴纳命令持有异议，其可以根据公平交易委员会制定的规则，自该缴纳命令书的签署副本送达之日起60日内提出请求（若由于自然灾害或其他不可避免的原因使得该请求未在最终期限前作出，则可以从该原因停止之日的次日起顺延一周），公平交易委员会将对该缴纳命令启动审判程序。

（五）如果在前款规定的期间内没有提出相应请求，缴纳命令将成为终局性决定。

（六）关于缴纳命令，准用前条第3~5款的规定。在这种情形下，第49条第5款（i）项中的“拟采取的排除命令措施内容”应理解为“拟命令缴纳的课征金数额”，第49条第5款（ii）项中的“公平交易委员会已认定的事实和由其制定的规则的适用”应理解为“课征金数额的计算依据和与该课征金有关的违法行为”。

第五十一条　［课征金的减少］

（一）当公平交易委员会根据第7条之二第1款的规定作出一个缴纳命令时（包括准用于第7条之二第2款的情形），如果法院作出一个向收到上述缴纳命令的人征收罚款的终审性判决，公平交易委员会可以通过决定来更改前述缴纳命令中的课征金数额，使其减少到法院判令罚金的一半。当与该缴纳命令相关的课征金数额未超过罚金数额一半，或更改后的数额不足 100 万日元时，上述规定不予适用。

（二）在适用前款限制性条款的情形下（当与该缴纳命令相关的课征金数额未超过罚金数额一半，或更改后的数额不到 100 万日元时），公平交易委员会应当通过决定宣告该缴纳命令无效。

（三）在本条第 1 款的情形下，如果与缴纳命令相关的审判程序没有完成，尽管有同一款中的限制性规定，公平交易委员会仍应当通过审判程序作出决定，更改缴纳命令中的课征金数额，使其减少到本条第 1 款所述的罚金的一半。

（四）在适用前面 3 款的情况下，如果需要退还部分课征金，公平交易委员会应当立即以金钱的形式，退还根据更改前和撤销前的缴纳命令已经缴纳的相应数额（不包括根据第 70 条之九第 3 款规定的滞纳金）。

第五十二条　［审判的相关要求］

（一）任何人根据第 49 条第 6 款或第 50 条第 4 款的规定向公平交易委员会提出审判请求的（以下均指“审判请求”），该审判请求应包含如下事项：

（i）提出审判请求的人或其代理人的姓名、名称及地址、住所；

（ii）与审判请求相关的命令；

（iii）审判请求的目的和原因。

（二）在前款第（iii）项中审判请求目的，应载明是请求对命令进行撤销还是修改；其原因应指明请求是针对排除措施命令还是缴纳命令（指本条第 5 款、第 58 条、第 59 条第 1 款、第 66 条第 3、4 款和第 70 条之八的“原行政措施”）提出的（在排除措施命令的情形下，请求针对引出命令的事实；在缴纳命令的情形下，请求针对课征金的计算依据）。

（三）在审判请求已被提出的情形下，公平交易委员会应当毫不迟延地启动审判程序，第 66 条第 1 款规定的情形除外。

（四）审判请求可以在作出最终决定之日前以书面形式撤回。

（五）若审判程序已经根据第 55 条第 3 款的规定启动，当撤回审判申请时，原决定为终局性决定。

第五十三条　［审判程序的开始］

（一）在企业具有垄断地位的情况下，公平交易委员会可基于公共利益启动审判程序。但本法第 8 条之四第 1 款和第 67 条第 1 款规定规定的情形除外。

（二）在对前款案件启动审判程序之前，公平交易委员会可向主管涉案企业所从事的事业的主管大臣进行咨询。

第五十四条　［命令的中止执行］

（一）对于前款命令提出审判请求，公平交易委员会认为有必要采取措施的，可终止该命令，并部分或全部中止案件的执行。

（二）根据前款规定作出中止执行的命令后，公平交易委员会认为中止执行命令无法保证市场的竞争或在其他必要的情况下，可撤销中止执行的命令。

第五十五条　［起诉、审判程序的启动］

（一）公平交易委员会根据本法第 52 条第 3 款启动审判程序的，应当向提交审判申请的人发出审判程序通知书。

（二）依据本法第 53 条第 1 款提出的控诉应当以书面形式作出，并说明案件的要点，写明采取本法第 8 条之四第 1 款中措施的接受人的姓名或名称，对控诉作出裁决的主席和委员都应当签名并盖章。

（三）向本条第 1 款规定提出审判申请的人发出审判程序通知书或者对前款规定的接收人送达起诉状的有效副本后，审判程序开始。

（四）根据本条第 1 款规定提交审判请求的人或第 2 款规定的接受人（以下称为“被申请人”）应于审判之日出席审判。

（五）审判之日应被确定在发布审判程序通知书或发出审判开始决定书副本的 30 日之后。但是，被审人同意时，前述规定不应适用。

（六）依照本条第 2 款规定收到有效副本的人应尽快向公平交易委员会作出答复。

第五十六条 ［审判官的选定和委任程序］

（一）公平交易委员会启动审判程序后，可以为每个案件指定审判官，委托他们依照第 41 条规定进行调查研究，依据公平交易委员会规则采取第 47 条第 1 款下各项规定的调查强制措施，除此之外，还委托他们主持后续的全部或部分审判程序（裁决不包括在内，下款及第 63、64 条同）。但是，如果案件无需审查官履行义务或者审查官已经以另一种方式介入到案件的调查中，则委员会就不必指定审判官。

（二）依照前款规定指定的审判官（在指定了一个以上的审判官的情况下，从他们中间任命）应当管理有关审判程序的事务。他们由公平交易委员会根据该委员会规则委任。

第五十七条 ［审判中被审人缺席的处理］

被申请人或其代理人无正当理由未在指定审判日出席审判的，公平交易委员会或审判官可以进行审判。

第五十八条 ［审判中审查官的权力］

（一）依据第 47 条第 2 款规定指定的审查官可以参与审判，主张原行政措施所依据的事实、法律的适用以及原行政措施的适当性（审判涉及与第 8 条之四第 1 款规定有关的案件，也就是涉及有关垄断状态的事实的情形），提出证据，实施其他必要行为。

（二）前款规定的情况下，当认为修改引起原行政措施及法律适用的事实（限于公平交易委员会规则规定范围内的修改）是必需的，审查官可以提出进行修改的主张（案件审理中涉及与本法第 8 条之四第 1 款有关的案件，也就是有关垄断地位的案件事实）。但是，被审人利益因此受损的除外。

第五十九条 ［被审人的答辩］

（一）在审判中，被审人或其代理人可以陈述为何原行政措施或者由公平交易委员会依照第 8 条之四第 1 款规定在案件中命令采取的措施是不公正的；可以提交支持其理由的相关证据；可以要求公平交易委员会询问必要的证人，要求专家证人作证，要求会计账簿、文件及其他物品的持有者提交上述物品，或进入必要的地点并检查商业和财产、会计账簿及其他事物的情况，或者委托调查；可以询问公平交易委员会要求参加审判的证人或专家证人；可以询问这些受委托人执行调查行为的情况。

（二）被审人［当违反了第 8 条第 1 款（i）项或（ii）项规定的行为的被审人为事业者团体中的成员事业者时除外；下款同样适用此规定］或其代理人在有关缴纳命令的审判中，在下列情况下不能主张不存在涉及缴纳命令的违法行为［在（iii）项的情况下，限于公平交易委员会发现的违法行为］：

（i）针对第 49 条第 7 款规定的与缴纳命令有关的违法行为而采取的排除措施已最终确定；

（ii）被审人或其代理人已将要求对涉及缴纳命令的违法行为采取排除措施的审判请求撤回；或者

（iii）公平交易委员会的决定已认定对涉及缴纳命令的违法行为采取排除措施的违法行为全部或者部分真实。

第六十条　［不采信证据理由的阐释］

如果公平交易委员会或审判官不接受由调员或被申请人或其代理人提出的证据，公平交易委员会或审判官应当说明不采纳此证据的理由。

第六十一条　［审判记录］

（一）所有审判应公开作出。但是，当发现有必要保护事业者的商业秘密，或发现对公共利益是必需的时候，审判不应公开作出。

（二）审判记录的制作应遵守公平交易委员会的规则。

第六十二条　［证人资格，拒绝作证、宣誓等的权利］

（一）《刑事诉讼法》（1948 年第 131 号法案）第 143～147、149、154～156、165 条以及第 166 条应当准用于由公平交易委员会或审判官所实施的程序，在审判过程中询问证人或要求专家证人提供专家证言。

（二）前款规定的情形下，“法院”、“询问”、“被告人” 应理解为 “公平交易委员会或审判官”、“审讯” 及 “被审人”。

第六十三条　［直接向公平交易委员会陈述案件的机会］

依照第 56 条第 1 款规定，公平交易委员会已委托审判官实施全部或部分审判程序的情况下，如果被审人或其代理人提出请求，公平交易委员会应当给予被审人或其代理人向公平交易委员会直接陈述观点的机会。但是，该规定不适用于依照第 52 条第 3 款规定的缴纳命令的审判程序已经开始，并且该违法行为已被公平交易委员会在涉及该命令的决定中认定，并采取了关于涉及该缴纳命令违法行为的排除措施的情形。

第六十四条　［审判程序的合并和分离］

公平交易委员会或审判官，适当时，可以基于其自身或共同的职权作出合并或分离审判程序的决定。

第六十五条　［同意决定］

在公平交易委员会依照第 53 条第 1 款规定决定对第 8 条之四第 1 款规定的案件开始审判程序后，如果被审人就调查结论中的事实和法律适用予以认可，以书面形式接受公平交易委员会的决定并放弃进行后续审判程序，并提出自愿采取措施以恢复相关产品或服务的竞争状态的合理计划，公平交易委员会可以不进行后续的审判程序而依据该计划作出决定。

第六十六条　［公平交易委员会对于审判请求的处理］

（一）如果在法定期限之后作出审判请求，公平交易委员会应当以审决的形式驳回该审判请求。

（二）如果审判请求没有理由，公平交易委员会应当在审判程序结束后，以审决的形式驳回该请求。

（三）如果审判请求具有充分的理由，公平交易委员会应当在审判程序结束后以审决的形式宣告原行政措施全部或部分无效或对其进行修改。

（四）在依照前款规定宣告原行政措施全部或部分无效的情况下，在发现违反第 3 条、第

6条、第8条第1款、第9条第1款或第2款、第10条第1款、第11条第1款、第13～15条、第15条之二第1款、第16条第1款、第17条或第19条规定的行为先于原行政措施的作出而存在，公平交易委员会应当以审决的方式明确该事实。

第六十七条　［正式审决］

（一）在审判程序后发现存在垄断状态，公平交易委员会应当以审决的方式来命令被审人采取第8条之四第1款规定的措施。

（二）当在审判程序结束后发现垄断状态不是先于诉讼的提起而存在，或垄断状态的存在先于诉讼的提起，但是该垄断状态已经不再存在，或这种垄断状态存在并属于第8条之四第1款但书规定的情况时，公平交易委员会应当以审决的方式明确该事实。

第六十八条　［基于证据的调查结论］

根据第66条第2～4款和第67条的规定作出决定时，公平交易委员会应当在审判程序中根据已经调查过的证据确认案件的事实，被审人未否认事实和该事实众所周知的除外。

第六十九条　［审决会议］

（一）排除措施命令、缴纳命令和审决应当通过由主席和委员参加的会议作出。

（二）第34条第1、2、4款的规定同样适用于前款规定的会议。

（三）根据第8条之四第1款规定作出的命令被审人采取排除措施的审决，应当得到3个或更多出席会议的主席和委员的同意；尽管有第34条第2款的规定，上述规定仍适用于前款规定。

第七十条　［不公开会议］

公平交易委员会的会议不公开进行。

第七十条之二　［审决的形式］

（一）审决应当以书面形式作出，审决书应指明公平交易委员会已确认的事实及其法律适用，在第66条第3款规定的针对缴纳命令的决定的情形下，就必须指明计算课征金的依据；参加表决的主席和委员应当在审决书上签名并盖章。

（二）书面审决中可以陈述不同意见。

（三）审决只有在审决书的签署副本送达被审人或其他被送达人时方为有效。

（四）根据第8条之四第1款规定作出的命令被审人采取排除措施的审决直到该审决成为终局性审决方有执行力。

第七十条之三　［有利害关系的第三方当事人的介入］

公平交易委员会必要时，可以允许与审决结果有利害关系的第三方作为一方当事人参加审判程序；根据规定，公平交易委员会必须提前征求被审人和第三方的意见。

第七十条之四　［政府机构或公共组织的介入］

任何与案件有关的政府机构或公共组织，为了维护公共利益，必要时，获得公平交易委员会的许可后，可作为一方当事人加入审判程序。

第七十条之五　［政府机构或公共组织的意见］

任何与案件有关的政府机构或公共组织，为了维护公共利益，可向公平交易委员会表达其观点。

第七十条之六　［以保证金来中止公平交易委员会的命令］

（一）当公平交易委员会作出了排除措施命令，被审人可提交由法院决定的债券或有价证券（包括［2001年第75号法案］中与记账式可转换公司债券等有关的第129条第1款规定的记账式可转换公司债券等债券，下条第 1 款和第 70 条之十四同样适用）作为保证金来延缓前述命令的执行，直到前述排除措施命令变成终审性的命令。

（二）前款规定的法院裁判应当根据《非讼事件程序法》（1898 年第 14 号法案）作出。

第七十条之七　［保证金没收］

（一）被审人在根据上条第 1 款的规定提交保证金，并且排除措施命令成为终审性命令的情形下，法院可以根据公平交易委员会的请求，没收作为保证的债券或有价证券的全部或部分。

（二）上条第 2 款的规定同样适用于本条前款的规定。

第七十条之八　［审决后调查中的强制措施］

公平交易委员会在作出排除措施命令（限于第 49 条第 7 款或第 52 条第 5 款规定的成为终审性的命令），或根据第 66 条第 1 ~ 3 款规定作出审决（不包括撤销原行政措施的决定），或根据第 65 条或第 67 条第 1 款规定作出审决后，特别必要时，可以采取必要措施或由其成员采取必要措施进行调查，查明该命令或审决中被强制采取或维持的措施是否正在按照本条的规定进行实施或维持。

第七十条之九　［缴纳课征金的提示及对逾期不缴纳的措施］

（一）任何人在指定的最后期限内不缴纳课征金时，公平交易委员会应当通过向其发出含有最后期限的书面提示函（督促状）督促其缴纳课征金。

（二）尽管有前项的规定，公平交易委员会在接到有关缴纳命令的审判请求时（根据第 66 条第 1 款规定该审判请求被驳回的情形除外；下款同样适用），应当对该审判请求作出审决；若根据同条下一款的规定产生滞纳金的，应当通过向其发出含有最后期限的书面提示函（督促状）督促该人缴纳课征金及滞纳金，当该缴纳命令依照第 66 条第 3 款规定被宣告完全无效时除外。但是前述的课征金和滞纳金在有关该缴纳命令的审决书签署副本被送达之日前完全付清的，不在此限。

（三）在指定的最后期限内没有缴纳课征金的，公平交易委员会可以根据从最终期限指定之日的次日起算，至支付之日止的这段期间的天数，每年以课征金数额的 14. 5% 的标准向其收取滞纳金（提交有关该缴纳命令的审判请求的，则该比率由内阁法令来指定，但是其不能超过每年 7. 25%，直到与该审判请求有关的审决书签署副本送达之日，包括当日均按此比率计算滞纳金）；但是有关滞纳金的数额不足 1000 日元的，不在此限。

（四）如果以前款规定计算的迟延支付数量中包括不满 100 日元的部分，则该部分应舍去。

（五）本条第 1 款或第 2 款规定的被提示缴纳课征金的人不能在指定日期支付迟延课征金时，公平交易委员会可以基于《国税滞纳处分条例》中规定的程序征收此种课征金。

（六）前款规定的对迟延缴纳的课征金优先于国家和地方税收征收，该征收权的有关规定同于国家税收的规定。

第七十条之十　［课征金的返还］

（一）在依照第 66 条第 3 款规定撤销全部或部分缴纳命令的情况下，公平交易委员会应当立即返还撤销缴纳命令前已缴纳的应予返还的金钱数额。

（二）在前款规定的返还情况中，公平交易委员会应根据内阁法令规定的比率增加退款的数额，但增加的比率不能超过每年 7. 5%，以自前款规定的金额支付之日起至退款决定作出之日为计算的期间。

（三）前条第 3 款规定的但书及第 4 款的规定应准用于前款规定的所增加的退款数额。

第七十条之十一　［对授权申请的拒绝受理等］

（一）当第 11 条第 1 款或第 2 款规定的授权的申请已提交时，如果发现该申请无理由，公平交易委员会应当以决定的形式驳回该申请。

（二）前款规定的授权的申请的情形应当准用第 45 条第 2 款的规定。

第七十条之十二　［对授权、批准或裁决的撤回或修正］

（一）在依照第 11 条第 1 款或第 2 款规定的授权已被给予的情况下，当给予授权的事实已不存在或已发生变化，公平交易委员会可以在审判程序结束后用审决的形式宣告该授权无效或对其作出修改。在这种情况下，公平交易委员会可以依其职权开始审判程序。

（二）当发现维持排除措施的命令或依照第 65 条或第 67 条第 1 款规定的决定由于经济情形的改变或者其他原因而不适当时，公平交易委员会可以用决定的形式宣告其无效或对其作出修改。但是，前述规定不适用于因此可能损害被审人利益的情况。

第七十条之十三　［紧急禁令］

（一）当认定某事项为紧急必要事项时，法院可以基于公平交易委员会的请求要求具有违反第 3 条、第 6 条、第 8 条第 1 款、第 9 条第 1 款或第 2 款、第 10 条第 1 款、第 11 条第 1 款、第 13 条、第 14 条、第 15 条第 1 款、第 15 条之二第 1 款、第 16 条第 1 款、第 17 条或第 19 条规定的可疑行为的人中止该行为、中止行使表决权或履行干部职权，或者可以宣告其命令无效或对其作出修改。

（二）第 70 条之六第 2 款的规定应准用于前款规定下的法院规则。

第七十条之十四　［紧急禁令的中止］

（一）通过缴纳由法院确定的保证金或有价证券可以中止前条第 1 款规定的紧急禁令的执行。

（二）前款规定的所缴纳的保证金或有价证券的没收应准用第 70 条之七的规定。

第七十条之十五　［记录的使用］

审判审判开始后，任何利害关系人可以要求公平交易委员会准许查阅或复制争议案件的记录，或者可以请求公平交易委员会给予排除措施命令书的签署副本、课征金缴纳命令书、起诉书或书面决定书，或其经删节的副本。

第七十条之十六　［文件的送达］

除本法有规定外，文件的送达应依公平交易委员会的规定进行。

第七十条之十七　［文档的送达］

关于文档送达的规定准用《民事诉讼法》（1996 年第 109 号法案）第 99、101、103、105、106、108 条及第 109 条的规定。在这种情况下，该法第 99 条第 1 款的"执行官"应理解"公平交易委员会的职员"，该法第 108 条的"审判长"及第 109 条的"法院"应理解"公平交易委员会"。

第七十条之十八　［公告送达］

（一）在以下情形下，公平交易委员会可采用公告送达的方式：

（i）当受送达人的住址、住所或其他联系地址不明的；

（ii）向国外进行送达，且无法适用前条准用的《民事诉讼法》第 108 条的规定的，或者基于该条的规定无法送达的；

（iii）准用的《民事诉讼法》第 108 条的规定向外国主管当局发出送达证明文件，超过 6 个月未被接收的。

（二）公告送达应在公平交易委员会的公告板上公示，不论何时，该送达文档应提供给接受送达的人。

（三）公告送达在前款规定的公示之日起 2 周后生效。

（四）对外国进行的公告送达自公示之日起 6 周后生效。

第七十条之十九　［通过电子信息处理系统的通知措施］

（一）如果公平交易委员会的规则中没有就上述措施通知的接受进行规定，《行政程序中情报及通讯技术利用法》（2002 年第 151 号法案）第 2 条第 7 项规定的行政措施的通知以及根据本法和公平交易委员会规定需要需要送达的通知，不可使用电子信息处理系统进行送达（“电子信息处理系统”规定在《行政程序中情报及通讯技术利用法》第 4 条第 1 款，本条以下规定同样适用此规定）。

（二）当使用电子信息处理系统执行前项规定的措施通知的相关事务时，公平交易委员会的职员应当记录《民事诉讼法》第 109 条规定的有关送达的事务，准用本法第 70 条之十七规定的，以文档的形式存储于电脑（包括有输入和输出设备）中供公平交易委员会通过电子信息处理系统使用，而不必准备并提交陈述这些事项的硬质的复制文件。

第七十条之二十　［由内阁命令规定的问题］

公平交易委员会关于调查和审判审判的必要事项，有关事务处理的其他事项及第 70 条之六第 1 款和第 70 条之十四第 1 款规定的关于缴纳的规定，除本法有规定的外，应由政令规定。

第七十条之二十一　［行政程序法的豁免］

《行政程序法》（1993 年第 88 号法案）第二章和第三章的规定不能适用于排除措施命令、缴纳命令及本法第 70 条之十一第 1 款规定的由公平交易委员会授权申请或决定或其他措施（包括本条第 47 条第 2 款规定的审查官实施的措施以及第 56 条第 1 款规定的审判官实施的措施）。

第七十条之二十二　［上诉的特别条款］

采取排除措施的命令、缴纳命令及由公平交易委员会作出的决定和其他措施（包括本法第 47 条第 2 款规定的审查官实施的措施以及第 56 条第 1 款规定的审判官实施的措施）不能基于《行政复议审查法》（1962 年第 160 号法案）被提起上诉。

第三节　杂　　则

第七十一条　［特定事业领域的不公平交易行为的认定程序］

公平交易委员会拟根据第 2 条第 9 款的规定认定特定事业领域中特定的交易行为时，应听取实施该特定交易行为的事业者和经营同种事业的事业者的意见，并召开审判会广泛征求意见，在充分考虑这些意见的基础上，予以认定。

第七十二条　［通过官方声明的形式认定不公平交易行为］

第 2 条第九款规定的认定，应以官方声明的形式认定。

第七十三条　［认定垄断地位的公开审判会］

公平交易委员会欲就根据第 53 条第 1 款的规定启动审判程序的，应召开公开审判会以征求公众的意见。

第七十四条　［检举及不起诉的报告］

（一）公平交易委员会认为发生违反本法第十二章规定的犯罪时，应向总检察长检举。

（二）除了前款规定，当认为有犯罪行为违反了本法规定，公平交易委员会应向总检察长检举。

（三）对前两款规定的检举事件作出不提起公诉的决定时，总检察长应尽快经由法务大臣，将有关情况及其理由以文书形式向内阁总理大臣报告。

第七十五条　［对证人或专家证人的补偿］

被要求根据第 47 条第 1 款（i）项或（ii）项、第 47 条第 2 款或第 56 条第 1 款规定出席审判会或在审判会上出具专家证词的证人或专家证人，可以要求根据内阁政令的规定给予交通补贴及费用。

第七十六条　［公平交易委员会的规则制定权］

（一）公平交易委员会可以就其内部纪律、案件的处理程序及呈报、授权申请及其批准以及其他事项，制定规则。

（二）公平交易委员会就前款规定的案件的处理程序制定规则，应当确保该程序的有效性，包括保证被审人有足够的机会陈述其主张及出示证据等。

第九章　诉　　讼

第七十七条　［撤销决定的诉讼］

（一）撤销公平交易委员会的决定的诉讼应自该决定生效之日起 30 天内提出（在第 8 条之四第 1 款情况下的决定撤销之诉自决定生效之日起 3 个月内提出）。

（二）前款规定的期间应为不变期间。

（三）如果案件不涉及决定，任何由请求审判所导致的事项都不可以被提起诉讼。

第七十八条　［对公平交易委员会决定提起抗告诉讼中的被告］

公平交易委员会的决定若引起《行政诉讼法》（1962 年第 139 号法案）第 3 条第 1 款规定的诉讼，则公平交易委员会应为被告。

第七十九条　［案件记录的移送］

提起诉讼时，法院应尽快请求公平交易委员会移送该案件的记录（包括对事件关系人、证人以及专家证人的询问记录、审判会记录以及其他应作为审判证据的一切材料）。

第八十条　［公平交易委员会认定事实的拘束力］

（一）依第 77 条第 1 款规定提起的诉讼中，公平交易委员会认定的事实有实质性证据证明其属实的，该事实对法院具有拘束力。

（二）是否构成前款规定的实质性证据，由法院认定。

第八十一条　［申请提出新证据、案件的退回］

（一）当事人可以向法院申请提出有关该案件的新证据。但是，只有具有下列理由之一时，方就公平交易委员会认定的事实申请提出新证据：

（i）公平交易委员会无正当理由而不采用该证据的；

（ii）在公平交易委员会审判时不能提出该证据，而且对不能提出该证据无重大过失的。

（二）在前款但书规定的情况下，举证责任应由提出前款理由的一方承担。

（三）法院认为存在第 1 款但书规定的申请提出新证据的理由，且有必要审查该证据时，应将该事件退回公平交易委员会重新审理，责令其在审查新证据后采取适当的措施。

第八十二条　［审决的撤销］

（一）存在下列情况之一时，法院可撤销公平交易委员会的审决：

（i）审决所依据的事实没有实质性证据证明属实；或者

（ii）审决违背宪法或其他法令。

（二）当关于撤销审决（限于第 66 条规定的审决）的判决生效时，公平交易委员会应当作出另一个与判决精神相一致的关于审判请求的审决。

第八十三条　［审决的退回］

法院在应撤销公平交易委员会的审决（限于第 67 条和第 70 条之十二第 1 款规定的审决）之时，认为有必要令其进一步进行审判的，可说明理由后将案件退回公平交易委员会进行重新审理。

第八十三条之二　［防止因不公正目的提交申请的担保］

（一）当第 24 条规定的要求停止或预防侵权行为之诉被提起时，法院可以基于被告的申请要求原告提供充分的担保。

（二）依据前款规定提出申请时，应有初步证据证明该诉讼是基于不公正目的（是指以获得不正当利益、造成其他人的伤害为目的，或其他不公正的目的）而提起的。

第八十三条之三　［向公平交易委员会发出禁令诉讼的通知］

（一）当第 24 条规定的要求停止或预防侵权之诉被提起时，法院应当就此通知公平交易委员会。

（二）当前款规定之诉已被提起，法院可以要求公平交易委员会就本法的适用或其他必要事项提供意见。

（三）当本条第 1 款规定之诉已被提起，公平交易委员会可以在得到法院的许可的情况下，可以就该案件有关本法的适用或其他必要事项陈述意见。

第八十四条　［就损害赔偿金额向公平交易委员会征求意见］

（一）第 25 条规定的损害赔偿之诉被提起时，法院应立即就由该条规定的侵权行为导致的损害损害赔偿金额向公平交易委员会征求意见。

（二）前款规定，准用于为抵消对方债权而在诉讼中主张第 25 条规定的损害赔偿请求权的情形。

第八十四条之二　［禁令诉讼的管辖权］

（一）依照《民事诉讼法》第 4 条和第 5 条规定，下述法院对第 24 条规定的要求停止或预防侵权行为的诉讼享有管辖权：

（i）东京高等法院管辖区域内的地方法院（东京地方法院除外），大阪地方法院、名古屋地方法院、广岛地方法院、福冈地方法院、仙台地方法院、札幌地方法院、高松地方法院或东京地方法院；

（ii）大阪高等法院管辖区域内的地方法院（大阪地方法院除外），东京地方法院或大阪地方法院；

（iii）名古屋高等法院管辖区域内的地方法院（名古屋地方法院除外），东京地方法院或名古屋地方法院；

（iv）广岛高等法院管辖区域内的地方法院（广岛地方法院除外），东京地方法院或广岛地方法院；

（v）福冈高等法院管辖区域内的地方法院（福冈地方法院除外），东京地方法院或福冈地方法院；

（vi）仙台高等法院管辖区域内的地方法院（仙台地方法院除外），东京地方法院或仙台地方法院；

（vii）札幌高等法院管辖区域内的地方法院（札幌地方法院除外），东京地方法院或札幌地方法院；

（viii）高松高等法院管辖区域内的地方法院（高松地方法院除外），东京地方法院或高松地方法院。

（二）在一个诉中提出数个请求（其中包括本法第24条规定的请求）的案件中适用《民事诉讼法》第7条的规定时，《民事诉讼法》第7条规定的"第4～6条的内容（第6条第3款除外）"应改为"本法第4～6条（第6条第3款除外）以及本法第84条之二第1款的内容"。

第八十四条之三　［地方法院的管辖权］

第89条到第91条规定的违法案件的一审管辖权由地方法院拥有。

第八十四条之四　［地方法院的特殊案件管辖权］

依据《刑事诉讼法》第2条的规定，本法第84条之二第1款列出的法院对涉及前条规定的违法情形的案件享有管辖权。

第八十五条　［第一审管辖权］

下列各项诉讼的一审管辖权属于东京高等法院：

（i）依《行政诉讼法》第3条第1款提起的对公平交易委员会审决的抗告诉讼（该法第3条第5款到第7款规定的诉讼除外）；以及

（ii）以第25条规定提起的损害赔偿之诉。

第八十六条　［东京高等法院的专属管辖权］

第70条之六第1款、第70条之七第1款（包括准用于第70条之十四第2款的情形）、第70条之十三第1款、第97条及第98条规定的案件，由东京高等法院享有专属管辖权。

第八十七条　［东京高等法院的特别合议庭］

（一）东京高等法院中应设立法官合议庭，专门审理第85条及前条所列诉讼案件。

（二）前款规定和议庭由5名法官组成。

第八十七条之二　［禁令诉讼案件的移送］

当依据本法第24条提起的要求停止或预防侵权行为之诉已经立案，同时依据本条规定提起的同一或同类诉讼在其他法院尚未审决时，法院综合考虑各种因素，如当事人和待询问的证人的地址或住所、争议或证据的普通性，认为适当时，可依申请或依职权将案件的全部或一部分移送给有关法院审理，或移送至根据本法第84条之二第1款对前述案件享有管辖权的法院审理。

第八十八条　［就公平交易委员会审决提起的诉讼的特殊规定］

依据《行政诉讼法》第3条第1款就公平交易委员会审决提起的抗告诉讼，不适用《有关法务大臣在处理涉及国家利益的诉讼中享有的权限的法律》（1947年第194号法案）第6条的规定。

第十章　杂　　则

第八十八条之二　［临时措施］

根据本法制定、修改、废止内阁法令或公平交易委员会规则时，可以依据内阁法令或公平交易委员会规则在制定、修改、废止所必需的合理范围内实施必要的临时措施（含有关罚则的临时措施）。

第十一章　罚　　则

第八十九条　［对私人垄断、不合理交易限制和事业者团体实质性限制竞争的处罚］

（一）对下列违法行为，处以3年以下的劳役刑或500万日元以下的罚金：

（i）违反第3条的规定，实施私人垄断或不合理交易限制的；或者

（ii）违反第8条第1款（i）项的规定，在一定交易领域内实质性限制竞争的。

（二）前款中的未遂形态也应受到处罚。

第九十条　［对违规的国际协议或契约、事业者团体违法行为、违反终局审决行为的处罚］

对下列违法行为，处以2年以下的劳役刑或300万日元以下的罚金：

（i）违反第6条或第8条第1款（ii）项的规定，签订含有不合理交易限制的国际协定或国际契约内容的；

（ii）违反第8条第1款（iii）项或（iv）项规定的；或者

（iii）在第65条或第67条第1款规定的要求采取排除措施的命令或审决最终确定后，未进行遵守的。

第九十一条　［对违反控股公司、股份持有和干部兼任禁止规定行为的处罚等］

对下列违法行为，处以1年以下的劳役刑或200万日元以下的罚金：

（i）违反第10条第1款第一部分规定取得或持有股份的；

（ii）违反第11条第1款的规定取得或持有股份的；或者违反该条第2款的规定持有股份的；

（iii）违反第13条第1款的规定，同时担任某公司干部的；

（iv）违反第14条第一部分的规定取得、持有股份的；或者

（v）违反第17条规定，作出前述规定的禁止或限制行为的。

第九十一条之二　［对未呈送报告行为的处罚等］

对下列违法行为，处以200万日元以下的罚金：

（i）违反第8条第2～4款的规定，未提交声明或者提交虚假声明的；

（ii）违反第9条第5款的规定，未提交报告或者提交虚假报告的；

（iii）违反第9条第6款的规定，未提交声明或者提交虚假声明的；

（iv）违反第10条第2款的规定（包括准用第10条第3款的情形），未提交报告或者提交虚假报告的；

（v）违反第15条第2款的规定（包括准用第15条第3款规定的情形），未提交声明或提交虚假声明的；

（vi）违反第15条第4款的规定，进行合并的设立登记或变更登记的；

（vii）违反第15条之二第2款及第3款的规定（包括准用第15条之二第5款的情形）为提交声明或提交虚假声明的；

（viii）准用于第15条之二第6款，违反第15条第4款的规定，以共同新设公司进行公司的设立登记或以吸收公司的方式进行变更登记的；

（ix）违反第16条第2款的规定（包括准用第16条第4款的情形）未提交声明或提交虚假声明的；

（x）准用于第16条第5款，违反第15条第4款的规定，实施第16条第1款（i）项或

(ii) 项规定的行为；或者

(xi) 违反第 23 条第 (vi) 款的规定，未提交声明或提交虚假声明的。

第九十二条 ［合并处罚］

对实施第 89 条至第 91 条规定的违法行为，可视情节并处劳役刑和罚金。

第九十二条之二 ［对伪证的处罚］

(一) 根据本法第 62 条的规定准用《刑事诉讼法》第 54 条或第 166 条时，已宣誓的证人、专家证人进行虚假陈述或提供虚假证词的，处以 3 个月以上 10 年以下劳役刑。

(二) 实施前款规定的违法行为的，若能在审判程序终了之前或该犯罪行为被发现之前自首的，可减轻或免除刑罚。

第九十三条 ［对泄漏秘密的处罚］

违反第 39 条规定的，应处 1 年以下劳役刑或者 10 万日元以下罚金。

第九十四条 ［对妨碍检查行为的处罚等］

实施下列违法行为的，处 1 年以下劳役刑或者 300 万日元以下的罚金：

(i) 与案件有关的任何人或任何证人违反第 47 条第 1 款 (i) 项或第 2 款或第 56 条第 1 款对其的规定，不出面接受调查或不提供陈述、提供虚假陈述，或不提交报告，或提交虚假报告的；

(ii) 专家证人违反第 47 条第 1 款 (ii) 项或第 2 款或第 56 条第 1 款的规定，不出面接受调查或不提供专家证词、提供虚假专家证词的；

(iii) 物件的持有者不按照第 47 条第 1 款 (iii) 项或第 2 款或第 56 条第 1 款对其规定的措施，提交物件的；或

(iv) 拒绝、阻碍或规避第 47 条第 1 款 (iv) 项或第 2 款或第 56 条第 1 款规定的检查的。

第九十四条之二 ［对不服从强制措施的处罚］

实施以下违法行为的，处 20 万日元以下的罚金：

(i) 违反第 40 条的规定，不出面接受调查，不提交报告、信息或文件，或提供虚假报告、信息或文件的；

(ii) 证人或专家证人违反依照本法第 62 条所准用的《刑事诉讼法》第 154 条或第 166 条规定作出的命令，拒绝宣誓的。

第九十五条 ［双罚制］

(一) 法人代表、代理人、雇员及其他法人或自然人从业人员利用该法人或自然人的业务或财产，实施以下各项规定的违法行为时，除行为人外，对该法人或自然人处以下列各项罚金：

(i) 有第 89 条规定情形的，处 5 亿日元以下的罚金；

(ii) 有第 90 条第 (iii) 项规定情形的［不包括违反第 7 条第 1 款或第 8 条之二第 1 款或第 3 款规定的情形，即仅限于命令当事人禁止违反第 3 条或第 8 条第 1 款第 (i) 项规定行为的部分］，处 3 亿日元以下的罚金；

(iii) 有第 90 条 (i) 项、(ii) 项或 (iii) 项［限于违反第 7 条第 1 款或第 8 条之二第 1 款或第 3 款规定的命令，即仅限于命令当事人禁止违反第 3 条或第 8 条第 1 款 (i) 项规定行为的部分］、第 91 条［不含 (iii) 项］、第 91 条之二或第 94 条规定的情形，依各规定处以罚金。

(二) 非法人团体的代表人、管理人、代理人、雇员及其他从业人员利用该团体的业务或财产，实施以下各项规定的违法行为时，除处罚行为人外，对该团体应处下列各项罚金：

（i）有第 89 条规定情形的，处 5 亿日元以下的罚金；

（ii）有第 90 条（iii）项［不含违反第 7 条第 1 款或第 8 条之二第 1 款或第 3 款规定的情况，即仅限于命令当事人禁止违反第 3 条或第 8 条第 1 款第（i）项规定行为的部分］规定情形的，处 3 亿日元以下的罚金；

（iii）有第 90 条（i）项、（ii）项或（iii）项［限于违反第 7 条第 1 款或第 8 条之二第 1 款或第 3 款规定情形的，即仅限于命令当事人禁止违反第 3 条或第 8 条第 1 款第（i）项规定行为的部分］、第 91 条（iv）项或（v）项［限于有关（iv）项的部分］，第 91 条之二第（i）项，或第 94 条规定情形的，依各规定处以罚金。

（三）前款规定情形中，代表人或管理人除就其诉讼行为代表其团体外，准用刑事诉讼法关于法人为被告人、嫌疑人时有关诉讼行为的规定。

第九十五条之二　［对未阻止违法行为的法人代表人的罚则］

发生第 89 条第 1 款（i）项、第 90 条（i）项或（iii）项，或者第 91 条［不含第（iii）项］规定的违法行为时，明知其违法计划而不采取必要防范措施或者明知其违法行为而不采取必要纠正措施的，对该法人［在第 90 条（i）项或（iii）项情形下，该法人为事业者团体的除外］的代表人处以各规定的罚金。

第九十五条之三　［对未阻止事业者团体违法行为的理事等的处罚］

（一）发生第 89 条第 1 款（ii）项或第 90 条的违法行为时，明知其违法计划而不采取必要防范措施，或者明知其违法行为而不采取必要纠正措施的，对该事业者团体的理事及其他干部、管理人或其成员事业者（含为了其他事业者的利益而实施行为的事业者），分别按各规定处以罚金。

（二）前款规定适用于事业者团体的理事及其他干部、管理人，或者在该成员事业者是法人或其他团体时该团体的理事及其他干部、管理人。

第九十五条之四　［事业者团体的解散］

（一）法院认为有充足理由时，在依第 89 条第 1 款（ii）项或第 90 条规定判定刑罚的同时，可宣告解散该事业者团体。

（二）根据前款规定被宣告解散时，事业者团体不再受其他法令或章程等关于解散的限制。

第九十六条　［公平交易委员会的专属指控］

（一）第 89 条至第 91 条规定的违法行为，应在公平交易委员会指控后才能进行处罚。

（二）前款规定的指控应以书面形式作出。

（三）进行本条第 1 款所称的指控时，公平交易委员会若认为就有关该指控的违法行为应作出前条第 1 款或第 100 条第 1 款（i）项的宣告时，可以将有关情况记载于前款规定的文书中。

（四）提起公诉后，本条第 1 款的指控不得撤销。

第九十七条　［对违反审决的行政罚款］

任何人违反排除措施的命令都应被处以 50 万日元以下的罚款。但是，对前述该行为应科处刑罚时，不在此限。

第九十八条　［对违反紧急禁令的行政罚款］

违反第 70 条之十三第 1 款规定的法院裁决的，应处以 30 万日元以下的行政罚款。

第九十九条　［删除］（1949 年第 214 号法案）

第一百条 ［宣告撤销专利或专利许可以及禁止与政府订立契约］

（一）在第89条或者第90条规定的情形下，法院根据情节作出刑罚判决的同时，可以作出下列宣告。但是，以下（i）项宣告仅限于该专利权、专利发明的排他许可或非排他许可属于违法行为人情况。

（i）与违法行为相关的专利权、专利发明的排他或非排他许可应予撤销；或者

（ii）终局判决作出后6个月至3年内，违法行为人不得成为与政府签订契约的一方当事人。

（二）作出前款（i）项宣告的终局判决后，法院应将判决的副本寄送专利厅长官。

（三）接到前款规定的判决副本后，专利厅长官应撤销该专利权或者专利发明的排他或非排他许可。

第十二章　刑事案件的强制调查

第一百零一条 ［讯问、检查、留存、询问］

（一）当需要调查刑事案件时（包括有关违反第89条到第91条规定的案件；本章以下同样适用），公平交易委员会的工作人员（限于公平交易委员会指派的职员；本章以下称为“公平交易委员会职员”）可要求刑事案件犯罪嫌疑人或证人（本项以下称为“刑事案件犯罪嫌疑人及其他人”）接受公平交易委员会的调查，可以讯问刑事案件犯罪嫌疑人及其他人，可以检查由犯罪嫌疑人及其他人持有或丢弃的物品，或者可以留存由刑事案件犯罪嫌疑人及其他人自愿提交或丢弃的物品。

（二）公平交易委员会的工作人员在调查刑事案件时，有权向全国和地方政府机构或者公共或私人组织询问，并要求他们递交有关必要事项的报告。

第一百零二条 ［现场检查、搜查、扣押］

（一）当有必要进行刑事案件的调查时，公平交易委员会的工作人员可以依据预先由公平交易委员会所在地的地方法院或简易法院的法官发布的搜查令采取临时检查、搜查或扣押措施（这里指东京地方法院和东京简易法院）。

（二）必要时，公平交易委员会的工作人员可以依据事先由被检查所在地的地方法院或简易法院的法官发布的搜查令，采取前项规定的措施。该地方法院或简易法院须对该场所、人身的搜索或物品的扣押享有管辖权。

（三）当请求第1款或第2款规定的搜查令时（本章以下称为“搜查令”）公平交易委员会的工作人员应当提交能说明犯罪案件确实存在的证明材料。

（四）在出现前项规定的请求的情况下，地方法院或简易法院的法官应当为公平交易委员会的工作人员发布经其签名和盖章的搜查令并写明以下事项：临时检查的场所；搜索的场所、人身或物品；或者扣押的物品；提出请求的人的职位和姓名；搜查令的有效期限，在搜查令有效期限届满后不能开始临时检查、搜索或扣押措施及搜查令有效期限届满后必须返还的事实；以及搜查令的发布日期；发布搜查令法院的名称。此外，知晓的刑事案件犯罪嫌疑人的姓名以及刑事案件的犯罪事实，也应进行记载。

（五）公平交易委员会的工作人员可以将搜查令交付给公平交易委员会的其他工作人员并同意由其采取临时检查、搜查或扣押的措施。

第一百零三条 ［扣押邮件］

（一）当有必要调查刑事案件并已取得搜查令时，公平交易委员会的工作人员可以扣押刑

事案件嫌疑人收发的以及由通信服务提供者依法为其存储或保管的邮件、私人信件或电报文件。

（二）已取得搜查令的情况下，如果有足够的理由怀疑其与刑事案件有关，那么公平交易委员会工作人员可以扣押由通信服务提供者依法存储或保管的并非由刑事案件嫌疑人收发的邮件、私人信件和电报文档。

（三）采取以上两项规定措施时，公平交易委员会工作人员应将这一措施通报给发信人或收信人。但是，若这种通知将可能阻止刑事案件的调查时，前述规定不再适用。

第一百零四条　［禁止于夜间进行现场检查、搜查、扣押等］

（一）除非有准许这些措施在夜间实施的特别搜查令，否则临时检查、搜查或扣押措施不可在日落到日出的期间实施。

（二）必要时，在日落之前开始的临时检查、搜查或扣押措施，可以顺延至日落之后。

第一百零五条　［出示搜查令］

应向临时检查、搜查或扣押措施的相对人出示搜查令。

第一百零六条　［出示身份证件］

当实施本章各条规定的质问、检查、扣留、临时检查、搜查或扣押措施时，公平交易委员会的工作人员应当出示证件以证明其身份并在相关人员要求时出示该证件。

第一百零七条　［现场检查、搜查、扣押时的必要处分］

（一）当需要实施临时检查、搜查或扣押措施时，公平交易委员会的工作人员可得强行开锁、开拆邮件，以及其采取其他必要的措施。

（二）前项规定的措施可用于涉及留存或扣押的事项。

第一百零八条　［现场检查、搜查、扣押时的禁止出入权限］

公平交易委员会职员可以禁止任何人在其依据本章各条规定采取质问、检查、扣留、临时检查、搜查或查封措施时进入或离开该场所。

［注释］在依本章规定实施质问、检查、扣留、临时检查、搜查或查封措施时，公平交易委员会的职员可对现场实施进出封锁。

第一百零九条　［住宅等的相关人的在场］

（一）公平交易委员会的职员在对他人的住宅、采取防护措施的居所、建筑物或其他场所进行临时检查、搜查或查封时，应有所有者、建筑物管理者（包括所有者或建筑物管理者的代表人或代理人或者其他能代表所有者或管理者利益的人）、所有者或建筑物管理者的雇员、所有者或管理者已达法定年龄且住在该住所或居所的亲属在场监督。

（二）在前项规定的情况下，如果不可能有前项规定的人目睹该临时检查、搜查或查封过程，则公平交易委员会职员应让达到法定年龄的邻居或当地警官或当地政府职员在场监督。

（三）任何对女性的身体进行的搜查都应当在其他达到法定年龄的女性在场情况下进行。但非常情况之时前款规定不再适用。

第一百一十条　［警察协助］

实施临时检查、搜查或查封的公平交易委员会职员在必要时可以要求警官协助。

第一百一十一条　［调查记录报告］

公平交易委员会的职员根据本章各条的规定采取质问、检查、扣留、临时检查、搜查或查封措施时，应准备写有实施调查行为日期的调查记录和裁决，并将其出示给受质问人或在场人，并且应当与受询问人或在场人一起在调查报告上签名盖章。如果受质问人或在场人不签名盖章或不能签名盖章时，公平交易委员会职员应注明该情况，调查报告即发生效力。

第一百一十二条 ［留存、扣押财产清单］

在留存或扣押物品时，公平交易委员会的职员应当编制详细留存或扣押财产清单，并将经确认的财产清单副本发给该留存或扣押物品的所有者、持有者或该所有者或持有者的代表人。

第一百一十三条 ［留存、扣押物品的保管］

当存在留存或扣押物品难以运输或储存的情形时，公平交易委员会职员可在征求该物品所有者、持有者或公平交易委员会职员认为适当的其他的人同意后，委托上述人员在出示一份信托收据的情况下储存这种物品。

第一百一十四条 ［返还留存、扣押物品］

（一）在留存或扣押物品不再需要保管持有时，公平交易委员会应当将其返还给应当返还的人。

（二）公平交易委员会由于不知道被返还人地址或住所或由于其他原因不能依照前款规定返还留存或扣押物品的，应就其结果发布公告。

（三）如果公告日后6个月内无人对前款规定的留存或扣押物品提出返还请求的，则该物品归国库所有。

第一百一十五条 ［报告调查结果］

公平交易委员会的职员应当在刑事案件的调查结束后向公平交易委员会报告调查结果。

第一百一十六条 ［检举后接管留存、扣押物品及清单］

（一）公平交易委员会根据对刑事案件的调查结果，依据本法第74条第1款规定进行检举时，如果有留存或者扣押物品，委员会应接管留存或扣押物品以及留存或扣留物品清单。

（二）若前款规定的留存或扣押物品是按照第113条的规定存储的，公平交易委员会应当根据该条所规定的信托收据接管这些物品并通知这些物品的保管人。

（三）在前两款规定的留存或扣押物品被接管的情况下，该物品即被视为依《刑事诉讼法》的规定没收。

第一百一十七条 公平交易委员会及其职员依本章规定实施行政行为和行政指导时，《行政程序法》第二章到第四章的规定不再适用。

第一百一十八条 ［上诉限制］

由公平交易委员会及其职员依本章规定采取的措施不可根据《行政复议审查法》提起上诉。

韩国规制垄断与公平交易法（2005 年）

第一章　总　　则

第一条　［目的］

本法的目的，是防止经营者滥用市场支配地位和经济力的过度集中，规制不正当的协同行为及不公平的交易行为，促进公平自由竞争，鼓励创造性的经营活动，保护消费者，确保国民经济的均衡发展。

第二条　［定义］

本法中使用的术语定义如下：

（一）“经营者”是指从事制造业、服务业以及其他行业的人。为经营者的利益而工作的高级职员、雇员、代理人及其他人，在适用关于经营者组织的规定时，视为经营者：

（一）之二　“控股公司”是指以通过持有股票（包括股权；以下同）来控制国内某一公司的业务并将此作为公司的主要业务，且其资产总额在《总统令》规定的金额以上的公司。其主要业务标准由《总统令》规定；

（一）之三　“子公司”是指由控股公司按照《总统令》规定的标准控制其业务的国内公司；

（一）之四　“孙公司”是指由子公司控制其业务，并且与子公司之间存在《总统令》规定的密切联系的国内公司。

（二）“企业集团”是指同一人按照以下各类的区分，依《总统令》规定的标准，实质上控制其业务的公司集团：

1. “同一人”是公司的情形，是指由此人及其控制的一个或一个以上的公司组成的企业集团；

2. “同一人”不是公司的情形，是指由此人支配的两个或两个以上的公司组成的企业集团。

（三）“附属公司”是指属于同一企业集团的两个或两个以上的公司之间的互称。

（四）“经营者组织”是指不论其组织形态如何，两个或者更多的经营者为促进共同利益而组成的法人或者联盟。

（五）“高级职员”是指董事、董事长、负无限责任的执行业务员、监事或者具有以上同等地位的人员，或者是经理等能够处理主要部门或者分支部门的一般性事务的商业雇员。

（六）“转售价格维持”是指经营者在商品或服务交易中，强制交易对方或其之后的各交易阶段的经营者以预先固定的交易价格销售商品或提供服务或者以此为目的附加约定规则或其他拘束条件进行交易的行为。

（七）“具有市场支配地位的经营者”是指特定的交易领域的供给者或者需求者，能够单独或者与其他经营者共同决定、维持或者变更商品或者服务的价格、数量、质量以及其他交易条件的占有市场支配地位的经营者。判断具有市场支配地位的经营者时，应综合考虑其市场份额、进入市场障碍的存在及程度、竞争经营者的相对规模等。但是，年销售额或者购买额不满

10 亿韩元的经营者除外。

（八）“特定交易领域”是指按照交易的客体、阶段和地域，存在或者可能存在竞争关系的领域。

（八）之二“实质性限制竞争行为”是指为了减少特定交易领域的竞争，按照特定经营者或者经营者组织的意图，对价格、数量、品质以及其他交易条件的决定产生影响或者可能会产生影响的行为。

（九）“信贷”指国内金融机构发放的贷款及其对公司债务的保证或接收。

（十）“金融业或者保险业”是指依《统计法》第 17 条（统计数据的分类）第 1 款的规定，由韩国国家统计局局长发布的韩国产业标准分类下的金融业和保险业。

第二条之二　［域外行为的适用］

任何发生在本国领域外的行为，如果对国内市场产生影响，应适用本法。

第二章　禁止滥用市场支配地位

第三条　［改善垄断或寡头垄断的市场结构］

（一）公平交易委员会应该针对长期存在垄断或者寡头垄断市场结构的商品和服务的供给或需求市场，制定并执行促进市场竞争的实施计划。

（二）公平交易委员会为执行第 1 项规定的实施计划，必要时，可以向有关行政主管机关的长官提出意见，如引入竞争或改善市场结构等必要措施。

（三）为了制定、促进第 1 项规定的实施计划，公平交易委员会应该调查市场结构并将结果予以公告。

（四）公平交易委员会依第 3 项的规定调查、公告市场结构时，可以要求经营者提供必要的资料。

（五）公平交易委员会依《总统令》的规定，可以将第 3 项和第 4 项规定的事务委托给其他机构。

第三条之二　［禁止滥用市场支配地位］

（一）具有市场支配地位的经营者不得实施以下任一行为（以下称“滥用行为”）：

1. 不合理地决定、维持或者变更商品或者服务的价格（以下称“价格”）的行为；
2. 不合理地控制商品的销售或者服务的提供的行为；
3. 不合理地干预其他经营者的经营活动的行为；
4. 不合理地阻碍新竞争者参与的行为；
5. 不正当地排除具有竞争关系的经营者，或者可能明显损害消费者利益的行为。

（二）滥用行为的类型与标准由《总统令》规定。

第四条　［对具有市场支配地位的经营者的推定］

在特定的交易领域中，市场份额符合以下各项规定之一的经营者，推定为第 2 条第 7 项规定的具有市场支配地位的经营者：

1. 一个经营者的市场份额达到 50% 或以上的；
2. 三个或三个以上经营者的市场份额合计达到 75% 或以上的。但是，该情形中市场份额不满 10% 者除外。

第五条　［纠正措施］

发生违反第 3 条之二规定的行为时，公平交易委员会可以命令该具有市场支配地位的经营者采取降低价格、中止该违法行为、公布该经营者收到纠正令的事实以及采取的其他必要纠正措施。

第六条　［课征金］

具有市场支配地位的经营者实施滥用行为时，公平交易委员会可以责令该经营者缴纳不超过《总统令》规定的销售额（对于《总统令》规定的经营者是指利润，以下同）的 3% 的课征金。但是，对于依《总统令》规定的，无销售额或者销售额难以计算的情形（以下称“无销售额的情形”），可以责令其缴纳不超过 10 亿韩元的课征金。

第三章　对企业结合的限制及对经济力集中的控制

第七条　［对企业结合的限制］

（一）任何人不得直接或通过《总统令》规定的具有特殊利益的人实施（以下称“特殊利害关系人”）下列任一行为（以下称“企业结合”）而实质性地限制特定的交易领域内的竞争。但是，资产总额或者销售额（指合并计算附属公司的资产总额以及销售额的规模）符合《总统令》规定的数额的公司以外的人（以下称为“大公司”），实施符合第 2 款规定的行为时例外：

1. 取得或者持有其他公司的股票；

2. 高级职员或者雇员（指高级职员以外的持续从事公司业务的人，以下同）兼任其他公司的高级职员职位（以下称“高级职员兼任”）；

3. 与其他公司合并；

4. 通过转让、租赁或者强制收受其他公司业务的全部或主要部分进行收购，或者通过转让用于其他公司业务的固定资产的全部或者主要部分进行收购（以下称“业务转让收购”）；

5. 参与新公司的设立，但是，符合以下各项规定之一时除外：

（1）特殊利害关系人（《总统令》规定的人除外）以外的人不参与新公司设立的情形；

（2）依《商法》第 530 条之二第 1 款的规定，参与依分立而设立公司的情形。

（二）对于公平交易委员会认为符合以下各项规定之一的企业结合，不适用本条第 1 款的规定。相关当事人应当证明其具备符合以下情形的要件：

1. 通过企业结合以提高效率，其影响超过因结合而导致限制竞争的消极影响；

2. 符合《总统令》规定的要件，与相当时期内资产负债表上的资本总额少于已缴资本等情况下的不可复苏的公司进行企业结合。

（三）任何人不得强行或者以其他不正当方式进行企业结合。

（四）企业结合符合以下各项规定之一时，推定为在特定的交易领域内实际地限制了竞争：

1. 参与企业结合的公司的市场份额（指所有附属公司所占市场份额的总和。本条以下同）的总和，属于以下各项类别之一的：

（1）相关公司的市场份额总和符合具有市场支配地位的经营者的推定要件；

（2）相关公司的市场份额总和在该相关交易领域内居第一位；

（3）相关公司的市场份额的总和与市场份额居第二位的公司（指在除该公司之外的公司之中居第一位的公司）的市场份额之间的差为各公司市场份额的总和的 25% 以上的。

2. 大规模公司直接或者通过特殊利害关系人进行企业结合，具备以下各项规定的要件：

（1）《中小企业基本法》中规定的中小企业，在其市场份额占不少于2/3的特定交易领域内进行企业结合；

（2）通过该企业结合，将拥有5%以上的市场份额。

（五）本条第1款规定的在特定交易领域内实质性地限制竞争的企业结合、依第2款的规定不适用第1款规定的企业结合、第3款规定的以强制性的和其他不正当的方法进行的企业结合的标准，可以由公平交易委员会规定并予以告示。

第七条之二 ［取得或者持有股份的标准］

本法规定的股份的取得或持有，应按股份的实际所有权来衡量，而非登记簿中所列的名字。

第八条 ［有关设立以及变更为控股公司的申报］

已设立控股公司或者变更为控股公司者，符合《总统令》所规定的条件时应当向公平交易委员会申报。

第八条之二 ［有关控股公司的限制性规定］

（一）本条款中使用的术语定义如下：

1. “合营企业”是指由于两个以上持有相当股份的股东（指与特殊关系人有关系的股东之间，除《总统令》规定的特殊关系人以外的所有股东应被视为一个人）能够以合同或者其他类似方法影响经营活动的管理以及严格限制出资股份最高额，使得其股东间股份流转困难的企业（除由特殊关系人中的个人所投资的企业以外，但不排除由《总统令》规定的特殊关系人）；

2. “风险控股公司”是指依《关于风险企业培育的特别措施法》中第2条（定义）第1款的规定，并符合《总统令》规定的标准将其所投资公司作为子公司的控股公司。

（二）控股公司不得实施下列行为：

1. 保有超过资本总额（指资产负债表中的资产总额中减去负债额的金额，以下同）的负债额的行为，但是公司设立或者变更为控股公司时具有超过资本总额的负债额的情形发生时，自设立或者变更之日起2年内，该公司可以保有超过资本总额的负债额；

2. 持有未满子公司发行股票总数的50%的行为（该子公司为《证券交易法》规定的股票上市公司或者社团登记法人或合营企业的，为30%，该子公司为风险企业控股公司的子公司的，为20%，以下同，“持有子公司股份的标准”），但是，属于以下各项情况之一的，若不符合持有子公司股份的标准，不适用该条款：

（1）公司设立或者变更为控股公司之时，自设立或变更之日起持有子公司的股份不符合标准的情况不满2年的；

（2）依据《证券交易法》的规定公司在证券市场上市或在协会进行登记的，或者合营企业的子公司所持有的股票数不符合标准的，且该情况不满1年的；

（3）原为风险控股公司，现因不再属于控股公司而不符合持有附属公司股份的标准不满1年的；

（4）依据《证券交易法》第191条之七（向职工持股计划中的成员优先发行）的规定子公司根据职工持股计划首次派发股份，因行使新股优先购买权或者请求担保债券的转换或者根据第516条之二（附担保的公司债券的发行）要求可转换债券的转换，未达到对附属公司控股的标准的情况不满1年的；

（5）非子公司的公司不符合股份所有权标准并已经成为子公司的情况不满1年的；

（6）子公司在脱离母公司过程中，不符合子公司持股标准的，该情形不满 1 年的（将其限定在 1 年内不重新成为子公司的情形）；

3. 持有除子公司外的一国内公司的股票超过已发行股份总额的 5% 的行为（对于控股公司，在除子公司以外的国内公司中，其股价总额不到子公司股价总额的 15% 的，不适用本条款）或者持有国内附属公司除子公司以外的股票的行为。但是，除子公司以外的国内公司或者国内附属公司由于以下原因之一持股的除外：

（1）公司变更为控股公司，或者在设立时实施了本条所规定的行为，并且自变更或者设立为控股公司之日起不满 2 年的；

（2）在使得除附属公司以外的公司成为附属公司的过程中，该公司实施本款规定的行为仍不满 1 年的（仅限定于在相同期限内成为子公司的情形）；

（3）该公司持有一国内附属公司的股票，但该附属公司不属于该公司所有，在使得该国内附属公司成为其子公司的过程中，并且自其持有该国内附属公司股票之日起 1 年内的（仅限于该国内附属公司将成为其子公司的情形）；

（4）在脱离母公司的过程中，该公司自相关子公司脱离之日起 1 年内的。

4. 持有从事金融业或者保险业的子公司的股票的控股公司（以下称“金融控股公司”），持有从事金融业或者保险业的公司（包括与金融业或者保险业有密切关联的、符合《总统令》规定的标准的公司）外的国内公司的股份的行为。但是，变更为金融控股公司或设立金融控股公司时，持有经营金融业或保险业的公司以外的国内公司的股份的，自变更或设立之日起 2 年之内，可以持有该国内公司的股份；

5. 金融控股公司以外的控股公司（以下称“一般控股公司”），持有经营金融业或者保险业的国内公司的股票的行为。但是，变更为一般控股公司或设立一般控股公司时，持有从事金融业或保险业的国内公司的股份的，自变更或设立之日起 2 年之内，可以持有该国内公司的股份。

（三）控股公司的子公司不得实施下列行为：

1. 持有的股份少于孙公司所发行股份总额的 50% 的行为（依据《证券交易法》的规定，孙公司成为上市公司，交易协会中的注册公司或者合资经营企业的，则应为 30%。以下同，“持有孙公司股份的标准”）；但是，不符合持有孙公司股份的标准的孙公司符合以下情形之一的，不适用该条款：

（1）该公司成为子公司时，其所持有的孙公司的股份尚未达到上述标准，且该情形自其成为子公司之日起不满 2 年的；

（2）依据《证券交易法》的规定该公司成为上市公司、并在交易协会中的注册的公司，或者孙公司不再属于该情况的，因此符合持有孙公司股份的标准，且处于该情形不满 1 年的；

（3）依据第 191 条之七的规定孙公司新发行或出售股份时，按照职员持股计划发行股份，或者依据《商法》第 513 条或者第 516 条之二的规定，有要求可转换公司债券或附担保公司债券的，或者通过行使优先认股权以限制控制孙公司的时间的，且处于该情形不满 1 年的；

（4）成为孙公司时，不符合持有孙公司股份的标准，且处于该情形不满 1 年的；

（5）成为孙公司以前，不符合持有孙公司股份的标准，且处于该情形不满 1 年的（仅限于在相同期限内其不再是孙公司的情形）。

2. 除孙公司外，持有国内附属公司股份的任何行为：但是，由于以下原因持有该股份的国内附属公司除外：

（1）成为子公司时持国内附属公司的股份自成为子公司之日起不满2年的；

（2）将除附属公司以外的公司成为孙公司的情形，自成为附属公司之日起不满1年的（仅限于在相同期限内公司成为孙公司的情形）；

（3）处于使得没有股份的国内附属公司成为孙公司的过程中，自持有该附属公司股份之日起不满1年的；

（4）处于使得孙公司摆脱成为孙公司的过程中，自孙公司不再处于该状态时不满1年的（仅限于在相同期限内该公司没有成为附属公司的情形）。

（四）与非金融控股公司的孙公司相关的企业不得持有国内附属公司的股份。但是，由于以下原因之一而持有股份的国内附属公司除外：

1. 成为孙公司时，持有股份的国内附属公司自成为孙公司之日起不满2年的；

2. 不是附属公司但是持有股份的国内公司成为附属公司，自其成为附属公司之日起不满1年的。

（五）控股公司依《总统令》的规定，应当向公平交易委员会提交有关该控股公司、其子公司，以及孙公司的股份持有状况、财务状况等经营活动内容的报告。

第八条之三　［对限制承担债务担保的大规模企业集团设立控股公司的限制］

控制依第14条第1款的规定的限制债务担保的企业集团所属的公司的同一人或者该同一人的特殊利害关系人，欲设立控股公司或者变更为控股公司时，对于依第10条之二规定的现有的债务担保，若符合以下各项规定之一的，应当解除：

1. 控股公司及其子公司之间的债务担保；

2. 控股公司和其他国内附属公司（该控股公司支配的子公司除外）之间的债务担保；

3. 子公司相互间的债务担保；

4. 子公司与其他国内附属公司（支配该子公司的控股公司以及该控股公司支配的其他子公司除外）之间的债务担保。

第九条　［交叉持股的禁止］

（一）任何属于企业集团的公司，且该集团是根据第14条第1款的规定所规定的，同时其资产总额符合《总统令》规定的标准的（以下称符合有关交叉持股限制性规定的企业集团），不得取得或者持有已经取得或者持有自己的股票的附属公司的股票。但是，符合以下各项规定之一者例外：

1. 公司的合并，或者转让全部营业的收购；

2. 担保权的行使，或者债务清偿协议的达成。

（二）依本条第1款但书的规定进行交叉持股的公司，应当在自取得或者持有该股票之日起6个月内，处分该股票。但是，取得或者持有自己的股票的附属公司处分该股票时例外。

（三）依有关交叉持股的限制性规定属于企业集团的公司以及依《支持中小企业设立法》规定的中小企业创业投资公司属于企业集团的公司的，不得取得或者持有国内附属公司的股票。

第十条　［出资总额的限制］

（一）属于因资产总额、金融结构、附属公司的数量、法人所有权以及治理结构等符合《总统令》所规定的标准而按第14条第1款规定所指定的企业集团（以下称“限制出资总额的企业集团”）的公司不得取得或者持有超过该公司的净资产额的25%的金额（以下称“出资限额”）的其他国内公司的股票。但是，符合以下各项之一的情形除外：

1. 该公司对比另一国内公司所发行的股票总数在其可以取得或持有的股票比例范围内取得或者持有该国内公司新发行的股票的。该情形应限于自取得或持有之日起 2 年内。

2. 该公司以行使担保权或达成和解和清偿协议的方式取得或者持有另一国内公司的股票的。该情形应限于自取得或持有股票之日起 6 个月内。

3. 依《外资投资促进法》规定的外国人投资企业中，一个外国人（包括根据《外资推广法》的第 2 条第 1 款第 4 项 b 的规定处于资本出资关系的企业和根据《外资推广法》第 6 条的规定，与该外国人或依《外资推广法》第 2 条第 1 款第 4 项 b 的规定的处于资本出资关系的企业存在特殊关系的特殊关系人）取得或者持有保有发行股份总数的 10% 以上的股票的公司之股份的情形。在此情形下，该情形限于自取得或者持有之日起 5 年内。但是，外国人保有的股份比例未满该公司发行股票总数的 10% 的情形，限于自未满之日起 6 个月内。

4. 公司为中小型公司的技术合作、法人重组而取得或者持有股份而开展与中小型公司的技术合作，依《总统令》的规定增强该产业中企业的竞争力和国际竞争力的，如《产业发展法》的第 7 条规定的新产业，且该公司符合《总统令》规定的条件的。

5. 该公司以变更为控股公司或者通过取得、持有或者处分股票、减少或增加资产使其不再成为控股公司为目标取得或持有的股票超过出资限额，且该行为符合《总统令》规定的要件的。但是，该公司可能取得或持有该股票的期限应自取得或持有之日起至与其对应的营业年度末止。若变更为控股公司或者非控股公司的其他公司需要一定的时间的，且有正当理由的，公平交易委员会可以将此期限延长至下一个营业年度。

6. 该公司持有属于任何以下各项情形之一的公司的股票，且按照以下各项程序完成的。该情形应限于自程序结束之日起 6 个月内：

（1）已经启动了公司重组的程序并且依据《公司重组法》正在进行重组的公司；

（2）已经启动了和解程序并且依据《和解法》正在进行和解的公司；

（3）依据《破产法》被宣判破产后程序正在进行中的公司；

（4）已经启动了整顿程序并且依据《企业重组促进法》第 12 条第 1 款第 1 ~ 3 项的规定正在进行整顿的公司。

（二）本条第 1 款中除各项规定外按照其主要部分的规定，所指的净资产额应是按照以下方法计算的金额：

1. 通过从上一营业年度的资产负债表所显示的资本总额和股本总额二者较大的数额中减去附属公司在上一营业年截止日时的股权投资额（指所持股票数乘以每股面值的金额）的金额；

2. 新设立的公司，若无上一年度的资产负债表时，则为设立时缴纳的资本金中减去附属公司对该公司的出资金额的金额；

3. 依本款第 1 项及第 2 项规定的情形，在上一营业年度的结业日后或者在公司成立日后，因发行新股、合并或者转换公司债而使资本的总计增加时，则为在其增加后的资本的总计中减去附属公司对该公司的出资金额的金额。

（三）本条第 1 款中除各项规定外按照其主要部分的规定取得或者持有的股票的价额，以取得时价格为标准进行计算。但是，在取得时该价额包括必须向政府缴纳的出资的，则为取得时的价额中减去该出资金额的金额。

（四）依据本条第 1 款之规定，发生公司净资产额减少（因取得自有股份，使净资产额减少的情形除外。以下同）并少于出资限额、或者已经超过的金额扩大的情形，自净资产减少之日起2年内，对于以下各项中数量少的一项金额，视为出资限额。该期间过后，公司的净资产额再次减少的情形亦同：

1. 从净资产额减少之日起对另一国内公司的出资额；

2. 在净资产额尚未减少时计算出的出资限额。

（五）因发生本条第2款第3项规定的净资产额增加的情形，致使出资限额超过在第4款规定的出资限额时，不适用第4款的规定。

（六）属于限制总投资额的企业集团的公司取得或持有的股票属于下列各项情形时，该股票被视为本条第1款中各项所规定的另一国内公司的股票：

1. 取得或持有以《民间参与基础设施法》第4条第1款到第3款规定的模式从事私人投资项目的公司的股票的，该情形应限于自取得或持有之日起20年内。但是，公平交易委员会认为必要时，如该段时间加上上述私人投资项目的建设期和无偿使用期而超过20年的，该期限可以延长，但延长期限不得超过10年。

2. 为收购符合以下各项情况之一的公司而取得或持有该公司的股票的：

（1）《政府投资管理机构基本法》的第2条规定的政府投资机构；

（2）《加强公用企业治理结构和民营化法》第2条规定的公司；

（3）《总统令》规定的政府资助组织；

（4）（1）至（3）项中规定的公司的附属公司。

3. 取得或持有符合《总统令》规定标准的公司的股票，即使该公司实施与本条各项外其他部分的条款规定的公司类似的营业，或与上述公司的营业内容有密切联系的。

4. 取得或持有国家或者地方取得或持有的不低于其发行股票总数的30%的公司的股票的。其中，国家或地方政府对该公司的持股比例低于30%时，该情形应限于自上述日期起6个月内。

5. 取得或持有根据被认定为协作经营者的公司，且销售额比例等符合《总统令》规定标准的公司的股票。

（七）本条第1款的规定不得适用于符合以下各项情况之一的公司：

1. 开展金融或保险业务的公司；

2. 控股公司、子公司和孙公司；

3. 依《公司重组法》规定的公司重组程序或者依《和解法》规定的和解程序已经启动并在进行中的公司，或者依《公司重组推广法》第12条第1款第1项到第3项的规定整顿程序已经启动并在进行中的公司；当各程序结束时，该情形应限于自程序结束之日起1年内；

4. 为了确保管理活动和透明的决策制定过程的顺利进行，设有《总统令》规定的关于董事、董事会、股东会的监督和控制机制的公司。

第十条之二　［对于附属公司债务担保的禁止］

（一）所属于符合《总统令》规定的标准的企业集团的，例如其总资产超过一特定规模，和第14条第1款（以下称“对债务担保进行限制的企业集团”）所规定的公司（经营金融业或者保险业的公司除外。以下同），不得对其国内附属公司进行债务担保。但是，符合以下各项规定之一的债务担保除外：

1. 与按照《特殊税收限制法》规定的合理化计划或标准被并购的公司的债务有关的担保；

2. 删除；

3. 必要时为提高企业的国际竞争力而发生的，或依《总统令》的规定而发生的债务的担保。

（二）本条第 1 款中“债务担保”，是指与符合以下各项规定之一的国内金融机构的信贷有关的、所属于对债务担保有限制的企业集团的公司对国内附属公司作出的担保：

1.《银行法》规定的金融机构和韩国发展银行、韩国进出口银行、长期信贷银行以及韩国产业银行；

2.［删除］

3.《保险业法》规定的保险公司；

4.《证券交易法》规定的证券公司；

5.《商业银行法》规定的商业银行公司；

6.《总统令》规定的其他金融机构。

第十条之三　［删除］

第十一条　［金融或保险公司的表决权限制］

所属于限制交叉持股的企业集团的金融或保险公司，对于其所取得或者持有的国内附属公司的股票，不能行使表决权。但是，以下情形除外：

1. 为经营金融业和保险业而取得或者持有股票的；

2. 为实现保险资产的高效运用、管理，通过获得《保险业法》中规定的批准而取得或者持有的股票的；

3. 相关国内附属公司（限于依《证券交易法》规定的上市公司或者社团注册登记公司）的股东大会对以下各类事项通过决议的。其中，来自金融保险公司中有表决权的股票的数量不得超过上述附属公司所发行的股票总数的 50%，包括在与上述附属公司有特殊关系的人中除《总统令》规定的人以外的人所持有的股票数：

（1）高级职员的任免；

（2）公司章程的修改；

（3）上述附属公司与另一公司的合并，或者全部或部分营业向另一公司的转让。

第十一条之二　［大规模内部交易的董事会决议和公示］

（一）所属于符合《总统令》规定的标准的企业集团的公司（以下称“内部交易公示对象公司”），例如总资产额超过特定的规模的，以特殊关系人为相对人或者为了特殊关系人，欲实施《总统令》规定的规模之上的、符合以下各项规定之一的交易行为（以下称“大规模内部交易”）时，应当在董事会通过决议之后立即公示该意向。此公司欲变更本条第 2 款规定的主要内容时亦同：

1. 提供或者进行交易预付金或借款等资金的行为；

2. 提供股票和公司债券等有价证券并进行交易的行为；

3. 提供不动产和无形财产权等资产并进行交易的行为。

（二）内部交易公示对象公司依第 1 款规定进行公示时，其公示应当包括交易的目的、相对人、规模与条件等《总统令》规定的内容。

（三）公平交易委员会可以将本条第 1 款规定的与公示有关的业务委托给依《证券交易法》第 186 条规定的负责接收申报的机构。其公示的方法、程序和其他必要事项，由公平交易委员会经与受委托的申报接收机构协商后作出决定。

（四）经营金融业或者保险业的内部交易公示对象公司，依条款进行定型化交易、实施符合《总统令》规定的标准的交易行为时，可以不依本条第 1 款的规定、不必经董事会决议。但其交易内容应当公示。

第十一条之三　[非上市公司重要信息的披露]

（一）属于符合资产总额应在一定限额以上等符合《总统令》规定的标准的企业集团的公司（除从事金融或保险经营活动的公司外），以及除依《证券交易法》第2条规定的上市公司和社团登记公司以外的公司，应该对以下各项进行披露。但符合本法第11条之二规定的除外：

1. 依《总统令》的规定，有关法人所有权和治理结构的重要事项，如股份持有状况、最大和主要股东（《证券交易法》第188条第1款规定的人）以及业务经理的变更；

2. 因资产和股权收购、转让、提供担保、债务的放弃或承担等所有由《总统令》的规定的，导致法人财务结构重要变化的活动；

3. 因经营转让、转让收购、合并与收购、股权转换等所有由《总统令》的规定的，导致经营活动重要变化的活动。

（二）对于本条第1款规定的信息披露，适用于本法第11条之二的第2款和第3款的规定。

第十二条　[企业结合的申报]

（一）资产总额或者销售额的规模符合《总统令》规定标准的公司（属于第3款规定的企业结合的情形的，限于大规模公司；本条以下称“企业结合申报对象公司”）或者企业结合申报对象公司的特殊利害关系人参与到符合以下各项对于由《总统令》规定其资产总额或者销售额的对方企业的规定之一的企业结合之中时（本条以下称“对方公司”），应当依《总统令》规定向公平交易委员会申报。企业合并申报对象公司以外的公司符合对方公司的规模并进行符合以下各项规定之一的企业合并时亦同：

1. 持有其他公司的已发行股票总数（依《商法》第370条的规定无表决权的股票除外。以下同）不少于20%（依《证券交易法》规定的股票上市公司或者协会注册登记的公司的，为15%）的情形；

2. 依据上述第1项的规定在申报企业结合以后，通过另外取得公司股份成为最大的股东的情形；

3. 连锁董事会的情形（除附属公司间互任经理的情形）；

4. 实施第7条第1款第3项或第4项规定的行为的情形；

5. 取得新成立公司的股票不少于20%的情形。

（二）依本条第1款中分别规定的企业结合申报对象公司及其对方公司，其资产总额或税收额应为自企业结合开始前一日至结合完成之日一直保有附属公司地位的公司的资产总额或税收额。但是，依第7条第1款第4项规定的经营活动的转让发生时，出让方的资产总额和销售额（包括营业的租赁、企业的委托管理以及用于营业的固定资产的转让）为不加入附属公司资产总额或销售额的金额。

（三）不拘于第1款各项之外的部分规定、符合以下各项规定之一的企业结合，但符合该款第1项或者第5项的规定从申报对象中除外：

1. 依《中小企业创业扶持法》第2条第4、5款规定的中小企业创业投资公司或者中小企业创业投资组合，和该条第2款规定的创业者或者风险企业进行企业结合的；

2. 依《特殊信贷金融业法》第41条第1、3款规定的风险资本家或风险业投资协会和依《韩国技术信贷担保基金法》第2条第1款规定的新技术经营者进行企业结合的；

3. 依《资产管理企业法》企业结合申报对象公司与投资公司（除《资产管理企业法》第

142 条第 1 款规定的进行企业收购的证券投资公司）进行企业结合的。

（四）有关中央行政机构的长官依有关法律的规定，就该企业结合事先与公平交易委员会进行协商的，不适用本条第 1 款的规定。

（五）对本条第 1 款第 1、2 项或第 5 项规定的持有或者取得的股票比率进行核算时，合并计算该公司的特殊利害关系人持有的股票。

（六）依本条第 1 款规定的企业结合的申报，应当在该企业结合开始之日起 30 日内进行。但是，在依第 1 款第 1、2、4 项与第 5 项的规定进行企业结合的公司中，有一个以上的公司为大规模公司的，依《总统令》自合并合同缔结之日起 30 日内，应当申报该项企业结合。

（七）依本条第 6 款的但书规定应当进行申报者，申报后 30 日内，不得进行合并事实登记、履行营业受让合同和取得股票等行为。但是，公平交易委员会认为必要时，可以缩短该期间，或者在自该期间届满之日起计算的 90 日范围内予以延长。

（八）依本法第 7 条第 1 款的规定进行企业结合者，即使在本条第 6 款规定的申报期间之前，亦可要求公平交易委员会对于该行为是否属于实质性地限制竞争行为作出决定。

（九）根据本条第 8 款被要求作出决定后，公平交易委员会应当在 30 日内将其决定通知相关公司。但是，公平交易委员会认为必要时，可以在自该期限届满之日起计算的 90 日内予以延长。

（十）本条第 1 款规定的申报义务人为两个公司以上的，应当共同申报。但是，公平交易委员会依《总统令》的规定、指定申报义务人所在的企业集团所属的公司中的一个公司为企业结合的申报代理人（以下各条中称“代理人”）并且由该代理人进行申报的情形例外。

第十三条 ［有关股份持有状况的申报］

（一）限制交叉持股的企业集团、限制出资总额的企业集团、或者限制债务担保的企业集团所属的公司，依《总统令》的规定，应向公平交易委员会申报关于其股东股份持有状况、财务状况以及持有其他国内公司股份的状况。

（二）限制债务担保的企业集团所属的公司，应当依《总统令》的规定获得国内金融机构对关于国内附属公司的债务担保状况的确认，并向公平交易委员会申报。

（三）对于本条第 1 款与第 2 款中规定的申报，准适用第 12 条第 10 款的规定。

第十四条 ［限制交叉持股企业集团的指定等］

（一）公平交易委员会应按照《总统令》规定的条件，指定限制交叉持股的企业集团、限制出资总额的企业集团或限制债务担保的企业集团（以下称为“限制交叉持股的企业集团等”），并向属于该集团的公司发出通知。

（二）本法第 9 条至第 11 条以及第 13 条的规定，自接到本法本条第 1 款规定的通知之日起适用。

（三）不拘于本条第 2 款的规定，依本条第 1 款的规定指定为限制交叉持股的企业集团等，并收到上述相互出资限制企业集团等指定通知的公司，或者根据第 14 条之二第 1 款规定并入限制交叉持股的企业集团等的附属公司，且收到上述限制交叉持股的企业集团等指定通知的公司，自收到该通知时起，发生违反第 9 条第 1 款或者第 3 款，第 10 条第 1 款或者第 10 条之二第 1 款的规定的情形时，对于该违法行为，应按照以下各类情形加以处分：

1. 对于公司违反本法第 9 条第 1 款或第 3 款规定的（包括正发行已经取得或者持有股票的公司并入新的附属公司并违反本法第 9 条第 3 款规定的），自指定日或者加入日起 1 年内不适用本项规定。

2. 对于公司违反第 10 条第 1 款规定的，自指定日或者加入日起 1 年内，对指定日或者加入日的股份总额视为出资限额。但是，因净资产额增加，出资限额超过被视为出资限额的金额时，不适用同项的规定。

3. 对于公司违反第 10 条之二第 1 款规定的情形（包括正接受债务担保的公司加入新的附属公司并将实施违法行为的情形），自指定日或者并入日起 2 年内不适用同项的规定。但是，根据各项之外的部分的规定的公司，根据《关于债务人重整及破产法》开始重整程序的情形下，至重整程序终止之日时止；根据各项之外的部分的规定的公司，对开始重整程序的公司提供债务担保的情形下，对于该债务担保，至受到债务担保的公司的重整程序终止日时止，均不适用同项规定。

（四）在评估可能的本法本条第 1 款规定的企业集团的指定时，公平交易委员会可以要求公司或者该公司的特殊利害关系人提交必要的资料。

（五）所属于限制交叉持股的企业集团的公司（上一会计年度结束时资产总额未满《总统令》规定的金额，且处于清算期或者停业期超过 1 年的公司除外）应当接受注册会计师的会计审计，并且公平交易委员会应使用按照注册会计师的审计意见修订的资产负债表。

第十四条之二 ［附属公司的并入与除外］

（一）将一公司并入大规模企业集团或者应当从大规模企业集团中排除的事由发生时，公平交易委员会因该公司（包括该公司的特殊关系人。以下本条中同）的请求或者依职权，对该公司是否属于附属公司作出判断，并且决定将其并入附属公司或者从附属公司中排除。

（二）公平交易委员会认为必要时，可为作出依第 1 款的规定的决定要求该公司提交关于股东和董事构成、债务担保状况、资金状况、交易以及其他相关内容的资料。

（三）公平交易委员会收到依第 1 款作出的决定的请求后，应当在 30 日内将决定结果通知请求人。但是，公平交易委员会认为必要时，可以延长该期间，但该期间不得超过 60 日。

第十四条之三 ［附属公司的并入、通知日的拟制］

对于收到依本法第 14 条第 4 款以及第 14 条之二第 2 款规定的要求书的公司无正当理由拒绝提交资料或者提交虚假资料，即应当并入限制交叉持股的企业集团也置之不顾且不并入的情形，公平交易委员会于《总统令》规定之日视为该公司并入限制交叉持股的企业集团并予以通知。

第十四条之四 ［对于主管机构的资料的确认要求］

为了实施本法第 9 条至第 11 条、第 13 条至第 14 条之二的规定，公平交易委员会认为必要时，可以要求以下各项规定的机构确认或调查所属于限制交叉持股等的企业集团的国内附属公司的股东股份持有现况，以及有关债务担保的资料，关于提供预付金、借款及其担保的资料，关于交易和提供不动产的资料及其关于其他必要事项的资料：

1. 依《金融监督机构设立法》设立的金融监督机关；
2. ［删除］
3. 依本法第 10 条之二第 2 款各项规定之一设立的国内金融机构；
4. 其他依《总统令》的规定设立的、与金融或者股票交易有关的机构。

第十五条 ［规避法律的禁止］

（一）任何人不得规避第 7 条第 1 款与第 3 款、第 8 条之二第 1 款与第 2 款、第 8 条之三、第 9 条、第 10 条第 1 款、第 10 条之二第 1 款以及第 11 条等规定的适用。

（二）本条第 1 款规定的规避法律的行为的类型和标准，由《总统令》规定。

第十六条　［纠正措施］

（一）发生违反或者将要违反第 7 条第 1 款与第 3 款、第 8 条之二第 2 款和第 4 款、第 8 条之三、第 9 条、第 10 条第 1 款、第 10 条之二第 1 款、第 11 条或第 15 条等规定的情形，对于该公司（指违反第 7 条第 1 款第 1 项或第 5 项的规定进行企业结合的公司）或者违法者，公平交易委员会可以指令其采取以下各项规定的纠正措施。该情形中，若接到第 12 条第 6 款但书规定的申报，应当适用第 12 条第 7 款关于期间的规定：

1. 中止有关行为；
2. 处分全部或者部分股票；
3. 辞去高级管理人员；
4. 转让业务；
5. 取消债务担保；
6. 公布收到纠正令的事实；
7. 为防止因企业结合而产生竞争限制的不利后果而限制营业方式或营业范围；
8. 其他纠正违法行为的必要措施。

（二）违反第 7 条第 1 款和第 3 款、第 8 条之三、第 12 条第 7 款的规定，进行公司合并或者设立公司的，公平交易委员会可以提起该公司的合并或者设立无效之诉。

第十七条　［课征金］

（一）对于违反第 9 条和第 10 条第 1 款的规定取得或者持有股票的公司，公平交易委员会可以责令其缴纳金额为不超过其通过违法行为取得或者持有的股份所取得价额的 10% 的课征金。

（二）对于违反第 10 条之二第 1 款的规定进行债务担保的公司，公平交易委员会可以责令其缴纳金额为不超过该违法的债务担保金额的 10% 的课征金。

（三）［删除］

（四）对违反第 8 条之二第 2 款或第 4 款规定的公司，公平交易委员会可以责令其缴纳金额为不超过以下各项规定的金额的 10% 的课征金：

1. 违反第 8 条之二第 2 款第 1 项规定的，课征金金额为《总统令》规定的资产负债表中（以下在本项中称为“标准资产负债表”）超过总资产额的负债额；

2. 违反第 8 条之二第 2 款第 2 项规定的，应按以下公式计算课征金金额：

子公司股票的账面金额的合计金额 ×（以下各项中的比率 – 子公司的股票持有比率）× 子公司的股票持有比率

（1）上述子公司依《证券交易法》的规定为上市公司、社团登记法人或者合营企业的，比率为 30%；

（2）上述子公司为风险控股公司的子公司的，比率为 20%；

（3）不属于（1）和（2）的，比率为 50%；

3. 违反第 8 条之二第 2 款第 3 项或第 5 项，和第 3 款第 2 项或第 4 项规定的，课征金金额应为通过该违法行为而持有股份的资产负债表中的账面金额的合计金额；

4. 违反第 8 条之二第 3 款第 1 项的，应按以下公式计算课征金金额：

孙公司股票的账面金额的合计金额 ×（以下各项中的比率 – 孙公司的股票持有比率）× 孙公司的股票持有比率

（1）上述孙公司依《证券交易法》的规定为上市公司、社团登记法人或者合营企业的，比率应为30%；

(2) 上述孙公司不属于（1）的，比率应为50%。

第十七条之二 ［纠正措施等的特殊情况］

（一）被指定为限制持股总额的企业集团的附属公司，或者作为附属公司并入限制持有其他国内股份总额的企业集团的公司，于指定之日或者并入之日取得或者持有超过出资限额的其他国内公司的股份，且该取得或持有期间超过1年或在指定之日或并入之日取得或者持有的股份的持有期间超过第10条第1款规定的出资总额限制的例外被认定的期限下，不适用第16条和第17条的规定，公平交易委员会可以对超过该出资限额而取得或持有的股份作出禁止行使表决权的指令。

（二）根据本条第1款的规定，收到禁止行使表决权指令的公司（以下称为"对象公司"）自收到禁止指令之日起1个月至《总统令》规定的期限之内向公平交易委员会申报关于禁止行使表决权的指令对象股票的详细情况。

（三）对象公司未在本条第2款规定的期限内对禁止行使表决权的指令对象股票的详细情况进行申报的，公平交易委员会可以根据《总统令》的规定依职权对无法行使表决权的股票作出决定。

（四）根据《总统令》的规定，对象公司应对根据本条第2款的规定向公平交易委员会申报的或根据本条第3款的规定由公平交易委员会依职权决定的禁止指令的对象股票的详细情况作出公开申报。

（五）公平交易委员会对违反根据本条第1款规定的禁止行使表决权的指令而行使表决权的公司可以收取不超过行使表决权的股票的取得价格乘以10%的金额的课征金。

第十七条之三 ［强制履行金］

（一）对于因违反第7条第1款与第3款的规定而接受第16条规定的纠正措施后、在该规定的期间内不履行该纠正措施者，公平交易委员会可以责令其缴纳金额为每日不超过以下各项规定的金额的0.03%的强制履行金。但是，对于依第7条第1款第2项的规定进行企业结合者，可以责令其缴纳金额为每日不超过200万韩元的强制履行金。

1. 对于第7条第1款第1项或第5项规定的企业合并，为取得或者持有股票的账面金额和接受的债务的合计金额；

2. 对于第7条第1款第3项规定的企业结合，为作为合并和接受的债务之补偿交付的股票的账面金额；

3. 对于第7条第1款第4项规定的企业结合，为受让营业的金额。

（二）关于强制履行金的赋课、缴纳、征收和返还等必要事项，由《总统令》规定。但是，对于滞纳的强制履行金，按照国税滞纳处分政策征收。

（三）公平交易委员会可以委托国税厅长负责本条第1款与第2款规定的强制履行金的征收和滞纳处分的业务。

第十八条 ［纠正措施的执行遵守］

（一）收到第16条第1款规定的股票处分指令的公司，自接到该指令之日起，对该股票不能行使表决权。

（二）对于违反第9条的规定进行交叉持股的公司，自收到纠正措施指令之日起至违法状态解除时止，对该全部股票不能行使表决权。

（三）对于违反第10条第1款规定的公司，公平交易委员会依第16条第1款第2项的规定发出股票处分指令时，若尚未确定该被处分的股票的，收到该指令的公司应当自收到命令之日起 10 日内，将不行使表决权的股票的详细情况向公平交易委员会作出申报。该情形中，该公司若不遵照第 1 款的规定的，自收到指令之日起 10 日后，对于已向公平交易委员会作出申报的股票，不能行使表决权。

（四）公平交易委员会在本条第 3 款规定的期间内未收到申报，依《总统令》的规定，可以对该公司不能行使表决权的股票进行指定。

第四章　对不正当的协同行为的限制

第十九条　［对不正当的协同行为的禁止］

（一）经营者不得以合同、协议、决定以及其他任何方法，与其他经营者共同实施或者使得其他经营者以同样的方法实施不正当的限制竞争的、符合以下各项规定之一的行为（以下称“不正当协同行为”）：

1. 固定、维持或者变更价格的行为；
2. 决定商品或者服务的交易条款和条件，或者决定支付其对价的行为；
3. 限制商品的生产、交付、运输和交易或者限制服务交易的行为；
4. 限制交易或者消费者地域的行为；
5. 妨害或限制用于商品生产或提供服务所必需的设施的新建或者增设或设备安装的行为；
6. 限制在生产或交易商品或服务过程中的商品或服务的种类或规格的行为；
7. 共同经营和管理营业的主要部分的行为，或者以共同经营或管理营业的主要部分为目的而设立公司的行为；
8. 除以上第 1 项到第 7 项规定的行为外，通过妨害或限制其他经营者的经营活动或者经营内容，在特定交易领域内，实质性地减少竞争的其他行为。

（二）以下列各项规定之一的目的实施的不正当的协同行为，符合《总统令》规定的要件并得到公平交易委员会的批准时，不适用本条第 1 款的规定：

1. 产业合理化；
2. 研究、技术开发；
3. 克服经济萧条；
4. 产业结构的调整；
5. 交易条件的合理化；
6. 提高中小企业的竞争力。

（三）与本条第 2 款规定的批准的标准、方法、程序相关的政策以及批准事项的变更等有关的必要事项，由《总统令》规定。

（四）经营者之间达成的、实施本条第 1 款规定的不正当协同行为的合同无效。

（五）两个或两个以上的经营者实施本条第 1 款中各项所列行为，实质地限制了某一特定领域竞争的，即使在实施该行为时，经营者之间并没有明确的协议，也应推定其已经实施了不正当协同行为。

第二十条　［删除］

第二十一条　［纠正措施］

发生违反第 19 条第 1 款规定的不正当的协同行为时，公平交易委员会可以指令该经营者中止该行为、公布收到纠正令的事实或者采取其他纠正措施。

第二十二条 ［课征金］

对于违反本法第 19 条第 1 款的规定、实施不正当的协同行为的经营者，公平交易委员会可以责令其缴纳不超过《总统令》规定的销售额的 10% 的课征金。但是，对于无销售额的情形，可以责令其缴纳不超过 20 亿韩元的课征金。

第二十二条之二 ［对于申报者处罚的减轻或者免责］

（一）对于符合以下各项规定之一的企业，可以减轻或者免除本法第 21 条规定的纠正措施或者第 22 条规定的课征金：

1. 对不正当的协同行为进行申报的公司；
2. 以提供证据的方法协助进行调查的公司。

（二）本条第 1 款规定的对于减轻或者免除公司的范围和减轻或者免除的标准、程度等必要事项，由《总统令》规定。

第五章　不公平交易行为的禁止

第二十三条 ［不公平交易行为的禁止］

（一）经营者不得实施符合以下各项规定之一、可能妨碍公平交易的行为（以下称“不公平交易行为”），也不得使附属公司或者其他经营者能够实施以下行为：

1. 不正当地拒绝交易或者区别对待交易相对人的行为；
2. 不正当地排除竞争者的行为；
3. 不正当地强制或者诱导竞争者的顾客与自己进行交易的行为；
4. 不正当地利用自己的交易上的地位与相对人进行交易的行为；
5. 不正当限制或破坏交易相对方经营活动的交易活动；
6. ［删除］
7. 向特殊利害关系人或者其他公司不正当地提供预付金、借款、劳动力、不动产、有价证券、知识产权，或者以明显有利的条件进行交易从而对其提供帮助的行为；
8. 第 1 项至第 7 项规定以外的、将要妨碍公平交易的行为。

（二）不公平交易行为的类型与标准由《总统令》规定。

（三）为了预防违反第 1 款规定的行为的发生，必要时，公平交易委员会可以制定、公示经营者应当遵守的指导方针。

（四）为了防止不正当的诱导顾客行为，经营者或者经营者组织可以制定自律的规章（以下称“公平竞争规章”）。

（五）经营者或者经营者组织可以向公平交易委员会提出申请，对第 4 款规定的公平竞争规章是否违反第 1 款第 3 项或第 6 项的规定进行审查。

第二十四条 ［纠正措施］

发生违反第 23 条第 1 款规定的行为时，公平交易委员会可以指令该经营者中止该不公平交易行为、删除有关合同条款、向公众公布收到纠正令的事实或者针对该行为采取其他必要的纠正措施。

第二十四条之二 ［课征金］

发生违反本法第 23 条第 1 款规定的行为时，公平交易委员会可以责令该经营者缴纳不超过《总统令》规定的销售额的 2%（违反该条该款第 7 项规定的情形，为 5%）的课征金。但是，对于无销售额的情形，可以责令其缴纳不超过 5 亿韩元的课征金。

第六章　经营者组织

第二十五条　［删除］

第二十六条　［经营者组织的禁止行为］

（一）经营者组织不得实施符合以下各项规定之一的行为：

1. 不正当地限制竞争的行为，包括第 19 条第 1 款各项规定的行为；

2. 在一定的交易领域内限制现在或将来的经营者数量的行为；

3. 不合理地限制成员经营者（指作为经营者组织的组成成员的经营者，以下同）的经营内容和活动的行为；

4. 引诱他人实施第 23 条第 1 款各项规定的不公平交易行为或者第 29 条规定的转售价格维持行为，或者帮助实施上述行为的行为；

5. ［删除］

（二）第 19 条第 3 款的规定准用于本条第 1 款第 1 项规定的情形。该情形中，“经营者”应被视为“经营者组织”。

（三）为了预防违反本条第 1 款规定的行为的发生，必要时，公平交易委员会可以制定、公示经营者组织应当遵守的指导方针。

（四）公平交易委员会在制定本条第 3 款规定的指导方针时，应当听取有关行政机关长官的意见。

第二十七条　［纠正措施］

发生违反第 26 条规定的行为时，公平交易委员会可以责令该经营者组织（必要时，包括相关的构成经营者）中止该行为、公布收到纠正令的事实或者采取其他必要的纠正措施。

第二十八条　［课征金］

（一）发生违反本法第 26 条第 1 款各项规定的行为时，公平交易委员会可以责令该经营者组织缴纳 5 亿韩元的课征金。

（二）对于参与违反本法第 26 条第 1 款各项规定的行为的经营者，公平交易委员会可以责令其缴纳不超过《总统令》规定的销售额的 5% 的课征金。但是，对于无销售额的情形，可以责令其缴纳不超过 5 亿韩元的课征金。

第七章　转售价格维持行为的限制

第二十九条　［转售价格维持行为的限制］

（一）生产或者销售商品的经营者不得实施转售价格维持行为。但是，在特定价格以上不再进行商品或服务的交易的最高价格维持行为，具有正当的理由的除外。

（二）对于《总统令》规定的文学作品和具备以下各项规定的要件的商品，经营者预先接到公平交易委员会的指定并可以实施转售价格维持行为的情形，不适用本条第 1 款的规定：

1. 能够容易地识别该商品品质的同一性的；

2. 该商品属一般消费者日常使用的；

3. 对于该商品存在自由竞争的。

（三）为收到本条第 2 款规定的指定，经营者者应当依《总统令》的规定，向公平交易委员会提出申请。

（四）公平交易委员会依本条第 2 款的规定指定可以作出转售价格维持行为的商品时，应当公示。

第三十条 ［转售价格维持的修改］

依第29条第4款的规定、生产或者销售公平交易委员会指定、公示的商品的经营者，为了决定和维持该商品的转售价格而缔结的合同，可能严重损害消费者利益或者违反公共利益的，公平交易委员会可以责令其修改合同内容。

第三十一条 ［纠正措施］

发生违反第29条第1款规定的行为时，公平交易委员会可以责令该经营者组织停止该行为、公布收到纠正令的事实或者采取其他必要的纠正措施。

第三十一条之二 ［课征金］

发生违反本法第29条规定的转售价格维持行为时，公平交易委员会可以责令该经营者缴纳不超过《总统令》规定的销售额的2%的课征金。但是，对于无销售额的情形，可以责令其缴纳不超过5亿韩元的课征金。

第八章　国际合同的缔结限制

第三十二条 ［不正当国际合同的缔结限制］

（一）经营者或者经营者组织不得缔结《总统令》规定的国际协定或者合同（以下称“国际合同”），包括有关不正当的协同行为、不公平交易行为或转售价格维持行为的条款。但是，公平交易委员会认定该国际合同的内容在特定的交易领域内对竞争的影响轻微的情形、或者公平交易委员会认定具有其他不可避免的事由的情形除外。

（二）公平交易委员会可以规定本法本条第1款规定的不正当协同行为、不公平交易行为和转售价格维持行为的政策，并公示。

第三十三条 ［国际合同的审查申请］

经营者或者经营者组织缔结国际合同时，就该国际合同是否违反本法第32条第1款的规定，可以依《总统令》规定的程序向公平交易委员会申请审查。

第三十四条 ［纠正措施］

对于违反或者可能违反第32条第1款规定的国际合同，公平交易委员会可以责令该经营者或者经营者组织撤销该合同、修改、变更该合同内容或者采取其他必要的纠正措施。

第三十四条之二 ［课征金］

发生缔结违反本法第32条规定的国际合同的情形时，公平交易委员会可以责令该经营者组织缴纳不超过5亿韩元的课征金；或可以责令该经营者缴纳不超过《总统令》规定的销售额的2%的课征金。但是，对于经营者无销售额的情形，可以责令其缴纳不超过5亿韩元的课征金。

第九章　执行机构

第三十五条 ［公平交易委员会的设置］

（一）为了独立实施本法目的，在总理所属之下设立公平交易委员会。

（二）公平交易委员会作为《政府组织法》第2条（中央行政机关的设立和组成）规定的中央行政机关，履行其职能。

第三十六条 ［公平交易委员会的管辖事项］

公平交易委员会的管辖事项如下：

1. 关于规制滥用市场支配地位的事项；
2. 关于限制企业结合和妨碍经济力集中的事项；
3. 关于规制不正当协同行为和经营者组织的反竞争行为的事项；
4. 关于规制不公平交易行为和转售价格维持行为的事项；
5. 关于限制缔结不正当的国际合同的事项；
6. 关于限制竞争的法令、附属法规和行政处分的协议、调停等竞争促进政策的事项；
7. 其他法律或附属法规规定的由公平交易委员会管辖的事项。

第三十六条之二 ［公平交易委员会的国际合作］

（一）政府可以在不违反大韩民国法律及利益的范围内与外国政府签订为实施本法的协议。

（二）根据依第 1 款规定签署的协议，公平交易委员会应协助外国政府实施本法。

（三）未签署第 1 款规定的协议时，如外国政府要求执行法律时，若请求国保证接受大韩民国就相同或类似情形提出的执行协助请求时，公平交易委员会仍应协助外国政府实施本法。

第三十七条 ［公平交易委员会的组成及相关事项］

（一）公平交易委员会应由 9 名成员组成，其中包括 1 名委员长、1 名副委员长和 4 名非常任委员。

（二）公平交易委员会的常任委员和非常任委员（以下称“委员”），为符合以下各项规定的人员。其中，委员长和副委员长由国务总理提请总统任命，其他委员由委员长提请总统任命：

1. 具有规制垄断与公平交易方面的经验的、曾任二级或二级以上的公务员的人员；
2. 曾任法官、检察官或者律师 15 年以上的人员；
3. 大学专业为法学、经济学或者商业管理学，曾任大学或者公认的研究机构的副教授以上或者从事类似职业 15 年以上的人员；
4. 商业经理或者从事消费者保护活动并具有 15 年以上经验的人员。

（三）委员长和副委员长为政务职，其他常任委员相当于一级国家公务员。

（四）委员长、副委员长以及依本法第 47 条（秘书处的设置）规定的秘书处的长官，不拘于《政府组织法》第 10 条（政府委员）的规定而作为政府委员。

第三十七条之二 ［会议的类别］

公平交易委员会的会议分为两类：由全体委员组成的会议（以下称“全体会议”）和包括 1 名常任委员在内的 3 名委员组成的会议（以下称“小会议”）。

第三十七条之三 ［全体会议与小会议的管理事项］

（一）全体会议审理、表决以下各项规定之一的事项：

1. 公平交易委员会在其权限范围内解释和适用法律或者附属法规、告示时所涉及的事项；
2. 在第 53 条规定的异议申请中所涉及的事项；
3. 小会议未处理或决定提交给全体会议的事项；
4. 有关规章或者告示的制定或者变更的必要事项；
5. 经济影响重大的事项，以及其他被认为有必要在全体会议中处理的事项。

（二）小会议审议、表决第 1 款各项规定以外的事项。

第三十八条 ［委员长］

（一）委员长代表公平交易委员会。

（二）委员长可以出席国务会议并发言。

（三）委员长因病或紧急事件不能执行职务时，由副委员长代行其职。委员长和副委员长因紧急事件不能执行职务时，由常任委员按任职的先后顺序代行其职。

第三十九条 ［委员的任期］

公平交易委员会的委员长、副委员长与委员的任期为3年，仅限连任一次。

第四十条 ［委员的身份保障］

委员非属以下情形之一的，不得免职：

1. 被宣告监禁及其以上刑罚的；

2. 因长期身心疾病不能执行职务的。

第四十一条 ［委员的政治运动禁止］

委员不得加入政党或者参与任何政治运动。

第四十二条 ［会议法定人数及其议事程序］

（一）全体会议由委员长主持，全体委员出席并过半数赞成方可通过决议。

（二）小会议由1名常任委员主持，全体成员出席并一致赞成方可通过决议。

第四十三条 ［审理、表决的公开及合议的非公开］

（一）公平交易委员会应公开进行审理和表决；但是，其认为有必要保护经营者和经营者组织的商业秘密的情形除外。

（二）公平交易委员会案件表决的合议，不得公开。

第四十三之二 ［审判诉讼的秩序维持］

全体会议及小会议的议长，为了维护审判诉讼过程中的秩序，可以对出席审判庭的当事人、利害关系人、证人以及听审人员等发布必要指令。

第四十四条 ［委员的申请回避、忌避、自行回避］

（一）对于审理、表决符合以下各项规定之一的案件的委员，应当回避：

1. 本人及其配偶或者曾为其配偶的是当事人、共同权利人或者共同义务人的情形；

2. 本人与当事人有亲属关系，或者本人或本人所属的法人单位为当事人提供过法律、经营等方面的咨询、顾问服务的情形；

3. 本人或者本人所属的法人单位提供证言和鉴定的情形；

4. 本人或者本人所属的法人单位，正在担任或曾任当事人的代理人的情形；

5. 本人或者本人所属的法人单位，参与实施案件所争议的行为或者不作为行为的情形；

6. 公平交易委员会的工作人员本人参与相关案件的调查或者审查的情形。

（二）当事人一方认为不可能作出公正的审理或表决时，可以对委员提出忌避申请。对于该忌避申请，委员长不必经委员会表决而直接作出决定。

（三）委员本人符合第1款各项以及第2款规定的情形时，可以自行回避该案件的审议、表决。

第四十五条 ［委员的签名、盖章］

公平交易委员会对于违反本法规定的事项进行表决时，应当制作明确陈述理由的表决书，参与表决的委员应当在该表决书上签名、盖章。

第四十六条 ［适用罚则时的公务员拟制］

对于公平交易委员会的委员中非公务员身份的委员，在适用《刑法》以及其他法律中的罚则时，视为公务员。

第四十七条 ［秘书处的设置］

为了处理公平交易委员会的事务，在公平交易委员会内设置秘书处。

第四十八条 ［关于组织的规定］

（一）本法规定以外的有关公平交易委员会的组织的必要事项，由《总统令》规定。

（二）本法规定以外的有关公平交易委员会的运行的必要事项，由公平交易委员会的规则规定。

第十章 调查程序以及其他相关事项

第四十九条 ［对违法行为的确认、申报等］

（一）公平交易委员会认为有违反本法规定的嫌疑时，可以依职权进行必要的调查。

（二）任何人认为有违反本法规定的行为发生的，可以向公平交易委员会报告。

（三）公平交易委员会依第 1 款或者第 2 款的规定进行调查后，应当以书面形式将该调查结果（包括因调查而被执行的纠正措施）通知相关当事人。

（四）自违反本法规定的行为结束之日起经过 5 年的，对于该违法行为，公平交易委员会不得指令其采取本法规定的纠正措施或者责令缴纳课征金。但是，依法院的判决取消纠正措施或者课征金缴纳处分并按照该判决理由进行新的处分时除外。

第五十条 ［对违法行为的调查等］

（一）为实施本法，认为必要时，公平交易委员会可以依《总统令》所规定的程序采取以下措施：

1. 传唤当事人、利害关系人或者证人出席并听取意见；

2. 指定并聘请专家证人；

3. 向经营者、经营者组织或者其高级职员、雇员发布指令要求其申报经营状况，或出示其他必要信息或资料，或者提交关于扣留出示的信息或资料的报告。

（二）为了实施本法，认为必要时，公平交易委员会允许其所属的公务员（包括依本法第 65 条的规定接受委任的机关所属的公务员）可以进入经营者或者经营者组织的办公场所或者经营场所，调查其经营管理状况、会议记录、文件、电子资料、声音资料、录像资料和其他《总统令》规定的资料或者物品，并可以在按照《总统令》规定指定的场所听取当事人、利害关系人或者证人的陈述。

（三）依本法本条第 2 款规定进行调查的公务员，按照《总统令》规定的程序，可以指令经营者、经营者组织或者其高级职员、雇员提供调查时必要的资料或者物品，或者可以扣留提供的资料或者物品。

（四）依本法本条第 2 款规定进行调查的公务员，应当向有关人员出示表示其权限的证明。

（五）公平交易委员会根据内部交易信息的公开认为具有重大嫌疑违反了本法第 23 条第 1 款第 7 项规定的公开了其内部交易信息的公司的调查有附属的、非依金融交易附属信息和资料（以下称“金融交易信息”）无法确认资金的援助与否的情形、非依金融交易附属信息和资料（以下称“金融交易信息”）无法确认资金的援助与否的情形，可以不拘于《关于金融实名交易及保密法》第 4 条的规定，通过本法第 37 条之三的规定进行表决，依据记载有以下各项规定事项的文件，要求金融机构的特定分支机构的长官提供金融交易信息，该长官不得拒绝：

1. 交易人的个人资料；

2. 要求信息的交易时间；

3. 要求的法律依据；

4. 使用目的；

5. 要求提供的金融交易信息（限于为被认定为与金融机构之间有不正当协助行为的嫌疑者提供的金融交易信息）；

6. 要求机关的负责人与其他人员的个人资料。

（六）本法本条第 5 款规定的金融交易信息的提交要求应仅限于调查所需的最小限度。

（七）依本法本条第 5 款的规定，金融机构向公平交易委员会提供金融交易信息时，该金融机构应当在自提供金融交易信息之日起 10 日内，将提供的金融交易信息的主要内容、使用目的、接受人以及提供日期等事项以书面形式通知交易相对人。在此情况下，通知所需的费用准用《关于金融实名交易及保密法》第 4 条之二第 4 款的规定。

（八）公平交易委员会依本法本条第 5 款的规定要求金融机构提供金融交易信息时，应当记录该事实，并应当在自要求提供之日起 3 年内保管该记录。

（九）依本法本条第 5 款的规定，接受所提供的金融交易信息的人，不得向他人提供或者泄露该资料，或者以其他目的进行使用。

第五十条之二 ［禁止滥用调查权］

调查官员应在本法的执行所需的必要的最小限度范围内进行调查，而不得为其他目的滥用调查权。

第五十条之三 ［调查等的延期申请］

（一）根据本法第 50 条第 1 款或第 3 款规定，受到公平交易委员会的处分或调查的经营者或经营者组织因《总统令》规定的事由，如自然灾害等，难以履行处分或接受调查的情形下，根据《总统令》规定，可向公平交易委员会申请延期处分或调查。

（二）公平交易委员会收到本法本条第 1 款规定的申请延期处分或调查时，审查该事由后认为该事由适当的情况下，可以延期处分或调查。

第五十一条 ［纠正违法行为的建议］

（一）发生违反本法规定的行为时，公平交易委员会可以针对该经营者或经营者组织制定纠正方案，并建议其执行。

（二）接到本条第 1 款规定的建议的人，自收到纠正建议的通知之日起 10 日内，应当就是否接受该建议通知公平交易委员会。

（三）依本条第 1 款的规定接到建议的人执行此建议时，视为采取本法规定的纠正措施。

第五十二条 ［陈述意见机会的给予］

（一）对于违反本法规定的事项，公平交易委员会在作出采取纠正措施或者责令缴纳课征金的规定以前，应给予当事人或者利害关系人陈述意见的机会。

（二）当事人或者利害关系人可以进行听证，并陈述意见或者提交有关资料。

第五十二条之二 ［查阅资料的要求］

当事人或者利害关系人可以向公平交易委员会要求查阅和复印与本法规定的处分有关的资料。经资料提供人同意、或者认为有公共利益上的必要时，公平交易委员会应当允许。

第五十三条 ［异议申请］

（一）对公平交易委员会依本法作出的处理不服的，自接到处理通知之日起 30 日内，可以依事由向公平交易委员会提起异议申请。

（二）对于第 1 款规定的异议申请，公平交易委员会应当在 60 日内进行裁决。但是，因不可避免的情况在该期间内不能裁决的，可以在 30 日的范围内予以延长该期间。

第五十三条之二 ［纠正措施指令的执行中止］

（一）接到本法规定的纠正措施指令的人提起本法第 53 条第 1 款规定的异议申请时，为了预防因指令的执行或者程序的持续进行而发生的难以恢复的损失，公平交易委员会认为必要时，可以依当事人的申请或者依职权，决定中止该指令的执行或者程序的持续进行（以下称“执行中止”）。

（二）在作出执行中止的决定后，执行中止的事由消失后，公平交易委员会可以依当事人的申请或者依职权，撤销执行中止的决定。

第五十三条之三 ［文件的送达］

（一）文件的送达应准用于《行政程序法》第 14 条或第 16 条的规定。

（二）不拘于本法本条第 1 款的规定，住址在国外的经营者或经营者组织应指定国内代理人，送达文件至该代理人处。若该经营者或经营者组织未指定任何国内代理人，应在日刊报纸、政府公报、公务公报、公告栏中至少一个媒体上进行公告，并在网上进行公告。

第五十四条 ［诉讼的提起］

（一）对本法规定的公平交易委员会的处理提起不服之诉的，应当自接到处分通知之日或者收到关于异议申请的裁决书的正本之日起 30 日内提起。

（二）本条第 1 款的期间为不变期限。

第五十五条 ［上诉案件的专属管辖］

对于依第 54 条规定提出上诉的案件，由公平交易委员会所在地的首尔高等法院专属管辖。

第五十五条之二 ［案件处理程序等］

关于违反本法规定的案件的处理程序等必要事项，由公平交易委员会规定。

第十章之二 责令缴纳与征收课征金

第五十五条之三 ［责令缴纳课征金］

（一）公平交易委员会责令缴纳本法规定的课征金时，应当参考以下各项规定的事项：

1. 违法行为的性质与程度；
2. 违法行为的期间与次数；
3. 因违法行为取得的利益。

（二）公司违反本法规定与另一公司进行合并的，如果现存公司已实施了该公司的违法行为，公平交易委员会可以责令其缴纳、征收违约金。

（三）责令缴纳课征金的标准，由《总统令》规定。

第五十五条之四 ［课征金缴纳期限的延长与分期缴纳］

（一）公平交易委员会认为由于课征金金额超过《总统令》规定的数额，因以下各项规定的理由被责令缴纳课征金者（以下称“课征金缴纳义务人”）难以一次性缴纳全部课征金时，可以延长缴纳期限或者责令分期缴纳。在该情形中认为必要时，可以要求其提供担保：

1. 因火灾或者偷盗等致使财产明显损失的情形；
2. 因经营条件的恶化致使经营处于重大危机之中的情形；
3. 一次性缴纳课征金可能导致极大的财务困难的情形；
4. 具有本款第 1 ~ 3 项规定事由的其他情形。

（二）课征金缴纳义务人申请延长课征金缴纳期限或者申请分期缴纳的，应当自收到课征金缴纳之通知起30日内向公平交易委员会提出申请。

（三）被允许延长缴纳期限或者分期缴纳的课征金缴纳义务人，违反以下各项规定之一的，公平交易委员会可以撤销延长缴纳期限或者分期缴纳的决定，进行一次性征收：

1. 分期缴纳的课征金未在缴纳期限内缴纳的情形；

2. 公平交易委员会的担保变更或其他担保保全指令未执行的情形；

3. 因强制执行、开始拍卖、破产宣告、法人解散或由于拖欠国税或者地方税，无法征收课征金的全部或者剩余部分的情形。

（四）与本条第1～3款规定的课征金缴纳期限的延长和分期缴纳的相关政策，由《总统令》规定。

第五十五条之五 ［课征金的连带缴纳义务］

（一）负有缴纳课征金义务的公司分立或合并分立时（包括在征收日分立或分立合并），符合以下各项规定之一的公司负有课征金的连带缴纳义务：

1. 被分立的公司；

2. 因分立或分立合并而设立的公司；

3. 被分立的公司的一部分与其他公司合并，该其他公司负有该项义务。

（二）在负有缴纳课征金义务的公司的经营者因分立或分立合并而解散的情形下（包括在征收日解散）下，符合以下各项规定之一的公司负有课征金的连带缴纳义务：

1. 因分立或分立合并而设立的公司；

2. 被分立的公司的一部分与其他公司合并，该其他公司负有该项义务。

第五十五条之六 ［课征金的征收与滞纳处分］

（一）课征金缴纳义务人在缴纳期限内不缴纳课征金的，对于自缴纳期限的次日起至实际缴纳日为止这一期间，公平交易委员会参照《银行法》第2条规定的金融机关的滞纳利息率在每年40%的范围内，适用其规定并已告示的利率，征收加算金。

（二）课征金缴纳义务人在缴纳期限内不缴纳课征金的，公平交易委员会可以在规定期限进行督促，在其指定的期限内仍不缴纳课征金与本法本条第1款规定的加算金的，公平交易委员会可以按照国税滞纳处分的规定进行征收。

（三）与本法本条第1款与第2款规定的课征金和加算金之征收有关的职能以及滞纳处分程序，公平交易委员会可以将其委托给国税厅长官。

（四）为了征收滞纳的课征金，必要时，公平交易委员会可以请求国税厅长官提供关于对滞纳课征金的人征收国税的信息。

（五）负责课征金业务的公务员为了征收课征金，必要时，可以请求登记机关负责人以及其他相关行政机关允许其无偿阅览所需文件或向其无偿交付文件的副本或摘要。

（六）有关征收课征金的一切事项，由《总统令》规定。

第五十五条之七 ［课征金返还加算金］

公平交易委员会由于异议申请之裁决或法院之判决而返还加算金时，应当依《总统令》的规定对自责令征收课征金之日起至返还之日止的期间支付返还加算金。

第十一章　损害赔偿

第五十六条 ［损害赔偿责任］

经营者或者经营者组织违反本法规定而致使他人受损害的，应对该受害人承担损害赔偿的责任。但是能证明自己无故意或者过失的经营者或者经营者组织除外。

第五十六条之二　［记录的寄送］

提起依第 56 条规定的损害赔偿请求之诉时，法院可以要求公平交易委员会寄送该案件的记录（包括议定书、审问有关人员的速记笔录、参考资料、专家证言以及作为审判证据的一切材料）。

第五十七条　［损害额的认定］

认定因违反本法规定的行为而发生损害，但为确定该损害额而需证明的必要事实因该事实的性质极其难以证明时，法院可以依据全体辩论的要旨和证据调查的结果认定相应损害额。

第十二章　豁　　免

第五十八条　［依照法律、附属法规实施的合法行为］

本法规定不适用于经营者或者经营者者组织按照其他法律或该法律的指令实施的行为。

第五十九条　［无形财产权的行使］

本法规定不适于被视为行使著作权法、专利法、实用新型法、设计法以及商标法规定的权利的行为。

第六十条　［特殊社团的行为］

本法规定不适用于根据以下各项所设立之社团（包括社团联盟）的行为。但是，实施不公平交易行为或者不正当地限制竞争以提高价格的情形除外：

1．目的为小规模经营者或者消费者之间的相互资助；

2．自愿设立，其成员可以自愿地加入或者退出；

3．各成员具有平等的表决权；

4．向成员分配利润时，其限度由章程规定。

第六十一条　［删除］

第十三章　附　　则

第六十二条　［严守秘密的义务］

履行或者曾经履行本法规定职务的委员或者公务员，不得泄露该职务上知晓的有关经营者或者经营者组织秘密，或者不得以实施本法之外的目的进行利用。

第六十三条　［制定限制竞争法的咨询］

（一）行政主管机关的长官，在制定或者修订以固定价格、限制交易条件、限制进入市场或者经营活动、不正当的协同行为或者经营者或经营者组织的禁止行为等限制竞争事项为内容的法令，或者以限制竞争事项为内容对经营者或者经营者组织作出批准或者采取其他措施时，应当事先与公平交易委员会进行协商。

（二）行政主管机关的长官制定或者修订以反竞争事项为内容的规则或者规章时，应当事先向公平交易委员会通报。

（三）以本条第 1 款规定的反竞争事项为内容作出批准或者采取其他措施时，行政主管机关的长官应当将该批准和实施其他措施的内容向公平交易委员会通报。

（四）公平交易委员会依本条第 2 款的规定收到通报时，认为该制定或者修订的规则或者规章包含反竞争事项的，可以向有关行政主管机关的长官提出纠正反竞争事项的意见。对于未经本条第 1 款规定的协商制定或者修订的法律、未经通报制定或修订的附属法规等或者未经通报作出批准或实施其他的措施，亦适用本款规定。

第六十四条 ［主管机关长官的协助］

（一）公平交易委员会为了实施本法，必要时，可以听取有关行政机关、其他机构或者社团的长官的意见。

（二）公平交易委员会为了实施本法，必要时，可以委托行政主管机关、其他机关或者团体的长官进行必要的调查和要求提供相关资料。

（三）公平交易委员会为了确保本法规定的纠正措施的遵守，必要时，可以要求行政主管机关、其他机构或者团体的长官提供一切必要的协助。

第六十四条之二 ［悬赏金的支付］

（一）公平交易委员会可以在预算范围内向举报违反本法的违法行为或提供可以证明上述行为的证据材料者支付悬赏金。

（二）本法本条第1款所指的被举报的违法行为、悬赏金的支付对象的资格、悬赏金的支付范围、标准以及程序等应由《总统令》加以规定。

第六十五条 ［权限的委任与委托］

公平交易委员会可以将本法规定的权限的一部分，依《总统令》规定的程序，委任给所属机关的长官、首尔特别市市长、广域市市长或者道知事，或者委托给其他行政机关的长官。

第十四章　罚　　则

第六十六条 ［罚则］

（一）凡符合以下情形之一者，应处以3年以下徒刑或者2亿韩元以下罚金：

1. 违反第3条之二的规定实施滥用行为者；

2. 违反第7条第1款以及第3款之规定进行企业结合者；

3. 违反第8条之二第2款或第4款规定者；

4. 违反第8条之三的规定，设立或者变更为控股公司者；

5. 违反第9条或者第10条第1款之规定取得或者持有股票者。但是，依据第17条之二第1款［包括适用附则（2002年1月26日）第4条的情形］之规定服从禁止令的同时又违反第10条第1款规定者除外；

6. 违反第10条之二第1款之规定进行债务保证者；

7. 违反第11条或第18条之规定行使表决权者；

8. 违反第15条之规定规避法律者；

9. 违反第19条第1款各项规定实施不正当协同行为或者使其他经营者实施了不正当协同行为者；

10. 违反第26条第1款第1项规定的经营者组织禁止行为者。

（二）本条第1款规定的徒刑和罚金可以并罚。

第六十七条 ［罚则］

符合以下情形之一者，处以2年以下徒刑或者15 000万韩元以下罚金：

1. ［删除］

2. 违反第23条第1款之规定实施不正当交易行为者；

3. 违反第26条第1款第2～5项之规定者；

4. 违反第29条第1款之规定实施转售价格维持行为者；

5. 违反第 32 条第 1 款之规定缔结国际合同者；

6. 不依从第 5 条、第 16 条第 1 款、第 17 条之二第 1 款、第 21、24、27、30、31 条或者第 34 条规定的纠正措施或禁止令者；

7. 违反第 14 条第 5 款之规定不接受注册会计师的会计审计者。

第六十八条 ［罚则］

符合以下情形之一者，处以 1 亿韩元以下的罚金：

1. 违反第 8 条之规定，不进行设立或变更为控股公司的申报或者作虚假申报者；

2. 违反第 8 条之二第 5 款之规定不提交控股公司、子公司和孙公司的经营活动的报告或者作虚假报告者；

3. 违反第 13 条第 1、2 款的规定不申报股份持有现况或担保现况或者作虚假申报者；

4. 无正当理由拒绝提交第 14 条第 4 款规定之资料者或者提交虚假资料者；

5. 违反第 50 条（违反行为的调查与意见听取）第 1 款第 2 项之规定作虚假鉴定者。

第六十九条 ［罚则］

（一）对于不属于第 50 条第 5 款规定之情形，滥用其职权要求金融机构的特定分支的负责人提交金融交易信息者，或者对于违反第 50 条第 9 款之规定者，应处以 5 年以下徒刑或者 3000 万韩元以下罚金。

（二）对于违反第 62 条之规定者，应处以 2 年以下徒刑或者 200 万韩元以下罚金。

第六十九条之二 ［过失罚金］

（一）对于符合下列第 1 项至第 6 项和第 8 项规定的经营者或者经营者组织，处以 1 亿韩元以下过失罚金；对于符合下列第 7 项规定的经营者或者经营者团体，处以 2 亿韩元以下过失罚金；对于符合下列第 1 项至第 6 项以及第 8 项规定的公司或者经营者组织的高级职员、雇员或者其他利害关系人，处以 1000 万韩元以下过失罚金；对于符合下列第 7 项规定的公司或者经营者组织的高级职员、雇员或者其他利害关系人，处以 5000 万韩元以下过失罚金：

1. 进行第 11 条之二或者第 11 条之三规定的公示时，不经董事会表决或者不进行公示的一方，或者遗漏此种公示的主要内容或者公布虚假信息者；

2. 不进行第 12 条第 1 款以及第 6 款规定的企业结合的申报或者作虚假申报者，以及违反该条第 7 款规定者；

3. 对于第 14 条之二第 2 款规定的提交文件的要求，无正当理由不提交文件或者提交虚假文件者；

4. 违反第 17 条之二第 4 款规定者；

5. 违反第 50 条（违反行为之调查与听证）第 1 款第 1 项的规定，无正当理由不出席者；

6. 不提交第 50 条第 1 款第 3 项以及第 3 款规定的报告、必要的资料或物品，或者提交虚假报告、资料或物品者；

7. 拒绝、妨碍或者规避第 50 条第 2 款规定之调查者；

8. 拒绝提交第 50 条第 5 款规定的金融交易信息者。

（二）对于违反第 43 条之二的规定、不遵守维持良好秩序的指令者，应处以 1000 万韩元以下的过失罚金。

（三）本法本条第 1 款规定的过失罚金，依《总统令》规定的程序由公平交易委员会责令缴纳、征收。

（四）对依本条第 2 款规定的过失罚金处分不服者，可自接到该处分通知之日起 30 日内向公平交易委员会提出异议。

（五）受到过失罚金处分者，依本法本条第 3 款的规定提出异议的，公平交易委员会应当立即将该事实通报有管辖权的法院。管辖法院接到通报后，依据《非讼案件程序法》裁定过失罚金。

（六）在本条第 3 款规定的期间内不提出异议又不缴纳过失罚金时，可依据国税滞纳处分的程序进行征收。

第七十条　［并罚］

法人（包括无法人资格的团体，本条下同）的代表人，或代理人、雇员或为法人工作的其他人，或一名自然人违反了第 66 条到第 68 条规定的有关法人或自然人经营活动的事项，则对该法人或自然人及实际违法者处以相应条款规定的罚金。

第七十一条　［提出告诉］

（一）违反第 66、67 条规定的犯罪，应当有公平交易委员会的告诉才可以提起公诉。

（二）公平交易委员会认为第 66、67 条规定的犯罪的违法程度客观上为明确、重大而足以明显妨碍竞争秩序的，应当向检察总长提出告诉。

（三）检察总长向公平交易委员会通报符合本条第 2 款规定的告发的要件的事实，并可以要求公平交易委员会就这些事实提出告诉。

（四）诉讼开始后，公平交易委员会不能撤销告诉。

附　则

（1990 年 1 月 13 日第 4198 号法律）

第一条　［实施日］

本法自 1990 年 4 月 1 日起实施。

第二条　［一般的临时措施］

（一）依本法实施之前的规定，财政经济部长批准或作出的授权、批准、认定、指定、纠正措施等，视为依本法规定的公平交易委员会的授权、批准、认定、指定及纠正措施。

（二）依本法实施之前的规定向财政经济部长作出的申报、申请或通知的事项，视为依本法的规定向公平交易委员会作出的申报、申请、通知。

（三）依本法实施之前的规定由财政经济部长作出的公共告示，视为依本法规定由公平交易委员会作出的告示。

第三条　［有关禁止相互出资的临时措施］

本法实施时，所属于被指定为大规模企业集团之公司，在本法实施期间经营金融业和保险业违反第 9 条第 1 款之规定的，自本法实施之日起 1 年间，不适用该条的规定。

第四条　［有关出资总额的临时措施］

（一）作为本法实施当时或者自本法实施日起两年以内被指定为大规模企业集团的企业集团所属的公司，在被指定的当时接到第 14 条第 1 款规定的通知并在通知的当时超过出资限度进行出资的情形，适用第 10 条第 1 款的规定时，自本法实施日起 2 年间，对通知日的出资总额（以下称“特别最高额”），视为出资限额。但是，因净资产值的增加，出资限额超过特别最高额的情形例外，短于第 14 条第 3 款第 2 项规定的期间的，视为 1 年。

（二）公平交易委员会认为必要时，可以要求被认定为特别最高额的公司制定并提交超过出资限额部分的年度使用计划。

（三）大规模企业集团所属公司于 1987 年 4 月 1 日，持有由政府、地方政府或者依《政府投资机构管理基本法》规定的政府投资机关所有的公司发行股票总数的 30% 以上的，并取得公平交易委员会批准的情形，可以不拘于本法第 10 条第 1 款的规定并在经过第 1 款规定的期间之后仍持有该股份。公平交易委员会可以另行规定能够持有该股票的期间。

（四）大规模企业集团所属公司于 1987 年 4 月 1 日，持有《外资引入法》规定的外国人投资企业的股票，并取得公平交易委员会批准的情形，可以不拘于本法第 10 条第 1 款的规定并在经过第 1 款规定的期间之后的 3 年范围内持有该股票。

附　则

（1992 年 11 月 25 日第 4501 号《工程技术促进法》）

第一条　［实施日］

本法自颁布 6 个月后实施。

第二条至第八条　［省略］

附　则

（1992 年 12 月 8 日第 4513 号法律）

第一条　［实施日］

本法自 1993 年 4 月 1 日起实施。

第二条　［有关持有其他国内公司的股份总额限制的临时措施］

适用本法第 10 条第 1 款但书的规定时，该款第 5 项的修订规定限适用于本法实施日以后取得或者持有的股票。

第三条　［有关债务担保的临时措施］

（一）作为本法实施当时或者自本法实施日起 3 年以内被指定为有债务担保限制的大规模企业集团的企业集团所属的公司，接到第 14 条第 1 款规定的通知并在接到通知的当时超过债务担保最高额进行债务担保的情形，适用第 10 条之二第 1 款的规定时，自本法实施日起 3 年间，对通知日的债务担保总额（以下称“特别债务担保最高额”），视为债务担保最高额。但是，因所有者资产增加，债务担保最高额超过特别债务担保最高额的情形例外。

（二）公平交易委员会认为必要时，可以要求依该条第 1 款之规定被认定为特别债务担保最高额之公司制定并提交与国内金融机构协商后的超出债务担保最高限额部分之年度使用计划。

附　则

（1994 年 12 月 22 日第 4790 号法律）

第一条　［实施日］

本法自 1995 年 4 月 1 日起实施。

第二条　［有关出资总额的临时措施］

作为本法实施当时或者本法实施日起 3 年以内被指定为大规模企业集团的企业集团所属的公司，在被指定的当时接到依第 14 条第 1 款规定的通知并在接到通知的当时超过持股最高限额持股的情形，适用第 10 条第 1 款的规定时，在本法实施日起 3 年间，对通知日的出资总额（以下称“特别最高额”），视为出资限额。但是，因净资产额的增加，出资限额超过特别最高额的情形除外，短于第 14 条第 3 款第 2 项规定的期间的，视为 1 年。

第三条　［适用例］

本法第 10 条第 2 款的修订规定，仅适用于本法实施日以后取得或者持有的股票。

附　则

（1994 年 12 月 23 日第 4832 号《政府组织法》）

第一条　［实施日］

本法自颁布之日起实施。

第二条至第四条　［省略］

附　则

（1996 年 12 月 30 日第 5235 号法律）

第一条　［实施日］

本法自 1997 年 4 月 1 日起实施。

第二条　［有关出资总额的临时措施］

适用第 10 条的修订规定时，本法实施日前取得的股份的账面金额比取得价额少的情形，对该账面金额，视为该股份的购买价额。

第三条 ［有关债务担保的临时措施］

本法生效后，属于有债务担保限制的大规模企业集团所有的成员公司，在本法生效之时，为国内附属公司提供超过第 10 条之二第 1 款之修订规定的最高债务担保限额的债务担保的，到 1998 年 3 月 31 日为止，累计债务担保总额应被解释为该公司的最高债务担保限额。但是，因所有者权益的增加，该公司的累计债务担保总额超过其为相关公司作出的最高债务担保总额的情形例外。

第四条 ［有关罚则的临时措施］

本法实施前的行为适用本法上述规定。

附　则

（1997 年 8 月 30 日第 5403 号法律）

第一条 ［实施日］

本法自颁布之日起实施。

第二条至第八条 ［省略］

附　则

（1997 年 12 月 13 日第 5454 号法律）

本法自 1998 年 1 月 1 日起生效（附文省略）。

附　则

（1997 年 12 月 31 日第 5491 号法律）

第一条 ［实施日］

本法自 1998 年 4 月 1 日起实施。

第二条至第八条 ［省略］

附　则

（1998 年 1 月 8 日第 5498 号法律）

第一条　［实施日］

本法自 1998 年 4 月 1 日起实施。（附文省略）

第二条至第八条　［省略］

附　则

（1998 年 1 月 13 日第 5503 号法律）

第一条　［实施日］

本法自 1998 年 4 月 1 日起实施。（附文省略）

第二条至第十二条　［省略］

附　则

（1998 年 2 月 24 日第 5528 号法律）

第一条　［实施日］

本法自 1998 年 4 月 1 日起实施。但是第 10 条修订条例自颁布之日起实施。

第二条　［关于债务担保的临时措施］

应于 1998 年被指定为限制债务担保的大企业集团，但于 1997 年业已被指定为大企业集团的，属于该集团的公司如果在该集团被指定时为国内附属公司作出的债务担保总额超过先前第 10 条之二第 1 款规定的债务担保限额，则应适用该先前条款。但是，对于第 10 条之二第 4 款的先前条款中规定的所有者权益的减少，其所确认的除外期间不应于 2000 年 3 月 31 日前届满。

附 则

（1998 年 2 月 28 日第 5529 号法律）

第一条　［实施日］
本法自颁布之日起实施。（附文省略）
第二条至第七条　［省略］

附 则

（1998 年 9 月 16 日第 5559 号法律）

第一条　［实施日］
本法自颁布之日起两个月后实施。
第二条至第九条　［省略］

附 则

（1999 年 2 月 5 日第 5813 号法律）

第一条　［实施日］

本法自 1999 年 4 月 1 日起实施。但是，第 50 条第 5 ~ 8 款、第 68 条第 6 款、第 69 条第 1 款和第 69 条之二第 1 款第 7 项的修订规定，自颁布之日起实施。

第二条　［效力期间］

第 50 条第 5 ~ 8 款、第 68 条第 6 款、第 69 条第 1 款和第 69 条之二第 1 款第 7 项的修订规定，自本法颁布之日起 5 年间有效。

第三条　［效力期间届满的临时措施］

根据本附则第 2 条的规定，在效力期间届满前，刑罚条款或对过失行为的罚则，适用先前的规定。

第四条　［关于罚则适用的临时措施］

适用对本法实施前的行为的罚则，依先前的规定。

附　则

（1999 年 2 月 5 日第 5814 号《标签与广告法》）

第一条　［实施日］

本法自 1999 年 7 月 1 日起实施。

第二条至第五条　［省略］

附　则

（1999 年 2 月 8 日第 5825 号法律）

第一条　［实施日］

本法自颁布之日起 3 个月后实施。

第二条至第五条　［省略］

附　则

（1999 年 12 月 28 日第 6043 号法律）

第一条　［实施日］

本法自 2000 年 4 月 1 日起实施；但是，第 10 条和第 14 条第 3 款第 2 项的修订规定自 2001 年 4 月 1 日起实施。

第二条　［为法人重组而投资的适用特例］

为了第 10 条第 1 款第 4 项的修订规定中的法人重组而取得或者持有股票时，可以超过投资限额取得或者持有的股票，限于 1998 年 1 月 1 日至 2001 年 3 月 31 日间取得或者特有的股份。依该项规定计算期间时，取得或者持有该股票的日期，视为 2001 年 4 月 1 日。

第三条　［关于持有其他国内公司股份总额的限制的临时措施］

本法实施时被指定为大规模企业集团的企业集团所属的公司，超过出资限额进行投资的情形，适用第 10 条第 1 款的修订规定时，自本法实施日起 1 年间，对实施日现有的投资总额，视为投资限额。但是，因净资产值的增加，投资限额超过被视为投资总额的金额的情形例外。

第四条　［投资基础设施的临时措施］

依本法实施前的先前的《规制垄断与公平交易法》（指以法律第 5528 号修订之前的法律）

第 10 条第 2 款的规定，因取得或者持有为了经营从前的《促进民间资本参与社会间接资本设施投资法》（指以法律第 5377 号修订之前的法律）第 2 条第 2 款规定的第一种设备事业而设立的公司的股票，或者因为延长而接到认定者，自认定的当时至公平交易委员会认定的期限为止，依本法第 10 条第 1 款第 3 项的修订规定，视为取得或者持有股票，或者视为延长。

第五条 ［关于吸收外国人投资的临时措施］

在本法实施前为了吸引外国人投资而取得或者持有股票，并符合第 10 条第 1 款第 4 项的修订规定的，对于该股份，视为在 2001 年 4 月 1 日取得或者持有。

附 则

（2001 年 1 月 16 日第 6371 号法律）

第一条 ［实施日］

本法自 2001 年 4 月 1 日起实施。但是，由第 5813 号法案对《规制垄断与公平交易法》附则第 2 款的修订规定自颁布之日起实施。

第二条 ［有关课征金的返还加算金的适用特例］

第 55 条之六的修订规定，自返还事由发生之时或本法实施后开始适用。

第三条 ［有关适用罚则的临时措施］

适用对本法实施前的行为的罚则，依先前的规定。

附 则

（2002 年 1 月 26 日第 6651 号法律）

第一条 ［实施日］

本法自 2002 年 4 月 1 日起实施，但是第 11 条的修订案和第 6043 号法案附则的第 2 条的修订规案以及《规制垄断与公平交易法》的修订法案自颁布之日起实施。

第二条 ［效力期间］

第 10 条第 1 款第 4 项中关于法人重组事项在 2003 年 3 月 31 日前应为有效。

第三条 ［对有关持有国内其他公司股份总额限制的溯及效力］

（一）第 10 条已修正的规定也应适用于在实施本法时已取得或持有的股票。在这种情况下，第 10 条第 6 款第 2 项已修正的规定中取得或者持有的股票应以于 1998 年 1 月 1 日后取得或持有的股票为限。

（二）适用本条第 1 款的规定时，为吸引外国投资（除第 6043 号法案附则中第 5 条规定的股票以及《规制垄断和公平交易法》修正法案外），在实施本法时已经取得或持有的股票符合第 10 条第 1 款第 3 项的修正规定，且于 2001 年 4 月 1 日前取得或持有该股票的，应视为于

2001 年 4 月 1 日已经或持有该股票。

第四条 ［对持有超过投资限额的企业的溯及效力］

实施本法时，企业集团中的被指定的附属公司在实施本法时不间断的持有国内其他公司的股份，对该股份的取得或持有份额超过了自 2001 年 4 月 1 日（对企业集团中附属公司的指定日，该企业集团于 2001 年被指定为大规模企业集团，以下同）起规定的投资限额，自 2001 年 4 月 1 日起超过 1 年的，或者通过不间断的持有股份超过许可例外期限而违反第 10 条第 1 款的规定的，则第 17 条之二和第 67 条的修正条款应适用。

第五条 ［关于限制交叉持股的企业集团的指定的临时措施］

被指定为大型企业集团的或者在实施本法时符合第 14 条第 1 款先前的规定被指定为限制债务担保的企业集团，应视为符合第 14 条第 1 款修正规定被指定为限制交叉持股的企业集团。

第六条 ［关于适用罚则的临时措施］

对于本法实施以前实施的行为应适用先前的罚则。

附　则

（2002 年 8 月 26 日第 6705 号法律）

第一条 ［实施日］

本法于自颁布之日起 3 个月后实施。

第二条至第四条 ［省略］

附　则

（2004 年 12 月 31 日第 7289 号法律）

第一条 ［实施日］

本法自颁布之日起 6 个月后实施。

第二条至第五条 ［省略］

附 则

（2004 年 12 月 31 日第 7315 号法律）

第一条 ［实施日］

本法于 2005 年 4 月 1 日起实施。但是，第 50 条第 5、9 款、第 69 条第 1 款、第 69 条之二第 1 款第 8 项的修正案应自颁布之日起实施。

第二条 ［效力期间］

第 50 条第 5 项和第 9 项中的修正条款的效力期间应为自实施之日起 3 年。

第三条 ［关于申报企业结合的申请案件］

（一）即使已有第 12 条第 1 款第 1、2、5、7 项的修正规定，若根据实施本法时的先前条款应对一项企业结合进行申报，则该项结合应适用先前条款。

（二）根据第 12 条第 1 款第 1 项的规定应对企业结合进行申报的，若该项结合符合本修正案实施后的条款的规定，则该项结合应适用第 12 条第 1 款第 2 项的修正条款。

（三）对于一项企业结合，不必进行申报或者符合第 12 条第 1 款第 1 项的修正条款的规定的，如果合并当事人一方为大规模企业，则该项结合应适用第 12 条第 2、5、7 款的修正规定。此外，即使已有第 12 条第 6 款的修正规定，仍须自企业结合之日起 30 天内对该项企业结合进行申报。

（四）第 12 条第 9 款中的修正规定应适用于该项企业结合，同时自本修正案实施之日起需要由公平交易委员会对该项企业合并进行首次审查。

第四条 ［关于限制非金融控股公司的股份所有权和子公司的临时措施］

在实施本法时如果控股公司向公平交易委员会进行了申报，其持有除其子公司外的国内公司的股份超过了所发行股份总额的 5%，则该国内公司所发行的股份自本法实施之日起两年内应符合第 8 条之二第 2 款第 3 项的修正规定。

第五条 ［关于限制由非金融控股公司的子公司控制的孙公司的股份所有权的临时措施］

如果在实施本法时向公平交易委员会作出报告的非金融控股公司的子公司持有孙公司的股份，则该孙公司的股份自本法实施之日起 2 年内应符合第 8 条之二第 3 款第 3 项的修正规定。

第六条 ［关于禁止非金融控股公司的子公司持有其他子公司股份的临时措施］

如果在实施本法时向公平交易委员会作出报告的非金融控股公司的子公司持有该非金融控股公司的其他子公司的股份，则该子公司的股份自本法实施之日起 2 年内应符合第 8 条之二第 3 款第 2 项的修正规定。

第七条 ［持有股份总额的临时措施］

（一）在本法施行期间，属于限制出资总额的企业集团的公司根据先前第 10 条第 1 款第 3 项中的规定所取得或者持有的股份应遵守先前条款，即使没有满足第 10 条第 1 款第 3 项中修正条款的条件。

（二）在本法施行期间，属于限制出资总额的企业集团的公司根据先前第 10 条第 1 款第 4 项的规定取得或持有股份时，该公司应遵守第 10 条第 1 款第 4 项的修正规定。

第八条 ［对不正当协同行为收取课征金的临时措施］

行为发生在实施本法以前的，如果在本法实施前已终止或在本法实施后仍在持续，则对该行为征收课征金应适用先前条款。

第九条 ［关于限制金融或保险公司投票权的特例］

根据本法第 11 条的但书和第 9 条第 3 款的规定，在由属于符合相互持股的限制性规定的集团企业，并从事金融或保险业务的公司所持有或者取得的国内附属公司的股份中，能实施投票权的股份的数额不应超过到 2006 年 3 月 31 日止其附属公司已发行股份总额的 30%，从 2006 年 4 月 1 日起到 2007 年 3 月 31 日止的，为 25%，从 2007 年 4 月 1 日起到 2008 年 3 月 31 日止的，为 20%，以及从 2008 年 4 月 1 日起的，为 15%，加上除《总统令》规定外的特殊关系人能够对附属公司实施投票权的股份数，即使本法第 11 条的第 3 项有修正条款。

第十条 ［其他法律的修正］

（一）对于《特许经营公平交易法》中的以下条款应加以修正：

第 37 条第 2 款中，“第 55 条之三与第 55 条之六”应改为“第 55 条之三与第 55 条之六”。

（二）对于《转包合同公平交易法》中的以下条款应加以修正：

第 25 条之三第 2 项中，“第 55 条之三和第 55 条之五”应改为“第 55 条之三和第 55 条之六”。

（三）对于《标签和广告公平交易法》中的以下条款应加以修正：

第 16 条第 3 项中，“第 55 条之五”应改为“第 55 条之六”。

（四）对于《上门销售法》中的以下条款应加以修正：

第 44 条第 4 项中，“第 55 条之五”应改为“第 55 条之六”。

（五）对于《电子商务消费者保护法》中的以下条款应加以修正：

第 34 条第 4 项中，“第 55 条之五”应改为“第 55 条之六”。

附　则

（2005 年 1 月 27 日第 7386 号法律）

第一条 ［实施日］

本法自颁布之日起实施（附文省略）。

第二条至第六条 ［省略］

附　则

（2005 年 3 月 31 日第 7428 号法律）

第一条 ［实施日］

本法自颁布之日起 1 年后实施。

第二条至第六条 ［省略］

附 则

（2005 年 3 月 31 日第 7492 号法律）

第一条 ［实施日］

本法自颁布之日起 3 个月后实施。

瑞典竞争法（2000年）

第一章　总　　则

第一条　本法旨在打破并消除阻碍货物、服务及其他产品的生产和贸易领域中的有效竞争的壁垒。

第二条　本法不适用于雇主和雇员之间关于工资和其他雇佣条件的协议。

第三条　（一）本法所称的企业是指从事经济或商业活动的自然人或法人。如果此类活动涉及公权力的行使，则不在本定义范围之内。

（二）企业也包括企业协会。

（三）本法中与协议有关的条款也适用于：

1．企业协会的决定；以及

2．企业间协同一致的行为。

第四条　本条被2000年第88号法律废止。

第五条　1994年第1845号法律中第2条规定了欧共体关于竞争和国家援助的规则之适用问题，它包含了欧共体的竞争规则在国内适用问题的条款。（2000年第1021号法律）

第二章　禁止限制竞争

［企业间反竞争的合作行为］

第六条　（一）在不违反依照第8、13、15、17条、第18条c或第18条e作出的决定的情况下，如果企业间的协议从目的或效果上，相当程度上阻碍、限制或扭曲了市场竞争，那么这些协议就应被禁止。

（二）本条特别适用于以下协议：

1. 直接或间接固定购买价格、销售价格或者其他交易条件的；

2. 限制或控制生产、市场、技术进步或投资的；

3. 划分市场或原料供应的；

4. 对条件相同的交易对象采用不同的交易条件，从而使他们在竞争中处于不利地位的；或者

5. 以交易方接受附加义务为条件，与其签订合同，且根据其性质或商业惯例，此类附加义务与合同标的无关。（1998年第648号法律）

第七条　第6条中所禁止的协议或协议条款无效。

［对豁免的决定］

第八条　如果协议满足以下条件，瑞典竞争局可以在个案中授予对第6条规定的禁止的豁免：

1．有利于改善生产或销售，或促进技术或经济进步；

2. 能够使消费者公平地分享协议产生的利益；

3. 向企业施加为实现本款第1项所规定的目标所必需的限制；

4. 该协议不会产生消除相关公用事业领域实质竞争的可能。

第九条 （一）如果企业希望获得第8条规定的豁免，应将协议向瑞典竞争局进行申报。

（二）除非企业提交此类申报，否则瑞典竞争局不应作出授予豁免的决定。

第十条 （一）依据第8条所作出的豁免决定应当明确说明豁免生效的日期。该日期可以早于决定作出日。

（二）豁免决定应规定一个确定的有效期，并可以附加相应的条件和义务。

第十一条 如果仍符合规定的要求，可以续展依据第8条所作出的豁免决定。

［豁免决定的撤销和变更］

第十二条 （一）出现以下情形，瑞典竞争局可以撤销或变更其所作出的豁免决定：

1. 对豁免决定的作出有实质影响的任何事实发生变化；

2. 各方违反了附加于豁免决定的义务；

3. 决定的作出是基于错误的或误导性的信息；或者

4. 适用决定的各方滥用豁免。

（二）如果出现前款第2、3项或第4项中的情形，可以撤销豁免决定，该决定具有溯及力。

［因竞争局在规定期间内未作出决定而取得的豁免］

第十三条 （一）如果瑞典竞争局在收到依照本法第9条递交的申报申请之日起4个月内未作出决定，则视为已对企业申报的协议授予第6条规定的禁止的豁免，豁免的期限为自协议缔结之日起5年。然而，如果之前已经授予了豁免，那么5年的期限自授予的最近一次豁免到期之日起计算。

（二）上述规定不适用于瑞典竞争局在4个月内对协议提出反对意见的情况。如果瑞典竞争局撤回此类反对意见，则视为其已经按照本条第1款授予豁免。本规定同样适用于瑞典竞争局自收到依照第9条递交的申报之日起1年内未作出决定的情形。

（三）如果提交申报的企业同意，瑞典竞争局可以决定延长本条第2款中规定的1年的期限。如果企业反对此类延长，市场法庭可以基于特殊理由准予延长。（1998年第648号法律）

第十四条 如果协议产生了不符合第8条规定的效果，瑞典竞争局可以撤销依照第13条授予的豁免。

［市场法庭授予的豁免］

第十五条 应一方请求，在审查第23条规定的义务时，市场法庭可以按照第8条的规定授予豁免。第10条也适用于此类情况。（1998年第648号法律）

第十六条 瑞典竞争局可以续展、撤销或变更依照第15条作出的决定。第11条和第12条也适用于此类情况。

［类别豁免］

第十七条 （一）对第6条规定的禁止的豁免适用于满足第8条规定条件的那些协议的种类（“类别豁免”）。

（二）前款所指的协议的种类应由政府或政府授权的部门在实施细则中规定。

（三）对于符合类别豁免条件的协议，无须按照第9条向瑞典竞争局进行申报即可获得豁免。但是，也可以就此类协议进行申报。

第十八条 如果协议产生不符合第8条的要求的结果，瑞典竞争局可以收回因类别豁免而获得的利益。

［对小企业间某些合作形式的特殊规定等］

第十八条 a 在本法中，初级农业协会被定义为一种经济协会，其成员包括个体农户或从事农业、园艺或林业的其他企业。假若由此类企业组成的协会是另一个协会的成员，并且该另一个协会仅包括经营特定业务的地方企业的协会，则另一个协会同样仍被视为是初级农业协会。（1994 年第 688 号法律）

第十八条 b 2000 年第 1025 号法律中关于农业、园艺和林业产品法律术语的含义与 1993 年第 20 号竞争法律中使用的含义相同；该法律包括了对这些产品的含义的特别规定。（2000 年第 1021 号法律）

第十八条 c （一）第 6 条中规定的禁止不适用于初级农业协会内部或其附属部门之间关于协会成员在下列方面进行合作的协议：

1. 生产、采集、加工、销售或相关的活动，诸如共有设施的使用，农业、园艺或林业产品的储存、配备、分发或销售；或者

2. 购买前款中涉及的活动所需的货物或服务。

（二）但是，第 1 款的规定不适用于有以下目的或效果的协议：

1. 在以下方面，阻碍或妨害成员在市场上自由流动：

（1）关于购买方或供应方的选择；

（2）关于离开协会的可能；或

（3）同样重要的其他方面。

2. 当交易直接发生于成员与第三方之间，商品的售价被直接或间接固定。（2000 年第 1021 号法律）

第十八条 d （一）本法中的出租车企业是指提供或从事出租车服务或类似的运输服务的企业。

（二）服务预定中心具有一种联合的或独立的职能，这种职能包括在出租车企业间接收预约、分派运输任务，也包括从事其他活动。（2000 年第 1021 号法律）

第十八条 e （一）第 6 条所规定的禁止不适用于下列出租车企业之间或者服务预定中心与出租车企业之间的书面协议：

1. 协议是以获取有效利润或其他此类经济利益为目的，通过服务预定中心或者其他方式建立的合作性的联合运输活动有关；

2. 协议对符合获得出租车服务的公共利益是必要的；

3. 协议涉及 40 辆以下的出租车。

（二）第 1 款规定的豁免不适用于：

1. 下列合作行为或情形：

（1）设定统一价格；

（2）分割市场；

（3）参与的出租车企业的申报期，自申报作出之日起计算已超过 6 个月；或者涉及出租车企业加入经济协会后最早 6 个月或更长的时间才进行申报；

（4）禁止参与的出租车企业在协议过期后从事与联合运输相竞争的活动。并且

2. 依照前款第 1 项和第 2 项，联合运输活动的目的或从出租车服务行业获取的利益，显然可以不通过上述第 2 款第 1 项下的（1）至（4）分项列举的这些业务或条件的合作便可实现。（2000 年第 1021 号法律）

[滥用市场支配地位]

第十九条 （一）禁止一个或多个企业滥用市场支配地位。

（二）此类滥用尤其包括：

1. 直接或间接地强加不公平的买卖价格或其他不公平的交易条件；

2. 限制生产、市场或技术进步，损害消费者利益；

3. 对条件相同的交易对象采用不同的交易条件，从而使其他交易方处于不利的竞争地位；或者

4. 以交易方接受附加义务为条件，与其签订合同，而根据其性质或商业惯例，此类附加义务与合同标的无关。（1998 年第 648 号法律）

[不违法证明]

第二十条 （一）应企业的申请，瑞典竞争局若根据企业提供的信息或竞争局掌握的事实证明协议或行为不属于第 6 条或第 19 条中禁止的范围，则根据本法竞争局将不会采取任何行动。（不违法证明）

（二）在作出此类决定后，瑞典竞争局不会按照第 23 条第 1 款（向企业）施加任何义务，也不会依据第 26 条提起缴纳罚款之诉。

第二十一条 在以下情况下，瑞典竞争局可以撤销其按照第 20 条作出的决定：

1. 对决定的作出有决定作用的任何事实发生变化；

2. 决定是基于错误的或误导性的信息作出的；或者

3. 市场法庭变更了其判决，从而使得协议或行为显然地包括在第 6 条或第 19 条规定的禁止的范围之内。

[瑞典竞争局管理规则]

第二十二条 在收到按照第 9 条发出的提交协议的申报或按照第 20 条提出的不违法证明申请之后，瑞典竞争局应当给予那些非申请方的协议当事人机会，就有关申报或申请事项进行听证。

[对被禁止的限制竞争行为采取的措施]

第二十三条 （一）瑞典竞争局可以要求企业停止违反第 6 条和第 19 条禁止的行为。

（二）如果瑞典竞争局决定就某一特定案件不施加上述义务，依据受违法行为影响的企业请求，市场法庭可以决定施加上述义务。（1998 年第 648 号法律）

第二十四条 除非另有规定，按照第 23 条作出的决定应立即生效。

第二十五条 若存在特殊理由，可以在最终决定作出前（向企业）施加第 23 条规定的义务。市场法庭只有在诉讼开始之后才可以施加上述义务。（1998 年第 648 号法律）

[罚款]

第二十六条 （一）在企业或企业代表人因故意或过失而有下列行为时，应瑞典竞争局的要求，斯德哥尔摩市法院可以命令企业支付行政罚款：

1. 违反第 6 条或第 19 条的禁止性规定；或

2. 违反第 10 条第 2 款规定的条件。

（二）罚款所得应当上缴国家。

第二十七条 （一）罚款应当不低于 5000 瑞典克朗，不超过 500 万瑞典克朗，或者虽超过 5 百万瑞典克朗但不超过企业前一个营业年度年营业额的 10%。

（二）如果处罚行为针对的是几家企业，应对各企业分别作出罚款决定。

第二十八条 （一）在确定罚款数额时，应当考虑：

1. 违法行为的严重性；

2. 违法行为的持续时间；

3. 企业在对其违法行为的调查过程中是否提供了实质性协助；

4. 其他重要的加重或减轻情节。

（二）对轻微案件不处以罚款。（2000 年第 1021 号法律）

第二十九条 （一）在发生以下情形时，不应处以第 26 条第 1 款第 1 项规定的罚款：

1. 在瑞典竞争局收到第 9 条规定的申报或者第 20 条规定的申请之后，和作出的关于申报或申请的决定生效之前，企业的行为在申报或申请限定范围之内；或者

2. 企业的行为发生在不违法证明规定的期限之内，如果该证明没有依照第 21 条第 1 款第 2 项被撤销。

（二）但前款第 1 项不适用于瑞典竞争局在收到申报或申请之日起 1 个月内申明：应当适用第 6 条，因为根据第 8 条提出的申请是没有正当理由的；或者应当适用第 19 条。这类申明只有在明显不应授予豁免或不应作出不违法证明的情况下方可作出。

第三十条 （一）罚款的科处仅可以在违法行为终止之日起 5 年内，且已向有关当事方送达传票的情形下作出。

（二）在按照本法条款作出处以罚款的决定，并采取相应措施后，不得再处以罚款。

第三十一条 如果自生效之日起 5 年内包含罚款内容的判决没有得到执行，则该罚款归于失效。

第三十一条 a 罚款应自判决生效起 30 日内或经法院决定延长的期限内，缴至瑞典竞争局处。（2000 年第 1022 号法律）

第三十一条 b 如果未按上述条款（第 31 条 a）规定的期限缴纳罚款，瑞典竞争局可以采取必要的合法措施收取罚款。此种罚款的收取在 1993 年第 891 号法律中关于国家债务的收取等已经作出规定。（2000 年第 1022 号法律）

第三十一条 c 政府及其所属权力机关可以就罚款缴纳的方式作出其他法律规定。（2000 年第 1022 号法律）

第三十二条 （一）为保证罚款的执行，（斯德哥尔摩市）法院可以发布临时扣押令。《瑞典司法程序法》第 15 条关于债务的临时扣押令的规定应对相关部分适用。

（二）法院签发的关于罚款的临时扣押令，应当对该案件举行听证。对于罚款如果未提交听证的请求，斯德哥尔摩市法院将审理对临时附件的诉讼。（2000 年第 1022 号法律）

[损害赔偿]

第三十三条 （一）任何一方故意或过失违反第 6 条或第 19 条的禁止性规定，应当赔偿因此给另一家企业或协议相对方造成的损害。

（二）如果在损害发生之日起 5 年内没有提起诉讼，则丧失要求此类损害赔偿的权利。

（三）斯德哥尔摩市法院应当负责审理与本条规定的损害赔偿有关的案件。

第三章 企业集中

[企业集中的定义]

第三十四条 （一）根据本法，以下情形应被认定为集中：

1. 两个或多个原本独立的企业合并；或者

2. 一人或多人控制了至少一个企业，或一个或多个企业，通过购买证券或资产，通过合同或其他方式，收购其他一个或多个企业全部或部分的直接或间接的控制权。

（二）联营企业若满足一个持续经营的自治经济实体的所有功能，则其设立行为构成了第1款第2项中所指的集中。（2000 年第 88 号法律）

［对集中的禁止］

第三十四条 a （一）应瑞典竞争局的要求，对于应当按照第 37 条作出强制性申报或者已经按照该条规定作出自愿申报的企业集中，斯德哥尔摩城市法庭可以决定禁止。

（二）在以下情况下，集中应当被禁止：

1. 该集中产生或者加强了市场支配地位，因而严重阻碍或者可能严重阻碍在国家整体或重要地区的有效竞争的存在和发展；

2. （对该集中的）禁止不会给国家安全或基本供给利益造成危害。（2000 年第 88 号法律）

第三十四条 b （一）根据第 34 条 a 第 2 款中对集中的禁止进行审查后，若联营企业构成了第 34 条规定的集中，而其设立的目标或效果是为了协调各个仍然保持独立的企业间的竞争性行为，则该协调行为应根据第 6 条和第 8 条评判。

（二）瑞典竞争局作出的针对集中不采取任何行动的决定，也应包括业已申报的为实施集中而直接相关或必需的限制行为。

（三）本条第 1 款和第 2 款规定的审查，应根据对集中评定的程序性规定进行。（2000 年第 88 号法律）

第三十五条 一项禁止集中的决定，可能导致构成集中的一部分交易无效。但是，这不适用于在瑞典或国外的证券交易所、合法市场或其他任何规范市场从事的收购行为，或者通过在行政性拍卖过程中的出价实现的收购行为。在此类情形下，可以命令收购企业放弃通过收购获得的财产。（2000 年第 88 号法律）

第三十六条 （一）如果以下措施足以消除集中带来的不利影响，则可以替代第 34 条 a 禁止集中的规定，集中的当事方可能被要求：

1. 全部或部分地放弃企业；或者

2. 采取有利于竞争的其他措施。

（二）第 1 款中规定的义务，不能超过消除限制竞争所产生的危害。（2000 年第 88 号法律）

［企业集中的申报］

第三十七条 （一）如有下列情形，应就集中向瑞典竞争局进行申报：

1. 所有参与集中企业上一会计年度营业额总和超过 40 亿瑞典克朗；

2. 参与集中的企业中至少有两个在瑞典境内的企业上一会计年度营业额均超过 1 亿瑞典克朗。

（二）如果满足了第 1 款第 1 项营业额的要求，但营业额未超过第 1 款第 2 项之规定，则瑞典竞争局可以在存有特殊事由的个案中要求集中当事方进行申报。当营业额达到了第 1 款第 1 项规定的要求，实施集中的当事方或其他参与者有权自愿进行申报。（2000 年第 88 号法律）

第三十七条 a （一）对于第 34 条第 1 款第 1 项所规定的合并，合并企业应当进行申报。

（二）其他情况下，应由拥有该当事企业全部或部分控制权的企业进行申报。（2000 年第 88 号法律）

［对企业集中的特别调查］

第三十八条 （一）瑞典竞争局可以决定对第37条规定的集中的申报进行特别调查。

（二）这一决定应当在自瑞典竞争局收到申报之日起的25个工作日内作出。在此期间，实施集中的当事企业和其他参与者不得采取任何使集中产生效果的行动。

（三）瑞典竞争局可以在特殊情况下，授予对本条第2款第2句中规定的禁止的豁免。

（四）为了本条第2款第2句规定禁止的执行，瑞典竞争局可以对实施集中的当事企业其他参与者作出禁止的决定，或者施加义务。（2000年第88号法律）

[与企业集中有关的诉讼]

第三十九条 （一）只有在按照第38条作出进行特别调查的决定后，瑞典竞争局才可以按照第34条a或第36条向斯德哥尔摩市法院提起诉讼。

（二）诉讼必须在决定作出之日起3个月内提起。应瑞典竞争局的要求，在取得拟进行集中当事方的同意时，或者，对于第37条第2款规定的集中，取得集中当事企业的同意时，或者在有特殊原因存在时，斯德哥尔摩市法院可以延长该期限，但每次延长不得超过1个月。当发生了第35条第2句中规定的集中种类时，获得收购方同意即可。

（三）如果存有特殊事由，这一时间限制可以不经过本条第2款中规定的同意而延长。（2000年第88号法律）

第四十条 （一）如果瑞典竞争局决定不对集中进行干涉，则可以不适用第39条第1款对集中提起诉讼的规定。

（二）但是，作出决定时受到集中任一当事方或其他集中参与者提交的不正确信息的影响，则不适用本条规定的情形。（2000年第88号法律）

[等待最后审查的禁止集中]

第四十一条 （一）如果公共利益的需要超过了因该利益而引起的不便，基于该公共利益所采取的下列措施是合理的：应瑞典竞争局的申请，斯德哥尔摩市法院可以对实施集中的各方或其他参与者的任何使集中产生效果的行为予以禁止，直到其依照第34条或第36条作出最后决定。此申请应采用书面形式，但诉讼即将开始的情形除外。

（二）只有在给予决定适用方和依第37条第2款的规定进行申报的当事方陈述意见机会的情况下，此申请才能得到批准。但企业集中以第35条第2款规定的方式进行时，只有收购方才有机会陈述意见。

（三）如果存在特殊理由，可立即实施禁止，并适用至其他同一事项的决定作出之时。（2000年第88号法律）

[关于企业集中决定的时间限制]

第四十二条 （一）斯德哥尔摩市法院自提起诉讼之日起6个月未作出判决的，不得再采取第34条或第36条规定的禁止或义务。如果取得集中当事方或者取得依据第37条第2款的规定进行申报的当事方的同意，可以延长这一期限。当发生了第35条第2句中规定的集中时，获得收购方的同意即可。

（二）如果存在特殊事由，则不必取得上述规定中当事人的同意，即可延长期限。但实施禁止或施加义务的最长期间自实行集中之日起不得超过2年。

（三）如果不服斯德哥尔摩市法院的判决提起上诉，市场法庭应当自上诉期届满之日起3个月内作出裁定。本条第1款或第2款关于延长期限的规定也适用于市场法庭审理的案件。（2000年第88号法律）

[复审]

第四十三条　（一）即使按照第 34 条或第 36 条规定实施了禁止或施加了义务，但当出现正当理由使得该禁止或义务不再必要或不在合适而需要进行撤销或变更时，可以对该案件的事实进行复审。

（二）斯德哥尔摩市法院或者市场法庭作出的对集中不采取措施的决定，只有在集中当事方或集中的其他参与者提供了不准确的信息且该信息对决定的作出有重大影响的情况下，才可以对此进行复审。

第四十四条　（一）第 43 条规定的复审请求，由瑞典竞争局或者受决定影响的一方当事人向斯德哥尔摩市法院提出。

（二）依第 43 条第 2 款提出的复审请求，应当在最终决定作出之日起不超过 1 年内提出。

第四章　提供信息的义务与调查

[企业的一般义务及其他]

第四十五条　为履行本法规定的职责，瑞典竞争局可以：

1. 要求企业或其他当事方提供信息、文件或其他材料；

2. 要求可能提供相关信息的人，按竞争局规定的时间和地点出席听证会；或者

3. 要求一个市或县的议会，说明其从事的经济或商事活动的费用和收入。

第四十六条　依第 45 条作出的决定立即生效，但另有规定的除外。

[对违反禁止规定的调查]

第四十七条　（一）经瑞典竞争局申请，在以下情况下，斯德哥尔摩市法院可以决定由竞争局对企业的住所进行检查，以证实其是否违反了第 6 条或第 19 条的禁止规定：

1. 有理由相信发生了违反禁止规定的行为；

2. 企业未遵守第 45 条第 1 款规定的义务，或者证据有被隐瞒或篡改的危险；并且

3. 采取措施的重要性足以超过给受其影响的各方造成的干扰和不便。

（二）检查的申请应采取书面形式。

第四十八条　斯德哥尔摩市法院也可以对被调查企业之外的一方作出第 47 条规定的决定。这一决定仅在下列情况下作出：

1. 满足第 47 条第 1 款第 1、3 项规定的条件；

2. 有充分迹象表明申请中提到的当事方拥有证据；并且

3. 上述当事方未履行第 45 条第 1 款规定的义务，或者证据有被隐瞒或篡改的危险。

第四十九条　（一）如果认为检查会受到影响，可以在不给予申请中提到的当事方陈述机会的情况下，作出第 47 条或第 48 条规定的决定。

（二）根据前款作出的决定只送达瑞典竞争局。当检查开始后，竞争局应当将授权检查的决定的副本向其住所接受调查的一方当事人出示。（1998 年第 648 号法律）

第五十条　（一）依照第 47 条和第 48 条作出的决定，应当具体指明：

1. 检查的标的和意图；

2. 开始检查的日期；

3. 瑞典竞争局根据第 51 条享有的权力。

（二）决定应立即生效，但另有规定的除外。

第五十一条　在根据第 47 条或第 48 条作出检查的决定时，瑞典竞争局有权：

1. 检查账册和其他交易记录；

2. 对账册和其他交易记录进行复制或摘抄；

3. 当场要求口头解释；

4. 进入任何住所、土地、运输工具和其他区域。(1998 年第 648 号法律)

第五十二条 (一) 在根据第 47 条或第 48 条决定进行检查时，在其住所接受检查的企业有权派来其合法代表。

(二) 在合法代表到来之前，不得开始检查。但此规定不适用于以下情况：

1. 检查会因此被不合理地推迟；或

2. 进行检查的决定是依照第 49 条作出的。

第五十三条 (一) 采取第 51 条第 1、2 项和第 4 项规定的措施时，瑞典竞争局可以要求执行机构提供协助。

(二) 与本条规定有关的协助事项由斯德哥尔摩执行机构决定。此类执行适用《执行法》第十部分第十六章中的条款。但该调查开始之前，竞争局不得提前通知被调查方。(1998 年第 648 号法律)

[一般规定]

第五十四条 (一) 依照第 45 条或第 51 条采取的措施，不适用于：

1. 内容包含排除检查瑞典律师协会会员或任何其同事作证可能的书面文件；

2. 归某人所有或由基于职业保密职责而受到保护归其拥有的书面文件。

(二) 如果瑞典竞争局认为某项文件应当依据第 51 条而被调查，且提起诉讼的当事人主张该文件为本条第 1 款规定的可拒绝公开的讯息，瑞典竞争局必须将此类文件立即密封并毫不迟延地送达于斯德哥尔摩市法院。斯德哥尔摩市法院应当立即判定此类文件是否属于本条第 1 款中规定的情形。(1998 年第 648 号法律)

第五十五条 依据第 45 条施加的义务或者遵照第 51 条进行的调查不应包括披露属于技术性质的商业秘密的义务。

第五十六条 依本法有义务提供信息的个人或企业，不应承担过度的责任。

第五章 罚款：罚金义务（因罚款而产生的义务）

[违者处以罚款的义务]

第五十七条 (一) 对违反第 23、34a、35、36、38、41 条或第 45 条的有关禁止事项或义务规定的行为，可以处以罚款。另外，可以在根据第 47 条或第 48 条作出的进行调查的决定中附加罚款，以迫使企业或其他当事人接受调查。

(二) 主动承认实施了集中可被处以罚款。该罚款决定由斯德哥尔摩市法院应瑞典竞争局的要求作出。(2000 年第 88 号法律)

第五十八条 瑞典竞争局为使第 37 条规定的义务得以履行，可以决定处以罚款。

[罚款的适用]

第五十九条 (一) 要求按照本法的规定处以罚款的诉讼，应由瑞典竞争局向地区法院提起。在法院罚款是应企业请求的情况下，该企业也可提起针对该罚款裁定的诉讼。

(二) 斯德哥尔摩市法院有权按照本条款审理案件。

第六章 上 诉

第六十条 (一) 对瑞典竞争局就以下事项作出的决定不服的，可以向市场法庭上诉：

1. 第 8、11、12、14、16、18 条规定的豁免；

2. 第 20 条和第 21 条规定的不违法证明；

3. 竞争局依第 23 条第 1 款和第 25 条规定的义务；以及

4. 第 38 条第 4 款规定的禁止或义务；

5. 第 45 条规定的义务。

（二）受决定影响的企业仅可以对根据本条第 1 款第 1 ~ 3 项作出的决定提出上诉。（2000 年第 88 号法律）

第六十一条　对瑞典竞争局根据第 29 条第 2 款作出的决定提出上诉，必须与对瑞典竞争局就该事项作出的终局性决定的上诉一并提出。

第六十二条　除第 60 条或第 61 条规定的上诉之外，不得对瑞典竞争局根据本法作出的任何其他决定提出上诉。

第六十三条　（一）对以下事项，可以对斯德哥尔摩市法院的判决和决定向市场法庭提出上诉：

1. 第 26 条规定的罚款；

2. 第 32 条规定的临时扣押令；

3. 第 34a、36、41、43 条规定的集中；

4. 第 47 条和第 48 条规定的调查；

5. 第 54 条第 2 款规定的审查。

（二）对在诉讼中作出的有关第 32 条或第 41 条规定事项的决定的上诉，应当分别提出。若提起上诉的是诉讼开始前作出的决定，视同诉讼中作出的决定。（1998 年第 648 号法律和 2000 年第 88 号法律）

第七章　程序性规则

第六十四条　（一）在不违反本法规定的情形下，应适用以下规定：

1. 对于第 23 条第 2 款和第 63 条第 1 款第 1 项至第 3 项的诉讼，瑞典司法程序法中关于禁止庭外和解的争议的规定应予适用；

2. 对于第 13 条第 3 款、第 60 条第 1 款和第 63 条第 1 款第 4 项和第 5 项规定事项的审理，应适用无争议事项审理法。（1996 年第 242 号法律）

（二）对于第 63 条规定的案件和事项，《瑞典司法程序法》第四十九章、第五十章和第五十二章中关于上诉法院的规定以及《无争议事项审理法》第 39 条第 1 款同样适用于市场法庭。

（三）如果存在特殊事由，在各方之间有争议的案件审理中，市场法庭可以决定各方承担各自的诉讼费用。（1998 年第 648 号法律）

第六十四条 a　（一）在第 63 条第 1 款第 1 ~ 4 项规定的案件的诉讼中，地区法院或市法院应由四名成员组成，其中两名应当是依法具有资格的法官，另外两名应当是经济学专家。法庭主席应当由一名依法具有资格的法官担任。

（二）如果在诉讼程序开始后，一名成员无法出席，法庭仍然构成法定人数。

（三）对于《瑞典司法程序法》第一章第 3 条 a 中第 2 款和第 3 款所规定的案件的诉讼，和对不经诉讼程序而作出的决定，以及未在诉讼程序中进行的审理，在不违背第 64 条 b 规定的情况下，地区法庭应当由一名依法具有资格的法官组成。然而，在此类案件中，一名经济学专家也可作为法庭成员而参与其中。（1993 年第 681 号法律）

第六十四条 b　如果案件或争议事项的性质存有特殊事由，对不经诉讼程序而作出的决定和对与程序有关的事项进行的审查，地区法庭可以按照第 64 条 a 组成。（1993 年第 681 号法律）

第六十四条 c　在依第 63 条第 1 款第 4 项和第 5 项的规定审理案件时，地区法庭应当按照第 64 条 a 第 1 款组成。然而，在此类审理中，如果根据性质认为这样做就足够的话，地区法庭也可以由一名依法具有资格的法官或此法官和一名经济学专家组成。在其他案件中，地区法庭应由一名依法具有资格的法官或此法官和一名经济学专家组成。（1993 年第 681 号法律和 1998 年第 648 号法律）

第六十四条 d　（一）政府任命依第 64 条 a 和第 64 条 c 在一定时期内担任经济学专家的人选。如果在参加某一案件的审理过程中，经济学专家任期届满，其任命应被视为在当前案件审理中继续有效。

（二）担任经济学专家的人应当是瑞典公民，但不得是未成年人、禁治产人或《父母、监护人和子女法》第十一章第 7 条规定的受托人。（1993 年第 681 号法律）

第六十五条　以本法规定事项为目的，对于有关各方的指示以及一方不出庭的情况，瑞典司法程序法中关于检察官的规定应当适用于瑞典竞争局。

第六十五条 a　被 1998 年第 648 号法律废止。

第六十六条　如果没有未决的诉讼，对于根据第 41 条进行的审查，应当适用诉讼中可能用到的所有法律规定以及本法第 41 条的规定。相对人针对瑞典竞争局的关于费用的请求，应当与采取措施的决定一并审查。

第六十七条　如果没有未决的诉讼，则应立即撤销根据第 41 条作出的采取措施的决定，除非瑞典竞争局根据第 38 条决定进行特别调查，或者作出不依第 39 条提起诉讼的决定。本规定同样适用于瑞典竞争局对集中不采取任何措施的决定。

第六十八条　被 2000 年第 88 号法律废止。

第六十九条　（一）如果便利于调查，当案件和审查由同一法院处理时，可以按照本法规定将第 23 条第 2 款或第 63 条第 1 款第 1 ~ 3 项规定的事项在同一诉讼程序中审理。审理应当按照第 64 条第 1 款第 1 项和第 64 条 a 和第 64 条 b 的规定进行。

（二）市场法庭将第 23 条第 2 款规定的事项与本法规定的其他事项合并审理，则应当适用地区法院的规则。在其他案件中，应当适用上诉法院的规则。（1998 年第 648 号法律）

第八章　生效与过渡性规定

1. 本法自 1993 年 7 月 1 日起生效。

2. 本法将取代《竞争法》（1982 年第 729 号法律）和《禁止限制农产品竞争法》。（1991 年第 921 号法律）

3. 下列规定适用于本法生效时已经存在的协议，以及在本法生效之日起 6 个月内，向瑞典竞争局提出第 8 条规定的豁免的申报或第 20 条规定的不违法证明的申请：

（1）第 7 条的规定仅在瑞典竞争局就申报或申请作出决定之后 6 个月适用；

（2）关于违反第 6 条规定的禁止在上述第 1 项所指的日期之前不适用第 23 条的规定；

（3）依照第 26 条处以的罚款，或者依照第 33 条对违反第 6 条规定的禁止作出的损害赔偿，如果这些措施与申报或申请中所描述的行为有关，则不适用于在上述第 1 项中所指的日期之前采取的措施。

4. 本法第 6 条或第 19 条所禁止的协议或交易行为，在本法生效之前已经存在的，如果自本法生效之日起的 6 个月内该协议或行为具有下列情形的，该禁止规定不予适用：

（1）该协议或交易行为改变之后获得了第 17 条规定的种类豁免；

（2）该协议或交易行为改变之后使得其不再属于第 6 条或第 19 条规定的范围；或者

（3）该协议或交易行为被终止。

上述第 1 款第（1）项中的规定，不妨碍瑞典竞争局撤销其依照第 18 条对协议授予的豁免。

5. 依据第 8 条提起的豁免申报或者依据第 20 条提出的不违法证明的申请，可以在本法生效之前提前进行处理。如果在本法生效之前已经就此问题向地区法庭提出了上诉，法庭应当按照《无争议事项审理法》（1946 年第 807 号法律）的规定，而非本法第 64 条 c 组成。上述 3 中的第 1 项至第 3 项适用于本法生效之前提出的申报或申请。但在此类案件中的期限应为 10 个月。（1993 年第 681 号法律）

6. 本法第 13 条应适用于上述第 3 点提到的已经依有关规定进行了申报的协议，除非授予豁免的日期即为本法生效的日期。上述规定同样适用于本法生效之前已经提前进行申报的协议。

7. 先前一直有效的规定，继续适用于本法生效前完成的企业收购。

英国竞争法（1998 年）

本法包括：有关竞争和滥用市场支配地位的规则；授予执行《欧共体条约》第 85、86 条规定的调查权；修改《1973 年公平交易法》中与依据该法进行的调查中需要提交的信息有关的规定；确定《1973 年公平交易法》中关于“提供服务”的含义；以及其他相关规定。

本法在征求上议院的大主教和主教、上议院的贵族议员和现任国会召集的下议院的建议和同意后，并且经上述机构授权制定，由体现最高权威的女王陛下颁布。

第一编　竞　　争

第一章　协　　议

第一节　引　　言

第一条　［被替代的法律］

下列规定失效：

《1976 年限制行为法院法》（第三十三章），《1976 年限制交易行为法》（第三十四章），《1976 年转售价格法》（第五十三章），以及《1977 年限制交易行为法》（第十九章）。

第二节　禁止规定

第二条　［阻碍、限制和扭曲竞争的协议等］

（一）在遵循第 3 条规定的情况下，下列企业间的协议、企业协会的决定或者协同行为被禁止，除非其根据本编相关规定被豁免：

1. 可能对联合王国内的贸易产生影响，而且限制或扭曲竞争的行为；

2. 以妨害、限制或扭曲联合王国内的竞争为其目标或实际妨碍、限制或扭曲联合王国内的竞争的行为。

（二）本条第 1 款适用的协议、决定或行为是指：

1. 直接或者间接固定购买价格或者销售价格或者其他任何交易条件；

2. 限制或控制产量、市场、技术开发或投资；

3. 分割市场或者供应来源；

4. 对其他交易主体在相同交易中适用不同条件，致使他们处于不利的竞争地位；

5. 要求其他交易主体接受附加义务作为签订合同的前提条件，根据合同的性质或商业惯例，这些义务与合同目的无关。

（三）仅当协议、决定或者行为实际或者意图在联合王国境内履行时，方适用本条第 1 款的规定。

（四）违反本条第 1 款规定的任何协议或者决定无效。

（五）本编明确适用于协议的规定或与协议有关的规定经过必要修改后，同样适用于企业协会的决定、协同行为，或与企业协会的决定、协同行为相关，但是该规定作出必要修改的除外。

（六）其他条款另有规定的，本条第 5 款规定不予适用。

（七）若一项协议仅在或意图仅在联合王国的一部分履行，本条中的“联合王国”仅指协议履行或意图履行的那部分地区。

（八）本条第 1 款的禁止规定在本法中被称为“第一章禁止规定”。

第三节　除外协议

第三条　［除外协议］

（一）下列条款规定的或由于其适用导致的除外适用情况，不适用第一章禁止规定：

1. 附件一（兼并与集中）；
2. 附件二（根据其他法律进行的竞争审查）；
3. 附件三（规划义务以及其他一般除外）；或者
4. 附件四（职业规则）。

（二）对于第一章禁止规定，国务大臣可以在任何时候通过命令以下列方式修正附件一：

1. 规定一条或多条补充的除外适用条款；或者
2. 修改或删除任何条款（无论该条款是否已经依据本款规定以命令的形式添加）。

（三）对于第一章禁止规定，国务大臣可以在任何时候通过命令以下列方式修正附件三：

1. 规定一条或一条以上补充的除外适用条款；或者
2. 修改或删除任何条款，而该条款是：

（1）依据本款规定以命令的形式添加的；

（2）规定在附件三的第 1、2、8、9 条中。

（四）国务大臣仅在认为协议满足下列条件时，才能行使本条第 3 款授予的制定补充除外适用条款的权力：

1. 总体上不会对竞争造成不利的影响；或者
2. 通常依据本法第二章或《1973 年公平交易法》已进行充分审查。

（五）根据本条第 2 款第 1 项或第 3 款第 1 项发布的命令可以包括关于停止适用于一项具体协议的除外规定（与相关附件规定的其他任何除外适用条款类似）。

（六）附件三同时授权国务大臣在特定情况下排除协议适用第一章禁止规定。

第四节　豁　　免

第四条　［个别豁免］

（一）若协议符合下列条件，局长可以批准其豁免适用第一章禁止规定：

1. 协议一方当事人已依据第 14 条的规定向局长提出了豁免请求；并且
2. 该协议符合第 9 条规定的情形之一。

（二）按照本条批准的豁免在本编指个别豁免。

（三）该豁免：

1. 可以附有局长认为适当的条件或义务；并且
2. 在局长认为适当的期间内有效。

（四）上述期限应当在豁免的授予中明确说明。

（五）一项个别豁免可以在该豁免的授予日之前开始生效。

（六）对于依据第51条相关条款明确规定的方式提出的申请，局长可以延长豁免的有效期；但是，若相关条款规定只能在特殊情况下延长有效期，局长应遵守该规定。

第五条　[个别豁免的撤销]

（一）若局长有合理理由认为，在授予个别豁免后，情况已实质改变，其则有权通过书面通知形式采取以下措施：

1. 撤销豁免；

2. 改变或取消任何条件或者义务；或者

3. 施加一个或者多个额外的条件或者义务。

（二）若局长合理地怀疑其授予一项个别豁免时据以作出决定的信息的实质内容是不完全、错误或引人误解的，他有权以书面通知方式采取本条第1款规定的任何措施。

（三）违反豁免的条件将导致豁免被撤销。

（四）未能履行义务的，局长有权以书面通知的方式采取本条第1款中规定的任何措施。

（五）局长依据本条第1、2款或第4款采取的任何措施，从通知规定的时间开始生效。

（六）若一项豁免依据第2款或第4款的规定被撤销后，通知上载明的撤销日可以早于通知发出日。

局长有权主动或者依任何人的控诉而依据第1、2款或第4款的规定采取行动。

第六条　[类型豁免]

（一）若协议符合特定类型，而且局长认为上述协议可能适用第9条规定时，其可以建议国务大臣依据本条规定发布一项命令以明确该协议类型。

（二）国务大臣可以发布一项命令（类型豁免令）使该建议生效：

1. 以该建议的形式；或者

2. 对该建议作出他认为适当的修改。

（三）符合类型豁免令的一项协议豁免适用第一章禁止规定。

（四）本条中规定的豁免在第一编中视为类型豁免。

（五）类型豁免令可以为一项类型豁免的生效附加条件或义务。

（六）一项类型豁免令可以规定：

1. 违反命令规定的条件将会导致撤销一个协议的类型豁免；

2. 未能履行命令附加的义务，局长有权通过书面通知的形式，撤销该协议的类型豁免；

3. 局长若认为一项具体协议不符合第9条的规定，可以撤销该协议的类型豁免。

（七）一项类型豁免令可以规定在指定期间届满时豁免失效。

（八）本条和第7条中规定的“指定的”均指类型豁免令中的指定。

第七条　[类型豁免：反对]

（一）一项类型豁免令可以规定协议的一方当事人：

1. 无资格获得命令授予的类型豁免；但是

2. 若满足特定的标准，可以向局长申请协议适用本条第2款的规定。

（二）根据本条第1款规定，依据类型豁免令的任何条款对一项协议提出申请，该协议自申请期限届满之日起即适用类型豁免，除非局长：

1. 反对如此适用；并且

2. 在申请期限届满前以书面通知形式告知当事人其反对意见。

（三）若局长依据本条第 2 款规定发出反对的通知，则根据本条第 1 款提出的申请将被同时视作根据第 14 条规定提出的申请和依据该条第 3 款提出的个别豁免申请。

（四）在本条中“申请期限”指给予局长充分考虑是否根据本条第 2 款提出反对意见的特定时间。

第八条 ［类型豁免：程序］

（一）在依据第 6 条第 1 款作出建议之前，局长必须：

1. 以其认为最合适的方式，公开其拟定建议的详细信息，以引起可能受其影响的当事人的注意；而且

2. 考虑提交给他的全部意见。

（二）若国务大臣拟在对建议进行修改后使其生效，必须将拟定的修改意见通知局长，并考虑局长提出的任何意见。

（三）若局长认为改变或者撤销一项类型豁免令是适当的，他可以建议国务大臣采取上述措施。

（四）本条第 1 款同样适用于依据本条第 3 款提出的建议。

（五）在改变或撤销一项类型豁免前，（在没有收到根据本条第 3 款提出的任何建议的情况下）国务大臣必须：

1. 将拟作的变更或撤销通知局长；并

2. 考虑局长的意见。

（六）一项类型豁免令可以规定豁免的生效日早于该命令的作出日。

第九条 ［个别豁免和类型豁免的标准］

本条适用满足下述条件的协议：

1. 有利于：

（1）改进生产或销售；或

（2）促进技术或者经济的进步，同时使得消费者从中公平受益；但

2. 没有：

（1）强加给相关企业以对于实现上述目标不必要的限制；或

（2）使相关企业可能减少相关主要产品的竞争。

第十条 ［平行豁免］

（一）若一项协议符合下列条件而豁免适用欧共体禁止规定，则其豁免适用本法第一章禁止规定：

1. 根据一项法规；

2. 已由欧盟委员会授予豁免；或

3. 已遵循适当的反对程序向欧盟委员会提出申请；而且

（1）已逾反对期，欧盟委员会没有提出反对意见；或

（2）欧盟委员会提出了反对意见，但已撤销该反对。

（二）若一项协议并不对成员国之间的贸易造成影响，同时属于豁免适用欧共体禁止规定的协议的种类，则该协议豁免适用本法第一章禁止规定。

（三）本条规定的豁免适用第一章禁止规定在本编称为“平行豁免”。

（四）一项平行豁免：

1. 在与之相关的欧共体禁止规定豁免生效之日起生效，或者适用本条第 2 款规定的平行豁

免，在该协议对成员国之间的贸易产生影响时生效；

2. 下列情况下平行豁免失效：

（1）相关的共同体豁免停止生效；或

（2）根据本条第 5 款或第 7 款的规定被取消。

（五）在第 51 条规定情况和方式下，局长有权：

1. 为即将生效的平行豁免附加条件或义务；

2. 改变或免除任何上述条件或义务；

3. 施加一项或多项的条件或义务；

4. 取消豁免。

（六）在第 51 条规定的情况下，撤销豁免的生效时间可以早于撤销通知的发出日。

（七）违反局长施加的条件将导致撤销该豁免。

（八）在行使本条规定权力时，局长有权要求相关协议的任何一方当事人提供他所需要的信息。

（九）依据本条规定，豁免适用共同体禁止规定的协议可以被视为包括根据特定法规或欧盟委员会决定豁免适用禁止规定的协议。

（十）本条中的“共同体禁止规定”指规定在下列条文中的禁止规定：

1. 第 85 条的第 1 款；

2. 任何相关的替代条款，或由上述条款衍生出的规定；

3. 国务大臣通过命令制定的其他规章，而且“规章”指由欧盟委员会、欧盟理事会通过的法规。

（十一）本条适用于《欧洲经济区协议》第 53 条第 1 款及欧洲自由贸易联盟监督局（the EFTA Surveillance Authority）的相关的禁止规定。

第十一条　［其他协议的豁免］

（一）根据《欧共体条约》第 88 条规定认定相关协议是否属于该法第 85 条所禁止的特定类型的事实，都不影响相关协议适用本法第一章禁止规定。

（二）但是，为使相关协议豁免适用本法第一章禁止规定，国务大臣在法定的情况下，可以通过规章作出其认为适当的与该协议有关的规定。

（三）根据本条规定通过规章的方式豁免适用本法第一章禁止规定在本编被称为“第 11 条豁免”。

第五节　申　　请

第十二条　［申请局长审查协议］

（一）若协议一方认为协议可能违反第一章禁止规定而提出申请，局长有权根据第 13 条和第 14 条的规定对协议进行审查。

（二）附件五规定的审查程序：

1. 任何人均可提出申请；同时

2. 局长审查上述申请。

（三）在下列情况下，国务大臣可以通过规章对第 13 ~ 16 条和附件五规定的申请作出规定，并可以根据相关规定对其进行修改：

1. 局长已经指示撤销一项除外适用；或

2. 局长正在考虑是否发布上述指示。

第十三条 ［申请指导］

（一）协议的一方当事人根据本条规定申请审查该协议，必须

1. 将协议通知局长；并

2. 请求局长予以指导。

（二）对于根据本条规定提出的申请，局长可以依据其判断，就协议是否违反第一章禁止规定进行指导。

（三）若局长认为该协议可能会违反禁止规定而不被豁免，则他的指导可以指出：

1. 该协议是否可能属于下列类型而豁免适用禁止规定：

（1）一项类型豁免；

（2）一项平行豁免；或

（3）一项第 11 条豁免；或者

2. 若收到申请，其是否可能授予该协议一项个别豁免。

（四）若一项适用禁止规定的协议已依据本条规定向局长提出申请，在下列期间内，违反禁止规定的协议不会根据本编规定受到处罚：

1. 自提出申请之日起；

2. 到申请被决定后局长向申请人发出的书面通知规定的日期止。

依据本条第 4 款第 2 项作出的通知中规定的日期不得早于通知发出日。

第十四条 ［申请决定］

（一）协议一方当事人根据本条规定申请审查协议必须：

1. 向局长通知该协议；并

2. 申请局长作出决定。

（二）对于根据本条规定提出的申请，局长有权就以下问题作出决定：

1. 该申请是否违反第一章禁止规定；

2. 若该申请没有违反第一章禁止规定，则是由于除外适用的结果抑或是由于该协议豁免适用禁止规定。

（三）若根据本条规定将协议提交给局长，申请的内容可以包括请求对该协议授予个别豁免。

（四）若适用禁止规定的协议已依据本条规定向局长提出申请，在下列期间内，违反禁止规定的协议将不会根据本编规定受到处罚：

1. 自提出申请之日起；

2. 到申请被决定后局长向申请人发布书面通知规定的日期止。

（五）依据第 4 款第 2 项作出的通知规定的日期不得早于通知发出日。

第十五条 ［指导的效力］

本条适用于特定协议，局长依据第 13 条规定通过给予下述指导的方式对该协议的申请作出决定：

1. 该协议无论是否被豁免，都不可能违反第一章禁止规定；

2. 该协议可能属于下列类型而被豁免：

（1）一项类型豁免；

（2）一项平行豁免；或

（3）一项第11条豁免；或

3. 依申请，他可能授予该协议一项个别豁免。

（二）对于本条适用的协议，局长将不会依据本编规定采取进一步的措施，除非：

1. 他有合理理由相信自他发出指导后，情况已发生实质变化；

2. 他有合理理由怀疑其指导所依据的信息在实质上是不完整的、错误的或令人误解的；

3. 协议的一方当事人依据第14条向他申请对于该协议的决定；或

4. 协议当事人之外的主体向他提出对于该协议的控告。

（三）适用本条规定的协议将不会由于违反第一章禁止规定而依据本编受到处罚。

（四）下列情形下，局长可以依据本条第3款规定撤销豁免；

1. 协议存在本条第2款中提到的情形，他依据本编对协议采取了措施；

2. 他认为协议可能违反禁止性规定；且

3. 他书面通知提出申请并获得指导意见的一方当事人，自通知中规定的日期起撤销豁免。

（五）若局长有理由怀疑：

1. 他据以发出指导的信息；并且

2. 由协议一方当事人提供的信息，在实质上是不完整的，错误的或令人误解的，依据第4款第3项作出的通知中规定的日期可以早于通知发出日。

第十六条　［未违反第一章禁止规定的决定的效力］

（一）本条适用于以下协议，即局长根据第14条规定作出该协议未违反第一章禁止规定的决定。

（二）局长不会依据本编对协议采取进一步的措施，除非：

1. 他有合理理由认为自他作出决定后，情况已发生实质变化；或者

2. 他有合理理由怀疑他作出决定所依据的信息在实质上是不完整的、错误的或令人误解的。

（三）适用本条规定的协议若违反第一章禁止规定将不会受到处罚。

（四）但是下列情形下，局长可以撤销依据本条第3款授予的豁免：

1. 协议存在本条第2款规定的情形，他依据本编对协议采取了措施；

2. 他认为协议可能违反禁止性规定；

3. 他书面通知提出申请并获得决定的一方当事人，自通知中规定的日期起撤销豁免。

（五）若局长有合理理由怀疑：

1. 他作出决定所依据的信息；及

2. 由协议一方当事人提供的信息在实质上是不完整的、错误的或令人误解的，依据第4款第3项作出通知中规定的日期可以早于通知发出之日。

第二章　滥用市场支配地位

第一节　引　　言

第十七条　［被替代的法律］

《1980年竞争法》第2～10条（控制限制竞争行为）终止适用。

第二节　禁止规定

第十八条　［滥用市场支配地位］

（一）根据第 19 条规定，禁止一个或多个企业影响联合王国境内贸易的任何滥用市场支配地位行为。

（二）滥用市场支配地位行为包括：

1. 直接或间接地强加不公平销售价格或购买价格或其他不合理交易条件；

2. 限制产量、市场或技术发展，并损害消费者利益；

3. 对相同交易的不同交易主体适用不同的交易条件，并使其处于竞争劣势；

4. 要求其他交易主体接受附加义务作为签订合同的前提条件，而根据合同的性质或商业惯例，该义务与合同目的无关。

（三）本条中的“市场支配地位”指在联合王国境内的市场支配地位；且“联合王国”指联合王国及其任何组成部分。

（四）本条第 1 款的禁止规定在本法中被称为“第二章禁止规定”。

第三节　除外适用

第十九条　［除外适用］

（一）第二章禁止规定不适用于下列规定排除的情形或根据下列规定发生的情形：

1. 附件一（合并与集中）；或

2. 附件三（一般除外适用）。

（二）对于第二章禁止规定，国务大臣可以在任何时候通过命令以下列方式修正附件一：

1. 规定一项或多项除外适用；或

2. 修改或撤销任何规定（无论其是否是依据本条发布的命令而增设的）。

（三）国务大臣有权在任何时候通过命令修正附件三中第八条中与第二章禁止规定有关的条款。

（四）附件三同时授权国务大臣在特定情况下作出不适用第二章禁止的决定。

第四节　申　　请

第二十条　［向局长申请行为审查］

（一）依第 21 条和第 22 条规定，行为人若认为其行为可能违反第二章禁止规定，可以向局长提出审查申请。

（二）附件六规定的审查应遵循的程序：

1. 由任何人提出一项申请；并

2. 由局长对申请进行审查。

第二十一条　［申请指导］

（一）根据本条规定申请对某一行为进行审查的主体必须：

1. 将行为通知局长；并

2. 向其申请指导。

（二）对于依据本条提出的申请，局长可以依据其判断，对于该行为是否可能违反第二章禁止规定给予申请人指导。

第二十二条 ［对于申请作出决定］

（一）根据本条规定申请对特定行为进行审查的主体必须：

1. 将行为通知局长；并

2. 请求局长作出决定。

（二）对于依据本条提出的申请，局长可以就下述问题作出决定：

1. 行为是否违反第二章禁止规定；以及

2. 若没有违反禁止规定，其原因是否是因为除外适用。

第二十三条 ［指导的效力］

（一）本条适用于下列行为，即局长对依据第21条提出的申请作出该行为不可能违反第二章禁止规定的指导。

（二）对于本条适用的行为，局长不应依据本编采取进一步的措施，除非

1. 他有合理理由认为自他作出指导意见后，情况已经发生实质变化；

2. 他有合理理由怀疑他作出指导所依据的信息在实质上是不完整的、错误的或令人误解的；

3. 有主体向他提出针对该行为的控告。

（三）适用本条规定的行为不会由于违反第二章禁止规定而依据本编受到处罚。

（四）但是在下列情况下，局长有权撤销依据本条第3款获得的豁免：

1. 在出现本条第2款规定的情况下，局长依据本编对于该行为采取措施；

2. 他认为行为将可能违反禁止性规定；而且

3. 他以书面形式通知提出申请并获得指导意见的企业，将自通知中确定的日期始撤销豁免。

（五）若局长有合理理由怀疑：

1. 他据以作出指导意见的信息；以及

2. 作为相关行为主体的企业提供的信息在实质上是不完整的、错误的或令人误解的，依据本条第4款第3项作出的通知规定的日期可以早于通知发出之日。

第二十四条 ［未违反第二章禁止规定的决定的效力］

（一）若局长根据第22条作出特定行为未违反第二章禁止规定的决定，则本条适用于该行为。

（二）对于本条适用的行为，局长不应当依据本编采取进一步措施，除非：

1. 他有合理理由认为自他作出决定后，情况已发生实质变化；

2. 他有合理理由怀疑其作出决定所依据的信息在实质上是不完整的、错误的或令人误解的。

（三）适用本条规定的行为不会由于其违反第二章禁止规定而依据本编受到处罚。

（四）但是在下述情况下，局长有权撤销依据本条第3款规定授予的豁免：

1. 在出现本条第2款规定的情况下，局长依据本编对于该行为采取措施；

2. 他认为行为可能违反禁止性规定；而且

3. 他以书面的方式通知提出申请并获得决定的企业，将自通知确定的日期始撤销豁免。

（五）若局长有合理理由怀疑：

1. 他作出决定所依据的信息；和

2. 由作为行为主体的企业提供的信息在实质上是不完整的、错误的或者实质上令人误解

的，依据本条第 4 款第 3 项发出的通知规定的日期可以早于通知发出之日。

第三章 调查和执行

第一节 调 查

第二十五条 ［局长的调查权］

如有合理理由怀疑存在下列行为，局长可以进行调查：

1. 违反第一章禁止规定；或

2. 违反第二章禁止规定。

第二十六条 ［调查中的权力］

（一）为依据第 25 条进行调查，局长有权要求任何人出示或提供他认为与调查的任何事项有关的特定文件或信息。

（二）局长应当以书面通知形式行使本条第 1 款规定的权力。

（三）根据本条第 2 款作出的通知中必须说明：

1. 调查的事项和目的；以及

2. 第 42 ~ 44 条规定的违法行为的性质。

（四）本条第 1 款中“特定的”是指：

1. 通知中指定或记述的；或

2. 属于通知中指定或记述的种类。

（五）局长还可以在通知中明确：

1. 出示文件或提交信息的时间和地点；

2. 出示文件或提交信息的方法和形式。

（六）本条规定的要求主体出示文件的权力包括：

1. 若该文件已被提交：

（1）复制或摘录该文件的权力；

（2）要求相关主体、该主体现任或前任的官员或现有的、以往的雇员说明该文件的权力；

2. 若文件未被提交，要求相关主体据其所知所信，说明文件存放地的权力。

第二十七条 ［无搜查令时进入生产经营场所的权力］

（一）获得局长书面授权的官员（“调查员”）有权进入与根据第 25 条进行的调查有关的任何生产经营场所。

（二）只有向生产经营场所的占有人出示符合下列条件的书面通知，调查员才能行使本条规定的职权，进入有关生产经营场所：

1. 至少提前两个工作日通知欲进入该生产经营场所；

2. 说明调查事项和目的；并

3. 说明第 42 ~ 44 条规定的违法行为的性质。

（三）下列情况，不适用于本条第 2 款的规定：

1. 局长有合理理由怀疑该生产经营场所正在或已经被下列主体占用：

（1）局长根据第 25 条第 1 项正在对其协议进行调查的协议一方当事人；或

（2）局长根据第 25 条第 2 项正在对其行为进行调查的企业；或

2. 调查员采取所有可行措施却无法通知到当事人。

（四）在本条第 3 款规定的情况下，调查员行使本条第 1 款规定的进入权时必须出示：

1. 授权的证明；以及

2. 含有本条第 2 款第 2 项和第 3 项规定的信息的文件。

（五）根据本条规定进入生产经营场所的调查员有权：

1. 携带他认为必要的设备；

2. 要求生产经营场所中的任何人：

（1）提交他认为与该调查有关的任何事项相关的文件；

（2）若文件已提交，对该文件作出说明；

3. 要求任何人，据其所知所信，说明文件的存放地点；

4. 复制或摘录已提交的文件；

5. 调查员认为与该调查有关的任何事项相关的资料，如存储于电脑并能从该生产经营场所获得，应要求以下列方式提交：

（1）可以被取走；且

（2）可视并可读。

第二十八条 ［依搜查令进入生产经营场所的权力］

（一）对于局长根据法庭规则向法庭提出的申请，法官若确信有下列情况，可以发出搜查令：

1. 有合理理由怀疑存放于生产经营场所的文件是：

（1）根据第 26 条或第 27 条的规定需要出示的文件；且

（2）没有按照规定出示；

2. 有合理理由怀疑：

（1）存在局长有权根据第 26 条的规定要求出示的存放于任何生产经营场所的文件；而且

（2）若要求出示该文件，相关方不仅不会提交还可能隐匿、转移、篡改或毁坏这些文件；或

3. 调查员根据第 27 条行使职权却未能进入该生产经营场所，并有合理理由怀疑该生产经营场所藏有根据该条所要求出示的文件。

（二）本条规定的搜查令将授权局长指定的官员，以及局长以书面形式授权陪同该指定人员的其他官员：

1. 采取合理的必要措施进入该搜查令指定的生产经营场所；

2. 搜查生产经营场所，复制或摘录与根据本条第 1 款批准的申请有关的一类文件（“相关种类”）；

3. 若符合下列条件，没收任何相关种类的文件：

（1）没收行为对保存文件或阻止对文件的妨碍是必要的；或

（2）复制存放于该生产经营场所的文件是不可行的；

4. 为实现本款第 3 项第 1 分项的规定，采取其他任何必要的措施；

5. 要求任何人对相关种类的文件作出说明，并据其所知所信，说明文件的存放地点；

6. 存储于电脑并能从该生产经营场所取得的任何信息，以及被指定的调查员认为与该调查有关的任何事项相关的任何信息，应当以下列方式提交：

（1）可以被取走；且

（2）可视并可读。

（三）在根据本条第 1 款第 2 项发布搜查令的情况下，若法官有合理理由怀疑该生产经营场所内存在与该调查相关的其他文件的，搜查令同时应当授权根据本条第 2 款对该文件采取措施。

（四）凭借本条规定的搜查令进入生产经营场所的任何人，有权携带他认为必要的设备。

（五）被指定的调查员离开依据本条规定的搜查令进入的生产经营场所时，若该场所无人占有或占有人暂时未在场的，必须尽可能地使该场所保持原状。

（六）本条规定的搜查令自发出之日起 1 个月内有效。

（七）根据本条第 2 款第 3 项获取的文件可以留存 3 个月。

第二十九条　［依搜查令进入生产经营场所：补充规定］

（一）根据第 28 条发布的搜查令必须指明：

1. 调查事项和目的；

2. 第 42 条至第 44 条规定的违法行为的性质。

（二）根据第 28 条出示搜查令后，才可以行使该条授予的权力。

（三）若生产经营场所无人，在执行搜查令之前，被指定的调查员应当：

1. 采取所有情形下的合理措施通知生产经营场所的占用人其欲进入；并

2. 若占用人收到通知，在执行搜查令时，为该占用人或其法定代表人或其他代表人提供合理的在场机会。

（四）若被指定的调查员无法通知该生产经营场所的占用人，在执行搜查令时，必须在该生产经营场所的显著位置留下该搜查令的复印件。

（五）在本条中："被指定的调查员"是指搜查令中指定的官员；生产经营场所的"占用人"，是被指定的调查员合理推断出的该生产经营场所的占用人。

第三十条　［有特权的通信］

（一）不能根据本编规定要求任何人出示或披露有特权的通信。

（二）"有特权的通信"是指：

1. 职业法律顾问与其客户之间的通信；或

2. 与诉讼有关、计划诉讼或以诉讼为目的进行的通信，该通信在高等法院诉讼程序中根据法律职业特权免于披露。

（三）本条规定在苏格兰适用时：

1. 高等法院是指苏格兰判决法院；并

2. 法律职业特权是指通信的机密性。

第三十一条　［调查后的决定］

（一）依据第 25 条所作的调查，局长拟作出下列决定的，适用本条第 2 款的规定：

1. 违反第一章禁止规定的决定；或

2. 违反第二章禁止规定的决定。

（二）在作出决定前，局长必须：

1. 书面通知可能受到该决定影响的主体或群体；并

2. 为上述主体或群体提供陈述意见的机会。

第二节　执　　行

第三十二条　［与协议有关的决定］

（一）若局长作出某项协议违反第一章禁止规定的决定，他可以向其认为适当的特定主体或多个主体作出其认为适当的终止违法行为的指导。

（二）无论该决定根据本编规定是由局长主动作出，还是依申请作出，均适用本条第 1 款的规定。

（三）本条的指导具体包括：

1. 要求协议的当事人修改协议；或

2. 要求协议的当事人终止协议。

（四）根据本条规定作出的指导应采取书面形式。

第三十三条 ［与行为有关的指令］

（一）若局长作出特定协议违反第二章禁止规定的决定，他可以向其认为适当的特定主体或多个主体作出其认为适当的终止违法行为的指令。

（二）无论该决定根据本编规定是由局长主动作出，还是依申请作出，均适用本条第 1 款的规定。

（三）本条的指令具体包括：

1. 要求相关当事人纠正其违法行为的指令；或

2. 要求相关当事人停止其违法行为的指令。

（四）根据本条规定作出的指令应采取书面形式。

第三十四条 ［指令的执行］

（一）若主体无正当理由地未履行依据第 32 条或第 33 条所作的指令，局长有权向法院申请一项执行令：

1. 要求未履行指令的主体在执行令指定的期限内履行该指令；或

2. 若指令涉及管理或经营企业过程中所作的任何行为，要求该企业或其任何管理人员履行指令。

（二）根据本条第 1 款作出的法院执行令有权要求由下列主体承担申请执行令的所有成本和附带费用：

1. 未履行指导的主体；或

2. 对未履行指导负责的企业管理人员。

（三）本条第 2 款在苏格兰适用时，“成本” 是指 “费用”。

第三十五条 ［临时措施］

（一）本条适用于下列情况：

1. 局长有合理理由怀疑特定行为违反第一章禁止规定；或

2. 局长有合理理由怀疑特定行为违反第二章禁止规定，但尚未完成对该事项的调查。

（二）在下列紧急情况下，局长可以在其认为必要的情况下根据本条规定采取措施：

1. 为防止对特定主体或群体造成严重的，无法挽回的损失；或

2. 为保护公共利益；

为实现上述目的，局长有权发布其认为适当的指令。

（三）在根据本条规定作出指令前，局长必须：

1. 书面通知其拟给予指令的主体（或群体）；并

2. 给予该主体（或该群体中的任一主体）陈述意见的机会。

（四）根据本条第 3 款作的通知应指明局长拟作出的指令的性质和理由。

（五）在适用本条第 1 款规定时，根据本条规定作出的指令有效，但若情况允许，局长有权根据第 32 条或（在适当的情况下）第 33 条作出指令取代前述指令。

（六）若怀疑存在违反第一章禁止规定的行为，第 32 条第 3 款和第 34 条同时适用于依据本条作出的指令。

（七）若怀疑存在违反第二章禁止规定的行为，第 33 条第 3 款和第 34 条同时适用于依据本条所做的指令。

第三十六条　［对违反第一章或第二章禁止规定的行为的处罚］

（一）作出特定协议违反第一章禁止规定的决定时，局长有权要求作为该协议一方当事人的企业就其违法行为缴纳罚款。

（二）在作出特定行为违反第二章禁止规定的决定时，局长有权要求相关企业就其违法行为缴纳罚款。

（三）局长只有在确认企业故意或过失实施违法行为时，才有权根据本条第 1 款或第 2 款的规定对其处以罚款。

（四）若局长确认企业的行为建立在依照第 39 条对该协议予以豁免的前提上，则本条第 1 款由于受第 39 条限制而不适用。

（五）若局长确认企业的行为建立在依照第 40 条对该行为予以豁免的前提上，则本条第 2 款由于受第 40 条限制而不适用。

（六）本条的罚款通知必须

1. 采取书面形式；并

2. 指定要求缴纳罚款的日期。

（七）指定的日期不应早于根据第 46 条对罚款通知的上诉期届满日。

（八）局长根据本条确定的罚款金额不能超过该企业营业额的 10%（依据国务大臣作出的命令中的相关明确条款确定）。

（九）局长根据本条收缴的所有罚款应上交“统一基金”。

第三十七条　［罚款的追索］

（一）若罚款通知指定的日期已过，且：

1. 对罚款决定或数额的上诉期内，没有提出上诉；或

2. 已经提出上诉且该上诉已经被裁决；

局长有权将罚款作为民事债务向企业追索罚款通知中确定的且尚未交纳的罚款。

（二）在本条中，“罚款通知”是指根据第 36 条所做的通知；“指定日期”是指罚款通知指定的日期。

第三十八条　［罚款的额度］

（一）局长必须制备并公布关于依据本编规定作出的任何罚款的适当金额的指南。

（二）局长有权随时修改该指南。

（三）局长必须及时公布修改后的指南。

（四）指南得到国务大臣的批准方可根据本条予以公布。

（五）在征询国务大臣的意见后，局长有权决定公布指南的方式。

（六）若局长正在制备或修订根据本条发布的罚款指南，他必须向其认为适当的主体征求意见。

（七）若拟订的指南或指南的修订涉及特定监管者行使共同管辖权的事项，还应征求该监

管者的意见。

（八）在根据本编规定确定罚款金额时，局长必须参考根据本条规定尚在有效期内的罚款指南。

（九）若欧盟委员会、其他成员国的法院或其他机构对特定协议或行为已作出罚款或罚金决定，局长、上诉法院或“适格法院”在根据本编规定对该协议或行为确定罚款金额时应当考虑上述罚款或罚金。

（十）本条第 9 款中的“适格法院”是指

1. 英格兰和威尔士的上诉法院；

2. 苏格兰的判决法院；

3. 北爱尔兰的北爱尔兰上诉法院；

4. 上议院。

第三十九条 ［小型协议的有限豁免］

（一）本条中的“小型协议”是指下列协议：

1. 属于本条规定的类型；但

2. 并非固定价格协议。

（二）确定上述协议类型的标准具体包括：

1. 该协议的当事人的营业总额（根据相关规定来确定）；

2. 受协议影响的市场份额（以上述方式来确定）。

（三）第 36 条第 1 款的规定不适用于小型协议的一方当事人；但局长有权根据本条第 4 款撤销该豁免。

（四）若局长已经对小型协议进行调查，且根据调查结果，他认为该协议可能违反第一章禁止规定，局长有权作出决定撤销根据本条第 3 款授予的豁免。

（五）局长必须以书面形式将撤销豁免决定通知每个与豁免有关的当事人。

（六）依据本条第 4 款作的决定于决定书中指定的日期（“撤销日”）生效。

（七）撤销日应当晚于决定作出日。

（八）为确保该协议不造成对第一章禁止规定的进一步违反，局长在确定撤销日时，应当考虑当事人可能需要的时间。

（九）本条第 1 款中的“固定价格协议”是指以限制协议一方当事人自主决定产品、服务或其他与协议有关事项的价格（或该方当事人与协议的另一方当事人间的交易价格）为其目标或效果，或目标或效果之一的协议。

第四十条 ［第二章规定的禁止条款的有限豁免］

（一）本条中的“影响较小的行为”是指属于本条规定的类型的行为。

（二）划分类别的标准具体包括：

1. 实施该行为的主体的营业额（根据相关规定来确定）；

2. 受该行为影响的市场份额（以上述方式确定）。

（三）若当事人的行为属于影响较小的行为，则不适用第 36 条第 2 款的规定；但局长有权根据本条第 4 款撤销该豁免。

（四）若局长已经对影响较小的行为进行调查，且根据调查结果，他认为该行为可能违反第二章禁止规定，局长有权作出决定撤销根据本条第 3 款授予的豁免。

（五）局长必须以书面形式将撤销豁免的决定通知该特定主体或多个主体。

（六）根据本条第 4 款所作的决定于决定书中指定的日期（“撤销日”）生效。

（七）撤销日应当晚于决定日。

（八）为确保特定行为不至造成对第一章禁止规定的进一步违反，局长在确定撤销日时，应当考虑受到影响的特定主体或多个主体可能需要的时间。

第四十一条　［向委员会通报的协议］

（一）若可能违反第一章禁止规定的协议的一方当事人就该协议向委员会提出申请，请求其作出是否根据第 85 条授予豁免的决定，则适用本条规定。

（二）任何违反第一章禁止规定的行为在提出申请后委员会尚未作出决定之前，不需要根据本编规定交纳罚款。

（三）若委员会撤销对于该协议临时豁免罚款的特权，则自该特权被撤销日起不再适用本条第 2 款的规定。

（四）就特定协议向委员会提出申请的事实不影响局长根据本条规定对该协议进行调查。

（五）该条中的“临时豁免罚款”的含义依本法相关规定。

第三节　违法行为

第四十二条　［违法行为］

（一）若行为人未履行第 26、27 条或第 28 条规定的义务，则视为违法。

（二）若行为人由于要求提交文件而被指控为本条第 1 款规定的违法行为，他有权提出以下抗辩：

1. 该文件不为其占有或支配；且
2. 要求他履行义务是不切实际的。

（三）若主体被指控实施本条第 1 款规定的违法行为，并要求其：

1. 提供信息；
2. 对该文件作出说明；或
3. 说明文件的存放地点。

则他有权提出抗辩，证明有正当理由无法履行该义务。

（四）若对行为人提出要求的主体未遵守第 26 条或第 27 条规定，则行为人未履行上述要求不构成违法。

（五）行为人故意妨碍官员行使第 27 条规定的权力，构成违法行为。

（六）对于违反本条第 1 款或第 5 款规定的主体可以作出以下处罚：

1. 根据即席判决，被处以不超过法定最大限度的罚金；
2. 根据起诉书定罪处以罚金。

（七）行为人故意妨碍官员行使根据第 28 条发布的搜查令规定的权力，构成违法，对违法行为人可以作出以下处罚：

1. 根据即席判决，处以不超过法定最大限度的罚金；
2. 根据起诉书定罪，判处两年以下的监禁或单处或并处罚金。

第四十三条　［毁坏或伪造文件］

（一）被要求根据第 26、27 条或第 28 条规定提交文件的主体，若有下列行为，则构成违法：

1. 故意或过失毁坏或另行处置，伪造或隐匿文件；或

2. 促成或放任对文件的毁坏，擅自处置，伪造或隐匿行为。

（二）对于违反本条第 1 款规定的主体可以作出以下处罚：

1. 根据即席判决，处以不超过法定最大限度的罚金；

2. 根据起诉书定罪，判处 2 年以下的监禁或单处或并处罚金。

第四十四条 ［虚假或令人误解的信息］

（一）若主体提交给局长的信息与局长根据本编行使的职权有关，且符合下列条件，则该主体行为构成违法：

1. 上述信息实质上是虚假的或令人误解的；且

2. 该主体明知上述信息实质上是虚假的或令人误解的，或对上述信息的是否虚假或令人误解有过失。

（二）主体的下列行为违法：

1. 将其明知实质上是虚假的或令人误解的信息提供给其他主体；或

2. 过失地将实质上虚假的或令人误解的信息提供给其他主体，并且明知该信息将被提交给局长以使其根据本编规定行使职权。

（三）对于违反本条规定的主体作出以下处罚：

1. 依即席判决，处以不超过法定最大限度罚金；

2. 依起诉书定罪，判处 2 年以下的监禁或单处或并处罚金。

第四章　竞争委员会与上诉

第一节　委员会

第四十五条 ［竞争委员会］

（一）将设立社团法人名称为竞争委员会。

（二）竞争委员会将行使本法授予或由于本法产生的职能。

（三）垄断与兼并委员会解散，其职能由竞争委员会承继。

（四）在任何法律文件、规定或其他文件中，任何对于垄断和兼并委员会继续有效的规定将被理解为关于竞争委员会的规定。

（五）对于下列事项，国务大臣可以适时通过命令制定相应、补充、附带的条款：

1. 垄断与兼并委员会之解散；

2. 本条第 3 款规定的职能之移转。

（六）具体而言，根据本条第 5 款颁布的命令包括以下规定：

1. 有关财产、权利、义务和责任的转让以及诉讼、调查取证和其他事宜的持续；或

2. 修订任何有关垄断与兼并委员会或其职能的法律。

（七）附件七对竞争委员会作出进一步的规定。

第二节　上　诉

第四十六条 ［可上诉的决定］

（一）局长作出的决定涉及的协议的任何一方当事人有权就该决定或其有关事项向竞争委员会提起上诉。

（二）局长作出决定所涉及的行为的主体有权就该决定或其有关事项向竞争委员会提起

上诉。

（三）本条中“决定”是指局长就下列内容作出的决定：

1. 是否违反第一章禁止规定；

2. 是否违反第二章禁止规定；

3. 是否批准一项个别豁免；

4. 个别豁免的相关事项：

（1）是否根据第 4 条第 3 款第 1 项或第 5 条第 1 款第 3 项施加任何条件或义务；

（2）若已施加条件或义务，则该条件或义务的内容；

（3）根据第 4 条第 3 款第 2 项确定的期限；或

（4）根据第 4 条第 5 款确定的日期；

5. 有关以下内容的事项：

（1）是否延长已生效的个别豁免的期限；

（2）延长的期限；

6. 撤销豁免；

7. 根据第 36 条判处的任何罚金或此类罚款的数额；

8. 根据第 47 条第 1 款提出的申请而作出的撤销或改变本款第 1～5 项的任何决定，包括根据第 32、33 条或第 35 条规定作出的指令，以及规定的其他决定。

（四）除对罚金处罚或其数额提起的上诉外，根据本条提起的上诉并不影响与上诉有关的决定的效力。

（五）附件八第一部分对上诉作出进一步的规定。

第四十七条　［第三方上诉］

（一）第 46 条第 1 款或第 2 款规定范围以外的主体可向局长申请要求其撤销或改变对于第 46 条第 3 款第 1～5 项规定的内容所作的决定（“相关决定”），或规定的其他决定。

（二）此项申请必须：

1. 在局长依据第 51 条作出的规定中指定的期间内以书面形式作出；

2. 包括申请人认为相关决定应当撤销或（根据相关情况）改变的理由。

（三）若局长认为：

1. 申请人与相关决定没有充分的利害关系；

2. 申请人声称其代表有相关利益主体，而申请者实际并没有代表这些主体；或

3. 申请人代表的主体并没有此种利益；

则局长必须将其决定告知申请人。

（四）若局长在审查申请后，认为申请没有充足理由说明其应当撤销或改变相关决定的，他应当告知申请人。

（五）否则，局长必须按照第 51 条规定的程序对申请作出处理。

（六）申请人对于局长根据本条第 3 款或第 4 款告知的决定，可以上诉至竞争委员会。

（七）提出申请并不影响相关决定的效力。

第四十八条　［上诉法庭］

（一）根据第 46 条或第 47 条向竞争委员会提起的上诉由上诉法庭审理。

（二）国务大臣在向竞争委员会上诉法庭庭长或其认为适当的人员咨询后，有权制定有关上诉和上诉法庭的规则。

（三）该规则可授予上诉法庭庭长职权。

（四）附件八第二部分通过相应条款对本条规则作进一步规定，但此条款并不构成对本条所规定的国务大臣权力的限制。

第四十九条 ［对法律问题的上诉］

（一）一项上诉的基础是：

1. 由上诉法庭的判决而确立的法律；或者

2. 由上诉法庭关于罚款数额的任何裁决而确立的法律。

（二）根据本条规定提起的上诉应当：

1. 向适当法院提出；

2. 获得许可；且

3. 由一方当事人或对该事项有充分利害关系的一方主体作出。

（三）根据第 48 条制定的规则可包括管理或规定任何相关事项的条款，此事项与根据本条提起的上诉有附带或间接关系。

（四）在本条第 2 款中，“适当法院”指：

1. 与在英格兰和威尔士法庭进行的诉讼程序相关的，指上诉法院；

2. 与在苏格兰法院进行的诉讼程序相关的，指判决法院；

3. 与在北爱尔兰法院进行的诉讼程序相关的，指北爱尔兰上诉法院；“许可”是指相关法庭的许可或适当法院的许可；与裁决有关的“当事人”是指作出裁决所依据的程序中的一方主体。

第五章　其他规定

第一节　纵向协议及横向协议

第五十条 ［纵向协议及横向协议］

（一）国务大臣可颁布命令将本编的条款按照法律规定修改后适用于下列协议：

1. 纵向协议；或

2. 横向协议。

（二）命令可以规定与下列协议有关的除外适用或豁免，或相关条文不适用：

1. 普通的纵向协议或横向协议；或者

2. 法律规定的纵向协议或横向协议。

（三）命令可以授权局长作出指导，使得在法定情况下，不适用（或以特殊方式适用）与个别协议有关的除外适用、豁免或修改。

（四）本条第 2 款和第 3 款的并未限制第 71 条中规定的权力。

（五）在本条中，“横向协议”与“纵向协议”的含义根据相关规定确定；“相关规定”是指命令的规定。

第二节　局长的规则、指导和费用

第五十一条 ［规则］

（一）局长认为适当时，有权制定关于执行本编规定的程序性或其他相关事项的规则。

（二）附件九对局长根据本条制定的规则有进一步规定，但这不应被理解为限制局长根据本条获得的权力。

（三）局长根据本条制定规则时应当向其认为合适的人员征求意见。

（四）若拟制定的规则与特定监管者行使共同管辖权的事项有关，应当向该监管者征求意见。

（五）非经国务大臣以命令认可，局长制定的规则不得实施。

（六）国务大臣可以下述方式批准局长作出的规则：

1. 以该规则被提交的形式；或

2. 对该规则作出其认为适当的修改。

（七）若国务大臣拟在修改后同意特定规则，他应当将其建议的修改意见告知局长，并考虑局长提出的意见。

（八）本条第 5 ~ 7 款的规定同样适用于局长作出的规则的修改。

（九）在征求局长意见之后，国务大臣有权通过命令修改或撤销根据本条规定制定的规则。

（十）若国务大臣认为就特定事项应当根据本条规定制定规则，他有权指导局长行使本条规定的权力制定与该事项相关的规则。

第五十二条　［建议和信息］

（一）自本法通过之日起，只有具有现实可行性，局长必须立即制备并公布有关下列事项的一般性建议与信息：

1. 第一章禁止性规定与第二章禁止性规定的适用范围；以及

2. 上述禁止性规定的执行。

（二）局长有权在任何时间公布修订后的或新的建议或信息。

（三）依照本条规定公布建议和信息的目的是：

1. 向受本编规定影响的相关人员解释本编法律规定；并

2. 说明局长认为应如何实施本编规定。

（四）依据本条第 3 款第 2 项规定而公布的建议（或信息）可包含局长是否行使以及如何行使第一章、第二章或第三章赋予的权力时应考虑的各种因素。

（五）依照本条规定由局长公布的任何建议或信息应当采取他认为适当的形式和方式公布。

（六）局长依照本条制备建议或信息时，应当向他认为适当的人员征求意见。

（七）若特定监管者对被提议的建议或信息涉及事项具有共同管辖权，局长应向该监管者征求意见。

（八）监管者在根据本条规定，对其依照本编内容行使职权相关的事项制备建议或信息时，他应当向下列人员征求意见：

1. 局长；

2. 其他监管者；以及

3. 其认为适当的其他人员。

第五十三条　［费用］

（一）局长依照本编规定履行法定职能，可收取与之相关的法定数额的费用。

（二）规则可以规定：

1. 费用数额可参照下列因素计算：

(1) 协议各方的营业额(依照法定方法计算);

(2) 局长拟审查的行为之主体的营业额(依照上述同样方法计算);

2. 根据不同职能规定的不同费用数额;

3. 在规定的情况下,局长支付全部或部分费用;

4. 只有在交纳适当费用后,申请或通知才能被视为适当作出。

(三) 在本条中:

1. "规则"是指局长根据第51条规定发布的规则;

2. "规定的"是指规则中特别指明的。

第三节 监管者

第五十四条 [监管者]

(一) 本编中的"监管者"是指附件十第一条第1款到第7款中所述的任何主体。

(二) 附件十的第二部分和第三部分规定局长根据本编规定与监管者共同行使的职能。

(三) 附件十第四部分和第五部分对监管者与竞争有关的职能进行了较少和相应的修改。

(四) 由于附件十第二部分和第三部分的规定使两个或多个有权监管者具有一致可执行性的职能,国务大臣可以制定规章以协调上述职能的履行。

(五) 规章可以规定:

1. 特定情况下,确定履行第一编职能的机构时,监管者应当遵循的程序;

2. 特定情况下,监管者在执行第一编职能前必须履行的程序;

3. 特定情况下,解决由于监管者执行第一编职能产生问题的程序;

4. 特定情况下,第一编职能可由下列人员共同履行:

(1) 局长和一个或多个监管者;或者

(2) 两个或多个监管者;

以及此类情形下应当遵循的程序;

5. 由特定监管者履行第一编职能,而排除其他主体履行同样职能的情形;

6. 正在或已经由特定监管者履行第一编职能而转移给其他监管者履行的情形;

7. 特定情况下,履行第一编职能的监管者(以下称为"A")享有下列权力:

(1) 指派另一监管者(以下称为"B")在该情形下代表A履行第一编职能;或者

(2) 指派B的官员(征得B的同意后)在该情形下作为A的官员履行职责;

8. 特定情况下,通知由谁来履行的第一编职能。

(六) 根据本条第5款第3项制定的规章可以规定,提交给国务大臣或规定的其他人员并由其决定的问题。

(七)"有权监管者"是指局长或监管者。

第四节 保密及诋毁声誉之豁免

第五十五条 [信息披露的一般限制]

(一) 若信息符合下列条件,除满足本条第2款的规定外,该信息不得在个人有生之年或企业存续期间被披露。

1. 根据本编规定或由于本编规定而获得;而且

2. 涉及个人事务或企业的具体业务。

（二）经过下列人员同意，信息可以披露：
1. 根据本编规定或由于本编规定最初获得信息的人员（若该人员身份已被确认）；且
2. 其他情况下：
（1）信息与其事务有关的相关人员；或者
（2）目前从事与该信息相关业务的人员。
（三）本条第 1 款规定不适用于下列信息的披露：
1. 为下列目的而收集的信息：
（1）为指派人员执行相关职责提供便利；
（2）为委员会执行欧洲共同体竞争法规定的相关职责提供便利；
（3）为审计员和总审计长执行职责提供便利；
（4）联合王国各地进行的刑事诉讼；
2. 根据本编规定或与本编规定相关，为提起民事诉讼或以民事诉讼的目的收集的信息；
3. 与联合王国或联合王国内各地任何可诉刑事犯罪的调查活动相关的信息；或
4. 应履行欧共体规定的义务而需要的信息。
（四）本条第 3 款中“相关职责”与“指派人员”的含义见附件十一。
（五）本条第 1 款同样不适用于为特定人员执行特定职责提供便利而公开披露的信息。
（六）本条第 5 款中“特定的”含义是指国务大臣颁布的命令中所规定的。
（七）若未违反本条第 1 款规定的情况向公众披露信息，则本条第 1 款不禁止由任何人进行的进一步披露。
（八）违反本条规定的人员构成违法并应当承担相应的法律责任，
1. 依即席判决，在法定最高罚款额范围内处以罚金；或者
2. 依起诉书定罪，处以两年以下的监禁或单处或并处罚金。

第五十六条 ［局长及国务大臣在处理信息披露相关事务的注意事项］

（一）国务大臣或局长考虑是否根据本条规定或由于本编规定而披露所获信息时，适用本条规定。
（二）国务大臣或局长应该排除其认为可能违反公众利益的信息披露。
（三）国务大臣或局长也应考虑：
1. 如果可行，下列情形应排除适用披露规定：
（1）国务大臣或局长认为，商业信息的披露将会或可能会严重损及该商业信息所涉及企业的合法商业利益；或者
（2）国务大臣或局长认为，对与私人事务相关信息的披露将会或可能会严重损害该人利益；以及
2. 国务大臣或局长在拟对信息进行披露时应考虑该信息必要的披露范围。

第五十七条 ［诽谤］

局长履行本编规定的职能时作出的任何建议、指导、通知、指示或决定完全豁免适用诽谤的法律规定。

第五节　局长对事实的裁定

第五十八条 ［局长对事实的裁定］

（一）除非法院作出其他裁决或者局长根据第 16 条第 2 款或第 24 条第 2 款规定决定采取

进一步措施，在下列情况下，局长对第一编诉讼产生的问题作出的裁定对当事人有约束力：

1. 超出对局长所作裁定提请上诉的法定时间且相关当事人未提请上诉；或者

2. 上诉法庭针对相关当事人的上诉作出裁决支持局长的裁定。

（二）本条中“局长的裁定”是指局长在下列过程中作出的裁定：

1. 根据第14条或第22条决定对一项申请作出的决定；或者

2. 根据第25条进行的调查。

（三）“第一编诉讼”是指有关下列事项的诉讼：

1. 被指控违反第一章禁止性规定或第二章禁止性规定；但

2. 由局长之外的人提起。

（四）“相关当事人”是指：

1. 若与第一章禁止性规定相关，被指控违反该禁止性规定的协议一方；和

2. 若与第二章禁止性规定相关，则是指行为被指控为违反该禁止性规定的企业；

3. 法院可以对第一编诉讼中由局长向法院提供的协助进行规定。

第六节　解释及支配性原则

第五十九条　［解释］

（一）在本编中：

“上诉法庭”是指根据附件七第三部分设立且根据第46条或第47条规定而对上诉进行审理的法庭；

“第85条”是指《欧共体条约》中的第85条；“第86条”是指欧共体条约中的第86条；

“类型豁免”含义见第6条第4款；

“类型豁免令”含义见第6条第2款；

“第一章禁止性规定”含义见第2条第8款；

“第二章禁止性规定”含义见第18条第4款；

“委员会”（除涉及竞争委员会之外）是指欧洲委员会；

“理事会”是指欧盟理事会；

除第58条和第60条规定以及欧洲法院之外，“法院”是指：

1. 在英格兰和威尔士地区，指高等法院；

2. 在苏格兰地区，指判决法院；并且

3. 在北爱尔兰地区，指高等法院；

“局长”是指公平贸易局局长；

“文件”包括以任何形式记载的信息资料；

“EEA协议”是指与1992年5月2日于奥波多签署并生效的《欧洲经济共同体协议》；

“欧洲法院”是指欧洲共同体的高等法院和初审法院；

“个别豁免”含义见第4条第2款；

“信息资料”包括评估及预测的信息；

“调查员”含义见第27条第1款；“内阁部长”含义见《1975年内阁部长法案》；

“高级职员”在法人企业中是指董事、经理或秘书，在苏格兰的合伙企业中则指合伙人；

“平行豁免”含义见第10条第3款；

“主体”，除《1978年解释法》所赋予的含义外，还包括各种类型企业；

“生产经营场所”不包括家庭居所，除非：
1. 该居所也被用于处理企业事务；或者
2. 与企业事务相关文件被保存于该居所中；
但是生产经营场所包括任何运输工具；
“规定的”指由国务大臣制定的规章规定的；“监管者”的含义见第 54 条；
“第 11 条豁免情形”的含义见第 11 条第 3 款；
以及“条约”是指建立欧洲共同体的条约。

（二）由于本编或其他法律规定的除外适用使第一编禁止规定在有限范围内不适用于特定协议，在审查该协议是否由于其他原因违反禁止规定时不需要排除与除外适用相关的协议条款。

（三）根据本编规定，获取信息的权力，除以可读的形式记载的信息外，还包括获得可读形式复制信息的权力。

（四）根据本编规定授权局长行使收集信息的权力包括收集任何他认为包含该信息的文件。

第六十条 ［争端裁决的原则］

（一）本条规定旨在保证（考虑到相关法律规定之间的有关差异），如果可能，与联合王国竞争有关且根据本编规定产生的问题的处理方式，应与由于欧共体竞争法律产生问题的处理方式相同。

（二）法院裁决根据本编规定产生的问题时，应当保证下列事项的一致性（只要与本编规定一致而不论法律是否对此有强制性规定）：
1. 法院裁决争端适用的原则与作出的裁决；以及
2. 条约及欧洲法院规定的原则，与欧洲法院适用欧共体法律处理相关争端所作出的裁决。

（三）法院必须考虑欧盟委员会相关裁决和声明。

（四）本条第 2 款及第 3 款同样适用于：
1. 局长；以及
2. 代表局长执行本条规定职责的人员。

（五）本条第 2 款及第 3 款中的“法院”指各级法院或法庭。

（六）本条第 2 款第 2 项及第 3 款中的“决定”包括下列决定：
1. 对欧共体法法律规定的解释；
2. 企业由于违反欧共体法律导致损害而产生的民事责任。

第二编 关于第八十五条和第八十六条的调查

第六十一条 ［概述］

（一）在本编中：
“第 85 条”和“第 86 条”与第一编的含义相同；
与局长相关的“经授权的官员”，是指根据本条第 2 款规定给予授权的官员；
“委员会”是指欧盟委员会；
“局长”是指公平贸易局局长；
“委员会调查”是指根据欧盟委员会的决定进行的调查，而该决定是按照与第 85 条和第

86 条相关的欧共体法律作出的；

“局长调查”是指由委员会根据第 85 条和第 86 条相关的共同体法律，要求局长采取的调查行为；

“局长的特别调查”是指与委员会调查相关的，由委员会要求局长进行的调查；

“规定的”是指国务大臣通过命令作出的规定；“生产经营场所”是指：

1. 与委员会调查相关的，委员会官员在调查过程中有权进入的任何生产经营场所、土地或交通工具；和

2. 与局长调查相关的，在调查由欧盟委员会进行的情况下，委员会官员有权进入的任何生产经营场所、土地和交通工具。

（二）在局长调查的情况下，由局长授权的官员享有欧盟委员会授权官员根据相关规定与欧盟委员会调查相关的权力。

（三）“授权”是指由局长作出的载有下述内容的书面授权：

1. 指定官员；

2. 确定调查的事项和目的；并且

3. 提示根据欧共体法律相关规定与调查相关的可能对相关主体的处罚。

第六十二条 ［欧盟委员会在调查中进入经营场所的权力］

（一）对于局长依据法院规则向高等法院提出申请，高等法院的法官若认为委员会的调查正在或可能被阻碍，则有权发布搜查令。

（二）下列情形中，委员会调查正在受到阻碍：

1. 欧盟委员会的官员（“欧盟委员会官员”），在根据规定行使调查权时，经过努力仍未能进入生产经营场所内；并且

2. 有合理理由认为，生产经营场所内存在欧盟委员会有权审查的账簿或记录；

（三）若有合理理由认为存放在生产经营场所的账簿或记录存在下述情形，同样视为欧盟委员会的调查正在被阻碍：

1. 根据调查权行使的相关规定，欧盟委员会官员要求提供的该账簿或记录；而

2. 该账簿或记录未按照要求被提交。

（四）下述情形，调查可能被阻碍：

1. 欧盟委员会的官员（“欧盟委员会官员”）被授予调查权；

2. 他有合理理由认为，生产经营场所内存在欧盟委员会有权审查的账簿或记录；并且

3. 有合理理由认为，若欧盟委员会官员试图行使对账簿或记录的审查权，相关账簿和记录不会被提交反而会被隐藏、转移、篡改或毁坏。

（五）根据本条规定发布的搜查令应当授权下列人员进入搜查令中指定的生产经营场所，并搜查有权检查的账簿和记录，且该行为被认为具有合理的必要性。

1. 局长指定的一名官员；

2. 经局长书面授权陪同该指定官员的其他官员；并且

3. 为欧盟委员会调查目的而经授权的任何官员。

（六）根据本条规定的搜查令进入生产经营场所的人可以携带他认为对调查必要的设备。

（七）若持有搜查令的指定官员进入的生产经营场所无人占用或占用者临时不在，指定官员应尽可能地使生产经营场所保持原状。

（八）本条中搜查令自发布之日起的 1 个月内持续有效。

（九）在苏格兰地区适用本条规定时，“高等法院”指判决法院。

第六十三条　［进入生产经营场所的权力：局长的特别调查权］

（一）对于局长根据法院规则提出的申请，若高等法院法官认为局长的特别调查权正在或可能被阻碍，则有权颁发搜查令。

（二）下列情况，局长的特别调查权正在受到阻碍：

1. 经局长授权的官员经过努力仍未能进入生产经营场所；

2. 同时该官员已经向相关的企业，或相关的企业协会，出示授权委托书；

3. 并且有合理理由认为生产经营场所内存在官员有权审查的账簿或记录；

（三）下述情形，局长的特别调查权也是正在受到阻碍：

1. 有合理理由认为生产经营场所内存有局长授权的官员有权审查的账簿或记录；

2. 同时该官员已经向企业，或企业协会，出示授权委托书，并要求提交账簿或记录；

3. 并且相关账簿和记录未能按要求提交。

（四）下列情形，局长的特别调查权可能被阻碍：

1. 有合理理由认为生产经营场所内存在局长授权的官员有权审查的账簿或记录；并且

2. 有合理理由认为，若该官员试图行使其对于账簿或记录的调查权时，该账簿或记录可能不被提交，反而可能被隐藏、转移、篡改或损坏。

（五）据本条发出的搜查令应当授权下列人员进入搜查令中指定的生产经营场所，并搜查有权检查的账簿和记录，且该行为被认为具有合理的必要性：

1. 局长授权的一名指定调查官员；

2. 陪同该指定官员的经授权的其他官员；和

3. 委员会指定的任何官员。

（六）根据本条规定的搜查令进入生产经营场所的人可以携带其认为必要的设备。

（七）若持有搜查令的指定官员进入的生产经营场所无人占用或占用者临时不在，指定官员应尽可能地使生产经营场所保持原状。

（八）本条中的搜查令自其签发之日起 1 个月内有效。

（九）在苏格兰地区适用本条规定时，高等法院相关规定适用于判决法院。

第六十四条　［依据第 62 条和第 63 条进入生产经营场所：补充规定］

（一）依据第 62 条和第 63 条规定签发的搜查令应当明确：

1. 调查事项和调查目的；

2. 依据第 65 条被认定为违法行为的性质。

（二）第 62 条和第 63 条授予的权力应根据第 62 条和第 63 条签发的搜查令行使。

（三）指定官员若准备执行搜查令而生产经营场所无人时，在执行搜查令前应当：

1. 采取一切合理措施通知拟进入的生产经营场所的占用人；而且

2. 若占用人收到通知，执行搜查令时应当给占用人或者其法定代理人或其他代理人合理陈述的机会。

（四）指定官员若无法通知该占用人，则执行搜查令时应当在生产经营场所的显著位置留置搜查令副本。

（五）在本条中，“指定官员”是指搜查令中指定的官员；生产经营场所的“占用人”是指指定的官员有合理理由相信其为生产经营场所的占用人。

第六十五条　［违法行为］

（一）故意阻碍依据第 62 条和第 63 条签发的搜查令中规定的权力的行使，将被认定为违法。

（二）本条第 1 款规定的违法者，将承担下列责任：

1. 依即席判决，被处以不超过法定最高限额的罚金；

2. 依起诉书定罪，被处以不超过 2 年的监禁或单处或并处罚金。

第三编 垄 断

第六十六条 ［垄断调查：一般规定］

（一）《1973 年公平交易法》第 44 条（局长获得与垄断状态有关信息的权力）修订如下。

（二）第 1 款第 2 项后文字修订为“为协助局长决定是否采取下列有关上述情形的决定，其可以行使由下述第 2 款授予的权力”。

（三）在第 1 款后插入：

（1A）该决定包括：

1. 是否对于存在或可能存在垄断情况提供垄断资料；

2. 或者，是否依据下述第 56A 条规定向国务大臣提出建议以使其接受该企业。

（四）第 2 款修订为：在上述第 1 款规定的情况下并为该条的目的，局长有权：

1. 要求在下述第 3 款规定的任何人，在规定的时间和地点，向局长提交：

（1）任何指定的文件；或

（2）由其保管或控制的规定类型的相关文件；

2. 要求下述第 3 款规定的从事贸易的任何人在规定的时间，以其原有的形式和方式向局长提供指定的评估、预测、报告书或其他信息；

3. 进入下述第 3 款规定的特定主体使用的生产经营场所，并：

（1）要求生产经营场所中的任何人提交任何由其保管或控制的相关文件；

（2）要求生产经营场所中任何人对局长要求的文件向局长作出相关解释。

（五）主体若符合下列情况，则为本款规定的主体：

1. 他在联合王国境内生产争议中所指的货物；

2. 他在联合王国内提供或可能提供争议中所指的产品或服务；或

3. 在联合王国内接受货物或服务。

（六）根据上述第 2 款第 1 项或第 2 项提出要求的权力应当通过书面形式通知承担义务的主体，上述规定中的“特定的”是指在通知中明确或描述的内容，而且“规定”也要作相应的理解。

（七）依据上述第 2 款第 1 项中要求特定主体（“被通知的主体”）提交文件的权力包括：

1. 如果该文件被出示：

（1）复制或提取摘要；

（2）要求被通知主体，或其任何现任的或曾经的经营者、现任或曾经的雇员，提供对该文件的说明；

2. 若文件未被出示，要求被通知主体，尽其所知所信，指出文件的存放地。

（八）任何人无权依据本条强迫任何人：

1. 提交任何在高等法院或苏格兰判决法院民事诉讼未被要求提供的文件；或

2. 提供他在这种诉讼中不能被强迫提供的任何符合通信提供要求的信息作为证据。

（九）任何人若根据本法附件一中第七段的授权而行为，则不需要符合上述第 2 款的要求，但授权书要求的除外。

（十）基于上述第 2 款的规定：

1. 文件若符合下述条件，则视为具有相关性：

（1）与上述第（1A）款中涉及的决定相关；并且

（2）本条授权的行使与该文件相关，且为协助局长决定是否要作出上述决定；

2. “文件”包括以任何形式记录的信息；

3. 对于以非可读方式记录的信息，要求提交该信息的权力包括以可读方式提交，只要此种方式在被要求承担义务主体保管或控制范围以内。

（十一）本条和第 67 条所做的修正对附件十第 1 条中的部门监管者有效。

第六十七条　［违法行为］

《1973 年公平交易法》第 46 条修正如下：

1. 删除第 1 款和第 2 款；

2. 在末尾加入：“任何人若拒绝遵守或故意违反上述第 44 条第 2 款规定，都被认为违法并承担以下责任：

（1）依即席判决，处以不超过法定数额的罚金；或

（2）依起诉书定罪，处以不超过 2 年的监禁或单处或并处罚金。”

3. 若特定主体被指控有违反本条第 4 款有关提交文件的违法行为，他可以证明以下事实而提出抗辩：

（1）文件不为他占有或控制；并且

（2）由其履行该项要求并不合理。

4. 若特定主体被指控有下列违反本条第 4 款要求的违法行为，则其有权通过证明自己未履行该要求有合理理由为抗辩：

（1）未能提供对一项文件的解释；或

（2）说明文件的存放地。

5. 特定主体故意妨碍局长依据第 44 条的规定行使权力将被认为是违法行为，并承担以下责任：

（1）依即席判决，处以不超过法定数额的罚金；

（2）依起诉书定罪处以罚金。

6. 故意改变、扣押或毁损任何依据第 44 条第 2 款被要求提交的文件，视为违法，并承担责任：

（1）依即席判决，处以不超过法定数额的罚款；

（2）依起诉书定罪，处以不超过 2 年的监禁或单处或并处罚金。

第六十八条　［与土地利用有关的服务］

在《1973 年公平交易法》第 137 条的第 3 款后插入：

（3A）国务大臣有权通过命令规定：

（1）本法中规定的“服务的提供”包括或不再包括，上述命令中规定的与许可土地使用一致或相关的活动；并且

（2）与上述规定一致，修正或废止上述第 3 款第 3、4、5 项或第 7 项的规定。

(3B) 除非该命令草案已经提交议会并通过议会各院决议批准，否则不得根据上述第(3A) 款发布命令。

(3C) 本法附件九的规定适用于起草上述任何命令的情况，也适用于根据上述第 91 条规定起草命令的情况。

第六十九条 ［报告：垄断材料］

《1973 年公平贸易法》第 83 条中：

1. 在第 1 款中，删除“依据下述第（1A）款的规定”；并且

2. 删除第（1A）款（关于垄断材料的报告至少在提交议会前 24 小时内传送给特定当事人）。

第四编 补充和过渡性规定

第七十条 ［与专利产品相关的合同］

《1977 年专利法》第 44、45 条停止生效。

第七十一条 ［条例、命令和细则］

（一）本法授予的制定条例或命令的权力应当以法定文件的形式行使。

（二）根据第 48 条授予的制定细则的权力应当以法定文件的形式行使。

（三）根据本法制定的任何法定文件可以：

1. 包含国务大臣认为适当的、附带的、补充的、相应的和过渡的条款；并且

2. 对不同情况制定不同规定。

（四）不能依据以下条文发布命令，除非命令的草案已提交议会并由议会各院通过。

1. 第 3 条；

2. 第 19 条；

3. 第 36 条第 8 款；

4. 第 50 条；或者

5. 附件四的第六部分第三小段。

（五）除根据下列条款制定的法定文件以外，根据本法制定的法定文件可由议会任一议院的决议案废止：

1. 第 4 条的规定；或者

2. 根据第 76 条第 3 款。

第七十二条 ［公司法人的违法行为］

（一）本条规定适用于第 42 ~44 条、第 55 条第 8 款或第 65 条规定的违法行为。

（二）若法人的违法行为被证明存在下列情形，则该法人以及其管理人员均构成违法，将被提起诉讼并受到相应处罚：

1. 得到管理人员的同意或者默许；或者

2. 归因于管理人员的任何职务疏忽。

（三）对公司法人而言，本条第 2 款中的“管理人员”，是指董事、经理、秘书或者法人的其他相似职位的管理人员，或者声称以相同身份行事的个人。

（四）若法人的事务由其成员管理，该成员实际作为法人董事，本条第 2 款规定适用于与管理层职能相关的成员行为或疏怠职责。

（五）若由苏格兰合伙企业实施违法行为被证明：
1. 经过合伙人同意或默许而进行；或者
2. 归因于合伙人的任何职务疏忽；
该合伙企业与该合伙人违法，并将被提起诉讼受到相应惩罚。
（六）本条第 5 款中的“合伙人”包括声称作为合伙人的个人。

第七十三条 ［王室适用］

（一）除下列情况外，本法对王室具有拘束力：
1. 由于上述规定王室成员不构成刑事违法；
2. 根据上述规定王室不承担惩罚责任；并且
3. 该法不影响女王陛下的任何个人权力。
（二）本条第 1 款第 1 项并不影响本法适用于王室公共服务部门人员。
（三）解释本条第 1 款第 3 项规定时，需将《1947 年王室诉讼法》第 38 条第 3 款作为本法的一部分。
（四）对于违反第一章禁止规定和第二章禁止规定的违法行为，若由王室成员或王室公共服务部门人员以外人员实施，则根据第 25 条进行的调查应当：
1. 未经适当人员书面授权，不能依据第 27 条规定的授权执行政府部门占用或为王室的利益占用的土地；而且
2. 第 28 条不适用于上述土地。
（五）对于需要本条第 4 款规定的授权的案件，与该案件相关的适当人员应根据国务大臣指定的条例确定。
（六）第 62 条、第 63 条不适用于政府占有土地或者为王室目的占用的土地，除非调查事件涉及王室成员或者王室公共服务部门人员的违法行为。
（七）本条第 6 款中的“违法行为”是指违反与《欧共体条约》第 85 条或第 86 条规定相关的欧共体法。
（八）若国务大臣证明其为国家安全利益而进入的权力符合下列条件，则该权力不应适用于王室持有、使用或者代表的生产经营场所，也不适用于证明文件中明确的生产经营场所：
1. 根据第 27 条授权；或者
2. 可能根据第 28 条、第 62 条或第 63 条规定的搜查令授权。
（九）通过本法所作的任何修改、废止或撤销在被修改、废止或撤销的法律效力范围内对王室有约束力。

第七十四条 ［修正案、过渡条款、保留条款和废止条款］

（一）附件十二规定的细微修改或相应的其他修改生效。
（二）附件十三规定的过渡条款和保留条款生效。
（三）附件十四规定的法律废止。

第七十五条 ［相应条款和补充条款］

（一）为本法的一般目的或特定目的，或由于本法的规定，或为实现本法效力，国务大臣认为必要的或有利的情况下可以通过命令制定附带条款、从属条款、过渡条款、补充条款。
（二）具体而言，根据本条第 1 款作出的命令可以规定：
1. 在本法确定或依据本法确定的日期前，按照本法的规定或依据本法作出的规定，采取任何措施，该措施是实施前述权力的必要前提；

2. 由本法规定和根据本法作出的任何废止，制定保留条款或附加保留条款。

（三）根据本条制定的修改案应当无歧视，附于根据本法其他条款制定的修正案后。

（四）本法其他任何条款不限制本条授予的权力。

第七十六条　［小标题、生效和范围］

（一）该法可作为《1998年竞争法》被引用。

（二）第71、75条，本条，以及附件十三第1~7、35条，自本法通过之日起生效。

（三）本法的其他条款自国务大臣通过命令指定的有效之日起生效；且可以为不同目的确定不同的生效日期。

（四）本法对北爱尔兰有效。

附　　件

附件一：适用除外：合并和集中

第一章：合并

第二章：由欧盟管辖的企业集中

附件二：除外适用：其他竞争审查

第一章：金融服务

第二章：公司

第三章：广播业

第四章：环境保护

附件三：一般除外适用

附件四：职业规则

第一章：适用除外

第二章：专业服务

附件五：第一章规定的申报：程序

附件六：第二章规定的申报：程序

附件七：竞争委员会

第一章：概述

第二章：竞争委员会的一般功能

第三章：上诉

第四章：杂项

第五章：过渡条款

附件八：上诉

第一章：概述

第二章：规则

附件九：局长的行为准则

附件十：监管者

第一章：垄断

第二章：禁止规定

第三章：禁止规定：北爱尔兰

第四章：公用事业：细微和相应的修改

【第二编 发展中国家】

巴西反垄断法（1994年）

第一编 总 则

第一章 立法目的

第一条 本法规定的反垄断措施与如下的宪法原则保持一致：企业自由和公开竞争，财产的社会功能，消费者的保护和限制经济权力的滥用。

独立条款 社团普遍受托行使受保护的法定权利。

第二章 适用范围

第二条 在不违背任何巴西参加的协约或条约情况下，本法适用于发生在巴西境内全部或者部分行为，或者其效果损害或者可能损害本国的行为。

若外国公司在巴西运营或者拥有一家分支机构、关联公司、子公司、办事处、营业所、代理人，或者代表人就被认定为在巴西境内有住所。

外国公司在巴西的分支机构、关联公司、子公司、办事处、营业所的负责人应作为该公司的代表被告知所有有关诉讼行为，不论授权书或者契约或者法律如何规定。

第二编 经济防卫管理委员会

第一章 独立机构

第三条 根据1962年9月10号第4137号法律设立的拥有全国性权力的经济防卫管理委员会自本法生效之日起应当成为向司法部报告工作并在联邦地区拥有总部和管辖权的联邦独立机构（autarquia federal），并适当履行本法规定的职责。

第二章 经济防卫管理委员会理事会

第四条 经济防卫管理委员会理事会应由主席和6名成员组成，由选自30岁以上具有法律或者经济知识且名誉无瑕疵，经参议院批准巴西总统任命的人员担任。

该机构的主席和成员的任期应为2年，可以连任1次。

主席和成员应当独立履行职责；因此，除非宪法另有规定，不得兼任。

如果经济防卫管理委员会的主席辞职，死亡或者任期届满，由级别较高的或者年龄最长的议员（依此顺序）就任主席直到下届任命，不得影响其作为委员会成员的相应职责。

如果经济防卫管理委员会的成员辞职、死亡或者任期届满，应重新指定一名委员会成员代替其完成剩余任期。

如果出现前款规定的事项或者会议成员的任期届满时，委员会人数应减至少于第 49 条所规定的人数，本法第 28、31、32、33、35、37、39、42、45、46 条、独立条款、第 52 条第 2 款、第 54 条第 4、6、7、10 款和第 59 条第 1 款中的期限视为自动中断，诉讼进程中止，重新达到法定人数时期限立即开始重新计算。

第五条 经济防卫管理委员会的主席或者理事会成员仅可基于以下原因而被免职：参议院的决定、主席的请求、因故意犯罪已生效的刑事判决、根据 1990 年 12 月 11 日第 8112 号法令和 1992 年 6 月 2 日第 8429 号法令的行政处分以及第 6 条规定的违法行为。

独立条款 任何经济防卫管理委员会的成员连续 3 次或者累计 20 次缺席普通会议，任期自动终止，除非其缺席事先得到经济防卫管理委员会理事会的批准。

第六条 主席和会议成员不得：

（一）以任何借口或任何的方式接受酬金、佣金或者其他报偿；

（二）从事自营业务；

（三）以控制人、管理人员、经理、代理人或者私人律师的身份参加民商事或此类组织团体；

（四）提供有关其专业的建议，即使只在理论上，或者作为任何公司的顾问；

（五）以营利为目的向媒体发表关于未决案件的观点，或者贬低法院的裁定，表决结果或者判决，但记录在案的，进行技术性工作或者履行法院职责时发表的评论除外；

（六）进行政治或者有党派倾向的活动。

第三章 经济防卫管理委员会理事会的职权

第七条 经济防卫管理委员会理事会应当：

（一）确保本法及其规章和会议内部规则得以遵行；

（二）处理可能侵害经济秩序的行为，并依法施以处罚；

（三）处理司法部经济法实施秘书处（SDE）提出的程序性事项；

（四）处理经济法实施秘书处秘书长依职权提起的申诉；

（五）在预定范围内决定对于侵害经济秩序的行为采取限制行为；

（六）批准中止及终止承诺和履行承诺（compromisso de cessação de prática），同时指令经济法实施秘书处监控实施；

（七）裁决针对经济法实施秘书处或者会议报告官采取的预防性措施的上诉；

（八）将其决定告知利害关系人；

（九）在充分考虑依法确保其保密性的前提下，要求个人、行政机关、机构以及其他的公众或者私人实体提供信息，如果需要，并决定履行职责必需的调查；

（十）要求联邦行政部门的派出机构和州、市、联邦地区和地方机构，采取一切施行本法必需的行为；

（十一）记录检查、监督和研究的实施，批准各自所需的专门费用和个别案件支出的费用，所有上述费用将由按照本法最终受到处罚的公司来承担；

（十二）依本法第 54 条决定是否批准在任何情形下的行为或行动，并且根据具体情况设立执行委员会；

（十三）要求法院依据本法执行其决定；

（十四）要求任何联邦公共机构或者实体提供帮助或人员；

（十五）决定经济防卫管理委员会总检察长办公室是否采取行政程序和法院诉讼；

（十六）与巴西的机构或者实体签订合同，与外国或者国际组织签约时提请司法部长批准；

（十七）答复职权范围内的咨询；

（十八）向公众披露侵害经济秩序的形式；

（十九）起草并批准关于机构运作、决议标准和内部服务机构内部规则，包括建立经济防卫管理委员会理事会及总检察长办公室因假期而休会的制度；在此期间，时效法规及第54条第6款效力将中止；

（二十）充分考虑宪法第二部分的第37条的前提下，起草适用于经济防卫管理委员会人员的体制；

（二十一）根据本法起草预算提案；

（二十二）在总检察长缺席、免职，或者伤病的情况下任命可能的接替者。

第四章　经济防卫管理委员会主席的职权

第八条　经济防卫管理委员会主席应当：

（一）在法庭上或法庭外作为经济防卫管理委员会的法定代表人；

（二）主持经济防卫管理委员会理事会，有投票权和决定票权；

（三）在委员会会议上抽签决定程序部署；

（四）召集会议并且安排相应的议程；

（五）遵守并且督促遵守经济防卫管理委员会的决定；

（六）为执行经济防卫管理委员会决定和判决，决定由经济防卫管理委员会总检察长办公室采取一切司法上的措施；

（七）签署中止及终止承诺以及执行承诺；

（八）提请经济防卫管理委员会理事会批准预算提案以及为经济防卫管理委员会提供服务人员的分配计划；

（九）指导、协调和监督经济防卫管理委员会的行政行为。

第五章　经济防卫管理委员会理事会成员的职权

第九条　经济防卫管理委员会理事会成员应当：

（一）对于提交至经济防卫管理委员会理事会的案件和事项进行表决；

（二）对其作为报告成员的案件发布指令或决定；

（三）向经济防卫管理委员会理事会提交由个人、行政机关、机构以及其他的公众或者私人的实体提供的数据和文件的要求，根据具体情况，这些数据和信息应依法保密，并决定进行履行其职责必需的调查；

（四）采取预防性措施，并对违法者按日施以罚金；

（五）根据内部适用规则履行其他所有职责。

第六章　经济防卫管理委员会总检察长办公室

第十条　经济防卫管理委员会总检察长办公室由经济防卫管理委员会委任，旨在：

（一）为经济防卫管理委员会提供法律协助，并为法庭答辩做准备；

（二）安排经济防卫管理委员会的决定和判决的司法执行；

（三）向经济防卫管理委员会理事会提交初步批准意见，请求法院采取以阻止侵害经济秩序行为为目的的措施；

（四）达成关于侵害经济秩序的行为的司法解决方案，在听取国家总检察长的代表的意见后向经济防卫管理委员会理事会提交初步批准意见；

（五）依经济防卫管理委员会的职权对案件发表意见；

（六）确保本法得以遵守；

（七）根据内部规则施行所有进一步的职权行为。

第十一条 总检察长由司法部长指定，经参议院批准后由巴西共和国主席任命，其应该是名誉无瑕疵且为知名法学专家的巴西籍公民。

总检察长应该出席经济防卫管理委员会理事会，但是不享有投票权。

总检察长应该遵守适用于经济防卫管理委员会其他成员的关于办公室任期、改选、剥夺资格、任期终止、更换的各项规定。

如果总检察长缺席、暂时离职或者伤病，全体会议应该建议并由经济防卫管理委员会主席指定一个可能的替代者，在不超过 90 日的期间内代理行使职权，并无需经过联邦参议院的同意；在此期间，替代者有权获得该职位的报偿。

第三编 国家和经济防卫管理委员会的总检察长

第十二条 听取高级委员会意见后，国家总检察长应该指定国家总检察长办公室的 1 名人员处理提交经济防卫管理委员会的审查的案件。

独立条款 经济防卫管理委员会可以要求国家总检察长办公室督促执行经济防卫管理委员会的决定或者中止及终止承诺，并要求其采取 1993 年 5 月 20 日第 75 号法案第 6 条 14（b）规定的一切司法行为。

第四编 经济法实施秘书处

第十三条 依法建立的司法部经济法实施秘书处（SDE），由司法部任命的秘书长领导，该秘书长系法律或经济方面的知名专家且名誉无瑕疵的巴西籍公民，并须由国家主席任命。

第十四条 经济法实施秘书处应当：

（一）通过监督和追踪调查市场行为确保本法得以遵守；

（二）为防止侵害经济秩序，对正在进行的，持续的高度控制特定产品或者服务相关市场的自然人或法人经营活动作出规定；为此目的，如果需要，在适当依法考虑其保密的前提下，要求提供所有相应的文件和资料；

（三）为了行政诉讼的进一步实施，对于可能侵害市场秩序的行为进行初步调查；

（四）确认缺少根据或者证据并决定缓议初步调查案卷；

（五）如果需要，在适当依法考虑其保密的前提下，要求个人、机构、机关以及其他的公共或者私人的实体提供信息，并决定履行职责必需的行为；

（六）启动旨在调查和制止侵害经济秩序的行为的行政诉讼；

（七）依职权就缓议初步调查或者行政诉讼事项向经济防卫管理委员会提起上诉；

（八）如果侵害经济秩序的行为已经获得证明，将由经济法实施秘书处处理的案件送交经济防卫管理委员会审查；

（九）如经获准，签署中止及终止承诺，提交经济防卫管理委员会，并且监督履行；

（十）建议经济防卫管理委员会在特定的情况下签署履行承诺，并且监督实施；

（十一）采取预防措施制止侵害经济秩序的行为，并且确定最后履行期限及拖延履行的每日罚金；

（十二）接受并证明应由经济防卫管理委员会审理的案件，包括协商和监督履行经济防卫管理委员会的决定；

（十三）建议公共机构采取保证本法得以遵行的措施；

（十四）进行旨在完善反垄断政策的研究和调查；

（十五）告知公众损害经济秩序的各种形式以及制止此种侵害的措施；

（十六）履行法律规定的其他职责。

第五编　侵害经济秩序

第一章　总　则

第十五条　本法适用于自然人、公众公司和私人公司，以及任何建立在事实上及法律上——即使是临时的——不论是否具有独立的法律人格，也不论行为的履行是否构成法定垄断的自然人或者法人联合体。

第十六条　公司和其经理或者高级管理人员应对各种侵害经济秩序的行为承担连带责任。

第十七条　事实上和法律上属于同一经济集团内部的公司或者实体应对损害经济秩序的行为承担连带责任。

第十八条　当存在任何滥用权力和权利、违反法律，或者任何违反内部细则或者公司章程的事实和行为时，被控侵犯经济秩序的任何当事人的法人人格可以不予考虑。不能清偿到期债务、资不抵债，由于管理不善中止或者暂停附属公司的运行时法人属性也可以不予考虑。

第十九条　本法规定的反垄断措施不排除任何依法对于其他法律行为的处罚。

第二章　违法行为

第二十条　不管是否故意，以任何方式进行的任何意欲或者可能产生下列效果的行为，即使此种效果并未出现，应被视为侵害经济秩序的行为：

（一）限制、约束或者以任何方式损害公开竞争或者自由企业；

（二）控制特定产品或者服务的相关市场；

（三）任意提高利润；

（四）滥用市场控制力。

通过有效的市场竞争达到控制地位不被认定为第20条第2项规定的违法行为。

如果一个公司或者公司集团作为一种产品、服务或者相关的技术的供应商、代理人、买方或者资助者，对相关市场份额形成实际控制，则构成了市场控制力。

前款所称支配地位是指当一个公司或者公司集团控制相关市场的20%的市场份额；经济

防卫管理委员会可对具体的经济部门确定不同的百分比。

第二十一条 下列行为，除另有规定外，将被视为侵害经济秩序的行为，属于第20条各款项的适用范围：

（一）以任何方式制定或提供或者与竞争者合谋提供特定产品或者服务的价格和条件；

（二）促成或实现竞争者之间采取一致或协同的经营活动；

（三）分割成品或半成品或服务市场，或者分割原材料供应来源或中间产品市场；

（四）限制或者抑制新公司进入市场；

（五）为有竞争关系的公司或供应商，或者特定产品或服务的购买者或资助者的设立、运行或者发展设置障碍；

（六）禁止竞争者获得投资、原材料、设备或者技术以及阻塞其销售渠道；

（七）要求或者准予排他性的广告宣传；

（八）在公开或者政府招标中提前就价格或优惠条件达成一致；

（九）采取欺诈手段影响第三方的价格；

（十）通过谋求限制或控制技术研发、产品生产或服务的提供，或抑制产品和服务产出或销售投资的协议，控制特定产品或服务市场；

（十一）强迫特定商品或者服务的经销商、零售商和代理人接受零售价格、折扣、支付条件、最少或者最大数量、利润率，或任何其他与第三方商业往来有关的交易条件；

（十二）通过设置差别价格，销售或提供服务的歧视性运营条件，对特定产品或者服务的购买方或者供应方实行差别待遇；

（十三）在符合商业惯例和政策的支付条件下，拒绝销售特定产品或提供服务；

（十四）由于对方当事人拒绝接受不合理的或者非竞争性的条款或者商业条件，阻碍交易关系的产生或者在不确定期间内终止交易关系；

（十五）破坏、提供不适宜使用或者占有的原材料、半成品或者成品，破坏、提供不合适使用的用于生产、分配或者运输的上述原材料、半成品或者成品的设备或者限制其运转；

（十六）占有或者禁止使用工业产权、知识产权或技术；

（十七）无确凿充分理由而遗弃或导致遗弃或破坏农作物；

（十八）以低于成本的不合理价格出售产品；

（十九）以低于成本的价格从非关税与贸易总协定反倾销和反补贴协议的签署国的出口国进口商品；

（二十）无确凿充分理由而中止生产或者大幅度的削减产量；

（二十一）无确凿充分理由而部分或者全部停止公司活动；

（二十二）保留产品或者消费品，但确保收回成本除外；

（二十三）购买某种产品或缔结服务合同时以搭售另一种产品为附加条件，或者缔结服务合同或出售某种产品时以履行另一项服务为附加条件；

（二十四）强加垄断高价或者不合理的提高某种产品或者服务的价格。

独立条款 为了界定强加垄断高价或者不合理的提高价格，在适当考虑其他相关的经济或者市场环境情况的前提下，应考虑以下的条款：

（一）产品或者服务的价格，或者其投入成本的变化或质量的提高引起的价格的提高；

（二）先前制造的产品的价格，对比与其无实质性差别的市场替代品；

（三）在相似的竞争性市场上，相似产品或者服务的价格及提高；

（四）引起产品或者服务的价格或成本的提高的任何协议或者安排的存在。

第二十二条 ［废除］

独立条款 ［废除］

第三章 处 罚

第二十三条 以下反垄断处罚适用于：

（一）对公司：处以最近一个财政年度税前利润总额1%至30%的罚金，该罚金不低于因侵权行为得到的利益，如果该利益可评估；

（二）对直接或间接对公司侵权行为负责的管理人员：处以上述公司罚金额10%至50%的罚金，并由该管理人员个人独立承担；

（三）如果其他的个人、公众或者私人法人、任何法律上或者事实上的社团或者实体，包括临时性的，无论是否具有合法的身份，未从事业务活动，当利用产品销售总额（作为衡量标准）不可行时，将处以相当于6000至600万财政参考单位或者任何可替代指数金额的罚金。

独立条款 再次违法行为将被加倍处以罚金。

第二十四条 在不与上述条款抵触的情况下，根据侵权事实的严重性或公共利益的需要，下列处罚可单独或累积施于侵权行为：

（一）违法者承担费用，在法院指定的报纸上每周连续两日，并持续1至3周，刊登半个版面的判决摘要；

（二）剥夺其5年或者5年以上进行法定集资，或参加购买、销售、经营、服务投标活动，或者获得联邦、州、市和联邦地区政府和相关的实体公用设施特许经营权的资格；

（三）将违法者载入巴西消费者权益保护清单；

（四）向适当的公共机构提出建议：

1. 对违法者持有的专利实施强制许可；

2. 拒绝违法者分期偿付逾期的联邦债务，或者裁定全部或者部分的取消税务优惠或者政府补贴；

（五）对公司实施转移股份、转移控制权、出售资产、部分停止经营活动或者其他的为此目的所必需的反托拉斯措施。

第二十五条 若任何破坏经济秩序的行为或者情形，在经济防卫管理委员会理事会的决定后仍不停止，或若预防性的措施或者中止及终止承诺没有得到遵守，将施以相当于或者高于5000财政参考单位（UFIR）或者适用可替换的标准的每日罚金，该罚金可能根据损害的严重程度和违法者的经济状况增至20倍。

第二十六条 若经济防卫管理委员会、经济法实施秘书处、财政部经济监督委员会或者其他依照本法活动的公共实体，要求提供数据或者文件遭到不合理的拒绝、隐藏、篡改或者延迟时，将构成违法行为而被处以每日5000财政参考单位的罚金，并可能根据违法者的经济状况增至20倍。

本条第1款提到的每日罚金的数额应规定在包含竞争主管机构要求的文件中。

本条规定的罚金按日计算，直到前款所称文件中规定日期之后的第90日。

请求机关全权负责征收本条第1款规定的罚金。

外国公司在巴西的分支机构、关联公司、分公司或者办事处对缴纳本条规定的罚金承担连带责任。

在行政程序、初步调查或行政诉讼过程中，如果当事人或第三方被传唤提供口头证明时无正当理由不出庭，将根据其经济状况处以 500 雷亚尔到 10 700 雷亚尔不等的罚金，该罚金由竞争主管机关以发布违法通知的形式征收。

第二十六条 A 在初步调查、行政程序或诉讼中，如果企图阻碍、妨碍、阻止由经济法实施秘书处或者经济监察秘书处授权的调查，将根据被调查者的经济状况处以 21 200 雷亚尔到 425 700雷亚尔不等的罚金，由竞争主管机关发出通知。该罚金由竞争主管机关发布违法通知的形式征收。

第二十七条 适用本法规定的处罚时应适当考虑以下几点：

（一）违法行为的严重性；

（二）违法者的善意；

（三）违法者已经得到或者企图得到的利益；

（四）实际或可能发生的侵害；

（五）对公开竞争、巴西经济、消费者或者第三方造成或可能造成损害的程度；

（六）对市场的不利经济影响；

（七）违法者的经济状况；

（八）再犯。

第四章 诉讼时效

第二十八条 ［废除］

第五章 诉讼理由

第二十九条 受损害方得——根据 1990 年 9 月 11 日第 8078 号法律第 82 条为其个人或其他利害关系人——利用反垄断措施及与此判予的损失补偿和损害赔偿，当庭主张维护其个人的或发散性利益，即使相应的行政诉讼不因法庭诉讼而中止。

第六编 行政诉讼

第一章 初步调查

第三十条 经济法实施秘书处可依职权或依有利害关系的当事人的书面合理请求实施初步调查；如对被控经济秩序侵害行为的证据尚不足以立即启动行政诉讼，则不得公开调查活动。

在初步调查中，经济法实施秘书处的秘书长有权采取任何第 35 条、第 35 条 A 和第 35 条 B 规定的措施，包括传唤当事人或要求第三方提供书面的或直接解释。

非基于参议院或者众议院的正式控诉而启动的行政诉讼程序，不适用初步调查。

经济法实施秘书处秘书长有权决定，为调查之便对初步调查程序保密。

第三十一条 初步调查结束后 60 日内，经济法实施秘书处秘书长有权决定开始或者搁置相应的行政诉讼，搁置的决定应由秘书长依职权上诉至经济防卫管理委员会。

第二章 行政性程序的启动和证据交换

第三十二条 行政诉讼在对主要事实认定、正式起诉或初步调查结束后的 8 日内开始，由经济法实施秘书处秘书长对需要审核的各项事实分别签发指令。

第三十三条 应在15日内通知被告提交辩护词。

根据案件具体情况，第一份传票应包括规定启动行政诉讼和相应的正式起诉指令的全部期限。

最初通过邮件直接传唤被告本人，如果其拒绝接受或者邮件未送达，则于联邦政府的公报以及在被告居住地或者总部所在的州广泛发行的报纸上进行公告，视情况而定适当考虑收到通知或公告所附的期限要求。

传唤被告首先应通过邮件回执确认送达，如无法送达，则于联邦政府的公报以及在被告居住地或者总部所在的州广泛发行的报纸上公告送达，并根据案件具体情况，适当考虑收到通知附件或公告所需的时间。

其他后续程序中的传票将在联邦政府的公报上公告送达，公告中应包括被告和各辩护律师的姓名。

被告的拥有者、高层管理人员或经理，或依法指定的律师可以继续参与行政诉讼，有权使用经济法实施秘书处和经济防卫管理委员会的案件记录。

第三十四条 被告如未能在收到通知后及时提交辩护理由，将承担缺席判决及承认对其指控成立的后果，被告应服从其他所有条件而不论事先是否发出通知。缺席的被告仍可参加其他的诉讼阶段，但不得对先前的缺席判决行为提出请求。

第三十五条 辩护的最后阶段，经济法实施秘书处可以为己之便要求在15日之内展开调查及提供证据。经济法实施秘书处有权依规定行使调查权力，必要时需保密。

应经济法实施秘书处要求进行的调查和搜集证据的程序，包括询问证人，应在45日内完成，但认为确有必要时可以延长45日。

根据初步调查，行政程序或诉讼的目标，经济法实施秘书处秘书长有权以被证实的决定的方式批准对总公司、经营场所、总部所在地、分支机构、工厂的调查。调查可以在上午6点至下午6点之间进行，且须至少提前24小时通知公司。

在上一款的情况下，应检查财产目录、实物、任何性质的文件、会计账簿和记录、电脑和磁盘文件。此外，还可以制作或要求提供任何文件或电子数据的副本。

第三十五条A 在可适用于民事诉讼法第839条及第839条之后的各条规定的情形下，应经济法实施秘书处的要求，联邦律师办公室可以请求审判法官签发搜查证，在行政程序，初步调查，行政诉讼程序中为提供证据之便，采取强制措施查封个人或公司的实物、任何性质的文件、会计账簿和记录、电脑和磁盘文件，对上述主要行动的请求是不可诉的。

在行政程序中，为了向经济法实施秘书处陈述事实而提供证据，财政部经济监督委员会可以根据需要行使本条第1款和第35条规定的权力。

财政部经济监督委员会有权为了调查之便决定对前一款所提到的行政程序予以保密。

第三十五条B 依据本条的条件，如果违法者有效地配合了调查和行政诉讼且出现以下的结果，经济防卫管理委员会可以代表巴西联邦政府，与侵害经济秩序的个人或者公司达成宽大处理的协议，或者终止行政管理的处罚行为，或者减轻1/3或者2/3的应适用的处罚：

（一）指认其他共同违法行为人；

（二）搜集证明被控的或者被调查的违法行为的信息和文件。

本条的规定不适用于被认定为违法行为主要实施者的公司和个人。

第35条B提到的协议只有下列要求全部满足的时候才可生效：

（一）公司或者个人首次被认定为行为构成被控的或被调查的违法行为；

（二）公司或者个人至提出协议之日起已经完全停止了被控的或被调查的违法行为；

（三）协议提出时，经济法实施秘书处尚未掌握判定该个人或者公司有罪的充分证据；

（四）公司或者个人承认参与违法行为，且完全配合调查程序和行政诉讼，在程序结束前随时接受传唤并自费出庭。

由经济法实施秘书处代表巴西政府缔结宽大处理的协议，规定必要的条件以保证与受益人有效合作和取得成果。

宽大处理协议的执行无需获得经济防卫管理委员会的同意。但在行政诉讼中，协议得到遵守之后，经济防卫管理委员会对下列事宜负责：

（一）有关协议的提案递交至经济法实施秘书处时该被控违法行为尚未被其发现，此时应宣布免除公共行政惩罚行为以利于被告；或者

（二）在其他情况下，根据第 27 条的规定减轻 1/3 到 2/3 应适用的处罚。在决定处罚时，经济防卫管理委员会必须考虑合作的实际效果和违法者遵守宽大协议的诚意。

在前款第 2 项的情况下，应考虑第 23 条规定的适用的处罚比例，减少后的处罚不应该比施加于其他的共同违法者的最轻微的处罚严重。

宽大处理协议的效果将被扩大适用于涉嫌违法的符合条件的公司领导层和管理层的人员，如后者也与公司一同签署了协议并且遵守了本条第 2 款的第 2 ~4 项提到的条件。

在调查期间和行政诉讼期间，未获得本条规定的订立宽大处理协议资格的公司或者个人，可以就在原案递交审判前经济法实施秘书处尚未发现的其他违法行为，签订宽大处理协议。

在前款规定的情况下，违法者将得到对原罪处罚减轻 1/3 的豁免，同时对新的被控违法行为仍可得到本条第 4 款第 1 项规定的减免。

本条所提到的提案应该保密，除非为了调查和行政诉讼之便。

被经济法实施秘书处秘书长否决的签订宽大处理协议的提议（应当保密），并不意味着对实施违法行为或者接受分析得出的行为非法性的承认。

本条规定的实施应该遵守司法部的规定。

第三十五条C 对于 1990 年 11 月 27 日的第 8137 号法令规定的破坏经济的犯罪行为，根据该法条款，宽大处理合同的履行时效应中止且不应将案件提交到法庭。

独立条款 一旦违法者履行了宽大处理的协议，本条第 1 款列举的应受惩罚的罪行将自动免除。

第三十六条 联邦机构、独立机构的官员，联邦政府所有的公司和混合资本的公司，应该提供经济防卫管理委员会或者经济法实施秘书处要求的所有的帮助和合作，包括准备关于职权范围内有关事项的技术报告，违者承担刑事责任。

第三十七条 被告应该在提交答辩状后 45 日内提供证据，在证据交换阶段期满前的任何时候提出新的证据。

独立条款 被告方可以要求经济法实施秘书处秘书长公布对至多 3 名证人的询问日期、时间和地点。

第三十八条 财政部经济监督委员会（SEAE）应通过行政公函，被告知有关行政诉讼的制度，委员会可以在证据交换阶段终结之前选择对其职权范围内的事项提出意见。

第三十九条 证据交换阶段结束时，被告将在 5 日内被传唤陈述其最后理由，其后经济法实施秘书处秘书长将发布具体报告，决定将案卷记录交经济防卫管理委员会复审或搁置，在后

一种情况下，搁置的决定应由秘书长上诉至经济防卫管理委员会。

第四十条 为了彻底查明事实，经济法实施秘书处秘书长，经济防卫管理委员会的成员和其文职人员以及官员应竭尽全力推进初步调查程序和行政诉讼直至结束，违者承担刑事责任。

第四十一条 经济法实施秘书处秘书长的决定不得向上级上诉。

第三章 行政诉讼中经济防卫管理委员会的判决

第四十二条 一旦可以采纳行政程序，经济防卫管理委员会的主席可以将这些程序随机分配给报告官员，报告官员需在25日内提交一份关于该程序的建议。

第四十三条 报告官员可以根据第35条决定补充调查或者命令提供补充材料，如认为现有的数据对于作出本案的最终裁决不够充分，还可要求提供新的证据。

第四十四条 任何人邀请经济防卫管理委员会主席答复报告官员的指示，则可以向经济防卫管理委员会作出相关事项的说明。

第四十五条 委员会进行判决时，举行日期应提前至少5日通知各方当事人，总检察长、被告或其辩护律师应分别获得15分钟的发言权。

第四十六条 经济防卫管理委员会的决定，无论如何应证实危害经济秩序的行为，该决定包括：

（一）一份关于违法行为的详细报告，和一份有关当局采取的反托拉斯行动的指引；

（二）前项所称反托拉斯行动开始和结束的条件；

（三）可适用的罚金；

（四）适用于违法行为实行时的按日处以的罚金。

独立条款 经济防卫管理委员会的决定应在5日内在联邦政府的公报上公告。

第四十七条 经济防卫管理委员会应监督其决定的履行。

第四十八条 全部或者部分不履行经济防卫管理委员会的决定应向经济防卫管理委员会主席报告，并由后者要求总监察长通过法院途径执行。

第四十九条 经济防卫管理委员会决定的通过，应获得至少5名成员中的多数票支持。

第五十条 经济防卫管理委员会的决定不需要由行政部门复审；因此，决定作出便立即生效，总监察长办公室被建议为执行决定采取职权范围内的一切合法行动。

第五十一条 经济防卫管理委员会的规则和内部的规定应该对行政诉讼作出进一步的规定。

第四章 预防措施和中止及终止指令

第五十二条 经济法实施秘书处秘书长或者报告官员可以——主动或者应总检察长的要求——在行政诉讼的任何审级采取预防性的措施，只要有迹象或者合理的理由相信被告直接的或者间接的造成或者可能对市场造成不能弥补的或者实质性的损害，或者其可能破坏程序结果的有效性。

经济法实施秘书处秘书长或者报告官员采取的预防性措施应该决定立即停止损害行为，恢复原状，如确有需要，根据第25条按日处以罚金。

经济法实施秘书处秘书长或者经济防卫管理委员会报告官员关于采取预防措施的决定，可于5日内自愿移交至经济防卫管理委员会，但不因此中止决定的执行。

第五章　中止及终止承诺

第五十三条　经济防卫管理委员会或者经济法实施秘书处，经过经济防卫管理委员会进一步核查后，可以在行政诉讼的任何阶段与当事人达成协议承诺中止调查行动，被调查方并不因此承担对调查事实承认或对其行为认罪的后果。

承诺应当规定：

（一）被告人在一定期限内停止被调查行为的承诺；

（二）根据第 25 条的规定如果不履行承诺按日处以罚金；

（三）被告对其市场行为发布定期报告和将公司结构、控制、活动和住所的任何变更告知相应机关的承诺。

中止及终止承诺按时履行过程中，案件仍被保留；经过一个预设的期间后如果满足了承诺的所有条件，案件将暂缓处理。

如果承诺所设条件对于被告确实过于严苛，可以由经济防卫管理委员会进行变更，只要这种改变没有造成对第三方或者社会的普遍损害，且新的条件不会对经济秩序造成侵害。

中止及终止承诺属于法院管辖之外的执行方式；因此，如果出现迟延履行或监督过程中出现任何障碍，应立即根据第 60 条及第 60 条之后的规定向法院提出申请。

本条的规定不适用于涉及或者由第 21 条第 1 ~ 3 项和第 8 项所设行为引起的对经济秩序的侵害。

第七编　监督机制

第一章　对行为和协议的监督

第五十四条　任何可能限制、抑制公开竞争，或者导致控制特定产品或者服务的相关市场的行为，应提交经济防卫管理委员会复审。

经济防卫管理委员会有权批准任何涉及本条主要部分并符合以下要件的行为：

（一）行为的目标或者目标之一是：

1. 提高生产力；

2. 提高产品或者服务的质量；

3. 提高效率，促进技术或者经济的发展；

（二）结果利益应该按比例在作为一方的参加者和作为另一方的消费者或者最终消费者之间分配；

（三）不会在其占有多数份额的特定产品或者服务的相关市场上排除竞争；以及

（四）只有为达到预期目标而确实必需的行为才能实施。

符合前款所列条件中至少 3 项的任何行为，不论出于公共利益或巴西经济利益的需要，如未对最终消费者或使用者造成损害，则可能认定为合法。

第 1 款所设行为包括目的为形成任何形式经济集中的类型，不论并购、企业合并，为控制其他公司设立的社团，或者任何其他形式的法人团体，该法人团体保证设立后的公司或者集团公司占有相关市场的至少 20% 的份额，或使成员公司中任何一个的营业总额达到 4 亿雷亚尔（记录于公司最近的财务报表中）。

本条主要部分规定的行为应在事件发生前或者事件发生后的15个工作日内，上报经济法实施秘书处——同时提交3份相应的文件的副本，经济法实施秘书处应立即将其中一份递交经济防卫管理委员会，另一份递交财政部经济监督委员会。

不遵守前款所设最后期限，将会被处以6万至600万财政参考单位的罚金，由经济防卫管理委员会按照第32条规定的行政程序征收。

经济法实施秘书处应于收到财政部经济监督委员会30日内作出的技术报告的30日内决断，随后将案件和证据材料交至经济防卫管理委员会，后者将于60日内作出决定。

本条规定的行为以批准为生效要件，批准的效力追溯到行为发生之日，如果经济防卫管理委员会未于前款规定的60日内展开调查，上述行为视为自动获得批准。

当经济防卫管理委员会、经济法实施秘书处或者财政部经济监督委员会复审案件必需的说明和文件未按要求递交时，第6款和第7款规定的期限将延缓。

如本条所列行为不符合延缓审查的条件，或已经对第三方造成财政或其他影响，经济防卫管理委员会理事会选择不予批准后，可以决定采取一切有效措施使损害经济秩序的行动或程序恢复原状，特别是通过解散、转让股份或变卖资产、部分停止经营活动等方式——即使损失和损害的民事责任由第三方引起。

不影响相关当事人的义务的情况下，改变任何公众公司的股权控制或者合并的登记，应由证券委员会（CVM）及巴西产业、贸易、旅游部的商业登记部门（DNRC/MICT）分别向经济法实施秘书处报告，如果可行，经济法实施秘书处将在5个工作日内进行复审。

第五十五条 如果第54条所涉批准基于利害关系当事人的错误或误导信息，在发生下文所设的迟延履行义务，或未达预期利益情况下，可以由经济防卫管理委员会依职权或者应经济法实施秘书处的请求对该批准决定予以复审。

第五十六条 商业登记机关或者相应的州实体不得将组织结构、变换形式、新设合并、吸收合并、公司组合或者改变设立行为的任何有关行为记录入档，但此类行为除外：

（一）一份关于主要问题的明确详尽的陈述；

（二）各方当事人的股权和出资期限；

（三）合作各方的全称和身份证明；

（四）总部所在地和合作各方各自的地址包括任何登记公示的分支机构；

（五）公司管理者的全称和身份证明；

（六）公司存续的期间；

（七）已发行的股票的数量、种类和价值。

第五十七条 解散公司的条款还应该说明解散的原因，但指出合作各方已确定的金额和公司资产及责任承担人的除外。

第二章 履行承诺

第五十八条 为符合第54条第1款所设条件，经济防卫管理委员会将履行承诺限定为由任何根据第54条对有关行为提起复审的利害关系人承担。

除其他相关因素外，履行承诺应特别考虑特定产业参与国际竞争的范围及其对就业水平的影响。

履行承诺将在预设条件范围内规定应达到的数量或质量目标，由经济法实施秘书处监督其履行。

无正当的理由不履行承诺将导致经济防卫管理委员会根据第 55 条撤销批准，行政诉讼程序随即启动以采纳可适用的措施。

第三章　协　　商

第五十九条　［废除］

第八编　法院执行经济防卫管理委员会的决定

第一章　程　　序

第六十条　经济防卫管理委员会处以罚金以及作为或不作为义务的决定，构成法院管辖之外的一种执行方式。

第六十一条　如果执行的目的只是为了征收罚金，应该根据 1980 年 9 月 22 日第 6830 号法令进行。

第六十二条　如果执行的目的是征收罚金，履行作为与不作为义务，法院应对此签发实际履行命令，或者规定保证实际上结果大致相当的行为。

作为与不作为义务，当这种债务的实际履行或者实际上得到一个相当的结果是不可能时，只能引起损失和损害的诉讼。

损失和损害的弥补或给付不影响其他可适用的罚金。

第六十三条　执行过程中得采取一切方式，如有必要，包括干预公司活动。

第六十四条　经济防卫管理委员会的决定，得由其自由裁量由联邦地区的联邦法院，或者由被执行人总部或住所地有管辖权的法院执行。

第六十五条　任何反对执行文件的提案和行为都不会中止执行本身，但当庭缴纳相当于应缴罚金数额的保证金除外，并按法院决定公告以保证服从案件的最终裁判，包括关于按日缴纳罚金的判决。

第六十六条　根据侵害经济秩序的严重程度不同，法院有合理根据确信有不可弥补或者实质的损害时，可以利用执行手段，命令立即采取必要的全部或者部分行为，即使已经当庭缴纳罚金或者已作出公告。

第六十七条　针对正在进行的违法行为的按日征收的罚金，应自经济防卫管理委员会确定的自愿遵守其决定的最后期限之日起一直到实际履行之日止。

第六十八条　执行经济防卫管理委员会的决定应被赋予相对于其他诉讼的优先权，但人身保护权和履行职责令状除外。

第二章　司法介入

第六十九条　只要出于保证实际履行的需要，法院有权指令介入公司并指定财产代管人。

独立条款　法院关于介入的裁决应确有根据，并应明确指定财产代管人可采取的行为。

第七十条　如果被执行的当事人于 48 小时内以不能胜任或者缺少良好的信誉为由对指定的财产代管人提出异议，且于 3 日内得到证实，法院应在上述 3 日内作出裁定。

第七十一条　如果异议获批准，法院应该在 5 日内另行指定 1 名财产代管人。

第七十二条　如能证明义务已完全履行，介入可以提前终止。

第七十三条 司法介入应局限于法院裁决所规定的范围，且期限不超过 180 日；财产代管人应该为其积极和消极的行为承担责任，特别是发生权力滥用和背离任命的目的时。

财产代管人必须遵守 1976 年 12 月 15 日的第 6404 号法令的第 153～159 条可适用范围内的规定。

财产代管人有权按照法院的规定获得报酬，但如果其失去清偿能力、被指控主动或被动贪污或滥用职权、违反职责，则法院可以随时撤换财产代管人。

第七十四条 公司管理人员如被证实利用职权阻碍财产代管人履行职责，将可能被法院撤职，并根据公司或社团章程进行替换。

如果在采取了本条主要的程序后，仍然有管理人员妨碍财产管理人的正当行为，法院应该按照规定进行诉讼程序。

如果大多数的公司管理人员拒绝协助法院指定的财产代管人，法院应当指令由财产代管人接管公司。

第七十五条 财产代管人应当：

（一）履行或者命令履行程序所需的一切行为；

（二）向法院报告公司管理人员的违法行为以及其发现的任何违法行为；

（三）每月向法院提交其活动的报告。

第七十六条 介入的费用应当由被执行人承担。

第七十七条 一旦介入终止，财产代管人应该就有关其行为、撤销或者搁置案件的建议、或因未按期完成对判决的执行而申请延长介入期限的请求向联邦法院提交一份详细的报告。

第七十八条 任何人，如反对或阻碍司法介入，或在介入程序结束后直接或间接消除介入效果，或者违反法院指定的代管人的合法命令，将按照刑法第 329、330 条和第 344 条的规定，对其抵制执行程序的行为负刑事责任。

第九编 最终和暂行规定

第七十九条 ［被否决］

独立条款 ［被否决］

第八十条 自本法生效之日起经济防卫管理委员会代理人将成为总检察长官员，并与经济防卫管理委员会主席和委员会成员一同受任于下文所设的独立机构。

第八十一条 行政部门应于 60 日内向议会提交一份关于新的独立机构的在编人员及经济防卫管理委员会主席、委员会成员和总检察长职责和报酬的法案。

如经济防卫管理委员会尚未配备工作人员，通过委托或其他方式临时指派到该独立机关的文职人员，其报酬和其他原有利益，包括代表该独立机构出庭的费用不受影响。

经济防卫管理委员会的主席应准备并提请委员会批准一份该独立机构所需工作人员名单，并由经济法实施秘书处进行安置。

第八十二条 ［被否决］

第八十三条 民事诉讼法典和 1985 年 7 月 24 日的第 7347 号法令，1990 年 9 月 11 号第 8087 号法令也适用于本法所称行政性程序和司法程序。

第八十四条 根据本法判处的罚金应该在实际支付日折合为巴西货币，并存入按照 1985 年 7 月 24 日的第 7347 号法令建立的基金。

第八十五条　1990年12月27日的第8137号法令第4条第7款应按如下所述：

“第4条：（七）凭借其市场控制力，无正当理由提高特定产品或者服务的价格。”

第八十六条　刑事诉讼法第312条应按如下所述：

“第312条：在刑事程序中，出于保护公共、经济秩序或者确保刑法的执行之目的，只要一项犯罪行为已经被证实，或者有关于犯罪的充分证据，可以裁定执行临时性监禁。”

第八十七条　1990年9月11日第8087号法令第39条，应当增加下列条款：

“第39条特定产品或者服务的供应商不得实施下列滥用行为：

（九）以立即付款为由，拒绝直接向买方出售商品或者提供服务，但特别法规定的仲裁案件除外；以及

（十）无正当理由提高特定产品或者服务的价格。”

第八十八条　1985年7月24号第7347号法令的第1条，应当增加下列条款：

“第1条在不影响集团诉讼的前提下，本法适用于基于下列原因引起的精神损害和财产损失诉讼：

（五）损害经济秩序”

独立条款　1985年7月24日的7347号法令的第5条第2款应按如下所述：

“第5条……

（二）包括保护环境、消费者、经济秩序、公开竞争、或者艺术、美术、历史、旅游、风景遗产等制度目的；”

第八十九条　经济防卫管理委员会应被邀请作为协助人参加涉及适用本法的法院诉讼。

第九十条　因1991年1月8日的第8158号法令第13条修订，在适当考虑本法的第七部分的第一章的情况下，根据1962年9月10日的第4137号法令第74条规定的提交咨询的期限，而被终止。

第九十一条　本法不适用于根据执行《关税与贸易总协定》第6条的协定处理的倾销和补贴案件，这些协定分别根据1987年1月16日、22日的第93941号法令和第93962号法令制定。

第九十二条　有悖于本法的所有规定将被撤销，如1962年9月10日的第4137号法令和1992年1月8日的第8158号法令；但1994年5月27日的第8880号法令的第36条仍然有效。

第九十三条　本法自公布之日起生效。

印度竞争法（2003年）

为了本国经济发展，建立一个预防对竞争造成负面影响行为的委员会，以促进和维护市场竞争，保护消费者权益并保证其他市场参与者的交易自由，并对其他相关或附带事项作出规定，议会于印度共和国五十三年颁布法律如下：

第一章　序言

1.［简称、适用范围和实施时间］

（1）本法可被称为“2002年竞争法”。

（2）本法适用于除查谟和克什米尔两邦外的印度全境。

（3）本法自印度中央政府在官方公告中所规定的日期起开始施行。如果本法的不同条款在实施时间上有不同规定，则从其规定，但只对该条款有效。

2.［定义］

本法中，除非上下文另有规定：

（a）“收购”指直接或者间接获得，或者同意获得：

（i）任何经营者之股份、表决权或者资产；或者

（ii）任何经营者之经营管理或者资产的控制权；

（b）“协议”包括安排、协定或者一致行动：

（i）无论上述一致的安排、协定或者行动是正式的或者书面的；或者

（ii）无论上述安排、协定或者行动是否意图通过合法程序实施；

（c）“卡特尔”包括生产商、销售商、分销商、贸易商或者服务提供商的联合体，其通过相互之间的协议，限制、控制或者意图控制产品交易的生产、分销、销售或者价格或者服务提供；

（d）“主席”，指根据第8条第1款的规定任命的委员会的主席；

（e）“委员会”指根据第7条第1款的规定建立的印度竞争委员会；

（f）“消费者”指符合下列条件的人：

（i）购买货物并全部或者部分地支付、许诺支付了对价，或者符合延期付款的条件；以及该货物的使用人，但若该使用已经上述购买人同意的，则不包括上述购买人本人；无论购买货物的目的是为了转售还是其他商业目的，或个人使用；

（ii）雇佣或者利用服务并全部或者部分地支付、许诺支付了对价，或者符合任何延期付款的条件；以及服务的受益人，但若该服务已经上述雇佣或者利用服务人同意的，则不包括上述雇佣或者利用服务人本人；无论雇佣或者利用服务的目的是为了商业目的，还是为了个人使用；

（g）“局长”指根据第16条第1款任命的局长，包括根据该条任命的候补、共同、代理及副职局长；

（h）“经营者”指现在或曾经从事下列活动的个人或者政府机构：与产品、货物的生产、储存、供应、分销、采购或管理，或提供服务等此类行为有关的；或从事各种投资、商业上的

对于法人实体的股份、债券或者其他证券取得、持有、承销或者进行交易的，无论其是直接的或是通过一个或更多的自身单位、部门或者分支机构进行，亦无论其单位、部门或者分支机构与该经营者是否位于相同地点；但不包括任何政府的主权行为，其中包括中央政府部门从事的有关核能、货币、国防和航天的活动；

解释——在本条中，

（a）“活动”包括专业性质及职业性质的活动；

（b）“产品”包括新产品；“服务”包括新服务；

（c）经营者的“单位”或者“部门”，包括：

（i）为产品、货物的生产、储存、供应、分销、采购或者管理而设立的车间或者工厂；

（ii）为提供服务而设立的分支机构或者办事处；

（i）“货物”指 1930 年货物买卖法（8 of 1930）所定义的货物，包括：

（A）经制造、加工或者开采的产品；

（B）分配后的债券、股票或者股份；

（C）在印度境内提供、分销或管理的货物，以及向印度进口的货物；

（j）“成员”指根据第 8 条第 1 款任命的包括委员会主席在内的委员会成员；

（k）“公告”指政府公告中发布的公告；

（l）“人”包括：

（i）自然人；

（ii）印度的不可分割的家庭；

（iii）公司；

（iv）商行；

（v）印度国内或国外的个人联合体或者自然人组成的实体，无论其是否组成公司；

（vi）根据中央、邦或者地方性法律设立的公司，或者是 1956 年公司法（1 of 1956）第 617 条所定义的政府公司；

（vii）根据印度以外其他国家的法律组成的法人实体；

（viii）依据相关法律登记成立的合作社；

（ix）地方机构；

（x）上述条款规定之外的法人；

（m）“行为”指任何个人或者经营者进行交易的行为；

（n）“法定”指必须符合本法的规定；

（o）“价格”指与任何货物销售或服务提供有关，包括直接或者间接，或延迟支付的具有价值的对价；及任何关于货物销售或服务提供的有效的对价，尽管该货物销售或服务提供明显与其他事物相关；

（p）“公共金融机构”指根据 1956 年公司法（1 of 1956）第 4A 条设立的公共金融机构，并包括国家金融、产业或投资公司；

（q）“规章”指委员会根据第 64 条发布的任何规定；

（r）“相关市场”指由委员会所界定的，相关产品市场或者相关地理市场，或者与前述市场相关的市场；

（s）“相关地理市场”指与货物供应、服务提供以及货物和服务需求的竞争情况明显同质，且能与相邻区域的主要情况进行区分的市场；

（t）“相关产品市场”指消费者根据产品或者服务的特性、价格和预期用途认为可以互换或者替代的产品或服务的市场；

（u）“服务”指各种可为潜在用户利用的服务，包括提供与任何工业和商业事务相关的服务，如银行、通讯、教育、金融、保险、小额基金、不动产、运输、仓储、物质处理、加工、供电或其他能源、膳宿、住宿、文艺、娱乐、建筑、维修、资讯、广告；

（v）“股份”指在一个公司资本中有表决权的股份，包括：

（i）使持有者享有接受有表决权股份权利的证券；

（ii）股票，除非已经用明示或者默示的方式表示出来；

（w）“法定机构”指任何机关、部门、法人、协会、研究所、大学或者任何其他法人团体，只要其根据任何中央、邦或者地方性的法律设立，并旨在管理货物的生产和供应或者服务的提供及货物和服务市场，以及与其相关的其他事项；

（x）“交易”指与生产、供应、分销、仓储、或者管理货物以及服务提供有关的交易、经营、产业、专业和职业；

（y）“营业额”包括销售货物和服务的价值；

（z）在本法中使用而未加定义的用词及表达，分别对应 1956 年公司法中（1 of 1956）界定之涵义。

第二章　禁止特定协议、滥用市场支配地位以及规制经营者合并

禁止特定协议

3. ［反竞争协议］

（1）任何经营者、个人或者经营者、个人间的联合体不得订立与货物的生产、供应、分销、仓储、采购或管理、或服务的提供有关的对印度国内竞争产生或可能产生可估量的不利影响的协议。

（2）协议中任何有违前款规定的部分应视为无效。

（3）任何在个人之间、经营者之间、个人的联合体之间或者经营者的联合体之间签订的协议，或者由从事相同或者相近似的货物的交易或者服务的提供的包括卡特尔在内的个人或者经营者的联合体作出的决定或实施的行为，如果具有下列特征，则将被推定对竞争具有可估量的不利影响：

（a）直接或者间接确定购买或者销售价格；

（b）限制或者控制生产、供应、市场、技术进步、投资或者服务提供；

（c）通过分配市场的地理区域、货物和服务的种类或者市场中消费者的数量以及其他相似方式划分货物或者服务的市场或者资源；

（d）直接或者间接操纵投标或者共谋投标，并将会对竞争产生可以估量的不利影响：

如果一项合营协议能够提高货物生产、供应、分销、仓储、采购或者管理以及服务提供的

效率，则本款的规定不适用。

解释——本款中，“操纵投标”指的是任何第 3 款所指的从事相同或者相近货物生产或者交易以及服务提供的经营者间和个人间签订的协议，若该协议产生消除或者减损不同投标者之间的竞争，或者对投标过程产生负面影响或操纵投标程序的作用。

（4）在不同的市场中，位于生产环节不同阶段和层次的经营者之间或者个人之间签订的与货物及服务的生产、供应、仓储、分销、销售或者价格、贸易有关的协议，包括：

（a）搭售协议；

（b）排他性供应协议；

（c）排他性分销协议；

（d）拒绝交易；

（e）转售价格维持。

如果对国内竞争造成或可能造成显著的不利影响，将被视为属于违反第 1 款规定的协议。

解释——本款中：

（a）“搭售协议”包括要求货物的购买者在购买某种货物的同时必须购买其他某种货物的任何协议；

（b）“排他性供应协议”包括以各种方式限制买方在交易过程中只从卖方而非其他卖方或其他人处获取或以其他方式经营任何货物的任何协议；

（c）“排他性分销协议”包括限制、约束或者抑制任何货物的产出和供应，以及划分产品处理或者销售货物的区域以及市场的任何协议；

（d）“拒绝交易”包括通过各种方式限制或可能限制个人或团体向特定对象销售或购买货物的任何协议；

（e）“转售价格维持”包括规定货物购买者转售货物时必须按照销售者规定的价格进行的任何协议，除非明确约定允许低于该价格。

（5）本条中的任何规定不得限制：

（i）出于保护由下列法律赋予或可能赋予的权利之必要，权利人制止侵权行为或利用合理条件的权利：

（a）1957 年版权法（14 of 1957）；

（b）1970 年专利法（39 of 1970）；

（c）1958 年贸易和商标法（43 of 1958）或者 1999 年商标法（47 of 1999）；

（d）1999 年货物地理标志（注册及保护）法（48 of 1999）；

（e）2000 年工业设计法（16 of 2000）；

（f）2000 年半导体集成电路布图保护法（37 of 2000）；

（ii）涉及货物生产、供应、销售或管理、或服务提供的排他性出口协议所及范围内从印度出口货物的权利。

禁止滥用市场支配地位

4.［滥用市场支配地位］

（1）经营者不得滥用其市场支配地位。

（2）经营者有下列行为之一的，构成第1款所称的滥用市场支配地位：

（a）直接或者间接地在下列方面施以不公平待遇或歧视待遇：

（i）货物或服务的买卖条件；或者

（ii）货物或服务的买卖价格（包括掠夺性定价）。

解释——本项中，（i）目中出售或者购买货物或者服务中的不公平或歧视条件和（ii）目中出售或者购买货物或者服务的不公平或歧视价格（包括掠夺性定价）不包括为满足市场竞争所采用的歧视条件或者歧视价格；或者

（b）限制或约束：

（i）货物的生产、服务的提供或者货物、服务市场；或者

（ii）与货物或服务有关的技术或科学发展，而对消费者造成损害；或者

（c）任意进行导致阻却市场进入的行为或经常进行该种行为；

（d）在协议缔结过程中强加条款，对其他当事人施加额外的义务，而该义务从其本身性质和商业作用上，与协议本身目的并无必然联系；或者

（e）利用其支配地位进入或者保护其他相关市场。

解释——本条中，术语：

（a）“支配地位”指的是经营者在印度国内相关市场上享有的一种强势地位，从而使得经营者能够：

（i）独立操纵相关市场上的主要竞争力量；或者

（ii）为其自身利益影响其竞争对手、消费者或相关市场；

（b）“掠夺性定价”指为削弱竞争或消除竞争对手，以低于货物生产或服务提供的管制成本的价格出售货物或提供服务。

5.［经营者合并的规制］

一人或者多人对一个或者多个经营者的收购，以及经营者间的吸收合并或者新设合并，构成经营者间或者个人和经营者间的合并，如果：

（a）收购行为满足下列条件：

（i）收购的双方，即收购人和目标经营者，其被收购或者正在被收购的控制权、股份、表决权或者资产总计达到：

（A）在印度国内，其资产值超过100亿卢比或者交易额超过300亿卢比；或者

（B）在印度国内外，其资产值总计超过5亿美金或者交易额总计超过15亿美金；或者

（ii）在被收购或者正在被收购的目标经营者被收购后，其控制权、股份、资产或者表决权所属集团的资产水平：

（A）在印度国内，其资产值超过400亿卢比或者交易额超过1200亿卢比；或者

（B）在印度国内外，其资产值总计超过 20 亿美金或者交易额总计超过 60 亿美金；或者

（b）收购经营者控制权的人已经直接或者间接地控制了从事相同、相近似或者替代性货物的生产、分销或者贸易的另一家经营者，或者是从事相同、相近似或者替代性服务的另一家经营者，如果：

（i）目标经营者和已经为收购人直接或者间接控制的经营者的资产总计达到：

（A）在印度国内，其资产值超过 100 亿卢比或者交易额超过 300 亿卢比；或者

（B）在印度国内外，其资产值总计超过 5 亿美金或者交易额总计超过 15 亿美金；或者

（ii）在已经被收购或者正在被收购的目标经营者被收购后，其所属集团的资产水平：

（A）在印度国内，其资产值超过 400 亿卢比或交易额超过 1200 亿卢比；或者

（B）在印度国内外，其资产值总计超过 20 亿美金或者交易额总计超过 60 亿美金；或者

（c）吸收合并或者新设合并符合下列条件：

（i）根据具体情况，吸收合并后的经营者或新设合并所创设的经营者：

（A）在印度国内，其资产值超过 100 亿卢比或者交易额超过 300 亿卢比；或者

（B）在印度国内外，其资产值总计超过 5 亿美金或交易额总计超过 15 亿美金；或者

（ii）在已经被收购或者正在被收购的目标经营者被收购后，或者为了联合而设立的经营者在联合完成之后，其所属集团的资产水平：

（A）在印度国内，其资产值超过 400 亿卢比或交易额超过 1200 亿卢比；或者

（B）在印度国内外，其资产值总计超过 20 亿美金或者交易额总计超过 60 亿美金。

解释——本条中：

（a）“控制”包括通过下列方式控制经营者事务权或管理权：

（i）一个或者多个经营者，联合或者单独，（控制）另一个经营者或者集团；

（ii）一个或者多个集团，联合或者单独，（控制）另一个集团或者经营者；

（b）“集团”指两个或者多个经营者，直接或者间接地：

（i）行使另一经营者 26% 以上的表决权；或者

（ii）任命另一经营者董事会中 55% 以上的成员；或者

（iii）控制另一经营者的管理权或事务权；

（c）资产的价值应当以经营者账户经过会计核算的账册中的账面资产值计算，资产值的评估应以待议的并购所处财务年度的上一个财务年度的情况计算，并应考虑任何资产贬值。资产的价值包括可能存在的第 3 条第 5 款所涉及的品牌价值，良好商誉价值，版权、专利权价值，许可使用，集体商标，注册所有人，注册商标，注册使用人，同名地理标志，地理标志，工业设计或者外观设计，以及其他相似的商业权利。

6. ［合并规制］

（1）个人或者经营者不得进行对印度国内相关市场的竞争造成或者可能造成可估量的不利影响的合并行为，若进行则无效。

（2）根据前款规定，任何个人或经营者，如计划进行合并行为，依其选择，应于 7 日内按照规定的形式和费用向委员会提出申报，并披露包括下列各项的有关未来合并事宜的细节：

（a）根据具体情况，欲进行吸收合并或者新设合并的经营者的董事会通过关于第 5 条第

(c) 项所援引的并购或者联合的提议；

(b) 对规定有关第5条所称合并或合并控制的协议或其他文件的执行。

(3) 委员会在收到根据本条第2款所提交的申报之后，应当按照第29、30条和第31条的规定处理。

(4) 本条规定不适用于公共金融机构、外国机构投资者、银行或者风险投资基金依据贷款协议或者投资协议，进行的认购股份、融资工具或者任何收购行为。

(5) 第4款中所述的公共金融机构，外国机构投资者，银行或者风险投资基金，应当视各自的具体情况，在收购之日起7日内，依据规章规定的形式，向委员会提交文件，以说明收购的具体细节，包括对控制详情，行使控制权情况，以及对于贷款或者投资协议的违约后果。

解释——本条中，术语：

(a) “外国机构投资者”与1961年个人所得税法中（43 of 1961）第115AD条第(a)项对该词的界定意义相同；

(b) “风险投资基金”与1961年个人所得税法中（43 of 1961）第10条第23FB款第（b）项对该词的界定意义相同。

第三章　印度竞争委员会

7. ［委员会的建立］

(1) 为实施本法，设立“印度竞争委员会”，自中央政府公告任命之日起生效。

(2) 作为法人机构，委员会将永久使用前款所设名称并持有代表权力的公章，根据本法规定，获得、持有、处分资产——包括动产和不动产，缔结合同及以前述名义起诉或应诉。

(3) 委员会总部地址可由中央政府随时改变。

(4) 委员会可以在印度国内其他地区设立办事机构。

8. ［委员会的组成］

(1) 委员会由1名主席，2名以上、10名以下中央政府任命的其他成员组成：

在委员会组建的第1年，由中央政府任命主席和1名其他成员。

(2) 主席和委员会其他成员应当能力出众、正直而有声望，曾经担任或有资格担任高等法院法官；或者在国际贸易、经济、经营、商业、法律、金融、会计、管理、工业、公共事务、行政管理或者在中央政府认为需要的其他领域具有特别知识或者15年以上专业经验。

(3) 主席和其他成员属于全职成员。

9. ［主席和其他成员的遴选］

主席和其他成员应当依法定方式进行遴选。

10. ［主席和其他成员的任期］

(1) 主席和其他成员任期为5年，自就职之日起计算，并且可以连任。主席和其他成员具有下列情况者不得继续任职：

(a) 主席年满67周岁；

(b) 其他成员年满65周岁。

(2) 如果因为第11条所规定的辞职或者撤职，或者因死亡或其他情况，使主席或者其他成员的职位产生空缺，应依照第8、9条的规定重新任命。

（3）主席和其他成员在就职前，必须依法定的形式、方法，向法定的有关机构，针对职责和保密事项作出并签署誓约书。

（4）如果因死亡，退休或者其他原因主席职位出现空缺，最高级别的成员将履行主席职责，直到按照本法规定任命的新主席到任，填补空缺。

（5）当主席因缺席、疾病或者其他原因不能履行其职务时，最高级别的其他成员得暂代行使主席职权，直到主席恢复履行职责。

11. ［主席和其他成员职务的辞职、撤职和停职］

（1）主席和其他成员可以自拟书面通知的方式向中央政府提出辞职。

提出辞职的主席或者其他成员应当自辞职书被接收之日起 3 个月内，或者其继任者被任命之日前，或者其任职期限届满前继续履行职责，以三者中的较短时间为准，除非政府在此期间已经批准了该辞职申请。

（2）虽然有第 1 款规定，根据具体情况，如果主席或者其他成员具有下列条件之一的，中央政府可以发出命令以撤销其职务：

（a）现在或曾经被判定为丧失偿债能力；或者

（b）在任职期间从事过其他有偿工作的；或者

（c）被判犯有中央政府认为属于道德品质败坏的罪行的；或者

（d）收受财物或者其他利益，可能影响其公正行使委员会成员职务的；或者

（e）滥用职权，使得其继续任职有损公共利益的；或者

（f）身心状态无法胜任委员会成员工作的。

（3）虽然有第 2 款规定，如果依据第 2 款第（d）项或第（e）项的情况撤销主席和其他成员的职务，必须由政府向最高法院提交证明材料，经法庭调查，由最高法院依据法定程序作出该成员确实存在第 2 款第（d）项或第（e）项规定情况的报告后，方得进行。

12. ［主席和其他成员在特定情形下的从业限制］

（1）主席和其他成员自停止履行职务之日起 1 年内，不得在经营者中任职，或者参与其经营或者行政管理；该经营者曾是委员会依本法所进行的程序中的一方当事人。

（2）本条规定不适用于在中央政府、邦政府或者地方机构，以及任何法定机构，或依据中央、邦或者地方法律而设立的公司，以及 1956 年公司法（1 of 1956）第 617 条所规定的政府公司中的任职的情况。

13. ［行政专员的财政及行政权力］

（1）中央政府得任命委员会任何成员作为行政专员，并制定相应的规则以赋予其财政和行政权力。

（2）行政专员有权根据情况将上述财政和行政权力委托自己认为合适的委员会的其他成员行使。该成员接受委托行使权力，应自始在行政专员的指导、监督和控制下进行。

14. ［主席和其他成员的工资、补贴和其他工作条件］

（1）主席和其他成员的工资和其他工作条件，包括差旅费用、房屋租赁补贴和交通工具、养廉补贴和医疗条件等，都应依法确定。

（2）主席和其他成员被任命后的工资、补贴和其他工作条件不应发生对其不利的变化。

15. ［空缺等不能作为宣告委员会程序无效的事项］

委员会作出的行为及程序不能仅因下列原因而无效：

（a）委员会组成上的职位空缺或者瑕疵；或者

（b）主席或者其他成员人选任命上的瑕疵；或者

（c）不影响案件实质认定的程序上的不规范。

16. ［局长等的任命］

（1）中央政府可以通过公告任命局长人选，以及其认为适当数量的候补、共同、代理或者副职局长，或者其他的参事、顾问或者官员，以协助委员会对案件进行是否违反本法的调查，以及在委员会介入前对案件进行调查，以及履行本法规定的其他职能。

（2）任何候补、共同、代理或者副职局长或者其他的参事、顾问或者官员应当在局长的控制、监督和指导下行使权力并履行职能。

（3）局长和候补、共同、代理或者副职局长，或者其他的参事、顾问或者官员的工资、补贴和其他工作条件应当以法定标准提供。

（4）局长和候补、共同、代理或者副职局长，或者其他的参事、顾问或者官员的人选，应当正直可靠，能力突出，具有调查经验以及会计、管理、商业、公共行政管理、国际贸易、法律或者经济等方面的知识以及其他法律规定的资质。

17. ［委员会书记官、官员及其他雇员］

（1）为有效履行本法规定的职能，委员会有权任命1名书记官、若干官员。

（2）书记官、官员和其他雇员的工资、补贴和其他工作条件，以及官员和其他雇员的人数均应依法确定。

第四章　委员会的职责、权力和职能

18. ［委员会的职责］

（1）根据本法规定，委员会的职责是在印度国内市场范围内，消除不利于竞争的行为，提高和维护市场竞争，保护消费者权益并保证其他市场参与者自由交易。

（2）委员会为了履行本法规定的职责，经中央政府事先批准，可以与任何外国机构签订备忘录或协议。

19. ［对特定协议或者经营者支配地位的调查］

（1）委员会可以自行决定或基于下列原因对被指控违反第3条第1款或者第4条第1款规定的事件进行调查：

（a）收到任何个人、消费者或者其协会或者商业协会的控告，并依据法律规定收取费用后；或者

（b）收到中央政府、邦政府或者法定机构对于案件的移送。

（2）不影响第1款规定的情况下，委员会应当同时行使第3～7款规定的职权。

（3）委员会决定某项协议是否产生第3条规定的对竞争造成可估量的不利影响时，应适当考虑下列因素或其中之一：

（a）为新进入市场者设置壁垒；

（b）将现有竞争者逐出市场；

（c）通过阻碍市场准入而排斥市场竞争；

（d）消费者福利的增加；

（e）货物生产、分销或者服务提供的改进；

（f）通过货物生产、分销或者服务提供的手段促进科学技术进步和经济发展。

（4）委员会在调查经营者是否具有第4条规定的市场支配地位时，应当考虑下列因素或其

中之一：

（a）经营者的市场份额；

（b）经营者的规模和财力；

（c）竞争者的规模和重要意义；

（d）经营者的经济实力，包括相对于其他竞争对手的商业优势；

（e）经营者的纵向一体化或者其销售和服务网络；

（f）消费者对该经营者的依赖性；

（g）垄断或者支配地位是否依据法律或者其政府公司身份或者公共事业部门身份获得，或通过其他手段获得；

（h）进入壁垒，包括规章制度壁垒、金融风险、进入市场的高成本支出、营销壁垒和技术壁垒、规模经济、对于消费者的替代性产品或者服务的高成本；

（i）抵消购买力；

（j）市场结构和规模；

（k）社会责任和社会成本；

（l）与支配地位对竞争产生或可能产生的显著的不利影响相比，经营者对经济发展贡献作用的优势；

（m）其他委员会认为与调查相关的因素。

（5）为实施本法，确定市场是否构成“相关市场”，委员会应适当考虑“相关地理市场”和“相关产品市场”。

（6）确定“相关地理市场”时，委员会应对下列因素或其中之一予以适当考虑：

（a）制度性的交易壁垒；

（b）当地的特殊需求；

（c）国内的采购政策；

（d）足够的分销设施；

（e）运输成本；

（f）语言；

（g）消费者偏好；

（h）对于可靠或有规律的供应，及对于迅速的售后服务的需求。

（7）确定“相关产品市场”时，委员会应对下列因素或其中之一予以适当考虑：

（a）货物的物理性质和最终用途；

（b）货物或者服务的价格；

（c）消费者偏好；

（d）对于内部产品的排斥；

（e）专业化生产者的存在；

（f）工业产品的分类。

20. ［委员会对经营者合并的调查］

（1）委员会可以根据自己对第 5 条第（a）项所规定的收购，第 5 条第（b）项规定控制权的取得，第 5 条第（c）项规定的并购或者联合所了解和掌握的信息进行调查，以确定这种合并是否对国内竞争产生或可能产生可估量的不利影响。

如合并完成超过 1 年，委员会即不能根据本款发起任何调查。

（2）在收到第6条第2款规定的通知或者第21条第1款规定的移送案件后，委员会应对上述通知和移送案件所述的经营者合并展开调查，确定其是否将对印度国内市场竞争造成或者可能造成显著的不利影响。

（3）为了实现本条目的，尽管有第5条规定，中央政府应于本法生效之日起满2年及此后每隔2年，与委员会进行磋商和咨询，并以公告方式，在批发价格指数和卢比或外币汇率波动的基础上，增加或者减少第5条中规定的资产或者营业额价值标准。

（4）为确定一项合并是否会或者可能会对相关市场竞争产生显著的不利影响，委员会应对下列因素或其中之一予以适当考虑：

（a）市场中进口商品实际的或者潜在的竞争水平；

（b）进入市场的壁垒范围；

（c）市场中经营者合并的程度；

（d）市场中抵消购买力的程度；

（e）合并将导致的，合并双方能够持续而较大幅度增加价格和利润的可能性；

（f）市场中可能持续有效竞争的程度；

（g）市场中获得替代品的可能，以及获得的需求弹性可能性的程度；

（h）参与合并的个人和经营者，在相关市场中各自的市场份额以及合并之后的市场份额；

（i）合并将消除市场中有力的并且有效的竞争对手的可能性；

（j）市场中纵向一体化的性质和程度；

（k）经营失败的可能性；

（l）创新的性质和程度；

（m）与合并对竞争产生或可能产生的显著的不利影响相比，对经济发展贡献作用的优势；

（n）合并如能产生有利作用，则该有利作用是否大于不利影响。

21.［法定机构的移送案件］

（1）法定机构进行的程序中对某事项作出决定或者将要作出决定之前，如该事项违反或可能违反本法任何规定，该法定机构可以就其向委员会移送案件。

（2）收到根据第1款规定移送的案件时，委员会应通过一定程序听取各方意见，并就前款中规定的事项，向将作出指令的法定机构提供其认为合适的意见。委员会应在接受移送案件之日起60日内作出意见。

22.［委员会法庭］

（1）委员会的司法管辖权、权力和职权由其法庭行使。

（2）法庭由主席选任组成，每个法庭应当由不少于2名成员组成。

（3）每个法庭应当至少有1名司法成员。

解释——本条中，“司法成员”指现任、曾任或者有资格胜任高等法院法官的成员。

（4）主席主持的法庭应当成为主要法庭，其他法庭成为辅助法庭。

（5）应当成立一个或者多个并购法庭，根据案件情况而定，专门处理第5条和第6条规定的事项。

（6）中央政府应以公告方式确定主要法庭、其他辅助法庭或者并购法庭通常设置的地点。

23. ［委员会法庭间的业务分工］

（1）法庭一旦设立，主席可以随时通过命令，规定委员会法庭之间的分工并任命每个法庭所分管的事项。

（2）关于某事项是否属于某法庭的业务范围，主席有权作出最终决定。

（3）主席可以行使下列权力：

（i）将某成员从一个法庭调动到另外一个法庭；或者

（ii）授权某法庭的成员同时履行另一法庭成员的职能。

在得到中央政府的批准后，主席可以将法庭成员，在位于不同城市的法庭之间调动。

（4）为了确保案件结果的可靠，出于任何案件或者事项的需要，或者根据中央政府制定的规则，在虑及所涉问题的本质之后，主席可以作出其认为合适的一般或者特殊命令，决定案件由两名以上成员组成的法庭审理。

24. ［法庭成员对于案件意见不同时的处理程序］

如果法庭成员对任何问题有不同意见，应当对该问题陈述并向主席提交，后者得自行审理，或将案件交付 1 名或多名其他成员进行审理并将根据包括最初参与审理成员在内的多数成员意见对争议问题作出决定。

25. ［法庭的管辖权］

符合下列条件的情况下，法庭对所发起的调查、所提起的控告和根据本法移送的案件享有管辖权：

（a）被控人，或多名被控人之一，于发起调查、提起控告以及作出移送时，根据案件具体情况，实际上并自愿的在法庭管辖权区域范围内居住或者开展业务或者以个人身份从事有偿工作；或者

（b）多名被控人之一，于发起调查，提起控告以及作出移送时，根据案件具体情况，实际上并自愿的在法庭管辖权区域范围内居住或者开展业务或者以个人身份从事有偿工作。如获得法庭许可，或被控人不在上述法庭管辖权区域范围内居住或者开展业务或者以个人身份从事有偿工作，而默认接受上述调查；或者

（c）引起诉讼的原因全部或者部分发生在其管辖范围内。

解释：——当一名被控人属于第 2 条第（1）项（iii）、（vi）、（vii）目或（viii）目的情况时，应视为在其印度境内的单独或者主营业地开展业务，或者是在其位于印度境内的注册营业所或者其他具有下级办事处的地点开展业务。

26. ［根据第 19 条对控告进行调查的程序］

（1）收到控告，中央政府、邦政府或者法定机构的移送案件，或基于委员会所掌握或了解知识和信息基础上，委员会根据第 19 条认为案件表面上证据确凿时，应当责成局长发起一个关于该问题的调查。

（2）收到第 1 款规定的命令，局长应在委员会确定的期限范围之内提交调查报告以说明调查结果。

（3）委员会在收到第 19 条第 1 款第（a）项所规定的控告后，如委员会认为不存在表面上证据确凿的案件，其应当驳回控告，如有必要还可以发布其认为合适的指令，包括诉讼费用的负担。

（4）根据具体情况，委员会应当向第2款中规定的各方，以及中央政府、邦政府或者法定机构提交报告的复件。

（5）如果局长的报告与控告有关，且该报告作出了被控告事项不违反本法规定的建议，控告人应获得对局长报告结论进行辩驳的机会。

（6）如果在听取了控告人的辩驳之后，委员会仍然同意局长的建议，则可驳回控告。

（7）如果在听取了控告人的辩驳之后，委员会认为需要作出进一步的调查，则应当命令控告人继续进行控告。

（8）根据具体情况，如果关于第1款规定中的移送案件的局长报告作出了没有违反本法的建议，那么委员会应当向中央政府、邦政府或者法定机构征求其对于报告的意见。在收到意见后，如果案件在表面上仍不是证据确凿的，委员会应当发回移送案件，如果案件达到了表面上的证据确凿，则委员会应当以原告身份继续该案件。

（9）如果根据第2款作出的局长报告作出了被控事项不违反本法的建议，而委员会认为需要进一步调查，则其应依本法的规定对其是否违反本法作出调查。

27. ［协议和滥用支配地位调查结束后，委员会的指令］

根据具体情况，如果委员会发现第3条规定的协议，或者处于支配地位的经营者的自身行为与本法第3条和第4条不符，得发布下列全部或者部分指令：

（a）根据具体情况，与命令协议相关的或者滥用支配地位的经营者或者经营者的联合、个人或者个人的联合，终止或者不再缔结该种协议，或者终止滥用支配地位的行为；

（b）对作为该种协议的相关方或者有滥用支配地位行为的经营者或者个人施加其认为适当的罚款，罚款的数额不得超过其最近3个财务年度平均营业额的10%。如果第3条规定的协议，参加方中有任一卡特尔，委员会应当对卡特尔中的所有生产商、销售商、分销商、贸易商或者服务提供者施以罚款。罚款的数额应当相当于卡特尔通过该种协议获得的利益的3倍，或相当于卡特尔最近3个财务年度平均营业额的10%，两者中以较高者为准；

（c）对符合第34条规定的各方裁定给予补偿；

（d）命令协议按照委员会指令要求的方式和程度进行修改；

（e）命令相关经营者遵守委员会作出的其他指令，并依据委员会命令行事，包括支付可能产生的费用；

（f）向中央政府建议拆分占有市场支配地位的经营者；

（g）通过其认为合适的更为灵活的指令。

28. ［占有市场支配地位的经营者的拆分］

（1）不论当时生效的其他法律中有任何规定，中央政府可以根据第27条第（f）项规定的建议，以书面命令拆分占有市场支配地位的经营者，以保证其无法滥用市场支配地位。

（2）第1款所涉指令可以在不违反前述权力的一般性规定前提下，对下列全部或者部分事项作出特别规定，即：

（a）资产、权利、债务或者义务的转移或者授予；

（b）通过债务或义务的履行或减少或任何其他方式对协议进行调整；

（c）股份、股票或者证券的创设、分配、让与或者注销；

（d）对因经营者滥用支配地位而遭受损失者的金钱补偿；

（e）设立或者终止经营者，或者是对于经营者联合的备忘录或者章程的修改，或者其他用于调整经营者业务手段；

（f）经营者修改可能对其产生影响的命令及相关注册信息的范围和情况；

（g）其他可能使对经营者拆分生效所必需的事项。

（3）因经营者拆分而离职的公司职员，无权主张任何离职补偿，而无论当时有效的其他法律、合同、合并时的备忘录或章程如何规定。

29. ［合并的调查程序］

（1）如果委员会认为一项合并对印度国内相关市场竞争可能或者已经产生显著的不利影响，应当对合并各方发出通知说明原因，并责成其在收到通知之日起 30 日内作出回答，说明针对该项合并的调查不需要进行的理由。

（2）如果委员会认为该项合并已经或者可能对竞争产生显著的不利影响表面上证据确凿，那么其应当在收到该合并各方的回答后 7 个工作日内，责成合并各方在该指令发布的 10 个工作日内公开合并的细节，公开细节应当以委员会认为合适的方式进行，并足以使公众以及合并影响或者可能影响的个人所知。

（3）在根据第 2 款公开合并细节之日起 15 个工作日内，委员会可以邀请受到或可能受到受审查合并影响的任何个人或者社会公众向委员会提交书面反对意见。

（4）委员会可以在第 3 款规定的期限届满之日起 15 个工作日内，要求所述合并各方提交其认为合适的附加信息或者其他信息。

（5）根据第 4 款规定，委员会所要求的附加信息或者其他信息，合并各方应当在第 4 款规定的期限届满之日起 15 日内提交。

（6）在收到所有信息后，在第 5 款规定的期限届满之日起 45 个工作日内，委员会应当根据第 31 条规定继续本案的处理程序。

30. ［对第 6 条第 2 款规定的披露的调查］

如果任何个人或者经营者根据第 6 条第 2 款提交了申报，委员会应当对下列事项进行调查：

（a）申报中所作的披露是否正确；

（b）合并对竞争是否产生或可能产生可估量的不利影响。

31. ［委员会关于特定合并的命令］

（1）如果委员会认为合并没有或者可能不会对竞争产生可估量的不利影响，其应当通过指令批准该合并，包括依据第 6 条第 2 款提出申报的合并。

（2）如果委员会认为合并对竞争具有或可能具有可估量的不利影响，应当作出合并行为不产生效力的命令。

（3）如果委员会认为该合并对竞争具有或可能具有可估量的不利影响，但可以通过对合并的适当调整而消除，其应当向合并各方建议对合并进行必要而适当的调整。

（4）合并各方在接受了委员会根据第 3 款发出的调整建议后，应当在委员会指定的日期届满前执行该调整建议。

（5）如果接受了根据第 4 款调整建议的合并各方，没有在委员会指定的日期届满前执行该调整，该合并将被视为对竞争存在可估量的不利影响，委员会应当依本法对该合并进行处理。

（6）如果合并各方不接受委员会根据第 3 款作出的调整建议，则应当在委员会作出调整建议之日起 30 个工作日内，向委员会提交对调整建议的修改。

（7）如果委员会同意合并各方依据第 6 款提交的修改，其应当以命令形式批准该合并行为。

（8）如果委员会不同意合并各方依据第6款提交的修正，则委员会应当允许合并各方在随后的30个工作日内接受委员会根据第3款提出的修改建议。

（9）如果合并各方没有在第6款规定的30个工作日内，或者在第8款规定的另外30个工作日内接受委员会作出的修改建议，则该合并将被认定为对竞争具有可估量的不利影响，委员会应当依本法进行处理。

（10）如果委员会根据第2款指令该合并不得生效，或者依据第9款认定合并对于竞争存在可估量的不利影响，在不影响根据本法实施的惩罚或者发起的刑事诉讼的情况下，则委员会可以命令：

（a）第5条第（a）项规定的收购；或者

（b）第5条第（b）项规定的对于控制权的收购；或者

（c）第5条第（c）项规定的任何吸收合并或者新设合并，不应当生效。委员会如认为适当，可以制订依本条所作命令的实施方案（计划）。

（11）如果委员会未能自第29条第2款规定的细节公开之日起90个工作日内，依据第1款、第2款或者第7款规定发布指令或者发布命令，则视为委员会通过该合并案。

解释——本款中90个工作日这一期间不包括第6款中规定的30个工作日期间、第8款中规定的30个工作日的延长期间。

（12）如果合并各方请求延长期间，在该请求得以被核准的条件下，90个工作日的期间应当在除去被延长的时间后重新起算。

（13）如果委员会已经作出合并无效的命令，则对第5条规定的收购或者控制权的收购或者并购或者联合的处理，由有关机构按照其他当时有效的法律进行，该收购或者控制权的收购或者并购或者联合被视为没有发生，而且合并各方亦应当依法得到相应的处理。

（14）本章中包含的各种规定，不得影响根据当时有效的任何法律所发起的，或者可能发起的任何程序。

32. ［印度境外发生的但是对国内竞争产生影响的行为］

下列任何情形下，委员会将有权调查任何有关协议或者滥用市场支配地位或者企业合并，只要上述各项具有或者可能对印度国内相关市场的竞争产生显著的不利影响：

（a）在印度境外缔结第3条规定的协议；或者

（b）上述协议的任何一方处于印度境外；或者

（c）任何滥用市场支配地位的经营者位于印度境外；或者

（d）合并发生在印度境外；或者

（e）合并的任何一方处于印度境外；或者

（f）由此种协议或支配地位或合并产生的问题或实践或行动发生于印度境外。

33. ［给予临时救济的权力］

（1）在委员会进行调查期间，如果通过宣誓书或者其他方式，能够向委员会证明一项违反第3条第1款或者第4条第1款或者第6条的行为已经或者持续或者将要违反该规定，则委员会可以在其认为适当的情况下，通过命令方式给予临时禁令以阻止任何一方从事该行为，直到作出调查结论或者进一步的命令，而无须向对方发出任何通知。

（2）在委员会进行调查期间，如果通过宣誓书或者其他方式，能够向委员会证明一项货物的进口违反第 3 条第 1 款或者第 4 条第 1 款或者第 6 条的规定，委员会可以在其认为适当的情况下，通过命令方式给予临时禁令以阻止任何一方进口该货物，直到作出调查结论或者进一步的命令，而无须向反对方发出任何通知，同时应向有关机构送交发出临时禁令命令的复件。

（3）1908 年民事诉讼法典第一号程序表第 39 号命令第 2A 号规则至第 5 号规则的规定，应尽可能地适用于委员会根据本法提起的临时禁令，正如其适用于在民事诉讼法庭中提起的临时禁令。其任何可以诉诸民事诉讼规则的规定，应当解释为被诉诸于委员会发起的调查。

34. ［给予补偿的权力］

（1）在不违反本法其他规定的情况下，任何个人可以向委员会作出申请，要求委员会对任何经营者作出指令从而获得赔偿，如果该个人被要求赔偿的损失或者损害是由该经营者从事第二章规定的违法行为引起的。

（2）委员会可以在对根据第 1 款作出的申请所宣称的内容作出调查之后，发布一项指令，以命令该经营者对控告人作出赔偿，赔偿金额应当可以现实弥补申请人受到的损失或者损害，如果这种损失是由于该经营者违反第二章的规定所造成的。

（3）如果第 1 款规定的损失或者损害为具有相同利益的多人承担，则其中一人或者多人，可以在得到委员会的许可后，根据第 1 款向委员会以这些具有相同利益的个人的名义并代表其利益提出申请。1908 年民事诉讼法（5 of 1908）第一号程序表第一号命令规则 8 的规定，应当在此处变化中加以运用——即任何可以诉诸诉讼或者法令的规定，均应当解释为可以诉诸对委员会进行的申请或者委员会因此作出的命令。

35. ［在委员会出庭］

控告人、被控人或者局长可以亲自出庭，也可以授权一名或者多名注册会计师或者公司秘书或者成本会计师或者执业律师，或者其任何官员代理其在委员会出庭。

解释——本条中：

（a）“注册会计师”，指获得 1949 年注册会计师法（38 of 1949）第 6 条第 1 款规定的从业资格证书且符合该法第 2 条第 1 款第（b）项定义的注册会计师；

（b）“公司秘书”，指获得 1980 年公司秘书法（56 of 1980）第 6 条第 1 款规定的从业资格证书且符合该法第 2 条第 1 款第（b）项定义的公司秘书；

（c）“成本会计师”，指获得 1959 年成本及工厂会计法（23 of 1959）第 6 条第 1 款规定的从业资格证书且符合该法第 2 条第 1 款第（b）项定义的成本会计师；

（d）“职业律师”，指辩护人，高等法院的律师，并且包括实践中的非讼律师。

36. ［委员会规范自身程序的权力］

（1）委员会不受 1908 年民事诉讼法（5 of 1908）所规定程序的约束，但是应当受自然正义的指导，并且应遵从本法的其他规定以及中央政府制定的任何规则。委员会有权规范自身程序，包括举行会议的地点，被许可的口头听审期间以及调查次数。

（2）为了履行本法规定的职能，委员会应在审理诉讼时，对于下列事项享有与 1908 年民事诉讼法（5 of 1908）授予民事法院同等的权力，即：

（a）传唤和强制任何个人出庭，并且通过宣誓进行查验；

（b）要求披露并出示文件；

（c）接收经宣誓的证据；

（d）签发查验证人和文件的授权书；

（e）根据1872年印度证据法（1 of 1872）第123条和第124条，要求任何机关提供公共档案或者文件或两者的复件；

（f）在缺席的情况下驳回申请或者依单方申请作出裁决；

（g）法律规定的其他事项。

（3）委员会的每一项程序都应视为出于1860年印度刑法典（45 of 1860）第196条之目的，且与该法第193条和第228条意义相同的司法程序；委员会应当被视为出于1973年民事诉讼法（2 of 1974）第26章以及第195条目的的民事法院。

（4）委员会可以召集来自经济学、商业、会计学、国际贸易或者其他其认为必要学科领域的专家，在调查或者前置程序中协助委员会。

（5）委员会可以命令任何人：

（a）若依照本法对与交易相关文件的检查是必需的，向局长或者局长授权的官员出示由其保管或控制的账簿、账目或者法令规定或描述其他文件；

（b）向局长或者局长授权的书记官或者官员提供其持有的，为本法所必需的并且与所实施交易有关的信息或者其他信息。

（6）如果委员会认为第3条规定的协议或第4条规定的滥用市场支配地位或第5条规定的合并已经或者可能对印度国内相关市场中的竞争产生显著的不利影响，并且有必要毫不迟延地保护印度消费者和其他市场参与者的利益，对相关各方当事人进行合理的口头审理后，委员会可以依据本法展开调查或者对任一事项作出裁判。

37. ［委员会指令的复审］

受到委员会指令侵害的任何人，有权依本法申诉但未提起申诉的，可自指令发布之日起30日内申请委员会复审该指令。委员会可以依以下其认为合适的情况作出相应指令：

若申请者有充分理由未按时提交申请，则委员会可以受理上述30日期满后的复审申请；

此外，若得益于指令的一方未得到审理的机会，或者局长是程序的一方当事人时，指令不应被变更或者撤销。

38. ［指令的修正］

（1）为修正记录中的明显错误，委员会可以对于其依本法发布的任何指令进行修改。

（2）根据本法其他规定，委员会可以：

（a）根据本条第1款的规定主动提请修改；

（b）根据指令的任一方当事人提请对公告中的错误进行修改。

解释——为了消除疑问，特此声明委员会无权在修正记录中明显错误时，对其根据本法的规定发布的指令的实质部分进行修订。

39. ［委员会指令的执行］

（1）委员会依本法发布的任何指令，应当以与高等法院或者最高民事法院在未决案件中作出的判决或命令相同的方式强制执行。

（2）如果没有能力执行该指令，委员会将该指令移送至高等法院或者最高民事法院是合法的，根据具体情况，下列处所位于上述法院地域管辖权范围之内时，受移送法院应与执行判决或者命令同样地执行所移送的指令：

（a） 如果指令针对第 2 条第（l）项第（iii）、（vi）或者（vii）目规定的个人，其印度境内的注册住所或唯一或者主要营业地或办事处所在地；

（b） 如果指令针对其他人，该相关个人自愿住所或者从事经营地或者个人从事营利性工作地。

40. ［上诉］

（1） 任何受到委员会决定或者指令侵犯的个人，可以在委员会作出该决定或者指令之日起 60 日内，根据 1908 年民事诉讼法（5 of 1908）第 100 条规定的一项或几项法定原因向最高法院提起上诉。

（2） 如果上诉人有充分理由未能在上述期限内提交上诉，则最高法院可以允许其在不超过 60 日的宽限期内提起上诉。

（3） 如果委员会作出的决定或者指令已经相关各方同意，则反对该决定或者指令的上诉不应被支持。

第五章　局长的职责

41. ［局长调查违法行为］

（1） 局长应当在委员会命令要求下，协助委员会调查任何违反本法或依本法制定的规则或者规章的行为。

（2） 局长应当具有委员会授予的第 36 条第 2 款所及之权力。

（3） 在不违反本条第 2 款的前提下，适用于根据 1956 年公司法（1 of 1956）任命的检查员（稽查员）的该法第 240 条第 2 款或者第 240 条 A 项，应尽可能地适用于由局长或者经其授权的他人进行的调查。

第六章　处　　罚

42. ［对委员会指令的违反］

（1） 在不违反本法规定的前提下，若任何个人无正当理由违反委员会指令或者根据本法据以对相关事项准予、给予、作出或者授予批准、许可、命令或者豁免的条件或者限制，或者其没有执行根据本法所施加的处罚，应被处以不超过 1 年的民事监禁，除非在此期间委员会命令将其释放，并处以不超过 100 万卢比的罚款。

（2） 在依本法作出指令时，为恰当的执行或实施该指令，委员会可以依法向任何个人或者机构发布其认为必要或适当的命令。任何违反或者不履行该命令规定义务的个人，可被委员会处以不超过 1 年的民事监禁。除非在此期间委员会命令将其释放，并处不超过 100 万卢比的罚款。

43. ［不遵守委员会和局长命令的处罚］

若任何个人不遵守下列命令，则委员会应在未遵守持续期间对其施以每日 10 万卢比的罚款：

（a） 由委员会根据第 36 条第 5 款规定作出的命令；或者

（b） 局长行使第 41 条第 2 款规定赋予的权力作出的命令。

44. ［虚假陈述或遗漏提供实质性信息的处罚］

作为合并任意一方，有下列行为之一的，应当被委员会施以不少于 500 万卢比，不多于 1000 万卢比的罚款，具体数额由委员会决定：

（a）对实质性细节作虚假陈述，或者故意作虚假陈述；或者

（b）遗漏陈述任何明知是实质性事实的细节。

45. ［信息提供中违法行为的处罚］

（1）不违反第44条规定的前提下，若依法提供或者被要求提供详细资料、文件或者信息的人有下列行为，委员会可对其处以不超过100万卢比的罚款：

（a）其知道或应当知道，对于实质性细节作出的任何陈述或者提供的任何文件是虚假的；或者

（b）遗漏对明知属于实质性事实的陈述；或者

（c）故意篡改、扣留或者毁坏上述要求提供的文件的行为。

（2）在不违反第1款规定的前提下，委员会可以另行发布其他其认为合适的命令。

46. ［施以较轻处罚的权力］

如果任何处于卡特尔中被指控违反第3条的生产商、销售商、分销商、贸易商或者服务提供者已经完整而真实地披露被控违法行为且该披露是至关重要的，委员会可以对该生产商、销售商、分销商、贸易商或者服务提供者作出其认为合适的比本法或者其他规则或者规章中的规定更轻的处罚。

此外，如果在进行上述披露前，针对违反本法或者规则或者规章的程序已经启动，或者根据第26条规定已经作出调查命令，则委员会不得在此类案件中减轻对当事方的处罚。

委员会减轻处罚的决定，只能在处于任何卡特尔的生产商、销售商、分销商、贸易商或者服务提供者首先作出完全、真实和关键性的披露后才能作出：

如果处于卡特尔中的该生产商、销售商、分销商、贸易商或者服务提供者有下列情形之一的，可能被判违法施以较轻的惩罚，也可能应被判处应获处罚，则不能获得较轻的处罚：

（a）不符合委员会可以给予较轻处罚的情况；或者

（b）曾提供虚假证据；或者

（c）所作披露并非至关重要的。

47. ［以罚款形式获得的款项纳入印度统一基金］

所有根据本法以罚款形式获得的款项，应当纳入印度统一基金。

48. ［公司违法］

（1）若违反本法规定或规则、规章、作出的指令或者发布的命令的主体是公司，则违反本法时管理并对公司经营行为负责的个人，以及公司本身应视为刑事违法，应受到起诉和相应的处罚。若任何个人能够证明其不可能得知行为的违法性，或者已经尽到了应有的注意以避免违反本法行为发生，则不应当受到上款规定的处罚。

（2）尽管有第1款规定，若公司违反本法规定或者规则、规章，作出的指令或者发布的命令时，能够证明违法行为是公司的董事、经理、秘书或其他高级管理人员的允许或者默许或者出于其疏忽所致，则该主管、经理、秘书或者其他职员应视为刑事违法，受到起诉和相应的处罚。

解释——本条中：

（a）“公司”，指包括商行或其他个人联合体在内的法人实体：

（b）“董事”，涉及商业合伙时，指商业合伙的合伙人。

第七章　竞争促进

49. ［竞争促进］

（1）在制定竞争政策（包括审查有关竞争立法）时，中央政府可以向委员会征求其关于该政策对于竞争可能的影响方面的意见，委员会应在收到该要求 60 日内提出参考意见并提交中央政府，中央政府若认为该意见是合适的，可以随后制定竞争政策。

（2）委员会根据第 1 款提供的意见在中央政府制定该政策时不具有拘束力。

（3）为促进竞争、增强竞争意识、提供竞争培训，委员会应依法采取适当措施。

第八章　公共基金、会计和审计

50. ［中央政府授权］

议会依相关法律进行适当拨款后，中央政府可以授权委员会在政府认为合适的情况下，为实施本法使用该项资金。

51. ［基金的设立］

（1）特此设立一项名为“竞争基金”的基金，下列款项应当被存入其账户：

（a）政府授权委员会接受的所有款项；

（b）委员会各项程序参加方所缴纳的（诉讼）费用；

（c）根据本法收到的费用；

（d）第（a）项至第（c）项所涉款项产生的孳息。

（2）基金应当被用于下列事项：

（a）支付主席和其他成员的薪金、补贴以及管理开支，包括支付局长和候补、共同、代理或副职局长、书记官和官员以及其他委员会雇员的薪金、补贴、养老金等；

（b）委员会履行其职能及实施本法所需的其他开支。

（3）基金应当由委员会主席任命的委员会成员组成的基金委员会进行管理。

（4）根据第 3 款任命的基金委员会，应当为实现设立基金的目的而使用基金。

52. ［会计和审计］

（1）在咨询印度总审计长的情况下，委员会应当保存适当的账目或者其他相关记录，并依中央政府规定的形式准备年度会计报告。

（2）委员会的账目应当由印度总审计长进行审计，审计间隔的时间由总审计长确定，委员会应当向总审计长支付审计发生的相关费用。

解释——为了排除疑问，特此声明，如果委员会的指令存在可向最高法院上诉的事项，则不应根据本条规定接受审计。

（3）印度总审计长以及其任命的有关任何人，在委员会的账户审计中享有相同的权利、特权、权限，特别是有权要求出示会计账簿、账目、相关凭证或者其他文件及证件以及调查委员会任何机关。

（4）委员会经过印度总审计长以及其为此目的任命者审计的委员会账目，连同审计报告，每年应向中央政府提交，该政府应同样将其提交议会各院。

53. ［向中央政府提供报告书等］

（1）委员会应当按照法律规定或者中央政府命令的时间、形式和方式按照中央政府的要求随时向其提交正式报告、陈述和详细资料，所提供的正式报告、陈述和详细资料应与待议的或者现有的促进竞争、增强竞争意识、提供竞争培训的措施相关。

（2）委员会每年应依法定的时间及形式，作出对上一年度活动进行真实完整说明的年度报告，并应向中央政府提交该报告的复件。

（3）中央政府收到第2款所述的报告复件后应尽快呈交议会各院。

第九章　杂　　则

54.［豁免权］

中央政府可以在满足下列条件的情况下，以公告方式豁免下列主体或者行为在公告规定的期限内适用本法或者本法中的任何规定：

（a）在该豁免对于维护国家安全或公共利益是必需的情况下，任何种类的经营者；

（b）出于并符合印度与他国签订的条约、协约和公约中承诺履行的义务的行为或协议；

（c）任何代表中央政府或联邦政府行使主权的经营者。若经营者从事与政府主权职能相关的行为时，中央政府可以在与主权职能相关的活动范围内授予其豁免。

55.［中央政府发布命令的权力］

（1）在不影响本法前述规定的前提下，委员会根据本法规定行使权力或履行职责时，应受到中央政府随时以书面形式作出的除技术和管理问题之外的有关政策性问题指令的约束。在作出本款规定的指令前，委员会应享有发表意见的机会。

（2）中央政府对某一问题是否属于政策性问题的决定是终局的。

56.［中央政府解散委员会的权力］

（1）无论何时发生下列情况：

（a）出于委员会控制之外的原因，使其不能依本法规定执行其职能或者履行其职责；或者

（b）委员会一贯不遵守中央政府依本法作出的命令，或者不履行本法规定的职能或者职责，且该不履行妨害到委员会的财务状况或行政管理；或者

（c）情况表明，基于公共利益实施该行为是必需的，中央政府可以基于这些原因公告解散委员会一段期间，具体的期间在公告中规定，但不得超过6个月。中央政府发出上述公告前，应当给予委员会合理机会使其对待议的解散陈述可能的反对意见，中央政府应当考虑委员会意见。

（2）根据本条第1款解散委员会的公告一经公布，则：

（a）主席和其他成员应当自委员会解散之日起离职；

（b）在委员会根据第3款重新成立前，由中央政府或者其任命的机构代行依本法规定应当由委员会执行或履行的所有权力、职能和职责；

（c）委员会拥有或者管理的所有资产，在委员会依据本条第3款重新建立之前，归中央政府支配。

（3）在根据第1款规定作出的公告中规定的期限届满之前，中央政府应另行任命委员会主席和其他成员，重新设立委员会，此种情形下，所有根据第2款第（a）项离职的原委员会成员，不丧失被重新任命为委员会成员的资格。

（4）中央政府应当尽快向议会各院提交根据第1款发布的公告及关于依本条采取的行为及其情况的全面报告。

57. ［信息披露的限制］

如果出于实施本法的目的，委员会或以其名义获得的与经营者相关的信息，在未征得该经营者的事先书面许可的情况下，不得披露。但为实施本法或当时有效的其他法律除外。

58. ［作为公务员的委员会成员、局长、书记官、官员和其他雇员等］

委员会主席、其他成员以及局长、候补、共同、代理或副职局长以及书记官、官员和其他雇员，在依本法行事或者声称其依本法行事时，应当被视为1860年印度刑法典（45 of 1860）第21条中界定的公务员。

59. ［对善意行为的保护］

中央政府或者委员会，或者中央政府的官员，或者委员会主席、其他成员以及局长、候补、共同、代理或副职局长以及书记官、官员和其他雇员，依本法或者相关规则或者规章出于善意已为或将为的行为，不受民事诉讼或者刑事追诉或者其他任何司法程序追究。

60. ［本法的绝对效力］

任何其他有效法律中如有与本法不一致的规定，以本法规定为准。

61. ［民事法院管辖权的排除］

凡涉及授权委员会依据本法决定的事项，民事法院不得以任何诉讼或司法程序作出裁决。凡依据本法授权进行或即将进行的任何行为，任何法院或其他当局不得禁止。

62. ［不禁止其他法律的适用］

本法中任何规定应当加强而不得减损其他有效法律规定的效力。

63. ［制定规则的权力］

（1）中央政府可以公告的方式，制定实施本法规定的规则。

（2）在不违反前述权力普遍性的前提下，规则可对下列事项或其中之一作出特殊规定：

（a）第9条规定的主席和其他成员的遴选方式；

（b）第10条第3款规定的，向有关机构作出的关于职责和保密事项并签署的宣誓书的形式和方法；

（c）第13条规定的授予行政专员的财政和行政权；

（d）第14条第1款规定的，主席和其他成员的工资和其他工作条件，包括差旅费用、房屋租赁补贴和交通工具、养廉补贴和医疗条件等；

（e）第16条第3款规定的，局长、候补、共同、代理或副职局长或其他的参事、顾问或者官员的工资、补贴和其他工作条件；

（f）第16条第4款规定的，局长、候补、共同、代理或副职局长或其他的参事、顾问或者官员的选任资格；

（g）第17条第2款规定的，书记官、官员和其他雇员的工资、补贴和其他工作条件，以及官员和其他雇员的人数；

（h）第23条第4款规定的，为确保公正，要求两名以上的成员组成法庭处理该案件或事项；

（i）第36条第2款第（g）项规定的，其他委员会有权处理的事项；

（j）第49条第3款规定的，关于在竞争问题上提高支持度，增强意识，给予培训的事项；

（k）第52条第1款规定的，准备年度会计报告的形式；

（l）第53条第1款规定的，提交中央政府要求的正式报告、陈述和该详细资料的时间、形式和方式；

（m）第53条第2款规定的，准备年度报告的时间和形式；

（n）第66条第2款第4条附文规定的，转移至中央政府的资产的处理方式；

（o）其他应当或可以由本法规定的事项或应当或可以由规则规定的相关事项。

（3）根据第20条第3款以及第54条发布的公告以及中央政府依本法制定的规则，在其制定后应尽快呈交议会各院。在议会开会期间，应当在30日之内送交，本期限可以包含在1次会议期间，也可能包含在2次或者多次连续的会议期间。在前述的送交通知和规则的议会会议紧接的下一次或连续多次会议期限届满前，若议会两院均同意对该通知和规则进行修改，则该通知或规则应以修改后的形式生效，若议会两院均同意不应发布通知或者制定规则，则该通知或规则无效。但议会作出的修改或者废除通知或者规则的决定，不影响已经依该通知或规则所作行为的效力。

64. ［规章制定权］

（1）为实施本法，委员会可以以公告形式，制定符合本法和依本法制定的规则的规章。

（2）在不违反前述权力普遍效力的前提下，这些规章可对下列事项或其中之一作出特别规定：

（a）第4条解释第（b）项所确定的生产成本；

（b）第6条第2款规定的申报形式以及确定的费用；

（c）第6条第5款规定的提交收购详细情况的形式；

（d）第19条第1款第（a）项规定的确定的费用；

（e）其他应当制定规章进行规定的事项。

（3）依本法制定的规章，应当在制定后尽快呈交议会各院。在议会开会期间，应当在30日之内送交，本期限可以包含在1次会议期间，也可能包含在2次或者多次连续的会议期间。在前述的送交通知和规则的议会会议紧接的下一次或连续多次会议期限届满前，若议会两院均同意对于该规章进行修改，则该规章应以修改后的形式生效，若议会两院均同意不应发布该规章，则规章无效。但议会作出的修改或者废除规章决定，不影响已经依该规章所作行为的效力。

65. ［排除障碍的权力］

（1）如果发生了阻碍本法生效的障碍，中央政府可以通过发布政府公报的方式，作出规定，任何与本法规定不符的情况均可视为有排除障碍的必要。自本法生效之日起2年后，中央政府不得再依本条作出指令。

（2）依本条作出指令后，应尽快呈交议会各院。

66. ［废止和保留］

（1）1969年垄断和限制性贸易行为法，自本法实施之日起废止，根据上述法律（以下简称废止法律）第5条第1款建立的垄断和限制性贸易委员会应当解散。

（2）由于垄断和限制性贸易委员会解散，被任命为主席和其他成员的个人，以及调查和登记局局长，以及候补、共同、代理、副职局长以及委员会或临时机构的任何官员和雇员，在解散委员会时应立即离职。主席和其他成员可以要求不超过3个月的薪金和补贴，作为其提前终止职务期限或者服务协议的补偿。

根据具体情况，如果垄断和限制性贸易委员会的调查和登记局局长，以及候补、共同、代理、副职局长以及任何官员和其他雇员，是在垄断和限制性贸易委员会解散前不久委派到垄断和限制性贸易委员会的，应根据具体情况在解散后返回原主管领导、中央部委和其他工作部门中。

此外，根据具体情况，如果垄断和限制性贸易委员会的调查和登记局局长，以及候补、共同、代理、副职局长以及任何官员和其他雇员，是在垄断和限制性贸易委员会解散前不久按照正规程序进入垄断和限制性贸易委员会，自垄断和限制性贸易委员会解散时起，其分别成为中央政府的官员和雇员，并在养老金、退休金和其他有权享有的权利和特权方面享有与以前相同的待遇。只要这些权利是与原垄断和限制性贸易委员会相关的，而且没有移转或者授予中央政府，那么就应继续依此行事，直至其劳动合同终止，或者其报酬、工作条件被中央政府适当改变。

无论 1947 年印度工业争端法，或者其他有效法律作何规定，垄断和限制性贸易委员会的调查和登记局局长，以及候补、共同、代理、副职局长以及任何官员和其他雇员转而在中央政府服务，并不享有任何根据本法或者其他当时有效的法律要求赔偿的权利，对于此权利的主张，任何法院、法庭或者其他机构不得受理。

并且，如果垄断和限制性贸易委员会已经为垄断和限制性贸易委员会的调查和登记局局长，以及候补、共同、代理、副职局长以及任何官员和其他雇员利益建立了一个准备基金、退休金、福利措施或者其他的基金，与根据本法转而在中央政府服务的官员及其他雇员相关的款项，在垄断和限制性贸易委员会解散时，应从常设经费中提取至上述准备基金、退休金、福利措施或者其他基金，转移并归属于中央政府，该转移的款项由上述政府按照规定方式处理。

（3）本法实施之时或者之前，所有涉及垄断贸易行为或者限制贸易行为的，已经在垄断和限制性贸易委员会待决的案件，包括任何主张具有不公平贸易行为的案件，都应当在本法实施之日起，一并转移至印度竞争委员会进行审理，并由委员会依据废止法律进行审理。

（4）根据第 3 款规定，所有关不公平贸易行为的案件都应自本法开始实施之日起，转由根据 1986 年消费者保护法设立的国家委员会处理，国家委员会应当将该案件同根据 1986 年消费者保护法提交的其他案件一样进行处理，但涉及 1969 年垄断和限制性贸易行为法第 36A 条第 1 款第（x）项且在本法开始实施前或者开始实施之时正在被垄断和限制性贸易委员会所处理的案件除外。

如果国家委员会认为适当，可以将根据本条接收的任何案件，转由根据 1986 年消费者保护法第 9 条设立的任何邦委员会处理，邦委员会对于该案应当像其他根据 1986 年消费者保护法提起的案件一样进行处理。

（5）所有关于不公平贸易行为的案件，如果案件涉及 1969 年垄断和限制性贸易行为法第 36A 条第 1 款第（x）项，并在本法开始实施前或者开始实施之时正在被垄断和限制性贸易委员会所处理的，都应自本法开始实施之日起，转由印度竞争委员会处理，印度竞争委员会应当将该案件同根据 1969 年垄断和限制性贸易行为法提交的其他案件一样进行处理。

（6）所有调查或者程序，但关于不公平贸易的且在本法开始实施之前或者之时，已经由调查和登记局局长进行处理的除外，都应自本法实施之日起，转由印度竞争委员会处理，除此之外，印度竞争委员会可以自己认为合适的方式，对该调查或者程序进行指挥，或者发出命令以进行指挥。

（7）所有关于不公平贸易行为的调查和程序，但 1969 年垄断和限制性贸易行为法第 36A 条第 1 款第（x）项所规定且在本法开始实施之前或者之时，已经正在由调查和登记局局长处理的除外，都应当在本法开始实施之日起，转由根据 1986 年消费者保护法所建立的国家委员会处理，国家委员会可以以其认为适当的方式，对该调查或者程序进行指挥，或者发出命令以

进行指挥

（8）所有有关不公平贸易行为的调查和程序，如果是1969年垄断和限制性贸易行为法第36A条第1款第（x）项所规定的，并且在本法开始实施之前或者之时，已经正在由调查和登记局局长处理，都应当在本法开始实施之日起，转由印度竞争委员会处理，委员会可以其认为适当的方式，指挥或发出命令指挥该调查。

（9）作为保留，除了本条第3款到第8款规定的情形之外，任何垄断和限制性贸易委员会处理的其他案件和进行的其他程序，都应当撤销。

（10）本条第3款到第8款所提及的特殊情况，不能被援引以减损影响1897年一般条款法第6条关于废止效果之规定的一般性适用。

印度尼西亚禁止垄断行为和不公平商业竞争法（1999 年）

第一章　总　　则

第一条　本法所称的：

1. 垄断是指一个事业者或若干事业者对特定商品的生产和/或销售的控制和/或者对使用特定服务的控制。

2. 垄断行为是指经济权力集中到一个或多个事业者手中，特定事业者控制了商品和/或服务的生产和/或销售，导致不公平的商业竞争和对公共利益的潜在危害。

3. 经济权力的集中是指一个或多个事业者明显控制相关市场，能够决定商品和/或服务的价格。

4. 支配地位是指一个事业者就其市场份额而言在相关市场上没有任何重要竞争者的情形；或者是一个事业者在经济实力、供应或销售能力或适应特定商品或服务的供应和需求方面在所有竞争者中居于最强势地位的情形。

5. 事业者是指在印度尼西亚共和国境内以合法或非法的形式设立、居留或者在经济领域从事各种商业活动的个人或公司。

6. 不公平商业竞争是指从事生产活动和/或销售商品和/或服务的事业者之间的竞争方式不公平，或与法律相抵触，或阻碍竞争。

7. 协议是指一个或多个事业者以任何名目，和一个或多个其他事业者作出书面的或非书面的约定的行为。

8. 商业共谋是指事业者和其他事业者为控制相关市场，出于共谋事业者的利益而开展的一种合作形式。

9. 市场是指一种买方和卖方直接或间接从事商品和/或服务贸易事务的经济制度。

10. 相关市场是指与同一种类商品和/或服务或者该商品和/或服务的替代品的范围，或者与事业者特定销售区域有关的市场。

11. 市场结构是指形成对事业者的行为或市场表现有着重要影响的指标的市场条件，这些指标包括买方和卖方的数量、进入和离开市场的限制、产品多样性、分配系统和市场份额控制等。

12. 市场行为是指事业者作为商品和/或服务提供者或购买者时旨在实现公司的利润、资产增值、销售对象以及采用的竞争策略等公司目标而采取的行为。

13. 市场份额是指特定年份事业者在相关市场上销售或购买其特定商品或服务价值的百分比。

14. 市场价格是指相关市场上根据商品和/或服务交易的相关各方达成的协议所支付的价格。

15. 消费者是指商品和/或服务的任何使用者，包括其个人使用或者他人受益的消费。

16. 商品是指任何有形的或无形的、可移动的或不可移动的，消费者或事业者能交易、使用、应用或利用的物品。

17. 服务是指消费者或事业者使用的，在社会上交易的，任何表现为工作或成果形式的服务。

18. 商业竞争监管委员会是一个对事业者从事商业活动进行监察，防止其从事垄断行为和/或不公平商业竞争的委员会。

19. 地区法院是指现行法律法规设立的，相关事业者住所所在地法院。

第二章　原则和目标

第二条　事业者在印度尼西亚从事商业活动时须以经济民主为基础，平衡事业者的利益和公共利益。

第三条　本法的立法目标旨在：

1. 维护公共利益，提高经济效率以作为改善公共福利的方式之一；

2. 促进公平竞争，营造有利的商业环境，确保在印度尼西亚的大型、中型和小型企业能够获得公平商业机遇；

3. 防止事业者可能从事的垄断行为和/或不公平商业竞争；以及

4. 创造商业活动的效益和效率。

第三章　禁止性合同

第一节　独　占

第四条　（一）禁止事业者之间订立蓄意联合控制商品和/或服务的生产和/或销售，可能导致垄断行为和/或不公平商业竞争的合同。

（二）2个或3个事业者或者若干事业者控制了某种商品或服务75%以上的市场份额的，该事业者将涉嫌或被认为从事了本条第1款规定的蓄意联合控制商品和/或服务的生产和/或销售的行为。

第二节　固定价格

第五条　（一）禁止事业者同其竞争者订立固定同一相关市场上由消费者或顾客支付的特定商品和/或服务的价格的合同。

（二）本条第1款之规定不适用于下列情形：

1. 合营合伙合同；或者

2. 根据现行法律订立的合同。

第六条　禁止事业者订立使得买家购买相同商品和/或服务时支付的价格与其他买家必须支付的价格不同的合同。

第七条　禁止事业者同其商业竞争者订立将价格固定在市场价格以下，导致不公平商业竞争的合同。

第八条　禁止事业者同其他事业者订立使得商品和/或服务的接收方不能以低于合同价格的价格转售或再提供其收到的商品和/或服务，潜在地导致不公平竞争的合同。

第三节　区域分配

第九条　禁止事业者同其商业竞争者订立蓄意划分或者分配商品和/或服务市场，导致垄断行为和/或不公平商业竞争的合同。

第四节　联合抵制

第十条　（一）禁止事业者订立合同以阻碍其他事业者在国内或国外市场参与同种交易。

（二）禁止事业者同其他商业竞争者订立拒绝向其他事业者出售商品和/或服务的合同，使得：

1. 导致损失或者可能被疑为潜在地导致其他事业者蒙受损失；或者
2. 限制其他事业者在相关市场出售和/或购买任何商品和/或服务。

第五节　卡特尔

第十一条　禁止事业者同其商业竞争者订立通过决定商品和/或服务的生产和/或销售来影响价格，从而导致垄断行为和/或不公平商业竞争的合同。

第六节　托拉斯

第十二条　禁止事业者同其他竞争性事业者订立合同，通过将几家公司结合成一家大的控股公司或更大的有限责任公司来设立一种联合公司，保留和维持每个附属公司或成员公司的连续性，控制商品和/或服务的生产和/或销售，导致出现垄断行为和/或不公平商业竞争。

第七节　买方垄断

第十三条　（一）禁止事业者同其他事业者订立联合控制供应品的购买或获得，以控制相关市场上的商品和/或服务的价格，导致垄断行为和/或不公平商业竞争的合同。

（二）如果 2 个或 3 个事业者或者若干事业者控制了某种商品或服务的 75% 以上的市场份额，该事业者将被涉嫌或者被认为从事本条第 1 款规定的联合控制供应品的购买或获得的行为。

第八节　垂直结合

第十四条　禁止事业者同其他事业者订立控制了作为商品和/或服务生产链一部分的几种产品的生产，致使产生垄断行为和/或不公平商业竞争的合同。每个生产链，无论是直接链或间接链，都是一个连续性过程的成果。

第九节　封锁合同

第十五条　（一）禁止事业者同其他事业者订立强行规定接受商品和/或服务的相关方在特定地方再提供或不再提供该商品和/或服务给特定方的合同。

（二）禁止事业者同其他方订立强行规定接受特定商品和/或服务的一方必须自愿购买该供应方公司提供的其他商品和/或服务的合同。

（三）禁止事业者订立关于商品和/或服务价格或特定价格回扣合同，强行规定接受商品和/或服务的事业者：

1. 必须自愿从供应方公司购买其他商品和/或服务；或者
2. 不能从作为供应方公司竞争者的其他事业者处购买相同或类似商品和/或服务。

第十节 涉外合同

第十六条 禁止事业者同外国当事人订立包括可能导致出现垄断行为和/或不公平商业竞争的规定的合同。

第四章 禁止性活动

第一节 垄 断

第十七条 （一）禁止事业者控制商品和/或服务的生产和/或销售，导致垄断行为和/或不公平商业竞争。

（二）下列情形中，事业者将涉嫌或者被认为从事本条第1款规定的控制商品和/或服务的生产和/或销售的行为：

1. 该商品和/或服务在当时没有替代品；或者
2. 导致其他事业者不能加入同种商品和/或服务的商业竞争；或者
3. 某个事业者或若干事业者控制了某种商品或服务50%以上的市场份额。

第二节 买方垄断

第十八条 （一）禁止事业者控制供应品的获得或者成为相关市场上商品和/或服务的唯一购买者，导致垄断行为和/或不公平商业竞争。

（二）如果某个或若干事业者控制了某种商品或服务50%以上的市场份额，该事业者将涉嫌或被认为从事了本条第1款规定的控制供应品的获得或者成为唯一购买者的行为。

第三节 市场控制

第十九条 禁止事业者以下列形式单独地或与其他事业者联合参与某个或多个活动，导致垄断行为和/或不公平商业竞争：

1. 拒绝和/或阻碍其他事业者在相关市场从事相同类型商业活动；或者
2. 阻碍该公司竞争者的消费者或客户与其竞争者从事商业联系；或者
3. 限制相关市场商品和/或服务的分配和/或销售；或者
4. 从事对特定事业者的歧视性行为。

第二十条 禁止事业者通过亏损或者设定极低售价来供应商品和/或服务，以消除或者摧毁相关市场上竞争者的交易活动，导致垄断行为和/或不公平商业竞争。

第二十一条 禁止事业者欺骗性地设置生产成本和作为商品和/或服务组成部分的其他费用，导致不公平商业竞争。

第四节 共 谋

第二十二条 禁止事业者与其他方达成共谋，安排和/或决定中标人，导致不公平商业竞争。

第二十三条 禁止事业者同其他方达成共谋，获得其竞争者的属于公司秘密的商业活动信息，导致不公平商业竞争。

第二十四条 禁止事业者同其他方达成共谋，阻碍其竞争者商品和/或服务的生产和/或销售，使相关市场上提供的或供应的商品和/或服务数量减少、质量下降或者不能按时供货。

第五章　支配地位

第一节　一般规定

第二十五条　（一）禁止事业者出于下列目的直接或间接利用支配地位：

1. 强加贸易条件，阻止和/或妨碍消费者获得价格和质量上具有竞争性的商品和/或服务；或者

2. 限制市场开拓和技术进步；或者

3. 阻碍其他可能成为其竞争者的事业者进入相关市场。

（二）下列情形可以认定事业者具有第 1 款规定的支配地位：

1. 如果一个事业者或一个企业集团控制了某种商品或服务 50% 以上的市场份额；或者

2. 如果 2 个或 3 个事业者或者多个企业集团控制了某种商品或服务 75% 以上的市场份额。

第二节　兼　任

第二十六条　禁止一个公司的董事或专员同时担任其他公司的董事或专员，如果上述公司：

1. 处于同一相关市场中；或者

2. 在同一商业活动领域和/或类别中有着紧密的联系；或者

3. 联合起来，能够控制某种商品和/或服务的市场份额，可能导致垄断行为和/或不公平商业竞争。

第三节　股份所有

第二十七条　禁止事业者在同一相关市场拥有从事相同商业领域活动的数个公司的多数股份，或者在同一市场中设立数个从事相同商业活动的公司，如果上述股份所有权导致：

1. 一个事业者或一个企业集团控制了某种商品或服务 50% 以上的市场份额；

2. 2 个或 3 个事业者或一个企业集团控制了某种商品或服务 75% 以上的市场份额。

第四节　合并、解散和收购

第二十八条　（一）禁止事业者合并公司或解散公司，致使产生垄断行为和/或不公平商业竞争。

（二）禁止事业者收购其他事业者的股份，致使产生垄断行为和/或不公平商业竞争。

（三）本条第 1 款中禁止收购本条第 2 款中规定的公司股份的规定将以政府规章的形式予以确定。

第二十九条　（一）第 28 条规定的合并公司、股份收购导致资产价值和/或其出售价值超过了一定量的，需在合并或收购完成后的 30 天以内报告委员会。

（二）本条第 1 款规定的资产价值和/或资产出售价格的决定以及报告程序将以政府规章的形式予以确定。

第六章　商业竞争监管委员会

第一节　地　　位

第三十条　（一）为了监督本法的实施，设立商业竞争监管委员会，以下简称委员会。

（二）委员会不受政府和其他各方影响和管辖。

（三）委员会向总统负责。

第二节　成　　员

第三十一条　（一）委员会包括1名主席、1名副主席，主席和副主席同时都是委员会成员之一，同时还有最少7名委员。

（二）委员会委员经人民代表会议批准后由总统任命和免职。

（三）委员会委员每届任期为5年，可以连任一届。

（四）如果任期届满委员会委员出现空缺，任期届满委员的任期将延展至新的委员被任命时为止。

第三十二条　委员会委员应当具备下列条件：

1. 是印度尼西亚共和国公民，被任命时年龄至少达到30岁，低于60岁；
2. 忠于建国五原则和1945年宪法；
3. 诚恳地信奉全能的主；
4. 诚实、公正、品行端正；
5. 居住在印度尼西亚共和国境内；
6. 具有商业领域经验或者拥有法律和/或经济领域知识和专业技术；
7. 从未犯罪；
8. 从未被法院宣告破产；以及
9. 没有同任何公司存在关联。

第三十三条　委员会委员将基于下列原因被解除成员资格：

1. 死亡；或者
2. 自愿辞职；或者
3. 居住在印度尼西亚共和国境外；或者
4. 患有长期的身体或精神疾病；或者
5. 委员任期届满；或者
6. 被免职。

第三十四条　（一）委员会的组成及其组织结构、职责和功能将由总统令规定。

（二）设立秘书处以协助委员会更好地履行其职责。

（三）委员会可以成立工作组。

（四）组织结构、职责、秘书处职能和工作组的职责和功能由委员会决定。

第三节　职　　责

第三十五条　委员会的职责如下：

1. 评估可能导致第5～16条规定的垄断行为和/或不公平商业竞争的合同；

2. 评估可能导致第 17 ~ 24 条规定的垄断行为和/或不公平商业竞争的商业活动和/或事业者的行为；

3. 评估是否存在可能导致第 25 ~ 28 条规定的垄断行为和/或不公平商业竞争的滥用支配地位的情形；

4. 依据第 36 条规定的委员会的职权采取行动；

5. 就与垄断行为和/或商业竞争相关的政府政策提出建议和意见；

6. 制定同本法相关的指南和/或出版物；

7. 定期向总统和人民代表会议提交委员会工作报告。

第四节　职　　权

第三十六条　委员会的职权如下：

1. 接收公众和/或事业者关于宣称存在垄断行为和/或不公平竞争的指控；

2. 调查被指控的可能导致垄断行为和/或不公平竞争的商业活动和/或事业者行为；

3. 对公众或事业者报告的或者以委员会的调查结果为基础发现的垄断行为和/或不公平商业竞争案件进行调查和/或检查；

4. 对调查和/或检查的结果作出是否存在垄断行为和/或不公平竞争的结论；

5. 传唤被指控违反本法规定的事业者；

6. 传唤证人、专家证人以及被认为知道违反本法情形的任何人；

7. 对违反本条第 5 款和第 6 款中的规定即不准备接受委员会传唤的事业者、证人、专家证人或者其他人，向调查者寻求帮助以便强制其出席；

8. 要求政府机构提供对违反本法的事业者进行的调查和/或检查的有关信息；

9. 获得、调查和/或评估调查和/或检查所要求的信件、文档或其他证据；

10. 决定和确定其他事业者或公众是否蒙受损失；

11. 将委员会的决定通知被指控从事垄断行为和/或不公平竞争的事业者；

12. 对违反本法的事业者实施行政处罚。

第五节　资　　金

第三十七条　委员会履行职责的资金由国家税收和支出预算以及（或）者其他现行法律允许的资金来源承担。

第七章　争议解决程序

第三十八条　（一）知道或怀疑事业者违反本法的任何人都可以向委员会提交书面报告，附上报告人的身份及违法的详细信息。

（二）因违反本法的行为而遭受损失的一方可以向委员会提交书面报告，附上报告人的身份，并完整、明白地说明违法的情形和造成的损失。

（三）委员会必须对本条第 1 款规定的报告人的身份保密。

（四）本条第 1 款和第 2 款规定的提交报告的程序由委员会另行规定。

第三十九条　（一）委员会有责任对第 38 条第 1 款和第 2 款的报告进行初步调查，并且在收到报告后的 30 天内，确定是否需要进一步调查。

（二）进一步调查中，委员会有责任调查报告指控的事业者。

（三）委员会有责任对其从事业者处获得的，被归入公司秘密的信息保密。

（四）如果必要，委员会可以听取证人、专家证人和/或其他当事人的信息。

（五）委员会成员在从事本条第2款和第4款之规定的活动时应获得授权。

第四十条 （一）即使没有报告，但有人指控有违反本法情形的，委员会可以对事业者进行调查。

（二）本条第1款规定的调查应当遵循第39条规定的程序。

第四十一条 （一）被调查的事业者和/或其他当事人应当提交调查和/或检查所需的证据。

（二）事业者不得拒绝检查，拒绝提供调查和/或检查所需信息或者阻碍调查和/或检查进行。

（三）违法本条第2款规定的，委员会应当指定调查人依据相关法律进行调查。

第四十二条 委员会调查所使用的证据包括：

1. 证人证言；
2. 专家证言；
3. 书信和/或文件；
4. 信息；
5. 事业者陈述。

第四十三条 （一）委员会依据第39条第1款规定进行的进一步调查，应当自调查之日起60天内完成。

（二）如果必要，本条第1款规定的后续调查可以最长延期30天。

（三）委员会有责任在最长30日内决定是否存在违反本法的情形。

（四）本条第3款规定的委员会决定必须在公开会议中予以宣告，并立即通知事业者。

第四十四条 （一）事业者有责任在收到第43条第4款规定的通知之日起30天内实施该决定，并向委员会提交实施报告。

（二）事业者可以在收到前述决定之日起14天内向地区法院提出反对意见。

（三）事业者未在本条第2款规定的期限内提交反对意见的视为接受委员会决定。

（四）事业者不实施本条第1款和第2款规定的，委员会应当将该决定移交给调查人员，由调查人员依据现行法律进行调查。

（五）第43条第4款规定的委员会决定作为初始证据足以使得调查人员进行调查。

第四十五条 （一）地区法院在收到第44条第2款规定的事业者异议之日起14天内必须对该异议予以审查。

（二）地区法院必须在对前述异议进行审查之日起30天内作出判决。

（三）当事人对本条第2款规定的地区法院的判决不服的，可以在判决后14天内向印度尼西亚最高法院提起上诉。

（四）最高法院必须在收到上诉之日起30天内作出判决。

第四十六条 （一）未提出异议的，第43条第3款规定的委员会决定将是终局的、有约束力的。

（二）本条第1款规定的委员会决定由地区法院负责执行。

第八章 制 裁

第一节 行政制裁

第四十七条 （一）委员会获得授权，对违反本法规定的事业者实施行政制裁。

（二）本条第 1 款规定的行政制裁包括：

1. 撤销第 4 ~ 13、15 条的协议；和/或
2. 命令事业者结束第 14 条规定的垂直结合；和/或
3. 命令事业者停止被证明引起垄断行为和/或不公平商业竞争和/或对社会公众造成危害的活动；和/或
4. 命令事业者停止滥用支配地位；和/或
5. 决定取消第 28 条规定的商业实体合并以及股份收购；和/或
6. 课以补偿金；和/或
7. 处以最低 10 亿卢比最高 250 亿卢比的罚款。

第二节 刑事惩罚

第四十八条 （一）违反本法第 4、9 ~ 14、16 ~ 19 条，以及第 25、27 条和第 28 条规定的，处以最低 250 亿卢比最高 1000 亿卢比罚款的刑事罚款，或者替代罚款的不超过 6 个月的监禁。

（二）违反本法第 5 ~ 8、15、20 ~ 24 条，以及第 26 条规定的，处以最低 50 亿卢比最高 250 亿卢比罚款的刑事罚款，或者替代罚款的不超过 5 个月的监禁。

（三）违反本法第 41 条规定的，处以最低 10 亿卢比最高 50 亿卢比罚款的刑事罚款，或者替代罚款的不超过 3 个月的监禁。

第三节 附加刑事惩罚

第四十九条 根据刑法典第 10 条关于本法第 48 条犯罪的规定，可以适用下列附加刑事处罚：

1. 撤销营业许可；或者
2. 禁止被证明违反本法的事业者在最少 2 年、不超过 5 年内担任董事或专员；或者
3. 终止导致其他当事人损失的特定活动或行为。

第九章 其他规定

第五十条 本法豁免事项包括：

1. 旨在实施现行法律法规的行为和/或合同；或
2. 与许可证、专利、商标、版权、工业产品设计、集成电路、商业秘密等知识产权相关的合同以及特许权相关的合同；或
3. 不限制和/或阻碍竞争的商品和/或服务技术标准化合同；或
4. 未规定以低于合同价格的价格再提供商品和/或服务的销售合同；或
5. 为提高或改善人民整体生活水平的合作研究合同；或
6. 印度尼西亚共和国政府批准的国际合同；或

7. 未破坏国内需求和/或市场供应的出口导向协议和/或行动；或

8. 从事小规模经营的事业者；或

9. 专门服务于其成员的商业合作活动。

第五十一条 控制了人民整体生活需求的与商品和/或服务的生产和/或销售有关的垄断和/或业务集中，以及对国家极其重要的特许生产应由法律规定，并由政府设立或指定的国有企业和/或实体或者机构实施。

第十章 过渡期规定

第五十二条 （一）自本法颁布之日起，所有规定了或者同垄断行为和/或商业竞争有关的法律同本法不相抵触的，或未被本法规定所取代的，仍然生效。

（二）事业者已订立的合同和/或从事的行为和/或采取的行为违反本法规定的，自本法生效之日起有6个月的调整期。

第十一章 尾　　则

第五十三条 本法自颁布之日起1年后生效。

本规定须在印度尼西亚共和国国家公报上予以颁布。

肯尼亚限制交易行为、垄断和价格控制法（1990 年）

本法旨在通过禁止限制竞争行为，控制垄断、经济力量集中和价格以达到鼓励经济竞争及其他相关目的。

第一编　序　　言

1. 本法可以被称为限制交易行为、垄断和价格控制法。

2. 本法除另有规定外，“商业记录”包括：

（a）账目、资产负债表、票据、记录、会议备忘录、合同、档案、对雇员的指令和其他文件；

（b）任何通过计算机或其他设备记录或储存的信息及后来从上述信息中获得的材料；

“代理商”是指为他人利益接收或订购商品，代表他人寻求商品以及以中间人身份从事商业交易的任何人；

“委员”是指依据本法第 3 条的规定任命的垄断和价格委员会委员；

“竞争者”是指在同一时期与其他相关商家生产、销售或者供应实质上相似的商品或服务的人；

“同意协议”是指依据第 15 条第 3 款缔结的协议；

“消费者”包括任何不以转售为目的购买或有意购买商品的人；以生产或制造任何其他用来销售的商品或物品为目的而购买商品的人除外；

“消费者”指向他人购买商品或服务的人；

“销售”，包括向他人销售商品或提供服务的任何行为；

“经销商”是指经常性从事销售行为或参与本法规定的某一或一系列销售行为的主体；

“下游制造商”是指对他人供应或制造的商品进行增值的制造商；

“公平市场价格”是指商品或服务市场充分竞争且未发生货物短缺或积压时形成的价格；

“商品”包括：

（a）船舶、航空器和其他交通运输工具；

（b）动物，包括鱼；

（c）地上、地下或无论是否附着于土地的矿物、树木或庄稼；

（d）燃气或电力；

“半成品”是指用于投入制造业的商品；

“制造”或者“制造业”，包括为了在转售过程中使商品增值而对其进行再加工的人工过程；也包括任何包装或重新包装的操作，这种操作在某单个企业中与另外一种商品转换方式无关；

“部长”是指当时负责财政的部长；

“垄断企业”，是指一家或最多联合其他两家独立企业，占支配地位的企业：

（a）生产、供应、销售或采用其他方式控制不少于在肯尼亚或其实质性部分生产、供应或销售的任何种类产品总数的一半；

（b）提供或采用其他方式控制不少于在肯尼亚或其实质性部分提供服务的一半：

“人”包括地方当局或者公共团体；

“价格”，与销售商品或提供服务有关，包括直接或间接的有价对价，及对销售商品或提供服务产生影响的任何对价，尽管其表面上与任何其他事物相关；

“合理的单位成本”是指在生产者正常生产水平下，生产商品或者服务的平均总成本，此时所有生产性要素均已以公平的市场价格获得补偿；

“限制交易行为法庭”是指根据第五部分设立的法庭；

“限制交易行为”是指本法第6～12条所界定的行为；

“零售交易”是指商品通常卖给消费者而不是以转售或制造为目的的销售方式；包括任何或一系列本法规定的销售给消费者的行为；

“零售商”是指经常性从事零售交易或参与某一或一系列本法规定的零售行为的人；

“出售”包括出售的协议或者出售的要约，“出售的要约”应包括为出售而展示商品、报价，无论口头、书面或任何其他的行为或者通知表示的希望缔结交易的意愿；

“服务”包括出售商品，该商品与提供的劳务一同出售；

“供应商”，与服务相关时，包括提供服务的人和安排提供服务的人；“供应商”与商品或者服务相关时，指向他人出售或者提供商品或者服务的人：

“供应”，与商品相关，包括通过出售、互易、租借、雇佣或者分期付款的方式供应或者再供应；

“商业协会”是指一个团体（其成员不论是否法人），其成立是以增加其成员或由其成员代表的人的商业利益为目的；

“交易习惯”是指任何有关交易的习惯；包括任何影响或者可能影响任何商人或者商人团体交易方式的已为或者将为的任何事，或者在交易期间任何财产，无论是不动产还是动产，任何服务的生产、供应、或者价格；

“交易行为”是指任何与交易有关的行为；包括任何在交易过程中影响或可能影响商人或商人团体交易方式、财产（不动产或动产）或服务的生产、供应或价格的行为；

“批发交易”是指通常以转售或者投入制造业为目的而销售商品的销售方式；包括本法规定的任一或者一系列为上述目的之一的行为；

“批发商”是指经常性从事批发交易或者参与某一或一系列本法规定的批发贸易行为的人。

3.（1）实施本法必须指定一名垄断和价格委员会委员及其他官员。

（2）垄断和价格委员会委员，应服从于部长，负责对财政部垄断和价格局进行控制和管理。

（3）该委员可以授权任何其他官员行使本法赋予委员的职权，并可对其他官员设置委员认为适当的限制。

第二编　限制交易行为的有关规定

［限制交易行为］

4.（1）依照本法，“限制交易行为”是指一人或多人从事的生产或销售商品或服务的行为，该行为：

（a）减少或排除了提供了技术、动机和必需的最低原始资本的，旨在以公平市场价格参与生产或销售领域竞争的竞争者参与竞争的机会；

（b）减少或排除了可以并有意以公平的市场价格购买商品或服务的人，购买商品或服务的机会，无论该购买是以再加工、再出售或最终消费为目的。

（2）以本条第 1 款规定的减少或排除竞争者相应机会为目的，但并未实施违法行为的，不视为限制交易行为。

（3）为实现本法的立法目的，除本法第 5 条规定的豁免行为外，本法第 6～12 条规定的行为被视为限制交易行为。

5. 下列交易行为应被豁免：

（a）与行使根据法律或法律授权的政府机构授予的排他的或特惠贸易特权，直接并必要相关的交易行为；

（b）与法律授权的政府机构批准经营者参与特定交易和行业，直接并且必要相关的交易行为。

［限制交易行为的列举］

6. （1）为实现本法的目的，下列交易协议视为限制交易行为：

（a）从事出售商品或服务的交易者间达成的协议或安排，这些协议或安排是为了：

（i）阻碍或防止从事出售或购买商品或服务的交易者之间出售、提供或购买商品或服务；

（ii）限制从事出售或购买商品或服务的交易者之间出售、供应或购买的各项条件；

（b）制造商、批发商或零售商之间关于商品的价格或交易条件的协议或安排；

（c）制造商、批发商、零售商或承包商之间关于购买或发出购买要约的商品价格或交易条件的协议或安排；

（d）从事出售商品或者提供服务的制造商、批发商、零售商、承包商、除了合伙以外任何联合体之间关于出售商品，或者提供服务的价格或者条件的协议或者安排；

（e）制造商或批发商之间订立的固定商品价格，固定向零售商的转售价格或由制造商或批发商规定销售条件的协议或安排；

（f）销售者之间或销售者与购买者之间订立的，依照购买者从销售者处购买商品的数量或价值，给予购买者以回扣的差别对待的协议或安排；

（g）出售者之间订立的不以任何特殊方式出售商品或不向购买者或任何购买团体出售任何特殊种类商品的协议或安排；或在转售者之间订立的不以任何特殊方式购买商品或不从出售者或任何出售团体购买任何特殊种类商品的协议或安排；

（h）制造商之间、批发商之间或零售商之间订立的不使用或限制使用或优惠使用某种方法、机器、工艺、劳力、土地或其他资源的协议或安排；

（i）交易者之间的，无论是制造者、批发商、零售商或购买者，关于限制任何商品的产量或供给，或抑制，破坏商品的供给，或为出售商品划分地域或市场的协议或安排；

（j）强制实施上述各款涉及的协议或安排的协议或安排。

（2）在本法生效后，不属于第 1 款中所列举种类的协议或安排，可依法定程序实施，任何人不得以他人未遵守第 1 款中所列协议或安排或由此而造成的损失提起诉讼。

（3）为实现本法的目的，本条第 1 款中列举的协议或安排应被视为限制交易行为，无论该协议或安排是否意图依法定程序履行。

(4) 由交易协会缔结的协议，应被视为协会自身以及该协会中的所有成员或所有代理协会的人所为，即上述所列人员均为协议当事人。

(5) 消费者间以消费为目的而不以转售为目的购买商品订立的协议或安排，不属于限制交易行为。

7. (1) 下列由商业协会实施的或者代表实施的行为应被认定为限制交易行为：

(a) 不合理地将善意地正在进行或者意图进行商业协会规定的有关交易的任何人从商业协会中开除；在判定这样的开除是否合理时，部长不仅可以考察其认为与规则运用有关的事项，还包括与规则的合理性有关的其他事项；

(b) 商业协会直接或者间接向其成员或成员团体作出涉及以下事项的建议：

(i) 成员或成员团体定价、价格中所包含的利差或价格计算中的定价规则；

(ii) 成员或成员团体的买卖条件（包括折扣、赊销、交付或产品和服务的保证条件），这些买卖条件直接影响价格，价格中包含的利差、价格计算中的定价规则。

(2) 本条第1款 (b) 项所界定的由商业协会作出的建议被视为限制交易行为，不论其成员或成员团体是否自愿遵守该建议。

(3) 任何人作出的旨在或影响（无论直接影响或间接影响）使商业协会违反或规避本法的规定的建议，视为商业协会作出的建议。

(4) 由商业协会或代表商业协会对其成员或者成员团体作出的，内容涉及是否实施影响其成员交易条件的行为的具体建议，无论明示或暗示，应适用本法规定。例如不顾协会的章程或规则中的相反规定，协会的成员制定协议，根据该协议，成员和协会之间及成员彼此之间达成一致遵守建议的行为。

(5) 尽管存在本法第6条第4款或者本条第4款的规定，但商业协会成员书面告知该协会其完全脱离该协会的协议，或者视具体情况而定，其将不采取行动或者避免实施涉及协会作出的明示或暗示的建议，在缺少相反证据的情况下，该成员不能视为该协议的一方，或者视具体情况而定，不能被视为同意遵守该项建议的协会成员。

8. (1) 为实现本条、第9条和第10条的目的，“歧视”是指向以生产、转售或最终消费为目的的他人出售商品或提供服务的条件，或发出要约出售商品或提供服务的条件，与向第三方出售或提供或发出要约出售、提供实质上相似的商品或服务的条件相比较为不利的行为。

(2) 下列情况，出售或者供给的条件可以被认定为较为不利：

(a) 接受订货的相当长一段时间后交付或者供给产品或者服务。但如果在支付相同费用的情况下，更多迅捷的交货方式公开地提供给每一个买方时，不视为歧视；

(b) 以较高的价格出售商品或提供服务。但数量折扣对于可疑的交易而言是正常的，不视为歧视；

(c) 以较为不利的赊销付款条件出售或者供给商品或者服务。但存在差别的赊销付款条件反应了公认的赊销价值或者缺少存在差异的买方，则不视为歧视；

(d) 短量的情形。例如由于存在进口限制，向不享受优惠待遇的买方出售商品或提供服务的数量少于其正常出售或者供给的比例份额。

(3) 不论作为被代理人或者代理人，也不论亲自实施或者由其代理人实施的下列行为，均视为实施了本法意义上的限制交易的行为：

(a) 制造商拒绝或拒绝继续向其他制造商、批发商、服务提供商出售、供给商品或在向其出售或供给商品时实行歧视；

（b）批发商拒绝向其他制造商、批发商或服务提供者出售或供给商品或在向其出售或供给商品时实行歧视；

（c）零售商拒绝向其他制造商、服务提供商或最终消费者出售或供给商品，或在向其出售或供给商品时实行歧视；

（d）服务提供商拒绝向制造商、批发商、零售商或其他服务提供商出售或提供服务，或在向其出售或提供服务时实行歧视。

9. 在不违反第8条一般规定的情况下，不论作为被代理人或者代理人，也不论亲自实施或者由其代理人实施的下列行为，均视为实施了本法意义上的限制交易行为：

（a）卖方作为一个组织制造用于部分投入下游制造商的半成品，或者控制一个持有一个或者多个下游制造商收益权的销售者或提供者，或者作为一个长期的或者偶尔的向其不具有收益权的一个或者多个下游制造商提供半成品的销售者或者提供者，拒绝向一个或者多个下游制造商出售或者供应，或者在出售或者供应半成品的过程中实施歧视；

（b）卖方拒绝向买方出售或者供给商品或者服务，或者在出售或者供给时实施歧视，除非买方从卖方或者卖方指定的第三人购买了其他的产品或者服务，或者卖方试图强加这样一个条件：分别出售商品，该商品通常构成一个统一商品的一部分，或者构成一个单独的或者合成的物品，也不属于本法认为的违法情况；

（c）作为产品的零售商或者服务的供应商，在与买方的议价中，作为产品或者服务的购买者或者预期购买者：

（i）只有当买方出售或者安排向卖方或者卖方指定的人出售二手货时，卖方才向买方出售商品或者提供服务；

（ii）出售商品或者供给服务的各项条件比假定买方将向卖方或者卖方指定的人出售或者安排出售二手货时，卖方提供的条件更加不利；但是，二手货需要再调整和转售，卖方规定调换部分二手货同类修复商品的条件不构成限制交易行为；

（d）卖方拒绝向买方出售或者供给或在出售或者供给时实行歧视，基于：

（i）买方意图或者可能转售或者供给商品或者服务，或者过去曾经出售或者供给类似的商品或者服务，以一个或者低于一个特定的金额或者低于由其他任何人或者商业组织建议的、推荐的、指令的、索要的、收缴的或者支付的价格；

（ii）买方拒绝向其转售或出售产品或者服务的第三方强加，或者同意强加一个条件，即以低于特定金额或者低于由其他任何人或者商业组织建议的、推荐的、指令的、索要的、收缴的或者支付的价格时，转售或者供给不会发生。

10. （1）不论作为被代理人或者代理人，也不论亲自实施或者由其代理人实施掠夺性交易行为，不管是出于排他的意图或是为了达到以下任何目的：

（a）将竞争者驱逐出市场，阻止他人在肯尼亚或者任何特定地区或位于肯尼亚境内的场所建立竞争性的企业；

（b）促使竞争者出售资产或者与另一方合并，不论该方为违法者本人或者第三人；

（c）促使竞争者倒闭，现有的制造设备或者批发、零售，或者提供服务的渠道，不论是暂时的还是永久的，或者阻碍在任何一个或者更多的位于肯尼亚境内的场所建立上述设备或者渠道；

（d）促使竞争者停止任何商品或者服务的生产或者交易，或者阻止任何商品或者服务的生产或者交易，应被认定为违法。

（2）依照本条，“掠夺性交易行为”是指为了全部或部分达到第1款所列目的而实施的行为，如果该款界定的任何结果在行为后发生，或者如果该结果被合理地打断，而通常成功地实施该行为会出现那些结果。

依据本条，实施的行为产生第1款所列后果的，或能够合理地推断实施了该行为通常会导致上述后果的，则“掠夺性交易行为”应被视为意图全部或部分实施本条第1款所列行为。

（3）依照本条，掠夺性交易行为包括：

（a）卖方以特定价格出售、供应，或者威胁出售、供应商品或者服务的行为，该价格被部长认定为低于平均可变成本，或者意图将竞争者排挤出市场或者阻止他人在肯尼亚建立竞争性企业；

（b）卖方以买方不向他人购买商品或同意不向他人购买商品为条件，向商品或者服务的买方提供金钱或者其他的对价的行为，对价为正常交易折扣的除外；

（c）竞争者开始、继续从事或不同意不开始或不同意停止特定合法交易行为，即以身体损害、财产损失或者其他不利后果对现存或潜在的竞争者相威胁的行为；

（d）他人向第三人购买商品或接受服务或不同意不从第三人处购买时，即以身体损害、财产损失或其他不利后果相威胁的行为；

（e）诱导现存或者潜在的商品或者服务提供者不向现存或潜在的竞争者提供商品或服务，或诱导其在向现存或潜在的竞争者提供商品或服务时实行歧视的行为，或在上述商品或服务提供者向其现存或潜在的竞争者提供商品或服务时，或拒绝不提供或拒绝以歧视条件提供时，即以身体损害、财产损失或其他不利后果相威胁的行为。

11.（1）下列情形构成违法行为：

（a）两个或两个以上的主体，无论制造商、批发商、零售商、承运人或是服务提供者，按照他们之间达成的价格或安排好的条件进行提供或购买商品的投标；

（b）两个或两个以上的被邀请参加供应或者购买的主体，达成协议一致放弃提供或购买商品或服务的投标。

（2）下列情形不构成违法者在诉讼中的抗辩事由：

（a）招标或投标公告未以书面形式作出或以书面形式提交；

（b）没有称之为招标或投标公告或以其他名称指代；

（c）招标公告在不同的时间发给了协议或者安排的部分或所有当事人；

（d）协议或安排的任何当事人递交的投标，是在其与该协议或者安排的所有或部分其他当事人协商好价格，其他当事人提出的条件或者所有或部分其他当事人提出是否放弃投标的问题之前提出的。

（3）本条款不适用于下面这种情形，两个或两个以上的人共同依招标人明示的要求或之前明示的同意进行投标（无论是以一个人还是两个以上人的名义作出），投标的意图是投标成功，则提供或购买的商品或服务视情况将会或可能为两个或以上的人共有。

（4）违反本条规定的，应被处以10万先令的罚款或被判处3年以下有期徒刑或两罚并处。

12.（1）两个或两个以上的制造商、批发商、零售商或承包商，就价格或拍卖销售商品的中标价达成协议或安排，或就任何一方当事人同意放弃投标达成协议或安排的行为视为违法。

（2）违反本条规定的，应被处以10万先令罚款或3年以下徒刑或两罚并处。

［限制交易行为的询问与调查］

13. 任何人认为其是限制交易行为的受害者，可以以规定的形式通过委员向部长提起控诉。

14. （1）委员应当对基于第 13 条提起的，其认为有法律依据的控诉进行调查，也可以启动对以其他方式认定的被控限制交易行为的调查，包括但不限于政府机构的证明书。

（2）当委员认为有必要对基于第 13 条产生的控诉进行调查时，委员或经过其书面授权的任何人，有权使用有关交易行为、商业交易和企业所有权、控制权记录的复印件，同时不限于上述一般性规定，委员或其指定的代理人可以：

（a）询问现在或曾经从事涉及被控的商品或者服务交易的任何人，或者现在或曾经与相关贸易协会有关联的任何人，是否存在协议、会议或意向书的备忘录、给员工的信件指示或与被控交易行为有关的其他记录，并要求在合理期限内答复；

（b）要求现在或曾经从事涉及被控商品或者服务交易的任何人，同意委员查阅表明交易的商品或者服务，他们曾出售或供应的人，购买的数量和日期，出售和交付索要的、收缴的或支付的价格，付款的各项条件，赊销条件，交付日期，运输方式及其他相关信息的具体明细记录；

（c）要求任何持有本款规定的记录的人提交记录副本或者选择提交的记录由委员复制。

（3）当委员认为有必要核实依据本条被控交易行为的所涉商品的明细时，或者为了核实这些商品在交易活动中的运转，委员或经其书面授权的人可以进入交易商、制造商、生产商、代理商、结算和运输代理、承运人或者被认为参与了上述商品交易的其他人占有或控制的房产，并且可以搜查该房产及位于该房产的任何商品。

（4）依据第 3 款授予的权力进入房产，委员或者其书面授权的其他人，在搜查房产或者位于该房产的任何物品之前，应通知当时管理房产的人或通知当时看来合理管理该房产的人其履行本法赋予的职权。

15. （1）委员可以对被控实施或者已经实施限制交易行为的人采取以下措施：

（a）书面通知行为实施者被控以及现有的证实指控的具体证据，允许其就该指控和证据进行申辩，并向其建议某人补救方式（如果需要的话）以使其交易行为符合本法的规定；

（b）告知行为实施者其认为的支持限制交易行为的指控证据的证明力，要求行为实施者采取措施中止该行为，并对行为产生的影响作出补偿，即通过采取积极的措施帮助指控涉及的一个或者多个积极参与产品或者服务生产或交易的现存或者潜在供应者、竞争者或者消费者。

（2）在第 1 款（a）项或者（b）项涉及的任何一种情形下，委员可以要求被控实施限制交易行为人在特定的日期回复其通知，并可要求行为实施者在特定的日期采取第 1 款（b）项规定的矫正措施，并要求其提供当天已经采取该措施的证据。

（3）被控实施限制交易行为人未在指定日期回复委员通知的，或委员认为其回复未能推翻指控的依据，或其未实施在其回复中同意采取的措施，委员应同行为实施者共同议定一个委员满意的协议，该协议规定了行为实施者将停止特定行为并将为补偿其行为造成的影响而采取特定措施。

（4）委员应将依据第 3 款签订的协议尽早刊登在政府公报上，并应将协议的副本递送可疑交易行为的控诉人以及其认为协议涉及的其他人。

16. （1）委员依据本法认定的正在实施或者已经实施了限制竞争行为的人，未能根据第 15 条的规定采取令委员满意的措施的，或者根据 15 条的第 3 款已与委员签订了一项协议，却未遵守该协议的条款的，或者实施了该协议未涉及的限制竞争行为的，委员应通知该行为实施者其已建议部长作出指令来控制可疑行为，并通知其在特定日期举行涉及该指令要求和内容的听证。

（2）应合理地提前通知实施指令所指向的交易行为的任何人，及就上述交易行为向委员提出书面控诉的任何人，要就指令召开听证会，并应邀请其亲自参加或委派适当代表参加听证会。

（3）根据第2款被邀请参加听证的人可以由其选择律师代表。

（4）委员可以书面授权任何人全部或者部分代表其参与听证。

17. 根据第16条的调查结论，包括该条举行听证的具体措施，委员应向部长提交报告和建议以备诉讼。

[对限制交易行为的指令及对该指令的上诉]

18. （1）在根据第16条举行听证后，部长可以以在政府公告上发出通知的形式作出指令，要求限制交易行为的实施者或被视为实施了限制交易行为的人停止本法禁止的交易行为，也可以要求其采取积极措施帮助现存或潜在的供应商、竞争者或消费者，以补偿行为带来的后果。

（2）应对依据本条作出的指令规定有效期，应在有效期内提起相应诉讼，该有效期不得早于政府公告刊登该指令后的28天。

19. （1）两个或两个以上的人被指控将协同实施或已经协同事实一个或多个限制交易行为，无论明示或默示，委员可以将其列为调查对象，并要求他们协商和签署一份单独的同意协议。

（2）部长可以向上述两个或以上的人发出指令，通常本法第15～17条提到的"人"应被理解为两个或两个以上被控将要协同实施或已经协同实施一个或者多个限制交易行为的人。

20. （1）根据第18条部长的指令受到损害的人可以在该指令作出之日起28日内向限制交易行为法庭提起上诉。

（2）第1款中上诉的一方当事人对于限制交易行为的判决不服可以在收到判决通知后30日内上诉至高等法院，要求推翻该判决，高等法院的判决为最终判决。

[违法和处罚]

21. （1）任何人，不论是被代理人或者代理人，也不论亲自实施还是其代理人实施：

（a）未根据本法第20条对部长根据本法第18条作出的指令提出上诉，违反或者不履行该指令的；

（b）在高等法院的限制交易行为法庭宣布其根据本法第20条对上诉进行判决后，违反或者不履行任何部长根据本法第18条作出的被法庭或者高等法院证实或者变更的指令，应被认定为违法。

（2）任何人触犯本条规定应被单处或并处10万先令的罚款或两年以下有期徒刑。

（3）如果限制交易行为法庭同意对损失进行的合理现金评估，该损失包括由于本法11条、12条或者本条第1款规定的限制竞争行为使他人遭受的收入损失，则该已决犯应承担罚金或者限制交易行为法庭指令其支付给遭受损失方两倍损失的货币价值，其他当事人可以被处以其他的处罚。

（4）遭到限制交易行为法庭根据本条第3款判决的侵害，可以向高等法院上诉，其判决为最终判决。

第三编　垄断控制和经济集中

序　言

22.（1）除本法另有规定，本编中：

“收益权”或者“利益”是指从事生产、销售或者提供服务的企业的股份或者部分资产的所有权；

“控制”是指董事或高管在仅是名义上与他人协商后，有作出关于企业事务重大决定的权力；

“并购”是指涉及履行并购议案的交易或者其他行为；

“并购议案”是指：

（a）取得或者处分某公司的股份的议案，与受让人已经获得受益权的股份总计，如果有的话，意味着享有了实施或控制实施的权利：

（i）在任何常规会议上取得作为转让公司的封闭公司超过50%的表决权；

（ii）在任何常规会议上取得作为转让公司的非封闭公司50%或更多的表决权；

（b）为取得或处分以下事物的议案：

（i）任何人或者团体的全部商业股本（除了公司）；

（ii）任何人或者团体的部分商业股本（除了公司），作为一部分与受让方已经有资格获益或者受让方已经获益的商业股本的份额总计（如果有的话），使受让方获得全部的或者多于50%的商业股本；

（c）取得或处分以下事物的议案：

（i）企业部门的全部资产（不论企业或者企业部门是否由公司经营）；

（ii）企业部门的部分资产（不论企业或者企业部门是否由公司经营），该资产作为一部分和任何受让方持有的该部门的股本总计，代表全部或多于50%的企业部门用于经营的资产价值；

（d）取得和处分用于企业或者企业部门的有形和无形资产的议案（不在b款和c款范围内），如果议案涉及的资产总值，与已经持有的企业或者企业部门的股本总计，多于投入企业或者企业部门的有形与无形资产的50%（不论企业或者企业部门是否由公司经营）；

（e）一项议案，该议案的影响是导致一家新企业的设立，该新企业通过（a）至（d）项的各种方式取得，两家或者多家独立企业或者至少两家企业的一个或者多个部门的控制股权，该企业部门有能力像企业一样独立运营；

（f）一项议案，某公司、企业或企业的分支机构（无论是否法人）根据任何协议或交易而停止执行或执行的议案（区别于前文中的建议），该协议或交易的目的或作用在于阻止或限制公司、企业或企业的分支机构以及协议或交易的其他当事人、或与该当事人相关连的任何法人主体间的竞争；

“市场”与商品或服务相关，是指根据近年来的调查，用价格衡量在生产或者销售的任何阶段的交易总值；

“被指定人”，涉及任何人，是指第一次提及的人或直接持有股份或代表他人间接持有股份的人指令其行使与公司有关的投票权的任何其他人；

“参与者”与并购议案或与并购相关，是指：

（a）当议案是根据本条第1款（a）项界定时，指受让方与出让方公司；

（b）当议案是根据本条第1款（b）项界定时，指受让人和企业，其资本或者部分资本是议案涉及的出价的对象；

（c）当议案是根据本条第1款（c）项界定时，指受让人和企业（无论是否公司），其资产或者部分资产是议案涉及的出价的对象；

（d）当议案是根据本条第1款（d）项界定时，指企业，其资产是议案或者购买方的对象；

（e）当议案是根据本条第1款（e）项界定时，包括议案中的任何企业或者企业部门；

（f）当议案是根据本条第1款（f）项界定时，指协议或者交易的当事人和公司、企业或者企业部门，且该议案不再履行；

“封闭性公司”与公司法中的含义相同；

“企业部门”指某企业的一部分，其有资格独立运营；

“股份”与某公司相关，包括股票、任何股份中的收益权、任何长期债券或者任何长期的信用债券；

“受让人”是指其不论是否与其他人相关，也不论通过本人或其代理人，意图接受一项并购议案，或建议取得某公司的股份、全部或者部分的企业部门的股份或全部或部分企业或企业部门的无形或有形资产；

“转让人”是指某企业的所有者，其资本或者资产将依据一项并购议案全部或者部分地被取得或者处分；

“出让人公司”是指某公司，其股份或者其中的一部分将要依据一项并购议案被取得或者处分；

（2）为了实现本条的目的，不能仅仅因为被指定为受让人而被指定为某公司的财产代管人或者财产管理人，或者某公司的清算人。

（3）第1款（a）项中“并购议案”和第4款涉及的受让人有权获利的股份，应包括：

（a）作为受让方的受托人、被指定人或者代理人的任何人或者公司持有的股份；

（b）受让人拥有任何权利、产权、利息或者控制投票权的股份；

（c）受让方依据任何选择权，或者在完成任何条件的情况下，已经或者将要有权取得在出让方公司的其他股份或者经济利益；

（d）受让人是公司的，有关联关系的法人已经有权获利，或者有权或者将要有权以上述任何方式取得的股份。

（4）（a）当第1款中术语“并购议案”的定义按（a）项界定，受让人已经有权获利或者已经拥有议案涉及的公司股份的受益权，拥有该股份使其有权行使或者控制出让人公司任何常规会议上超过50%的投票权；

（b）当第1款中术语“并购议案”的定义按（b）项（ii）界定，受让人已经有权获得议案涉及的企业超过50%的资本；

（c）当第1款中术语“并购议案”的定义按（c）项界定，受让人已经持有代表超过50%的用于议案涉及的企业部门的运营资产价值的资本；

（d）当第1款中术语“并购议案”的定义按（d）项界定，受让方已经占有议案涉及的企业或者企业部门使用的有形或者无形资产，该资产的价值多于议案涉及的企业或者企业部门使用的有形或者无形资产的联合价值，则议案不是该定义意义上的并购议案。

（5）为了实现第 1 款定义术语“并购议案”的（c）项（ii）和（d）项的目的，并购议案涉及的企业部门的资产价值应当参考减去所有可归于企业部门的短期负债，并且显示在相关企业的账簿中的财产价值，最后减去任何为了折旧而制定的相关规定。

[对无正当理由的经济力量集中的控制]

23. （1）部长可以维持在肯尼亚生产和销售产品和服务的结构，依据复审判定经济力量集中的存在的消极影响超过积极影响，如果是这样的话，结合生产和销售；在界定无正当理由经济力量的集中时，部长将特别关注以下因素：

（a）某人控制着一个销售单位的链条，其销售额的价值超过该链条出售产品种类的相关市场的 1/3，包括在国内链条情况下的国内市场，或者地区或者城市链条下的地区或者城市市场，各自独立的；

（b）某人由于控制着两家或者更多的属性不同的单位，制造非常相似的商品、供应品，以出厂价，占有肯尼亚分类商品国内市场的 1/3 以上价值，但是不包括从肯尼亚出口的商品；

（c）某人在一个制造业企业，拥有超过 20% 的已发行股票的收益权，同时在一个或者更多销售制造商企业的产品批发商或者零售商企业拥有无论多小的已发行股票的收益权；

（d）某人在一个批发销售企业拥有超过 20% 的已发行股票的收益权，同时在一个或者更多销售批发商企业提供的产品零售商企业拥有无论多小的收益权。

（2）当部长有理由相信一个或者更多的因素涉及无正当理由的经济力量集中时，可指令委员调查任何经济部门；并且为此目的，委员有权要求该部门的任何参与者准予委员，或者任何经委员书面授权的人，有权查阅涉及该部门主导企业的所有制结构和所占销售的百分比。

（3）委员会可以要求任何拥有涉及第 2 款记录的人提交记录副本或者提交给其复印。

（4）为了实现本条的目的，一项无正当理由的经济力量集中，如果考虑到本国的主要经济情况及其他与特定情况有关的因素，可以被认定为对社会利益的损害，其影响是或者可能是：

（a）不合理地增加生产，提供，销售产品或者提供服务的成本；

（b）不合理地增加：

（i）商品的售价；

（ii）生产、提供、销售产品或者提供服务所产生的利润。

（c）减少或者限制生产、提供或销售产品（包括出售或者购买）或者提供服务的竞争；

（d）导致商品的变质或者服务提供水平的下降。

24. （1）收到委员根据 23 条第 2 款的调查报告后，部长可以作出一个指令，当部长认为有消除无合理理由的经济集中必要时，指令其认为无正当理由进行任何部门经济力量集中的人，处理其生产或者销售或者提供服务中所获得的利润。

（2）根据第 1 款的指令处分利益，通过全部或者部分出售某人在企业中的收益权，或者出售一个集团的或者某人控制的制造、销售、提供服务的链条中的一个或者多个单位。

（3）依据本条作出的指令，不得产生细分具有自然集中程度的制造设施，使控制不同零部件的独立经营单位降低效率以及实质性提高每单位产品生产成本的效果。

（4）依据本条作出的指令应允许有充足的时间有序地处分利益，以便不会导致不当的损失。

25. （1）根据第 24 条部长的指令受到损害的人可以以规定的形式上诉至限制交易行为

法庭。

（2）第1款中上诉的一方当事人对于限制交易行为的判决不服，可以在收到判决通知后30日内上诉至高等法院，要求推翻该判决，高等法院的判决为最终判决。

［犯罪与刑罚］

26.（1）任何人，不论作为被代理人还是代理人，也不管是其本人还是代理人实施的：

（a）未在第25条规定的期限内对部长根据第24条的指令提出上诉，违反或者未能遵守该指令；

（b）在限制交易行为法庭公布其对于上诉的判决后，违反或者未遵守部长根据第24条作出的任何被法庭证实或者变更的指令，将构成违法。

（2）第1款中的上诉一方当事人，不服限制交易法庭的判决，可以在该判决公布30内，上诉至高等法庭，高等法院的判决为最终判决。

27.（1）任何人，不论作为本人还是代理人，也不管是亲自还是通过其代理人，没有部长的批准指令，参与完成：

（a）一项发生在两个或者更多的从事制造或者销售实质上相似产品或者提供实质上相似服务的独立企业之间的并购；

（b）一项由另一个企业或者控制着另一个企业的某人实施的对于上述一个或者更多企业的合并，将被认定为违法。

（2）在没有获得部长批准指令的情况下，实施第1款的并购无效，参与各方在并购协议中的义务在法律程序中也不得强制执行。

（3）任何触犯本条款的人将会单处或并处罚款20万先令或3年以下徒刑。

28. 任何人可以通过委员向部长申请获得根据第27条作出的准予并购的指令。

29.（1）委员会应该对任何根据第28条提出的申请进行调查，为此目的，委员有权要求任何依据第27条申请发生并购的经济部门的任何参与者允许委员，或者任何经委员书面授权的人经委员同意或者其他经其书面授权的人，查阅被提议的并购参与者或者其他相关部门的主导企业所有制结构和所占销售百分比。

（2）委员可以要求持有此种记录的任何人向其提供副本或者选择向其提交记录，由委员办公室来复制。

30. 在根据第28条评估一项申请时，为了明确地叙述一项提交给部长的建议，委员应该适当考虑到以下的标准：

（a）该项并购在某种程度上对肯尼亚有利，在参与者参与国际贸易时生产商品、服务，以及该项并购以更低的生产成本和更大的市场冲击力产生实质上更大的收益单位，使其能与进口产品更加有效地竞争，扩大肯尼亚的出口以及提高就业率；

（b）一项并购在某种程度上是有害的，会降低国内市场的竞争度并且增加可疑产品或者服务的生产者，以及依据寡头垄断的关联关系原理操纵国内市场价格的能力；

（c）并购在某种程度上是有害的，它鼓励了资本密集型技术的生产，代替了劳动密集型的技术。

31.（1）在考虑委员根据第30条作出的建议后，部长可以作出一项关于批准申请并购的指令。

（2）根据第1款作出的指令，可能批准或者拒绝批准申请，或者在采取了某些措施以减少并购对于竞争的消极影响时，可以批准申请。

（3）部长根据第 1 款作出指令并在政府公报上公布，只要该指令是合理可行的。

32.（1）根据第 31 条部长作出的指令的受害者，可以以规定的形式上诉至限制交易行为法庭。

（2）第 1 款中上诉的一方当事人对于限制交易行为的判决不服可以在收到判决通知后 30 日内上诉至高等法院，要求推翻该判决，高等法院的判决为最终判决。

第四编　关于控制和公布价格的规定

前　言

[本编的释义]

33. 除本法另有规定外，本部分中：

“成本”是指依照第 37 条发出的指令规定的方式决定的成本；

“清单”包括现金销售额的记录；

“最高定价”是指商品在批发、数量零售或者其他方式的销售中最高法定价格，该定价可以符合本法的规定并且包括某些对购买选择权的考虑；

“最高服务收费”是指依照本法提供某种服务的最高法定收费；

“过高定价”是指销售某种商品的价格超过了最高定价，或者提供某种服务的收费超过了最高服务收费；

“利润率固定商品”是指商品或者某种商品的数量依照第 36 条的规定确定了利润占成本的百分比；

“价格受控制的商品”是指利润率规定商品和价格受规制的商品；

“价格受控制的服务”是指一项服务的最高收费已经被依照第 35 条所做的指令所固定；

“价格受规制的商品”是指商品的最高价格已经被依照第 35 条所做的指令所固定；

“出售价格”是指向商品的购买者所要的实际净利价格，在所有的折扣和其他让利被扣除之后；

“交易商”包括：

（a）某个根据《商业许可法》需要获得许可证的人，不包括代理商或者清算或者转运商；

（b）某个从事商品供应生意的人，无论这个人是否需要根据《商业许可法》获得许可证；

（c）在为履行工作、劳务和原材料合同而提供商品的过程中，或在履行上述合同的过程中从事商业的人；

“运输商”是指从事为他人利益运输商品生意的人。

[成本和价格委员会的人事任命]

34. 部长可以通过在政府公报上布告，建立一个就所有影响、出自或者关于商品或服务价格，商品或者服务的价格控制的事项提出建议的成本和价格确定委员会，并且任命其中的成员。

价格的固定

[确定最高定价的权力]

35.（1）部长可以时常指令：

（a）确定批发或者零售某种商品的销售最高定价，可以包括包装和送货的费用：

（i）由一个人向他人；

（ii）由制造商向商品交易商的代理人或通过商品交易商的代理人；

（iii）由商品交易商向其他商品交易商；

（iv）由商品交易商向商品交易商以外的人；

（v）由非特定商品的交易商的人向该特定商品的交易商；

（b）可以对与某种商品相关的某种服务确定最高服务收费；

（c）在指令指定的日期或者一段时期内，禁止指令指定的从事某种生意或者营利事业的任何人在该生意或者事业进行的过程中以高于其销售相同或者类似产品的通常价格销售某种商品，或者以高于其对相同或者类似服务的通常收费标准收取费用；并且在由于没有遵守本条规定的指令而导致的诉讼中，证明在指定的日期或者期间内采用了通常价格或者通常收费标准的举证责任由被告承担；

（d）对在肯尼亚境内制造的某种商品的包装方式、重量、尺寸、质量、标记以及制作过程和成分作出规定；

（e）对任何销售某种受价格控制的商品的人的存货数量作出规定，其条件是归还的装那些商品的集装箱需要和任一这样的集装箱有关，并且基于退款是适当可付的条件，规定在返还集装箱时，这些人应该向接受集装箱返还的人支付退款的数量；

（f）将某个事项排除适用本法的全部或者某项规定。

（2）为实现本条的立法目的，部长可以按照宣告的方式确定销售商品的最高定价或者提供服务的最高收费，无论最高定价或者收费应该是怎样确定的，并且不对上述的概述造成损害，确定这个最高定价或者收费既可以不考虑这些商品的销售者或者服务提供者所采用的价格或者收费而宣告最高定价或者收费，也可以宣告某种商品的最高定价基于该价格不超过加上销售者成本的一个固定金额或者这些成本所占的一定比率或者规定的最高利润。

（3）依照本条，部长可以：

（a）为肯尼亚任何在相似或相同商品或服务的最高定价方面不同于其他地区的地区，确定商品最高定价或最高服务收费；

（b）确定包括为销售商品而提供相关服务（无论是否是受价格控制的服务）的收费在内的商品最高定价；

（c）确定包括与服务相关联销售的某种商品（无论是否是受价格控制的商品）的价格或者收费在内的某项服务的最高服务收费。

（4）为实现本条的目的，部长的权力在垄断事业供应的商品和服务中被限制使用。

（5）前款中的“垄断事业”是指具有支配地位的企业或者总数不超过两个独立企业的企业：

（a）在生产、供应、销售或者其他方面控制了肯尼亚境内某种商品生产、供应或者销售总数中不少于一半的份额或者其中的某个实质部分；

（b）在提供或者其他方面控制了在肯尼亚境内提供的服务的总数中不少于一半的份额或者其中的某个实质部分。

但依照本条的立法目的，企业生产商品的数量不超过市场份额的5%不应计入账目。

［规定固定的商品利润率的权力］

36.（1）部长可以时常通过指令规定某种商品的最高定价，依照第35条确定的价格除外，应该在指令中预先设置加上这些商品在进口商、制造商或者生产商的成本以及第 2 款中许可的运输费用后的利润率，作为附加的独立条款。

（2）每个利润规定商品的进口商、代理商、制造商或者生产商应该在第一次销售中，在货单上背书这些商品在进口商或者代理商接受货物的地方，或者该商品制造或者生产的地方，销售的最高零售价格，并且每个销售这些商品的交易商（除了零售给消费者的人）应该在其货单上背书进口商或者先前的销售商货单上背书的最高零售价格，另外作为一个独立条款，通常包括从进口商或者先前的销售商营业地运输该商品到达其自己的营业地所产生的费用（如果）。

（3）交易商获得某种转售的利润固定商品是通过将这些商品从其商行的一个部门或者分部转移到他人，或者从一个关联商行或者从其有经济利益而不是作为股东的公司，或者他在经营或者控制的该商行中有经济利益，无论这个部门、分部、关联商行或者其他商行是在肯尼亚还是其他国家，他应该在销售这些商品时在他的货单上背书这些商品的最高零售价格，该价格应该是他自己直接从原产地国家进口的价格时将会被批准；并且当每个交易商转售这些商品（除了当零售给消费者时）应该在他的货单上背书第一个或者先前的销售者的货单上背书的最高零售价格，另外作为一个独立条款，通常包括从第一个或者先前的销售商的营业地运输该商品到达他自己的营业地所产生的费用（如果）。

（4）销售或者运输利润固定商品的人必须遵守本条的规定，若忽略本条规定其应做事项，或者在按照本条要求提供某些信息或书写背书时提供了错误的信息或者书写了错误的背书，则应该被判有罪。

［决定成本］

37. 部长可以时常通过指令宣布决定某种商品或者某种服务成本的方法，并且可以在这些指令中宣布用不同的方法决定相关不同类别的商品、交易或者销售者的成本。

［向国民大会提交指令］

38. 所有根据第 35 ~ 37 条作出的指令应该在它们作出时就立刻提交给国民大会，并且如果在提交某个指令之后的 20 天内国民大会召开通过了一项决议废除这项指令，该指令从那时起开始无效，但是需要对依照该指令所做的合法事项或者制定的新指令不造成损害。

拍　卖

［拍卖销售］

39.（1）任何受价格控制的商品不应该以拍卖的形式销售，除非基于委员发放了许可证的情形，委员可以批准这种许可证给任何与某类型的这种商品有一般关联的拍卖人，或者与某个特定销售有明确关联的拍卖人，并且如果委员认为有必要以避免违反本法的情形出现，可以在该许可证中加上限定该商品可以销售的最高价格的条件。

（2）任何销售某种受价格控制的商品的人，在没有依照本条规定的许可批准的，或者没有遵守该许可证中附加的条件以拍卖方式销售这种商品的，应该被判有罪。

［指令的生效日期和公布］

40. 每个依照本法作出的指令应该在作出之日起实施，除非其中指定了另外的日期，并且每个这样的指令应该在它作出后被批准时就在政府公报上公布。

［公布有关最高价格和收费的指令和清单］

41. 依照本法作出的指令的副本或者依照本法确定的最高价格或者最高服务收费应该在肯

尼亚委员认为必然能够将这些事项通报给公众的地方展示。

[需要交易商公布最高价]

42.（1）委员可以在政府公报上发布通告，要求某个交易商或者其他人，或者某类型的交易商或者其他供应受价格控制的商品或者提供受价格控制的服务的人列出一份清单，展示他或者他们可以供应的，在指令中提到的，这些受价格控制商品的当前最高价格或者可以提供通告中指定的某种受价格控制服务的最高服务收费，该清单应该使用英语或者通告中指定的其他某种或者某些语言，以突出的方式并且在显著的位置刊登，以使他的或者他们的营业所针对的那部分消费者能够容易清晰地阅读。

（2）本条规定的通告适用于肯尼亚全境，或者肯尼亚的某个或者某些地区，并且可以规定它要求展示的关于最高价格或者最高服务收费的清单的形式，该通告应该是预先计划好的。

[交易者提供货单]

43.（1）每个交易者、制造商、生产商或者代理商：

（a）应该在销售时，向以批发数量向其购买商品的购买者提供原始货单，包括下列特定事项：

（i）销售者的名称和地址；

（ii）购买者的名称；

（iii）销售的日期；

（iv）鉴别该商品的充分精确的说明；

（v）销售商品的净数量；

（vi）其中的价格或者收取的费用，单独列出某项经批准的运输收费；

（vii）进口商品的价格、调节工具、进口关税、编号以及日期。

（b）应该在他的记录中保存一份相同货单副本；

（2）每个交易者、制造商、生产商或者代理商：

（a）应在销售时，提供给每个向其以零售数量购买商品的购买者一份包括下列特定事项的原始货单（购买者在销售时未要求的除外）：

（i）销售者的名称和地址；

（ii）销售的日期；

（iii）鉴别该商品的充分精确的说明；

（iv）销售商品的净数量；

（v）价格或收取的费用。

（b）应该在他的记录中保存一份相同货单副本；

（3）运输人应：

（a）在完成某种受价格控制的商品运输后可以实行时就向接收商品的人提供包括下列特定事项的原始货单：

（i）运输人的名称和地址；

（ii）运输开始的日期；

（iii）鉴别被运输的商品的充分精确的说明；

（iv）鉴别运输该商品的运输工具的充分精确的说明；

（v）被运输商品的出发地和目的地；

（vi）运输商品的数量；

（vii）收取的价格或者费用；并且

（b）在他的记录中保存一份相同货单副本。

（4）为实现本条的立法目的，销售者应该将他经手让与包括销售的每种受价格控制商品的价格或者收费书面列入清单。

（5）向他人提供收费的或应收费的受价格控制的服务的人，在提供服务之后应尽快地向他人提供对该服务进行说明并且列有该服务已经收取或者将要收取的费用的清单，收取的费用包括服务中使用材料的售价，并应在其的记录中保留清单副本。

（6）违反本条规定或者第 5 款附加的条件的人应被判有罪。

［账簿］

44.（1）交易商、制造商、生产商、代理商、清算和转运代理商或者其他供应受价格控制的商品或者提供受价格控制的服务的人，应保存其经销的受价格控制的商品或受价格控制的服务的账簿或者其他记录，应按照有关规定查阅，并应在这些账簿或者记录最后一次被查阅起的两年内或者委员可以允许的其他期间对之进行保存。

零售商、代理商、清算和转运代理商或者其他供应受价格控制商品或者提供受价格控制服务的人向委员显示依照本条所履行的义务将会造成不适当的困难的，委员认为必要时可以根据这种情形豁免上述零售商、代理商、清算和转运代理商或者其他人员遵守本条的规定。

（2）违反本条规定或者本条附加条件的人将会被判有罪。

杂 项

［获取资料权］

45.（1）以协助为目的：

（a）决定某种商品或者某种服务是否由于固定价格而应该依照本法对其发布一项针对该行为的指令；

（b）决定以何种方式在相关商品或者服务上行使本法赋予部长的权力，部长可以以政府公报上的公告进行通知，或者向要求提供某种商品或者提供某种服务的交易者、厂商、制作人、承运人或者其他任何人进行书面的通知：

（i）按照部长指定的形式，口头或书面向委员提供与其贸易或者营业有关的资料，可以是定期汇报或者其他方式；

（ii）向委员开展的调查提供任何与其贸易或者营业有关的工作簿、账目或者其他文件，并且按照委员的要求对任何商品进行采样。

（2）任何人不需要依照第 1 款的要求提供资产负债表和损益表，但是如果需要的资料被包括或者可能被包括在资产负债表或者损益表中作为一项，则不适用本款的规定。

（3）由上文中的“占有者”向被认为从事了可疑贸易或营业活动的人发出通知，并寄送给上文提及的非下属职员的，则依据第 1 款的规定，向任何将从事该款提及的贸易或营业活动的人作出的经授权的通知，应视为正式通知。

（4）没有提供资料的人的书面许可，依照本条获得的与特定贸易或者营业有关的资料不可以被公开或披露；

但本条不应限制将资料披露给下列人员：

（i）任何政府部门或者机构的部长或者官员；

（ii）对肯尼亚贸易或者商业有发展或者管制职责的人或者权威人士；

（iii）实施法定行为的人；

或者依照部长认为对本法目的的实现必要或者有利的方式使用这些资料。

［委员的一般性权力］

46.（1）委员或者委员书面授权的人，警官或者上面提到的巡视员，有权行使下列一个或多个或全部的行为：

（a）进入任何供应价格控制的商品或者服务的交易者、厂商、制造商、代理商、清理人、承运人或者其他人占有或者控制的处所；

（b）检查（a）项中指明的营业场所；

（c）检查与（a）项中提到的人的贸易或者营业有关的工作簿、账目或者其他文件，并且可以要求复印任何这些工作簿、账目或者其他文件或者任何一笔交易记录，如果他有合理理由认为该交易与被提供的价格控制的商品或者被提供的价格控制的服务和被证明了的这些人有关；如果这些工作簿、账目或者其他文件或者记录是用英语以外的语言，任何这些人提供或者获得的翻译可以使他消除质疑，并且可以进一步要求这些工作簿、账簿或者其他文件交付到他的办公室以供检查；

（d）时常地对（a）项指定的人发出书面通知，要求这些人口头或书面（可对形式作出要求）提供通知指定的和其贸易或营业有关的资料。

（2）基于第1款（a）项赋予进入房屋的权力，据此进入房屋的委员或者获得授权的人，或者任何警官或者巡视员，应该在采取行使第1款赋予的权力的行动之前，向这些房屋中居住的人或者在那时对这些房屋进行管理的人告之他根据第1款行使他权力的意图。

（3）在实施第1款（c）项将工作簿、账目或者其他文件进行交付时，要求交付这些工作簿、账目或者其他文件的人应该：

（a）向所有者出具收据；

（b）向所有者承担安全保管保持原样的责任；

（c）在其目的达到之后马上将交付的文件原样返还给所有者。

（4）第3款中没有规定的应当解释为要求任何人返还或者负责安全保管，提交给警察或者作为诉讼证据在法庭上提交的工作簿、账目或者其他文件。

（5）委员有权：

（a）通过在政府公报上公布通知的方式，要求在为出售而展出或者出价的相关商品需要粘贴这个通知中指定的标识或者标签，旨在表明它们的质量、等级、重量或者其他规格，价格或者出产地；

（b）采用类似的方式禁止或者管制任何人按照其指示的方式对价格控制的商品进行出售、购买或者运作；

（c）通过书面通知要求任何拥有价格控制商品的人在出售商品时要按照其在通知中指定的销售对象、方式和价格或者收费进行；

（d）采用类似的方式要求交易者、制造商、生产商或者代理商向其提交他所处理的价格控制商品的样本；

（e）采用类似的方式指示某种价格控制商品的贮藏地；

（f）采用类似的方式，对显然拥有价格控制商品，并声称该商品或其一部分已经被他出售的人要求其提供商品的销售清单，合同或者其他证明销售的文件证据。

（6）委员可以：

（a） 通过在政府公报上发布通知或者将书面通知交付或者留置在交易者、制造商、生产商、代理商、清算和转运商或者运输人或者提供服务的人的营业场所：

（i） 要求这些人从该指令中指定的日期起，在相关价格控制商品或者价格控制服务的销售清单上标明该通知中指定的信息、说明或者其他特定事宜；

（ii） 对相关的价格控制产品或者价格控制服务，要求在向预计购买者或者其他人销售或者提供服务之前书面告之这些信息、说明或者其他特定事宜；

（b） 确定：

（i） 构成批发或零售的数量；

（ii） 什么构成批发或者零售交易。

（c） 根据部长的批准，禁止或者管制任何商品的营销。

（7） 委员应该确认其在收到的所有关于 90 天内价格变动的信件的一致性。

（8） 只要一个人在出售价格控制的商品或者在提供价格控制的服务时索价过高，委员可以不考虑本法规定的可以采取的或者对这个人可以采取的行动，指令其上交超出正常价格部分的两倍金额；该金额应该在委员指定的时间内交付，并应将构成超过部分的数额返还给购买者，依照其判断力认为合理的其他金额可以进入到统一公债中结算。

（9） 直到购买者获得商品时，商品经营者都遵守了本法的规定的，当出现销售者遵照本法决定价格控制商品的出售价格，但是价格由商品的上游销售者所控制而超过了最高价格时，委员可以指令上游销售者返还给被要求对商品支付超过最高定价价格的购买者两倍该价格的金额；直到购买者获得商品时，商品经营者都遵守了本法的规定，支付给委员的金额应当返还给最终的购买者，返还数额应当是购买者被要求对商品支付的超过最高定价的部分，委员认为合理的其他金额（不超过销售者返还金额的余额）应该在统一公债中结算。

（10） 根据本条的立法意图，“交易者”包括拍卖人。

［权力的授予］

47. 根据部长的批准，委员可以书面委派一个代理委员、助理委员、价格检查员或者助理价格检查员，或者部长批准的其他人员，行使本法授予的他的权力、任务或者职责的全部或者其中之一，适用范围是肯尼亚的全境或者某个地区，或者按照他指定的期限或者目的行使，并且可以在任何时间撤回或者变更该项授权。

［撤回或变更许可等的权力］

48. （1） 委员可以在任何时间并且时常地，不需要说明理由地取消、撤回、修改或者变更任何他依据本法可以准予的许可证、豁免或者许可。

（2） 可以向部长对委员依照本条作出的决定提起上诉；上诉应当是书面的，并应在委员决定的相关的人收到通知起 7 日内向部长提起；部长的决定是终局的。

［证明文件］

49. （1） 委员或者任一公共官员可以书面证明他认定的下列事项：

（a） 某个价格管制的商品的批发和零售最高价已经确定；

（b） 什么构成批发或者零售行为，或者批发或者零售的数量是多少；

（c） 某个交易中过高定价精确数量的发货清单，用以证明该交易构成了过高定价的违法行为；

（d） 委员依照本法可以批准的豁免或者许可已经或者尚未批准；

（e） 销售任何比率限定商品被允许的最高利润率；

（f）对某种已经销售的价格控制商品的价格进行审查，如果该价格不是肯尼亚境内通行的相同售价；

（g）某种价格控制服务的已经固定的最高服务收费。

（2）在任何依照本法向法院提起的诉讼中，由委员或者其授权的公共官员鉴定的或者声称由他们鉴定的事实可以不需要进一步证据的确认，可以看作是被鉴定事实的初步证据。

若法庭诉讼是基于本法的规定而提起的，委员或者其授权的公共官员对与本案标的有关的批发或者零售的构成或者对构成批发或者零售数量作出的证明是终局和决定性的。

［经授权进入、搜查营业场所的权力］

50. 地方法官确信经过不做伪证宣誓的信息，表明有合理的根据质疑有违反本法的行为发生，并且这些信息中指明实施违法行为的证据可以在某些房屋中找到的，可以批准一个搜查令授权某个警官在搜查令发出的1个月内的任何时间进入这些房屋，对其进行搜查并可以对在该房屋中发现的有合理的根据认为是实施犯罪行为证据的物品进行查封。

［进入和查封权］

51. （1）委员或其授权的人，或者某个警官或者上文中的巡视员，如果他有合理的理由认为违反本法的行为在某个房屋中实施，或者有合理的理由认为有合理的根据怀疑与实施了这个违法行为有关的物品存放于这些房屋中，并且如果依照第50条获得搜查令则会造成延误以至不符合本法的目的，无论是否有这些物品在这些房屋中，如果违法行为将要实施，他可以在没有搜查令的情况下为了确定的目的进入并搜查房屋，可以检查和违法行为有关的物品和文件，并且可以查封搜查或者检查人员基于合理理由认为与实施这些违法行为有关的任何物品或者文件。

（2）委员或其授权的人可以——对根据支付有标记的钱进行购买测试而认定涉嫌违法的行为进行调查——在进行这个购买测试的地方，为寻找有标记的钱对某人进行检查，或者进入房屋检查，或者检查任何盒子或者容器以及其中的东西，并且可以查封发现的任何有标记的钱。

［车辆搜查权］

52. （1）委员或者其授权的官员或者警官有理由认为某辆汽车对违反本法规定的货物进行运输的，可以命令该汽车停止，并且可以检查其中的物品，驾驶员未停车的，应被判违法。

（2）依照本条第1款的规定停止行驶的车辆，停车的人可以将车辆载有的物品送到最近的警察局，警察局的负责人可以据此查封车中发现的物品——即该负责人有合理理由认为与实施本法规定的违法行为或者已经实施的违法行为有关的物品。

［查封物品的程序］

53. 依据第50、51条或者第52条的规定查封物品时，查封物品的人应立即向当地的地方法官报告查封的事实，地方法官认为该物品容易腐烂，或者基于市场原因是季节性商品，或者其他合理的理由，惯常的处理会对物品所有人造成不适当的损害的，可以授权委员卖掉或者处置该物品。

［查封物品的保管和处置］

54. （1）依照第50、51条或者第52条查封汽车、物品或者货币可以在查封地保管不超过1个月的时间，或者如果在诉讼期间内某个违法行为依照本法被宣判，保管直至诉讼最后宣判时。

（2）依照本法对违法行为提起诉讼，如果认为合适，对涉嫌违法行为审判的法院可以发出指令没收与实施违法行为有关的车辆或者货物，或者对因违法行为而查封的车辆、物品或者款项进行处置。

（3）在本条中，“物品”应该被解释为包括依照第 53 条销售的某种物品的收益。

［超过最高定价销售或者购买的违法行为］

55.（1）任何人超过最高定价销售某种价格控制的商品或者提供某种价格限制的服务收取超过服务最高收费标准的费用，当出现这种情况时，应当被判违法。

（2）依照第 62 条规定，任何人以超过物品最高定价的价格购买或者出价购买某种价格控制商品，或者以超过服务最高收费标准支付或者出价支付某种价格控制服务的费用，将会被判违法。

［拒绝销售商品］

56.（1）任何从事某种商品供应的人，其拥有这些商品的库存，并且其：

（a）错误地否认他对这些商品的占有或者所有权；

（b）拒绝或者没能按照、排除委员的许可，在支付不超过最高价格的情形下供应合理数量的商品（受到价格控制的商品）或者这些商品上的标志或者标签所指示的价格（受到价格控制的其他商品）；

（c）在委员要求时拒绝持续、不持续陈列或者出价销售这些商品，将会被判违法；

如果依照（b）项被认定为违法的人证明供应这些物品将会导致违背他的一项法定义务，这会成为他从事这种行为合理抗辩。

（2）对从事受价格控制商品供应的人的工作人员或者代理人，如果这些商品保管或者存储在他被雇佣的房屋中并且如果他在他被雇佣过程中为雇主的利益销售这些商品的，将会被认为拥有这些商品的库存。

［违法的条件］

57. 交易者、厂商、生产商或代理商出价购买受价格限制的商品，并且没有经过委员的许可而对销售做某些限制条件，这些条件并不是交付商品的直接费用，或者规定必须支付或者在交货时支付费用的条款，或者对这些商品的容器存放作出条件要求的，将被判违法。

［妨碍授权的违法行为］

58. 任何人：

（a）妨碍或者阻碍任何依照本法获得授权的人进入某栋房屋检查或者搜查，或者进行机动车的停车检查，或者检查工作簿、账目或者其他文件，或者查封机动车、商品或者金钱；

（b）拒绝、延误或者未提供依照本法可以要求其提供与其生意或者营业相关的工作簿、账目或其他文件，或被用于鉴定的复印件，或文件的翻译件；

（c）拒绝、延误或未提供某些为实现本法要求的信息，有意或者在没有合理根据的情况下认为是同样真实的信息时而提供的某些材料中错误或者造成误导的信息，无论本法授权的人是否作出了一致要求或者其他要求；

（d）公布或者以其他方式披露违反本法规定的信息；

（e）拒绝、延误或者未遵守任何依照本法合法作出、发出、传达、提出或者公布的指令、禁止、指示、要求、必要条件或者通知，将会被判违法。

［处罚］

59.（1）任何依照本法被判违法的人将有可能被处以 5 年以下的监禁，附带或者不附带体罚，或者罚金或者两罚并处。

（2）根据第55条第1款被宣告有罪的人应被处以附加其他可以被征收的罚款，可能是超过最高定价部分的5倍以上的罚金，并且在本案中法院可以指令支付给购买者的这笔罚款总数中可以包括法院提出的对他造成金钱和时间损失的补偿。

（3）依照本法被判违法的交易者、厂商、生产商、代理商、清算和转运商、运输人或服务提供商，可以被附加处以其他罚款，法院可以发出这样的指令，依照法院的合理认识，在这段时期内可以产生某种影响，以阻止罪犯从事直接或者间接有关对交易构成违法产生影响的事务，或者该事务的一部分，或者具有类似性质的事务或者该事务的一部分。

（4）当本法规制的违法行为是一个企业团体实施的，在实施违法行为时，企业团体中担任董事、经理或者管理人员的人可以同该企业团体被连带起诉，并且如果该企业团体被判有罪，其中每个董事、经理或者管理人员应当被认为实施了该违法行为，除非能够证明违法行为的实施是在其不知情的情况下或者他已经尽全力阻止该违法行为的情况下实施的。

（5）合伙商号中任一合伙人应当对同一合伙中其他任何合伙人实施的关于合伙的作为或者不作为行为负责；合伙人实施的作为或者不作为行为是本法规定的违法行为的，该合伙的任一合伙人应当连带并且分别承担本法规定的罚款。

（6）从事商业的店铺、商店或者其他场所的雇主应当对其所雇佣的代理、职员、雇员或者其他人员实施的与雇主生意有关的作为或者不作为行为负责；代理、职员、雇员或者其他人员实施了本法规定为违法行为的作为或者不作为行为，或者由雇主作出或者实施的违法行为的，雇主和其代理、职员、雇员或者其他人员应当连带并且分别承担本法规定的罚款。

（7）尽管治安法院法或者刑事诉讼法中对下属法院的权限作出了规定，但是任何初级下属法院可以征收本法规定的任何罚款或者任何罚款的结合。

［举证责任］

60.（1）在对本部分规定的违法行为提起的诉讼中，委员、代理委员、助理委员、价格检查主管、高级价格检查员、助理价格检查员或者由上述人员授权的人或者有警察或者刑事诉讼法第85条规定的公诉人以书面形式向任何法院出示的原始发票、发票副本或者3张发票中的1张或者被委员或者销售者证明的发票复印件应作为证明销售者销售行为及与发票、发票副本或者3张发票中的一张或者被证明的复印件包含全部事实的初步证据，起诉中声称发票内容不真实的除外；依照本条的目的，“销售”包括提供服务。

（2）在向任何法院提起的本部分规定的违法行为诉讼中，在该控诉、起诉或者控告中描述的任何物品，该描述应当作为证明这些被描述的货物，在被诉违法行为实施时存在的事实的初步证据，否定的举证责任应当由被告承担。

（3）在针对第36条规定的违法行为提起的诉讼中，证明资料或签名不是虚假的责任应由被告承担。

［不应辩护的情况］

61. 任何因实施了第55条规定的违法行为的人，被提起诉讼的，不应该辩护：

（a）被告人已经超过本部分规定的最高定价购买这些商品；

（b）在发货单或者其他文件表明商品销售价格是基于在该发货单或者文件中签注了接受对相关任何错误或者疏忽不承担责任的背书，或者背书了“E. and O. E.”字样或者任何其他类似的表明该发货单或者文件中的声明可以被修改的标志或者字样。

［特定情形下的免责］

62.（1）对某些人不能依照本部分的规定提起诉讼，即这个人受到委员正式的授权，故意以超过最高定价的价格购买某种受价格限制的商品，或者超过最高服务费用支付某种受价格限制服务的费用，其目的在于获得证据以对从事本部分规定的犯罪行为的销售者或者提供受价格控制服务的人提起诉讼。

（2）对某些人不能提起诉讼，即这个人故意以超过最高定价的价格购买某种受价格控制的商品或者故意向受价格限制的服务支付超过最高收费定价的费用，对实施了本部分规定的和这些购买有关的犯罪行为，不应提起诉讼，即这个人在交易之日起 7 日内或在委员于其指示中允许的更长的时期内向委员通报了该交易。

[规章]

63. 部长可以为更好实现本法的意图和目的而制定规章。

第五编　限制交易行为法庭的设立

[限制交易行为法庭的设立]

64. （1）应当建立限制贸易行为法庭（下文中称为“法庭”）以履行本法赋予的职责。

（2）该法庭应当由 1 名主席和部长委任的 2 ~ 4 个成员组成，主席从事律师工作不得少于 7 年。

（3）法庭成员任职期间不得超过 5 年，除非在该期限终止之前：

（a）向部长提交了其亲笔签名的辞职报告；

（b）部长在确信某成员由于精神或者身体虚弱的原因不再适合履行其职务所应承担的职责，或者该成员至少连续 3 次没有参加法庭的会议时，撤回他的任命。

（4）法庭会议的法定人数应当是 1 名主席和其他 2 个成员。

（5）法庭的成员应当有权获得部长确定的生活和差旅津贴。

（6）部长应制定规章：

（a）规定向法庭提起上诉的方式和关于所有上诉要支付的费用；

（b）规定法庭审理上诉和进行记录所适用的程序；

（c）规定法庭举行会议应当采用的召集方式和确定时间、地点的方式；

（d）为更好地实现本法有关法庭和法庭受理上诉的规定。

[向法庭提起上诉的程序]

65. 本法规定的上诉：

（a）上诉人应亲自或者由辩护人在审理上诉当天确定的时间出席法庭，但是如果通过证明使法庭确信，肯尼亚境内上诉人的缺席是由于疾病或者其他合理的原因，使其不能在案件审理当天确定的时间参加上诉审理的，法庭在认为必要时可以推迟一定合理的时间审理该上诉；

（b）上诉的费用由法庭确定。

[向法庭上诉的适格主体]

66. 下列主体可以行使本法赋予的向法庭上诉的权利：

（a）任何根据第 18 条列举：

（i）被指示停止或者不得再进行任何贸易行为的人；

（ii）允许按照某个指令规定的条件继续或者重复贸易行为的人；

（iii）被指示按照特定的步骤帮助现有或者潜在受到任何禁止的贸易行为负面影响的供应者或者消费者的人；

（b）（a）项中涉及的指令对一类人作出指示，属于这类或者对该分类提出异议的任何人；

（c）任何根据第31条接受指令：

（i）禁止从事提议的合并或者收购的人；

（ii）被授权根据指令中规定的条件从事提议的合并或者收购的人。

［上诉的审理和判决］

67.（1）法庭在任何案件中，认为符合当事人或其任何一方的利益并且不影响其他人相关的利益或者公共利益，可以指令审理或者审理的某个部分不公开进行。

（2）法庭可以作出指令禁止在上诉审理之前发表任何关于诉讼或者上诉审理中的某部分的报道或者描述（无论审理是公开的还非公开的）；但是这样的指令不能禁止对上诉当事人姓名的公开和对当事人或者法庭某项指令的报道。

（3）在任何上诉的判决中，法庭可以确认、变更、或者推翻被提起上诉的指令或者该指令中的某个部分。

［法庭对上诉发回重审］

68.（1）尽管第67条对某些事项作出了规定，法庭在某个案件中，可以采用代替根据那一条文对上诉进行判决的做法，指示部长对上诉进行全面的或者对有关的某些特定事项，与上诉有关的全部或者某个事项的特定部分进行重新审议。

（2）在根据本条给出的某个指示中，法庭可以：

（a）建议部长在他的说服下这样去做；

（b）法庭认为关于某事项的全部或部分的公正复审、重新审议或者其他方式的，向部长发出这样的指示，将之退回重新审议。

（3）在对退回事项的重新审议中，部长应该参考法庭根据第1款发出指示的原因和法庭根据第2款的指示。

［对未决上诉的规定］

69.（1）根据第20条对部长根据第18条发出的指令提起上诉的，与该指令有关的上诉应该被归属为未判决的上诉，法庭发出了其他指令的除外。

（2）根据第32条对部长根据第31条发出的指令提起上诉的，该上诉与合并或收购有关，不是完全的未判决的上诉。

第六编　杂　则

［提交委员所需记录］

70.（1）每个——无论是负责人还是代理人，无论是自己还是他的代理人——拥有委员或者他授权的代理人依照第14条或者第29条要求的营业记录的人：

（a）否认这些记录的存在；

（b）拒绝委员或者其授权的代理人获取这些记录；

（c）拒绝提供委员或者其授权的代理人指定记录的复印件，或者拒绝将记录存放在委员或者他授权的代理人处；

（d）向委员或者其授权的代理人提供虚假或者误导的信息，应被判有罪。

（2）依照本条第1款（c）项的规定将营业记录存放于要求的存放记录的人那里，则其应：

（a）向记录所有者出具收条；

（b）对所有者负有安全保管保持记录原样的责任；

（c）在其目的达到之后立即向所有人返还原记录：（c）项的规定不应该被视为是废除了其他授权警官持有这些记录的法律规定在此时的适用。

（3）第 2 款的规定不应视为要求任何人返还或负责安全保管那些递交给警察或者已经作为证据在诉讼程序中向法院提交的任何工作簿、账目或者其他文件。

（4）无论是负责人还是代理人，无论是亲自或者由其代理人，在事先未得到提供记录的人的书面许可的情况下，将依照第 14 条或第 29 条获得的记录公布或者披露，应被判有罪。

（5）依照本条被判有罪的人应被单处或并处一年以下的有期徒刑或罚金。

［企业高级管理人员和合伙人的责任］

71.（1）依照本法被起诉犯罪的主体是企业法人的，在实施犯罪行为时担任企业法人的董事、经理或者管理人员的每个人都会与该企业法人在同一个诉讼中被连带起诉，该企业法人被判定犯罪的，每个该企业的董事、经理或者高级管理人员都应该被认定从事了该犯罪行为，除非其证明实施的该行为超出了他知道的范围或者其尽全力阻止该犯罪行为的实施。

（2）合伙中的任何合伙人应对其他在同一合伙中的合伙人实施的关于这个合伙的行为或者疏忽行为负责任；并且，如果某个合伙人所做的某种行为或者某种疏忽行为是本法规定的犯罪行为，每个在该合伙中的合伙人应该连带并且分别承担本法规定的罚款责任。

［职务行为的保护］

72.（1）对部长或者委员，部长或者委员授权的人依照本法所做的任何行为或者基于善意意图所做的行为，不得向任何法院启动法律程序。

（2）不可向因部长或者委员，部长或者委员授权的人依照本法所做的任何行为或者基于善意意图所做的行为直接或者间接造成某人的任何损失、损害或者危害要求支付赔偿。

［本法对国有企业的适用］

73. 豁免的范围是免除本法第 5 条或者其他成文法律规定的适用，每个——由政府持有一份或者更多股份，无论是唯一的股东、大股东还是少数股东——从事商业行为的企业法人是本法适用的主体，并且可以被委员调查，遵守部长的指令，并且可以因与违反本法规定的犯罪行为有关而被控告。

［与肯尼亚标准化局的协调］

74. 就为本法的目的所有涉及日用品的定义和规格以及日用品质量等级的事项，委员应该与肯尼亚标准化局进行商议。

［制定规章的一般性权力］

75. 为更好地执行本法，部长通常可以制定规章。

毛里求斯竞争法案（2003 年）

第一编　预备性条款

1. ［标题］

该法案可称为 2003 年竞争法。

2. ［解释］

（1）本法中：

“滥用垄断地位”是指第 11 条定义的情形；

“协议”是指包括任何形式的协议或安排；

“反竞争的协议”见第 13 条的定义；

“授权的官员”指在第 4 条指定的官员；

“商业行为”是指以营利为目的的实施的职业行为或其他行为；

“合谋协议”是指第 12 条定义的协议；

“消费者”是指使用商品或接受服务的人；

“委员会”是指依据本法第 8 条设立的“竞争咨询委员会”；

“法院”是指受侵害人居住地的地方法院；

“指示”是指法庭根据本法第 15 条规定所作出的指示；

“主任”指根据本法第 4 条规定任命的公平交易办公室主任；

“文件”包括以任何形式记录的资料；

“企业”包括从事商业活动的公司、合伙企业、社团组织或其他法人，以及他们的分支机构、附属企业、关联企业或直接、间接受它们控制的其他实体；

“商品”包括建筑和其他设施；

“成员”特指竞争咨询委员会成员或法庭的成员根据具体情况也包括主任或副主任；

“部长”是指负责商贸事项的部长；

“垄断地位”指根据本法第 10 条规定的情形；

“办公室”指根据本法第 4 条设立的公平交易办公室；

“价格”包括任何形式的费用；

“限制性商业行为”包括本法第三部分规定的情形；

“服务”指除提供商品之外以营利或获得报酬为目的的、任何专业的或非专业的义务的接受或履行但不包括基于劳务合同提供的任何服务；

“附属企业”与 2001 年公司法关于“附属企业”的定义相同；

“供应”指商品的供应，包括出售、租赁、出租和分期付款的形式的供应；

“竞争上诉法庭”指依据本法第 6 条设立的竞争纠纷裁决机构；

“承诺”是指根据本法第 15 条规定由企业向主任提交并由主任接受的防止或消除限制性商业行为的书面义务性承诺或保证。

（2）根据本法的立法宗旨，如果两个法人组织中的一个是另一个的附属企业或两个法人组织同属于另一个法人组织的附属企业，这两个法人组织被视为存在关联关系或在人格上具有同一性。

3. ［本法的适用］

（1）本法所称的“提供商品或服务”均应被解释为毛里求斯国内的商品和服务的提供。

（2）本法不适用于附录一所列的商品或服务。

第二编　机构框架

4. ［公平贸易办公室的设立］

为了实施本法，应当设立公平贸易办公室。

公平贸易办公室应设主任一职，其职位为公职。

主任应当：

（a）负责办公室的日常事务的控制、运作和管理；

（b）根据本法的规定履行义务和职责。

办公室在履行本法规定的职责时，应当获得被要求的公职人员的协助或者通过在不规定退休金的劳动合同中作为临时人员的专家的协助。

办公室的官员受主任的直接行政领导。

办公室主任可以以书面形式一般或特别地授权任何办公室的官员完成其授权的事务或者需要完成的事务。

办公室应当制定自己的程序。

5. ［主任的职责］

（1）主任应当在遵守本法规定的其他条款的基础上履行下列职责：

（a）调查对任何限制性商业行为的指控和怀疑或与其有关的事项：

（i）依职权调查或者；

（ii）依据收到的引起该怀疑的控告或信息。

（b）收集、整理、评估有关指控或者怀疑的信息；

（c）采取必要的措施以防止或消除限制性商业行为，包括相关指令的发布以及补救行为的建议。

（2）在开始对限制性商业行为的怀疑或者及辩解进行调查之前，应当事先书面通知部长。

（3）主任根据本法第 15 条第 5 款将有关案件提交法庭，必须同时向法庭提供任何相关的信息。

（4）主任为履行本法规定的职责，在其认为必要时可以公布任何信息及其报告。

6. ［竞争上诉法庭］

（1）为实施本法设立的竞争上诉法庭应当包括：

主任仲裁员以及副主任仲裁员都应当具有出庭律师或者是至少具有 10 年以上普通律师职业资格，并且都应当由首相与反对党协商后进行任命；并且

由部长任命的法庭的其他 4 个成员应当具备消费者权益保护、商业、金融业、经济、管理等方面丰富的知识；

任期不超过 2 年，可以延展，并且根据情况可以是首相或部长认为合适的条件。

（2）法庭应当发出它认为符合阻止或终结该行为目的的指令，包括指令参与该行为的任何人所在的商业行业或活动领域分开由其他人执行。

（3）为了审理和决定本法规定下的事务，法庭应当由主席和不少于2人的其他人员组成，主席不能履行职责时，由副主席代理。

（4）法庭应当设立登记官，其应当是公职人员。

（5）部长可以指定他认为有助于处理法庭事务的公职人员。

（6）法院的成员应当获得的报酬由部长批准。

7.［裁决的程序］

（1）审判庭将在该时地设立，主席将作出决定。

（2）依本法规定，法庭：

（a）应当建立自己的程序；

（b）应当在考虑当事方的利益后迅速的裁决；

法庭认为有利或有必要时，可以作出指令要求相关人出席和出示物品或文件；

可以非正规方式行动；并且

可以获取誓言证据，并基于此目的组织宣誓。

（3）为了审理和决定本法规定下的事务，法庭可以要求主任或任何公职人员或其他人出席和提供必需的任何文件或证据。

（4）法庭的裁决和作出该裁决的理由应当以书面的形式作出。

（5）法庭的裁决应当在政府公报上公布。

（6）尽管其他法律有规定，但向本法庭提交的任何文件应免除登记和印花税。

8.［竞争咨询委员会］

（1）为实施本法，设立的竞争咨询委员会有下列人员组成：

部长任命的主任；

商务部的一名代表；

主任或其代表；

司法部长办公室的一名代表；

毛里求斯工商业联合会的一名代表；

联合经济委员会的一名代表；

消费者协会的2名代表；

部长任命的不多于5名的成员，其要掌握消费者事务、商业、金融、法律、公共事务或者经济知识。

（2）该委员会的主席和成员应当获得的报酬由部长批准。

（3）该委员会应当建立自己的程序。

（4）该委员会1年内必须至少开4次会，但是2次会议之间的时间间隔不超过3个月。

（5）任何成员任职期间不少于2年。

9.［委员会的目的］

委员会的目的为：

对和限制性商业行为的有关事务给予部长重点保护消费者的建议；

开展活动以提高商会和消费者在竞争和相关事务上的意识；

保持商会和消费者组织之间有效的交流；

促进在公平竞争和最优商业行为领域中出现的趋势的研究的。

第三编　限制性商业行为

10. ［垄断地位］

（1）依本法目的和本条第 2 款的规定，一个垄断地位是在特定市场商品或服务的提供或取得时没有竞争存在或者一个企业享有支配性地位。

（2）在确定第 1 款规定的垄断地位是否存在时，应该考虑可替代商品或服务的可能性和消费者短期内可以转向的所有邻近的竞争者的可能性。

（3）第 1 款不适用于附录二列举的商品和服务。

（4）基于本法目的，支配地位指在一个特定市场单方面影响价格或商品或者服务的产量的能力。

11. ［滥用垄断地位］

（1）根据本条第 2 款规定，企业出现以下情况时，产生垄断地位的滥用：

（a）该企业处于第 10 条规定的地位；和

（b）单独或者和其他企业一起：

（i）从事不当限制其他人提供或取得相同种类商品或服务的能力的行为或举动；

（ii）该行为或举动对经济效益、经济适应性和经济竞争性产生或可能产生不利的影响或者有损或可能有损消费者利益。

（2）依本条第 1 款规定，任何行为或举动：

（a）直接或间接使他人接受不公平的购买或销售价格或者其他不公平交易条件的例如低于成本的定价；

（b）限制供应、生产、市场或技术的进步从而损害消费者利益；

（c）针对同种交易对其他交易方提供不同条件而使其在竞争中处于不利地位；

（d）与交易相对方缔结协议使其承担与合同性质或根据交易惯例与合同标的无关的附加义务。

在确定是否出现滥用垄断地位时应当予以考虑。

12. ［合谋协议］

（1）在任何协议中：

同种类商品或者服务的购买方或提供方，其目标是通过任何方法：

固定商品或者服务的销售价格或购买价格；或

分割市场或者货源；或

限制向任何人提供或从任何人处取得商品或服务；和

其效果严重的阻碍、限制或者扭曲了竞争。

该协议应当被认为是合谋协议。

（2）除本条第 3 款规定的情形外，任何合谋协议或合谋性条款是被禁止和无效的。

（3）附录三规定的协议不被认定为合谋协议。

13. ［反竞争协议］

（1）依本法目的除本条第 2 款规定的情形外，任何协议或其条款：

规定协议的当事人或该协议导致该当事人可以提供或取得一个同种类货物或服务的重大市

场份额；

其目的或效果严重阻碍、限制或扭曲竞争的；

应当被认定为是反竞争协议。

（2）当部长出于公共利益的考虑或其确信该协议有利于消费者时，可以豁免该协议适用本条。

14. ［操纵投标］

（1）除本条第 2 款规定的情形外，不得订立含有以下内容的协议，通过一方当事人：

作为对投标邀请的回应放弃投标；

作为对要求或请求的回应，在投标的报价或条件方面达成一致。

（2）该条不适用于：

当事人为关联法人的协议；

在协议一方投标作出之时或之前，协议的条款被招标方知晓。

（3）违反本条第 1 款规定构成犯罪并处以不超过 50 万卢比的罚金或不超过 5 年的有期徒刑。

（4）主任确信有人违反了第 14 条的规定的，他应将该事项提交警察局。

第四编　限制性商业行为的控制

15. ［承诺和指示］

（1）本条任何规定不能被解释为阻碍主任在询问期间或在结束之前接受一个被调查组织的承诺。

（2）其中，调查显示：

存在垄断地位滥用的；

存在反竞争协议的；

存在违反禁止性规定订立合谋协议的。

主任可以在他认为合适的条件下接受他认为合适的人的承诺，去阻止或终结该种限制性商业行为，包括该种情况即第 6 条第 2 款规定的参与该行为的任何人所在的商业行业或活动领域被分开由其他人执行的情形。

（3）承诺应建立一种方式来阻止或终止限制性商业行为。

（4）主任接受的任何承诺应对主任认为合适的人有约束力。

（5）调查中主任确信：

（a）未作出承诺的；

（b）作出的任何承诺没有令人满意地清楚指明阻止或终止或由于其他原因未接受此种限制性商业行为的方式；

（c）接受的承诺没有被遵守；

他应将该事务提交法庭。

（6）主任将一项事务提交法庭后，法庭在听取当事人意见后，应作出可能解决该问题的必要指示或决定。

（7）主任应监督任何承诺和指令的遵守。

（8）在本法规定的承诺和指示作出后，认为情况发生了重大的改变的任何人可以请求主任或法庭，根据具体情况，对承诺和指示作出变更。

（9）主任确信承诺和指令作出后，情况发生重大变化的，他可以：

（a）同意对承诺进行变更或者豁免承诺人在承诺中的义务；

（b）为了变更或终止指示而将该事项提交法庭。

（10）依本条第 8 款和第 9 款（b）项提交给法庭后，确信情况发生重大改变的，可以变更或终止该指示。

（11）一个人未遵守指示时，法庭依主任的申请，审理、决定并：

作出其认为合适以确保该指示被遵守的指令；

指令该人承担该申请的审理费用和其他费用；

认定该人藐视法庭罪并将此案提交给警察局。

（12）主任应当在：

（a）任何承诺及其更改或豁免；

（b）指令及其更改或终止。

作出的 21 日内公布。

（13）其权利因主任依第 5 条第 1 款（c）项作出的决定而被侵害的任何人，应当在 30 日内依规定的形式和方式向上诉法院上诉。

16. ［控制限制性商业行为的标准］

依第 15 条规定，主任或法庭根据具体情况应考虑以下因素：

（1）保持和鼓励竞争的愿望和将获得的商品和服务的价格、数量、种类和质量方面的收益。

（2）下列情形中的益处是否已超过缺乏竞争、阻碍、限制、扭曲竞争的效果：

（a）商品和服务的安全性；

（b）生产、供应或分配商品的效率或者服务提供或使用的效率；或

新的先进的商品、服务和生产与销售的方法的发展和使用；

（c）消费者和企业过去、现在或将要分享利益的总体程度。

17. ［部长的权力］

（1）主任决定行使本法规定的职权来接受承诺或提交事项于法庭时应当书面通知部长。

（2）在部长认为主任接受任何承诺或向法庭提交任何事项不符合公共利益时，他可以在收到第 1 款规定的通知后 21 日内，给予主任他认为必要的指令。

（3）部长依本法作出的指令必须是书面形式的。

18. ［利益的公开］

（1）法庭成员或者法庭协助人员对会议审议的事项有任何直接的或者间接的利益的，他应在会议开始后尽快公开其利益并且不得参加有关事项的讨论，除非法庭另有规定。

（2）依本条规定任何利益的公开应当记入当次会议记录。

19. ［上诉］

（1）因法庭判决在法律方面有错误而受侵害的任何人在判决作出的 21 日内以判案要点的方式向最高院上诉。

（2）本条规定的上诉应当按照法院法第 198 条的规定由首席法官制定的方式进行。

第五编　调查和询问

20. ［主任的调查权］

（1）主任可以书面要求：

业务受到调查的任何人在指定的时间和地点出席并回答问题或提供信息或提交主任要求的有关调查事项的文件；

任何公职人员在其他法律不禁止他揭露的前提下，提供信息或提交由其保管或控制的文件。

（2）主任可以对依第1款规定提交的文件进行复制或摘录并可以要求提交人对该文件作出与之有关的必要解释。

（3）一项调查涉及的材料由储存在电脑、光盘、磁带、摄影胶片中或保存在任何机械或电子设备中的信息组成时，主任的要求应当被视为要求接受调查的人所提交或给予的信息应是可带走的、可视的和清晰易读的。

（4）被要求出席和回答问题或者另外地提供信息或提交任何特定文件或任何特定类型的文件的人，无合理理由不得拒绝或未能回答问题或者提供信息或提交文件或一类文件。

（5）虽然一个人拒绝或未能回答给予他的问题或者拒绝或未能提供他必须提供的文件或一类文件，在该情形下，问题的答案或文件或一类文件的提供可能使其受到指控时，基于本条第4款目的，依本条第6款，应当被认定是一个合理的理由。

（6）虽然一个人拒绝或未能回答给予他的问题或者拒绝或未能提供他必须提供的文件或一组文件，在该情形下，问题的答案或文件或一组文件的提供可能趋向于使其负罪时并且在此种情况下，公共检察院的主管给该人一个书面承诺，任何回答或文件及一组文件的提交不会在任何程序中被用作证明其犯罪的证据除了关于该人提供失实证据的程序，基于第4款目的，应当被认定是一个不合理的理由。

21. ［进入和搜查］

（1）依本条第2款，主任基于本法目的，指定任何官员：

进入和搜查任何场所并取得特定文件；

复制该类文件；

要求任何人提供对该类文件的解释或说明这些文件的来源；

要求以清晰的并可被带走的方式提交在电脑中并在该场所易得到的信息；

得到并扣留可能被作为证据的信息。

（2）本条第1款提到的人没有地方法官签署的搜查令不得进入并检查任何事实。

（3）地方法官可能签署搜查令，如果他确信：

主任有合理理由怀疑场所中有他或者法庭有权要求提交但未按照要求提交的文件；

主任有合理理由怀疑如果文件被要求上交，它们将被改动、隐匿或销毁。

（4）地方法官确信主任有合理理由确信执行搜查令的人，已被或将被拒绝进入任何场所或接近任何文件，地方法官可以直接指定一名警察采取合理必要的措施以进入场所并使搜查令获得执行。

（5）在被授权官员依照本条规定的搜查令进入企业场所时，企业场所的所有者、占有者或管理人，应当对其行使权力提供一切便利条件和协助。

第六编　附　　则

22. ［主任的年度报告］

（1）主任应当在每年结束后 6 个月内向部长提交该年他的活动和委员会的活动报告。

（2）部长应当向国民大会议提交该报告的副本。

23. 信息的公开

（1）依据本条第 2 款规定，关于特殊商业或个人事务的信息，依本法规定或通过本法条款确认，在该商业继续被执行或该个人有生之年内不能被公开。

（2）本条第 1 款不适用于下列情形：

经负责营业的人或有关个人的同意的；

为了促进主任、法院或部长履行本法规定的职责或为了本法规定的诉讼而作出；

公开和刑事犯罪调查有关的；

为了促进部长在咨询主任、委员会后依规章指定的职能的履行而作出。

（3）违反本条第 1 款将构成犯罪并处以不超过 20 万卢比的罚金。

24. ［对成员和官员的保护］

成员或官员履行或被认为是履行本法规定的职务的作为和善意的不作为，不承担任何法律上的民事或刑事责任。

25. ［犯罪］

（1）任何人：

无正当理由未能遵守本法规定的要求；

应要求或者应与主任或法庭依本法规定的职能有关，向主任或法庭提供明知错误信息或会造成实质性误导的信息，或者，因过失向其提供错误信息或会造成实质性误导的信息；

明知提交文件的要求，改动、隐匿或销毁文件或导致文件被改动、被隐匿或被销毁；

阻碍依第 21 条发出的搜查令；

拒绝在法院审理前宣誓；

就其知识和信仰，未能全面地和满意地回答主任或法院行使根据第 7 条和第 20 条规定的权力而对其提出的问题；

侮辱、干扰或其他藐视法庭的行为；

将构成犯罪。

（2）根据本条构成犯罪的，应处以不超过 50 万的罚金或不超过 2 年的有期徒刑或者并罚。

不管：

（a）法院法第 114 条第 2 款；

（b）地区和中级法院法（刑事管辖权）第 72 条第 5 款的规定，地方法官有权依据本法和依其制定的规则审理刑事犯罪，并可以行使本法规定的处罚。

26. ［规则］

（1）依本法部长可以制定他认为必要的规则。

（2）依本条制定的规则适用于：

（i）附则的修改；

（ii）第 10 条第 1 款和第 13 条规定的提供或购买的份额。

（3）依第1款制定的规则可以规定违反该规则的人将被认定为犯罪并被宣告有罪，承担不超过50万卢比的罚金或不超过两年的有期徒刑。

27. ［相应修正］

公平交易法第6条被废除。

28. ［生效］

通过公告确定本法生效日期，不同条款确定不同生效日期。

附录一

第3条第2款

本法的除外适用

1. 雇主的活动或者雇主作为一方当事人签订的与雇员雇佣的报酬、条款或条件有关的协议。

2. 与从毛里求斯出口商品或向毛里求斯境外提供服务有关的任何行为或协议。

3. 协议就其包含版权法、设计权法、专利法或商标法规定的权利的使用、许可或分配的条款。

4. 毛里求斯参加的国际协议批准或要求的行为或协议。

法规或法规规定的计划或方案特别地要求或授权的行为或协议。

附录二

第10条

垄断地位有关的条款对货物和服务适用的除外：

航运和海运服务；

广播服务；

电力服务；

金融服务；

自由港服务；

信息和通讯科技服务；

除了快递服务的邮政服务；

国有企业供应的货物和服务；

除了作为零售的水的自来水。

附录三

第12条

合谋协议条款除外适用的协议类型：

行业协会或职业协会的成员之间的协议和其对成员的建议。

墨西哥联邦经济竞争法（1993 年）

第一章　总　　则

第一条　本法规制《墨西哥联邦宪法》第 28 条所提及的经济竞争、垄断以及市场进入自由。本法在整个墨西哥联邦境内有效，并适用于联邦境内所有经济领域。

第二条　本法旨在通过制止垄断、垄断行为以及其他阻碍商品和服务市场有效运行的限制竞争行为，保护竞争秩序和市场进入自由。

在本法中，“工商促进部”是指墨西哥工商促进部，“委员会”是指联邦竞争委员会。

第三条　本法适用于所有参与经济活动的主体，包括自然人，公司，联邦、州以及市政府机关或机构，协会、行业团体、信托机构或者其他任何形式的市场参与者。

第四条　根据本法的宗旨，州政府对《墨西哥联邦宪法》第 28 条第 4 款所规定的战略性行业行使排他性权力不构成本法所称的垄断。

但前款所述经济实体及州政府机构，在非战略性行业的活动仍受本法约束。

第五条　为保护工人利益而依法成立的工会组织不构成垄断。

作者和艺术家在一定期限内对其作品享有的特权，以及发明者和发明改进者对其发明的排他使用权不构成垄断。

第六条　在符合下列规定的条件下，直接向国外出口产品的协会或者合作组织不构成垄断：

（一）上述产品是该地区的主要经济来源，或者不属于基础商品；

（二）上述产品不在墨西哥境内销售或分销；

（三）协会或合作组织的成员资格可自愿获得，并且其成员可以自由加入或退出；

（四）许可或授权来自于联邦公共行政部门，而非由上述协会或者合作组织授予或颁发；

（五）在任何情况下，协会或合作组织的成立应当符合住所地法律的要求。

第七条　确定对国计民生必不可少的产品或者服务的最高限价，应当遵循下列规则：

（一）联邦政府专属享有通过行政命令方式决定适用最高限价的产品或者服务的权力；

（二）在不影响其他机关权力的情况下，工商促进部可根据避免供应短缺的标准，通过决议已确立或拟确立的方案确定前款规定的产品或者服务的最高价格。

为最大程度减少最高限价对竞争和市场进入自由的影响，工商促进部可以与有关的生产商或者销售商相互协商采取必要行动，但该必要行动不得违反本法。

联邦消费者保护机构在工商促进部的监督下，根据《联邦消费者保护法》的规定，负责核查、监督最高价格的实施，并对违反本条最高限价的行为进行处罚。

第二章　垄断和垄断行为

第八条　禁止垄断和税收垄断。本法所称垄断行为，是指在商品或服务的生产、加工、分销和销售环节，减少、妨害或者阻碍竞争和市场进入自由的行为。

第九条　绝对垄断行为是指相互竞争的经济实体之间达成的合同、协议、安排、卡特尔或者联合，其目的为下列之一者：

（一）限定、提高、协同一致或操纵市场提供或需求的商品或服务的购买价格或销售价格，或者为达到此相同的目的或效果而交换信息；

（二）对商品生产、加工、分销或销售施加数量、产量的限制，或对服务施加服务次数的限制；

（三）按照可以确定的消费群体、供应商或区域，将现有或潜在的商品或服务市场进行分割、分配、指定或迫使他人接受；

（四）在招标、公开拍卖或投标时决定、操纵、串通招投标或放弃投标。

本条规定的行为无效，实施上述活动的经济实体将依据本法受到制裁，触犯刑法的还应承担刑事责任。

第十条 在满足本法第 11 ~ 13 条规定的条件的情况下，相对垄断行为是指在下列情况下经济实体达成的合同、协议、卡特尔或者联合，其目的在于不适当地排挤其他经济主体，实质上阻止其进入市场，或确立一个或少数经济实体或自然人的独占优势，或实际产生这种效果：

（一）没有相互竞争关系的经济实体之间，依据主体、地域或时间确定、施加或建立商品或服务的排他销售，包括对客户或供应商的划分、分配或指定，以及要求或承诺在一段确定的或有待确定的时期内不生产、不销售商品或不提供服务；

（二）强迫分销商或供应商在销售或分销商品或提供服务时必须遵守的价格或其他交易条件；

（三）以与交易商品或服务相独立的其他额外的商品或服务的购买、收购、销售或分销为交易条件，或在互利基础上的销售或交易；

（四）以不使用、购买、销售或供应任一第三方生产、加工、分销或销售的商品或服务为交易条件；

（五）单方拒绝向特定人销售或提供通常售给第三方的其能够提供的商品或服务；

（六）不同经济实体之间达成协议或收到提议，对特定客户或供应商施加压力，以阻止他实施某一特定行为、对他实行报复或强迫他按特定的方式交易；或

（七）其他在商品或服务的生产、加工、分销和销售中不当地阻碍或削弱竞争和市场进入自由的任何行为。

第十一条 构成第 10 条所列违法行为，必须具备下列条件：

（一）被指控有违法行为的当事人必须在相关市场拥有支配地位；

（二）被指控的违法行为的实施必须与相关市场上的商品或者服务有关联。

第十二条 确定相关市场，应当考虑以下因素：

（一）其他本国或外国商品或者服务在该市场上与该商品或者服务的可替代性，包括技术上的可能性、对于消费者的可替代程度以及替代所需时间；

（二）从其他地区或外国将产品、产品的原材料、产品配件或者替代产品引入到该市场的供销成本，包括运费、保险、关税和其他非关税壁垒，其他经济实体或协会施加的限制条件，以及从其他区域供应该市场所需的时间；

（三）用户或者消费者需求转向其他市场的可能性以及成本；

（四）联邦、地方或者国际上的管制措施对用户或者消费者选择商品供应者，或者商品供应者选择消费者所做的限制。

第十三条 为了确定某一经济实体在相关市场上是否拥有支配地位，应考虑如下因素：

（一）在不存在现实或潜在的能够制约其行使支配力的其他竞争者时，该经济实体在相关市场中所占份额、单方固定价格或者限制相关市场上商品供应的可能性；

（二）进入市场的壁垒、可预见的能改变这一壁垒的因素以及其他竞争者对该商品的供应；

（三）竞争对手及其市场力量；

（四）该经济实体及其竞争对手进入该市场增加投入的可能性；

（五）该经济实体的近期发展状况；

（六）本法实施细则规定的其他标准。

第十四条 依据《墨西哥联邦宪法》第五章第 117 条的规定，州政府实施的旨在直接或间接限制本国或外国商品或服务进入或输出其领域的行为不具有法律效力。

第十五条 联邦竞争委员会可以应利害关系人的请求或依职权进行调查，以确定是否存在第 14 条规定的行为，如存在上述行为，应予以公告。委员会应在联邦政府公报上发布公告，州政府如有异议，可向联邦最高法院提起诉讼。

第三章 集 中

第十六条 本法所称集中是指合并、取得控制权或任何其他竞争者、供应商、消费者或任何其他经济实体之间发生的公司、合伙、股权、股份、信托凭证或资产的集中行为。如果上述集中的目的或效果是减少、损害或削弱相同、相似或实质相关的商品或服务的竞争和市场进入自由，委员会有权对其提出指控并进行惩罚。

第十七条 委员会在依据第 16 条的规定对集中进行调查时，下述行为或企图将被视为证据：

（一）给予或可能给予合并方、收购方或集中产生的经济实体单方固定价格或者实质上限制相关市场上商品的存货或供应的能力，而不存在现实或潜在的能够制约其行为的其他竞争者；

（二）企图不当地排除其他经济实体或阻止其进入相关市场，或存在这种可能性；

（三）企图或实质上导致集中当事人从事上述行为或企图从事本法第二章所禁止的垄断行为。

第十八条 确定是否依据本法对一项集中进行指控或惩罚，委员会应考虑：

（一）第 12 条所确定的相关市场；

（二）相关市场供应商的情况，依据第 13 条对其在相关市场上支配力的分析，及相关市场的集中度；

（三）本法实施细则规定的其他标准或分析工具。

第十九条 依本法规定的程序调查和审查后，如果发现相关集中构成本章规定的违法行为，委员会在采取适当的法律措施或制裁之外，可以：

（一）要求集中符合委员会规定的条件；或

（二）要时下令将不当集中的部分或全部进行分拆，终止控制或排除该行为。

第二十条 符合下列条件之一的集中在实施之前必须向委员会申报：

（一）一笔单独交易或一系列交易的交易额超过联邦地区现行最低工资标准的 1200 万倍；

（二）一笔单独交易或一系列交易导致一个经济实体 35% 以上的资产或股份积聚，且该经济实体的资产或年销售额超过联邦地区现行最低工资标准的 1200 万倍；

（三）参与集中交易的两个或多个经济实体的资产或年销售额单独或总计超过联邦地区现行最低工资标准的4800万倍，而且交易所涉资产或股本总额超过联邦地区现行最低工资标准的4800万倍。

对依据其性质应向工商登记部门登记的行为，上述第1到第3款所指的经济实体必须证明他们已收到委员会的同意决定，或其已依据本条进行申报而委员会没有在第21条规定的期限内作出裁决。

第二十一条 下述规定适用于第20条：

（一）申报应以书面形式发出，附送所涉合法集中行为的草案，包括相关经济实体或公司的名称，最近一个会计年度的资产负债表、市场份额以及与拟进行交易有关的其他信息；

（二）委员会可以在收到申报后20日内要求提供进一步的材料或文件。利害关系人必须在15日内将上述材料或文件提交委员会。上述时限有正当理由可以延长；

（三）委员会应当在收到申报或者在收到进一步材料之日起45日内作出决定。如果在上述期间届满时委员会未向利害关系人作出任何决定，则应视为委员会没有任何异议；

（四）在特别复杂的案件中，委员会主席可以依职权将本条第2款和第3款规定的期间延长到60日；

（五）委员会的决定必须有合理的事实和法律依据；

（六）同意决定并不妨碍其构成本法禁止的其他垄断行为，因此，该决定并不免除参与集中的经济实体可能承担的其他责任。

第二十二条 依据本法，对下列集中可以不提出指控：

（一）已获得同意裁决的集中，但上述裁决据以作出的信息虚假时除外；以及

（二）集中不需要事先申报且其实施已满1年。

第四章 联邦竞争委员会

第二十三条 联邦竞争委员会是隶属于墨西哥工商促进部的行政实体，但依法保持管理自治，依据本法负责制止、调查和指控垄断、垄断行为和违法集中。委员会有独立作出决定的权力。

第二十四条 委员会行使下列权力：

（一）调查本法禁止的垄断、税收垄断、垄断行为或集中，为此目的，可以要求相关个人和其他经济实体提供相关的信息或文件；

（二）建立协调机制以指控或制止垄断、税收垄断、集中和违法行为；

（三）处理竞争行为案件，对违反本法的行为进行行政处罚，向检察官报告影响竞争与市场进入自由的刑事犯罪行为；

（四）对可能损害竞争和市场进入自由的联邦政府计划和政策提出修改建议；

（五）应联邦政府的要求，对与竞争和市场进入自由相关的法律、管制政策提出修改建议；

（六）在其认为适当的时候，就有关竞争和市场进入自由的法律、法规、协议、命令和行政行为提出建议。此类建议不具有法律约束力，委员会也没有义务发布此类建议；

（七）制定并实施内部管理守则和程序规则；

（八）与相关实体一起参加墨西哥拟加入或已加入的涉及竞争和市场进入自由法规或政策的国际条约、协定或公约的缔结；

（九）行使本法和其他法律及法规授予的其他权力。

第二十五条 委员会由包括主席在内的 5 个委员组成。委员会作为一个整体议事，以多数通过作出决定。当出现平局时，主席的投票为最终决定票。

委员会应根据经过批准的预算聘请必要的人员有效地处理事务。

第二十六条 委员会委员应由联邦政府首脑任命，并必须满足以下条件：

（一）35～75 岁的墨西哥公民，拥有与本法目的相关的专业资格；

（二）在与本法目的实质相关的公共服务或学术领域内专业能力突出。

委员不得从事除授课或教育工作以外的任何其他工作，不论是公共还是私营事业。此外，依据本法实施细则的规定，委员在处理与自己有直接或间接利害关系的案件时，应当回避。

第二十七条 委员任期为 10 年，可连选连任。除非证明存在重大合理事由，委员不得被撤职。

第二十八条 委员会主席由联邦政府首脑任命，行使以下权力：

（一）协调委员会的工作；

（二）实施、执行和监督现有相关国内政策；

（三）发布并出版有关委员会履行其职能情况的年度报告，包括其针对竞争和市场进入自由问题所采取行动的结果；

（四）为调查可能违反本法的情况，要求墨西哥或外国的相关机构提供材料；

（五）代表委员会行事；决定人事任免；根据财政预算设立必要的行政机构并授权；

（六）法律及法规授予的其他权力。

第二十九条 委员会应设 1 名执行秘书，由主席任命，负责委员会日常运作和与其他行政机关的协调。

执行秘书对其从事的行为应予证明。

第五章 程　　序

第三十条 委员会应当依照职权或应利害关系人的请求发起调查。

第三十一条 在履行职权时，委员会可以要求相关当事人提供一切必要的材料或文件以便进行调查，并可传唤相关当事人。

委员会对在调查中获得的以及相关当事人向委员会提交的材料和文件应当严格保密。上述信息如果泄漏，相关公务员应承担责任，但主管机关下令披露上述信息的除外。

第三十二条 就绝对垄断行为，任何人均可以向委员会提交书面起诉书；或者就本法禁止的其他行为或集中，利害关系人可以向委员会提交书面起诉书，指控违反本法的当事人，并说明上述违法行为或集中的性质。

在相对垄断行为或集中的案件中，起诉书应当包含构成此类行为或集中的要件，以及证明起诉人已经遭受或可能遭受实质性损害或损失的客观情况。

委员会可以驳回明显不成立的起诉。

第三十三条 委员会的调查，应当符合以下程序：

（一）向被指控人发出传票，通知其调查的性质，并在适当的情况下，附上起诉书的复印件；

（二）被传唤人应在 30 日内提交答辩状，附上其所拥有的书面证据，并提交应该获得审查的任何其他种类的证据；

（三）一旦证据审查完毕，委员会应确定一个不超过30日的时限供当事人提交书面或口头辩词；

（四）委员会应在文件齐备之日起60日内作出决定。

本法未作规定的，应遵守本法实施细则的规定。

第三十四条 为了有效地履行职责，委员会可以采取以下法律措施：

（一）警告；或者

（二）处以不超过联邦行政区现行最低工资标准的1500倍的罚款。对不履行委员会命令的，可逐日执行该罚款。

第六章 罚 则

第三十五条 委员会有权实施下列处罚：

（一）命令停止、责令改正或消除不法行为或违法集中；

（二）命令拆分违法集中的部分或全部，并可以同时适用罚款；

（三）对于向委员会提供虚假陈述或提交虚假信息的责任人，处以不超过联邦行政区现行最低工资标准的7500倍的罚款，不论该责任人是否承担刑事责任；

（四）对绝对垄断行为，处以不超过联邦行政区现行最低工资标准的37.5万倍的罚款；

（五）对相对垄断行为，处以不超过联邦行政区现行最低工资标准的22.5万倍的罚款；对违反本法第10条第7项规定的行为，处以不超过联邦行政区现行最低工资标准的10万倍的罚款；

（六）对参与本法所禁止的集中的行为，处以不超过联邦行政区现行最低工资标准的22.5万倍的罚款；对未按本法的要求申报的集中，处以不超过联邦行政区现行最低工资标准的10万倍的罚款；

（七）对代表公司或受公司委托直接从事垄断行为或本法禁止的集中的个人，处以不超过联邦行政区现行最低工资标准的7500倍的罚款；

对于重复违法行为，委员会可以处以相当于原罚款2倍的罚款。

第三十六条 在处以罚款时，委员会必须考虑违法的严重性、造成的损害、故意的程度、违法者的市场份额、受影响的市场规模、违法行为或集中持续的时间、违法者的再违法情况或不良记录及其财务状况。

第三十七条 在故意违法且情节特别严重的情况下，如第35条第4项和第7项所指的情况，委员会可以不适用第35条规定的罚款，而处以不超过违法者上一会计年度营业额10%的罚款，或不超过违法者资产总额10%的罚款，以两者中较高者为准。

第三十八条 在审查过程中，能够证明因垄断行为或违法集中而遭受了损害或损失的经济实体，可以向法院提起损害赔偿诉讼。在此情况下，法院可以参考委员会评估的损害或损失大小。

依据本法实施的司法行为或行政行为需附有证据方可进行。

第七章 上诉审查

第三十九条 当事人对委员会的决定有异议的，可以在收到上述决定后15个工作日内向委员会提出上诉，请求推翻原决定。

上诉的目的是撤销、变更或维持被上诉的决定，且上诉裁决应包括对被控行为的评价、适用的法律原则以及决定的理由。本法的实施细则将进一步确定上诉的期限，明确上诉程序和举证责任的要求。

上诉请求应以书面形式提交给委员会主席，写明上诉人的名称和地址以及被控行为。上诉书应包含必要的证据，以及请求人法律地位的证明材料。

提交上诉请求将暂停执行有异议的决定。在暂停本法第 35 条第 1 项和第 2 项规定的处罚的情况下，第三人可能遭受损失或损害的，只有申请人为其在败诉情况下可能造成的损失或损害提供补偿或赔偿担保的情况下，其上诉方可受理。

委员会应当自收到上诉书之日起 60 日内作出并公布其决定。如果委员会在该期限内没有作出决定，则视为维持原决定。

过渡性条款　［略］

墨西哥联邦经济竞争法实施细则（1998 年）

第一章　总　　则

第一条　为与本实施细则相区分，《联邦经济竞争法》以下简称为竞争法对于在竞争法或实施细则中未规定的事项，补充适用联邦民事诉讼法的规定。

第二条　除涉及机密信息外，已经作出的最终裁决文本和委员会的评判标准，应当公布在信息公报上，并在政府官方公报上公布其摘要。任何人可以向委员会咨询办公室查询上述裁决的标准。

第三条　竞争法或实施细则中规定的期间应当自委员会收到相关文件之日起计算。

第四条　竞争法或实施细则中的期日是指法定工作日，另有规定的除外。当竞争法或实施细则未规定期间时，该行为应当在 5 个工作日内完成。

第二章　垄断行为

第五条　商业联合会或商业协会发布的指导性规定或建议，如果其旨在使成员从事竞争法第 9 条规定的行为，则该规定或建议是证明绝对垄断行为存在的间接证据。

下列情况构成从事竞争法第 9 条所规定行为的间接证据：

（一）对于国际间交换的商品或服务，两个或多个竞争者的国内销售价格明显高于或低于其国际参考价，但该价格差别是因执行财政竞争法，或者运输或销售成本造成的除外；

（二）两个或多个竞争者为某一种货物或服务确定同一的最高价或最低价，或者执行某一商业联合会、商业协会或任何一个竞争者确定的买卖价格。

第六条　经济实体可以向委员会申请鉴定其相对垄断行为的效益是否有利于竞争或市场自由进入。在评估竞争法第 10 条规定的行为时，应当考虑该因素。

这些效益包括以下几种情况：

（一）能源节约，从长期来看，使批准被指控或被起诉的违法者，可以较低的成本生产相同数量的商品，或者以同样的成本生产更多的商品；

（二）生产成本降低，联合生产、提供两种或多种商品或服务比单独生产、提供更能降低生产成本；

（三）明显降低管理成本；

（四）生产技术或市场信息的转让；

（五）基础设施或营销网络的扩展引起的生产成本或市场营销成本的降低。

第七条　竞争法第 10 条第 6 项规定的行为包括但不仅限于以下几种情形：

（一）以低于总平均成本的价格有计划地销售商品或服务；或者以低于可变平均成本的价格进行的临时性销售；

（二）以独占某一商品或服务的分销或销售为条件，给予该商品或服务的购买者以折扣，并且该行为不能被证明是有效率的；

（三）经济实体将从一种商品或服务的销售中获得的利润持续性地用于弥补另一商品或服

务的亏损；

（四）对处于同等条件下的购买者设定不同的销售价格或销售条件；

（五）一个或几个经济实体的行为，其目的或效果是或可能是直接或间接增加了其竞争者的成本，或者阻碍了其竞争者的生产或减少了市场需求。

第八条 根据竞争法第 15 条的规定，委员会应当要求州或市政府在收到通知之后不超过 20 日的期间内，以书面形式进行答辩，并附上其持有的书面证据，以及作出实质性决定的相关证据。

委员会应当在收到政府答辩之后 10 日之内，承认或者拒绝所提供的证据的适格性，并且在随后 15 日内确定某一天或某一时间出示上述证据。一旦证据已经出示或者上述 10 日期限已经届满，委员会应在 30 日内作出裁决。

倘若本条第 1 款规定的期限届满，委员会仍未收到任何的答辩，则其答辩权和举证权消灭。

第三章　确定相关市场和市场支配地位的原则性规定

第九条 根据竞争法第 12 条的规定，委员会应当确定构成相关市场的商品或服务，包括经济实体生产、销售或提供的商品或服务，本国或外国的替代或可能替代其的商品或服务，及发生该种替代所需要的时间。委员会还应当界定供应或需求上述商品或服务的地理区域，在该区域内提供者和消费者拥有同等的选择权，且不需承担明显不同的成本；委员会还应考虑销售上述商品或提供服务所需成本以及进入替代性市场的成本以及可能性。

同样，委员会应当考虑那些地方的、联邦的或国际性的经济和规范性的管制措施，其妨碍上述替代性商品或服务的市场准入，或者限制了用户或消费者选择其他货源的商品，或者限制了商品提供者选择其他消费者。

第十条 确定竞争法第 12 条第 1 项规定的市场份额时，应当考虑销售商、消费者数量、生产能力以及委员会认为适当的其他因素。

第十一条 根据竞争法第 13 条第 2 项的规定，可能成为市场进入壁垒的因素有：

（一）融资成本或开辟其他营销渠道的成本，融资限制、技术限制或高效率营销渠道的限制；

（二）投资额、投资的不可分性、收回投资的期限，基础设施和设备用于他途的零收益或低收益；

（三）需要有特许权、执照、许可证或其他种类的政府授权，以及受知识产权和工业产权领域法律保护的使用权或收益权；

（四）为了能在市场上与已经存在的商标或商号竞争，而对商标或商号名称进行的广告投资；

（五）国际市场上的竞争限制；

（六）相关市场中现存的经济实体的一致行动所形成的限制；

（七）联邦、州或市政府实行差别待遇的行为，给予某些生产者、销售者、销售或提供商品或服务的公司的扶持性的奖励、补贴或援助。

第十二条 根据竞争法第 13 条第 6 项的规定，确定经济实体在相关市场是否具有市场支配地位，应当考虑以下标准：

（一）商品或服务在相关市场中所处的地位；

（二）缺乏进口渠道或者存在高额的进口成本；

（三）存在高额的成本差异，其可能使消费者转向其他供应商。

第十三条 委员会应当在联邦政府公报上公布确定相关市场集中度的比率的计算方法，以及适用这些方法的标准。

第四章 集 中

第十四条 认定竞争法第 18 条第 2 项规定的经济实体，至少应当参照相关市场中与之并存的主要经济实体的情况。

第十五条 依据竞争法第 18 条第 3 项，在确定一项合并或集中是否应予禁止或处罚时，还应当考虑下列标准：

（一）依据本实施细则第 6 条的规定，对相关市场中可能来源于集中的效益进行评估（该效益必须可归咎于实施上述集中的经济实体）；

（二）集中的效果，包括其对相关市场中与该商品或服务有关的其他竞争者和需求者的影响，以及对其他关联市场和经济实体的影响；

（三）参与交易的一个或多个经济实体对直接或间接参与相关市场或关联市场的其他经济实体的持股情况。

当不能确定间接股东时，上述情况仍需充分查明。

第十六条 依据竞争法第 19 条第 1 项的规定，委员会可以对要求实施集中的经济实体设定以下条件：

（一）实施某一特定行为，或不实施前述行为；

（二）剥离一部分财产、权利、公司部门或股份，并转移给第三方；

（三）关闭某一特定生产线；

（四）修改或删除拟写入合同的条款或条件；

（五）承诺实施一些行为，其目的在于促使市场中竞争者的参与，同时附带地为商品和服务提供销售渠道；

（六）其他旨在避免集中行为可能导致的减少、损害、妨碍竞争或市场自由进入的条件。

委员会不可以设定与纠正集中行为效果无直接关系的条件。设定的条件必须与所追求的纠正效果相符合。

倘若委员会拟宣布一项旨在要求集中行为满足一定条件的裁决，申报人可以请求委员会优先考虑他们的建议。

第十七条 竞争法第 20 条规定的集中申报，必须在发生下列事件之前进行：

（一）竞争法规定的行为已经依法实施完毕，或者该竞争法行为的先决条件已满足；

（二）事实上或法律上获得控制权，直接或间接对另一经济实体实施了控制；或在事实上或法律上取得另一经济实体的资产、信托凭证、股东出资额或股份之前；

（三）所涉及的经济实体已签订合并协议；

（四）一系列尚未实施的连续性行为，如果其完成将导致超过竞争法第 20 条规定的额度的；

如果其他国家发生因实施合法行为而产生的集中，在其对墨西哥国内产生法律或事实的影响前，应当进行申报。

第十八条 合并方，获得公司或企业集团控制权的一方，或者准备实施合并或其进行交易的目的在于累积股份、股东出资额、信托凭证或资产的经济实体，其有义务进行集中申报，并且参与该交易的任何一个经济实体都有义务进行申报。

第十九条 根据竞争法第 20 条的规定，日平均最低工资标准应适用在申报日之前的联邦地区法定日平均最低工资标准；并且在交易约定用外汇的情况下，汇率应适用墨西哥共和国用外汇支付债务的汇率，该汇率由墨西哥中央银行确定，并在申报日之前由联邦政府公报公布。如果未进行集中申报，联邦竞争委员会依职权执行该实施细则第五章规定的程序时，则应当适用现行日平均最低工资标准和在交易日之前一日联邦中央银行公布的汇率。

第二十条 根据竞争法第 21 条第 1 项的规定，集中申报应提供下列材料：

（一）申报集中的经济实体的性质，公司或企业以及其他直接或间接参与集中的经济实体的名称；

（二）在必要情况下，提交法定代表人的姓名和该法定代表人的法律资格证明以及在申报程序中的联系地址和联系人应包括，以及能够迅速确定其所在位置的信息；

（三）集中申报的经济实体的章程及其修正条款，或者经济实体内部规章的副本；

（四）上一会计年度的资产负债表，或者集中申报的经济实体的利润表；

（五）不论该公司是国内还是国外公司，应提交在集中行为发生之前，参与的经济实体的股本结构证明书。该材料应由法定授权人员出具，不需要在登记簿上登记、签名确认或其他手续，且该证明书还应包括上述公司新的股本结构。还应提供在集中之前和之后，直接或间接的股份持有者的持股份额，以及当前和集中之后控制股东所拥有的确切份额；

（六）集中行为的说明，集中的目的和运作方式，集中协议草案，以及双方约定排斥竞争的条款和订立上述条款的理由；

（七）集中行为涉及的直接或间接控制其他经济实体的股本、经营管理或其他活动的经济实体，而这些其他经济实体与其生产或销售相同、相似或有实质联系的商品或服务；

（八）参与集中的涉及的每一经济实体生产或提供的主要商品或服务的说明，并且具体说明该商品或服务在相关市场中的作用，相似商品和服务的清单及在境内生产、分销或销售该相似商品或服务的主要经济实体；

（九）关于参与集中的经济实体和其竞争者的市场份额的材料；

（十）参与集中的经济实体的生产地、营业地，主要销售地以及与上述经济实体相关的其他地点。

上述第 2、3 款所指的文件应提供原件或经过证明的复印件或者代之以一个与原件核对无误的复印件。

当申报文件不符合上述第 1 ~ 8 项的要求时，委员会应当给予申报者警告，要求其必须在不超过 5 日之内提交上述文件；如果上述文件未在规定期间内提交，则应视为该集中未被申报。

同样，在竞争法第 21 条第 2 项规定的期间内未提供委员会要求提供的其他文件的，视为集中行为未被申报。委员会只能要求提交与依据竞争法规定的标准来分析集中行为相关的材料，这些材料构成了申报要求的基础和原因。

委员会应当在提交材料期间届满之日起 5 日内，将视为集中行为未被申报的决定通知申报人。如果委员会在 5 日期间内未作出并通知该决定，则视为申报人已提交所有被要求的材料。

委员会可以要求集中行为涉及的其他经济实体提供材料，但并不能由此推断上述主体也是集中程序的当事人。

经济实体向委员会证实其有明确证据证明该交易行为不以增强其在相关市场中的支配地位，或者减少、妨害或阻碍竞争和市场进入自由为目的或产生该等效果时，应当提供上述第1款到第8款规定的全部材料。

当存在合法正当理由时，委员会可以对任何规定材料的提交给予豁免。

第二十一条 根据竞争法第21条第1项的规定，下列事项可以不必申报：

（一）有关外国公司的股票或股东出资额的法律行为。当在参与上述行为的经济实体并没有取得墨西哥的公司的控制权，也没有累积国内公司的股票、股东出资额、股权信托凭证或其他资产时，不必申报。此外，在集中行为之前，外国公司直接或间接拥有的上述资产也不需申报；

（二）实施集中行为时，经济实体在不少于3年内直接或间接，拥有自身或参与集中的经济主体98%的股票或股东的出资额。在此种情况下，该经济实体有义务在该交易实施后5日内以书面形式向委员会进行申报，申报材料应当包括：

1. 直接或间接参与集中的经济实体的性质、公司或企业的名称；

2. 法定代表人的姓名、授权证明文件以及通知送达的住所；

3. 由法定授权主体出具的参与集中的经济实体在集中前后股权结构的证书，以表明各直接或间接股东所持有股份，并足以证明集中系公司重组；

4. 集中行为的简要说明。

第二十二条 根据竞争法第21条第3项最末一句的规定，应利害关系人的申请，委员会应当在当事人提交申报之日起5日内出具一份无异议的证明文件。

第五章　程　　序

第一节　启动调查

第二十三条 根据竞争法第五章的规定，当其掌握的事实可以证明可能存在下列情况时，委员会应当发起调查：

（一）垄断行为；

（二）竞争法第16条所禁止的集中，甚至包括基于错误信息而获得同意决定的集中；

（三）未履行竞争法第20条规定的申报义务。

在第1款第1、2项规定的情形下，调查程序随着相关裁决的作出而启动，或者依第三方提起的诉讼请求而启动。在第1款第3项规定的情形下，上述调查程序只能依职权启动。

第二十四条 竞争法第32条规定的起诉书，应当包括下列内容：

（一）起诉方的性质，公司或企业的名称；

（二）必要时还应包括法定代表人的姓名及其授权文件的复印件，通知送达的住所和指定接受送达的人，以及快速确定被送达人所在地的材料；

（三）被告人的姓名，企业名称或商号，在可能的情况下还包括被告人的住所；

（四）构成垄断行为或违法集中实质性要件的说明；

（五）在相对垄断行为和违法集中的案件中，还应包括界定相关市场以及在相关市场中确定被告市场支配地位的材料；

（六）在相对垄断行为的案件中，用以证明下列事实的证据：起诉人正在或将来可能被非法地排挤出相关市场或其他市场；或者起诉人进入上述市场可能受到实质性阻碍或可能受到正在形成的独占优势的影响；

（七）在集中案件中，证明起诉人与实施集中的经济实体生产或拟生产的商品或提供的服务相同、相似或有实质联系，或者证明起诉人是相关市场中的一位顾客、消费者或供应商；

（八）适当的时候，证明起诉人已经受到或可能受到损害或损失的要件，以便竞争法第 38 条规定的适用；

（九）适当的时候，还包括一些能证明委员会批准集中行为所依据的信息是错误的要件；

（十）如果可能的话，证明其他经济实体可能受到垄断行为或禁止的集中行为影响的材料；

（十一）与起诉相关的一系列文件和作为决定依据的证据，并说明上述材料与所控事实之间的确切关系；

（十二）起诉人认为相关的任何其他证据。起诉人在不能获得这些证据时，提供其所在地，以便委员会可以依职权获取。

起诉书和与其相关的其他文件的副本必须提供给每一位被告。

第二十五条 委员会应在收到起诉书之日起 10 日内，作出如下裁决：

（一）命令启动调查程序；

（二）或者驳回明显不成立的起诉；

（三）或者警告起诉人一次。当起诉状中遗漏了竞争法或本实施细则规定的一些条件时，可以责令在 15 日内进行说明或者进行补正，委员会可以在适当的情形下将该期限延长，但延长不得超过 15 日。一旦补正完成，应当在接下来的 5 日内作出裁决。如果上述期限届满，当事人未对委员会的建议作出答复或者没有按要求作出说明或补正，视为未起诉。委员会作出的视为未起诉裁决应当在补正期限届满之日起 5 日内通知当事人。

如果委员会在上述期限内没有作出裁决，视为调查已经启动。

第二十六条 委员会在下列情况下可以驳回明显不成立的起诉：

（一）根据竞争法规定，被指控的事实不是垄断行为或被禁止的集中行为；

（二）已经依据竞争法第 33 条的规定作出了关于被诉的相关市场的事实和条件的判决；

（三）委员会对被指控的当事人发出传票后，基于相同的事实而启动的调查程序仍在进行中；

（四）集中申报程序正在在进行而集中尚未发生。在此种情况下，委员会为解决已申报的集中行为应当考虑起诉的相关要件；但是，起诉人不能获得与上述集中行为有关的文件，也不能对审查程序提出异议；

（五）被指控的事实在近期内不可能发生。

第二十七条 委员会正式启动调查程序的裁决应作出摘要，并应在上述裁决作出的 10 日内在联邦政府公报上公布。摘要至少应包括：被调查的垄断行为或被调查的违法集中行为，以及上述行为发生的相关市场；委员会如认为被审查的经营者足够重要，可以将该摘要在任何其他通讯媒介上传播，以便任何人协助调查；但任何情况下，在依本条进行的公示过程中行为所涉及经济实体的性质，公司或企业的名称不应予以公开。

调查期限应当从裁决公布之日起不少于 30 日且不超过 90 日，在特别复杂情况下，委员会全体会议可以决定适当延长期限，但延长的期限不得超过 90 日。

裁决摘要公布后（即使在传票送达被指控的违法者之前），任何人都可以协助调查，并提出涉及促进调查的事实的新的指证。

第二十八条 调查程序开始后，有足够的证据证明：垄断行为或被禁止的集中行为的目的或影响是或可能是减少、妨害、阻碍竞争和国内市场的进入自由；还存在参与上述行为的其他经济实体；或者存在大量垄断行为或违法集中行为，委员会可以制定单独程序，扩大可诉事实的范围，或者设置能够及时有效处理这些问题所最适合的新程序。

第二十九条 所有与被调查事实有关的当事人都有义务，在委员会指定的期限内以书面形式向委员会提供相关的信息和资料并宣誓，并在被传唤时出庭陈述该相关资料。

第三十条 调查结束后，如有充分证据证明存在垄断行为和违法集中，委员会主席和执行秘书应出具一份指控令。其应包括：被指控违法者的姓名和住所；构成垄断行为的实质性要件或违法集中行为的可归责事实；违反的相关竞争法条款；支持所指控违法行为成立的证据。必要时，委员会应当传唤被指控人。

第三十一条 为维持指控令的效力，在送达传票之前，委员会所执行的程序应完全有效。本实施细则中有关证据的规定在必要时应予适用。

目前掌握的证据不能充分证明所指控经济实体的违法行为时，委员会全体会议应当作出决定终结案件，并将该决定通知起诉人。

第二节　传　　唤

第三十二条 根据竞争法第 33 条第 1 款第 2 项的规定，被传唤人应当参照指控令中所列出的每一项事实进行答辩。除非有相反证据证明，对于被指控违法者不予答辩的相关事实，应当视为该事实存在；在上述第 2 项规定的期间内，如果被指控人未提交答辩状，同样视为该事实存在。

被指控违法者应一次性或分几次向起诉人提交答辩状并且提交其认为相关的证据。但所有上述行为须在竞争法第 33 条第 1 款第 2 项规定的期间内进行。

第三十三条 证据应与竞争法第 33 条第 1 款第 2 项规定的文件一起提交，并且清楚地阐明其所要证明的事实。被指控人有义务及时提交相关证据，必要时委员会应当提供相应协助。

提交证据应适当地附上下列文件：

（一）包含有待答辩的质询书的文件；

（二）作为询问证人基础的质询书；

（三）在审查或调查中涉及的地点、期间、对象以及文件的相关资料；

（四）专家证据、调查问卷以及委任专家证人的材料。

如有必要，起诉人可以补充书面质问或调查问卷。

第三十四条 对指控令进行答辩后，应对证据进行认定，并确定上述证据提交的时间、地点。所有类型的证据都可以得到认定。未依法提交的证据、与问题实质无关的证据、违法或不必要的证据不予认定。

当事人应当在证据认定之日起 20 日内提交获得认定的证据材料。

新发现的证据可以在终局裁决宣告之前提交。

委员会就有关已经获得认定的证据的提交程序，应当至少在程序开始前 3 日通知利害关系人。

第三十五条 专家证人应当在其接受并宣誓承担责任之日起 15 日内出具其专家意见，如有正当理由，委员会可以裁定延长上述期限。如果被指控人所委任的专家证人无正当理由在指定期限内没有提交其专家意见，该证据应被宣告无效。

第三十六条 当委员会认为该证据对于认定构成垄断行为或违法集中的实质要件事实，以及构成决定合理依据的事实的真实性是必需的，委员会有权随时要求当事人提供。对于经济实体的有关证据的限制和禁止不适用于委员会。

委员会应当保证调查程序不被中止或中断，为此应采取一切必要措施保证调查程序形成独立的裁决。同样，委员会应采取所有必要措施保证调查程序产生出合理的结果。

经济实体没有答辩质询书权利的，委员会可以传唤其法定代表人出庭证实其所知道的相关事实。

第三十七条 证明被指控违法行为和构成决定的合理依据的证据，是基于起诉人提供的证人证言、专家证据或实物证据的。被指控违法者可在对指控令进行答辩时，对专家和其他证人进行交叉询问时，或陈述与调查有关的观点时，出示这些证据。委员会应确定上述必经程序履行的地点、日期及期限。

第三十八条 当直接或间接介入调查程序的经济实体拒绝委员会的审查或调查时，或无法回答对其提出的借以确定事实真相的问题时，或经济实体未能提供其持有或可以获得的物证或书证时，除非有相反证据，上述问题将被认为已作出肯定性答辩（承认指控）。

第三十九条 委员会为更好地解决争议，在证据审查完毕后，可允许在 15 日内进行补充证明。这些补充证明有利于澄清调查程序目标的事实。该程序应在随后的 20 日内进行。委员会应基于经济实体的利益最大化有权给予其优先答辩的机会。

下列情况，委员会应要求案情摘要：

（一）在本条上述提到的 15 日期限届满时，未实施补充证明程序；

（二）为确保决定的准确性而提供的新的证据已经审查完毕；

（三）竞争法第 33 条第 1 款第 2 项规定的期限届满时，被指控的违法者未作答辩、承认被指控的事实或未提供证据。

第四十条 案件调查应自案情摘要公示之日或者公示期间届满时终结，委员会应在终结后的 3 日内发布裁决。

第四十一条 在委员会发布最终裁决之前的调查程序的任一阶段，被指控违法者有权提交一份书面承诺，承诺暂缓、终止、改正或者不执行被指控的相对垄断行为或者违法集中行为。为此目的，经济实体应当确保：

（一）在垄断行为或者违法集中行为的影响消除的情况下，竞争秩序和市场自由进入应该获得恢复；

（二）提出的措施应当是适当的且在经济上切实可行的，且不会产生垄断行为或集中的效果，并说明上述措施的验证期限；

一旦上述承诺被委员会接受，调查程序将中止直到委员会在 15 日内发布裁决。上述程序因该裁决而终结，但不会影响对从事垄断行为和违法集中行为的主体可能施加的制裁；也不会影响起诉人主张损失或损害的赔偿。

第三节 通　知

第四十二条 委员会作出的通知可通过下列方式送达：

（一）单个送达；

（二）集体送达；

（三）当向行政机关送达或委员会明确要求时，则通过邮差送达令状或以普通邮件或有确认回执的挂号邮件的方式送达。

应利害关系人要求，个人通知可以第三部分规定的方式送达，但应当包括相关服务资费凭证。

第四十三条 下列情况应当单个通知：

（一）委员会全体会议作出的裁决；

（二）要求补充材料的；

（三）驳回起诉的裁决或视为未起诉或未进行集中申报的裁决；

（四）向被指控的违法者送达传票；

（五）警告利害关系人的裁决；

（六）针对委员会进行的程序以外的任何人和实施细则第52条规定的人员的裁决；

（七）上述条款规定之外，委员会明确要求的任何其他情况。

第四十四条 任何单人通知应当直接送达当事人、其法定代表人或其授权接受送达的自然人。如上述人员不在场，送达人可将传票通知交由其住所的在场人员。并告知相关当事人在随后工作日的规定时间出席。如果上述住所无人，则传票通知应放在上述住所的显眼地方。

如果通知的受送达人拒收传票通知，则该通知应送达给此时恰好在该住所的任何人，如果其拒绝接受送达，或者该住所无人时，则用官方公告的方式送达，该公告应贴在上述住所的显眼地方。

送达人应当制作关于送达程序的书面报告，该报告应记载其查明的正确的住所地、受送达人的法律地位、通知作出的日期、时间和通知程序。

第四十五条 单个通知可以通过委员会的行政人员，或者与委员会就实施上述行为达成协议的联邦、州或市政府机构的其他部门的行政人员来实施。另外也可通过公证的方式实施。当利害关系人参加时，上述通知也可在委员会的机构内实施。

第四十六条 对于那些不需要单个实施的通知，应当发布一个目录。该目录应当记载每一项裁决、送达的文件数目、裁决的事项，并应当在委员会内公示且能被公众查阅。并且不能提及程序中所涉经济实体的性质、公司或企业名称，也不能提供其他任何能够确认其身份的信息。

这一目录应在每周更新，包括上周发布的全部裁决。目录每页应有委员会的官方印章。

当经济实体在其最初信息中未表明他们的住所时，任何通知甚至是个人通知应当用集体送达的方式来执行。

第四十七条 所有的通知应当在其被送达的次日生效。

第四十八条 根据竞争法第38条的规定，委员会作出最终裁决后，利益受到裁决中涉及的垄断行为或违法集中行为损害的利害关系人，可以要求委员会通过附带程序来评估其损失或损害。

第六章 咨询和建议

第四十九条 任何自然人或法人，以及联邦、州或者市政府行政机构或其他政府机构可以请求委员会就竞争和市场进入自由问题提供咨询意见，但应符合下列要求：

（一）上述请求应以书面形式提出，附以任何与委员会进行分析有关的材料；

（二）在相关信息材料不充分的情况下，委员会应当在请求提出后10日内要求相关当事人一次性提供相同材料。当事人应在委员会要求之日起 15 日内提供材料；

（三）委员会根据案情，自请求提出或者材料提交之后的 30 日内，满足该请求。

如果上述材料未能在本条第 1 款第 2 项规定的期间内提交，视为未提出咨询请求，但不影响相关当事人请求延长上述期限或者提出新请求的权利。

第五十条 当发生竞争法或实施细则明确规定有效的竞争问题、相关市场中市场支配地位的存在，或者其他需要解决的关于竞争和市场进入自由的问题时，委员会有职责作出相应的裁决，除非有相反的规定。基于这一目的，委员会依职权或应相关行政部门或与该事件有利害关系的经济实体的请求，应当按照下列规定作出裁决：

（一）必要时，委员会应当调阅有关文件和报告，并传唤与正在调查的案件有关的人员，以使他们能够进行陈述；

（二）在调查的基础上，该委员会应当作出初步裁决，并通知相关人、请求人及该裁决实质上所涉及的其他经济实体；

（三）在不少于 15 日且不多于 45 日的时间内，应当听取相关人、请求人及其他经济实体的陈述；并且

（四）委员会为调查案件可以将裁决送达有关主管机关，但并不影响相关当事人在委员会监管之下采取任何措施。

当裁决是基于主管机关或者其他利害关系人的请求作出时，委员会应当在自请求提交之日起 30 日内作出本条第 1 款第 2 项所提到的初步裁决。委员会主席认为存在合理依据时，可以延长该期限及本条第 1 款第 3 款规定的期限，但不应超过竞争法规定的每一案件的最长期限。

尽管本条有最长期限的规定，委员会仍应适当及时地作出裁决，以使对根据本条规定作出的裁决而负有审查职责的主管机关能够及时适用有关规定。

第五十一条 在公开招标程序中，委员会的同意意见作为其条件，应在规定的程序和期间内作出。该程序和期间由相关法律以及招标方和委员会之间的协议的相应条款规定。

第七章 申请复议

第五十二条 申请复议仅适用于对终止调查程序的裁决、起诉不予受理的裁决或者集中未申报的裁决有异议时。

在实施细则第五章、第 8 条以及第 50 条规定程序的情况下，对有异议的裁决应当以庭审笔录为依据进行审查。唯一可认可的补充证据应是事后发现的且与争议事实有关的、可能改变裁决内容的证据。该证据必须与提出复议申请的材料同时提交，并且应符合实施细则第五章的相关规定。

因有合法利益而有权对委员会的裁决提出复议申请的人仅包括起诉人、被指控违法的集中申报程序当事人、或参与实施细则第 50 条规定的程序的人。

第五十三条 委员会主席应当在申请提交后 5 日内，发布裁决接受或驳回复议申请。复议申请被接受的，如果合适的话，委员会应当在 10 日内听取被指控违法者、起诉人和第 50 条涉及的相关经济实体的陈述，以便他们可以阐明自己的观点。

附 则

该实施细则在联邦政府公报上公布之次日起开始施行。其中第 2 条在公布之日起 6 个月后开始施行。

墨西哥联邦竞争委员会内部规则（1998 年）

第一编　总　则

第一条　本规则旨在确立联邦竞争委员会组织结构及其运行基础。

第二条　基于本规则目的下列术语应理解为：

部：贸易和工业发展部

竞争法：联邦经济竞争法

委员会：联邦竞争委员会，以及

主席：联邦竞争委员会主席

第三条　委员会是贸易和工业发展部的一个下属行政机构，依据联邦经济竞争法、本规则以及其他相关法律规定，有权在业务上和管理上自主作出决议。

第四条　委员会的预算及其执行方针应当符合财政和公共信用部为独立收支部门制定的规则规定。委员会的预算不得转用于该部的其他部门。

第五条　委员会可以与联邦政府、州、市的机关和机构，或其他公立或私营组织建立协调机制，防止和调查垄断、行政垄断、集中和垄断行为，并遵守竞争法、本规则或其他相关法令的规定。

第六条　在委员会工作的公务员应当对其工作涉及的及与行动相关的信息和文件予以保密，严格遵守委员会的相关内部规定。

第七条　委员会的工作时间应由主席提议，经全体会议同意后适用年历，并在联邦官方公报上公布。

委员会暂停工作，或者停止办公的日期应视为法律非工作日，明确授权执行行动的日期除外。

第二编　关于委员会的组织和权力

第一章　委员会的组织

第八条　委员会在其职权范围内行使职能、处理事项，应当有下列公务员、机构和行政部门：

（一）全体会议；

（二）主席；

（三）执行秘书；

（四）执行类各司：

1. 法律事务司；

2. 经济研究司；

3. 合并司；
4. 调查司；
5. 私有化及招标过程司；
6. 地区协调司；
（五）协调及行政支持类各司：
1. 国际规则司；
2. 经济标准司；
3. 控制及后续监管司；
4. 行政司；
5. 信息媒体司；
（六）地区代表处或地区办公室——该设置应依照竞争法、本规则及其他相关法令的规定，并且是适当行使和监控委员会相应职能所必要的；
（七）由委员会主席根据预算及联邦经济竞争法第五章第28 条的规定授权，并符合财政和公共信用部相关的标准和方针规定的其他机构及技术、行政人员；
委员会设立内部审计员办公室，该办公室的职责由本规则第 39 条规定。
第九条　主席暂时不能履行职务的，由其通过决定的形式指定 1 名委员代为履行职务。
第十条　执行秘书暂时不能履行职务的，由主席以决定的形式指定的司长代为履行。
第十一条　委员会主席可以通过决定的形式指定副司长或者地区司长代替司长履行其职务。
第十二条　委员会其他公务员暂时不能履行职务、有特殊事由或者有特殊困难的，在不违反其他相关标准规定的情况下，应根据相关决定予以替代。

第二章　委员会全体会议

第十三条　全体会议是委员会最高决策机关，由包括主席在内的 5 名委员组成。委员会召开会议至少需要 3 名委员出席，主席或者合法代为履行主席职务的委员必须出席。
全体会议的决议的通过须经出席会议的委员一致同意或多数同意，除非有合法阻碍原因，出席会议的委员不得弃权投票。主席主持全体会议，不能形成多数意见时，主席拥有决定投票权。
第十四条　委员会全体会议的职责包括：
（一）在其权限范围内处理案件，对违反竞争法及其实施细则的行为予以行政制裁，在适当情况下可以决定向公共检察官提交控诉；
（二）出于行政管理目的，存在疑问、混淆或不同意见时负责解释本规则的条文规定，并解决本规则未规定情形；
（三）处理主席提交的事项；
（四）为防止和调查垄断、行政垄断、集中、垄断行为，以及执行竞争法及其妥善实施细则的规定，批准与联邦政府、州、市的机关和机构，或其他公立或私营组织建立协调机制；
（五）应联邦政府首脑的要求，对自由竞争相关的议案和法规提出意见；
（六）批准组织和程序指南以及委员会内部规定；
（七）听取可能拒绝明显不成立的控诉的预先报告，完全或部分地批准或否决该报告；
（八）处理要求重新审议委员会行为的申诉请求；

（九）经主席提议，批准设立地区代表处，批准其管辖范围、总部及其职能；

（十）任命合适的委员为地区代表处的委员或访问委员，该委员就地区代表处的工作向委员会负责；

（十一）有正当理由的，给予委员每年最长1个月的带薪休假，但不得影响委员会的正常运行；

（十二）竞争法、本规则或其他法令规定的其他事项。

第十五条 全体会议分为定期会议和特别会议。定期会议2个月至少召开一次。特别会议由主席召集或者至少3名委员通过执行秘书召集。召开特别会议时，召开会议的原因应当在会议通知中说明。

委员会全体会议应当作会议记录，并根据记录作出摘要。全体会议批准的决定或决议应由执行秘书转录在册或录入记录系统。相应的记录应当提交下一次全体会议批准。

第十六条 召开定期全体会议，执行秘书应当至少提前36小时通知会议地点、日期、时间及会议议程。召开全体特别会议，应当提前24小时通知上述事项。若全体委员出席，且无需履行后续正式手续的，会议将有效举行。

第十七条 根据实施细则第2条的规定，全体会议最终决议的文本或者其摘录可以写入委员会报告，并在非正式公报和联邦官方公报中予以公布。

第十八条 执行秘书处整合文件后应根据主席决定将文件交给提案委员，由其向全体会议提交草案决议，待其批准或修改。

第十九条 案件的初步调查完成后，适当时，执行秘书处应当给予委员技术协助和调查协助，以便扩充或澄清相应文件，并依据预算情况及财政和公共信用部相关标准和方针的规定，为委员配置技术和行政人员。

委员可以参加与委员会工作相关的宣传活动、会议和代表大会。

第三章 委员会主席

第二十条 主席在其职权范围内依法代表委员会，主席的任命应根据竞争法第28条的规定进行。

第二十一条 主席可以以决定的形式，将其职权委托给委员会的公务员。

联邦经济竞争法第28条第3项以及本规则第22条第1、2、5项及第11～13项规定的权力不得委托他人行使，根据委员会的预算情况及财政和公共信用部的标准或方针规定，设立必要的技术部门的权力也不得委托。

第二十二条 主席的职责包括：

（一）向全体会议建议委员会的政策，并在政策获得批准后确保其适用或执行；

（二）对本规则规定的范围或涵义的理解出现疑问、混淆或不同意见时，出于行政目的，将其提交给全体会议审议解释；

（三）接收处理向委员会提交的案件和控诉，在适当情况下可不必征询意见，即可与执行秘书达成一致意见而驳回明显不成立的控诉；

（四）阐明运行基础，审查各种要求，在委员会缔结的协议和合同上签名；

（五）获得财政和公共信贷部的授权后，向贸易和工业部移交委员会的预算草案，以纳入该部的整体预算；

（六）就可能违背了自由竞争的联邦政府的计划和政策，发表其调整意见；

（七）根据经济竞争法第 21 条和第 31 条的规定，命令提交文件或信息，要求案件相关人员进行申报，并在适当时可以采取竞争法指定的强制措施；

（八）就其认为同自由竞争相关的法律、法规、协议、函件或草案以及行政行为发表意见，该意见不具有法律效力，其也无义务发表意见；

（九）根据经济竞争法实施细则第 2 条的规定，命令在有影响力的公报、联邦官方公报及委员会年度报告中发布全体会议的决议，以及在上述作为委员会官方发布机构的公报和报告中发布与竞争立法和政策相关的论文或宣传相关的资料；

（十）同有权机构一起参与经济竞争领域的国际条约或协议的谈判和讨论；

（十一）给委员分配工作；

（十二）发布与履行委员会职能宣传相关的方针，授权委员会委员、执行秘书和公务员参与与委员会职权相关的活动或会议，除持有反对意见外，同时要注意授权中标准和政策的一致性；

（十三）作出免职决定和授权决定；

（十四）依职权任免机要公务员，但经济竞争法、本规则或其他相关法律有其他规定的除外；

（十五）提议全体会议批准委员会的组织和程序规则，以及保密制度和其他被认为是适当履行委员会职能所必需的内部条例；

（十六）竞争法、本规则或其他条例规定的其他事项。

第四章　执行秘书

第二十三条　执行秘书的职责包括：

（一）协助主席分配和处理案件、资源及委员会交付的其他事项；

（二）与执行司进行协调，整理发给主席的文件及其后续资料；

（三）在各种行政程序、行政法诉讼以及劳工和司法事务中代表委员会，并代替主席出席宪法权力保护行动；

（四）对全体会议和委员投票作出记录并进行计票，通知决议，执行决议和委员会制裁；

（五）协调和监督委员会行动的后续情况，注意在行动中保持标准的一致性，避免重复；

（六）与主席就全体会议相关的事务保持一致；

（七）根据竞争法第 21 条和第 31 条的规定，下令提交文件或信息，要求待决案件相关当事人进行陈述，如果必要的话，可以使用该法规定的强制措施；

（八）事先与主席达成一致意见后，解答利益相关方提出的咨询问题，咨询意见不具有法律效力和约束力；

（九）促进和协调委员会同联邦政府、州、市的不同机关和机构，或其他公立或私营组织在委员会负责的程序、意见和咨询方面的关系；

（十）受理委员会的案件和上诉，必要时经主席同意，驳回明显不成立的案件或上诉，而都无需征求意见；

（十一）在程序、诉讼或调查过程中需要出示时，或者存在一些类似的理由时，公布委员会档案中经核准的证据副本。主管机关有书面命令时也需要公布经核准的证据副本；

（十二）接收、处理和转交向委员会提出的违反竞争法或其实施细则的控诉；

（十三）负责设立、运作和控制委员会的文件库；

（十四）与主席合作准备委员会年度报告以及可能需要的特别报告；

（十五）根据主席的指示，与国际规则司协作，安排委员会公务员参加国内或国际的关于自由竞争的会议、大会、代表大会、研讨会以及其他会议；

（十六）按照主席的指示，与国际规则司长协作，汇编并公布委员会决议；

（十七）建立、维护、管理和充实委员会的书报库；

（十八）竞争法、本规则和其他条例规定的职能、或主席通过委托决定授予的职权。

第五章　各司

第二十四条　为了履行其职能，各司应设置 1 名司长、1 名副司长、地区司长、助理司长、部门负责人、分析师和主席基于预算情况，根据竞争法第 28 条第 5 项的规定而授权的其他技术人员和行政人员。

执行类各司直接负责其职能的履行，并就其行使职权向执行秘书负责；协调及行政支持各司向主席负责。所有其他单位或行政区域向其直接上级负责。

第二十五条　各司的职责包括：

（一）计划、安排、组织、指引、控制和评价其负责的各个机构的工作表现；

（二）根据主席审定的方针，在其专业范围内向委员会提出建议、并支持委员的工作；

（三）为委员会其他司或单位妥善履行职能，对他们的工作给予协助；

（四）签署其职权范围内的程序性协议或决议；

（五）检查、监督和实施委员会的内部规定；

（六）在不涉及保密信息的情况下，依照经批准的指南，与联邦政府、州、市的不同机关和机构，或其他公立或私营组织合作和信息交换；

（七）遵守公文制作、信息传输和交换系统的规定；以及

（八）竞争法或其他条例规定的或委托决定所赋予的其他权力。

第二十六条　执行类各司的职责包括：

（一）与执行秘书保持一致，处理其职权范围内的事务；

（二）向主席或执行秘书提议签署同其他公立或私营机构、实体、协会或组织进行协调和协作的基础，以便于处理相应事务；

（三）按主席或执行秘书的要求制作报告、意见或咨询建议；

（四）向执行秘书提议其下辖的工作人员的任职、晋升和离职；以及

（五）准备该司负责的组织方案，并提交给执行秘书。

第二十七条　协调和行政支持类各司的职责包括：

（一）就其职权范围内事务与主席意见保持一致；

（二）向主席提议签署同其他公立或私营机构、实体、协会或组织的协调和协作基础，便于处理相应事项；

（三）按主席的要求制作研究报告、建议书和计划书；

（四）准备该司的组织方案，并提交给主席；以及

（五）根据主席的指示，实施协调或行政支持机制，促进委员会的竞争政策和行政职能的实施。

第二十八条　法律事务司的职责包括：

（一）根据执行秘书制定的方针，与其他司协作，对议案、规则、决定、法令、墨西哥官

方标准和其他涉及自由竞争的一般性规定等（包括授权行为）的草案作出分析；

（二）应要求为委员会其他部门提供建议，监督委员会公务员行使职权的合法性；

（三）向秘书处提供解释和适用相关法律规定的一般标准；

（四）就其他司转交给其的报告发表意见，监督或处理委员会实施的法律程序，包括委员会了解、处理或操作证据的法律程序和中止执行决议的处理情况；

（五）代表委员会、主席和执行秘书参加各种法律和行政程序、行政诉讼和劳动程序，协助准备宪法权力保护行动的合理报告，以及根据命令，向公共检察官办公室提交控诉；

（六）向委员会各部门提供建议，并就人事相关的劳动事务发表意见（包括劳动行为以及行政记录和文献的起草），对人员辞退和其他人事相关制裁发表意见；

（七）为行政司履行内部规则第 37 条第 1 款第 6、7 项和第 9 项规定的职能提供法律支持；

（八）根据执行秘书的决定，命令提交竞争法第 21 条和第 31 条规定的材料或信息，要求案件相关当事人进行申报，在适当时可以使用竞争法规定的强制措施；

（九）监督委员会决议的妥善执行，在决议未能执行或者执行不当时通知执行秘书；

（十）指明委员会签署的协议和合同应遵守的法律依据和要求，并对此提出建议并进行登记；

（十一）根据竞争法第 39 条的规定针对委员会决议要求重审的上诉作出接收、处理和建议的报告；

（十二）监督竞争法第 34 条规定的强制措施的适用，协助相关司，向执行秘书建议相应的罚金数额。

法律事务司由司长主持工作，法律事务司副司长、诉讼事务局和宪法保护行动局主管协助其履行职责。

第二十九条 经济研究司的职责包括：

（一）根据全体会议批准的政策和主席、部分委员、执行秘书或经济研究司自身的要求，对不同商品和服务市场进行技术经济分析；

（二）对处理委员会受理的案件进行技术研究；

（三）与相关司局协作，分析和研究现行法律框架以及法律、规定、标准等的草案，确定其对自由竞争的影响；

（四）分析管制行业不同经济机构的经济竞争行为；以及

（五）为制定委员会的竞争政策进行研究并准备建议方案。

第三十条 合并司的职责包括：

（一）对委员会受理的合并案件进行研究并提出建议，并应要求，与其他机构就相应事项进行合作；

（二）拟定批准合并所需的条件并监督其实施；

（三）根据执行秘书的决定，要求当事人提供竞争法第 21 条规定的数据或材料；

（四）根据经济实体集中或参与的程度研究市场以及有关合并的国际经验、规则和案例；

（五）根据相关标准对委员会的授权或观测资料进行登记；以及

（六）与相应的局协作，对现行的或起草中的法律、规定和标准以及合并有关的主管机关的行为，进行研究并作出建议方案；

合并司由司长主持工作，合并司副司长、合并注册和合并局主管、合并分析和授权局主管协助其履行职责。

第三十一条 调查司的职责包括：

（一）发起和协调委员会依职权进行的或应申请进行的调查，并应要求，与其他机构就相关事项进行合作；

（二）根据执行秘书的决定，命令当事人提交竞争法第21条和第31条规定的材料或信息，并要求案件相关当事人进行申报，在适当时可以使用该法规定的强制措施；

（三）就其参与的案件提出建议；

（四）与其他公立或私营协会或机构协作进行联合行动，并根据调查的性质要求提供信息；

（五）与外国公立或私营机构开展联合行动，并根据调查的性质要求上述机构提供信息；

（六）与法律事务司协作，监督行动的过程，评价行动的结果，并制作相应报告，以及制作其认为相关的观察报告；以及

（七）依照委员会的政策，与法律事务司协作，收集证据、案件定罪及其负责的调查所需的其他任何材料。

调查司由司长主持工作，调查司副司长、调查局主管、外部协调局主管、商品局主管和后续及评价局主管协助其履行职责。

第三十二条 经济私有化及招标过程司的职责包括：

（一）在授予特许和许可的机制中以及与征收公共实体和资产相关的程序中，研究和建议促进和保护竞争的措施的整合；

（二）根据相关法律规定，研究并建议申请人或投标人向委员会提交的特许和许可通知；

（三）研究并建议在收购公共部门实体或资产的征收过程中的利害关系人提交的通知；

（四）研究并建议相关法律规定的特许或许可转让的通知；

（五）在适当时，建议批准本条第1款第1项和第1款第3项规定的行为所依据的条件；

（六）根据执行秘书的决定，在各个招标的条件和通知中或其他行政规定中，要求提供竞争法第31条规定的数据或材料；

（七）研究受管制行业相应市场的自由竞争情况；

（八）调查相关法律规定的案件，并对竞争和市场力的情况提出建议；

（九）对委员会已解决案件中的授权和观测资料进行登记；

（十）支持主席和执行秘书提出应由资产征收与支出融资部际联席委员会应处理的事项；

（十一）对开放、提升和保护管制经济部门的竞争进行研究并发表观点；以及

（十二）涉及特许、许可和公共实体的资产征收程序的，其他法律、法规或行政规定赋予该局的其他职权。

私有化和招标过程司由司长主持工作，私有化和招标过程司副司长、私有化局主管、招标局主管以及分析和评价局主管协助其履行职责。

第三十三条 地区协调司的职责包括：

（一）实施委员会的非集中化和排出集中计划；

（二）设计、审查和建议能协调和促进地区处理竞争事务的行政程序；

（三）根据全体会议批准的程序和授权处理各地区的竞争事务；

（四）按照中央办公室正在进行的程序继续处理地区级别的竞争事务；

（五）根据全体会议的事先协议和执行秘书的指示，促进并与州政府议定竞争方面的合作协议；

（六）代表委员会实施与贸易和工业发展部签署的处理地区级别竞争事务的行政合作协议；

（七）协调、培训和监督地区办公室处理竞争事务的公务员的工作。

地区协调司由司长主持工作，地区协调司副司长、北部地区、中部地区和南部地区主管协助其履行职责。

第三十四条 国际规则司的职责包括：

（一）根据主席制定的方针，协调委员会参与竞争相关的谈判和国际合作；

（二）参与采取条约和协议规定的以及我国签署的其他国际合作文书中规定的措施，以促进和保护竞争；

（三）按照主席的指示和我国国际承诺条款的规定，就垄断行为和国际合并，以及影响国内自由竞争的国际范围竞争的其他事项，在委员会和其他国家竞争主管机构间建立必要的协作关系；

（四）协调和支持执行类各司参与前款及后续规定的国际竞争事务；

（五）根据主席、部分委员、执行秘书处或该司本身的要求，研究其他国家的竞争政策和竞争立法，并且对委员会的相关领域提出进行上述研究的建议；

（六）协助委员会参加有关保护和促进竞争的国际谈判或协定（包括承诺或方案）；

（七）建议国内经济实体处理来自境外的竞争问题；

（八）对外国经济实体提出的有关竞争的事项提供咨询；

（九）根据主席的指示和执行秘书处的帮助，准备委员会的年度报告草案，以及履行行政义务和国际承诺所需的特别报告；

（十）协助主席在国内外宣传全体会议发布的标准和委员会的决议；以及

（十一）主席通过决定或行政规定赋予的其他职责。

第三十五条 经济标准司的职责包括：

（一）担任委员会和受雇开展专门研究和竞争审计及后续规定的其他事项的咨询公司之间的联络人；

（二）根据主席的指示，对实施竞争法的特定案件开展特别研究并提出建议；

（三）对委员会已解决案件的信息进行系统整理和分析；

（四）向主席建议信息技术政策，决定、宣传委员会要求的信息技术和电子系统的设计和发展的方针和标准；

（五）协调和实施信息技术发展计划；以及

（六）管理机构系统、数据库和服务器，保证其运行的完整性、安全性和保密性。

第三十六条 控制和后续监管司的职责包括：

（一）针对主席委托给委员会的相应部门处理的事务做好后续工作；

（二）就委托给执行秘书处和执行类各司职能和任务，建议和实施后续工作和评价程序；

（三）监督委员会按照主席批准的质量标准提供服务；

（四）建议和协助在经济实体中实施的针对委员会工作质量的调查，并向主席报告调查结果；以及

（五）就上述事务和内部审计员办公室建立必要的协调机制。

第三十七条 管理司的职责包括：

（一）向主席提议其认为可取的技术和管理措施，更好地组织和履行委员会的职能；

（二）根据主席指示的方针，仔细考虑内部信息的管理需求；

（三）向主席拟议委员会的年度计划和预算草案，监督其遵守情况，对其进行评估并作出相应的调整；

（四）根据主席指示的方针批准可入账费用的必要证明文件，出示根据相关标准批准的证明文件；

（五）根据主席指示的方针，负责相关人事事务，包括人员培训和改善人员的经济、社会、文化和劳动条件；

（六）按照相应法律规定，任命公务员，调动人员以及终止任命；按照经批准的程序和标准，在适当时，发布并证明有关公务员担任的或曾经担任的职位或权限、薪金及其他内在活动的记录；

（七）参与起草适用于委员会公务员的标准，并监督其实施和宣传情况；

（八）对根据已确立的标准和程序设立的奖励和报酬进行管理；

（九）根据有关程序和标准，执行委员会人员应受的行政处罚；

（十）根据设立的程序和标准，批准租赁合同、收购、服务规定或其他任何涉及委员会的管理行为；以及

（十一）根据主席指示的方针，向主席建议关于运行、设备、标准、监控和安全以及有序实施预算的行政方案。

管理司由司长主持工作，管理司副司长、人力资源局主管、财政资源局主管和材料资源局主管协助其履行职责。

第三十八条 信息媒体司的职责包括：

（一）根据相关法律规定，执行主席决定的信息媒体和公共关系政策；

（二）根据相关部门指示的方针，制定并向主席提议符合委员会的信息媒体政策的方案；

（三）策划主席决定的公布文件；

（四）收集、分析和处理媒体中与委员会有利害关系事件的信息；以及

（五）主席明确分配的其他任何职责。

第三十九条 根据联邦政府组织法第十二章第37条的规定，任命一名内部审计员主持内部审计办公室的工作，根据同一条款规定任命的审计部门、控诉部门和责任部门负责人协助其履行职责。

根据审计长及行政发展部规则第26条第3项和第4项的规定，上述公务员应当在委员会职权范围内行使联邦公共机构组织法和相关的法律和行政法令授予的职权。

委员会应当为内部审计办公室负责人处理其事务提供所需的人力和物力资源，委员会公务员应当为其行使职责提供必要的协助。

第三编 障碍和豁免

第四十条 任何委员不得知晓竞争法第26条最后一段的规定的与其有着直接或间接利益关系事项或案件的信息。下列情形属于有直接和间接利益关系：

（一）同利益相关当事人或者其代表是直系血亲，无代数限制，或者四代以内的旁系血亲，两代以内的姻亲；

（二）其自身或其配偶与利益相关方或其代表有亲密的朋友关系；

（三）其自身或其配偶与该事项存在个人利害关系；

（四）因接受了继承、遗赠或者捐赠而成为利益相关方的继承人、遗产受赠人、受赠者或保证人；

（五）曾经是该事务的专家、证人、代表、赞助人或咨询人，或者以前为了利益相关方利益，或反对利益相关方利益，曾对该事务进行过处理或建议；以及

（六）具有能够以上述类似方式影响其公正性的情形。

对产生本条规定障碍的事务，委员有义务主动回避，还应特别说明障碍的原因，全体会议应当对回避进行评估。

第四编　委员会公务员的责任

第四十一条　委员会的公务员不当地泄露了其行使职权过程中获得的信息的，应承担行政责任，且不影响承担可能构成的民事责任或刑事责任。

第五编　制裁措施

第四十二条　根据竞争法第 34 条的规定，委员会可以通过相关公务员无差别地使用指定的制裁措施。

第一，本规则自联邦官方公报公布之日起生效；

第二，1993 年 10 月 12 日联邦官方公报公布的联邦竞争委员会规则废止；

第三，其他法令包含的与本规则相违背的规定无效。

摩尔多瓦关于限制垄断行为和促进竞争法（1992 年）

本法规定了促进竞争的组织和法律框架，提供阻止、限制和禁止垄断的措施，旨在为摩尔多瓦共和国提供市场经济建立和运转的条件。

第一章 总 则

第一条 ［反垄断规则的适用范围］

（一）本法调整行业管制机关与在共和国境内商品市场中（以下称为“市场”）从事活动的企业实体之间的关系。本法适用于企业实体和行业管制机关所采取的限制竞争或给市场带来其他负面效应的行为，或者其在摩尔多瓦共和国境外缔结的限制竞争或给市场带来其他负面效应的协议。

（二）本法不适用于企业实体和行业管制机关实施的、依照法律认定为国家垄断的经济行为。

（三）受法律保护的发明、工业标志、商标和著作权形成的法律关系，以及证券市场活动和知识产权活动中形成的法律关系，由其他法律调整。

第二条 ［承担反垄断职能的行业管制机关］

（一）摩尔多瓦国家经济改革委员会（以下称为“CER”）负责有关促进竞争和限制垄断性活动的国家政策问题。

（二）CER 在反垄断领域的主要任务是：确立以促进企业实体和竞争为基础的市场经济发展措施；阻止、限制和禁止垄断性行为；监督反垄断法律的实施。

（三）为了给竞争以及企业家的发展提供资金支持，政府建立一个支持企业家和小型企业发展的基金。

第二章 垄断行为

第三条 ［禁止企业实体滥用市场支配地位］

（一）具有市场支配地位的企业实施的，限制竞争并侵犯其他企业实体或个人利益的行为包括：从市场流通中收回产品以造成和维持市场供应不足或提高价格；要求订约人遵守一些条件，这些条件违反了一份合同或违反了对其无利可图且与合同标的（例如提供资金来源，包括外汇，原材料，产品，住处，劳动力等）无关的要求；在合同中引入歧视性条件，使订约人处于与其他企业实体不平等的地位；要求一个订约人仅在合同包含订约人（消费者）不感兴趣的商品条款之条件下，才能订立一份合同；阻碍其他企业实体进入市场，以及违反法定的商品定价程序。以上行为应被禁止。

（二）企业实体的特定商品市场份额不超过 35% 的，不认为其具有垄断性支配地位。

第四条 ［禁止企业实体间的限制竞争协议（协同行为）］

（一）具有市场支配地位的竞争性企业实体间订立协议（或者参加协同行为）导致限制竞争的，应被禁止，并且协议应根据已有程序被认定为全部或部分无效。这些协议包括：地域市场的划分，销售和购买量的划分，根据卖方或买方的范围对已售商品进行分类；禁止或限制其他企业实体作为特定商品的卖方或买方进入市场；固定（维持）价格、税收、折扣、增量等以侵犯竞争者利益。

（二）在非竞争性企业实体中，其中一家占有市场支配地位，另外一家是其供应商或销售商，这些实体的协同行为或达成的协议导致或可能导致限制竞争的，应被禁止，其协议应被认定为全部或部分无效。

第五条 ［行业管制机关旨在限制竞争的禁止进入行为］

（一）禁止行业管制机关作出决定并且/或者采取措施以限制企业独立性或为特定企业的活动创造歧视性的或有利的环境，下列决定或行为导致或者可能导致限制竞争以及/或者损害企业利益的，同样应被禁止：除法律明确规定外，限制企业在特定领域内的活动；向企业组织下达指令，要求对特定的买方优先供给商品或优先签订合同，而不考虑已有的优先顺序；限制销售（获取、购买、交换）商品的权利；除法律规定外，行业管制机关阻碍任何领域设立新企业组织的行为；在法律没有规定的情况下给予特定企业税收或其他方面的优惠，使这些企业与销售同类商品的其他企业相比具有优势地位。

（二）禁止以垄断商品的生产和销售为目的，设立部、局或其他国家机构。禁止将行使时会导致或可能导致限制竞争的权力赋予给已有的部、局或其他行业管制机关。

第六条 ［禁止行业管制机关旨在限制竞争的协议、协同行为］

行业管制机关和企业实体之间的协议（包括协同行为）导致或可能导致限制竞争并且/或者限制企业的，应被禁止并且认定为完全或部分无效。权力机关之间订立的，或权力机关与企业之间订立的，导致或可能导致限制竞争并且/或者侵犯企业利益的协议，应被禁止并且认定为全部或部分无效，这些协议（协同行为）包括旨在：抬高、压低或维持价格和税率。法律另有规定的除外；划分地域市场、划分销售或购买量，为销售目的对商品进行分类或对卖方和买方进行分类；限制企业组织进入市场或将其排除在市场之外。

第七条 ［企业实体在市场中的违法行为］

禁止企业实体从事违法行为，包括：散布可能损害另一个企业的财产和/或商业信誉的虚假和歪曲信息；在商品的制造方法、地点和商品特征、质量上误导买方；企业为生产或销售的商品做广告的目的而与其他企业的商品进行不公正的比较；在未经所有者同意的情况下，使用或披露其科学技术、产量和商业信息和商业秘密；非法使用商标、企业名称或商业标记，以及模仿其他企业商品的包装和设计。

第三章 禁止和限制垄断性行为

第八条 ［对企业实体设立、变更的控制］

（一）为阻止企业在市场上占据支配地位，有必要控制企业联盟、联合体、企业、内部机构、区域性的和其他联合体的设立和变更，同时有必要控制行业管制机关和企业实体变更为上述联合体。

（二）为设立和变更一个企业联盟、联合体或其他形式的企业联合，设立者必须向 CER 提交各个企业之活动基本类型的信息，其市场份额和同意加入该组织的信息。CER 必须在收到申请之日起 30 日内将其决定告知申请者。

（三）联合体的登记必须依法定程序经 CER 批准。

第九条 ［对企业法定资本的股份、股票、权益的收购过程中反垄断法遵守情况的控制］

特定商品的市场份额超过 35% 的企业实体获得同一商品市场中其他企业法定资本的股份、股票、权益，以及任何法人或个人购买一个已在市场中处于支配地位的企业的授权资本的多数股份，都须经 CER 的批准。本条中“授权资本的多数股份”是指在设立者和股东大会上拥有 50% 以上表决权的股份。

第十条 ［企业的强制拆分］

如果存在下列一种或多种情形，政府有权对涉及进行垄断活动和限制竞争的企业实体作出强制拆分的决定：该企业实体的下属机构在组织上和区域上存在分解的可能性；该企业实体的下属机构之间不存在技术上的相互关联性（特别是其国内营业额占总产值的比例低于 30%）；该企业实体的下属机构的活动被限定在一种特定商品的专业范围中，存在分解的可能性。

第十一条 ［对本法第 8 ~ 10 条所作决定的上诉］

设立和重组企业的申请提交给 CER 后 45 天内没有得到回复，或者申请人认为 CER 拒绝批准的理由不成立的，申请人可以向法院或仲裁机构上诉。有关强制拆分企业实体和购买授权资本股份的决定可以同样方式上诉。

第十二条 ［对垄断性生产和销售商品的价格形成的控制］

（一）政府有权对垄断性生产和销售商品的价格形成进行控制。

（二）从双重收益率中获取的超额垄断利润，以及高于政府确定的利润水平的超额垄断利润，另行征税。

第四章 法律责任

第十三条 ［CER 的指令］

（一）企业或主管机关违反本法的，CER 可以发布强制性指令，要求企业中止违法行为，恢复原状，废除或变更合同、协议或非法声明。

（二）CER 的指令应在指令规定的期限内执行。拒不执行或延迟执行该指令将承担本法和其他法律规定的后果。

第十四条 ［对企业以及管理人员的处罚］

（一）企业实体、企业管理人员及其管理机构实施下列违反本法行为的，CER 有权对其进行处罚：拒不执行或延迟执行 CER 指令，未能向 CER 提交必要信息或故意提交虚假信息。

（二）处罚应根据现有情况作出，并应纳入国家预算。

第十五条 ［对垄断性行为所致损失的补偿］

企业实体或个人因垄断性行为和非法竞争行为受到损失的，可根据现行法律通过仲裁机构或法院获得补偿。

第五章 对依反垄断规则所做决定的认定和上诉

第十六条 ［违反本法案件的认定方法］

CER 有权审理违反本法的案件，并且在其管辖范围内作出决定。CER 可以根据企业实体、行业管制机关、消费者协会和联盟提交的申请，也可以根据公诉机关、法院、仲裁机关提交的材料审理此类案件，CER 也可以依职权主动审理。

第十七条 ［对依反垄断规则所作决定的上诉］

（一）企业实体、行业管制机关及其管理人员可以向法院或仲裁机构上诉，申请宣布 CER 的决定全部或部分无效，或者要求撤销或变更 CER 所做的处罚决定。

（二）在法院或仲裁机构审理期间，不停止处罚决定的执行，法院或仲裁机构作出中止执行决定的除外。

南非共和国竞争法（2001年）

第一章　定义、解释、本法的目的和适用范围

第一节　定义和解释

本法中：

1. “收购企业”是指企业：

（1）因出现本法第十二节所列情形下的交易，将会直接、间接地收购或者控制另一企业的全部或者部分营业；

（2）直接、间接控制前款所及企业的全部或者部分营业；或者

（3）其全部或者部分营业为前两款所及之企业直接、间接控制。

[2000年竞争法第二次修正案第一节第（a）条增加了第1款规定]

2. “协议”，该术语在涉及一项受禁止行为时使用，包括合同、安排或者协定，不论是否具有法律强制力。

[2000年竞争法第二次修正案第一节第（b）条将第2款修改为现有形式]

3. “民事法院”是指宪法第166条第3款和第4款所及之最高法院或地方法院。

4. “起诉人”是指依本法第四十九节附则2第2条第2款提起申诉者。

[2000年竞争法第二次修正案第一节第（c）条增加了第4款规定]

5. “秘密信息”是指具有特殊经济价值且通常不为他人所知的企业的交易、营业或产业信息。

6. “协同行为”是指通过建立尚不构成“协议”的直接、间接联系，形成企业间的共同或协作行动，以替代其单独行动。

7. “宪法”是指南非共和国1996年宪法（1996年第108号法案）。

8. “必要设施”是指竞争者向消费者提供商品或者服务必不可少的且独一无二的设施或资源。

9. “过高价格”是指商品或服务的价格：

（1）与商品或服务的经济价值不相符；且

（2）高于第1款所及之价值。

10. “排他行为”是指阻止或者妨碍企业进入市场或在市场内扩张的行为。

11. “企业”包括个人、合伙或者信托实体。

12. “商品或服务”，如指代特定的商品或者服务时，包括参照一般商事惯例以及地域、技术和时间约束条件下，能够适当的替代它们的商品或者服务。

13. “横向关系”是指竞争者之间的关系。

[2000年竞争法第二次修正案第一节第（d）条删除了“利益”的定义]

14. “市场力”是指在相当程度上企业不受其竞争者、消费者或供应者影响的控制价格、排除竞争或实施行为的能力。

15. “成员股权”采1948年《封闭性公司法》(1948年第69号法案)中规定之意。

[2000年竞争法第二次修正案第一节第(e)条增加了第15款规定]

16. “部长”是指贸易和产业部部长。

17. “国家机关”采宪法第239条规定之意。

18. “合并当事方”是指收购企业或目标企业。

[2000年竞争法第二次修正案第一节第(f)条增加了第18款规定]

19. “场所”包括土地、房屋、建筑物、车辆、船舰、船舶、船艇、飞行器或集装箱。

20. “法定”是指规章所作之规定。

[2000年竞争法第二次修正案第一节第(g)条将第20款修改为现有形式]

21. “主要收购企业”是指“收购企业”定义项中第1款所及之企业。

[2000年竞争法第二次修正案第一节第(h)条增加了第21款规定]

22. “主要目标企业”是指“目标企业”定义项中第1款和第2款所及之企业。

[2000年竞争法第二次修正案第一节第(h)条增加了第22款规定]

23. “私人住宅”是指为居住而占据的某一建筑物的任何部分,或者附属于住宅且完全用于居住目的的建筑物或户外居住的任何部分。

24. “禁止行为”是指根据第二章所禁止的行为。

25. “公共规章”是指全国性、地方性、地区性政府立法,附属立法,或由根据规章、法律设立的管理机构签发的许可、税则、指令性或类似的授权性文件。

26. “注册登记的工会”是指依1995年《劳工关系法》(1995年第66号法案)第96条注册的工会。

[2000年竞争法第二次修正案第一节第(i)条增加了第26款规定]

27. “规章”是指根据本法制定的规章。

28. “根据规章设立的管理机关”是指根据主管某一行业或行业部门的全国性、地方性立法设立之实体。

29. “被告”是指依本法被诉实施受禁止行为的企业。

30. “横向限制行为”是指本法第四节所列之行为。

31. “纵向限制行为”是指本法第五节所列之行为。

32. “小型企业”采1996年《国家小型企业法》(1996年第102号法案)中规定之意。

33. “目标企业”是指下列情形下的企业:

(1)由于本法第十二节所列情形下的交易行为,导致其全部或部分营业将被收购企业直接、间接控制;

(2)由于本法第十二节所列情形下的交易行为,将直接或间接地将其全部或部分营业直接或间接的控制权转让于收购企业;或者

(3)其全部或部分营业由上述两款所及企业直接或间接控制。

[2000年竞争法第二次修正案第一节第(j)条增加了第33款规定]

34. “本法”包括正文规章和附件。

35. “纵向关系”是指企业与供应者、企业与消费者、或企业与供应者和消费者之间的关系。

附：

1. 如果对执行某项行为设有特定长度工作日，计算时应：

（1）不包括该期间的第一日、公共假期、星期六和星期日；

（2）但应包括最后一日。

2000 年竞争法第二次修正案第一节第（k）条增加了附则规定。

2. 对本法的解释应当：

（1）符合宪法规定且达到本法第二节规定的立法目的；

（2）遵从南非共和国承担的国际法义务。

3. 对本法的解释或适用可以适当参考外国法和国际法。

第二节　本法的目的

本法旨在维持和促进共和国国内的竞争，以期达到下列目的：

1. 提高经济的效率和灵活性，推动经济发展；
2. 为消费者提供竞争性价格和产品选择；
3. 促进就业，提升南非人民的社会和经济福利；
4. 增加南非参与国际市场的机会，发挥国外竞争在共和国国内的作用；
5. 确保中小企业享有参与经济的平等机会；
6. 扩大所有权分布，尤其增强历史上处于弱势地位主体的所有权基础。

第三节　本法的适用

1. 本法适用于除下列情形外的发生于共和国境内、或者于共和国境内产生影响的所有经济行为：

（1）规定于《宪法》第 23 条和 1995 年《劳动关系法》（1995 年第 66 号法案）中的“集体协商”；

（2）规定于 1995 年《劳动关系法》第 213 条中的“集体协议”；以及

…………

[2000 年竞争法第二次修正案第二节第（a）条删除了第 3 款规定]

…………

[2000 年竞争法第二次修正案第二节第（a）条删除了第 4 款规定]

（3）为达到非商业性的社会经济目标或类似目的的“协同行为”。

第 1 条附则 1：

1.（1）适用本法规定的行业或行业部门，如从属于对本法第二章和第三章所及行为享有管辖权的另一个根据规章设立的管理机关之管辖，本法须解释为二者对该行为享有共同管辖权；

（2）依本法和其他任何公共规章执行共同管辖权的方式，在可能的范围内，应与根据本法第二十一节第 1 条第 8 款、第八十二节第 1 条和第 2 条缔结的有效协议一致。

[2000 年竞争法第二次修正案第二节第（b）条增加了第 1 条附则 A 的规定]

2. 出于本法目的，历史上处于弱势地位之主体是指：

（1）特殊团体——1993 年南非共和国宪法（1993 年第 200 号法案）生效前，因受到不公平种族歧视待遇而处于弱势；

（2）社团——其多数组成成员为第 1 款所及个体；

（3）非社团法人及第 1 款所及个体——持有并控制多数其公开发行的股份资本或其成员股权，并能够控制多数投票权；

（4）法人或社团及前三款所及个人——持有并控制多数其公开发行的股份资本或其成员股权，并能够控制多数投票权。

第二章　禁止行为

第一部分　限制性行为

第四节　禁止横向限制行为

1. 企业间的协议、协同行为或企业联合的决定，如发生在处于横向关系的企业间并符合下列情形，将被禁止：

（1）产生实质性阻止或削弱市场竞争的效果，但订立协议、采取协同行为或作出决定的其中一方能够证明从中获得的技术、效率或其他有利于竞争的效果超过此种效果的除外；或者

（2）涉及下列横向限制行为：

a. 直接或间接地固定买卖价格或其他交易条件；或者

b. 通过分配消费者、供应者、地域或特定种类商品或服务的方式分割市场；或者

c. 串通投标。

[2000 年竞争法第二次修正案第三节第（a）条和第（b）条将第 1 条修改为现有形式]

2. 下列情形下，将认定两个或者更多企业之间存在本节第 1 条第 2 款所及横向限制行为中的协议：

（1）其中任何一个企业持有另一个企业的多数股权，或者两者至少有一名共同的董事或大股东；并且

（2）企业间的联盟从事上述横向限制行为。

[2000 年竞争法第二次修正案第三节第（c）条将本节第 2 条修改为现有形式]

3. 如果企业、董事或股东提供合理证据证明本节第 1 条第 2 款所及行为系市场现存条件下的正常商业行为，则得推翻本节第 2 条的认定。

4. 本节第 2、3 条中的“董事”是指：

（1）1973 年《公司法》（1973 年第 61 号法案）界定的公司董事；

（2）1984 年《封闭式公司法》（1984 年第 69 号法案）界定的封闭性公司成员；

（3）信托受托人；或者

（4）企业中具有同等地位的成员。

[2000 年竞争法第二次修正案第三节第（d）条将本节第 4 条修改为现有形式]

5. 本节第 1 条的规定不适用于下列主体间的协议或协同行为：

（1）公司、1973 年《公司法》第一节第 5 条所及之全资子公司、该子公司的全资子公司、

或者它们之间的联合体；或者

（2）与第 1 款所及之结构类似的单一经济实体下的成员企业。

第五节　禁止纵向限制行为

1. 禁止处于纵向关系的企业间订立产生实质性阻止或削弱市场竞争效果的协议，协议一方能够证明从中获得的技术、效率或其他有利于竞争的效果超过此种效果的除外。

2. 禁止维持最低转售价格的行为。

3. 尽管存在本节第 2 条的规定，下述情形供应者或制造者仍得向商品或服务的转售方提出最低转售价格之建议：

（1）供应者或制造者向转售者明示其建议不具有约束力；且

（2）如果该商品有固定价格，“建议价格”字样出现于固定价格之后。

第二部分　滥用支配地位

第六节　本节的适用限制

［2000 年竞争法第二次修正案第四节将第六节修改为现有形式］

1. 与竞争委员会协商后，部长须对下列事项作出决定：

（1）共和国国内一般的或特定行业的年度营业额或资产的限度——未达到此限度的企业不适用于本节规定；及

（2）与该限度相关的年度营业额或资产的计算方法。

2. 与竞争委员会协商后，部长可以依照本节第 1 条规定作出一项新的决定。

3. 作出本节所及决定之前，部长与竞争委员会协商后须将下列事项在政府公告中公布：

（1）设定适用本节的待议限度及计算方法；及

（2）提交有关该提议的书面意见。

4. 依照本节第 3 条发布公告后的 6 个月内，部长与竞争委员会协商后须将下列事项在政府公告中公布：

（1）设定适用本节的限度及计算方法；及

（2）该限度的生效日期。

第七节　支配性企业

下列情形下的企业在市场中占有支配性地位：

（1）占有至少 45% 的市场份额；

（2）占有 45% 以下 35% 以上的市场份额，但企业能够证明其不具有市场力的情形除外；或者

（3）占有小于 35% 的市场份额，但具有市场力。

第八节　禁止滥用支配地位

禁止支配性企业的下列行为：

（1）索要过高价格，对消费者造成损害；

（2）可在经济上获利而拒绝其竞争者使用必要设施；

（3）实施第4款列举情形以外的排他行为，该行为对竞争造成的破坏超过促进技术、效率或者其他有利于竞争的效果；或者

（4）实施下列排他行为，但企业能够证明该行为促进技术、效率或其他有利于竞争的效果超过对竞争造成的破坏的除外：

a. 要求或诱使供应者或消费者拒绝与其竞争者交易；

b. 在经济上可行的情况下拒绝向其竞争者提供稀缺商品；

c. 以购买者购买与合同标的无关的单独商品或服务为条件提供商品或服务，或强迫购买者接受与合同标的无关的条件；

d. 低于边际成本或平均可变成本提供商品或服务；或者

e. 买尽竞争者所需的稀缺性半成品或资源。

第九节　禁止支配性企业的价格歧视

1. 支配性企业提供商品或服务时的下列行为系被禁止的价格歧视行为：

（1）可能产生实质性阻止或削弱竞争的效果；

（2）涉及在同等交易中向不同购买者提供相同级别和质量的商品或服务；且

（3）根据下列条件在购买者之间实行差别待遇：

a. 商品或服务的价格；

b. 提供或允许与商品或服务供应有关的任何折扣、补助、回扣或赊欠；

c. 与商品或服务有关的服务提供；或者

d. 与商品或服务有关的服务提供的对价。

2. 尽管存在本节第1条的规定，下列情形下支配性企业实施的该条第3款所列举的任何对购买者实行差别待遇的行为，不属于被禁止的价格歧视行为：

（1）因向不同购买者提供商品或服务的地点、方法或数量的不同而引起制造、配送、销售、推销或交付的成本或可能产生的成本在合理限度内的差别；

（2）为应对竞争者提供的价格或利益且出于善意的行为；或者

（3）为适应影响相关商品或服务市场的条件变化而作出的行为，包括：

（a）处理已经或接近变质的易腐坏货物采取的措施；

（b）对陈旧过时产品采取的措施；

（c）清算或扣押财产程序中的低价销售行为；或者

（d）中止营业时对有关商品或服务出于善意地低价销售行为。

第三部分　本章的豁免

第十节　豁　　免

［2000年竞争法第二次修正案第五节将第十节修改为现有形式］

1. 下列情形下企业得向竞争委员会提出申请，豁免适用本章规定：

（1）符合本节第3条要求的协议或行为；或者

（2）符合本节第3条要求的协议或行为的类型。

2. 接到根据本节第1条提出的申请时，竞争委员会须：

（1）如果有关协议或行为、有关协议或行为的类型符合本节第3条要求，准予特定期限内

有条件或无条件的豁免；或者

（2）出现下列情形时，对豁免请求不予准许：

（a）有关协议或行为、有关协议或行为的类型不符合本节第 3 条的要求；或者

（b）协议或行为、协议或行为的类型不构成根据本章规定的禁止行为。

3. 仅在下列情形下，竞争委员会可以根据本节第 2 条第 1 款准予豁免：

（1）有关协议或行为、有关协议或行为的类型施加于有关企业的任何限制，必须为达到第 2 款规定的目的；

（2）有关协议或行为、有关协议或行为的类型为达到以下目的：

a. 为保持或提高出口额；

b. 为提高小型企业、或由历史上处于弱势地位主体控制或所有的企业的竞争力；

c. 为阻止某一行业衰落而对其生产力做必要改变；或者

d. 为维持某一行业的经济稳定性——由部长征询主管该行业的部长意见后确定。

4. 企业可以向竞争委员会申请本章规定豁免适用于与行使知识产权有关的协议或行为、协议或行为的类型，包括根据下列法案赋予或保护的权利——1967 年《表演者保护法》（1967 年第 11 号法案），1976 年《植物育种工作者权利法》（1976 年第 15 号法案），1978 年《专利法》（1978 年第 57 号法案），1978 年《版权法》（1978 年第 98 号法案），1993 年《商标法》（1993 年第 194 号法案），1993 年《设计法》（1993 年第 195 号法案）。

第 4 条附则 1：接到根据本节第 4 条提出的申请时，竞争委员会可以准予特定期限内的豁免。

5. 下列情形下，竞争委员会可以撤回根据本节第 2 条第 1 款或本节第 4 条附则 1 批准的豁免决定：

（1）豁免决定系根据虚假或错误信息作出；

（2）未达到豁免的条件；或者

（3）准予豁免的原因不复存在。

6. 根据本节第 2 条或第 4 条附则 1 准予豁免，或根据本节第 5 条撤回豁免决定前，竞争委员会：

（1）须将请求豁免的申请或其撤回豁免决定的计划公布于政府公报；

（2）须允许利害关系人在公告作出之日起 20 个工作日内，对豁免决定不应当被批准或撤回的原因提起书面申诉；且

（3）可以对相关协议或行为、相关协议或行为的类型进行调查。

7. 竞争委员会须以政府公告形式，对依本节规定作出的批准、拒绝或撤回豁免的决定予以通告。

8. 与竞争委员会依本节第 2 条，第 4 条附则 1 或第 5 条所做决定有实质性经济利害关系的相关企业，或任何其他个人，可以以法定方式向竞争法庭申诉。

9. 根据本节第 2 条第 2 款第 2 项作出拒绝批准豁免的决定后，竞争委员会：

（1）可以以法定方式撤回其拒绝批准豁免的通告；且

（2）撤回拒绝批准的通告后，须对豁免申请进行复议。

第三章　合并控制

［2000年竞争法第二次修正案第六节将第三章修改为现有形式］

第十一节　合并限度及类型

1. 与竞争委员会协商后，部长须对下列事项作出决定：

（1）为确定本节第5条所及合并类型，共和国国内一般性或与特定行业相关的年度营业总额或总资产额的较低和较高的限度，或年度营业和资产总计数额的较高或较低的限度；及

（2）与上述限度各自相关的年度营业额或资产的计算方法。

2. 与竞争委员会协商后，部长可以根据本节第1条作出一项新的决定。

3. 作出本节所及决定之前，部长与竞争委员会协商后须将下列事项在政府公告中公布：

（1）设定适用本节的待议限度及计算方法；及

（2）提交有关该提议的书面意见。

4. 依照本节第3条发布公告后的6个月内，部长与竞争委员会协商后须将下列事项在政府公告中公布：

（1）设定适用本节的限度及计算方法；以及

（2）该限度的生效日期。

5. 本章中：

（1）“小型合并”是指价值等于或低于根据本节第1条第1款所设的较低限度的合并或待议合并；

（2）“中型合并”是指价值介于根据本节第1条第1款所设的较低和较高限度之间的合并或待议合并；以及

（3）“大型合并”是指价值等于或高于根据本节第1条第1款所设的较高限度的合并或待议合并。

第十二节　合并的定义

1. （1）本法中，当一个或多个企业直接或间接收购、控制另一个企业的全部或部分营业，视为合并；

（2）第1款所及合并可以通过以下任何方式完成：

a. 购买或租赁对方企业的股份、股权或资产；或者

b. 与对方企业进行新设合并或其他形式的联合。

2. 下列情形下，认定构成对企业的控制：

（1）持有有受益权的企业已发行股份资本的半数以上；

（2）直接或通过其控制实体，享有企业股东大会多数投票表决权，或能够控制多数投票表决权；

（3）能够投票任命或反对任命企业的多数董事；

（4）系控股公司，而该企业系根据1973年《公司法》（1973年第61号法案）第一节第3条第1款所及该公司的子公司；

（5）如企业系信托实体，其能够控制受托人的多数投票权、任命多数受托人或任命、更换多数受益人；

（6）如系封闭性公司，其拥有多数成员股权、直接控制、或有权控制封闭性公司的多数成员表决权；或者

（7）能够通过与个人在普通商事实践中运用第 1 ~ 6 款所及一定控制相当的方式，对企业政策产生实际影响。

第十二节　附则 1：合并的审议

1. 审议合并时，竞争委员会或竞争法庭须先通过对本节第 2 条所列因素和下列情形的评估，确定合并行为是否会实质性地阻止或削弱市场竞争：

（1）如果发现合并行为可能实质性地阻止或削弱市场竞争，则应再确定下列事项：

a. 合并行为是否会带来技术、效率或其他有利于竞争的效果，超过并抵消因合并导致或可能导致的阻止或削弱竞争的效果，而一旦该合并被阻止将无法获得此种效果；及

b. 通过评估本节第 3 条所列因素，基于重大公共利益的考虑是否能够证明合并的正当性；

（2）此外，如果合并行为不会对竞争造成实质地阻止或削弱，则通过评估本节第 3 条所列因素，基于重大公共利益的考虑确定是否能够证明合并的正当性。

2. 确定合并是否会实质性地阻止或削弱市场竞争时，竞争委员会或竞争法庭须评估相关市场中的竞争力，并通过审议包括下列事项在内的任何与该市场中的竞争相关的因素，评估企业合并后在市场中竞争性或合作性表现的可能：

（1）市场进口竞争的实际和潜在水平；

（2）进入市场的难易，包括关税和管制壁垒；

（3）市场集中的水平和趋势，以及市场出现串通共谋的历史；

（4）市场均等势力的程度；

（5）市场动态特性，包括增长、改革和产品分化；

（6）市场纵向联合的性质和范围；

（7）合并行为或待议合并行为的一方当事人的营业或部分营业，是否已经或可能失败；及

（8）合并是否会排除有力的竞争者。

3. 基于重大公共利益的考虑确定是否能够证明合并的正当性时，竞争委员会或竞争法庭须审议合并对下列因素造成的影响：

（1）某一特殊行业部门或地区；

（2）就业；

（3）小型企业或由历史上处于弱势地位的主体控制或所有的企业提高竞争力的能力；及

（4）国内行业在国际市场的竞争能力。

第十三节　小型合并的申报及执行

1. 小型合并的一方当事人：

（1）不必向竞争委员会申报合并事项，除非委员会根据本节第3条的规定作出此种要求；

（2）可以不经批准执行合并，除非根据本节第3条的规定必须向竞争委员会申报。

2. 任何时候，小型合并的一方当事人可以自愿向竞争委员会申报合并事项。

3. 如果竞争委员会参考本章第十二节附则1的规定后，认为小型合并有下列情形，则可以在合并完成后的6个月之内，要求合并当事人以法定方式和形式申报合并事项：

（1）可能实质性地阻止或削弱市场竞争；或

（2）基于重大公共利益的考虑不能证明其正当性。

4. 本节第3条所及合并一方当事人，在未获批准或有条件地批准之前，不得继续推进执行合并的进程。

5. 竞争委员会在小型合并各方当事人按法定方式和形式完成申报要求后的20个工作日内：

（1）可以将审议待议合并的期间延长至不超过40个工作日，且此时须为提出申报的任何一方当事人签发延长证书；或者

（2）审议根据本章第十二节附则1的合并后，作出以下决定须按法定形式签发证书：

a. 批准合并；

b. 附条件地批准合并；

c. 禁止执行合并——如合并尚未实施；或者

d. 宣布禁止合并。

6. 如竞争委员会超过本节第5条规定的20个工作日未签发该条所及证书，或超过本节第5条第1款规定的延长期间未签发该条第2款所及证书，则合并视为已被批准，但须以第十五节的规定为限。

7. 竞争委员会须：

（1）将其决定公布于政府公报；且

（2）在下列情形下，发布作出决定的书面理由：

a. 委员会禁止或附条件地批准合并；或者

b. 合并的一方当事人提出此种请求。

第十三节　附则1：其他类型合并的申报和执行

1. 中型或大型合并的一方当事人须按法定方式和形式向竞争委员会申报。

2. 中型或大型合并的情形下，主要收购企业和主要目标企业需各自为下列各方提供一份本节第1条所及申报的复件：

（1）任何已注册登记的代表大多数职工的工会；

（2）有关的职工或职工代表——若无上述经注册登记的工会。

3. 竞争委员会、竞争法庭或竞争上诉法院分别根据第十四节第1条第2款、第十六节第2条或第十七节规定作出批准或附条件地批准之前，中型或大型合并的当事各方不得执行该合并。

第十三节　附则2：合并调查

1. 竞争委员会可以指令审查员对合并进行调查，也可以指定一人或多人协助审查员。

2. 竞争委员会可以要求合并的任何一方当事人提供与合并有关的增补信息。

3. 任何人可以自愿提供与该合并有关的任何文件、书面证词、证言或其他相关信息，无论其是否为合并程序中的当事人或参与人。

第十四节　竞争委员会对中型合并的审批程序

1. 竞争委员会在中型合并各方当事人按法定方式和形式完成申报要求后的20个工作日内：

（1）可以将审议待议合并的期间延长至不超过40个工作日，且此时须对提出申报的任何一方当事人签发延长证书；或者

（2）审议根据本章第十二节附则1的合并后，作出下述决定须按法定形式签发证书：

a. 批准合并；

b. 附条件地批准合并；

c. 禁止执行合并。

2. 如竞争委员会超过本节第1条规定的20个工作日未签发该条所及证书，或超过本节第1条第1款规定的延长期间未签发该条第2款所及证书，则合并视为已被批准，但须以第十五节的规定为限。

3. 竞争委员会须：

（1）将其决定公布于政府公报；且

（2）在下列情形下，发布作出决定的书面理由：

a. 委员会禁止或附条件地批准合并；或者

b. 合并的一方当事人提出此种请求。

第十四节附则1：竞争委员会对大型合并的审批程序

1. 收到大型合并的通知后，竞争委员会：

（1）须将该通知提交给竞争法庭和部长；同时

（2）在大型合并的所有当事人达到所有法定申报要求后的40个工作日内，须向竞争法庭和部长转送一份书面建议书，其中包括对是否执行合并作出下列批示的理由：

a. 批准；

b. 附条件地批准；或者

c. 禁止。

2. 竞争法庭可以接受竞争委员会的申请，延长与特定合并有关的提出建议的期间，但每次延长超过15个工作日的申请将不予准许。

3. 如在本节第1条所及期间或本节第2条所及延长期间届满之日，竞争委员会既未在条件允许时申请延期或再次延期，也未向竞争法庭转交建议书，则合并的任何一方当事人可以直接向竞争法庭申请审议该合并事项。

4. 收到本节第3条所及一方当事人提交的申请时，竞争法庭须确定该合并相关程序的日期。

第十五节　合并批准的撤销

1. 下列情形下，竞争委员会可以撤回其对小型或中型合并的批准或有条件地批准的决定：

（1）该决定基于错误信息作出，且合并的一方当事人应对该错误信息负责；

（2）因欺诈获得批准；或者

（3）有关企业违反决定的附随义务。

2. 如竞争委员会根据本节第1条撤回批准合并的决定，则即使超出本章规定的任何时间限制，其仍可以禁止该合并。

第十六节　竞争法庭对合并的审批程序

1. 如果竞争委员会：

（1）附条件地批准小型或中型合并，或禁止此类合并，则合并的任何一方当事人，可以通过书面通告和其他法定形式，要求竞争法庭审议所附的条件或被禁止的合并；或者

（2）批准中型合并，或附条件地批准此类合并，则依第十三节附则1第2条的规定须以书面和法定形式通知其合并的任何人，如其为竞争委员会审议程序的参加方，可以要求竞争法庭审议该批准或有条件批准的决定。

2. 收到竞争委员会根据第十四节附则1第1条提交的大型合并通知和建议书，或收到根据本节第1条提请的要求时，竞争法庭须审议根据第十二节附则1的合并、根据具体情况提出的建议或要求，并在法定时间内：

（1）批准合并；

（2）附条件地批准合并；或者

（3）禁止执行合并。

3. 根据竞争委员会申请，竞争法庭可以撤回其批准或有条件批准合并的决定；第十五节的规定适用于根据本条规定的撤回决定，但应依情形进行必要变通。

4. 竞争法庭须：

（1）将根据本节第2条或第3条所作的决定公布于政府公报；同时

（2）发布作出此类决定的书面理由。

第十七节　竞争上诉法院对合并的审批程序

1. 竞争法庭根据第十六节发布决定通知后的20个工作日内，以下各方可以依竞争上诉法院规则，对该决定提起上诉：

（1）合并的任何一方当事人；或者

（2）根据第十三节附则1第2条的规定应当给予其合并申报的竞争法庭审议程序的参加方。

2. 竞争上诉法院可以：

（1）驳回竞争法庭的决定；

（2）以增加、取消限制，或增加、删除条件的形式改变决定；或者

（3）确认决定。

3. 竞争上诉法院如驳回竞争法庭决定，须：

（1）批准合并；

（2）附条件地批准合并；或者

（3）禁止执行合并。

第十八节　合并审查程序中的介入

1. 为代表第十二节附则 1 第 3 条所及之公共利益，部长可以以法定方式作为一方当事人介入竞争委员会、竞争法庭或竞争上诉法院对任何中型或大型合并的审查程序。

2. 不论本法是否存在其他相反规定，下列情形下，竞争委员会不得根据第十三节第 5 条第 2 款或第十四节第 1 条第 2 款作出任何决定，竞争法庭不得根据第十六节第 2 条作出任何指令：

（1）该合并系：

a. 根据 1990 年《银行法》（1990 年第 94 号法案）第三十七节须获得许可的股份收购；或者

b. 根据 1990 年《银行法》（1990 年第 94 号法案）第五十四节须获得同意的交易；且

（2）财政部长已按照法定方式向竞争委员会委员发出通知，指明合并各方当事人名称并证实存在下列事实：

a. 该合并符合前款第 a 项和第 b 项所设条件；且

b. 将该合并仅仅纳入 1990 年《银行法》（1990 年第 94 号法案）的管辖范围符合公共利益。

3. 第十三节第 6 条和第十四节第 2 条不适用于与财政部长发出的本节第 2 条所涉通知有关的合并。

第四章　竞争委员会、竞争法庭和竞争上诉法院

第一部分　竞争委员会

第十九节　竞争委员会的设立和组成

1. 根据本法设立被称为“竞争委员会”的机关，其：

（1）管辖权及于整个共和国；

（2）具有法人资格；且

（3）须根据本法行使职能。

2. 竞争委员会由部长根据本法任命的专员、1 名或多名副专员组成。

［2000 年竞争法第二次修正案第七节将本节第 2 条修改为现有形式］

第二十节　竞争委员会的独立性

1. 竞争委员会：

（1）具有独立地位，仅受宪法和法律约束；且

（2）须保持公正，行使职能时不偏不倚、不受制于任何势力。

2. 竞争委员会专员，副专员及所有工作人员，均不得：

（1）从事可能破坏委员会廉洁性的任何行为；

（2）参与对与其个人有直接经济利益或任何类似个人利益的问题的调查、审理或决定；

（3）利用委员会的职务便利，为个人使用或获利的目的获取秘密信息；或者

（4）向任何第三方泄露前款所及信息，除非是为行使委员会的职能。

3. 任何国家机关须协助委员会保持其独立性和公正性，及保证有效行使其权力和职能。

第二十一节　竞争委员会的职能

1. 竞争委员会须对下列事项负责：

（1）采取措施增加市场透明度；

（2）采取措施增进公众对本法规定的了解；

（3）调查和评估违反第二章规定的被诉行为；

（4）同意或拒绝根据第二章规定的豁免申请；

（5）附条件或无条件授权、禁止或提交根据第三章规定收到通知的合并；

（6）根据第六十三节谈判并作出同意指令；

（7）按本法要求向竞争法庭提交材料并出庭；

（8）为在相关行业或部门内配合和协调行使对竞争问题的管辖权，和为保证本法原则一以贯之，与根据规章设立的管理机关订立协议；

（9）参与根据规章设立的管理机关的审查程序；

（10）对根据规章设立的管理机关提出建议，同时接受其提出的建议；

（11）对生效法律和公共性规章进行事后审查，对其中允许非竞争行为的有关规定向部长报告；

（12）处理其他任何竞争法庭移送的问题。

2. 除本节第1条规定的职能外，竞争委员会可以：

（1）向部长报告与本法适用有关的任何问题；

（2）向部长询问、报告与本法目的有关的任何问题；

（3）行使根据本法或任何其他法律为其设定的其他职能。

3. 部长须按下列规定，将根据本节第1条第11款收到的报告和根据本节第2条收到的与本法目的有关的实质性问题的报告提交国民大会审议：

（1）在收到竞争委员会报告后的10个工作日内；或者

（2）如正值闭会期，则在下一次会议期开始后的10个工作日内。

[2000年竞争法第二次修正案第八节第（a）条将本节第3条修改为现有形式]

4. 与专员协商后，部长可以在政府公告发布公告，就有关委员会职能的下列问题制定规章：

（1）形式；

（2）时间周期；

（3）必要信息；

（4）补充定义；

（5）申请费用；

（6）秘密信息的使用；

（7）参与委员会审查程序的方式和形式；及

（8）程序。

2000年竞争法第二次修正案第八节第（b）条将本节第4条修改为现有形式。

第二十二节　专员的任命

1. 部长须任命在经济、法律、贸易、行业或公共事务方面具有一定资格和经验的人，担任任期为 5 年的专员。

2. 专员任期届满时，部长可以重新任命担任此职务的人。

3. 专员为竞争委员会的首席执行长官，负责全面管理委员会和行使根据本法赋予的职能，同时必须：

（1）行使由本法授予或根据本法赋予专员的职能；

（2）管理并指挥委员会的行动；及

（3）监督委员会全体工作人员。

4. 与财政部长协商后，部长须确定专员的报酬、津贴、补助和聘任的其他条件。

5. 专员可以辞去专员职务，但须提前 1 个月书面通知部长。

6. 部长：

（1）须免除符合第二十八节第 3 条第 1 ~4 款所及任何不合格的专员的职务；

（2）除前款规定之情形，可以因下列原因免除专员职务：

a. 重大不当行为；、

b. 永久性丧失工作能力；或者

c. 从事任何可能破坏竞争委员会廉洁性的行为。

第二十三节　副专员的任命

1. 部长须任命至少一名、也可任命多名在经济、法律、贸易、行业或公共事务方面具有一定资格和经验者担任副专员，协助专员行使竞争委员会的职能。

2. 一旦出现下列情形，部长须指定一名副专员代行专员职能：

（1）不论因何原因专员无法行使其职能；或者

（2）专员职位空缺。

第二十四节　审查员的任命

1. 专员可以任命竞争委员会中的任何人员，或任何其他合适的人选，担当审查员。

2. 与财政部长协商后，部长可以确定根据本节第 1 条任命的、非竞争委员会专任人员的薪酬。

3. 审查员必须获得由专员签发的委任证明书，声明其根据本法被任命为审查员。

4. 审查员履行根据本法规定的职能时，必须：

（1）持有根据本节第 3 条规定签发的委任证明书；并

（2）向有关主体出示该证明书，如其：

a. 受审查员行使职能的影响；及

b. 要求查阅证明书。

［2000 年竞争法第二次修正案第九节将本节第 4 条修改为现有形式］

第二十五节　竞争委员会的工作人员

专员可以：

（1）任命工作人员或者聘任其他人，以协助竞争委员会行使职能；
（2）与部长和财政部长协商后，确定每位工作人员的报酬、津贴、补助和其他任命条件。

第二部分　竞争法庭

第二十六节　竞争法庭的设立和组成

1. 根据本法设立被称为“竞争法庭”的机关，其：
（1）管辖权及于整个共和国；
（2）具有法人资格；
（3）系存卷法庭；且
（4）须根据本法行使职能。

2. 竞争法庭由 1 名主席和其他 3 名以上 10 名以下不限性别的全职或兼职成员组成，后者由部长自行或从公众提名人选中选择推荐，并由总统任命。

[2000 年竞争法第二次修正案第十节将本节第 2 条修改为现有形式]

3. 总统须：
（1）于本法实施之日任命竞争法庭主席和其他成员；
（2）任命填补法庭任何空缺的人员。

4. 第二十节的规定适用于竞争法庭，但应依情形进行必要变通。

第二十七节　竞争法庭的职能

1. 竞争法庭，可：
（1）审理依第二章规定应受禁止的行为以确定其是否发生，如确已发生则可以实施本法规定的任何补救措施；
（2）审理依本法规定能够纳入审议范围的任何其他问题，并作出符合本法规定的指令；
（3）对竞争委员会依本法可以提起的申诉或决定进行审理或审查；
（4）为行使其依本法规定的职能作出必要或附带的任何裁决或指令。

2. 第二十一节第 4 条适用于竞争法庭，但应依情形进行必要变通；该节中向专员提交的行为视为向法庭主席提交。

[2000 年竞争法第二次修正案第十一节将第二十七节修改为现有形式]

第二十八节　竞争法庭成员的资格

1. 竞争法庭的主席和其他成员，作为整体须：
（1）广泛代表共和国全民；且
（2）包括符合第三十一节第 2 条第 1 款要求的受过法律训练、具备法律经验的有资格的人员。

2. 竞争法庭各成员须：
（1）系具有南非国籍的常住居民；
（2）具备适当资格和经济、法律、贸易、行业或公共事务方面的经验；
（3）遵循第二节所述目的和原则。

3. 不能作为竞争法庭成员的情况包括：

（1）在任何政党、运动、组织或具有党派政治性的组织中担任职务者；

（2）尚未恢复从业资格的破产者；

（3）根据有权法院的指令认定心智不健全或精神紊乱者；

（4）1993 年南非共和国《宪法》（1993 年第 200 号法案）生效后实施犯罪行为，并被处以不能以罚款替代的徒刑者。

第二十九节　竞争法庭成员的任期

1. 在不违反本节第 2 条的前提下，竞争法庭主席及各成员的任期为 5 年。

2. 竞争法庭成员任期届满时可由总统再次任命，但任何人连任法庭主席不得超过 2 届。

3. 主席向部长提前 1 个月提交书面通知，可以：

（1）辞去竞争法庭中的职位；或者

（2）辞去主席职务，但保留法庭成员职位。

4. 除主席以外的其他竞争法庭成员，可以通过至少提前 1 个月向部长提交书面通知的方式辞职。

5. 经部长建议，总统：

（1）须免除符合任何第二十八节第 3 条所及不合格条件的竞争法庭的主席或其他成员职务；且

（2）除前款规定外，仅得在主席或成员出现下列情形时免去其职务：

a. 重大的不当行为；

b. 永久性丧失工作能力；

c. 从事任何可能破坏竞争法庭廉洁性的行为。

第三十节　竞争法庭的副主席

1. 经部长推荐，总统须指定一名竞争法庭成员担任法庭副主席。

2. 一旦出现下列情形，副主席代行主席职能：

（1）主席职位空缺；或者

（2）主席因其他原因暂时不能履行其职能。

第三十一节　竞争法庭诉讼程序

1. 主席负责控制竞争法庭待处理案件的数量，并须将提交至法庭的问题分配给由法庭任意三名成员组成的合议庭。

2. 根据本节第 1 条对问题进行分配时，主席须：

（1）确保合议庭中至少有 1 名经过法律训练并具备法律经验的人员；并

（2）指定 1 名合议庭成员主持诉讼程序。

3. 如果合议庭成员依第三十二节的规定回避，或者因辞职、疾病或死亡等原因，不能完成对指定问题的诉讼程序，主席须：

（1）指令对该问题的审理继续进行，只要合议庭中其他任何成员符合本节第 2 条第 1 款要求；或者

（2）终止诉讼程序，组建新的合议庭并指令其重新进行审理，该合议庭可以包括任何原被指定的法官。

4. 合议庭对所提交问题须制作含有理由的书面决定。

5. 如根据本法竞争法庭可以延长或缩短法定期间，则法庭主席或另一名由主席指定的成员可以独立作出指令：

（1）延长或缩短该期间；或者

（2）对受该期间范围约束的行为迟延履行的事实不予追究。

［2000年竞争法第二次修正案第十二节增加了本节第5条的规定］

6. 本节第5条所及主席或另一成员的决定，或就其他任何问题合议庭多数成员的决定，视为竞争法庭的决定。

［2000年竞争法第二次修正案第十二节将本节第6条（即过去的第5条）修改为现有形式］

第三十二节　竞争法庭成员利益的冲突和公开

1. 竞争法庭成员不得代表任何参加法庭合议庭审判的人。

2. 在诉讼过程中，竞争法庭成员如发现第二十节第2条第2款所及与其经济或其他利益相关的问题时，须：

（1）及时全面地向法庭主席和主持诉讼的成员公开该相关利益的事实和性质；且

（2）不得继续参加审理。

第三十三节　竞争法庭成员任期届满后的行为

如果竞争法庭成员任期届满时其处理的问题仍在进行当中，则仅得就该问题继续以法庭成员身份行事。

第三十四节　竞争法庭成员的报酬和补助

1. 与财政部长协商后，部长可以决定主席、副主席和竞争法庭其他成员的报酬、津贴以及其他补助。

2. 部长不得在竞争法庭成员任职期间缩减其薪金、津贴或补助。

3. 部长可以决定本节未作规定的任何其他任命条件。

第三十五节　竞争法庭的工作人员

1. 主席可以：

（1）任命工作人员或聘任其他人，以协助竞争法庭履行其职能；

（2）与部长和财政部长协商后，决定工作人员的报酬、津贴、补助和其他委任条件。

第三部分　竞争上诉法院

第三十六节　竞争上诉法院的设立和组成

1. 根据本法设立被称为“竞争上诉法院”的机构，其：

（1）系《宪法》第166条第5款所及与高级法院地位类似之法院；

（2）管辖权及于整个共和国；

（3）系存卷法院。

2. 竞争上诉法院由至少 3 名担任高等法院法官的审判员组成，均由总统在司法服务委员会的建议下任命。

[2000 年竞争法修正案第一节将本节第 2 条修改为现有形式]

3. 总统须在竞争上诉法院法官中指定 1 名上诉法院首席法官。

[2000 年竞争法修正案第一节第 2 条增设本节第 3 条]

4. 与竞争上诉法院首席法官协商后，司法部长可以暂时调派高等法院法官担任竞争上诉法院代理审判员。

[2000 年竞争法修正案第一节第 2 条增设本节第 4 条]

5. 如果竞争上诉法院首席法官职位空缺，或者首席法官无论出于任何原因暂时不能履行其职能，则法院中级别较高的法官须代行首席法官职能。

[2000 年竞争法修正案第一节第 2 条增设本节第 5 条]

第三十七节　竞争上诉法院的职能

1. 竞争上诉法院可以：

（1）对竞争法庭的任何决定进行审查；或者

（2）审议经竞争法庭处理后的与下列问题有关的上诉：

a. 不同于根据第六十三节所作同意指令的其他最终决定；或者

b. 任何根据本法可以提起上诉的临时或中间决定。

2. 竞争上诉法院可以作出任何裁判或指令，包括涉及下列内容的判令：

（1）确认、修改或驳回竞争法庭的决定或指令；或者

（2）将问题发回竞争法庭在适当期限内作进一步审理。

[2000 年竞争法修正案第二节将第三十七节修改为现有形式]

第三十八节　竞争上诉法院的相关事务

1. 竞争上诉法院的首席法官：

（1）负责监督和指挥法院工作；

（2）须主持法院审判程序，或者委派竞争上诉法院另一名审判员主持法院的特别诉讼程序；且

[2000 年竞争法修正案第三节第 1 条将本条第 2 款修改为现有形式]

（3）以政府公报形式制定法院诉讼程序规则。

2. 在不违反本节第 2 条附则 1 的前提下，审判员主席须将交法院审理的问题分别指定给由法院 3 名审判员组成的合议庭。

第 2 条附则 1：竞争上诉法院的首席法官，或首席法官指定的任何其他法官，可以独立审议下列事项：

（1）按照竞争上诉法院制定的规则，对临时性决定提起的上诉；

（2）有关秘密信息确定或使用的申请；

（3）按照竞争上诉法院制定的规则，对上诉的申请；

（4）暂缓正受审查或上诉的指令的生效和执行的申请；或者

（5）程序性指示的申请。

[2000 年竞争法修正案第三节第 3 条增设本节第二条附则 1]

3. 依本节第 2 条附则 1 法官独立作出的决定，或者审理某一特定问题时合议庭多数法官作出的决定，视为竞争上诉法院的决定。

[2000 年竞争法修正案第三节第 4 条将本节第 3 条修改为现有形式]

4. 如果法官或依本节第 2 条被指定审理某一问题的任何法官，不能完成对该问题的审理程序，首席法官须：

（1）指令其他法官或被指定审理该问题的法官继续审理；或者

（2）终止诉讼程序，组建新的合议庭并指令其重新进行审理，该合议庭可以包括一名原被指定法官。

[2000 年竞争法修正案将原法案中本节第 3 条第 5 款修改为现有形式]

5. 竞争上诉法院的决定须为书面形式并包括作出决定的理由。

第三十九节　任　　期

1. 首席法官和竞争上诉法院的其他法官，在总统任命时决定的特定期限内任职，直到：

（1）该期限届满；

（2）该法官不再担任高等法院法官之日；或者

（3）向总统递交书面通知辞去法官职位。

2. 第三十三节的规定适用于首席法官和竞争上诉法院其他法官，但应依情形进行必要变通。

3. 依 1989 年《法官报酬和任职条件法》（1989 年第 88 号法案）适用于高等法院法官的任期、报酬和任职条件，不受其被任命为竞争上诉法院法官并同时设定的任期影响。

[2000 年竞争法修正案第四节将第三十九节修改为现有形式]

第四部分　竞争委员会和竞争法庭的相关行政性事项

第四十节　经　　费

1. 竞争委员会的经费来源包括：

（1）议会对委员会的划拨款；

（2）依本法向委员会支付的费用；

（3）依本节第 6 条的规定委员会投资和剩余储备金的收益；及

（4）其他资金来源的收益。

2. 竞争委员会的财政年度是指某年 4 月 1 日起至次年 3 月 31 日的期间，但委员会的第一个财政年始于本法生效之日，终于次年的 3 月 31 日。

3. 专员须每年按部长确定的时间向其提交竞争委员会的预计收支，并向议会申请下一个财政年度的划拨款。

4. 竞争委员会须以自己的名义，在共和国境内的注册银行或其他注册金融机构开立账户：

（1）委员会的每一笔收讫现金须存入该账户；且

（2）代表委员会的每一笔支出须从该账户提取。

5. 从竞争委员会账户开出的支票，须由两名委员会为此目的而决议授权之人代表委员会签发。

6. 竞争委员会可以将经常性支出或意外费用急需之外的资金用于投资或储蓄：

（1）在共和国境内的任何一家注册银行或金融机构按活期或短期固定存款；或

（2）在根据 1984 年《公共储蓄公司法》（1984 年第 46 号法案）第二节规定设立的公共储蓄公司中设立的投资账户。

7. 根据 1999 年《公共财政管理法》的宗旨，专员是竞争委员会的会计机关。

［2000 年竞争法第二修正案第十三节第 1 条将本节第 7 条修改为现有形式］

……

8. ［已删除］

［2000 年竞争法第二修正案第十三节第 2 条删除了本节第 8 条的规定］

9. 每个财政年度结束后的 6 个月内，专员须根据会计惯例、原则和程序，准备财务报表，包括：

（1）数据翔实，能适当反映前一财政年度竞争委员会收支情况的报表；

（2）反映该财政年度结束时委员会资产、负债和财政状况的资金负债表。

10. 每年审计长均须审计竞争委员会的财务记录。

第四十一节　年度报告

1. 竞争委员会财政年度结束后的 6 个月内，专员须以法定形式准备并向部长提交一份年度报告，包括：

（1）依第四十节第 9 条准备的财务审计报表；

（2）依第四十节第 10 条准备的审计长报告；

（3）委员会在本法规定职能范围内活动的报告；

（4）为实现本法目的上一年度所取得进展的报告；及

（5）部长通过政府公告形式决定的其他任何信息。

2. 部长须按下列规定，将根据本节第 1 条收到的报告提交国民大会审议：

（1）在收到竞争委员会报告后的 10 个工作日内；或者

（2）如正值闭会期，在下一次会议期开始后的 10 个工作日内。

［2000 年竞争法第二次修正案第十四节将本节第 2 条修改为现有形式］

第四十二节　竞争法庭适用规则

第四十节和第四十一节的规定适用于竞争法庭，但应依情形进行必要变通；其中提及专员时须解释为法庭主席。

第四十三节　责　　任

1. 1957 年《国家责任法》（1957 年第 20 号法案）适用于竞争委员会和竞争法庭，但应依情形进行必要变通；其中提及“相关部门部长”时须根据具体情况解释为专员，或主席。

2. 竞争法庭成员、竞争上诉法院成员、专员、工作人员个人或者受聘人，不对出于善意提出的、依宪法或本法向议会提交或公开的报告、裁决、观点或建议负责。

第五章　调查和裁判程序

［2000 年竞争法第二次修正案第十五节将第五章修改为现有形式］

第一部分　秘密信息

第四十四节　报告人的保密请求权

1.（1）报告人向竞争委员会或竞争法庭提交信息时，可以主张该信息为秘密信息；

（2）为支持前款所及之主张，须依法定形式出具一份解释提交信息具有保密性原因的书面陈述。

2. 竞争委员会受本节第 1 条所及主张的约束，但可在程序进行中的任何时候将该主张提交给竞争法庭以决定该信息是否属于秘密信息。

3. 竞争法庭，可以：

（1）决定该信息是否具有秘密性；且

（2）如其发现该信息具有秘密性，则可以对有关信息的获得作出适当指令。

第四十五节　信息的泄露

1. 任何人如欲获得已被主张属于秘密信息的信息，可以以法定方式和形式向竞争法庭提出申请，竞争法庭可以：

（1）决定该信息是否属于秘密信息；且

（2）如其发现该信息具有秘密性，则可以对有关信息的获得作出适当指令。

2. 竞争法庭根据第四十四节第 3 条作出指令后的 10 个工作日内，相关当事人可以依竞争上诉法院的规则对该决定提起上诉。

3. 竞争委员会和竞争法庭对符合下列条件的信息，自委员会或法庭获得该信息起至对其作出最终决定止，须加以保密：

（1）竞争法庭确定为秘密信息；或者

（2）为依本节规定提出主张的对象。

4. 一旦作出有关任何信息的最终决定，该信息的秘密性仅被限定在被竞争法庭或竞争上诉法院接受作为秘密信息的范围内。

第四十五节　附则 1：信息的限制使用

1.（1）竞争委员会依本法作出任何决定时，只要不违反第 2 款规定，可以将秘密信息作为审议因素；

（2）如果委员会对所作决定的理由将可能泄露秘密信息，则其须在公布上述理由至少 10 个工作日之前向相关当事人提供一份副本。

2. 收到待议理由的副本后，当事人可以依竞争法庭规则，在本节第 1 条第 2 款所及期间内申请法庭作出保护相关信息秘密性的适当指令。

3. 有关当事人可以依本节第 2 条的规定按照竞争上诉法院规则对竞争法庭的决定向上诉法院提起上诉。

4. 如果当事人依本节第 2 条向竞争法庭提出申请，则根据具体情况竞争委员会在竞争法庭或竞争上诉法院对该问题作出指令之前，不得公开该待议理由。

第二部分　搜查权和传唤权

第四十六节　经许可进入和搜查的授权

1. 如基于当事人宣誓或证词提供的信息有正当理由确认下列事实，则高等法院法官、地方法官或治安法官可以在其管辖范围内，签发进入和搜查任何场所的许可证：

（1）禁止行为已经、正在或将要在该场所内或附近区域发生；或者

（2）根据本法规定与调查有关联的任何事物，被该场所内或相关任何人占有或控制。

2. 进入和搜查许可证可以在任何时候签发，且必须明确：

（1）划定可以进入和搜查的场所；

（2）批准审查员或警察进入和搜查该场所，并实施第四十八节列举的任何行为。

3. 进入和搜查许可证在下列事件发生前有效：

（1）许可证交付执行；

（2）许可证被签发者取消，或在其缺席期间被与其职权类似的机关取消；

（3）签发许可证的目的不复存在；或者

（4）自签发之日起满 1 个月。

4. 进入和搜查许可证仅得于日间执行，除非签发许可证的法官、地方法官或治安法官在适当情形下授权夜间执行。

5. 经依本节第 2 条所签发许可证的授权，方可进入和搜查许可证中划定的场所。

6. 执行许可证之前，执行人须：

（1）在搜查场所的所有人或控制人在场的情形下：

a. 向其出示证件并对许可证执行的授权进行说明；且

b. 向所有人、控制人或许可证中所列之人出示许可证副本；或者

（2）在以上各方均不在场的情形下，则将许可证副本粘贴于场所显要处。

第四十七节　未经许可进入和搜查的授权

1. 经依第四十六节第 2 条许可证的授权，审查员可以进入和搜查私人住宅以外的场所。

2. 依本节规定进入和搜查前，执行搜查的调查员须向房屋所有人或控制人出示证件，对执行搜查的授权作出说明，且须：

（1）得到所有人或控制人允许进入和搜查场所的许可；或者

（2）有正当理由认为，如申请即可获得依第四十六节签发的许可证，但获得许可证将会导致迟延，而使进入和搜查的对象或目的遭致破坏。

3. 未经许可进入和搜查仅得于日间执行，除非根据具体情形，夜间执行有正当性和必要性。

第四十八节　进入和搜查的权力

1. 根据第四十六节和第四十七节授权进入和搜查场所者可以：

（1）进入该场所内部；

（2）搜查该场所；

（3）如有正当理由确信与该场所相关的任何人持有与调查有关的物品或文件，可对其进行搜查；

（4）检查该场所内与调查有关的任何物品或文件；

（5）要求该场所的所有人或控制人，物品或文件的控制人，或者持有相关信息的任何其他人，提供信息；

（6）对该场所内与调查有关的任何书籍或文件进行摘记或制作副本；

（7）为下列目的使用或要求与该场所相关人协助使用与之相关的计算机系统：

a. 搜寻包含于该计算机系统中的或可从中得到的任何数据；

b. 复制该数据的任何记录；以及

c. 为检查和复制获取该计算机输出数据；且

（8）为检查和保护场所，添加并在必要时转移任何与调查有关的物品。

2. 第四十九节附则 1 第 3 条适用于依本节对审查员问题的回答或作出的陈述。

3. 根据第四十六节或第四十七节授权执行进入和搜查的审查员，可以由警察协同。

第四十九节　进入和搜查的行为

1. 根据第四十八节的规定进入和搜查场所者须对行为的正当有序性严加考虑，还须顾及个人维护尊严、自由、安全和隐私的权利。

2. 根据第四十八节第 1 条第 3 款的规定进行搜查时，搜查女性须由女检查员或女警察进行，搜查男性则须由男检查员或男警察进行。

3. 根据第四十八节进入和搜查场所的人员，在开始询问相关人员之前，须：

（1）告知其此时享有要求辩护人或律师协助的权利；且

（2）允许其行使该项权利。

4. 从被搜查场所转移物品的任何人，须：

（1）向该场所的所有人或控制人开立收据；且

（2）在转移目的达到后尽快归还。

5. 搜查中，任何人可以物品或文件包含特许不提供的信息为由拒绝对其调查或转移。

6. 如物品或文件的所有人或控制人依本节第 5 条规定拒绝交出该物品或文件，搜查执行人可以向高等法院的书记员或执行员提出请求，后者有权在法院作出该信息是否享有特许权的决定之前，为安全保管的目的扣押和转移物品或文件。

7. 根据第四十六节规定授权进入和搜查场所，或者根据第四十六节或第四十七节规定协助经授权进入和搜查场所的审查员的警察，可以通过包括破坏场所门窗在内的一切合理必要的方式排除进入和搜查障碍。

8. 使用依本节第 7 条规定的强制手段之前，警察须口头提出进入的许可请求，并宣布进入目的，除非其基于合理理由认为此种行为可能导致所搜查的物品或文件被破坏或转移。

9. 若对该场所负责的人员均不在场，竞争委员会可以对因搜查中的强行进入行为而受损害者进行补偿。

第四十九节　附则 1：传唤

1. 根据本法规定进行调查过程中，对认为可能提供有关调查对象的信息，或持有或控制与该对象有关的任何书籍、文件或其他物件之人，专员可随时传唤：

（1）在传票中规定的时间和地点，接受专员或经专员授权之人审问；或者

（2）在传票中规定的时间和地点，向专员或经专员授权之人提交或复制传票中确定的任何书籍、文件或其他物件。

2. 任何人，接受执行调查的审查员或专员或依本节第1条规定的其他人的询问时，须尽其所能地真实地回答；但若回答具有自我归罪性质，则其没有义务作出回答。

3. 根据本节规定任何向行使权力者作出的自我归罪性质的回答或陈述，不得作为刑事审判中对回答或陈述者不利的证据，刑事诉讼中的伪证，或被控实施第七十二节或第七十三节第2条第4款所及之犯罪行为除外——以上规定仅限定于与证明被控罪行有关的回答或陈述的范围内。

第三部分　申诉程序

第四十九节　附则2：申诉启动

1. 专员可以对疑似禁止行为提起申诉。

2. 任何人可以：

（1）以任何方式或形式向竞争委员会提交与疑似禁止行为有关的信息；或

（2）以法定形式就疑似禁止行为向竞争委员会提起申诉。

3. 提起或收到依本节规定的申诉时，专员须尽快命令审查员对申诉展开调查。

4. 调查进行过程中，专员可以随时指定一人或多人协助审查员。

第四十九节　附则3：临时免责

1. 无论对疑似禁止行为的审理是否开始，起诉人可以随时向竞争法庭申请与该疑似行为有关的临时性指令。

2. 竞争法庭：

（1）考虑到诉讼程序的紧迫性，须给予被告陈述意见的合理机会；且

（2）考虑下列因素后，可以在合理和公正的情况下批准一项临时指令：

a. 与疑似禁止行为有关的证据；

b. 防止原告遭受不可弥补的重大损害的必要性；及

c. 出于便利的权衡。

3. 依本节规定的任何诉讼程序中，证明标准与普通法高等法院适用于临时禁令的证明标准相同。

4. 依本节规定的临时指令的效力不应在下列任一情况出现后继续存在：

（1）对疑似禁止行为审理结束时；或者

（2）签发临时指令6个月后届满之日。

5. 如果临时指令已被批准，且对该问题的审理在命令作出后的6个月内尚未结束，则在提出充分理由的前提下，竞争法庭可以将临时指令延长，但该延长期限不得超过6个月。

6. 提出申请的任何一方当事人，可以对依本节规定的竞争法庭的决定向竞争上

诉法院申请审查。

7. 申请人可以因竞争法庭拒绝批准依本节规定的临时指令，向竞争上诉法院提起上诉。

8. 被告可以根据本节规定，对竞争法庭作出的具有最终效力且不可撤回的指令向竞争上诉法院提起上诉。

第四十九节　附则4：同意指令

1. 如果在对原告调查的过程中、调查完成时或完成后，竞争委员会与被告就一项适当指令达成协议，则竞争法庭可以不再审理任何证据而根据第五十八节第1条第2款规定赋予该协议以同意指令的确认效力。

2. 对申请同意指令的提议审理后，竞争法庭，须：

（1）依照竞争委员会和被告达成的协议和提议作出同意指令；

（2）作出指令之前，指出任何必须在草拟的指令中作出的改变；或者

（3）拒绝作出指令。

3. 经起诉人同意，同意指令中可以判令赔偿起诉人损失。

4. 同意指令不排除起诉人申请下列事项：

（1）根据第五十八节第1条第1款e项或f项所作的宣告；或者

（2）依第六十五节规定作出的民事损害的裁定，除非同意指令中包含赔偿起诉人损害的裁定。

第五十节　申诉的结果

1. 提起申诉后，竞争委员会可以随时将申诉提交给竞争法庭。

2. 申诉提交后的1年内，专员，须：

（1）依照本节第3条的规定将申诉提交给竞争法庭，如果法庭确定禁止行为已经发生；或者

（2）在任何其他情形下，按法定形式签发不予提交申诉的通知。

3. 当竞争委员会依本节第2条第1款规定将申诉提交给竞争法庭时：

（1）可以：

a. 提交由起诉人提交的有关申诉的所有细节；

b. 仅提交起诉人提交的有关申诉的部分细节；或者

c. 增加起诉人提交的有关申诉的细节；且

（2）须对本节第2条第2款所及之未向竞争法庭提交的有关申诉的任何细节，签发不予提交通知。

4. 特定案件中：

（1）竞争委员会和起诉人可以达成延长本节第2条准许的期间的协议；或者

（2）对竞争委员会在前款所及之期间结束前提起的申请，竞争法庭可以延长该期间。

5. 在本节第2条所及期间内或在本节第4条所及延长期间内，如果竞争委员会未向竞争法庭提交申诉或签发不予提交的通知，视委员会在以上相关期间届满时已签发不予提交的通知。

第五十一节　向竞争法庭提交

1. 如果竞争委员会对申诉签发不予提交的通知，则起诉人可以依照竞争法庭的程序规则向法庭直接提起申诉。

2. 竞争委员会依第五十节第 1 条，或起诉人依本节第 1 条向竞争法庭的提交行为，须符合法定形式。

3. 竞争法庭的主席须通过政府公报的形式，将每一次提交至法庭的事项予以通知公布。

4. 依本节第 3 条的规定发布的通知须包括：

（1）被告姓名；及

（2）提交事项所及行为的性质。

第四部分　法庭审理与指令

第五十二节　竞争法庭的审理

1. 竞争法庭须依其规则对任何依本法向其提交的事项进行审理。

2. 在不违反本节第 3 条和第 4 条规定的前提下，竞争法庭

（1）应尽可能迅速地按照自然公正的基本准则公开进行审理；且

（2）可以非正式地或以纠问方式进行审理。

第 2 条附则 1：尽管存在本节第 2 条第 1 款之规定，法庭主席仍可指令依下列方式审理案件：

（1）不开庭审理——如果未听审口头证据或口头意见将当庭提出；或

（2）电话或视频会议，如果这样有利于实现公正和便捷。

3. 尽管存在本节第 2 条的规定，主持审理的法庭成员仍可排除公众成员或特定的某些或某类人出席审理过程：

（1）如果将呈递的证据系属机密信息，但限于非此不足以保护此等信息的情形；

（2）如果审理的正常进行需要如此；或

（3）因存在在高等法院民事诉讼程序中系属正当的任何其他事由。

4. 审理结束时，竞争法庭应作出本法允许之任何指令，并应为该决定提供书面理由。

5. 竞争法庭应向审理参与人和其他公众成员提供获得每次审理记录的合理渠道，但以不违反任何依本节第 3 条第 1 款作出的保护机密信息的裁决为限。

第五十三节　参与审理权

下列人员可亲自或通过代理人参与审理，并可向证人提问或检查任何当庭提出的账目、文件或物品：

（1）如审理系依第三部分进行的情形：

a. 专员，或任何该专员任命之人；

b. 起诉人，如果：

（a）该起诉人将起诉提交竞争法庭；或

（b）依竞争法庭主审成员的观点，该起诉人的利益无法为另一参与人充分代表，但以充分代表该起诉人利益所必需为限；

c. 被告；以及

d. 任何其他对审理具有重大利益之人，除非依竞争法庭主审成员的观点，此等利益可为另一参与人充分代表，但以起诉人利益被充分代表所必需为限。

（2）如审理系依第十节或附件1进行的情形：

a. 豁免申请人；

b. 竞争委员会；

c. 上诉人，如果该上诉人并非豁免申请人；

d. 第十节第8条所及之向竞争委员会提交了陈述的利害关系人，除非依竞争法庭主审成员的观点，该人利益可为另一参与人充分代表，但以该人利益被充分代表所必需为限；以及

e. 部长或执行专员，如果依附件1被咨询。

（3）如审理系依第三章规定进行的情形：

a. 任何合并当事方；

b. 竞争委员会；

c. 任何依第十三节附则1第2条有权受领通知，且向委员会以规定形式表达了其参与审理之意愿的人；

d. 部长——如果其表明其参与之意愿；

e. 其他任何竞争法庭认可为参与人之人；以及

（4）在审理系依第一部分进行的情形：

a. 持有待审信息之人；

b. 任何寻求披露待审信息之人；

c. 竞争委员会；以及

d. 其他任何法庭认可为参与人之人。

第五十四节　主审成员的权力

主持审理的竞争法庭成员，可以：

（1）命令或传唤任何人在指定时间和地点到场；

（2）询问任何已宣誓或作出确认之人；

（3）传唤任何人或对其发出下列指令：

a. 提供任何审理所必需的账目、文件或物品；

b. 为与本法有关的其他任何行为。

（4）发出禁止或限制对提交竞争法庭的证据进行公开的指令；

（5）接受任何参与人的口头意见；以及

（6）接受参与人提交的任何其他信息。

第五十五节　程序规则

1. 在不违反竞争法庭程序规则的前提下，主持审理的法庭成员可以在适当考虑案情及第52节第2条要求后，决定该审理的任何程序事项。

2. 法庭得宽恕审理过程中出现的任何技术性不当行为。

3. 法庭得：

（1）接受任何相关口头证言、文书或其他事物作为证据，不论

a. 其是否系在宣誓或确认下作出或证明；或

b. 其是否可在法庭上作为证据被采纳。但是

（2）拒绝采纳任何不适当重复的口头证言、文件或其他事物。

第五十六节　证　　人

1. 任何在竞争法庭审理过程中提供证据之人均须回答任何有关问题。

2. 涉及刑事案件中证人特权的法律同样适用于在审理过程中提供信息之人。

3. 竞争法庭可指令任何人回答任何问题，或提交任何物品或文件，即使如此将导致自我归罪。

4. 第四十九节附则 1 第 3 条适用于证人依本条提供的证据。

第五十七节　诉讼费用

1. 以不违反本节第 2 条规定和竞争法庭程序规则为限，任何参与审理方均须负担自身诉讼费用。

2. 如果竞争法庭：

（1）未作出不利于被告的裁决，则主持审理的法庭成员得判被告获偿诉讼费，诉讼费全部由依第五十一节第 1 条提起诉讼的起诉人负担；或

（2）作出了不利于被告的裁决，则主持审理的法庭成员得判被告负担全部诉讼费，依第五十一节第 1 条提起诉讼的起诉人则获偿诉讼费。

第五十八节　竞争法庭的指令

1. 除本法规定的其他权力外，竞争法庭尚得

（1）作出有关被禁止行为的适当指令，包括：

a. 阻断任何被禁止行为的实施；

b. 指令一方以阻断被禁止行为实施所要求的合理条件向另一方提供或分配商品或服务；

c. 不论是否同时作出本条规定的其他指令，依第五十九节规定课加行政处罚；

d. 根据第六十节的撤销指令；

e. 根据第六十五节的宗旨，依本法宣告某企业行为为被禁止行为；

f. 宣告协议全部或部分无效；

g. 指令依合理条件提供利用必要设施的渠道；

（2）根据第四十九节附则 4 的规定确认双方协议具有法庭指令的效力；或

（3）在不违反第十三节第 6 条与第十四节第 2 条的前提下，基于可见的良好动因宽恕任何不遵从行为：

a. 竞争委员会或竞争法庭规则的行为；或

b. 本法所规定时效的行为。

2. 如果有理由相信审理涉及一项依第十节可能有资格获得豁免的被禁止行为，竞争法庭在任何时候均可在合理期限内中止审理。

3. 不论本法是否另有规定，如果竞争法庭依本节第 2 条中止审理，则被告均可在此期间内

申请豁免。

第五十九节　行政处罚

1. 竞争法庭仅得依如下要求课加行政处罚：

（1）依第四节第 1 条第 2 款、第五节第 2 条或第八节第 1、2 款或第 4 款，针对某项被禁止行为；

（2）依第四节第 1 条第 1 款、第五节第 1 条、第八节第 3 款或第九节第 1 条针对某项被禁止行为，如果该行为实质是同一企业对先前被竞争法庭判定为被禁止行为之行为的重复；

（3）针对违反或不遵守竞争法庭或竞争上诉法院所作临时或终局指令的行为；或

（4）如果合并当事方：

a. 未依第 3 章规定作出合并通知；

b. 违反竞争委员会或竞争法庭禁止该合并的裁决继续实施合并；

c. 以违反竞争委员会依第十三节或第十四节或竞争法庭依第十六节附条件的批准合并的方式继续实施合并；

d. 未依本法获得竞争委员会或竞争法庭批准即行实施合并。

2. 依本节第 1 条课加的行政处罚不得超过该企业上个财政年度的国内年营业额与出口额的 10%。

3. 在决定何为适当处罚时，竞争法庭应审议如下因素：

（1）违反行为的性质、持续时间、严重程度与范围；

（2）因该违反行为而生的任何损失或损害；

（3）被告的行为；

（4）违反行为发生的市场环境；

（5）从该违反行为中获得的利润水平；

（6）被告与竞争委员会和竞争法庭合作的程度；

（7）被告先前是否曾被判定违反本法。

4. 依本节所处的罚金应向宪法第 213 条所及之国家税务基金缴纳。

第六十节　撤　　销

1. 如果违反第 3 章规定实施合并，则竞争法庭得：

（1）指令合并一方出售其已通过合并购入的任何股份、权益或其他资产；

（2）宣告合并所依据之协议中的任何规定无效。

2. 竞争法庭可在依第五十八节所作指令之外或替代此等指令，作出要求任何企业或其他人出售该企业任何股份、权益或其他资产的指令，如果

（1）该企业已违反第八节规定；且

（2）有关被禁止行为：

a. 无法依本法其他规定得到充分救济；或

b. 实质是同一企业对先前被竞争法庭判定为被禁止行为之行为的重复。

3. 竞争法庭依本节第 2 条所作指令无强制力或效力，除非为竞争上诉法院所确认。

4. 依本节第 1 条或第 2 条所作指令可为遵从或其他任何竞争法庭考虑有关方面商业利益后认定为适宜之条件设定一期限。

第五部分　对竞争上诉法院的上诉与再审申请

第六十一节　上　　诉

1. 如果依第三十七节竞争上诉法院有权受理上诉或对该事项进行再审，受到竞争法庭决定影响之人可依竞争上诉法院规则就此等决定向后者提起上诉或申请后者对其进行再审。

2. 竞争上诉法院可依法律与公平的要求，指令审理的任何当事人或其代理人支付诉讼费用。

第六十二节　上诉管辖权

1. 竞争法庭与竞争上诉法院在下列事项上共享排他性管辖权：

（1）第二章、第三章和第五章的解释与适用，除：

a. 本节第 2 条所及之问题或事项外；或

b. 对财政部长依第十八节第 2 条签发的证书进行审查外。以及

（2）第二十一节第 1 条、第二十七节第 1 条与第三十七节所及之功能，本节第 2 条所及之问题或事项除外。

2. 除本法授予竞争上诉法院的任何其他权限外，该法院对以下事项亦拥有管辖权：

（1）判断竞争委员会或竞争法庭作出或意欲作出的行为是否在依本法规定的权限范围内；

（2）任何依本法所引起之宪法问题；

（3）判断某一事项是否处于本节第 1 条规定的排他性管辖权范围内。

3. 竞争上诉法院的管辖权

（1）对其依本节第 1 条享有的排他性管辖权范围内的事项具有终局效力；同时

（2）对其依本节第 2 条享有的管辖权范围内的事项不具有排他或终局效力。

4. 对竞争上诉法院依本节第 2 条享有的管辖权范围内事项的决定所提起的上诉应由最高上诉法院或宪法法院受理，但不得违反第六十三节规定与其各自的规则。

5. 为进一步澄清，竞争法庭与竞争上诉法院对被禁止行为所导致之损害的数额估算和判决无管辖权。

第六十三节　上诉许可

1. 依第六十二节第 4 条享有的上诉权：

（1）受如下任何法律约束：

a. 具体限制该条所列之上诉权；或

b. 具体授予、限制或排除任何上诉权；

（2）不因争议事项的标的金额而受限制；且

（3）其存在不受争议事项不能以金钱衡量的事实的影响。

2. 依第六十二节第 4 条提起的上诉可被最高上诉法院受理，或若涉及宪法问题，则可被宪法法院受理，但

（1）应经竞争上诉法院许可；或

（2）如果竞争上诉法院拒绝许可，则应经最高上诉法院或宪法法院许可。

3. 依本节许可上诉的法院可附加任何适当条件，包括要求上诉人为上诉费用提供担保。

4. 如果竞争上诉法院在拒绝许可上诉的同时又指令上诉人负担诉讼费用，则最高上诉法院或宪法法院可在许可上诉的同时变更指令。

5. 向竞争上诉法院提出的许可上诉的申请应以该法院要求的方法和形式为之。

6. 向宪法法院提出的许可上诉的申请应以该法院规则要求的方法和形式为之。

7. 《1959 年最高法院法》（1959 年第 59 号法律）第二十一节第 1 条附则 1 至第 3 条第 5 款规定适用于依本法向最高上诉法院作出的许可上诉申请，但应依情形进行必要变通。

8. 依本法向最高上诉法院作出许可上诉申请之人应将该申请通知竞争上诉法院的登记员。

第六章　执　　行

［2000 年竞争法第二次修正案第十五节将第六章修改为现有形式］

第六十四节　指令的地位和执行

1. 竞争委员会、竞争法庭或竞争上诉法院的任何决定、判决或指令在送达、生效和执行方面与高等法院的指令相同。

2. 竞争委员会得以自己名义在高等法院启动执行竞争法庭所课加的行政处罚的程序。

3. 本节第 2 条规定之程序不得在行政处罚决定作出 3 年后提起。

第六十五节　民事诉讼和管辖权

1. 依本法为被禁止或可能被宣告无效的协议内容并不当然无效，除非竞争法庭或竞争上诉法院宣告此等内容为无效。

2. 如果在民事法院诉讼中一方当事人提出某一行为为本法所禁止的问题，则该法院不应对之进行实质审查，同时：

（1）如果竞争法庭或竞争上诉法院已就所提出的问题作出指令，则该法院应适用法庭或竞争上诉法院的决定；或

（2）否则，该法院应将该问题提交竞争法庭进行实质审查，如果该法院认为：

a. 该问题并非以无实质内容或缠诉方式提出；且

b. 该问题的解决为就系属诉讼作出终局裁决所必需。

……

［2000 年竞争法第二修正案第十五节删除了本节第 3 条规定］

……

［2000 年竞争法第二修正案第十五节删除了本节第 4 条规定］

……

［2000 年竞争法第二修正案第十五节删除了本节第 5 条规定］

6. 因被禁止行为而遭受损失或损害之人：

（1）可不在民事法院就损害的数额估算和判决提起诉讼，如果其已在依第四十九节附则 4 第 1 条被确认的双方同意指令中获得损害赔偿；或

（2）如果被获准提起前项所及之诉讼，则在起诉时应向法院登记员或书记员提交竞争法庭主席或竞争上诉法院首席法官以规定形式签发的通知，该通知应：

a. 证实作为起诉基础的行为已被依本法判定为被禁止行为；

b. 说明法庭或竞争上诉法院作出裁决的日期；并

c. 列明法庭或竞争上诉法院作出此等裁决所依据的本法条文。

7. 本节第 6 条第 2 款所及之证书为其自身内容的决定性证据，并对民事法院具有拘束力。

8. 依第五十八节就竞争法庭所作指令提起的上诉或再审申请暂时排除向民事法院就相同事项起诉的权利。

9. 任何人就被禁止行为给其造成的损害请求赔偿的权利：

（1）发生于竞争法庭就与该人有关的事项作出决定之日；或

（2）在上诉情形，发生于该事项的上诉程序终结之日。

10. 根据《1975 年法定利率法》（1975 年第 55 号法律）第二节附则 1 第 2 条第 1 款的宗旨，依本法发生的损害赔偿之债的利息自本节第 6 条所及之证书签发之日起计算。

第六十六节　指令的变更

竞争法庭或竞争上诉法院依职权或经受有关决定或指令影响之人的申请，得变更或撤销其如下决定或指令：

（1）在某利害关系方缺席的情况下被错误地提出或判予；

（2）存在模糊或明显错误或疏漏，但以纠正此等模糊、错误或疏漏为限；或

（3）在诉讼参加各方的共同错误下作出或判予。

第六十七节　诉讼时效

1. 不得在被禁止行为停止实施 3 年后对其提起诉讼。

2. 不得就某企业向竞争法庭提起诉讼，如果该企业已在法庭的某终结诉讼程序中充当过被告，且后一诉讼系基于本法的同一章节或与当前事项存在实质联系的另一章节而审理。

第六十八节　证明标准

在除第四十九节附则 3 所规定的程序或刑事诉讼程序之外的本法任何诉讼程序中，证明标准皆基于不同可能性的权衡。

第七章　违法行为

第六十九节　信赖违反

1. 披露通过如下渠道获得的涉及任何个人或企业的任何机密信息的行为均为不法：

（1）在实施本法任何职能的过程中；或

（2）作为提起控告或参加本法规定的任何程序的结果。

2. 本节第 1 条不适用于下列信息：

（1）为适当执行或施行本法之目的而披露者；

（2）为司法目的而披露者；或

（3）经有权获得此等信息的检查员、专员、副专员或竞争法庭成员请求而披露者。

第七十节　阻碍本法施行

在本法对某人授予或赋予某项权力或课加某项职责的情形，阻碍、抗拒、妨害或不当影响该人行使此等权力或履行此等职责的行为均为不法。

第七十一节　经传唤不出庭

如果某人在依第四十九节附则 1 受到传唤，或被指令或传唤参加审理时存在下列行为，则为不法：

（1）无充分理由不在指定时间和地点到场，或在被准许离场前离场；或

（2）虽按照要求出庭，但：

a. 拒绝宣誓作证或作出确认；或

b. 拒绝遵令提交其占有或控制的账目、文件或其他材料。

[2000 年竞争法第二次修正案第十六节将第七十一节修改为现有形式]

第七十二节　未充分或如实回答问题

如果某人在宣誓作证或作出确认后有下列行为，则为不法：

（1）未依第四十九节附则 1 第 3 条或第五十六节规定充分且尽自己所能地回答所有问题；或

（2）提供虚假证据，且明知或相信其确为虚假证据。

[2000 年竞争法第二次修正案第十七节将第七十二节修改为现有形式]

第七十三节　不遵守本法

1. 如果某人违反或未遵守竞争法庭或竞争上诉法院的临时或终局指令，则为不法。

[2000 年竞争法第二次修正案第十八节将本节第 2 条修改为现有形式]

2. 为下列行为者系属不法：

（1）以不当影响竞争法庭或竞争委员会对调查所涉及之任何事项的判断为目的而进行活动；

（2）以影响法庭或委员会与某项调查有关的裁决或其作出程序为目的，先于裁决结果行动；

（3）进行任何在普通法院诉讼程序中将以藐视法庭论处的与某项调查有关的行为；

（4）有意向委员会提供虚假信息；

（5）诽谤依其职权行事的法庭、竞争上诉法院或二者的任何成员；

（6）任意干扰有关程序或在听证举行场所为不当行为；

（7）违反进入与搜查许可而行事；

（8）并无第四十六节或第四十七节所定权限却声称有此权限并：

a. 进入与搜查房屋；或

b. 扣押或转移物品或文件。

第七十四节　处　　罚

对于任何依本法被确定为不法者：

（1）在违反第七十三节第 1 条的情形，应判处不超过 50 万兰特的罚金或不超过 10 年的监禁，或二者并科；或

（2）在任何情形，均可判处不超过 2000 兰特的罚金或不超过 6 个月的监禁，或二者并科。

第七十五节　治安法官法庭的课加处罚权

不论其他法律是否包含相反规定，治安法官法庭均有权课加本法规定之任何处罚。

第七十六节　废　　止

［2000 年竞争法第二次修正案第十九节废除了第七十六节的规定］

第七十七节　事实证据

1. 在本法规定的任何刑事诉讼程序中：

（1）如果企业中的任何人被指认为是或曾是该企业雇员，则该人应被推定为该企业雇员，除非有相反证明；

（2）如果虚假的陈述、录入、记载或信息被证明出现于某一账目、文件、方案或图纸中或计算机存储介质上，则保有上述物件的人应被推定为作出了此等陈述、录入或记载，或制造了此等信息，除非有相反证明；

（3）在具体案件中，经竞争法庭主席或竞争上诉法院首席法官确认的指令，系竞争法庭或竞争上诉法院指令本身内容的决定性证据。

2. 存在于某一账目、文件、方案或图纸中或计算机存储介质上的陈述、录入、记载或信息可作为证据，证明被推定进行了上述陈述、录入、记载或存储行为之人已承认其中所述事实，除非可以证明该人实际并无陈述、录入、记载或存储行为。

第八章　一般规定

第七十八节　法　　规

部长可通过政府公报形式制定实现本法目的所需的法规。

第七十九节　指　　南

1. 竞争委员会可就本法授权范围内的任何事项制定指南，以表明委员会的政策取向。

2. 依本节第 1 条所制定的指南：

（1）必须以政府公报形式公布；但

（2）对竞争委员会、竞争法庭或竞争上诉法院行使裁量权或解释本法的行为并无约束力。

第八十节　官方印章

总统可通过政府公报通告的形式为竞争委员会、竞争法庭与竞争上诉法院分别指定官方印章。

第八十一节　本法约束国家

本法对国家具有约束力。

第八十二节　与其他机构的关系

1. 根据任何公开性法规在第二章或第三章所规制之行为的特定领域具有管辖权的根据规

章设立的机关：

（1）必须依第二十一节第1条第8款之规定与竞争委员会磋商以达成协议；并

（2）得就其职权范围内的特定事项通过此种协议行使其职权。

2. 本节第1条第1款和第2款适用于竞争委员会，但应依情形进行必要变通。

3. 除第二十一节第1条第8款所及之事项外，本节第1条规定的协议还必须：

（1）确认并建立管理现有职责区域的工作程序；

（2）促进根据规章设立的管理机关与竞争委员会的合作；

（3）就信息交换与机密信息保护事宜作出规定；并

（4）在政府公报中公布。

[2000年竞争法第二次修正案第二十节增加了本节第1、2条和第3条的规定]

4. 对于任何共和国依与本法宗旨有关的国际协议与外国同类机构交换信息的义务，总统均可将之指派予竞争委员会。

第八十三节　过渡性安排与法律的废止

1. 在不违反附件3规定的前提下，附件2中所列法律，以及一切经颁布或公开的相关公告、法规或通知均被废止。

2. 附件2所指明法律的废止不影响附件3作出的任何过渡性安排的效力。

第八十四节　本法简称与开始生效事宜

1. 本法称为竞争法，生效日期由总统在政府公报通告中确定。

2. 总统可为本法不同规定设定不同生效日期。

3. 除非情势要求另作解释，本法各条所称本法生效日期均应解释为该章节生效日期。

附件1　职业规则豁免

第一部分

[2000年竞争法第二次修正案第二十一节将第一部分修改为现有形式]

1. 如果职业联合会的规则包含实质性阻止或削弱市场竞争的限制性规定，则该联合会应以规定方法向竞争委员会申请第2条适用的豁免。

2. 竞争委员会得对职业联合会的全部或部分规则在指定期间内豁免适用本法第2章第一部分之规定，如果考虑国际通行惯例，此等规则所包含的实质性阻止或削弱市场竞争的限制性规定为维护下列利益所必需：

（1）职业标准；或

（2）该职业通常功能。

3. 在接到第1条所及之申请后，竞争委员会应：

（1）在政府公报中公示该申请；

（2）自公示之日起20个工作日内，允许利害关系人作出与该申请有关的陈述；并

（3）就该申请咨询主管部长或执行专员。

4. 在审议申请本身及所接受的与该申请相关的任何提交材料或其他信息，并咨询主管部长或执行专员后，委员会应：

（1）以规定形式向申请人发出给予豁免或拒绝申请的通知；

（2）提供作出该决定的书面理由；并

（3）在政府公报中公示该决定。

5. 竞争委员会得在存在良好动因的前提下，以规定方法随时撤销依第 4 条授予的豁免，但其首先应：

（1）在政府公报中通告其撤销豁免的意图；

（2）自公示之日起 20 个工作日内，允许利害关系人作出与该申请有关的陈述；并

（3）就该申请咨询主管部长或执行专员。

6. 某一职业规则的豁免，或其豁免的撤销，仅发生于该豁免或豁免撤销的通告在政府公报中公布之日。

7. 竞争委员会应保持一份对所有已获豁免或其豁免已被撤销的职业规则的记录以备公众查阅。

8. 职业联合会，或其重大利益受到竞争委员会依第 4 条所作决定之影响的任何其他人，均可依规定方法与形式向竞争法庭就该决定提起上诉。

9. 本附件中：

"职业联合会"指本附件第二部分所称联合会；

"职业规则"指规制某一职业联合会的对其成员有约束力的规则；

"规则"包括公共性法规、行业守则与基本准则陈述。

第二部分

本法中，职业联合会是指：

（1）下列任一职业的规制团体，该团体已依职业名称下所列法律进行了登记；或

（2）任何其他社团，如果竞争委员会认为其足以代表前款所及之职业的成员利益：

会计师与审计员：《1991 年公共会计师与审计员法》（1991 年第 80 号法律）

建筑设计师：《1970 年建筑设计师法》（1970 年第 35 号法律）

工程师：《1990 年南非工程师职业法》（1990 年第 114 号法律）

房地产经纪人：《1976 年房地产经纪人法》（1976 年第 112 号法律）

律师与辩护人：《1979 年律师法》（1979 年第 53 号法律）；《1964 年辩护人认证法》（1964 年第 74 号法律）

自然科学：《1993 年自然科学职业法》（1993 年第 106 号法律）

施工技术员：《1970 年施工技术员法》（1970 年第 36 号法律）

检查员：《1984 年职业与技术检查员法》（1984 年第 40 号法律）

城镇与地区规划员：《1984 年城镇与地区规划员法》（1984 年第 19 号法律）

评估师：《1982 年评估师法》（1982 年第 23 号法律）

医疗人员：《1974 年医疗、牙科与辅助性卫生服务职业法》（1974 年第 56 号法律）；《1978 年护理法》（1978 年第 50 号法律）；《1979 年牙科技师法》（1979 年第 19 号法律）；《1974 年药剂师法》（1974 年第 53 号法律）；《1982 年兽医及相关职业法》（1982 年第 19 号法律）；《1982 年脊柱按摩师、顺势医疗师及联合卫生服务职业法》（1982 年第 63 号法律）

杂项：部长以政府公报通告可以适用本附件规定的任何其他职业联合会。

附件2　废止的法律（第八十三节）（略）

附件3　过渡性安排（略）

南非共和国竞争委员会程序行为规则（2001 年）

第一章　总　　则

第一节　解释

1. ［简称］

此规定也可称为竞争委员会规则。

2. ［旧规则的废除］

1938 年政府 R 号公告公布的竞争委员会规则于 1999 年 8 月 20 日政府 20384 号公报上被废除。

3. ［解释］

（1）第一节适用本规则的解释。

（2）竞争法章节中所定义的某个词或某种表述，在此规定中具有与其竞争法中相同的意思。

（3）在本规则中，

（a）数字所指的对某一节的参考对应的是竞争法中的相关节；

（b）数字所指的对某一条规则的参考对应的是竞争委员会规则中的相关规则；以及

（c）数字所指的对某款或段落的参考对应的是此参考数字所出现的规则中的相关条款。

（4）在本规则中，除上下文另有解释，

（a）“法律”指的是 1998 年竞争法（1998 年第 89 号法律），并以随时修改后的为准；

（b）“申请”指的是根据竞争法第 10 节或表格 1 中的第 1 项对递交豁免的要求；

（c）“经核准的副本”指的是经监誓员核准的文件的副本；

（d）“委员会”指的是第 19 节所确立的机构；

（e）“委员”指的是根据第 22 节指派的政府机关有关人员；

（f）“竞争法庭规则”指的是依据规制法庭程序的法律所确立的规则；

（g）“申诉”指的是：

根据第 49 节第 2 条第 1 款，由委员提出的事宜；

或者根据第 49 节第 2 条第 2 款，已经提交给委员会的事宜；

（h）“法院”指的是由第 36 节确定的竞争上诉法院；

（i）“送达”依照上下文，指的是传送或呈交保存文件；

（j）“文件”当被用做一个动词时，意思是将文件存放在委员会；

（k）“审判长”指的是法庭审判长；

（l）“合并申报”指的是一个申报：

（i）依据第 13 节第 2 条自愿递交的；或者

（ii）依据第 13 节第 3 条或第 13 节第 1 条所要求的。

（m）“公休日”指的是 1994 年《公休日法》中第 1 节所指的公休日；

（n）“规则”包括对于规则的任何脚注，以及规则中所涉及的或包含的表格；

（o）“送达”指的是将传票送达给个人而不是委员会；

（p）“法庭”，依照上下文，指的是：

（i）第26节中的团体；

（ii）第31节中被召集的法庭的陪审团；

（iii）第31节第5条中确认的法庭的某个成员；或者

（iv）法庭的登记员。

第二节　委员会办公职能

4．［委员会的办公时间和地点］

（1）委员会办公是每周一到周五，公休日除外，从8：30到15：30对公众开放。

（2）尽管前款有规定：

（a）在例外的情况下，委员会可以在任何一天、任何时间接收归案的文件；

（b）以及委员会必须接收那些由法庭或者由法庭主席指定的法庭某个成员所指示的归案文件。

（3）依照第7条和第9条，委员会和委员会成员的通信方式：（具体联系方式略）

5．［时间限制上的宽限］

能够证明有合理原因时，委员可能赦免某一行为的延迟履行，即使本规则中对于此行为规定了时间限制，但不是约束委员会本身的时间限制。

6．［委员的职责］

委员，字面上看，可以分配到委员会成员中某一成员的职责和权力，或一般或于一件特殊事情相连。

第二章　文件的送达

7．［文件的送达］

（1）一份通知或文件可以以竞争委员会规则表格1中列举的任何一种方式被送达。

（2）根据本条第4款，以竞争委员会规则表格1中第2栏里列举的方式来传送的文件将被视为已经在与此表格第3栏里列举的方式相对应的日期和时间内被送达到指定的收受人处。

（3）若，在特定的情况下，能够证明采用在此规则中规定的任何方式都不可能将文件送达，利害关系人可向法庭申请可替代的送达方式的命令。

（4）依据规则第4条第2款，若竞争委员会规则表格1提及的送达文件的日期和时间不在第0条所规定的委员会办公时间之内，那么将视为文件在下一个工作日被送达。

（5）通过传真方式来送达的文件，必须包括封面页，以及通过电子邮件传送的文件一定要附带封面信息，或者列举出：

（a）发信者的姓名，地址和电话号码；

（b）若邮件是发送给某人的代表人，就需要注明这个人的姓名和这个人的代表人的姓名；

（c）发送的日期和时间；

（d）发送文件的所有页数，包括封页面；以及

（e）联系人的姓名和电话号码，以免传送不完整或不成功。

8．［发行文件］

若竞争法或本规则需要委员会发行一份文件：

（a）当该文件被签署并且已经送达到收受人处时，视为委员会已经将该文件发行；以及尽管有第 4 条第 1 款的规定，签署和送达文件仍可以在一天的任何时间发生。

（b）第 7 条第 4 款不适用于由委员会发行的文件的送达。

9. ［保存文件］

（1）委员会必须分配不同的案件数字给每个编码：

（a）诉请；

（b）申请；

（c）合并申报；

（d）和顾问意见。

（2）委员会必须保证每份文件依据相同的诉讼有序的存放，并标有相同的案件数字。

（3）委员会可以拒绝接收依据相同诉讼有序存放的但是没有准确的标出所分配的案件编码的文件。

（4）个人要根据竞争法或本规则存放任何文件就必须向委员会提供此人：

（a）依法登记的姓名；

（b）送达文书或传票的地址；

（c）电话号码；

（d）可以获得的电子邮件地址和传真号码；以及

（e）此人并非一个单独个体的情况下，经授权可以代表此人存放文件与处理委员会相关事宜的单独个体的姓名。

10. ［费用］

（1）委员会不能对提出申诉的任何人收取费用。

（2）依据本条第 3 款，向委员会提出申请的费用是：

（a）对于单一豁免：

（i）案件受理费是 5000 兰特；附加

（ii）年费，可在申请时交付，等于被授予豁免年数的 500 倍；或者

（b）对于类别豁免：

（i）案件受理费是 10 万兰特；附加

（ii）年费，可在申请时提交，等于被授予豁免年数的 1000 倍；或者

（c）对于根据竞争法时间进度表 1 提出的豁免，案件受理费是 10 万兰特。

（3）若根据第 10 节或时间进度法 1 申请被拒绝，委员会则必须向申请人返还有关该申请所提交的年费。

（4）顾问意见的费用是 2500 兰特。

（5）作出一份合并申报的费用是：

（a）中型合并 75 000 兰特；或者

（b）大型合并 25 万兰特。

（6）对于小型合并，合并申报的作出无须费用。

（7）推定委员会收到费用是：

（a）在已交付相应金额的支票或汇票被送到委员会的日期；或者

（b）在与费用等额的资金直接存入或电汇到委员会的账户，并在相关金融机构实现转账

的日期。

（8）委员会按 A4 纸每页 100 兰特的标准收取费用或者向复制一份委员会记录的人收取一定的费用，以及委员会对经核准的文件副本的证明，每份 200 兰特。

（9）在本条中列出的或依此计算的每项费用的数目，不包括专属的增值税。

11.［通知和申请的形式］

（1）根据竞争法中某一节，或者竞争委员会规则表格 2 的第 1 栏中显示的规则中的某一项，为满足表格第 2 栏所列举的其中一项目的，要求出一份通知或申请时，该文件必须完全采用已经列举出与该表格第 3 栏中条款数字相对应的附录的形式，并且必须满足表格第 4 栏中与那一节的数字相对应的所有条件来制作。

（2）当这些规则要求一份文件须采用以字母“CT”作为前缀的形式时，此文件必须完全采用与竞争法庭规则所描述的相对应的形式。

12.［证书和转介通知的形式］

（1）当委员会被要求根据竞争法的某节或竞争委员会规则表格 3 的第 1 栏所显示的款项，以满足表格第 2 栏所列举的其中一项目的，签发一份证书通知或收据时，这份文件必须完全采用已经列举出与表格第 3 栏中条款数字相对应的附录的形式，并且必须满足表格第 4 栏中与条款数字相对应的所有条件来制作。

（2）当委员会被要求根据竞争法或者根据这些规则在政府公报上公布一个通知时，该通知必须至少包含以下信息：

（a）直接受此通知影响的企业的名称或其他人的姓名；

（b）根据相关问题由委员会分配的文件编号；

（c）需要公布该通知时所依据的竞争法或规则的条款；

（d）对于相关问题本质的一个简明的描述；

（e）需要提交该通知时应注明通知提交可以被接收的最后日期；

（f）若该通知作出了决定：

（i）对于相关决定本质的一个简明的描述；

（ii）对于该决定的原因是否已经公布，若已经公布，那么如何获得这些原因的副本的陈述；以及

（iii）对于决定中有关包括提出复查与上诉的期间在内的复查权和上诉权的陈述。

（g）委员会负责公开该通知的人员的姓名，地址和联系电话。

13.［年度报告的形式］

（1）依据第 41 节的规定，由委员会提交的报告必须分为以下几个部分：

（a）进展的陈述，即根据第 41 节第 1 条第 4 款所必须作出的陈述；

（b）委员会的诉讼，即关于诉讼，豁免，合并和承诺的委员会工作的一个总结报告；

（c）委员会的行政活动，即关于委员会的管理，职工，基础设施，规则和相关事宜的一个总结报告；

（d）委员会的财务，包括第 41 节第 1 条第 1 款和第 2 款所要求的几项。

（2）除了根据第 41 节所需事宜，每份年度报告还必须包括一份涉及以下事宜的报告：

（a）委员会的民众意识规划；

（b）委员会和其他管制性机构的关系；

（c）委员会和外国机构的关系；

（d）委员会承担的研究活动和委员会公布的关于法律改革的所有建议。

第三章　委员会档案的使用

14. ［受限制的信息］

本部分，下列 5 种信息将受到限制：

（a）信息：

（i）经鉴定为第 45 节第 4 条所限定的秘密信息的信息；或

（ii）依第 45 节第 3 条，须为秘密信息的信息。

（b）下述情形中的原告身份：

（i）依第 49 节附则 2 第 2 条第 1 款规定提供信息者，可请求委员会将其身份作为受限制信息保护；但是，只有当其随后书面放弃这种请求，才能作为相关事件的原告；

（ii）若该当事人已依前段请求委员会将其身份作为受限制信息保护：

（aa）委员会须接受该请求；

（bb）除非当事人随后书面放弃该请求，否则该信息为受限制信息；

（c）除（a）项和（b）项所涉信息之外，在特殊案件中委员会收到的如下信息：

（i）附于申诉的行为的描述，以及调查申诉期间，委员会收到的任何其他信息，为受限制信息，除非竞争委员会发布有关申诉的转介或不予转介的通知，但一个完整的 CC1 表格不是受限制信息；

（ii）对合并信息及任何附于其的信息，或合并调查期间委员会收到的任何信息的陈述，为受限制信息，除非委员会已发布许可证，或被视为已批准合并，或依第 14 节附则 1 根据具体情形已作出建议；

（iii）审查申请，或撤回授予给申请者之豁免期间，委员会收到的任何申请和信息为受限制信息，该信息限于依前述（a）项规定的限制程度。

（d）公文：

（i）包括：

（aa）竞争委员会官员之间的内部通讯，或一名或多名官员与其顾问间的内部通讯；

（bb）竞争委员会获得的或为其准备的一个意见、建议、报告；

（cc）已发生的协商、讨论或商议的内容，包括但不限于会议记录，该记录以协助阐述政策或行使法律赋予委员会的权力或履行施予其的职责为目的；或者

（ii）可以合理预计其披露将因为妨碍公正性而使竞争委员会的协商过程无效：

（aa）意见、建议、报告或者推荐的沟通；或者

（bb）协商、讨论或者商议的行为；或者

（iii）可以合理预计其披露将因为对政策或预期政策的披露而使该项政策招致失败。

（e）根据《促进信息使用法》（2000 年），公共机构被要求或者授权限制使用的其他任何资料。

15. ［有权使用的信息］

（1）任何人，只要交付了所规定的费用，则可以查看或者复制委员会的任何记录：

（a）若该信息不属于受限制的范围；或者

（b）若为受限制信息，在允许范围内依照本条所确立的任何条件；或者

以法庭或法院的命令为准。

（2）在特殊申诉中，委员会可另外发布受限制信息而非秘密信息给下述主体，这些信息涉及一项适宜指令的可能协定，或原告为获得损害赔偿对一项指令的同意回复者；或者

提交有关该申诉的表格 CT3 的任何人。

（3）除本条第 1 款和第 2 款的规定之外，委员会可能公开受限制信息于以下列人员，或允许其使用该信息：

（a）向委员会提供该信息的人；

（b）拥有该秘密信息的企业；

（c）为了达到在第 69 节第 2 条第 1 款或第 2 款里提及的目的而需要该信息的人；

（d）第 69 节第 2 条第 3 款中提及的人；

（e）部长，若该信息涉及合并；

（f）财政部长，若该信息含有第 18 节第 2 条提及的合并；或者

（g）书面同意该企业拥有此信息的其他任何人。

（4）当委员会向法庭提交一份诉讼转介，作出有关大型合并的建议，或向法庭、部长，或财政部长提供任何其他信息时，委员会须确使其呈递书中含有如下信息：

（a）有关该信息的索赔，已依第 44 节提出，且法庭还未作出决定；或者

（b）已经被最后确定是秘密信息。

第四章　申诉程序

16. ［申诉的撤回］

（1）委员会将申诉提交法庭以前的任何时间，原告都可以撤回该申诉；

（2）申诉被撤销之后，委员会可继续调查该申诉，其效力如专员已启动该程序一样。

17. ［多重诉求］

（1）专员已启动申诉或任何其他人已提交申诉后的任何时间内，委员会可发布一披露被诉禁止行为和鼓励任何认为被诉禁止行为已或正在影响其物质利益的人就该事项提出申诉的通知。

（2）委员会可合并两个或更多申诉进行共同调查，若它们涉及相同的可为潜在被告的企业。

（3）若委员会依本条第 2 款将两个或更多申诉合并调查：

（a）每个申诉仍须依其编号独自鉴别；

（b）每个向委员会提交申诉的人仍为他们所提交申诉的原告；以及

（c）只要在第 50 节规定的期限内，将这些合并申诉之一提交予竞争法庭，或发布对其不予转介的通知之后，委员会可继续调查其余任何合并申诉。

18. ［认可令］

（1）发布表格 CC8 中不予转介的通知，或向法庭提交表格 CT（1）中的申诉之前的任何时候，若委员会认为被告可能接受提议命令的条款，委员会：

（a）以书面形式通知原告，认可令可能会被推荐给法庭；以及

（b）在收到该通知之后的 10 个工作日内以书面形式要求原告通知委员会：

（i）原告是否接受该种命令下的损害赔偿；

（ii）若接受，其主张的赔偿额。

（2）若委员会和被告都认同某一适宜的命令，则委员会必须：

（a）向法庭提交诉讼请求，诉讼请求必须采用表格 CT1（1）的形式，并且按照第 49 节附则 4 规定的要求进行；

（b）在转介书上附加：

（i）一份指令草案：

（aa）列出遭受违反的竞争法的条款；

（bb）列出委员会和被告双方达成一致的条款，若可能，包括被告和原告双方达成一致的损害赔偿的数额；以及

（cc）由委员会和被告双方签署，表明他们认可该项指令草案；并且

（ii）在允许的条件下由原告方完成表格 CT3；并且

（c）给被告和原告各提供一份关于该转介书和指令草案的副本。

（3）委员会不可在认可令的草案中含有损害赔偿的指令，除非该草案已经完全符合 CT3 格式的要求。

（4）尽管对于在草案指令中涉及损害赔偿这一问题的规定会遭到原告的拒绝，认可令草案仍可能会根据第 49 节附则 4 以及本条被提交到法庭。

第五章　豁免程序

19.［关于豁免申请的程序（《南非共和国竞争法》第 10 节）］

（1）收到第 10 节规定的豁免申请，通过向申请者发布表格 CC10（3），委员会可：

（a）建议申请者在申请被受理之前，提供更详尽的信息，若提供的申请材料不完全；或者

（b）当申请没有指定某个特定的协议，行为，或者协议或行为的类别时，要求申请者在申请被受理之前，对该项已经提出申请的豁免进行更加具体的阐述。

（2）若申请者

（a）在表格 CC10（3）被送达后的 20 个工作日内没有回复委员会，则将推定申请者已经放弃该项申请，并且委员会将没收申请者已交付的案件受理费；或者

（b）回复委员会，但是按照委员会的标准没有满足表格 CC10（3）所列出的要求，则委员会可以在受理申请之前，通过向申请者发一份新的表格，再次明确更详细的信息或阐明，并规定本条第 2 款适用新表格 CC10（3）。

（3）若根据本条第 2 款的规定，推定申请者已经放弃申请，则委员会可以不用根据第 10 节的规定而作出决定，对有关该申请的文件不予受理。

（4）在收集到足够的信息以后，准备受理申请时，委员会：

（a）必须根据第 10 节第 6 条第 1 款的规定，在公报上公开该申请的通知；并且

（b）可以根据第 10 节第 1 条和第 4 条的规定，要求豁免申请提交人提供补充信息或者根据第 10 节第 6 条的规定，提供有关被公开的通知的陈述。

（5）根据第 10 节第 7 条，公开一份通知，委员会必须提供其决定的书面原因，除非该项决定是根据第 10 节第 2 条第 2 款第 2 项的规定拒绝授予豁免。

20.［关于非禁止行为的程序］

（1）若委员会认为一项申请并不涉及某禁止性行为（如第 10 节第 2 条第 2 款第 2 项所规定的），则下列规则将适用：

（a）委员会必须作出表格 CC11（1）中的拒绝授予豁免的通知。

（b）委员会可以随后撤销已作出的拒绝授予豁免的通知，（如第 10 节第 9 条规定的），

通过：

（i）在撤销生效前的至少60个工作日内，采用表格CC11（3）的形式通知申请人；并且

（ii）针对此行为向申请人提供书面原因。

（c）在委员会发布表格CC11（1）的日期与随后采用表格CC11（3）的通知生效日期之间，委员会不得受理针对申请人的有关特定行为的申诉。

（d）在随后表格CC11（3）中的通知生效后，委员会不得在任何时间受理针对申请人的在以上（c）项中规定的时间内作出的特定行为的申诉。

（2）根据本条第1款（b）项（i）的规定，收到表格CC11（3）的申请者：

（a）必须：

（i）返还依第10条第3款已经退还的年费；或者

（ii）撤销该申请；以及

（b）在偿还了年费的前提下，可以根据第10节第9条第2款在委员会再次受理该申请时提交最新的信息。

（3）委员会根据第10节第9条第2款重新受理申请时，应适用第10节的规定。

21.［关于撤回豁免证书的程序（第10节）］

（1）若委员会意图撤回根据第10节第5条已经授予的豁免，则委员会必须以书面的形式告知相关企业其意图，同时根据第10节第6条公开此通知。

（2）委员会可以要求下述主体提供补充信息：

（a）相关企业；或

（b）答复依第10节第6条规定公布的通知而提交陈述的任何个人。

（3）在受理与被提议之撤回有关的任何呈递书或其他信息之后，委员会必须：

（a）通过向相关企业发出一份表格CC12（1）中的通知来撤回豁免，或者以书面的形式通知申请者确认先前的豁免生效；以及

（b）针对其决定给出书面原因，同时根据第10节第7条公开此通知。

22.［关于豁免申请的程序（进度表1）］

（1）委员会可要求提交下述物件的任何人提供补充信息：

（a）进度表1中第1项中的豁免申请；或者

（b）进度表1中第3项中的答复公布通知所做的陈述。

（2）根据上下文来理解第19条第1~3款的变化，第19条第1~3款适用于进度表1中的豁免申请的受理。

23.［关于撤回豁免证书的程序（进度表1）］

（1）若委员会意图撤回根据进度表1授予的一项豁免，则除了满足该进度表第5项的要求外，委员会必须书面告知相关职业协会其意图。

（2）委员会可以向下述主体要求提供补充信息：

（a）职业协会；或

（b）答复依该进度表第5项公布的通知而提交陈述的任何个人。

（3）在受理与被提议的撤回有关的任何呈递书或其他信息，并与执行委员会的相关部长或执行委员会成员协商后，委员会必须：

（a）通过向相关职业协会发出一份表格CC12（1）中的豁免撤回通知来撤回豁免，或者以书面的形式以确认先前授予该机构的豁免生效；以及

(b)针对其决定给出书面原因；并且

(c)在政府公报上公开此决定的通知。

第六章　合并程序

24.［再审期间和宽限期］

(1)在这一部分，“初始期”指的是由第 13 节第 5 条第 1 款或者第 14 节第 1 条第 1 款认定的针对小型或者中型合并的 20 个工作日，以及第 14 节第 1 条第 2 款规定的针对大型合并的 40 个工作日。

(2)每次合并，初始期自依照第 29 条决定的日期为始。

(3)无论是依据第 13 节第 5 条第 1 款或第 14 节第 1 条第 1 款的规定由委员会批准的，或者依据第 34 条第 2 款(a)项的规定视为已由委员会批准的，还是根据第 14 节附则 1 第 2 条的规定法庭批准委员会的期限的延长，始于：

(a)初始期终止日期的下一个工作日；或

(b)在依据第 14 节附则 1 第 2 条准予的第二或继后的宽限期情形下，前一宽限期届满之日起的下一个营业日。

(4)每次合并，其初始期及宽限期自开始计算起，不得以任何原因而中断，表格 CC13(4)中的纠正信息之指令的发布除外，且仅应以第 32 条所准许的为限。

25.［小型合并的申报］

(1)通过给合并当事人送达表格 CC9，委员会可要求小型合并当事人依第 13 节第 3 条向其申报该项合并。

(2)一个小型合并的当事人在收到表格 CC9 后的 20 个工作日内必须履行本部分列举出的申报要求。

(3)若在委员会送达表格 CC9 之前，一个小型的合并已经全部实施完毕，则将视为委员会在其将表格 CC9 送达原购并企业时，已经遵守了本条第 1 款的规定。

(4)第 26～34 条适用于小型的合并，无论该申报是依第 13 节第 2 条自愿进行的，还是作为对表格 CC9 的答复。

26.［一般合并申报的要求］

(1)合并当事方须以下述方式向委员会申报该项合并：

(a)依第 27 条提交联合申报；或

(b)若为委员会指令所准许，依第 28 条分别提交。

(2)鉴于特殊交易的特性，若一企业既是原目标企业又为原购并企业，则该企业于提交合并申报之前，可请求委员会发布在此交易背景下如何计算提交费用和如何适用该标准计算的说明。

(3)依本条第 2 款收到说明后的 5 个工作日内，相关企业可请求法庭重新审议委员会关于提交费用之计算或该计算标准适用的说明。

27.［联合合并申报］

(1)联合合并申报须由原企业之一以单个文件作出，且须包括：

(a)一份表格 CC4(1)中的合并申报，该申报须宣明依提交企业的观点该项合并是小型、中型还是大型的；

(b)对每个原收购企业和原目标企业而言，一份表格 CC4(2)中的合并信息之陈述，该陈述在每个案件中须：

(i)满足该表格中列出的所有对于文件的说明;且

(ii)附有该说明所要求的所有文件。

(c)若合并申报所宣明的为中型或大型合并,依第13节附则1第2条送达的合并申报的副本的证明;以及

(d)合并申报的法定费用,依本条第2款合并申报所宣明的合并的适当数额。

(2)合并申报的费用可以根据本条第1款的规定从剩余项中分别支付,但是必须在委员会给那些项目的编档日期当日或之前收到该款项。

(3)在合并联合申报之情形,若原企业已履行第27条所列申报要求,并符合下述情形,合并当事方之各企业的合并申报要求视为已履行:

(a)依规则30由委员会发予其的,既未被上诉提交的,也未在上诉中确认的,表格CC13(2)中的任何不完整文件之通知;或

(b)依规则32由委员会发予其的,既未被上诉提交的,也未在上诉中确认的,表格CC13(4)中的任何纠正信息之指令。

28.[单独合并申报]

(1)原公司可以向委员会申请获得正式许可,以便提出单独的合并申报,经审理本款规定的申请,委员会:

(a)若这是合理且在此情形下仅能如此,可准许单独提交;

(b)为使竞争法之规定有效,可予以适当指示,尤其应叙明哪个原企业须履行第27条列出的那些规定;

(c)适当情形下,还可准许申请者代表其他原企业提交任何文件。

(2)若其他原企业未在10个工作日内提交下述文件,某原企业可向委员会提出申请,在有合理原因的前提下准许其代表其他原企业提交任何文件的命令:

(a)委员会或法庭已命令其提交的文件;或

(b)依本部分委员会要求的任何其他文件或补充信息。

(3)若一原企业代表其他原企业提交了合并信息之陈述,则提交该陈述的企业不必提交其送达其他原企业该陈述的副本的证明。

(4)合并单独申报情形下,若各个原企业已履行委员会规定的申报要求,且符合下述情形,将视每个企业的合并申报要求已履行:

(a)依第30条由委员会发予其的,既未被上诉提交的,也未在上诉中确认的,表格CC13(2)中的任何不完整文件之通知;或

(b)依第32条由委员会发予其的,既未被上诉提交的,也未在上诉中确认的,表格CC13(4)中的任何纠正信息之指令。

29.[初始期之起算]

(1)合并之初始期自合并申报提交之日的下一个工作日起算,除非:

(a)委员会在第30条所允许的时间内,向提交合并申报的企业发布表格CC13(2);且

(b)该企业没有对此表格提出上诉,或者法庭在审理上诉时,没有完全驳回该表格。

(2)若委员会发布表格CC13(2),且法庭未完全驳回该表格,合并之初始期自该企业为答复表格CC13(2)而继后提交文件之日的下一个工作日起算,若该提交的结果为委员会继后发布或视为已发布一份表格CC13(1)中的完全提交之通知。

30.[申报的再审]

(1)自收到宣明为大型合并的合并申报之后的 5 个工作日内,或任何其他合并申报之后的 10 个工作日内,委员会须向提交文件的企业送达:

(a)表格 CC13(1)中的关于完整文件的通知;或

(b)表格 CC13(2)中的关于不完整文件的通知。

(2)下述情形,委员会须依本条第 1 款发布表格 CC13(1):

(a)该合并应受竞争法规制;

(b)呈报的类别正确;并且

(c)在:

(i)合并为联合申报情形下,所有第 27 条所列要求已为履行;

(ii)合并为单独申报情形下,所有竞争委员会依规则 28 所指示要求已为履行;

(iii)企业答复表格 CC13(2)而继后提交情形下,所有该表格所列要求已为履行;或

(iv)企业依本条第 4 款回复法庭指令而继后提交情形下,所有该指令所列要求已为履行。

(3)若在提交合并申报或其他信息之后,该合并文件未满足本条第 2 款所列出的适用标准,则委员会委员会可以发布表格 CC13(2)。

(4)在收到表格 CC13(2)后的 5 个工作日内,相关企业可以向法庭提出上诉,请求法庭作出驳回该表格中列出的所有要求的命令。

(5)上诉依本条第 4 款经审理,法庭可作出下述指令:

(a)完全驳回表格 CC13(2);

(b)批准表格 CC13(2)所列出的任何或所有要求;

(c)用其他的要求替换表格 CC13(2)所列出的任何要求;

(d)将表格 CC13(2)所列出的任何或所有要求与附加的或替代的要求相结合。

(6)若委员会在本条第 1 款规定期限内既未发布表格 CC13(1)也未发布表格 CC13(2),或法庭驳回了委员会在表格 CC13(2)中所列出的所有要求,则应视委员会已将表格 CC13(1)发布予提交文件的企业:

(a)从最后一份资料提交之日起;且

(b)依照第 31 或 32 条规定的进行再审和作出下一个通知。

(7)通过参照上下文来理解本条第 1 ~6 款的变化,这些规则适用于合并任何当事方答复下述文件而继后进行的提交:

(a)发予其的表格 CC13(2)中的通知;或者

(b)依本条第 4 款法庭作出的指令。

31. [附加信息的要求]

(1)合并调查期间的任何时候,委员会可:

(a)非正式要求合并一方当事人提供补充信息;以及

(b)通过向当事方送达表格 CC13(3)中的指令,列出委员会所需的明确信息,依第 13 节附则 2 第 2 条,任何时候要求合并一方当事人提供补充信息。

(2)依本条对信息的请求或指令不可:

(a)延迟初始期的起算;或

(b)中止初始期以及宽限期。

32. [明显虚假或容易令人误解的信息]

(1)任何时候,若委员会认为涉及合并的所提交的文件中含有虚假或令人误解的信息,委员

会可发布表格 CC13(4)纠正信息的指令予以提交该文件的企业。

(2)纠正信息的指令送达后的 5 个工作日内,相关企业可向法庭上诉,请求作出确认或驳回该指令的命令。

(3)若企业未在本条第 1 款准许的期间内对纠正信息的指令提出诉讼,或法庭,经审理该诉请,确认该项指令的全部或一部分,则

(a)相关企业须提交纠正信息;

(b)纵使初始期或宽限期已起算,在纠正信息使委员会满意地提交之前,视合并当事方未履行他们的申报要求;并且

(c)该合并的初始期自相关当事方使委员会满意地提交替代信息之日的下一日重新起算。

(4)若法庭依据本条第 2 款审理申请之后,完全驳回了指令,则该指令无效,且指令发布的事实不得:

(a)延迟初始期的起算;或

(b)中止初始期以及宽限期。

33.[管辖权和类别问题]

(1)若委员会已在表格 CC13(2)中说明某项合并不受竞争法规制:

(a)委员会必须:

(i)向该已付款的企业返还案件受理费;

(ii)将合并申报返回给提交其的原企业;以及

(iii)将表格 CC13(2)的副本发送给:

(aa)另一个原企业,若该提交是依据第 29 条进行的;以及

(bb)根据第 13 节附则 1 第 2 条的规定在合并申报中确定的作为有资格接收合并申报副本的每一个人;且

(b)合并当事方不必再提交任何有关该合并的文件。

(2)若委员会在表格 CC13(1)或 CC13(2)上表明,根据具体情形,合并应受竞争法规制,委员会则必须:

(a)向部长发送一份合并申报的副本并且附带合并信息的陈述;

(b)若为大型合并,向法庭发送一份合并申报的副本。

(3)在收到表格 CC13(1)或表格 CC13(2)之后的 5 个工作日内,根据具体情形,相关企业可向法庭请求驳回委员会意见的命令:

(a)该合并应受竞争法规制;或者

(b)在表格 CC13(2)的情况下,合并属于一个特殊的类别,而不属于合并申报上所宣明的类别。

(4)若经依本条第 2 款审理上诉:

(a)法庭驳回委员会认为合并应受竞争法规制,则本条第 1 款适用;或者

(b)法庭驳回委员会认为合并是属于特殊的类别而不属于合并申报上所宣明的类别的意见,则委员会的意见无效。

(5)若在本条第 4 款所允许的时间内,企业未对委员会所持有的合并是属于特殊的类别而不属于合并申报上所宣明的类别合并的意见提出反诉,或者法庭经审理上诉确认了委员会的意见,原当事人之一必须向委员会补偿下列两费用之间的差价:

(a)由委员会决定的对于该类别案件的适当的案件受理费;以及

（b）关于该项合并已经交付的案件受理费。

（6）本条所指合并的初始期始于：

（a）合并申报提交之日的下一日，若依法庭之命令，没有特别的申报要求，且：

（i）向法庭提出的申请仅仅涉及竞争法规制范围的问题，

（ii）法庭驳回了委员会的分类决定，或者

（iii）法庭批准了委员会的分类决定并且相关企业中的之一依据本条第 5 款在法庭作出指示后的 5 个工作日内交付所须款项；或者

（b）无论如何，根据规则第 29 条第 2 款决定的日期。

34.［合并的放弃］

（1）原购并企业可以依据表格 CC6 通知委员会它已经放弃意图进行的合并交易，也没有要实施它的意图。

（2）提交表格 CC6 后：

（a）合并各当事方如合并未曾申报一样具有相同的地位；以及

（b）除非交付案件受理费的当事人在 10 个工作日内向法庭申请费用的免除，并且法庭有正当理由要求委员会返还该费用的全部或部分，否则委员会将没收该费用。

35.［委员会合并诉讼中部长的参与］

（1）若部长决定在委员会受理之前参与到任何中型或大型的合并诉讼中来，那么部长必须在收到委员会的合并申报副本后的 10 天内出示一份表格 CC5（2）中的通知，以显示部长有意参加该合并。

（2）若部长决定在委员会受理之前参与到任何中型或大型的合并诉讼中来，那么部长必须在收到委员会的合并申报副本后的 10 天内出示一份表格 CC5（2）中的通知，以显示部长有意参加该合并：

（a）若部长决定在委员会受理之前参与到任何中型或大型的合并诉讼中来，那么部长必须在收到委员会的合并申报副本后的 10 天内出示一份表格 CC5（2）中的通知，以显示部长有意参加该合并；

（b）若部长决定在委员会受理之前参与到任何中型或大型的合并诉讼中来，那么部长必须在收到委员会的合并申报副本后的 10 天内出示一份表格 CC5（2）中的通知，以显示部长有意参加该合并；

（c）若部长决定在委员会受理之前参与到任何中型或大型的合并诉讼中来，那么部长必须在收到委员会的合并申报副本后的 10 天内出示一份表格 CC5（2）中的通知，以显示部长有意参加该合并。

（2）根据本条第 1 款，收到部长有意参加合并的通知，委员会则：

（a）根据第 14 节第 1 条第 1 款，在中型合并的情况下被推定已经授予了 40 个工作日的宽限；

（b）必须将部长有意参加的通知的副本发送给原并购企业和原目标企业；以及

（c）必须在部长有意参加的通知作出的当天将与合并有关的所有文件发送给部长。

（3）委员会必须在部长有意参加的通知提交后，将与合并有关的所有文件发送给部长。

（4）关于一个特殊的中型合并，部长可以在以下任何时间段内，以公共利益为由作出一个简明的陈述，也可以对其决定作出陈述，或者任何其他部长想要表达的：

（a）部长作出有意要参加的通知的那一日起到；

(b)根据本条第5款,若可能,收到委员会的建议后的10个工作日止。

(5)根据本条第5款,若可能,收到委员会的建议后的10个工作日止

若关于一项特别的合并,部长已经作出有意参加的通知,但是还没有依据本条第4款作出陈述,则根据第13,14节或第14节附则1,委员会必须以书面形式在部长准备作出决定的时候向他提出建议。

(6)根据本条第4款只要收到部长的简明陈述,委员会就必须将该陈述的副本送达给诉讼中的每个参与者,而且每个参与者可以在该陈述被送达给他们后的5个工作日内对此作出书面回复。

36.[财政部长的干预]

(1)若一项合并符合第18节第2条第1款所列举的标准,委员会则必须给财政部长发送一份合并申报的副本,以及有关合并的其他所有文件。

(2)财政部长可以根据第18节第2条第2款的规定,通过在下列任何时间段内发放表格CC5(3),向委员会传达通知:

(a)根据本条第1款委员会发送通知的那一日起到;

(b)根据本条第3款,若可能,收到委员会的建议后的10个工作日止。

(3)若关于一项特别的合并,依据此本条第1款财政部长已经收到申报,但是还没有依据本条第2款发出通知,则根据第13,14节或第14节附则1,委员会必须以书面形式在财政部长准备作出决定的时候给他提出建议。

(4)根据本条第2款只要收到财政部长的通知,委员会就必须:

(a)将该通知的副本送达到法庭以及诉讼中的每一个参与者;而且

(b)向该企业返还其所支付的案件受理费。

37.[工会或雇员的参与]

根据第13节附则1第2条收到通知的个人可以在他收到通知后的5个工作日内通过提交表格CC5(1)通知委员会要参加合并诉讼的意图。

38.[小型和中型合并的程序]

(1)对于审理一项小型或中型合并的期限,若委员会给予宽限或被推定已经给予宽限,则委员会必须给提交合并申报的企业发送一份表格CC14中的宽限证明的副本。

(2)根据第13节第6条或第14节第2条,若委员会被推定已经批准了一项合并,则委员会必须:

(a)向提交合并申报的企业发布表格CC15中的清除证明;以及

(b)在政府公报上公布该项批准的通知。

(3)在完成调查和审理一项小型或者中型的合并后,委员会必须:

(a)依据第13节第5条或第14节第1条第2款,向提交合并申报的企业发布表格CC15中的清除证明或发布表格CC16中的禁止的通知;以及

(b)若依据第13节第7条或第14节第3条需要说明决定的原因,同时送达各方当事人一份决定的原因的副本;以及

(c)依据第13节第7条或第14节第3条的规定,在政府公报上公布其决定的通知。

39.[对合并批准条件或义务的违反]

(1)若一个企业已经违反了某项义务,而此项义务是合并批准或者有条件批准的一部分,委员会必须在采取任何行动以前,向该企业寄送表观违反的通知:

（a）根据第 15 节第 1 条第 3 款的规定，撤回该批准或有条件的批准；或者

（b）根据第 59 节或第 60 节。

（2）在收到表观违反的通知后的 10 个工作日内，本条第 1 款中涉及的企业可以：

（a）向委员会提交一份计划以补救该项违反；或者

（b）以该企业已经充分的履行了它的有关合并批准或有条件批准的义务为由，请求竞争法庭再审该表观违反的通知。

（3）若企业根据本条第 2 款（a）项向委员会提交一份计划，则委员会可以：

（a）接受该项被提议的计划；或者

（b）拒绝该项被提议的计划，并且邀请该企业就此表观违反的问题与委员会进行协商，来确定一份计划，通过此计划，使得所有关于批准或有条件批准的企业义务都能够被履行，以满足委员会的要求。

（4）如果依据本条第 3 款（a）项或（b）项的规定，委员会接受一项被提议的计划，则委员会必须监督该企业按此计划行事。

（5）仅在下述情形，委员会可以依据第 15 节第 1 条的规定撤销在本条第 1 款中，或者第 59 或 60 节提及的合并批准或有条件批准：

（a）该企业没有在收到表观违反的通知后 10 个工作日内，按照本条第 2 款所规定的方式，对此通知进行回复；

（b）该企业不同意满足，或者没有满足在本条第 3 款（b）项中委员会所要求的条件；

（c）该企业与委员会之间不能就本条第 3 款（b）项所预期的一项计划达成一致；

（d）该企业作出的行为在某种意义上是为了阻挠委员会依本条第 4 款的规定为了监督企业按照计划行事而所作出的努力；或者

（e）该企业没有尽其最大的努力完全按照本条第 3 款所确定的计划行事。

40.［小型或中型合并批准的撤回］

（1）若委员会意图撤回依据第 15 节第 1 条作出的合并批准或者有条件批准的决定，则委员会必须：

（a）若该被提议的撤回是以第 15 节第 1 条第 3 款为基础，在根据本条采取任何行动以前，先遵守第 39 条的规定。以及

（b）在任何情况下：

（i）以书面的形式建议所有相关的企业按此行事的意图；以及

（ii）在政府公报上公开此项被提议的撤回的通知。

（2）委员会可以要求依本条第 1 款（b）项公开的通知所提交的陈述的任何人提供进一步的信息。

（3）在受理关于被提议的撤回的所有提交的文件和其他信息后，委员会必须：

（a）如果可能：

（i）根据具体情形，以书面形式对此项批准或有条件的批准进行确认；或者

（ii）通过向作出此合并申报的企业发布一项表格 CC18 中的合并决定撤回的通知，以达到撤回的目的。以及

（b）在政府公报上公布该项决定的通知。

（4）在收到本条第 3 款中的合并决定撤回的通知后的 10 个工作日内，该企业可以根据第 15 节第 1 条的规定以对于该项将被撤回的批准或有条件批准无事实根据为由，向竞争法庭针对该

项通知提出上诉。

(5)若根据本条第4款的规定无法提出上诉,或者竞争法庭批准了该项合并决定撤回的通知,该通知具有以下效力:

(a)视为有关相关合并批准或有条件批准的证明已经自该证明作出的那日起被拒绝;

(b)此项合并的各方当事人为了竞争法的目的被视为处于与他们未曾向委员会申请该项合并时一样的同等地位;以及

(c)只有原购并企业随后提交一份关于该合并的新的合并申请后,委员会可以更进一步审理该项合并;以及

(d)若随后就该项合并作出了一份新的合并申请,则委员会必须根据新的申报而不能借鉴有关该合并作出的原申报来审理此项合并。

41.[大型的合并]

(1)委员会必须就大型的合并在以下时间内向法庭和部长提交一份表格CC17中的附有合理原因的推荐信:

(a)在收到合并申报后的40个工作日内;或者

(b)依据第14节附则1第2条针对该合并由法庭确定的更长一段期限内。

(2)若为依第28条作出的命令所,则委员会必须给提交合并申报的企业和所有其他人员寄送推荐信和理由说明的副本。

附录:表格

竞争委员会表格1——文件交付的方法和期限

主体类型	交付的方法	推定的交付日期和时间
任何人	以电传通知或发送副本的形式,如果该人有传真号;或者	以传真机当时记录的日期和时间为准,除非有确凿的证据证明另外的日期或时间。
	以电子邮件发送通知或文件副本的形式,如果该人有电子邮件地址;或者	以电脑当时记录的日期和时间为准,除非有确凿的证据证明另外的日期或时间。
	以挂号邮寄发送通知或文件副本至接收人最新地址的形式;或者	以邮局记录的邮发日之后的第7日为准,除非有确凿的证据证明另外的日期或时间。
	若该人为委员会任何程序的参与者;且为其代表人所代表,以交付通知或传递文件副本至该代表的方式;或者	以收据载明的日期和时间为准。
	以其他法庭认可的方式;或	须与法庭认可的命令一致。
	该表格下列各项为此人准许的任何其他方法	确定方式如同确定交付方法的那种方式。

主体类型	交付的方法	推定的交付日期和时间
任何自然人	以亲手递交通知或有效的文件副本至此人，或至其书面授权代表其接受送达的任何代理人的方式；或	以收据载明的日期和时间为准。
	以留置通知或有效的文件副本于此人的住所或营业场所的方式，同时需要至少明显年满 16 周岁且负责该场所的任何其他人在场；或	以收据载明的日期和时间为准。
	以留置该通知或有效的文件副本于此人的工作场所的方式，且需要至少明显年满 16 周岁且明显有职权的任何其他人在场；或	以收据载明的日期和时间为准。
委员会	以在网站上的该格式的电子版输入所要求的信息，若委员会有任何网站且该文件有规定格式；或	以委员会的电脑系统记录的日期和时间为准，查证方法类同于传真回复。
	通过将单独的文件添加为发给委员会的电邮的附件的形式传送；或	以委员会电脑系统记录的日期和时间为准，除非，当日过后 1 天之内，委员会通知发送者文件不可读。
	通过挂号邮寄给委员会含有电子版文件的电子磁盘的方式；或	以邮戳记录着挂号邮寄的日期和时间为准，除非在接收后的 1 个工作日内，该委员会通知该发送者该电子磁盘不可读。
	以亲手交付文件，或含有电子版文件的磁盘给委员，或明显负责委员会办公室的负责雇员的方式。	以委员开具的收据日期和时间为准，除非在接收后的 1 个工作日内该文件位于电子磁盘中，且委员会通知发送者该磁盘不可读
公司或类公司的主体	以亲手交付通知或文件的有效副本给该公司或类公司主体的注册地办公室的负责雇员手中的方式，或者交付到负责人的国内营业地；或	以开具的收据载明的日期和时间为准
	如果没有雇员接受该送达，则将该通知或该有效副本贴放在该办公室或营业地的主门上即可。	以贴放人的宣誓书所宣誓的日期和时间为准，除非有确切证据表明该文件贴放于错误的门或为其他日期贴放。

主体类型	交付的方法	推定的交付日期和时间
工会	以交付通知或文件的有效副本至明显负责该工会的主要办公室的负责雇员或为第13节第2条的目的地负责雇员方式;若在依据本规则被要求通知其雇员的公司的官方区域内存有工会办公室。	以收据载明的日期和时间为准。
	如果没有雇员接受该送达,则将该通知的有效副本或文件的有效副本贴放在该办公室的主门上即可。	以贴放人的宣誓书所宣誓的日期和时间为准,除非有确切证据表明该文件贴放于错误的门或为其他日期贴放。
公司雇员	将该通知或文件的有效副本贴放在雇员能够容易看到的工作地的显要位置的方式。	以贴放人的宣誓书所宣誓的日期和时间为准,除非有确切证据表明该文件贴放于错误的门或为其他日期贴放。
合伙以及协会	以送交该通知或该文件的有效副本至明显负责合伙、企业或协会的办公地的负责人的方式,且该负责人明显年满16周岁;或	以收据载明的日期和时间为准。
	若该合伙、企业或协会没有办公地点,则视具体情形,将通知或该文件的有效副本送予合伙人、企业所有人,或该协会的管理或控制机关的主席和秘书。	以收据载明的日期和时间为准。
市政当局	以送交通知或文件的有效副本至镇书记,助理书记处或任何其他代表该机关的人的方式。	以收据载明的日期和时间为准。
委员会之外的其他法定团体	以递交通知或文件的有效副本至其秘书或类似职员或理事会成员或该团体委员;或任何可代表该团体利益的人的方式。	以收据载明的日期和时间为准。

主体类型	交付的方法	推定的交付日期和时间
国家或行政省	以递交通知或文件的有效副本至国家代理人的任何办公室中的负责职员的方式。	以收据载明的日期和时间为准。

竞争委员会表格 2——通知和申请

节	通知或申请的目的	表格	条件
49B	原告	CC1	
10(1)	豁免适用第二章的申请	CC3(1)	支付案件受理费
10(4)	豁免申请:关于职业协会规则的知识产权	CC3(2)	支付案件受理费
进度表 1	豁免申请:关于职业协会规则	CC3(3)	支付案件受理费
13 和 13A	合并申报	CC4(1)	支付案件受理费须与第 10 条(5)的计算标准相一致。且须附表格 CC4(2)(合并信息的陈述)。
13 和 13A	合并信息的陈述	CC4(2)	必须由涉及合并的原企业之一提交。
第 37 条	意图参加的通知[13(2)]	CC5(1)	
s. 18;第 35 条	部长意图参加的通知	CC5(2)	
s. 18(2)	财政部长的证明书	CC5(3)	
第 34 条	放弃合并的通知	CC6	
44	秘密信息的声明	CC7	须附带提交相关信息。

竞争委员会表格3——证书和转介通知

节	证书或推荐通知的目的	形式	条件
50	申诉的非转介通知	CC8	
13(3)	小型合并报告的申报	CC9	
10	豁免证书(第二章)	CC10(1)	
进度表1	豁免证书(进度表1)	CC10(2)	
第19条	补充具体材料的要求(第二章)	CC10(3)	
第22条	补充具体材料的要求(进度表1)	CC10(4)	
10	拒绝准许豁免的通知(第二章)	CC11(1)	
进度表1	申请的拒绝(进度表1)	CC11(2)	
10	撤回通知11(1)	CC11(3)	
10	撤回通知(第二章豁免证书)	CC12(1)	
进度表1	撤回通知(进度表1豁免证书)	CC12(2)	
第30条	完整提交的通知	CC13(1)	
第30条	不完整提交的通知	CC13(2)	
13B(2);第31条	对补充合并信息的要求	CC13(3)	
第32条	对纠正信息的要求	CC13(4)	
14	宽限期证书	CC14	
14	合并清除证书	CC15	可附条件,也可不附条件
14	禁止合并的通知	CC16	
14A	给部长和法庭有关大型合并的转介书,具有建议性	CC17	
15	撤销合并决定的通知	CC18	
第39、40条	表观违反的通知	CC19	
49A	委员会的传票	CC20	
49	在搜寻期间被撤回的项目的收据	CC21	必须一式两份并分别对其编号
24	检查员的任命	CC22	可用一小号卡片补录。

土耳其保护竞争法(1994 年)

第一编 目的、适用范围、定义

第一条 [目的]

本法的目的在于对企业滥用市场支配地位的行为和阻碍、限制或扭曲商品和服务市场竞争的企业之间的协议、决议和行为进行必要的规制、监督和预防,从而维护公平竞争。

第二条 [适用范围]

本法适用于在土耳其共和国商品和服务市场上经营或对其产生影响的企业之间具有阻止、扭曲或限制竞争作用的协议、决议和行为,拥有市场支配地位的企业滥用市场支配地位的行为,所有明显阻止市场竞争的相关合并或收购活动,以及为保护竞争而采取措施、作出决定、进行规制和监督的活动。

第三条 [定义]

为实施本法,定义如下:

部:是指工商业部;

竞争:是指企业之间在商品和服务市场上的对抗,以使企业能够独立作出经济决策;

支配地位:是指一个或多个企业在特定市场上拥有的地位,此类企业对其竞争者和购买者的经济参数有独立的控制力,诸如产品的产量或销售,价格和供应;

企业:是指生产、交易或销售商品和服务的自然人或法人,此类主体形成单个经济实体,能在市场上独立活动;

企业协会:是指企业为实现特定目的而形成的具有法律人格或不具有法律人格的协会;

商品:是指作为交易标的的各种动产和不动产;

服务:是指作为一种价格或一种利益的对价而实施的脑力或体力活动或二者相结合的活动;

主管机关:是指竞争主管机关;

委员会:是指竞争委员会。

第二编*

第一章 禁止行为

第四条 [限制竞争的协议、协同行为和决议]

在特定的商品和服务市场上,禁止具有直接或间接阻止、扭曲和限制竞争的目的或效果,或可能产生此类目的或效果因而非法的企业间协议、协同行为以及企业协会的决议和行为。

特别禁止以下行为:

---

* 英文版及土厥语版均无编名。——译者注

固定购买活动或销售价格或价格形成的因素，诸如构成价格的成本或利润，或者是关于商品和服务购买和销售的其他交易条件；

划分商品和服务市场，或者划分或控制市场资源和份额；

脱离市场条件的情况下，控制或决定市场中商品和服务的供需；

通过联合抵制交易或其他行为，妨碍或限制竞争者的行为或将其排除出市场，或阻止市场上新的进入者；

除专有交易协议，对在相同交易条件下具有相同权利和义务的交易对象适用不同的交易条件；

违反协议本质或商业惯例，要求对方当事人购买其他商品和服务，或者要求中间商展示其他商品或服务或接受转售相关商品或服务的条件。

无法证明存在某种协议的情况下，若价格变动或供求平衡或相关企业在市场上活动的领域与竞争被阻止、扭曲或限制的情形相似，则推定企业间已构成协同行为。

若证明此类行为是经济和理性的，当事人可免责。

第五条 ［豁免］

在存在以下所述的所有条件和依当事人申请的情况下，竞争委员会可以确认第 4 条条款不适用于企业之间的协议或协同行为或企业协会的决定：

a. 有利于商品生产或销售以及服务提供上的新发展和进步或技术及经济进步；

b. 使消费者共享其中产生的收益；

而没有：在相关市场的特定领域内排除竞争；为达到 a 项和 b 项的目标而导致对竞争的实质性限制；

豁免决议应在不超过 5 年的特定期限内发布，其可以设定特定条件和/或义务。豁免特定期限届满，若豁免条件继续成立，豁免决议依当事人申请可继续有效。

在上述第 1 款条件满足的情况下，竞争委员会可以发布一个公函，豁免作为一组的特定种类的协议并规定满足豁免所应具备的条件。

第六条 ［滥用市场支配地位］

在整个国内市场或一定地域市场上，一个或多个企业单独实施或通过决议、协同行为联合实施的滥用市场支配地位行为是非法和被禁止的，特别是以下滥用行为：

直接或间接阻止其他企业在其领域内进行商业活动或行为，以妨碍市场上竞争者活动的；

直接或间接通过对具有相同地位和相同权利义务的购买者施加不同的交易条件，以进行差别待遇的；

缔结合同旨在要求对方当事人接受转售条件限制的，诸如购买其他商品和服务，或要求中间商展示其他商品和服务或维持最低转售价格；

通过在其他市场上支配地位所产生的资金、技术和商业优势，在商品和服务市场上进行旨在扭曲竞争行为的；

通过限制生产、交易或技术进步给消费者带来不利后果的。

第七条 ［合并和收购］

两个或两个以上的企业合并以及某企业或自然人对另一企业的收购，无论是收购企业的全部或部分资产或证券、还是以其他方式控制另一企业，继承获得除外，产生或加强了某个或多个企业的支配地位，导致在国内全部或部分领域的商品和服务市场显著地妨碍了竞争，则该合并和收购行为是非法和被禁止的。

竞争委员会应该发布公函,公布合法有效的合并及收购种类,要求合并和收购需要事先向其通报才能获准。

第二章 竞争委员会的权力

第八条 [合并和收购]

依企业或企业协会申请,竞争委员会在已掌握事实的基础上,可以通过颁发豁免结案证书,以证明协议、决议、相关行为或合并、收购等并不违反本法第 4、6、7 条的规定。

竞争委员会在颁发豁免结案证书后,可以根据第 13 条设定的条件随时撤销豁免决定,但是此种情况下,竞争委员会在作出撤销豁免决定之后,才能对相关当事人实施惩罚性制裁。

第九条 [违法行为的终止]

竞争委员会依告发、控告、工商业部的申请或职权,发现违反本法第 4、6、7 条规定的行为,应以决定形式,将依据本法第四章规定应为和应当避免的行为,通知有关企业或企业协会,以维持竞争或恢复至违法行为实施前的状况。

享有合法利益的自然人或法人可以提起诉讼。

竞争委员会根据第 1 项规定作出决定之前,应书面通知有关企业或企业协会,告知其意见以及停止违法行为的建议。

竞争委员会作出最终决定之前,若已产生严重不可挽回的损失,其可以采取在最后决定范围内的临时措施,旨在回复违法行为发生前的秩序。

第十条 [企业间协议、合并或收购向竞争委员会的申报]

在第 4 条规定范围内的任何协议、决议或协同行为应在其形成决定后的 1 个月内向竞争委员会申报。未申报的协议不适用豁免条款。未在指定期间内申报的协议所适用的豁免应在其申报之日起生效。

在第 7 条规定范围内的合并或收购协议申报后的 15 天内,竞争委员会在初步调查后,应允许有关合并或收购行为,或者若竞争委员会决定进行最后调查,应根据程序规则告知当事人初步反对意见,以及当事人依事实采取的必要措施,以防止有关合并或收购在最后决定之前的实施。此类情况下,应适用本法第 40 ~ 59 条的规定。

竞争委员会收到合并或收购申请后,在指定期间内若未对申请作出答复,或者未采取任何措施,则有关合并或收购协议在申报的 30 天后自动生效。

第十一条 [未能向竞争委员会申报合并或收购]

企业未向竞争委员会申报必须申报的合并或收购行为,若竞争委员会通过相关活动得知的,可以依职权调查该合并或收购。竞争委员会在下列情况下可以作出调查结论:

a. 发现相关合并或收购不在第 7 条第 1 款规定范围内的,应允许合并或收购。但对未履行申报义务的有关当事人应处以罚款。

b. 在认定有关合并或收购在第 7 条第 1 款规定范围之内的,应决定停止有关合并或收购行为并处以罚款;所有非法情形应恢复原状;企业应根据竞争委员会规定的条件和时间,在可能情况下把所有股份和资产归还给先前所有者,若不能归还,就转让或分配给第三方,在把股份和资产归还给先前所有者或转让给第三者之前,取得方不能参与取得企业的经营管理,竞争委员会也可以采取其他合适措施。

第十二条 [申报]

申报应包括竞争委员会制定申报表中要求的信息,且应准确和全面。任何一方当事人都可以提交申报,并应告知另一方相关当事人。申报应附有全部相关文件,其存入委员会档案之日起视为已提交。

第十三条 ［豁免或豁免结案决定的撤销］

下列情况下可以撤销豁免或豁免结案决定或禁止当事人特定行为:

a. 构成这个决定基础的任何情形发生变化;

b. 未能遵守决定中的义务或条件;

c. 决定是基于有关协议的不正确或不全面的信息而作出。

撤销决定应在 a 项规定情形发生变化之日起生效;其他情况下,则在作出豁免或豁免结案决定之日起生效。若 c 项规定的不正确或不全面信息是故意提供或由于相关企业的欺诈而获得,则豁免或豁免结案决定自始无效。

第十四条 ［要求提供信息］

竞争委员会履行本法规定职责时,可以要求所有公共权力机构和相关实体,企业和企业协会提供必要信息。

权力机构、实体、企业和企业协会的编制人员应该在竞争委员会指定的期间内提供所要求的信息。

第十五条 ［现场调查］

竞争委员会在履行本法规定职责时,可以在企业和企业协会工作地点进行全部必要调查,为达此目的,可以授权竞争委员会:

检查企业或企业协会的账簿,所有类型的文件和其他记录,必要时可以复制这些文件,对特定问题可以要求书面或口头解释,

在企业工作地点对其相关资产进行现场调查。

调查应由竞争委员会授权的专家实施。专家应出示官方文件,以表明调查的主题和目的,以及对提供错误信息的企业施以行政性罚款。

第三章 行政罚款

第十六条 ［罚款］

竞争委员会可以对具有企业身份的自然人或法人或企业协会及(或)其成员施加以下罚款:

企业或企业协会在为获得豁免或豁免结案或为取得合并或收购许可而进行的申报中,以及在对本法生效前所作协议的申请进行申报中提供错误或引人误导信息的,将被处以 1000 万土耳其里拉罚款,

根据竞争委员会要求提供信息或进行现场调查所作决定提供错误或引人误导信息的,将被处以 1000 万土耳其里拉罚款,

未在指定期间内就本法第 4 条规定范围内的合并或收购行为或协议、协同行为或决议向竞争委员会申报,将被处以 500 万土耳其里拉罚款,

违反本法第 5 条第 3 款关于竞争委员会作出豁免决定所要求条件的,将被处以 600 万土耳其里拉罚款。

企业或企业协会违反竞争委员会根据违反本法第 4 条和第 6 条规定所作的决议,或触犯本法第 11 条 b 项的规定,应被处以不少于 2000 万的土耳其里拉罚款,具有企业身份的个人或法人以及企业协会和/或其成员应被处以竞争委员会计算的上一财政年度总收入 10% 以上的罚款。

在上述第 1 项规定对企业法人实体和企业协会处以罚款的情况下,对此类法人实体管理机

构中的个体也可处以上述罚款额 10% 以上的罚款。

施加罚款时,竞争委员会应考虑特定因素,例如是否存在故意,过错程度,相关单个或多个企业在市场上的地位和可能造成损害的严重性。

若不存在明显违反本法规定的违法行为,则在指定期间内就协议或决议向竞争委员会申报直到其作出最后决定的期间内,不能对企业施加罚款。

第十七条 [定期罚款]

竞争委员会在下列情况下可以对企业和企业协会处以每日的定期罚款,从决定确定的日期开始:

企业未能遵守根据第 9 条规定作出的终止违法行为决议以及未能遵守其他措施的,将被处以每天 500 万土耳其里拉的罚款;

企业未能遵守竞争委员会的决定和第 11 条 b 项的措施,将被处以每天 250 万土耳其里拉的罚款;

企业实施根据第 13 条第 1 款规定的禁止行为,将被处以每天 250 万土耳其里拉的罚款;

妨碍专家在工作地点进行现场调查的,将被处以每天 200 万土耳其里拉的罚款。

第十八条 [根据本法所实施罚款的性质和执行]

本法规定的是行政性罚款。任一当事人违反本法规定,可分别对其实施罚款和定期罚款。

在对定期罚款决定向司法机构申诉和发布定期罚款禁止令的情况下,从向司法机构申诉之日起,不得适用定期罚款。

第十九条 [罚款和定期罚款的时效]

竞争委员会施以罚款和定期罚款的权力应遵守下列时效:

违反企业或企业协会申报或申请条款规定以及违反现场调查和提供信息条款规定的违法行为,其诉讼时效为 3 年,

其他违法行为的诉讼时效为 5 年。

时效应从违法行为发生之日起算。然而在持续性或重复性违法行为的情况下,时效应从行为终止之日或重复行为最后一天起算。

竞争委员会采取的旨在对违法行为进行调查或检查的任何行动将中断诉讼时效,该行动从告知任一相关当事人之日起生效。

对决定向司法机构提起申诉,则中断诉讼时效。

第三编 机 构

第二十条 [竞争主管机关]

竞争主管机关具有公共法律人格并享有行政和财政自主权,设立目的是为商品和服务市场的形成和改善提供一个自由、健康的竞争环境,对本法的实施进行监督并履行法律赋予的其他职责。

工商业部应与竞争主管机关建立联系。

竞争主管机关在履行职责过程中应具有独立性,任何组织、机构、实体或个人不能对其下达影响最后决定的命令或指令。

竞争主管机关的中央办公室设在安卡拉。

第二十一条 [竞争主管机关的组织机构]

竞争主管机关由下列机构构成：

a. 竞争委员会；

b. 主任办公室；

c. 工作部门。

第一章　竞争委员会

第二十二条　［竞争委员会的组成］

竞争委员会由11名成员组成，包括一名主任和一名副主任。

部长会议应从两名候选人中任命竞争委员会成员。为每个空缺职位指定的候选人从下列机构（无论内部还是外部）中产生，4名成员来自竞争委员会的提名，2名成员来自工商业部的提名，1名成员来自国家计划委员会副部长所属政府部门的提名，其他成员分别来自上诉法院、参政法院、大学联合会和交易所的提名，此类机构应为每个空缺职位指定两名候选人，以此任命4名竞争委员会成员。

竞争委员会提名的候选人至少一半应从竞争委员会的专家中产生。

部长会议应从竞争委员会提名的3名候选人中任命1名为竞争委员会主任。副主任应由竞争委员会任命。

第二十三条　［任命条件］

竞争委员会主任和成员应具备土耳其国内或国外法律、经济学、工程学、工商管理或财政学学士学位，合格的专业知识学位和学历，以及在公共或私人部门相关专业至少10年的工作经验。竞争主管机关成员还应符合第657号公务员法第48条A款中第1、4～7项规定的条件。

第二十四条　［任职期间］

竞争委员会主任、副主任和成员的任期为6年。任期结束后可连选连任。1/3的成员应每两年更换。更换期间，应兼顾竞争委员会组成条款规定的数量和比例。任职届满前，若出现竞争委员会主任或其他任何职位的空缺，应在1个月内完成空缺职位的选举和任命，更换除外。上述情形，任命成员应任职至其替换成员任期届满为止。

竞争委员会主任和成员在任期届满前不能被无故免职。但在竞争委员会主任或其他成员不具备任职资格或发生本法第25条规定的违法行为或法院判决宣告其犯有与职务相关的罪行时，竞争委员会可以作出终止其任职的决定。

第二十五条　［禁止行为］

竞争委员会主任和成员不得担任任何官方或私人职位，不得参与商业活动或持有公司股份，基于特定法律的除外。

就任前，竞争委员会主任和成员应根据资本市场的法律规定，将其所有的证券或转让或销售给他人，国库券除外。受让人不能与主任或成员有三代以内直系血亲和两代以内姻亲关系。竞争委员会任何成员若30天内未能遵守上述规定，视为辞职。

成为以社会救助或教育为目的的社团和基金会的成员，以及非营利性公司的成员，则不适用上述条款。

竞争委员会成员和其他编制人员，于其离任后也不能为自身或他人利益披露或利用其在实施本法过程中得知的企业和企业协会的秘密信息和商业秘密。

第二十六条　［宣誓］

就任前，竞争委员会成员应在上诉法院首席法官前宣誓，任职期间将绝对勤勉和诚实地履行竞争委员会的职责,不违反和不允许他人违反法律。

向上诉法院宣誓的申请应提前递交。在未宣誓前,竞争委员会主任和成员不得开始履行职责。

第二十七条 [竞争委员会的权力和义务]

竞争委员会的权力和义务如下:

a. 依职权或申请对违反本法的行为进行调查和研究,对任何违法行为作出裁决,采取必要措施终止相关违法行为,以及对违法行为责任人施以行政性罚款;

b. 审查(评估)有关当事人提交的豁免和豁免结案申请后,对合法协议给予豁免或颁发豁免结案证书;

c. 当事人情形或市场情形发生变化,对此类市场进行持续性调查后,重新审查与所涉豁免决定或豁免结案证书有关的当事人申请;

d. 许可合并和收购行为;

e. 任命竞争委员会副主任;

f. 发布本法实施公函和制定必要规则;

g. 直接或依工商业部申请,修正竞争立法;

h. 遵守其他国家关于限制竞争协议和决议的立法、惯例、政策和措施;

i. 制定和监督竞争主管机关的人事政策,任命其成员,通过年度预算,收支决算和主任办公室制定的年度工作计划。必要时,决定预算转账;

j. 决定竞争委员会职位空缺时竞争主管机关的提名候选人人选;

k. 发布关于其工作领域内活动,地位及发展的年度报告;

l. 讨论和决定购买、出租和销售竞争主管机关动产、不动产及其他资产的提议,并制定相应的必要规则;

m. 决定竞争主管机关对第三方的各种权利和义务;

n. 履行法律规定的其他特定义务。

第二十八条 [竞争委员会的工作程序规则]

竞争委员会主任主持工作并担任代表。若主任因病,旅行或休假而缺席,则由副主任主持工作并担任代表。

竞争委员会主任,副主任在主任缺席时,应主持会议并向竞争委员会成员告知议程事项。

竞争委员会成员不得参与讨论和投票决定关于其自身及三代以内直系血亲、两代以内姻亲的事项。

第二章 主任办公室

第二十九条 主任办公室应由主席、副主席和副主任组成。

主席是竞争主管机关最高执行官,对一般行政事务负责,并代表竞争主管机关。

其职责包括为对竞争主管机关的活动进行全面规制、监督和评估及必要时要求公众提供信息的权力和职能。

第三十条 [主任办公室的权力和职责]

主任办公室的权力和职责如下:

a. 为竞争委员会组织机构及其与其他服务部门间的配合,提供一致、高效、有纪律和有组织的方式,并解决竞争主管机关服务部门间产生的权力和职责争议;

b. 为竞争委员会会议设定议程、日期和时间并进行组织工作；

c. 保证遵守竞争委员会的决定并监督其实施；

d. 对服务部门提议作出最后决定，并将其提交竞争委员会；

e. 制定并向竞争委员会提交年度预算、收支决算和竞争委员会年度活动报告，提供预算执行方案，汇总收入并制作支出统计；

f. 提出竞争政策的立法和决议；

g. 调和竞争主管机关和工商业部及其他机构的关系；

h. 相对官方和私人机构，代表竞争主管机关；

i. 保证最后决定、公函和竞争委员会制定细则的发布；

j. 规定有权代表主席签署文件的人员，其权力和职责的界限。

第三十一条 ［副主任］

为在履行职责中向主席提供帮助，可任命2名副主席。副主席以完成主席给予的任务和指令，并保证不同服务部门间和竞争主管机关不同层级部门间行为的一致性和合作性为其职责。

第三十二条 ［服务部门］

作为各部门之首的主管机关服务部门，由主要服务机构、咨询机构和辅助性机构组成。

第三十三条 ［监督］

竞争主管机关账目应受审计法院监督。

第三章　职员的地位

第三十四条　竞争主管机关要求的基本和连续性任务应由根据行政服务合同雇用的人员来实施。竞争主管机关可以雇佣足够的专家和特定的非专业人员。

竞争主管机关职员应遵守第657号公务员法的规定，薪水和其他经济权利的规定除外。竞争委员会根据需要可自由规定职位的组成和地位，也可以将其设立和撤销。

需要特定专家的临时任务和服务应由主任办公室决定，上述职位应适用代理和工作合同的条款。不应扣除依本项规定雇用的人员每日从社会保障机构中得到的酬劳。

根据主席办公室制定细则的原则，也可以雇用外国专家，并于竞争委员会通过后上任。

第三十五条 ［任命助理专家］

被任命为助理专家，应具备以下资格：

a. 具有国内或国外法律、经济学、政治学、工商管理、工业工程学或工程管理学学士学位；

b. 通过规定考试；

c. 通过英语、法语或德语考试；

d. 参加每年1月13号考试时，不得超过30岁。

竞争委员会可以在考试细则中设定其他要求。

第三十六条 ［竞争专家］

根据第35条任命的助理专家，应符合下列条件：工作至少3年，有良好履历，其应或已准备的有关议题被委员会有条件地接受，则委员会应赋予其竞争专家头衔。

竞争专家和助理专家具有专业官员的地位和权力。

第三十七条 ［报酬和其他经济权利］

竞争委员会主任和成员的月薪应由部长会议依工商业部提议作出决定，全部报酬总额不得超过最高级公务员薪金的两倍。对最高级官员支付薪金免征个人所得税的，也应依本法实施。

竞争主管机关职员的薪金和其他经济权利由主任办公室依第 1 款中关于薪金及其调整原则的规定提议,并由竞争委员会决定。

第三十八条 [业务评估及退休年限]

竞争委员会主任和成员应服从退休金法。受第 657 号公务员法约束并曾担任竞争委员会主席或成员职务,以及曾在竞争主管机关工作的人员于其任期结束后,可从事原来的公务并担任合适职位。上述情形,应依第 657 号公务员法计算其在竞争主管机关工作的时间。

上述条款同样适用于竞争委员会主任、成员、专家和来自大学的其他成员,获得学术头衔的条款也同样适用。

有关退休的规定,竞争委员会主任和工商业部副部长地位相等,其成员和副部长助理地位相等,部门主管和工商业部总局长地位相等。竞争主管机关其他人员退休的规定由主任办公室发布细则并经竞争委员会通过后生效。

第三十九条 [竞争主管机关的收入]

竞争主管机关的预算由其收入构成,包括如下列条目:

a. 工商业部预算中保留的拨款;

b. 依本法第 16 条和第 17 条规定由委员会处以的罚款额的 25%;

c. 从出版或其他方式中得到的收入。

竞争主管机关的收入应存入中央银行或国家银行账户。成为决算后的罚款纳入国库账户后,b 项所述费用应转成竞争主管机关的相关账目。

第四编 竞争委员会询问和调查程序

第四十条 [初步审查]

竞争委员会依申请或职权可以决定直接启动调查程序或先进行初步审查以确定是否需要调查。

决定进行初步审查后,竞争委员会主任应从职业专家中任命一个或多个专家作为汇报人。

任命进行初步审查的汇报人应在 30 天内将一并获得的全部信息和证据,及其对相关事件的意见书面告知竞争委员会。

第四十一条 [初步审查结论]

提交初步审查报告后 10 天内,竞争委员会应在评估所提供信息后召开会议,以决定是否需要启动调查。

第四十二条 [通知申请人]

收到告发或控诉后,竞争委员会基于掌握信息若认为该主张情况严重并且证据充分,则应将其决定书面告知申请人,即该主张视为情况严重并已启动审查。

竞争委员会明确拒绝申请或特定期间内未通知申请人而间接拒绝申请,则具有直接或间接利益的当事人可以就竞争委员会的拒绝决定向司法机关提起诉讼。

第四十三条 [竞争委员会启动调查]

根据启动调查的决定,竞争委员会应指定 1 个或多个成员与经授权的 1 个或多个汇报人一起调查。调查应在 6 个月内完成,如确有必要竞争委员会可再延长 1 次,期限为 6 个月。

竞争委员会应从作出决定之日起 15 日内告知有关当事人调查已启动,并要求当事人在 30 日内提交首次书面辩护文件。期间从当事人第一次提交书面辩护文件开始起算。竞争委员会除通知当事人外,亦应告知当事人关于告发事实的类型和性质的充分信息。

竞争委员会启动调查的决定是最终决定。

第四十四条 [当事人证据和信息的收集]

竞争委员会成员和汇报人组成的委员会在竞争委员会授权下代表其行动并进行调查。调查过程中,其可行使本法第 14 条规定的要求提供信息权力及本法第 15 条规定的现场调查权力。该期间内,委员会也可要求当事人和相关机构提供所有必要信息和文件。竞争委员会调查阶段中被指证违反本法的任意个人或多个人可随时向竞争委员会提供影响裁决的信息和证据。

开始调查之日至要求审判期间,被告知开始调查的当事人,可以要求复制竞争主管机关发布的所有文件,可能情况下可要求查看获得的任何类型证据。

若未告知或未给予当事人辩护权利,竞争委员会不得作出决定。

第四十五条 [通知和答复]

调查终结时制作的调查报告应通知所有竞争委员会成员和有关当事人。

竞争委员会应告知已触犯本法的人在 30 天内提交书面辩护。根据辩护材料,被授权进行调查的专家应在 15 天内提交书面附加意见并将此告知竞争委员会成员和有关当事人。当事人可在 30 天内对此意见进行答复。如有正当理由,该期间可再延长 30 日,但仅限一次。

当事人未在指定期间内所作的答复不予审查。

第四十六条 [审理]

竞争委员会可依相关当事人在其辩护意见书或答辩中的要求或依职权对案件进行审理。

审理应在调查结束后的 30 天内进行,最长不得超过 60 天。审理通知书最迟应在审理前 30 天内发送给相关当事人。

第四十七条 [审理的原则]

审理应公开进行。为保护公共道德或商业秘密,竞争委员会可决定秘密进行审判。

审理由主任主持,主任缺席由副主任主持。主任或副主任及至少 7 名竞争委员会成员出席时,审理才能举行。

竞争委员会作出的审理结果不得超过 5 次连续性开庭,1 天内举行的若干会议视为 1 次开庭。

当事人应在审理前的至少 7 天内告知竞争委员会审理时将使用的举证方法。若未在指定期间内告知的,则不得使用该方法。

当事人可利用民事诉讼法第二部分第八章列举的所有证据类型和举证方法。被指控触犯本法的当事人或其代表人、在开庭前向竞争委员会举证并对此事件有直接或间接利益的当事人或其代表人可以出席审理。

第四十八条 [最后决定]

最后决定应在当天作出。若当天未能作出,最后决定应在审理后 15 天内连同其理由一并作出。

若当事人未要求审理、竞争委员会也未依职权进行审理,则最终决定应在调查结束后 30 天内作出。

若当事人未能出席已决定的审理,竞争委员会应根据存档的审问资料审理。在指定审理日期后的一星期内作出决定。

第四十九条 [会议的秘密性]

竞争委员会应秘密进行合议,公开宣布决定。竞争委员会成员不得在投票时弃权。参与审理人员也必须参与合议,有正当理由的除外。

第五十条 [会议程序]

主任或其缺席时的副主任应主持会议并具体陈述待决案件争议问题。对争议问题自由辩论后,由主任收集选票并最后投票。

第五十一条 [会议和作出决定的法定人数]

若需形成最后决定,则需至少包括主任或主任助理在内的 8 名成员出席方可召开竞争委员会会议。作出决定时,出席会议人员中应至少有 6 人赞成。

若第一次会议票数不足,主任应保证下一次会议满员。若无法实现满员,则决定应由出席会议人员以简单多数通过。但上述情况下会议的法定人数不得少于上款规定人数。若第二次会议票数相等,主任投票具有决定性。

除最后决定外的其他决定,特别是临时措施决定和建议性决定,应至少有 1/3 成员出席会议,并由出席会议人员以简单多数通过。

第五十二条 [决定包含的条目]

决定应由下列条目组成:

a. 参与决定的竞争委员会成员姓名;

b. 进行调查和审查的人员姓名;

c. 当事人姓名、商号、住所和其他描述性说明;

d. 当事人主张的概要;

e. 概要的审查,以及所讨论的法律和经济内容;

f. 汇报人的意见;

g. 所有证据和辩护的评估;

h. 决定的理由和法律依据;

i. 结论;

j. 不同意见(无论何种)。

竞争委员会应详细列明决定内容和对当事人施加的义务及授予的权利,以免产生疑虑和不确定性。

第五十三条 [制作决定]

决定应由主任或由其指定竞争委员会成员制作。决定应由出席会议全体成员签名。投反对票的成员可以联合或者单独写出自己的意见。决定原件应由竞争委员会档案室保存,决定复件应送达当事人并取得其签名。竞争主管机关出版部门应依发送的决定复件来发布此决定。

最后决定形成后,竞争委员会应在政府公报上发布且不得泄露当事人商业秘密。

第五十四条 [期间的起算]

竞争委员会作出决定的诉讼时效自其将决定及理由通知当事人之日起起算。

第五十五条 [不服竞争委员会决定提起的司法诉讼]

竞争委员会作出的最后决定,临时措施决定和罚款决定及定期罚款决定,在通知给当事人后的指定期间内须提交给最高行政法院接受司法审查。若该期间内当事人未向司法机构提起诉讼,则该决定应成为最后决定。

形成最后决定后,才能征收罚款。竞争委员会实施的罚款和定期罚款应依照第 6183 号政府贷款征集程序法。

第五编　限制竞争的私法效果

第五十六条　[违法决议及协议的法律性质]

违反本法第4条规定的所有企业协会的协议和决议皆为无效。上述协议或决定产生的债务不能要求履行，已经履行的可以要求相对方返还。若协议或决议无效，则负返还义务的当事方应遵守《债法法典》第63、64条的规定。

《债法法典》第65条不适用于本法产生的争议。

第五十七条　[求偿权]

以违反本法的决议、协议或行为，在商品服务市场上阻止、扭曲或限制竞争或滥用支配地位的任何人，应补偿因上述行为遭受损失者的全部损失。若实施者不只1人，则由其共同负责。

第五十八条　[损害赔偿]

因限制、扭曲和阻止竞争而受损的当事人可以要求，数额相当于其损失额与未限制竞争时可能遭受的损失额之间差额的损害赔偿。受扭曲竞争影响的企业竞争者可要求扭曲竞争的某个或多个企业赔偿其全部损失。计算损失时，应考量受损企业可获得的全部利润及之前年度的资产负债表。

若因某协议或决议或当事人严重过失而受损，法官可根据受损当事人要求，决定赔偿额为实际损失额的3倍，或受损当事人所获或可获利润的3倍。

第五十九条　[举证责任]

受损当事人向司法机构提供证据，证明协议的存在和市场竞争扭曲的迹象，特别是提供关于市场份额、市场价格的长期稳定性，市场上企业的频繁提价的证据。上述情形中，企业未参与协同行为的举证责任转移给被告。

限制竞争性协议、决议或行为的存在可由任何类型的证据证明。

第六编　最后条款

第六十条　[竞争主管机关在金钱、文件和财产方面的犯罪行为]

竞争主管机关的金钱、财产和文件属于国家财产。竞争委员会主任、成员和其他编制人员的职务犯罪视为公务员职务犯罪行为。竞争委员会成员或竞争主管机关其他编制人员的犯罪行为视为公务员犯罪行为。

对上述犯罪的起诉应遵守一般条款规定。

第六十一条　[通知]

依本法对当事人所作的任何通知应遵守第7201号通知法令。

第六十二条　[细则]

竞争主管机关的行政事务和工作原则、收入汇总、上述活动的开支及监管原则和程序、薪水调整原则、外国专家指定原则、动产和不动产招标和采购规则以及会计体制，应制定其他细则，本法规定竞争主管机关行使权力的内容除外。上述细则由竞争委员会发布，通过部长会议生效。

依本法制定的细则应于本法发布后1年内公布。

第六十三条　[不适用的条款]

竞争主管机关不受第1050号审计法、第2886号政府采购法、第6245号津贴法及其附属法规和修订案的约束。

竞争主管机关的收入免征机构税,赠与和援助免征继承和转让税,代表竞争主管机关进行的交易中产生的收益免征银行和保险交易税,出售不动产免征各种税及其他财政义务,为竞争主管机关购买的交通工具免征车辆购买税和印花税。

临时条款第一条 第 1 条竞争委员会人员的第一次任命应遵守第 22 条设定的原则。但竞争委员会提名候选人的程序不适用该规定。

第一次任命,总理和工商业部部长应代表竞争委员会分别提名两名候选人。

第二年和第四年年终,竞争委员会最后会议将抽签决定更换竞争委员会部分成员。竞争委员会主任应由部长会议从工商业部部长提名的 2 名候选人中任命。主任和副主任不参与抽签,持续任职直至第六年年终。

第二条 竞争委员会成员的任命应遵守过渡性条款第 1 条的原则。竞争主管机关组建后,由官方公告。公告日已存在的所有协议和决议,应在其后 6 个月内向竞争委员会申报。

第三条 本法生效后 1 年内,竞争委员会可一次性从公共或私人机构中任命不具备第 35 条和第 36 条规定资格的专家。

但是,任命专家应符合第 35 条第 1 款中 a 项和 c 项的要求,并且至少具有 5 年相关专业工作经验,且不超过 41 岁。从公共机构中任命的专家应经充分考核合格后任职。

竞争主管机关成立前,可暂时任命工商业部相关人员履行主管机关职务。

第六十四条 [效力]

第 16 条和第 17 条关于行政性罚款的规定于本法公布 1 年后生效,其他条款自本法公布之日起生效。

第六十五条 [执行]

本法条款应由部长会议负责实施。

赞比亚共和国竞争和公平交易法(1994年)

本法旨在通过禁止反竞争交易行为来鼓励竞争;对垄断和经济力量集中进行规制;保护消费者福利;提高生产和服务效率;保护最大自由贸易,拓宽企业经营基础;并提供与上述有关或附带的条件。

第一章 前 言

1.[标题和生效]

本法可作为竞争和公平交易法(1994),并于部长以法定方式指定的日期实施。

2.[解释]

本法中,除上下文需要,则:

“有关联的”是指相互之间通过股份持有或其他方式,具有正式或非正式关联;

“反竞争商业行为”是指第7~10条列举的交易行为;

“主席”是指竞争委员会主席,依附表第一节选举;

“委员会”是指竞争委员会中的一个分委员会,依附表第五节设立;

“消费者”包括任何:

(a)不为转售目的购买或欲购买商品的人,购买商品以生产或者加工成任何其他货物或商品来出售为目的的人除外。

(b)接受服务的人;

“顾客”是指购买商品或者服务的人;

“销售”包括任何为获得报酬出售货物或者提供服务的行为;

“销售者”是指从事销售的人;

“行政主管”是指依附表第7条任命的行政主管;

“加工”是指将商业原料转变为成品或半成品,包括将进口原料装配为成品或半成品,采矿业除外;

“委员”是指竞争委员会成员;

“垄断企业”是指拥有市场支配地位的企业或独立企业(共存的不超过两家)——

(a)通过生产、供应、销售或其他方式控制某种生产、供应或销售遍布赞比亚或其某地区的商品,其至少一半的总量;或者

(b)通过提供或其他方式控制某种在赞比亚或其某地区实施的服务,其至少一半的服务量;

“主体”包括个人、公司、合伙、协会或任何协作团体,无论是否组成社团;

“出售”包括出售协议或出售邀约协议,和展示出售货物,提供价格,无论口头或书面,以及表示欲参加某交易而进行出售的其他任何行为或通告;

“秘书长”是指依附表第8条任命的人;

“服务”包括与出售商品相结合提供的某种服务;

“供应”,与商品有关,包括通过出售、交换、出租、租赁或租赁购买方式的供应与再供应;

“商业联合”是指为增进成员或成员代表者利益而形成的自然人实体;

"商业惯例"是指实施某种商业行为的相关做法,包括某人作出或提议作出的某种行为,该行为对某个或某类商人的经营理念,交易过程中的某种商品(无论是不动产还是私人财产)或某种服务的生产、供应、价格产生或可能产生影响。

3. [不适用事项]

本法不适用的事项:

(a)职工对自身合理保护所实施的行为;

(b)为确定雇佣条款和工作条件,代表雇主和雇员利益的集体谈判协议;

(c)商会和其他协会为提高成员待遇和工作条件所实施的行为;

(d)某协议包括著作权、专利权或商标权利及其权能的使用、许可或分配条款,参加该协议的行为;

(e)任何对(d)项所涉协议中的条款产生影响的行为;

(f)赞比亚共和国作为成员参加的条约或协议特别批准或要求的行为;

(g)确为维护公共利益所必需,行业协会计划发展或实施专业标准的活动;

(h)部长依法定方式指定的行业或行为。

第二章 赞比亚竞争委员会

4. [委员会的设立]

(1)依本法设立的赞比亚竞争委员会是永久存续并拥有公章的法人团体,可以团体名义起诉或被诉,并基于本法规定有权从事法人团体依本法所能实施的所有行为和事件。

(2)附表中的规定适用于委员会章程和其他相关事项。

5. [委员会的印章]

(1)委员会印章由其设计,由秘书长保管。

(2)由主席或委员会决议授权代表的人对印鉴进行鉴别。

(3)对于非法人加入或签订而不要求盖章的协议或文件,则该非法人参加或实施该协议或文件不需要委员会秘书长或委员会一般或特别授权的其他任何人代表委员会盖章。

6. [委员会的职责]

(1)委员会的职责是监控、控制和禁止可能对赞比亚境内竞争和公平交易产生负面影响的行动或行为。

(2)除第1款的一般性规定,委员会的职责包括:

(a)主动或依某人请求对商业行为进行调查,包括滥用支配地位,据此决定某企业是否实施反竞争的商业行为和诸如此类行为;

(b)主动或依某人请求对已提出的可能产生负面影响的合并进行调查;

(c)实施对防止或矫正合并行为发生或企业滥用支配地位的必要、有利行为;

(d)向从事商业活动的人提供本法规定的相关权利和义务信息;

(e)向消费者提供本法规定的相关权利信息,以对其指导;

(f)研究本法实施并提供有用的公共报道;

(g)为确保遵守本法规定,与某个协会或自然人实体进行合作和帮助,以增进和提高行为标准的执行;

(h)依本法实施所有为更好履行其职责的必要、附带或有益行为。

第三章　反竞争商业行为及其他

7.［反竞争商业行为的列举］

（1）任何种类的协议、决定或协同行为，若其以在赞比亚可估计范围或任何确定区域内阻止，限制或扭曲竞争为目的，将被公告为反竞争商业行为并被禁止。

（2）依第1款规定，若通过滥用或获得市场支配地位，企业限制市场进入或不适当限制竞争，对商业或经济产生或可能产生普遍的负面影响，则其应避免从事下列活动或行为：

（a）针对竞争的掠夺性定价行为，包括利用成本定价来消除竞争对手；

（b）在供应或购买商品和服务时差别定价以及在条件和地位上的歧视，包括通过与关联企业进行交易中的价格政策来实施的差别定价及相关歧视（与关联企业以外的企业进行类似或对应交易的价格相比，与关联企业间商品或服务的交易其价格政策属于高价购买和低价销售）；

（c）提供商品或服务以接受对竞争商品或其他商品在分配或加工方面的限制为条件；

（d）供应某种商品或服务以从代销商的供应商处购买其他商品或服务为条件；

（e）对供应商品或其他可能出售或出口商品的销售地、销售对象、包装或数量进行限制；

（f）合并，收购，合营或其他获得控制的行为，无论其在性质上是横向，纵向或混合；

（g）两个或两个以上的制造商，批发商，零售商、订约人、或服务提供者中具有垄断地位的厂商共谋为消除竞争而进行的联合定价行为。

8.［合并和收购的控制］

（1）任何人未经委员会授权，无论负责人或代理人，无论其自身或其代理人，参与导致：

（a）两个或两个以上制造或销售完全相同产品或服务独立企业的合并；

（b）一个或一个以上此类企业被另一企业收购，或被控制其他同类企业的人收购；

将会犯罪并且基于有罪宣判被判决支付不超过1000万克瓦查的罚金或不超过5年的监禁，或两罚并处。

（2）违反第1款实施的合并或收购不具法律效力，依此施于参与者的权利或义务不具有合法的强制执行性。

9.［商业协议］

（1）企业对市场上竞争对手或潜在竞争者实施第2款规定行为，限制市场进入或不适当限制竞争的，将被认定为违法：

但本款规定不适用于共同体内企业进行的交易。此类企业受共同控制且彼此间不能独立活动。

（2）本款适用于正式，非正式，成文和未成文的协议和安排。

（3）为实现第1款目的，禁止下列行为：

（a）服务或商品交易行为中固定价格的商业协议，其阻止或妨碍了相互间商品或服务的销售，供应或购买，固定或限制了商品或服务交易时销售，供应或购买的期限和条件；

（b）串通投标；

（c）划分市场或消费者的协议；

（d）依1989年《咖啡法》第24条，以配额方式分配生产和销售数量；

（e）强制实施协议的集体行为；

（f）联合一致拒绝向潜在购买者供应商品和服务；

（g）集体拒绝他人参加对竞争关系至关重要的协议或联合。

10. [联合限制竞争的商业行为]

由某个商业协会或代表其实施的如下行为将会被宣布为反竞争商业行为:

(a)不合理地将某人从商业联合中排除,其诚信地实施或欲实施与联合体形成有关的交易;

(b)商业联合直接或间接建议其成员或其某类成员关于:

(i)由此类或任何一类成员索要或提出的价格,甚至于已经或将要由价格产生的利润,以及已经或将要在定价过程中对其使用的价格公式;

(ii)此类或任何一类成员销售的条件(包括折扣、信用、交付方式及产品和服务的保质期),其直接影响定价或价格公式中的利润率。

11. [控制垄断和经济力量集中的标准]

(1)委员会应维持赞比亚商品和服务的生产结构,通过审查确定经济力量集中的存在区域及经济危害性超过其积极效应的主体。

(2)对一般经济力量集中不予限制的情况下,为实现第 1 款目的,委员会可以认为是否:

(a)个人控制了一系列在相关市场销售额中占据重要比例的销售企业;

(b)个人通过控制两个或两个以上制造实质相同商品的不同企业,以不合理低价在国内市场供应额中占据重要比例;

(c)个人在某制造企业中拥有充分股份,以及是否其同时在销售该企业产品的一个或两个批发或零售企业中享有即使少量的明显股份收益。

12. [不公平交易]

个人不得

(a)以提高价格为目的,直接或间接地拒绝或破坏向生产者或消费者提供商品,或进行无益的商品生产销售或破坏商品生产销售的途径;

(b)拒绝承担商品的瑕疵责任;

(c)就商品或服务的供应做任何保证:

(i)局限在某特定地理区域或销售点;

(ii)虚假描述商品属于特定类型、样式或来源;

(iii)虚假描述商品属于新产品或特定时期产品;或

(iv)商品或服务具有其不具备的任何赞助、批准、性能和质量特征、成分、附件、功效或益处;

(d)实施可能误导公众对任何商品或服务的种类、价格、效用、特征、对特定目的适用性、数量或质量认识的行为;或

(e)提供任何正常使用可能对消费者健康造成伤害或造成消费者身体损伤的产品,或不符合其他任何法律规定的消费者安全标准的产品。

13. [授权许可的行为]

(1)委员会可授权某行为完全不受本法禁止,即委员会认为符合本法目标的行为若不予滥用,则该行为不认定为违法。

(2)部长可应委员会建议以法定方式,对委员会为实现第 1 款目的的行为作出特殊规定。

第四章　综合规定

14. [行政主管的权力]

(1)行政主管或任何官员有合理理由认为依本法或其任何细则规定的违法行为已经或将要实施的,其可向法院请求授权书:

(a)有权进入任何房屋;

(b)取得或要求提供与某人的交易或商业行为有关的任何工作日志、账簿或其他文件,并可复制任何上述工作日志、账簿或其他文件:

若提供的某些工作日志、账簿或其他文件与案件无关,则应立即返还。

(2)为行使第1款包括的权力,行政主管或委员会其他官员认为有协助必要,则可在警察陪同或帮助下进入某个房屋。

15.[上诉]

任何人对委员会依本法或其任何细则规定作出的裁定表示不服的,可于收到裁定通知之日起30日内,为向最高法院进一步提起上诉而先向高级法院进行上诉。

16.[犯罪和处罚]

(1)任何人:

(a)违反或未遵守本法或其任何细则规定,或者依本法或其任何细则规定合法发出的任何指示或指令,或者合法施加的任何要求,未受处罚的;

(b)疏忽或拒绝:

(i)披露委员会要求披露的任何信息的;或

(ii)提供委员会通知要求提供的任何文件的;或

(c)故意向委员会提供错误信息的;应宣判有罪并判决承担不超过1000万克瓦查的罚金或不超过5年的监禁或两罚并处。

(2)若某法人实体,其任一董事和职员,或作为自然人实体的合伙中任一合伙人,实施了犯罪行为,则将因此被判有罪。上述主体证明实施犯罪行为的可能性超出其知识或职权范围或其已尽力阻止犯罪行为发生的除外。

17.[细则]

委员会可通过部长批准,依法定方式,制定细则以管理

(a)本法要求或准许作出规定的事项;

(b)为实现本法目的必需或有利的程序;

(c)委员会提供服务的任何费用收取;或

(d)为更好实现本法目的必需或有利的其他事项。

附表:赞比亚竞争委员会

1.[委员会的组成]

(1)委员会由下列人员组成:

(a)财政部、商务部、工业部的各1名代表;

(b)赞比亚标准化局的1名代表;

(c)赞比亚商业和工业委员会的2名代表,分别代表其不同部门;

(d)赞比亚法律协会的1名代表;

(e)赞比亚雇主联合会的1名代表;

(f)赞比亚商业联合大会的1名代表;

(g)由总理大臣任命代表消费者利益的2名人员;

(h)赞比亚工程协会的1名代表;

(i)会计专业的1名代表;以及

(j)赞比亚经济协会。

(2)所有成员应由其代表机构提名并由总理大臣任命。

(3)主席和副主席应由委员会于其成员中选举产生;

第 1 款(a)项和(b)项部门任命的成员除外。

2. [任职和空缺的期限]

(1)成员任职期限为任命之日起 3 年。期限届满可以相同期限连任。连任应适用本附表第 1 条第 2 款。

(2)本附表第 1 条第 1 款(b)~(h)项涉及成员可提前 1 个月向其提名组织及总理大臣书面通知辞职。若其提名组织撤回提名并书面告之总理大臣,总理大臣可对其随时免职。

(3)成员职位的空缺可基于下列理由:

(a)死亡;

(b)连续 3 次缺席通知参加的委员会会议而不具合理理由;或

(c)合法拘留或超过 6 个月行动自由受限;

(d)成为未偿债务破产人;

(e)智力不健全;或

(f)依本条第 2 款被免职。

3. [报酬和津贴]

经总理大臣批准,可向成员支付等同于理事会的报酬或津贴。

4. [委员会的程序]

(1)依本法其他规定,委员会可制定其程序。

(2)委员会若认为对处理事务必要和有利,可召开会议并决定其举行地点、时间和天数。

(3)主席可于任何时间召集委员会会议,并可于其收到召开会议书面请求的 10 日内召集至少需 1/3 委员会成员出席的特殊会议。

(4)委员会任何会议的法定人数为 7 人。

(5)下列人员可主持委员会的任何会议:

(a)委员会主席;

(b)委员会主席缺席时,则由副主席;或

(c)主席和副主席都缺席时,可由出席成员为本次会议目的选举相应成员。

(6)委员会决定应由大部分出席成员投票通过。票数相等时,委员会主席或其他主持会议者还拥有普通投票权外的一个决定投票权。

(7)委员会可邀请任何自愿出席者出席会议并参与审议过程,但其不具有投票权。

(8)委员会任何成员空缺或成员任命中任何缺陷或不具参与程序资格的人员,不影响委员会程序、法案或决定的合法性。

(9)竞争委员会应对其及下设委员会的每次会议进行记录。

5. [竞争委员会下设的委员会]

(1)竞争委员会为履行本法赋予职责,可成立下设委员会,并对其授予必要职能。

(2)竞争委员会可任命成员或非成员担任依第 1 款成立的下设委员会成员,并可决定其任职期限。

(3)依上款成立的下设委员会,其程序依委员会特殊或一般指令制定。

6. [相关利益的披露]

(1)某人出席竞争委员会或其下设委员会会议,上述会议讨论事项与其有直接或间接利益关系,则其应在会议开始后立即披露相关利益,并不得直接参与竞争委员会或其下设委员会关于该事项的任何商议或讨论,或关于该事项的任何问题的投票。

(2)会议记录应记载本条规定相关利益的披露。

7.[竞争委员会的行政主管]

(1)竞争委员会可依其决定的期限和条件任命行政主管作为其主要行政官员。

(2)行政主管对竞争委员会日常管理负责。

8.[秘书长和其他职员]

(1)竞争委员会将依其决定的期限和条件任命其秘书长。

(2)秘书长在行政主管领导下执行竞争委员会秘书工作。

(3)竞争委员会依其决定的条件和要求,可为执行本法规定职责的必要任命其他职员。

9.[禁止向未经授权的人公开或披露信息]

(1)依本法规定任何人不得未经竞争委员会书面同意或代表竞争委员会,向他人公开或披露其任职过程中知悉的相关文件、信息、资料。

(2)故意违反第1款规定的,为犯罪行为,应处以60万克瓦查以下罚金或3年以下监禁或两罚并处。

(3)违反第1款规定将所掌握的已公开或披露信息非法向他人公开或交流的,为犯罪行为,应处以60万克瓦查以下罚金或3年以下监禁或两罚并处。

10.[豁免]

对竞争委员会成员、职员、服务人员、代理人或代表为或旨在执行本法规定职责的善意作为或疏忽地不作为,不得起诉或适用其他诉讼程序。

11.[竞争委员会的资金]

(1)竞争委员会的资金可由下列财产组成:

(a)国会为竞争委员会划拨款项;

(b)资助或捐赠给竞争委员会的款项;

(c)竞争委员会自身财产及其孳息。

(2)竞争委员会可以:

(a)通过资助或捐赠接受财产;

(b)为其履行职责需要而通过贷款或其他途径获得的国内资金,及依总理大臣批准而获得的国外资金;

(c)竞争委员会提供计划、公告、研讨、咨询和其他服务收取的相关费用。

(3)竞争委员会资金应用于支付:

(a)竞争委员会职员的薪水、津贴、贷款、退职金和退休金,以及招收新职工和维持职员日常工作的其他支出;

(b)依竞争委员会确定的比率,其下设委员会成员处理竞争委员会事务时的合理差旅和生活津贴;

(c)竞争委员会履行职责产生的其他费用。

(4)经总理大臣批准,竞争委员会可将其履职的闲置资金以合适方式投资。

12.[财政年度]

竞争委员会财政年度是截至每年12月31日的12个月期间。

13.[账目]

(1)竞争委员会应保存正规账目及其他与账目相关的记录。

(2)每年应由总理大臣任命的独立审计师对竞争委员会账目进行审计。

(3)审计师费用由竞争委员会支付。

14. [年度报告]

(1)每个财政年度结束后最迟 6 个月内,竞争委员会应向总理大臣提交一份本财政年度活动报告。

(2)第 1 款中的报告应包括竞争委员会财政事务资料,同时还应附有以下资料:

(a)资产平衡审计表;

(b)收入和支出审计报告;

(c)总理大臣要求的其他资料。

(3)总理大臣收到第 1 款中的报告后,应在第一次国会会议后的 7 天内将其提交国会。

津巴布韦竞争法(1996年)

为了促进与维护津巴布韦经济中的竞争;设立工业和贸易竞争委员会并规定其职能;规定预防和控制限制性行为,管制合并,预防和控制垄断地位和禁止不正当贸易行为;以及规定与前述情形相关的或伴随其发生的事宜。

由津巴布韦总统与议会制定本法。

第一章 导 言

1.[简称和生效时间]

(1)该法案可以被称为1996年《竞争法》。

(2)该法案的生效日期将依法由总统确定。

2.[解释]

(1)在本法案中:

与任何协议、安排、做法或行为有关的"批准"是指第五部分中的经委员会批准;

"委员会"是指第4条中的工业和贸易竞争委员会;

"商品"是指可移动的或不可移动的,有形的或无形的,能够有偿取得或处分的任何事物;

"控制性权益",是:

(a)与企业有关的一种权益,即持有人能够依此而对该企业的活动或财产实施直接的或间接的控制;

(b)与财产有关的一种权益,即持有人能够依此而对该项财产实施直接的或间接的控制;

"主任"是第17条第1款中所指的,由委员会任命的委员会主任;

"销售",是关于:

(a)任何商品,包括供应,出售,出租,贮备或运输商品;

(b)任何服务,是指供应或提供服务,无论它是否是供应一项商品所预期的服务;

"调查员"是指根据第46条被指派为调查人员的人;

"成员"指委员会的某一成员,包括主席和副主席;

"合并"是指:

(a)控制性权益的取得,针对于:

(i)生产和销售商品或提供服务的企业;

(ii)一项被用于或可以被用于商品生产或销售,或与商品生产或销售有关的财产;

在这种情况下,取得该项控股权益的人已经取得了从事生产和销售相同商品或提供相同服务的企业的控股权益;

(b)对于一个企业的控股权益的取得,该企业完全或实质上从事于下列业务:

(i)向取得该项控股权益的人提供产品或服务;

(ii)销售由取得该项控股权益的人提供的产品或服务;

"部长"是指工商部部长或有时由总统指派的,执行该法案的其他任何一个部长;

"垄断地位"是指一个主体实质上控制了某一商品或服务市场;或是有实质性经济联系的两

个或多个主体实质上控制了某一产品或服务市场;

"指令"是指委员会根据第 31 条作出的命令;

"价格"包括任何有关用于销售的商品和服务的费用;

"限制性行为"是指:

(a)两个或多个主体之间的任何协议、安排或协同的行为,而无论其是否可实施;

(b)任何商业行为或交易手段;

(c)任何主体的故意作为或不作为,无论是单独作为还是与其他主体共同作为;

(d)因某个或某类主体的活动而引起的任何一种情况;该活动直接或间接的实质性限制了竞争,因为它已经或将很有可能产生下列一个或多个影响:

(i)限制商品的生产或销售或服务的提供;

(ii)限制用于生产、销售任何商品与服务的设施;

(iii)提高或维持任何商品或服务的价格;

(iv)通过最有效或最经济的手段阻止生产或销售商品或提供服务;

(v)阻止或妨碍发展或引进有关商品或服务的技术进步;

(vi)阻止或限制生产或销售商品或提供服务的人员的市场准入;

(vii)阻止或妨碍扩大商品或服务的现存市场或发展新市场;

"服务"包括个人的、专业化的或是其他方面的各种服务,包括保管、运输、保险或银行服务在内,以及与销售商品有关的任何服务;

"实质性的市场控制"是本条第 2 款中所指的意思;

"企业"是指任何在生产、销售商品或提供服务的过程中从事营利性活动的主体。

"不正当贸易行为"指的是限制性行为或在附录一中特指的其他行为。

(2)认定一个主体对一种商品或服务有实质性的市场控制力的前提是:

(a)作为该商品的生产商或经销商或服务的提供商,其本身或与其有实质性经济联系的其他主体,能够在相当长的一段时期内,在津巴布韦全国或在国内较大地区,将该商品或服务的价格提高或维持在竞争水平之上;

(b)作为该商品或服务的购买者或使用者,其本身或与他有实质性经济联系的其他主体能够在相当长的一段时期内在津巴布韦全国或在国内任何一个地区将该商品或服务的价格降低或维持在竞争水平之下。

3. [本法的适用]

(1)本法不得被理解为:

(a)限制由以下法律保护的任何权利:

(i)《植物培育者权益法》[第 115 章];

(ii)《著作权法》[第 200 章];

(iii)《工业外观设计法》[第 201 章];

(iv)《专利法》[第 202 章];

(v)《商标法》[第 203 章];

除非该权利被用于提高或维持价格,或是出于第 2 条"限制性行为"的定义下的其他考虑;

(b)妨碍工会或其他雇员代表根据 1985 年《劳工关系法》(1985 年第 16 号文件)与雇主或雇主代表通过协商、达成协议作出其他的安排以保护员工利益。

(2)本法将对与商品生产和销售有关的国家产生除刑事责任外的约束力。

(3)本法适用于法定机关的行为,除非立法已通过明示或必要默示的方式对该活动予以授权。

第二章　工业和贸易竞争委员会

4.[委员会的设立]

此处设立的委员会被称为"工业和贸易竞争委员会",应为一个可以以自己的名义提起诉讼及被起诉的法人,且其可实施法人依法可从事的所有行为。

5.[委员会的职能]

(1)根据本法,委员会的职能是:

(a)鼓励并促进各经济部门的竞争;

(b)减少进入任何经济部门或任何形式的经济活动的障碍;

(c)调查,阻止,预防限制性行为;

(d)以调查和阻止有悖于公共利益的垄断地位为目的,对增长的经济集中化趋势进行分析;

(e)建议部长对下列因素进行考虑:

(i)经济竞争的各个方面,包括由国家直接或间接控制的机构开展的企业活动;

(ii)关于经济竞争的政府政策的制定、协调、执行和管理;

(f)向利害关系方提供与限制性行为、收购和垄断地位有关的现行政策方面的信息,并将该信息作为使利害关系各方获益的准则;

(g)履行本法或其他任何一部法律可能赋予或设定的其他职能。

(2)为了其职能的更好发挥,委员会有权自行或通过它的代理机构,绝对的或有条件的,单独的或与其他人联合实施附录二列举的全部或部分行为。

(3)依据本法,委员会依法履行其职能,不受其他任何人或机构的指挥或控制。

6.[委员会成员]

(1)根据第2款的规定,委员会的成员应不少于5人且不超过10人,并由总统任命。

(2)依第1款的规定,应根据被任命者在工业、商业或管理领域的能力和经验,职业资格或其适应能力等进行任命。在任命过程中,总统应尽可能确保所有的利益相关群体和包括消费者在内的各个阶层在委员会里都有代表。

7.[成员任职的消极要件]

(1)下列人员不应被任命为成员,并无资格作为成员担任职务:

(a)不是津巴布韦的公民或普通居民的;

(b)根据任何一个国家生效的法律:

(i)被判决或宣判为无力偿还债务或破产,且尚未恢复原状或清偿债务的;

(ii)与其债权人达成转让协议,或签订和解协议,并且该转让协议或和解协议未被解除或撤销的;

(c)在津巴布韦已被宣判为有罪或在其他任何国家有犯罪行为(包括诈骗或欺诈)被判监禁且不能以交付罚金的方式替代,无论此判决的任何一部分是否已经中止或被赦免。

(2)议会的议员无资格被任命为委员会成员,亦无资格作为成员担任职务。

(3)在4个或4个以上法定机关中任职的人员,无资格被任命为委员会成员,亦无资格作为成员担任职务。

(4)根据第3款:

(a)被委派到法定机构或负责管理法定机构的事宜的理事会、委员会或其他机构的人员被认为是该法定机构的成员;

(b)“法定机构”是指:

(i)依据宪法设立的委员会;

(ii)依据一部法律以及该法律的特殊目的直接设立的任何法人,其成员是全部或主要由总统,副总统,部长或任何其他法定机关或根据宪法设立的委员会任命的人员组成。

8. [成员任职的期间和条件]

(1)根据本部分,成员担任职务的期间应不超过 3 年,总统将决定其任职,并且该成员在任期届满时,有资格连任。

(2)所任命的成员任期届满时,其应继续任职直到他被再次任命为成员或其继任者已被委任:但本款规定的此种情况下,成员不得连续担任职务超过 6 个月。

(3)根据本部分规定,成员应按照总统为其确立的一般期间和条件担任职务。

9. [成员的停职]

下列情况下,成员应被停职并且其职位应空缺:

(a)在其通过部长向总统递交辞职的通知之日起 1 个月后,或在经由总统和部长同意该通知的其他期间届满后;

(b)其成为议会议员的;

(c)根据第 7 条第 1 款中(a)、(b)项或根据第 7 条第 3 款,其无资格任职为成员的;

(d)在其被宣判服刑之日起,无论判决的任何一个部分是否被中止,该刑罚都不能以交付罚金的方式替代;

(e)根据第 10 条的规定其被要求停止任职。

10. [总统可以要求成员停职或中止其任职]

(1)若成员有下列情况,总统可要求其停职:

(a)为不正当行为或所为行为有损于委员会的利益和名誉;

(b)未满足总统根据第 8 条第 3 款确定的职位条件;

(c)心理或生理上不能有效地履行成员的职能。

(2)依委员会的推荐,总统在确信某成员在未得到委员会许可且无正当理由的情况下连续 3 次缺席委员会会议,可以要求该成员辞职,并应在要求其停职的至少 7 日前给予其通知。

(3)总统:

(a)可以停止某成员的任职,如果该成员因违法而被提起刑事诉讼并被宣判监禁,且该刑罚不能以交付罚金的方式替代。

(b)可以停止某成员的任职,如果该成员已经被宣判监禁并且不能以交付罚金的方式替代,无论是否该判决的任何一部分被暂停,或该成员的辞职还在审理中;当成员被停职时,其将不再履行任何职能且将无权再作为成员获得任何酬劳。

11. [委员会职位空缺的填补]

由于某成员的死亡或辞职,总统可以根据本条,任命一个人补上该职位的空缺。但是,因该职位的空缺,成员的数量少于第 6 条规定最小数量的,总统应任命一个人补上该空缺。

12. [委员会的主席和副主席]

(1)总统应指定 1 名成员作为委员会的主席,指定另 1 名成员为副主席。

(2)委员会主席和副主席的任期由总统确定。但总统可以视具体情况在任何时间以合理的理由终止主席和副主席的任命，并指定另1名成员为主席或副主席。

(3)在主席不能履行其职责的情况下，副主席应履行主席的职能。

13.［委员会会议和程序］

(1)委员会应依照部长确定的日期和地点举行首次会议，并解决业务的分派、休会、闭会问题，并按照其认为合适的方式管理会议和程序。但委员会应在每个财政年度至少召开6次会议。

(2)委员会的主席：

(a)可以在任何时间召开委员会特别会议；

(b)应依部长或不少于2个委员的书面请求，在其收到书面请求的7日后不迟于30日之内召开委员会特别会议。

(3)根据第2款的规定，召开特别会议的书面通知应在会议召开的48小时前发送给每个成员，同时应明确此次会议所要讨论的事宜。

(4)根据第2款的规定，召开特别会议中所要讨论的事宜应是：

(a)由委员会的主席决定的事宜，前提是他依据第2款中(a)项的规定召开此次会议；

(b)开会请求中所确定的事宜，前提是主席依据第2款中(b)项的规定召开此次会议。

(5)委员会主席应主持所有会议，在他缺席时，副主席应主持委员会的所有会议。主席和副主席都缺席会议时，出席会议的成员可以选出其中1人作为主席来主持此次会议。

(6)委员会会议的召开须有半数以上成员参加。

(7)根据本条第11款，所有决议事项，或委员会授权或要求作出的事项，可以由出席会议法定人数的多数票来决定。

(8)经委员会批准，主席可视情况邀请其认为对于会议中委员会或分会所审议的问题具有专业知识和经验的任何人参加此次会议。

(9)根据第8款被邀请参加委员会或分会会议的人可以视其为成员并视具体情况参加到委员会或分会的程序中，但其在委员会或分会任何问题的决定上没有表决权。

(10)根据第16条，在委员会所有会议中，各列席成员对委员会决议事项都有一个表决权，在出现赞成和反对双方票数相等时，主持人除了有普通票外，还有一票决定票。

(11)在成员中传阅并经大多数人以书面同意的任何提案将与因此而举行的会议所通过的决议具有同样的效力，并且将会并入下一次委员会的报告内容中。但是，当有成员在委员会会议上要求应确定该提案时，本款规定不适用。

14.［委员会分会］

(1)为更好地履行其职能，委员会可以设立一个或多个分会，并适当的将其职能授予其分会。但是对分会的职能授权不应影响委员会的职能，同时委员会可以修改或撤销在分会履行其职能过程中作出的任何决定。

(2)依据第1款设立分会，委员会：

(a)视情况至少任命1名成员为该分会的成员，并在被任命成员中指定1名为分会的主席；

(b)可以依照委员会确立的任期和条件，指定委员会成员之外的人为分会的成员。

(3)委员会的主席或分会的主席可以在任何时候、任何地点召开分会会议。

(4)根据本条第3款以及第16条和第21条，分会召开会议所依照的程序以及会议上的法定人数都应由委员会确认。

15.［委员会及其分会的成员的薪酬及津贴］

委员会或分会的每个成员所得到的报酬在根据议会法案为此而划拨的款项中拨付：

(a)该薪酬,经财政部长的批准,一般由部长视具体情况为委员会或分会的成员确定金额;

(b)该津贴,根据具体情况,可以是部长指定的,为弥补成员在委员会或分会的业务处理中产生的任何合理支出。

16.[委员会及其分会的成员对特定关系和利益的披露]

(1)当委员会或分会的成员,或该成员的配偶有下列情形的:

(a)故意取得或拥有一个公司或由个人组成的社团的直接或间接的金钱上的利益:

(i)该公司或社团的行为是依本法应予调查或作出指令的对象;

(ii)该公司或社团正在申请或与委员会协商一份合同。

(b)投标、取得或拥有与委员会签订的合同的直接或间接的金钱上的利益。

(c)拥有不动产或不动产中的权利或公司或由个人组成的社团的直接或间接的金钱上的利益,而使得其个人利益将要或可能将要与他作为委员会或分会的成员的职能发生冲突;

该成员应根据具体情况立即向委员会或分会披露该事实。

(2)本条第 1 款涉及的成员应视具体情况不参加委员会或分会关于任何调查、指令、合同、权益、不动产或在上一款中提到的利益问题的审议、讨论或投票决议。

(3)任何人违反了第 1 款或第 2 款的规定则构成犯罪,并应处以不超过两千美金的罚金或不超过 3 个月的监禁,或同时处以该项罚金和监禁。

17.[委员会主任的任命和职责]

(1)委员会应任命 1 名主任负责管理委员会的事务、资金和财产,以及履行本法规定的、向其施加的或由委员会向其授权或指派的其他职责。

(2)该主任任职的期限和条件须经部长的批准并由委员会确定。

(3)成员无资格被任命为主任。

(4)依据第 9 条的(b)至(d)项主任被要求停职的,则其任命应被终止,但第 9 条以及第 7 条第 1 款的(a)项和(b)项仍对其适用。

(5)在本条第 1 款中,职责的指派:

(a)可以根据委员会决定的限制条款,保留条款以及除外条款而对其作出的一般或特殊的决定;

(b)可以由委员会在任何时间撤销;

(c)不应排除由委员会对其职责的履行。

18.[对委员会的政策性指示]

(1)根据本条第 2 款,部长从国家利益出发认为可以向委员会提出一般的政策性指示,委员会应遵照指示履行其职能。

(2)在根据第 1 款向委员会提出指示前,部长应以书面形式通知委员会所议的指示,委员会应在 30 天之内或由部长批准的更长时间内,以书面形式向部长提交有关该项提议的意见。

(3)委员会应采取任何必要措施以执行第 1 款中的所有指示。

(4)依第 1 款的规定已经向委员会提出指示的,委员会应确保在其年度报告中列出根据第 2 款作出的指示和意见。

19.[委员会及其分会的决定和行为的有效性]

委员会或分会的决定或行为,以及由委员会或分会授权的行为不会在该决议被采用、该行为被作出或授权时,只因为委员会或分会的成员职位中有一个空缺、委员会或分会成员中有一人不适格而不发生效力。

20.［委员会对于合同以及文件的履行］

由委员会批准的协议、合同或文件可以由为此获得委员会一般或特殊授权的任何人代表委员会签订或履行。

21.［委员会及其分会的程序性记录］

（1）委员会应将其以及每个分会的所有程序性记录和每次会议作出的决定记入为此备好的工作簿中。

（2）在第1款中提及的，将由与此记录有关的会议主持人或委员会或相关分会的下一次会议的主持人签署的任何记录，应被视为程序和有关会议中作出的决定的表面证据。

22.［委员会报告以及向部长提供信息］

（1）在每年的6月30日之后，委员会应尽快拟定并向部长提交一份截至此日的、有关全年所有活动的报告，并且部长应将此份报告与其希望在下一次议会中审议的其他文件向议会一并提交。

（2）除第1款提及的报告外，委员会：

（a）还应向部长提交部长要求的其他报告；

（b）还可以向部长提交委员会认为应上交的其他报告；

上述报告是指与委员会运作和活动有关的报告。

（3）委员会应在部长要求的任何时间内向其提供与委员会运作和活动有关的所有信息。

第三章　委员会的财政规定

23.［委员会基金］

委员会基金应包括：

（a）根据《议会法》，为此目的而划拨的、从中向委员会支付的款项；以及

（b）根据本法或其他法律，归属于委员会或由其积累的其他款项。

24.［委员会不急需的款项的投资］

委员会不急需的款项，可以按照财政部长的建议、并依部长所批准的方式进行投资。

25.［委员会的账目］

（1）委员会应确保关于委员会所有活动、基金和财产的账目以及与该账目有关的其他报告的准确性，包括部长要求的特殊账目和报告的准确性。

（2）每个财政年度结束后，委员会应拟定并向部长提交一份关于该财政年度或部长要求的其他时间的账目财务报告。

26.［委员会账目的审计］

（1）根据《审计与财政法》［第一百六十八章］，委员会应指派经部长批准的一个或多个人担任审计员，且该审计人员依据《会计师法》［第215条］应已注册为公共会计师。

（2）由委员会依第25条第1款保存的账目应由本条第1款指定的审计员进行审查。

（3）根据本条第1款指定的审计员应依照第25条第2款中的账目财务报告为委员会和部长制作一份报告，并且应在该报告中依其判断指出账目财务报告书是否对委员会的财政事务作出了真实公正的评价。

（4）除上一款提及的报告外，部长还可以在其认为必要时要求委员会从第1款指定的审计员处获取关于委员会活动、基金和财产的其他报告、说明或解释，并且委员会应立即按此要求行事。

（5）按照第1款指定的审计员的意见，如果：

(a)他们尚未获得所需的任何信息或解释;

(b)任何账目或与其有关的报告尚未得到主管机关的适当保管;

(c)委员会未遵守该部分的规定;

则审计员应视情况在其报告中根据第 3 款和第 4 款对其结论作出说明。

(6)依据《审计及财政法案》[第一百六十八章],委员会的账目被要求将由审计官与审计长进行审查的,则本条中与第 1 款指定的审计员有关的任何规定都应被视为与该审计官与审计长有关的规定。

27. [审计员的权力]

(1)第 26 条提及的审计员可在合理时间内要求向其提供由委员会或其代理机构保存的所有账目和与此有关的其他报告,以及要求委员会的成员、雇员或代理人提供审计员认为在其审查中必需的信息和解释。

(2)委员会成员、雇员或代理人无正当理由未遵守第 1 款中审计员对其提出的要求的,为犯罪行为,并应处以不超过 1000 美元的罚款或不超过 3 个月的监禁,或同时处以该项罚金和监禁。

第四章　限制性行为、合并以及垄断地位的调查和禁止

28. [委员会对限制性行为,合并以及垄断地位的调查权]

(1)根据本法,委员会认为必要时可对以下事项进行调查:

(a)委员会有理由相信已经存在的或将要作出的任何限制性行为;

(b)为确定以下事项:

(i)合并是否已经完成、正在进行或已被提议;

(ii)在任何合并或所议的合并中持有或取得的任何控制性权益的性质和范围;

(c)委员会认为已经或可能被采用的、以作出或维持限制性行为为目的或与此相关的任何一种商业协议、安排、谅解或交易方式;

(d)委员会有理由相信任何垄断地位已经形成或将要形成。

(2)根据第 1 款展开一项调查以前,委员会应在政府公报上以其认为适当的调查所覆盖地区内发行的报纸上发布一项通知:

(a)说明所提该项调查的性质;

(b)号召并希望按此行事的任何利益相关者向委员会提交关于所议调查主题的书面陈述。

(3)以调查为目的,委员会根据本条款应拥有《委员会审查法》[第八十章]授予委员的权力,而不具有羁押的权力,并且该法第 2 条第 3 款、第 9 条到第 12 条、第 14 条到第 18 条,加以必要之变动,都适用于本条的调查,和在本次调查中被传唤要求提供证据的任何人。

(4)依本条,在任何调查中,委员会应确保公认的自然公正的规则得到适当的遵守,尤其应采取所有合理措施保证利益可能受调查结果影响的每个人有足够的机会针对有关问题作出陈述。

(5)根据第 42 条,针对参与、从事一项限制性行为即不正当交易行为或另外对该限制性行为即不正当交易行为施加了影响而对一个人提出的控告或待解决的控告,不应阻碍委员会依本条对限制性行为进行调查或为此作出命令。

29. [调查期间特定行为的禁止]

(1)根据第 28 条第 2 款在发布有关调查通知后,委员会可随时发布一项通知,作出以下一项

或全部规定：

(a)禁止或中止属于调查对象的任何限制性行为或合并；

(b)命令采取行动，如果委员会认为该行动将阻止或中止属于调查对象的任何竞争性行为或合并；且直至调查结果作出为止。

(2)根据第1款的规定，应在政府公报上以及在委员会认为适合的调查所覆盖的地区内所发行的报纸上发布一项通知。

(3)根据第1款的规定，通知应持续生效：

(a)直到委员会调查相关事宜结束的时候；或

(b)自该通知在政府公报发布的之日起在6个月内；上述期间以短者为准。

(4)委员会可以根据第1款的规定在任何时间修改或撤销一项通知，但该修改不得将通知的有效性延长至超过第3款规定的期限。

(5)根据第1款的规定，如果委员会认为作出通告或接受陈述将不适当地延迟该通知的公布或使其目的落空，其在公布通知、修改或撤销任何该通知前，无须作出通告或听取任何人的陈述。

(6)委员会应下列人员的请求应立即提供一份书面陈述来对根据第1款的规定已经公布的通知的理由作出解释：

(a)与该通知有关的限制性行为或合并的任何一方当事人；

(b)要求获得针对通知引起的其他法律诉讼或任何司法审查而作出的陈述的其他人。

(7)负有第1款规定的通知义务的人违反或未履行该义务的，构成犯罪并应处不超过10 000美元的罚款或不超过1年的监禁，或同时处以该项罚款和监禁。

(8)第33条准用于根据本条款所公布的通知的民事执行，该通知此时即视为一项命令。

30.［委员会和解］

(1)无论委员会是否已经开始针对相关限制性行为、合并或垄断地位进行调查，如果委员会认为该项协议可达到以下效果的，其可为了达成一项和解协议在任何时间与任何人进行协商：

(a)保证任何已经存在限制性行为不再继续或将要产生的限制性行为不再发生；

(b)终止、阻止或变更任何已经存在或将要产生的合并或垄断地位。

(2)委员会根据第1款规定协商达成和解协议的，可将此和解协议并入命令中。

31.［委员会作出的指令］

(1)对于第32条中涉及的事宜，如果委员会确认任何已经存在或可能将要产生的限制性行为已经或将与公共利益相悖，委员会可以针对该限制性行为作出下列任何一个或多个命令：

(a)阻止指令中提及的任何人或任何团体从事限制性行为，或从事指令中规定的、委员会认为的在形式上和效果上都与限制性行为相似的其他任何行为；

(b)要求限制性行为的当事人完全或按照命令中明确的范围和时间中止该限制性行为；

(c)要求在命令中提及的任何人或任何团体公开价格单，或另外进行价格通告，并可自行决定是否提供命令中规定的更详尽的信息；

(d)对在指令中被列出名字的任何人因商品或服务而收取的价格进行管制。除非此人所收取的价格成为维持该指令中涉及的限制性行为的至关重要的因素，委员会应作出此种指令；

(e)阻止在命令中提及的任何人或任何团体向供应商品或服务的人通告由其推荐或建议的合理索取价格；

(f)总体上，当委员会认为制定该条款是相当必要时，可以终止限制性行为或减轻其影响。

(2)在考虑第32条涉及的事宜时，委员会确信任何实际中或所议的合并或垄断地位已经或

将要与公共利益相悖的,委员会可以针对该合并或垄断地位作出下列任何一个或多个命令:

(a)除命令所确定的范围和情况外,宣布作出或执行命令中明确的任何协议或安排,以及委员会认为将导致或维持合并或垄断地位的行为为违法行为;

(b)在出现垄断时,要求对相关商业或经济活动施加控制的任何人采取命令中规定的措施,并在命令中规定的时间内终止垄断地位;

(c)如果委员会认为收购会导致合并或垄断地位的产生,则应阻止或限制指令中提及的主体实施的对于企业和财产的全部或部分收购,或阻止或限制由该主体作出将要或可能导致的该项收购;

(d)当委员会确信该主体与合并或垄断地位相关或是其一方当事人时,要求任何人采取措施保证任何法人或非法人组织的解散,或任何社团的终止;

(e)如果合并已经发生或垄断地位已经存在,则要求在指令中规定的任何一方当事人遵守指令中关于其开展业务方式的禁止性规定和限制性规定;

(f)总体上,委员会认为制定该条款是相当必要的,根据具体情况可以终止或阻止合并或垄断地位,或减轻其影响。

(3)尽管其他法律有规定,未违反第2款的一般性原则,则针对一项合并或垄断地位而作出的指令中可包含以下事项:

(a)财产、权利、责任或义务的转移或赋予;

(b)通过对任何责任或义务的免除、减轻或以其他的途径来对合同进行修正;

(c)任何股份、股票或有价证券的产生、分配、放弃或撤销;

(d)任何企业的成立与终止、组织大纲、公司章程或规制企业经营的任何其他法律文件的修改。

(4)指令应以书面形式作出并送达指令中提及的主体。但是,如果该指令适用于大多数主体,或无法向其应适用的每个主体进行送达的,委员会应将此命令在政府公报上进行公布,并且以委员会认为足以引起其所适用的主体注意的方式进行公布。

(5)依据本条款,在作出命令前,委员会应保证每个因此受到影响的主体被告知该指令的主要内容,而且保证其有足够的机会就此事作出陈述。但是,如果所议的指令将适用于大多数主体,或委员会认为无法向其应适用的每个主体进行通知的,委员会应将所议指令的主要内容在政府公报上进行公布,并且以委员会认为足以引起其所适用的主体注意的方式进行公布。

(6)委员会可以在任何时间修改或撤销指令,本条款应准用于修改后的任何指令。

32.[委员会作出指令时需考虑的因素]

(1)依据第31条,在决定某限制性行为、合并或垄断地位是否已经或将要与公共利益相悖时,委员会应考虑与此相关的所有事项,和以下预期:

(a)在津巴布韦生产或销售商品或提供服务的人们之间维持并促进有效竞争;

(b)促进在津巴布韦的消费者、购买者以及商品或服务的其他使用者的,与商品或服务的价格、质量与种类有关的利益;

(c)通过竞争,促进成本的降低、新技术和新商品的开发,以及便于新竞争者进入现有市场。

(2)根据第31条,如果限制性行为是由一个对与该行为有关的商品或市场有实质性市场控制力的人实施的,委员会应将限制性行为视为与公共利益相悖,除非委员会确信以下一种或多种情况发生:

(a)考虑到该限制性行为所适用的商品或服务的特征,它对于保护该商品的消费者或服务

的使用者,或一般公众的利益免于受损是相当必要的;

(b)无论是因为该限制性行为本身还是因为导致该行为的任何安排或操作,终止该行为是对它所适用的商品或服务的消费者或使用者的否定,也是对这些人所享有的或很可能享有的其他特殊的、实质性的利益和优势的否定;

(c)终止该限制性行为将很可能在与该行为有关的商业、贸易或工业的绝大部分领域中,对失业的正常水平产生严重而持续的负面影响;

(d)终止该限制性行为将很有可能导致津巴布韦出口商业和贸易的销售量和收入的锐减;

(e)该限制性行为的作出是出于维持一种被授权的行为或委员会认为的不与公共利益相悖的任何其他限制性行为的合理要求;

(f)该限制性行为并未直接或间接,实质性的限制或阻碍了任何商业,贸易或工业领域里的竞争,并且不存在该可能。

(3)一个被认定为违法贸易行为的限制性行为,依据第31条,应视作绝对的与公共利益相悖。

(4)根据第31条,如果一项合并符合以下规定,则委员会应将其视为与公共利益相悖:

(a)已经或很可能实质上降低了整个津巴布韦或其主要地区的竞争程度;

(b)已经导致了或很可能导致垄断地位的出现,这已经或将要与公共利益相悖。

(5)依据第31条,委员会应将垄断地位视为与公共利益相悖,但下列情形除外:

(a)通过规模经济或由于其他原因,垄断地位的存在已经或可能使在任何商业、贸易或工业领域内的资源利用更为有效;

(b)考虑到生产、提供和销售产品或提供服务中的必要资源,以及国内该商品或服务的市场规模,该垄断地位已经或可能成为津巴布韦该商品生产、供应或销售,以及服务的提供中必不可少的;

(c)无论是由于垄断地位本身还是导致其产生的任何安排或操作,中止或阻止该垄断地位是对任何商品或服务的消费者或使用者的否定,也是对这些人所享有的或很可能享有的其他特殊的、实质性的利益和优势的否定;

(d)该垄断地位已经或可能对于在促使其双方当事人能够就一项商品或服务的销售而进行的公平条款的协商是必不可少的。而该商品或服务是:

(i)由能够对该产品或服务实施完全的或实质性的市场控制力的人提供的,并且此人并非为垄断地位的一方当事人;

(ii)提供给能够对该产品或服务实施完全的或实质性的市场控制力的人,并且此人并非为垄断地位的一方当事人。

(e)终止或阻止该垄断地位将很可能在与之有关的商业、贸易或工业的大部分领域中,产生严重而持续的负面影响,出现总体水平上的失业;

(f)终止或阻止该垄断地位将很有可能导致津巴布韦出口商业和贸易的销售量和收入的锐减。

33.[指令的执行]

(1)如果指令的作出是为了支持委员会或任何主体及其利益,委员会或该主体可以将已经由主任或由主任授权的其他人确认的该指令的副本提交给下列人员:

(a)高等法院的书记员;

(b)视为有作出该指令管辖权的地方法院的职员;

该书记员或该职员应视具体情况,将该指令备案,作为高等法院或地方法院的判决。

(2)在执行上,本条第1款中所提交备案的指令,视具体情况应具有高等法院或相关地方法院的民事判决的效力。

(3)如果按照本条第1款中已经提交备案的指令:

(a)在高等法院的复审中或在行政法院的上诉中,被变更或被撤销;

(b)根据第31条第6款被委员会修改或撤销;

高等法院的书记员或相关地方法院的职员应视情况在其备案中作出适当的修改。

(4)其他条款中,当指令含有一条款,该条款是为支持或帮助特殊主体,则该指令中的该项条款可以根据本条第1款的规定被完整地保存或进行备案。可视其为完整指令,并可执行。

(5)委员会认为有必要明确已经被执行或正在被执行的指令的适用范围时,无论该指令是否已经依本条第1款的规定备案,委员会都可进行调查,同时委员会认为必要时可针对原指令中的限制性行为、合并或垄断地位作出进一步指令。

(6)第28~32条以及本条的第1款和第4款,准用于任何已经执行的调查以及根据本条第5款作出的指令。

(7)在不违反本条第1款至第6款的前提下,任何主体违反或没有遵守其应遵守的命令,都应被认定为犯罪并处以不超过两万美元的罚金或不超过两年的监禁,或同时处以该项罚金和监禁。

34.[所议合并的申报]

(1)如果委员会认为合并的实施可能实质性减少委内瑞拉全国或国内任何地区的竞争,其可以在政府公报上公布一项通知,要求该合并的当事人在决定合并以前获得委员会的批准。

(2)第1款中的通知所指定的该类合并的当事人,应:

(a)在决定合并以前,以书面的形式告知委员会其欲完成该合并的意图;

(b)向委员会提交规定的或委员会合理要求的,有关所议合并的信息。

(3)委员会收到第2款中提及的合并通知后应立即:

(a)对其认为依第28条的规定应当进行调查的合并展开调查,同时,在其认为必要时,根据第31条的规定,在适当情况下对所议合并作出指令。但委员会不必根据第28条第2款的规定发布其进行调查的意图的通知。

(b)如果认为该项所议合并无需依照第28条进行调查,则向当事人发送一份书面通知,批准该项合并。

第五章 限制性行为、合并以及其他行为的批准

35.[向委员会提出批准申请]

(1)任何人计划:

(a)达成、执行或实施任何协议或安排;

(b)从事任何做法或行为;其认为该做法或行为可能被禁止、限制或受本法的其他影响;

可以向委员会申请批准该协议、安排、做法或行为。

(2)第1款中规定的申请应依所规定的形式和方式作出,并应缴纳所规定的费用(如果存在),及规定的或委员会可合理要求提供的信息和详细内容。

(3)任何人在第1款规定的申请中,或以申请为目的,明知陈述不真实或是足以产生误解的,

或无充分理由认为该陈述为真实而作出该项陈述的，是犯罪行为，处不超过 1000 美元的罚金或不超过 1 年的监禁，或同时处以该项罚金和监禁。

36.［批准的授予或拒绝］

(1)根据第 35 条的规定，委员会在收到申请后，应在政府公报或其认为合适的报纸上公布通知：

(a)说明申请人所请求的批准的性质；

(b)要求欲实施上述行为的利害关系人向委员会提交有关申请人寻求的批准的书面陈述。但申请者已经向委员会提出所议合并批准的，如果委员会认为该通知的公布可能有损于合并当事人且不可能作出陈述或提供信息来实际帮助委员会针对该申请作出决定，则委员会无需公布通知。

(2)委员会认为必要时可对第 35 条规定的申请作出调查，并在对收到的依本条第 1 款的规定公布的相关通知要求提交的陈述进行考虑后，应：

(a)在委员会认为该相关协议、安排、做法或行为不与公共利益相悖时，依据其认为合适的条款或条件批准申请人的该项请求；

(b)在委员会认为不符合(a)项规定时，拒绝批准申请人的该项请求。

(3)委员会应按照第 32 条的规定来确定协议、安排、做法或行为是否与公共利益相悖。

(4)委员会在进行本条第 2 款中规定的调查时，可以行使第 28 条授予的任何权力，同时应遵守第 28 条第 4 款的规定。

(5)应尽快作出本条第 2 款规定的调查和决定。

37.［批准产生的影响］

当依据第 36 条作出的批准发生效力时，根据该法案被授予该批准的人可以：

(a)签署、履行与该批准相关的协议或安排，或作出对其产生影响的其他行为；

(b)从事与该批准相关的做法或行为；或根据具体情况作出的其他行为。

38.［批准的修改或撤销］

(1)委员会认为有下列情形时，可根据本条规定，对依第 36 条授予的批准进行修改或撤销：

(a)批准被错误地授予或批准是根据错误的或引人误解的信息作出的；

(b)授予批准时所依据的条款或条件已被违反的；

(c)自批准被授予后，情况已经发生了重大改变，而导致被批准的协议、安排、做法或行为与公共利益相悖的。

(2)在依据本条第 1 款修改或撤销一项批准前，委员会：

(a)应以书面形式告知被授予批准的主体有关修改或撤销该项批准的提案，并应提供合理的机会使其可对该提案作出相关陈述；

(b)可以对该项被提议的修改或撤销作出询问，委员会可以行使第 28、29 条赋予它的任何权力，并应遵守第 28 条第 4 款的规定。

(3)委员会应按第 32 条的规定，依据本条第 1 款(c)项的规定来认定协议、安排、做法或行为是否与公共利益相悖。

39.［批准的登记］

(1)委员会应保存一份登记，对可以由其记录或其认为合适的细节作出记录：

(a)与第 35 条规定的批准相对应的申请；

(b)根据第 36 条和因此附属的任何条款和条件而授予的批准；

(c)根据第 36 条拒绝授予批准的;

(d)根据第 38 条对于批准作出的修改或撤销。

(2)第 1 款中所保存的登记,只要交付了所规定的费用(如果有),则应在委员会正常工作时间内于委员会办公室向公众公开,以便查询。

第六章 上 诉

40.[向行政法庭上诉的权利]

(1)根据第四章或第五章的规定,因委员会的决定而使权利受到损害的任何主体均可向行政法院提出上诉。

(2)第 1 款中提到的上诉应在 1979 年《行政法院法》(1979 年第 39 号法律)中所规定的时间内,以其规定的方式和途径提起。

41.[行政法院的组成]

(1)以本法为审理上诉案件依据的,行政法庭应由一位行政法院庭长和由该庭长从第 2 款中的人员名单中任命的两名法庭顾问组成。

(2)行政法庭的庭长经首席法官和部长的批准,应草拟一份不少于 10 人的名单,其应包括在商业、工业、农业或行政方面富有能力和经验,或具有专业资格并适于担任法庭职务,但不从事公共事业的人。

第七章 概 要

42.[不正当贸易行为]

(1)本法附录一中规定的作为或不作为属于不正当贸易行为。

(2)依委员会的推荐,部长可根据法定文件并通过以下方式修改附录一:

(a)如果一企业已经从事了该行为,且部长确信该相关限制性行为是不正当的或是欺骗性的,并是与公共利益相悖的,部长可增加任何限制性行为;

(b)变更其中的任一条款;

(c)删除其中的任一条款。但是该修改不会对修改生效以前的作为或不作为行为的刑事判决产生任何影响。

(3)任何参与、从事或实施产生不正当交易行为效果的其他行为的人应被认定为犯罪并处以:

(a)对自然人处以不超过 5 万美元的罚金或不超过 2 年的监禁,或同时处以该项罚金或监禁;

(b)在其他的情况下处以不超过 15 万美元的罚金。

43.[无法律效力的特定行为]

任何协议、安排、承诺、作为或不作为:

(a)构成不正当交易行为或助长了不正当交易行为的;

(b)违反本法或依本法作出的任一指令或通知的;

根据具体情况,自有关行为构成不正当贸易行为之日起,或该有关命令或通知被作出或发布之日起无效。

44.[受害人的起诉权]

(1)第 43 条规定的,任何因协议、安排、承诺、作为或不作为而遭受伤害、损失或危害的任何主体可以向有管辖权的法院提出诉讼,并要求该协议、安排、承诺、作为或不作为的责任人予以赔偿。

(2)第1款不应根据其他法律而限制任何主体的赔偿金额,该赔偿是指针对已经或可能由于第43条涉及的任一协议、安排、承诺、作为或不作为而发生的伤害,损失或危害而作出的。

45.[委员会可以要求返还]

(1)根据第3款,为了调查和查明限制性行为和垄断地位,委员会可以向从事任何商业或工业的任何人送达一份书面通知,并要求其在合理的时间内或委员会在通知中明确规定的合理时间段内,向委员会提供有关其业务或运营的信息,包括:

(a)在任何时间与任何其他的人达成的,或可能已经参与的商业协议;

(b)其或其业务或产业在任何时间已经成为任一安排或协同一致行为的一方当事人;

(c)其或其业务或产业在任何时间已经获得了其他的行业、企业或财产上的利益。

(2)依据第1款的规定,当被要求向委员会提供信息时,任何主体:

(a)未能或拒绝按此行事;

(b)向委员会提供其明知是错误的信息或无合理理由足以相信是真实的信息;

应被认定为犯罪并处以不超过5000美元的罚金或不超过6个月的监禁,或同时处以该项罚金和监禁。

(3)本条不应解释为要求任何主体在向法院提供证据时须对其不必揭露的信息进行披露。

46.[调查员]

(1)委员会依本法可以:

(a)指派其任一雇员;

(b)经公用事业委员会批准,指派该公共服务机构的任一成员;

作为一名调查员。

(2)调查员应依本法,根据委员会或主任的指示,履行其职能。

(3)委员会应向每个调查员颁发一份任命证书。应利益相关者的要求,调查员在依本法履行任何职能之前应出示此证书。

47.[进入以及调查的权力]

(1)根据本条第2款,一名调查员可以在任何合理时间:

(a)进入有关被合理怀疑存在与任何限制性行为或不正当贸易行为或任何实际的或潜在的合并或垄断地位有关的任何账簿、记录或文件的场所。

(b)要求场所内的任何人:

(i)披露由他掌握的所有信息;

(ii)出示任何账簿,报告或文件或其副本或其中的摘录;

(c)制作(b)项中提及的任何账簿,报告或文件的副本或摘录。

(2)除非经该场所的所有者或负责人同意,或有合理理由相信是为了预防、调查或查明第45条第2款所指的犯罪之外的犯罪,或是为了获得有关该犯罪的证据,有必要行使该权利的,不得行使本条第1款赋予的进入和调查权。

(3)任何人,在没有合法的理由前提下:

(a)阻止或妨碍调查员行使本条第1款中的任何权力;

(b)没有遵守或拒绝遵守本条第1款中调查员的任何要求;

(c)没有根据本条第1款的规定对任何信息进行披露,未能或拒绝按此行事,或提供了虚假

信息,或他有合理理由不相信该信息是真实的;

构成犯罪并应处以不超过 5000 美元的罚金或不超过 6 个月的监禁,或同时处以该项罚金和监禁。

48. [秘密的保守]

(1)主任和委员会的每个成员,以及每个调查员和依本法被指派的或被雇佣的其他人,不得向任何人披露任何其在履行其职责过程中获得的有关任何主体、企业或行业的财政或商务的任何信息。

(2)任何人违反了第 1 款,应被认定为犯罪并处以不超过 10 000 美元的罚金或不超过 1 年的监禁,或同时处以该项罚金和监禁。

49. [成为证据的主任证书]

(1)依第 33 条规定,除有相反证明,作为指令副本并经主任批准的文件,应被推定为列举了有关指令的条款并经由主任正式批准,并作为裁决备案。

(2)在任何法院的任何诉讼中,具有以下内容的文件由主任签署,经出示应被确认为其所含内容的表面证据:

(a)列举出委员会的任何指令、通知、安排、授权或决议;

(b)说明任何批准是否已经由委员会授予、修改或撤销。

50. [规章]

(1)经与委员会进行磋商后,部长可以以规章的形式规定任何本法要求的或本法许可被规定的事项,或其认为对于本法的执行是必要的或便利的任何事项。

(2)根据第 1 款的规定而作出的规章可以规定:

(a)委员会实施调查的程序;

(b)依本法作出的或发布的通知、指令、申请和批准的形式;

(c)根据本法提供信息、授权批准或作出其他事项的费用及征收。

附录一(《津巴布韦竞争法》第 2 条和第 42 条)不正当贸易行为

1. [解释]

在本附录中:

“公司集团”是指 2 个或 2 个以上公司:

(a)有《公司法》[第一百九十章]规定的控股公司和子公司之间的相互关系,或控股公司与其全资子公司之间的相互关系;

(b)由作为股东、董事或其他相同的一人或多人实质性控制;

与广告有关的“公布”指以何种方式使公众或公众的任何一部分知悉该广告;

与广告有关的“发布人”是指发布广告的人和使广告发布的人或代表其发布广告的人。

2. [引人误解的广告]

(1)以任一贸易或商业为目的,或在此过程中,公布一项广告:

(a)包括一项陈述,发行人实际上知道或应知道该项陈述是虚假的或是使人误导的;

(b)包括一项对于任何商品的性能、功效或寿命的说明、担保或保证,而该发布人知道或应当知道该说明、担保或保证并非建立在充分的或适当的测试的基础上;

(c)包括对于已经成为或将成为具有特别种类、标准、质量或数量的服务的一项说明、担保或保证,或由任何特殊人或由从事特定贸易并具有资格或技术的人提供的说明、担保或保证,而该发行人知道或应知道该说明、担保或保证是不真实的。

(2)根据第1款,在以销售为目的提供或展示的商品中所表述或附带的,或在该商品的包装纸或容器上表述的一项陈述、说明、担保或保证,应被认为是广告。

3.[虚假报价]

对任何商品或服务的销售做广告,是按照以下价格:

(a)在广告中所表述的便宜的价格;

(b)在广告中所表述的导致了阅读、听到或看到该广告的人合理相信了它是一个便宜的价格;

如果该商品或服务的经销商并不想以这种价格销售,或没有合理理由相信他能够在一段时间内做到这一点,考虑到质量问题,应合理的考察相关商品或服务的特征以及经销商企业的特征与规模。

4.[以高于广告公布的价格销售商品或服务]

(1)已经以一个特定的价格对任何商品或服务的销售作出广告,在特定时间以及此广告所涉及的市场内,以高于广告的价格销售。

(2)第1款不适用于下列情况:

(a)该广告明确指出该商品或服务的价格是错误的,或可未经通知作出变更;

(b)另一个广告在该广告之后立即纠正了在第一个广告中提及的价格。

(3)根据第1款,广告涉及的市场是该广告被合理期望达到的市场,除非该广告将市场界定为一个特定区域、贮备、销路或其他。

5.[不正当拒绝销售商品或服务]

(1)不销售或拒绝向他人销售商品,除非该人:

(a)引起或限制了销售或使用由其他人生产的商品;

(b)限制销售由其他人生产的商品;

(c)以某一特定的价格或不低于特定的最低价格销售该商品。

(2)在通常的销售条件下,未能或拒绝按通常销售条件向他人销售商品或服务,原因是或其认为是该人或与其有关的人:

(a)向委员会或分会或调查员提供了他依本法被要求提供的任何信息;

(b)在根据本法进行的调查中向委员会提供了证据;

(c)向法院提供了有关限制性行为、合并、垄断地位或不正当贸易行为的证据。

6.[串通投标]

(1)只要是与另一个人达成或实施一项协议、安排或协同一致的行为,无论可执行与否:

(a)为了响应投标或招标的号召与要求,该项协议、安排或协同一致的行为的任意一方当事人承诺不进行投标或招标;

(b)为了响应投标或招标的号召与要求,该项协议、安排或协同一致的行为的当某些或所有当事人进行了投标或招标,且该投标或招标已经在他们之间达成协议。

(2)第1款不应适用于同一公司集团内部独立公司之间的协议、安排或协同一致的行为。

7.[竞争者之间的共谋性安排]

(1)作为任何种类商品或服务的生产商或经销商,与生产或销售相同或相似种类商品或服务的其他人达成或实施下列协议、安排或协同一致的行为,无论可执行与否:

(a)以一特定的价格或在一特定的价格范围之内销售该商品或服务;
(b)依据地理区域、消费者种类或其他方式划分该商品或服务的市场;
(c)通过数量或质量来限制商品或服务的生产或销售。
(2)第 1 款不应适用于以下协议、安排或协同一致的行为:
(a)同一公司集团内部不同公司之间;
(b)仅是善意的要提高该商品或服务的生产或销售的质量或服务标准。

附录二(《津巴布韦竞争法》第 5 条)

[委员会的权力]

1. 为便于实施其职能,在必要和方便的限度内,可取得房屋并以购买、交换、租赁或其他方式取得不动产,及该财产上的利益和权利。

2. 可通过购买、交换、租赁或其他方式取得动产。

3. 可维护、变更以及改良其财产中的任何一部分。

4. 可抵押或质押其财产中的任何一部分,以及经部长的批准,变卖、交换、出租、处分、利用或以其他的方式处理任何委员会认为的履行其职能所不需要的财产。

5. 可拟订、制作、接受、背书、贴现、履行以及印发本票、汇票、提单、有价证券和可流通或可转让的法律文件。

6. 对可能发生的损失、损害、风险和债务予以保险。

7. 订立合同,以及签订保证书或作出担保,以及修改或撤销上述合同或撤销该保证书或担保。

8. 经部长以及财政部长批准,设立和管理基金和存款。

9. 以委员会认为合适的条件,雇佣履行委员会职责和处理委员会事务的人员,并有权终止或解雇上述雇员。

10. 经部长以及财政部长的批准,支付薪酬和津贴以及准许休假,并发放奖品、奖金和类似的奖励给得到委员会认可的雇员。

11. 向退休、辞职、被解雇或其他终止服务的雇员或患病或受伤的雇员和他们供养的人提供金钱帮助,并为此目的实施保险政策、设立养老金或准备基金,或采取此类必要措施,保证雇员及其供养的人的本条涉及的部分或全部金钱上的利益。

12. 经部长批准,为其雇员的使用或占有,以购买、交换、租赁或其他方式取得土地或房屋。

13. 为了雇员的使用或占有,在其已购买、交换、租赁或其他方式取得的土地上建造房屋及进行其他改良。

14. 为了实现其雇员的居住的目的向其雇员销售或出租土地或房屋。

15. 经部长批准,对其雇员或雇员的配偶为以下目的进行贷款或提供贷款担保:

因居住目的而购买房屋或土地;

建造或改良作为其雇员或该雇员配偶的财产的土地上的房屋。

16. 委员会认为必要时,可以保证金的形式为第 15 条规定的贷款提供担保。

17. 努力提高雇员的技术知识或能力,并通过向其他人提供培训、教育和研究的便利实现上述目的。

18. 总体上,实施便于履行本法及其他法律规定下的委员会的职能的事项,及属于履行职能所附带要求的或有益的事项。

【第三编　转型国家篇】

爱沙尼亚竞争法(2001 年)

第一章　总　　则

第一条　[本法的适用范围]

(一)本法旨在保护从事自然资源开发、商品制造、服务提供及产品和服务(以下简称为商品)购销的自由企业之间利益的竞争,阻止和消除在其他经济活动中排除、约束或限制(以下简称限制)竞争的行为。

(二)在爱沙尼亚境外实施的旨在限制竞争的作为或不作为,如在爱沙尼亚境内产生了限制竞争效果的,本法亦应适用。

(三)本法不适用劳动力市场中的关系。

第二条　[企业]

(一)本法中的企业指公司、独资企业、任何参与经济活动或专业活动的个人、非法人社团或代表企业利益的代理人。

(二)关于企业的条款适用于执行公法职能的个人以及参与商品市场活动的国家和地方政府。但本法第九章的规定不适用爱沙尼亚国家政府、地方政府和爱沙尼亚中央银行。

(三)根据本法,在同一商品市场上运营的并且隶属于同一集团公司的企业,或者彼此间有控制关系的企业,如果它们之间不存在竞争,则可以认为是一个企业。

(四)控制关系是指一个企业、几个企业的联合或一个自然人,通过购买股票或基于合同、交易或社团章程,或者通过其他方式,对另一家企业施加直接的或间接的影响,这种影响可能包含下列的某项权利:

1. 被控制企业管理机构的组成人员、运营方式或决策机制施加重大影响;
2. 使用或处置被控制企业的全部或重要资产。

第三条　[产品市场]

(一)产品市场是指购买者根据价格、质量、技术特性、销售或使用条件、消费量或其他流通中的特性,认为产品在全部或部分爱沙尼亚领土中是可互换或可替代的(以下简称可替代的)区域。

(二)界定产品市场时,替代性产品的营业额应当以货币的形式评估。如果这样不可能或不可行,则在参考其他比较性指标的基础上,企业参与产品市场的市场规模和市场份额可以用于评估。

第二章　禁止企业联合的协议、协同行为和决定

第四条　[禁止企业联合的限制竞争协议、协同行为和决定]

(一)禁止下列旨在或结果将导致限制竞争的企业间协议、协同行为和企业联合作出的决定

(以下简称为协议、行为和决定),其中包括:

1. 直接或间接地规定固定价格或其他交易条件,包括适用于第三方的产品价格、价目表、费用、涨价幅度、折扣、回扣、基本费用、奖金、附加费用、利息率、租赁或租借报酬;

2. 限制生产、服务、商品市场、技术进步或投资;

3. 分割商品市场或供应来源,包括限制第三方进入商品市场,或试图将第三方排挤出市场;

4. 交换限制竞争的信息;

5. 协定对同样的协议适用不同的条件,从而将其他贸易方置于不利的竞争地位;

6. 要求交易对方承担与协议无关的附加性义务,作为企业接受协议的条件。

(二)本条第 1 款的第 2 ~6 项不适用于农业生产者之间达成的,有关农产品的生产或销售及共同设备使用的协议、行为或农业生产者协会对此作出的决定。但上述协议、行为或决定实质性限制竞争的除外。

第五条 [非重要的协议、行为或决定]

(一)本法第 4 条第 1 款的第 2 ~6 项不适用于非重要的协议、行为或决定。

(二)如果加入协议、参与协同行为或采用相关决定的企业合计营业额所占的市场份额不超过整个市场份额的如下限制,则视为非重要的联合协议、行为或决定:

1. 在纵向协议、行为或决定的情况下,不超过整个市场份额的 10%;

2. 在横向协议、行为或决定的情况下,不超过整个市场份额的 5%;

3. 在同时包括纵向和横向特征的混合协议、行为或决定的情况下,不超过整个市场份额的 5%。

(三)企业经营处于产品或销售链的不同环节(比如原料生产和成品生产,或者销售商和批发商)的,企业协议、协同行为或企业联合作出的决定为纵向。作为竞争者企业的经营处于产品或销售链的同一环节的,企业协议、协同行为或企业联合作出的决定为横向。

(四)在协议、行动或决定有效的整个期间内,本条第 2 款规定的条件均得以满足,则协议、行动或决定视为非重要。

第六条 [豁免]

(一)豁免是指经企业的申请,竞争委员会主任或其代理人授权该企业可以订立本法第 4 条所述的协议、从事协同行为或采纳决定。

(二)协议、行为或决定满足下列条件的,给予本条第 1 款规定的授权许可:

1. 协同协议、行为或决定旨在提高商品生产或销售,促进技术或经济进步,或者致力于环境保护,同时又能使消费者公平分享此种利益结果;

2. 并未给订立协议、从事协同行为或采纳决定的企业造成限制,该限制并非是本条第 1 款目的实现的必要条件;

3. 不会使得订立协议、从事协同行为或采纳决定的企业在产品市场中一定的实质部分产生消除竞争的可能性。

(三)为了获得本条第 1 款的授权许可,必须满足第 2 款的所有条件。

第七条 [类型豁免]

(一)类型豁免是根据财政部长建议并通过共和国政府规章,许可企业订立符合第 6 条规定条件的限制或可能限制竞争的特定类型协议、从事符合第 6 条规定条件的限制或可能限制竞争的特定类型协同行为、或形成符合第 6 条规定条件的限制或可能限制竞争的特定类型决议。

(二)类型豁免将确立特定期限,并可以规定下列内容:

1. 适用类型豁免的协议、行为或决定的种类的名称；

2. 不能包含于类型豁免协议、行为或决定的限制或条件；

3. 必须包含于类型豁免协议、行为或决定的条件，以及可以包含于此类协同协议、行为或决定的限制或条件；

4. 此类协议、行为或决定必须遵循的其他条件。

（三）根据本条第 1 款确立的类型豁免不适用于下列情形：

1. 占支配地位的企业；

2. 受协同协议、行为或决定影响的商品市场中实质上不存在竞争。

第八条 ［协议或决定的无效］

任何协议或决定如果其目的或效果符合本法第 4 条的规定，而不符合本法第 6 条或第 7 条规定的授权许可条件，该协议、决定或其中部分内容无效，但该协议或决定符合本法第 5 条规定的除外。

第三章　准予豁免的程序

第九条 ［递交豁免申请］

（一）为获得本法第 6 条规定的豁免，必须在订立该相关协议、从事协同行为或形成相关决议前，向竞争委员会提交豁免申请。订立相关协议或采用决定需要得到授权豁免的，可以在订立或采用后 6 个月内提交豁免申请，在获得授权豁免之前，该协议或决定中限制竞争的内容无效。

（二）不违反本法规定的协议、协同行为、决议或加入协议、开始协同行为和形成决议的其他行为，如果其后出现了违反本法规定的情形，应当在预期该情形出现之日起，或者在该情形变得显著之日起 3 个月内提交豁免申请。在得到豁免授权之前，出现违反本法规定的情形之后，该协议、协同行为、决议的全部或部分无效。

（三）豁免申请应当由订立协同协议、参与协同行为或形成决议的所有企业共同提交，或者由其中的一家企业提交。

（四）本条第 3 款规定的主体可以在授权豁免之前的任何时间，通过提交相应的书面申请书，共同或单独撤回豁免申请。撤回申请的主体可以不是申请豁免的主体。

第十条 ［申请豁免的要求］

（一）申请豁免的要求、申请豁免延期的要求以及提交申请的程序，应当由财政部的规章规定。豁免申请人应当根据竞争委员会的要求，提供相关解释，提交审查所需的原始文件或由提交人签字认可的真实复印件或其抄本。

（二）豁免申请中提供的信息或与申请有关的信息不准确、不完整或具有误导性的，竞争委员会应当限定申请人修改疏漏的期限。在消除了文件瑕疵后，竞争委员会应当向申请人寄发相应的收到确认书。本法第 11 条第 2 款和第 3 款规定的期间从确认书发出之日开始起算。

（三）当豁免申请包括的信息发生任何重大变更时，豁免的获利人和申请豁免人应当立即向竞争委员会发出书面通知。

（四）豁免申请人或共谋协议的另一方应当对其视为商业秘密的信息作出告知性说明。

第十一条 ［对豁免申请的处理］

（一）竞争委员会的主任或其代理人应当对豁免申请作出下列裁决之一：

1. 经审查，认为申请豁免的协议、协同行为或决议符合本法第 6 条规定的，则授权许可豁免；

2. 经审查，认定申请豁免的协议、协同行为或决议不符合本法第 6 条规定的，则不予批准豁

免申请;

3. 豁免申请被撤回,或者豁免申请人不能在竞争委员会规定的期限内消除申请文件的瑕疵,或者不能提交委员会要求信息的,则终止对豁免申请的审查程序;

4. 申请豁免的协议、协同行为或决议不符合本法第 4 条的规定,或未按照本法第 5 条的规定申请豁免,或满足关于类型豁免的规定,则终止审查程序,不予豁免许可,并宣布上述协议、协同行为或决定不符合豁免条件;

5. 经审查,无法确定申请豁免的协议、协同行为或决议是否符合本法第 6 条的规定,或委员会主任或其代理人认为有必要获取额外信息或启动辅助性审查以便作出裁决时,应当启动辅助性审查程序。

(二)竞争委员会主任或其代理人应当在收到所有信息后的两个月内作出本条第 1 款第 1 ~ 4 项规定的裁决之一。

(三)竞争委员会主任或其代理人根据本条第 1 款第 5 项的规定,决定启动辅助性审查程序的,应当以书面形式通知豁免申请人,并且在收到所有信息后的 2 个月内作出本条第 1 款第 1 ~ 3 项规定的裁决之一。

(四)经豁免申请人书面同意,竞争委员会可延长本条第 2 款和第 3 款规定的期限。

第十二条 [授予豁免的裁决]

(一)根据本法第 11 条第 1 款和本条第 5 款规定作出的裁决应当使用书面形式,并且写明裁决的理由。

(二)授予豁免的裁决可以包括订立协议、协同行为或形成决议的企业所适用的条件或义务。

(三)竞争委员会主任或其代理人可以授予最高期限为 5 年的豁免权。豁免权到期时,其期限可以通过授予豁免的裁决进行延展。

(四)根据本法第 10 条第 1 款的规定,延展豁免期限的申请应当在原豁免权到期前至少 6 个月内提交给竞争委员会。

(五)竞争情形发生如下变化,竞争委员会主任或其代理人可以根据个案情况撤销授权豁免的裁决或修改原裁决:

1. 作为获得豁免基础的信息或条件发生了实质性改变;

2. 未遵守授予豁免裁决中要求的条件或义务;

3. 授予的豁免是基于不完整或不正确的信息,以及授予豁免的协议、协同行为或决议不符合本法第 6 条规定的条件。

(六)竞争委员会在官方正式出版物《官方通告》上,应当将依据本法第 11 条第 1 款第 1 项和第 11 条第 3 款以及本条第 5 款的规定所作出的裁决以公告形式予以公开。

第四章 占支配地位的企业

第十三条 [占支配地位的企业的定义]

(一)本法中,占支配地位的企业是指占商品市场总营业额至少 40% 的企业,或者企业所享有的地位可以使其在市场中的运作,在相当大程度上独立于竞争者、供应者和购买者。

(二)享有本法第 14 条和第 15 条规定的享有特别性权利或排他性权利或控制基础设施的企业也是占支配地位的企业。

第十四条 [拥有特别性或排他性权利的企业]

（一）本法中，特别性权利或排他性权利是指由国家或地方政府授予给企业的权利，使企业在商品市场相较其他企业享有竞争优势，或使市场上只有其一家企业。

（二）对特别性权利或排他性权利授予的公开竞争应当按共和国政府确立的程序组织实施。授予特别性或排他性权利的国家立法并没有提供授予特别性或排他性权利授予程序的，则授予这些权利的公开竞争应当按共和国政府确立的程序组织实施。

第十五条 ［控制基础设施的企业］

企业拥有、占有或经营他人不能重建网络、基础设施或其他基础性设施，或者重建该网络、基础设施或其他基础性设施在经济上不可行，而不重建则其他企业在商品市场上没有运营的可能性，则该企业被视为控制基础设施或自然垄断的企业。

第十六条 ［滥用市场支配地位］

禁止下列占市场支配地位的任何直接或间接地滥用其在商品市场的支配地位的企业行为：

1. 直接或间接地强加不公平的购买价格、销售价格或其他不公平的交易条件；

2. 限制生产、服务、商品市场、技术进步或投资；

3. 在同等的协议下，对不同的交易方提供或使用不同的协议条款，从而使一些交易方处于不利的竞争地位；

4. 要求交易对方承担与协议无关的附加性义务，以此作为占支配地位的企业接受协议的条件；

5. 强制企业集中、或强制企业参与和另一企业限制竞争的协议、协同行为或决定；

6. 无正当理由地拒绝销售或购买产品；

7. 拥有特别性权利或排他性权利或掌握基础设施的企业没有履行本法第 18 条第 1 款第 1 项规定的义务。

第十七条 ［对有特别性权利、排他性权利或掌握基础设施企业行为的限制］

（一）授予企业特权或专营权的国家机关或地方政府可以为企业设定产品价格、限定其他条件或义务，以使该企业商品的购买者和销售者不会较存在竞争时处于实质上的不利地位。

（二）法律授权的国家机关、共和国政府、或控制基础设施的企业提供的服务限于一个地方政府的地域内时，地方政府可以为企业指定企业的商品价格、加以其他条件或义务的限制，以使该企业商品的购买者和销售者不会较存在竞争时处于实质上的不利地位。

（三）法律和依照法律制定的法律文件未对适用于拥有特别性权利、排他性权利或掌握基础设施企业的价格规制程序作出规定的，则共和国政府可以设立相应的程序。

（四）法律和依照法律制定的法律文件未就适用于拥有特殊权利、排他性权利或掌握基础设施的企业价格规制程序作出规定，且其提供的服务限于地方政府管辖地域内的，或者该程序未扩展适用于这些企业的，则该地方政府可以设立相应的程序。

第十八条 ［拥有特殊权利、排他性权利或掌握基础设施企业的义务］

（一）拥有特殊权利、排他性权利或掌握基础设施的企业应当：

1. 以商品供应或销售的目的，在合理的和非歧视的条件下，允许其他企业进入服务网络、基础设施或其他基础设施领域；

2. 明确区分首要经营活动和次要经营活动的账户（例如企业的生产、运输、市场和其他经营活动），以便保证会计的透明度。

（二）拥有特别性权利、排他性权利或掌握基础设施的企业依据下列客观事由，可以拒绝授权其他企业进入服务网络、基础设施或其他基础设施领域：

1. 关系到威胁服务网络、基础设施或其他基础设施的设备安全,或威胁服务网络、基础设施或其他基础设施的效率和运行安全的;

2. 威胁到服务网络、基础设施或其他基础设施的完整性和协同性的维护;

3. 服务网络、基础设施或其他基础设施的相关设备与现行技术标准或规则不符;

4. 申请准入的企业不具备通过运营服务网络、基础设施或其他基础设施或在其辅助下提供必要程度的安全有效服务所必需的技术、财力和资源;

5. 申请准入的企业不具备法律规定的从事相应经营活动的许可;

6. 获得准入后,法定数据资料保护无法得到保障。

第五章　集中的控制

第十九条　[集中]

(一)下列情形被视为集中:

1. 按照《商法典》的规定,先前相互独立企业的合并;

2. 一家企业获得另一家企业部分或全部的控制权;

3. 两家或多家企业联合以获得第三方企业部分或全部的控制权;

4. 已经控制至少一家企业的自然人获得另一家企业部分或全部的控制权;

5. 已经控制至少一家企业的多个自然人联合以获得另一家企业部分或全部的控制权。

(二)本条第 1 款第 3 项和第 5 项规定的主体,在持续经营和独立经营基础上设立的合资企业,也视为获得本条第 1 款第 3 项和第 5 项规定的控制权。

(三)根据本条第 2 款设立的合资企业,是以协调设立者间竞争行为为目的或效果的,或者该合资企业不以持续经营和独立经营为原则的,对该合资企业应适用本法第 4 条规定。

(四)在本章中,企业的一部分指企业资产或企业组织上独立的一部分,包括构成经营活动的基础并能清晰确定其市场营业额的企业。

(五)本条第 1 款规定的交易是企业集团内部重组行为的,则该交易不视为市场集中。

第二十条　[集中的相关主体]

下列主体是集中的相关主体:

1. 合并的企业;

2. 获得另一家企业全部或部分控制权的自然人或企业;

3. 联合获得第三方企业全部或部分控制权的多个自然人或多家企业;

4. 被控制的企业或企业的一部分。

第二十一条　[对集中的控制的适用]

(一)在上一个财政年度,市场集中的各方主体的全球营业总额超过了 5 亿克鲁恩,并且市场集中中至少两方主体的全球营业总额均分别超过 1 亿克鲁恩,而且合并企业中至少一家企业的经营行为发生在爱沙尼亚或获得控制权的企业或企业的一部分的经营行为发生在爱沙尼亚,则该市场集中行为应受到控制。

(二)信贷机构、金融机构、保险公司或证券经纪人的正常经营活动包括有价证券的自营交易或代理他人交易,其取得企业有价证券是以再转售为目的,只要其不以决定发行该证券的企业的竞争性行为为目的而行使该证券的投票权,其行使投票权仅为销售证券做准备,且该证券的销售于取得之日起 1 年内完成的,则此种市场集中不应当受到管制。

(三)本条第 2 款规定的证券销售不能在 1 年内完成的,则竞争委员会主任或其代理人可以通过审查相关主体提交的合理申请，以裁决的方式延长销售期限。

第二十二条 ［对集中度的评估］

（一）对市场集中的评估应当建立在保持和促进竞争需求的基础上，评估时应当考虑到商品市场的结构和商品市场的实际竞争和潜在竞争，包括：

1. 市场集中各方的市场地位及其经济、融资能力，以及竞争者进入商品市场的机会；
2. 进入商品市场的法律障碍或其他壁垒；
3. 相关商品的供求趋势；
4. 购买者、销售者和最终消费者的利益。

（二）市场集中可能造成或加强市场支配地位，从而使商品市场的竞争将大大受到限制的，则竞争委员会主任或其代理人应当禁止此种市场集中。

第二十三条 ［市场集中各方的营业额］

（一）市场集中一方的营业额由其在集中前的财政年度里销售商品或提供服务的净营业额组成，计算的方式依《会计法》的规定。

（二）信贷机构或金融机构的营业额由下列扣除增值税和所得税之后的收入项目总额组成：

1. 利息收入和其他类似收入；
2. 来自证券的收益；
3. 来自企业股份的收入；
4. 佣金和服务费；
5. 金融经营的净利润；
6. 其他营业收入。

（三）保险公司的营业额由书面总保险费的价值组成，即由保险公司或代表保险公司所签署的保险合同的已收和应收保险费总数额，包括对外再保险的保险费。

第二十四条 ［营业额的计算］

（一）本法第 21 条第 1 款规定的市场集中一方的营业额应当包括下列企业的营业额：

1. 由市场集中一方控制的企业；
2. 控制市场集中一方的企业；
3. 本条第 2 款规定的企业控制的企业；
4. 本条第 1 ~ 3 款规定的企业共同控制的企业。

（二）企业对其他企业的控制权是通过本法第 19 条第 1 款第 2 ~ 5 项规定的方式取得的，则营业额的计算应当只考虑该企业的营业额和由该企业控制企业的营业额。

（三）企业对其他企业的部分控制权是通过本法第 19 条第 1 款第 2 ~ 5 项规定的方式取得的，则营业额的计算应当只考虑被控企业中与交易相关部分的营业额。

（四）企业的全部或部分控制权是通过 2 次或 2 次以上交易获得的，则计算营业额时应当将之前 2 年内交易中有关部分的所有营业额计算在内。

（五）在之前的两年内，同一家企业取得了爱沙尼亚境内的同一经济部门经营多家企业的控制权，则取得控制权企业的营业额应当包括造成市场集中之前 2 年内被控企业的营业额。

（六）计算营业额的指导方针应当由财政部长以规章的方式规定，该指导方针可以规定处于不同经济部门的市场集中各方营业额的不同计算方法。

第二十五条 ［集中的申报］

（一）在下列情形发生后的一周内，应当向竞争委员会申报由于控制而造成的集中：

1. 加入合并协议;
2. 获得控制权;
3. 获得共同控制权;
4. 宣布证券公开收购。

(二)下列市场集中申请有效:

1. 由本法第 19 条第 1 款第 1 项规定的造成市场集中的各方共同作出的;
2. 由本法第 19 条第 1 款第 2 项规定的获得控制地位的企业作出的;
3. 由本法第 19 条第 1 款第 3 项规定的获得共同控制地位的各方企业共同作出的;
4. 由本法第 19 条第 1 款第 4 项规定的获得控制地位的个人作出的;
5. 由本法第 19 条第 1 款第 5 项规定的获得控制地位的所有个人共同作出的。

(三)信贷机构,证券经纪商和保险公司应当在本条第 1 款规定的期限内或在获得经营活动相关领域的国家监管机构许可后的 1 周内申报集中。

第二十六条 [集中的通知]

(一)关于市场集中的通知应当以书面方式提交给竞争委员会,并提供下列信息:

1. 关于市场集中各方的资料,包括其商业名称、注册代码、合同细节和经营范围;
2. 关于市场集中的描述;
3. 关于上一财政年度市场集中各方营业额的数据资料;
4. 关于本法第 24 条第 1 款第 1 ~ 4 项规定的,企业对集中方集团中的其他企业的控制权或持股权的信息;
5. 关于商品市场的信息,包括市场份额、主要竞争者、竞争者的客户和市场份额以及市场集中各方的客户信息,关于商品市场进出壁垒的信息;
6. 由通知提交人准备的关于商品市场集中效果的描述;
7. 至少一个集中方是其成员的企业协会的信息;
8. 与实行集中直接相关的或必需的对竞争的限制以及申报此种限制的任何理由;
9. 其他与集中有关的任何信息,包括与集中市场直接相关的条件或义务的建议。

(二)下列材料应当作为集中通知的附件:

1. 集中各方在国家注册名录的注册文件副本;
2. 集中生效所依据的文件;
3. 集中各方在集中行为的前一个财政年度的年度报告和年度会计报表;
4. 证明提交人得到了授权的文件;
5. 证明缴纳了国家费用的文件;
6. 集中通知附件所含的文件目录表。

(三)集中通知附带的文件应当使用原件或经公证的复印件。

(四)通知应当包括提交的日期和提交通知者的签字。

(五)市场集中通知的指导方针应当由财政部长以规章的形式作出。

(六)通知不符合本条第 1 ~ 4 款的规定,或者不符合本条第 5 款关于指令的规定,则视为未提交通知。

(七)竞争委员会的主任或其代理人可以确定消除通知中瑕疵的期限。

(八)本条第 1 款或第 2 款规定的所需资料不是审查市场集中的程序所必要的,竞争委员会主任或其代理人可以免除集中的一方提交该资料的义务。

(九)通知中包含商业秘密内容的,集中通知的提交人应当给予指出。集中事实和本条第1款第1项和第4项规定的信息不属于商业秘密。

第二十七条 [集中审查的程序]

(一)自收到提交的市场集中通知30日内,竞争委员会的主任或其代理人应当作出下列决定:

1. 由控制权造成的市场集中未导致本法第22条第2款规定情形的,则裁定授予市场集中许可;

2. 为确定由控制权造成的市场集中是否导致出现本法第22条第2款规定情形的,作出启动附加程序的裁定;

3. 市场集中不属于本法第19条第1款或第2款规定范围的,或者不是由本法第21条规定的控制权造成的,则向市场集中的通知提交人发出一份书面通知。

(二)在附加程序进行过程中,竞争委员会的主任或其代理人应当在4个月内作出下列裁决之一:

1. 授予集中的许可;

2. 禁止集中;

3. 集中方决定放弃集中行为的,则终止程序。

(三)为避免因造成或加强市场支配地位而产生的竞争限制,通过考虑各方的建议,竞争委员会的主任或其代理人可以通过授予市场集中许可的方式,将与集中直接相关的条件和义务施加到集中方身上。

(四)竞争委员会的主任或其代理人没有在规定的期限内作出本条第1款和第2款规定的裁决,则视为许可集中。

(五)在依本条第2款规定作出的裁决生效前,市场集中的各方不得实施任何旨在实施市场集中的行为,也不得实施任何阻碍禁止集中裁决执行的行为。除非按照本条第4款的规定授予集中的许可,否则上述行为在获得许可前均无效。

(六)竞争委员会的主任或其代理人限定了消除集中通知中瑕疵期限的,则本条第1款和第2款规定的期限从消除瑕疵之日起算。

(七)市场集中方没有在竞争委员会主任或其代理人规定的期限内提交必要的资料或材料,则本条第1款和第2款规定的期限在该资料或材料提交前中止。

(八)市场集中各方及其各自的代表有权审查竞争委员会收集的所有关于市场集中的材料,但涉及企业商业秘密的材料或竞争委员会的内部文件除外。

(九)竞争委员会应当将收到市场集中通知的事实,按照本条第1款或第2款规定作出的裁定或按本条第1款第3项发出的书面通知公布在官方刊物《官方通告》上。

(十)在前款规定的收到市场集中通知的事实公布之日起7个自然日内,利益相关第三方有权向竞争委员会提出意见和异议。

第二十八条 [听证]

竞争委员会认为进入审查程序的市场集中涉及本法第22条第2款规定情形的,则委员会应当将此种情况以书面形式通知提交市场集中告知书的人。

如有必要,市场集中方的口头听证可以按竞争委员会主任或其代理人指定的时间和地点举行,并应当在听证日的10个自然日前书面通知听证人。参加听证人员书面提出正当理由要求变更听证日期和地点的,竞争委员会主任或其代理人可以作出变更听证日期和地点的决定。

第二十九条 [市场集中的无效]

(一)在下列情形下,竞争委员会主任或其代理人可以撤销授予市场集中许可的裁定:

1. 市场集中方提交的资料是错误的、误导性的或不完整的,而该资料又是作出裁决的决定性因素;

2. 市场集中的实施违反了本法规定的条款、其他条件或义务,或者违反授予市场集中许可的裁定。

(二)对市场集中许可的撤销未剥夺市场集中方申请新的市场集中许可的权利。

第六章 国家补贴

第三十条 [总则]

(一)国家补贴是由国家或地方政府(以下称为国家补贴授予者)或由政府财力支持,以任何形式直接地或间接地授予企业或某些商品的生产或销售,且扭曲或威胁竞争秩序的优惠。国家补贴可以是财政援助、到期税收的延期支付、债务冲销、以更优惠条件提供的贷款及其他形式的补贴。

(二)下列主体视为国家补贴的授予者:

1. 直接或间接地使用国家或地方政府财政的基金会;

2. 直接或间接地使用国家或地方政府财政的非营利性组织;

3. 直接或间接地使用国家或地方政府财政的公法人;

4. 1/2 以上的股份资本或股票代表的 1/2 以上的投票权是由国家政府、地方政府或其他公法人控制的公司;

5. 与本款第 4 项规定的公司隶属于同一集团的公司。

(三)本法不授予接受国家补贴的权利,但是如遵守本法有关的条款规定,则赋予国家补贴授予者依据本法有关规定授予企业享有国家补贴的权利。

(四)符合本条第 2 款规定的个人行为不视为国家补贴,但该个人的行为是以企业通常的市场经济运行方式所为的除外。

(五)本章的规定不适用于按照欧洲协议第 63 条第 5 款的规定,在欧共体及其成员国作为一方,与爱沙尼亚共和国作为另一方而建立的协会,以国家补贴提供给企业用于商品的生产、加工或销售的行为。对此种国家补贴的授权条件和程序应由单独法案规定。

第三十一条 [授予国家补贴的一般条件和特别条件]

(一)国家补贴与公众利益相一致且符合本法一般规定以及本条第 6 款特别条件要求的,才可以授予国家补贴。

(二)下列类型的国家补贴视为与公众利益相一致:

1. 国家补贴的授予不含有对相关产品来源的歧视,该补贴具有社会属性;

2. 用于补偿自然灾害或其他偶发事件造成的损失的国家补贴。

(三)除本条第 2 款的规定外,下列情形也可以视为与公众利益相一致:

1. 为促进生活水平低下的地区或失业率高的地区的经济发展的国家补贴;

2. 为促进实现欧洲共同利益项目的执行,或者为了补救爱沙尼亚严重经济动乱造成的后果的国家补贴;

3. 为促进某些经济活动或经济区域的发展,并且不会对贸易环境产生不利于公众利益影响的国家补贴;

4. 为促进文化遗产的保护的国家补贴。

(四)授予的国家补贴应当有一定的条件,并且限定在为了实现本条第 2 款和第 3 款规定的目标所必要的程度内。授予的国家补贴不再符合本条第 2 款和第 3 款一般条件的,或不再符合建立在本条第 6 款规定的特别条件的,应当终止授予该国家补贴。

(五)计算国家补贴的总数额时,应当将来源于欧共体或其成员国财政之外的授予一个企业的国家补贴也计算在内,但本法有特殊规定或者符合建立在本条第 6 款规定的特别条件的除外。

(六)共和国政府应当在考虑欧洲协议第 63 条第 2 款的基础上,为各个领域内的行为单独确立授予国家补贴的特别条件和相关概念。

第三十二条 [与出口有关的国家补贴和对替代进口品的补贴]

(一)与出口有关的国家补贴(以下称为出口补贴)和对替代进口品的补贴与公众利益不相一致。

(二)出口补贴指所有直接与出口产品数量、销售网的设立和经营、或任何其他和出口有关的货币支出相关联的补贴形式。

(三)替代进口品补贴指授予用国内产品替代进口产品的企业的补贴形式。

(四)授予企业用于将新产品或现有产品投放新市场而参加的商品交易会、研究或咨询服务的补贴不视为出口补贴。

(五)出口担保和出口信贷不与《欧洲协议》或任何其他国际协议相抵触的,则可视为与公众利益相一致。

第三十三条 [最低补贴]

(一)连续 3 年授予一家企业的补贴总额不超过 1500 万克鲁恩的补贴是最低补贴。最低补贴视为与公众利益一致。

(二)本条第 1 款的规定不适用于国家授予的交通补贴、出口补贴和替代进口品补贴。

(三)为授予最低补贴,不需要根据本法第 34 条申请授予国家补贴的许可。

第三十四条 [授予国家补贴的许可]

(一)国家补贴只能在事先得到财政部长书面许可的情形下才能授予。在获得财政部长的授予许可前或根据本法第 36 条第 3 款的规定视为得到许可前,或根据本法第 48 条的规定得到共和国政府的许可前,不得开始授予国家补贴。

(二)授予国家补贴许可的申请书(以下称为许可申请)应当与按照本法规定的程序中的条件必须考虑的其他资料一同提交给财政部长。许可申请书的格式和填写申请书的说明由财政部长制定。

(三)决定授予国家补贴许可的裁决应当由财政部长依照本法第 36 条或第 38 条的规定作出。裁决应当采用财政部长指令的方式,包括引用本法相关规定。应当立即书面通知申请人裁决结果。

第三十五条 [国家补贴计划和个别国家补贴]

(一)国家补贴授予人可以申请许可授予国家补贴计划(以下称为补贴计划)情形下的国家补贴,也可以申请许可授予个别国家补贴情形下的国家补贴。

(二)补贴计划是根据规定可以授予企业国家补贴的任何法律或合同(法律或合同先前未规定),为促使同一目标或几个相似目标实现的补贴计划。

(三)个别国家补贴是指不是依据补贴计划授予的补贴,或者虽然依据补贴计划但需要向财政部长申请得到单独许可的补贴。

第三十六条 [申请授予国家补贴许可的程序]

(一)财政部长应当审查提交的许可申请书,并且作出下列裁决之一:

1. 申请里所述的标准不符合本法第 30 条第 1 款规定的国家补贴要件,则驳回申请;

2. 申请的国家补贴符合公众利益,则许可授予国家补贴;

3. 对授予国家补贴是否与公众利益相一致存在疑问,则启动附加程序。

(二)财政部长应当在国家补贴许可申请人或受益人提交所有必要资料后的 2 个月内,或收到本法第 37 条第 3 款规定的通知后,按照本条第 1 款规定的裁决类型作出裁决。财政部长和申请人达成一致的书面同意,则上述期间可以变更。

(三)在本条第 2 款规定的期限内,许可申请人未收到财政部长按照本条第 1 款作出裁决的书面通知的,申请人应当将情况告知财政部长。财政部长在收到申请人的上述通知后 15 个工作日内仍然未按照本条第 1 款作出裁决并发出书面通知的,则视为财政部长许可授予国家补贴。

第三十七条 [资料提供的要求]

(一)自收到申请或被要求的额外信息之日起 2 个月内,财政部长有权要求授予国家补贴许可申请人、国家补贴受益人和第三方,提交申请程序所需的资料或其他额外资料。上述期限的变更应当按照本法第 36 条第 2 款期限变更的方式进行。

(二)申请人按照本法第 34 条第 2 款的规定提交的申请授予国家补贴许可的资料不准确、不完整或有误导性的,或者审查需要其他额外资料的,许可申请人、国家补贴受益人或第三方应当得到关于上述情况的书面通知并且要求其在一定的限期内消除瑕疵或提交资料。

(三)在本条第 2 款规定的期限截止时未消除瑕疵或申请人没有提交要求的所有资料,或者期限截止时申请人未告知财政部长要求的额外资料不可能提交或者已经提交了额外资料的,视为未提交许可授予国家补贴的申请书。不能提供要求的资料应当具备正当理由。如果该许可申请视为未提交,则应当向许可的申请人送达书面通知。

(四)如有正当理由,财政部长可以根据许可申请人的相应请求延长本条第 2 款规定的期限。

第三十八条 [附加程序的终止]

(一)财政部长应当通过作出下列裁决之一,终止依据本法第 36 条第 1 款第 3 项启动的附加程序:

1. 国家补贴与公众利益相一致的,则许可授予国家补贴;

2. 在申请人修改补贴计划或个别国家补贴方案后,财政部长认为申请中所述的标准不符合本法第 30 条第 1 款规定的国家补贴要件的,则驳回申请;

3. 在申请人修改补贴计划或个别国家补贴方案后,财政部长认为申请符合公众利益的,则许可授予国家补贴;

4. 国家补贴违反公众利益的,则拒绝授予国家补贴许可。

(二)财政部长可以将根据第 1 款第 1 项或第 3 项的裁决附加基于第 31 条第 6 款设定的使补贴与公众利益一致的特殊条件,并可以设定确保受监督决定被遵守的义务。

(三)财政部长应当在收到所有必需资料后的 3 个月内作出符合本条第 1 款规定的裁决。如果有必要,在财政部长和许可申请人双方书面同意的情况下,上述期限可以变更。

第三十九条 [授予国家补贴许可申请的撤回]

(一)在财政部长依据第 36 条规定作出裁决前,按照本法第 34 条第 2 款规定提交申请的国家补贴许可申请人可以撤回申请。

(二)如果按照本法第 36 条第 1 款第 3 项的规定已经启动了附加程序,而申请人在财政部长依据本法第38条规定作出裁决前撤回了申请，则财政部长应当通过指令的方式裁定终止程序并退还申请。

第四十条 ［裁决的公布］

财政部长依照本法第36条第1款第2项或第3项，第38条第1款第1、3项或第4项，第39条第2款，第43条第1款所作出的裁决应当在官方出版公告《官方通告》上公布。

第四十一条 ［裁决的撤销］

（一）审查程序中提交的作为裁决依据的资料不正确，而该资料又是裁决的决定性因素的，财政部长可以撤销据此资料按照本法第36条第1款第1项或第2项或第38条第1款规定所作出裁决。在撤销原裁决并作出新裁决前，财政部长应当按照本法第36条第1款第3项的规定启动附加程序。

（二）在按照本条第1款规定的附加程序终止后，财政部长作出本法第38条第1款第4项裁决的，可以按照第43条的规定要求收回国家补贴许可。

第四十二条 ［有关非法的国家补贴和滥用的国家补贴的程序］

（一）非法国家补贴是指在本法生效后授予的，但相应的许可未被财政部长授予，或者按照本法第36条第3款不视为被授予许可的，或者按照本法第48条的规定，尚未从共和国政府取得授予国家补贴许可的国家补贴。

（二）滥用的国家补贴是指国家补贴用于提交申请时所述用途以外的其他目的，或者不符合本法第38条第2款规定的条件或义务。

（三）所有的利益相关方可以向财政部长告知非法的国家补贴和滥用国家补贴的情况。

（四）财政部长收到关于指控非法的国家补贴和滥用国家补贴资料的，应当发出下列指令：

1. 要求国家补贴的授予者或受益人在规定的期限内提交要求的资料；

2. 要求国家补贴的授予者在规定的期限内提交授予国家补贴许可的申请书；

3. 要求国家补贴的授予者在财政部长根据本法第36条第1款第1项或第2项，或第38条第1款规定作出裁决前，中止非法的国家补贴或被指控的滥用国家补贴。

（五）在处理非法国家补贴和滥用国家补贴的程序中，财政部长应当按照本法第36条的规定作出裁决。国家补贴的授予者或受益人未遵守本条第4款规定的指令或者未按照要求提交额外资料的，财政部长应当根据现有的资料作出裁决。根据本法第36条第1款第3项启动附加程序的，应当以依据本法第38条第1款作出裁决的方式而终止。

（六）附加程序终止后，财政部长作出本法第38条第1款第4项裁决的，可以根据第43条的规定要求收回国家补贴。

第四十三条 ［国家补贴的收回］

（一）根据本法第41条或第42条规定，在实施附加程序后，财政部长根据本法第38条第1款第4项作出裁决的，财政部长有权向国家补贴的授予者或受益人发出要求撤销该授予国家补贴的裁决或收回国家补贴的指令。

（二）在计算收回的国家补贴数量时，补贴的数额和减除直接税前的支出应当计算在内。补贴采用的是非货币支持形式的，应当折合成等值的货币数额。分期授予的补贴应当贴现为现值，贴现率应当使用补贴作出时的参考利率。

（三）财政部长有权在10年内要求按照本法第41条第2款、第42条第1款及第2款规定收回国家补贴。期限的起算从国家补贴到位之日开始。在财政部长审查程序进行中或法院庭审过程中，该期限中止。

(四)国家补贴的受益人未遵守有关重新获得国家补贴的规定,财政部长有权诉诸法院。

第四十四条 [利息要求]

在收回国家补贴的案件中,财政部长有权要求相关人按照本法第 43 条第 1 款规定收回的国家补贴的数额,支付相应的利息。收取的利息应当转至国家财政预算。利息的计算应当从国家补贴到位的日期起算,适用作出授予国家补贴许可裁决之前 1 个月的爱沙尼亚银行对非金融企业贷款的平均利率,如无该裁定适用授予补贴之前 1 个月的爱沙尼亚银行对非金融企业贷款的平均利率。

第四十五条 [指令]

(一)本法第 42 条第 4 款或第 43 条第 1 款规定的指令应当包括:

1. 准备作出指令者的名称和职位;
2. 签发指令的日期;
3. 指令接收者的姓名和住址;
4. 签发指令依据的理由和作为参考的相关法案条款;
5. 在本法第 42 条第 4 款第 1 项规定情形下,要求提供对被要求提供的资料的说明;
6. 指令规定的履行期限;
7. 未遵守指令时,所适用的罚金数额;
8. 对指令提出上诉的程序和期限。

(二)财政部长的指令可以规定授予国家补贴中止期间要履行的义务性行为。

第四十六条 [处以罚金]

(一)未遵守本法第 45 条规定指令的,财政部长可以对自然人处以最高额可达 5 万克鲁恩的罚金,对法人处以最高额可达 10 万克鲁恩的罚金。

(二)可以对一个主体多次处以本条第 1 款规定的罚金处罚,直至该主体遵守指令为止。

第四十七条 [国家补贴委员会]

(一)共和国政府应当设立一个国家补贴委员会(以下简称为委员会),其职能是依据本法第 48 条第 1 款的规定,向共和国政府提交关于申请撤销财政部长决定的提案。

(二)共和国政府应当负责制定委员会的工作组织程序和构成设立程序。

第四十八条 [有关国家补贴争议案件的程序]

(一)如果财政部长将其作出裁决的条件或义务建立在本法第 38 条第 2 款的基础上,或者按照本法第 38 条第 1 款第 4 项的规定作出裁决而许可申请人有异议,则许可申请人有权向委员会申请撤销财政部长的裁决,并要求作出新裁决。委员会应当审查这项争议,并将相关资料和委员会的建议呈送共和国政府以作出裁定。

(二)许可申请人、受益人或第三方提交给财政部长的所有材料,及财政部长对争议案件作出的裁决都应当提交给委员会。

(三)共和国政府应当审查提交给它的申请,并作出下列裁决之一:

1. 撤销财政部长作出的裁决,并通过共和国政府令的方式许可授予国家补贴;
2. 否决提交给共和国政府的申请。

第四十九条 [关于国家补贴的报告]

(一)财政部长应当负责规定授予和使用国家补贴的报告的格式,以及提交报告的到期日。国家补贴的授予者应当向财政部长提交授予和使用国家补贴的报告,还应当提交授予和使用最低国家补贴的报告。

(二)在每一公历年度结束之日起12个月内,财政部长应当制作一份关于本年度所有国家补贴授予的报告。报告应当提交共和国政府批准。

第七章 不公平竞争

第五十条 [禁止不公平竞争]

(一)不公平竞争是指不诚信且违反良好道德标准和商业习惯的交易行为。包括下列行为:

1. 发布误导性的信息和产品介绍,或指示发布误导性的信息,或贬低竞争对手或竞争对手的产品;

2. 滥用保密信息,利用竞争对手的雇员或代表。

(二)禁止不正当竞争。

(三)《广告法》的相关条款适用于发布具有误导性的、攻击性的、粗劣的信息的广告手段。

第五十一条 [发布误导性的信息和产品介绍,或指示发布误导性的信息,或贬低竞争对手或竞争对手的商品]

(一)误导性信息是指不准确信息,即在购买者一般性注意的情况下,该信息会对购买者产生对于要约的误导性印象,或者该信息损害或可能损害另一企业的信誉或经济活动。

(二)禁止发布或指示发布关于其自身或其他企业进入一个商品市场,或者该企业的商品或生产设备的误导性信息。但信息的发布是受到该信息发布人的指示,或者发布人不需对信息的准确性负责的情形除外。

(三)本条第1款所指的信息首先指关于商品的原产地、质量、生产工艺、供应方法或来源、价格、关税、折扣、奖励、销售原因以及库存量方面的信息,以及关于企业的特惠权、财务状况或其他情况的信息。

第五十二条 [滥用保密信息或利用其他企业的雇员或代表]

(一)滥用保密信息是指使用非法获取竞争对手的保密信息。

(二)利用竞争对手的雇员或代表人是指对竞争对手的雇员或代表人施加影响,使其为影响主体或第三人利益而从事活动。

第五十三条 [不公平竞争的认定]

不公正竞争的存在与否应当通过当事人之间争议按民事诉讼程序认定。

第八章 国家监管

第五十四条 [国家监管组织]

(一)竞争委员会应当对本法的实施进行监督管理,但本法第六章和第七章的实施除外。

(二)财政部长应当对本法第六章的实施进行监督。

第五十五条 [竞争委员会的职权]

(一)竞争委员会有权实施本法授权的所有行为,及采取保护竞争的措施。

(二)竞争委员会应当分析调查竞争状况,提出促进竞争的建议,作出改善竞争环境的建议,为将通过的或将修改的立法提起议案,以及发展与其他国家和国家联盟竞争监管当局的合作关系。

第五十六条 [与欧盟委员会的合作]

根据《欧洲协议》关于欧洲共同体及其成员国和爱沙尼亚共和国分别作为一方建立协会的协议,以及由欧洲共同体与其成员国和爱沙尼亚共和国分别作为一方建立协作委员会第1/99号决定,为实施在欧洲共同体与其成员国和爱沙尼亚共和国分别作为一方建立协会的协议第 63 条第 1 款第 1 项、第 1 款第 2 项和第 2 款确定的必要规则,欧盟委员会与竞争委员会之间的合作应当按照上述规则第 1 条规定的总原则进行。

第五十七条 [竞争委员会要求提供信息的权利]

(一)竞争委员会有权要求所有自然人和法人及其代表人、所有国家机关、地方政府和为政府供职的行政官员提交如下所需的信息资料:

1. 分析竞争环境所需的;
2. 界定商品市场所需的;
3. 调查协同协议、行动和决定所需的;
4. 决定是否授予豁免所需的;
5. 监管占有支配地位的企业经营行为所需的;
6. 监管市场集中所需的;
7. 决定是否启动相关程序所需的;
8. 进行关于已经违反法律或可能违反法律的审查程序所需的;
9. 履行实施本法其他监管职能所需的。

(二)要求提供本条第 1 款规定的信息时,应当以书面的形式作出,并且应当载明提出该要求的目的、法律依据和不提供信息及提供不准确、不完整和误导性信息的相应制裁。规定提交信息的期限应当不少于 10 日。

(三)竞争委员会有权要求所有自然人(包括法人或非法人团体的代表人或雇员,国家机关或地方政府的公务员或代表人)在竞争委员会或指定地点作出解释。解释应当使用书面形式。要求作出解释的人和提供解释的人应当在解释书的每一页签名。提供解释的人拒绝在解释书上签名的,则应当在解释书上载明拒绝签名的事实及理由。

第五十八条 [竞争委员会的传唤]

(一)竞争委员会传唤所有自然人(包括法人或非法人团体的代表人或雇员,国家机关或地方政府的公务员或代表人)应当使用载明下列内容的传唤书:

1. 被传唤人的姓名或职位;
2. 传唤的理由和法律依据;
3. 已开庭案件的编号;
4. 出席的地点和时间;
5. 被传唤人的权利,包括提交书面解释的权利;
6. 不到庭则需要发出有合理事由的通知的义务。

(二)传唤应当在签字后或收到邮信回执单后视为送达。应容许被传唤人或其代表在不少于 10 日的一个期限内出席。当事人各方达成协议的,则该期限可以变更,并且传唤也可以口头形式发出。

(三)被传唤人收到传唤后,则应当视为已经向其代表人送达了该传唤,程序参加人的代表收到传唤后视为向主要相关人都已经送达了该传唤。

(四)传唤按照法人注册地址发出的,则视为向法人送达了该传唤。

(五)在指定的期限内被传唤人不可能出席的,则被传唤人应当立即发出不能出席的通知。

(六)被传唤人具有与逃避程序无关的不能出席的合理事由、收到传唤的时间延迟或有其他情况,视为合理理由。

第五十九条 ［竞争委员会要求提交材料的权利］

（一）竞争委员会有权要求所有自然人、法人及其代表人、所有国家机关、地方政府和为政府供职的行政官员及其代表提交有关文件、草案或其他材料的原件或真实的复印件，并由提交人签字确认。在提交复印件的情况下，竞争委员会有权要求同时提交原件以证实该副本的真实与否。

（二）材料提交人或提交人的代表人要求的，则竞争委员会应当签发收到材料的确认书，并且在竞争委员会完成监管事项后，提交人或提交人的代表人有权要求取回提交的有关文件、草案或其他材料的原件。

第六十条 ［对企业营业场所的检查］

（一）为防止违反或可能违反本法事项的发生，由竞争委员会主任或其代理人指定授权的委员会官员或代表人有权不经过事先的警告或特别许可程序，在企业工作时间或经营场所使用中的任何时间对企业的经营场所进行检查。经企业的同意，也可以在其他任何时间对企业的经营场所进行检查。

（二）本条第1款规定的检查应当在企业、企业代表人或企业雇员知晓的情况下进行，并且其有权在检查进行时在场。

（三）进行企业营业场所检查时，检查人应当向企业、企业代表人或企业雇员出示竞争委员会主任或其代理人关于此案的检查决定副本或摘要和竞争委员会主任或其代理人的检查人指定授权书。

（四）在本条第1款规定的检查中，检查人有权实施下列行为：

1. 立即检查与企业经营活动有关的文件、草案和其他材料，以及获得以材料提交人签字确认真实性的有关文件、草案和其他材料的副本或抄本，复印费由接受检查的企业支付；

2. 立即检查经营场所计算机内以电子形式保存的数据或数据库和存放在经营场所的电子数据媒体，并打印这些电子数据，由被检查人、及其代表人或雇员签字确认其真实性。打印费由接受检查的企业支付；

3. 要求企业、企业代表人或企业雇员提交解释书，该解释应当按照本法第57条第3款的规定进行归档。

（五）要求检查人准备检查结果概要。

（六）本条第5款规定的检查结果概要应当由下列内容构成：

1. 准备概要的时间和地点；

2. 准备概要者的姓名和职位；

3. 被检查人为自然人的，该自然人、自然人的代表人或其雇员的姓名和职位，被检查人是法人的，该法人的名称以及该法人代表人或雇员的姓名和职位；

4. 对检查过程的描述；

5. 有关本条第3款规定的决定或指定书副本或摘要，呈示给被检查企业、企业代表人或企业雇员时的注释；

6. 收到的被检查企业、企业代表人或企业雇员的解释书清单；

7. 在检查中获得资料的清单；

8. 检查中使用了口译者或笔译者，则关于他们参与检查程序的说明；

9. 被检查企业、该企业代表人或企业雇员的说明；

10. 表明被检查企业、该企业代表人或企业雇员收到检查概要副本的说明。

（七）企业、企业代表人或雇员妨碍检查进行的，如果可能，应在决定中写明妨碍检查的原因。

(八)应当准备两份检查概要副本,由准备概要的人和被检查企业的代表人或雇员签字。概要的每一页都应当附签名,被检查企业和竞争委员会应当均应当保留一份概要副本。所有检查中获得的材料都应当附在竞争委员会保管的副本后。

(九)被检查企业、该企业代表人或企业雇员拒绝在检查概要上签名的,则应当在概要中载明其拒绝签名的原因。

第六十一条 [建议的提出和程序的限制]

(一)为改善竞争环境,竞争委员会主任或其代理人可以向国家机关、地方政府、自然人和法人提供建议。

(二)在程序中,竞争委员会有权确保本法所有规定的遵守情况均受其监督,为实现该目的且在必要的情况下,基于上诉、申诉(以下称为上诉)或自主扩大参与程序者的范围。

第六十二条 [处罚令]

(一)自然人或法人有下列情节的,则竞争委员会主任或其代理人有权对其签发处罚令:

1. 未按照竞争委员会书面要求的期限内提交信息或材料;

2. 妨碍检查人员在企业经营场所的检查;

3. 未出席口头听证,未出席行政违法报告的准备会,或当要求其作出解释时未出席;

4. 未得到根据本法第 27 条第 1 款第 1 项或第 2 款第 2 项规定作出的裁决前,或者根据本法第 27 条第 2 款第 2 项规定禁止市场集中的裁决作出后,或者竞争委员会市场集中的许可已被撤销的,实施享有控制性的市场集中行为。

(二)处罚令要求当事人有义务为必需的行为或者不为禁止的行为。

(三)处罚令中应当包括含有下列内容的通知:

1. 完成处罚令所要求的义务的履行日期(处罚令是要求不为某禁止行为的,则不必指出履行日期);

2. 未按照处罚令履行时应处以的罚金数额;

3. 对处罚令提起上诉的程序和期限。

(四)自然人未按照处罚令履行的,竞争委员会主任或其代理人可以对其处以最高为 5 万克鲁恩的罚金;法人未按照处罚令履行的,可以对其处以最高为 10 万克鲁恩的罚金。

(五)本条第 4 款规定的罚金可以多次实施,直至相应的处罚令得以履行。

第六十三条 [保守商业秘密的义务]

(一)未经企业同意,竞争委员会无权向其他人泄露在委员会履行职责中得知的企业的商业秘密,包括涉及银行秘密的信息,也不得公布,法律另有规定的除外。

(二)已经公开的资料,竞争委员会主任或其代理人作出的裁决,以及竞争委员会主任、其代理人或其他官员准备的以排除商业秘密的行政违法报告不视为商业秘密。

(三)根据本法的有关规定,在行政违法报告的准备中,竞争委员会不应当使用未向企业披露的不利于该企业的信息。

(四)竞争委员会的公开裁决书不应当包括企业的商业秘密。

第六十四条 [上诉]

(一)上诉书应当以书面形式提交竞争委员会,并且载明下列内容:

1. 上诉书的收件人;

2. 上诉人的姓名、永久住址或所在地(邮政地址)和电话号码;

3. 提交上诉的日期；

4. 上诉内容，上诉人认为竞争受限制的理由以及上诉人被侵犯的权利；

5. 上诉人明确表示的要求；

6. 上诉人未就同一争议同时向法院提起诉讼的确认书；

7. 依本法第 65 条第 1 款所做的裁决的更可取的送达方式；

8. 上诉人认为重要的其他情况。

（二）上诉人或其代表人应当在上诉书上签名。代表法人或非法人团体提起的诉讼应当由得到相应授权的人签名。上诉人的代表人应当在上诉书后附证明其得到授权的文书。法人的法定代表人授权应当由相应注册卡的有效副本加以证明。上诉人的可用的证明文件应当附于上诉书。

（三）依上诉人的合理要求，竞争委员会主任或其代理人可以作出不向第三方披露上诉人姓名的裁决。

第六十五条 ［上诉程序的启动或拒绝启动］

（一）在收到上诉书的 30 日内，竞争委员会主任或其代理人应当作出下列裁定之一：

1. 启动上诉程序；

2. 拒绝启动上诉程序。

（二）除根据本条第 1 款的规定外，竞争委员会主任和其代理人有权主动作出启动上诉程序的裁定。

（三）如果有证据证明存在下列情形的，则不应当启动上诉程序，且已启动的上诉程序应当终止：

1. 关于案件的程序行为不属于竞争委员会的职权范围；

2. 无违反本法的迹象；

3. 该主体先前已经因同一违法行为受到过处罚，无论该处罚是由爱沙尼亚共和国给予还是由其他国家给予；

4. 已经就同一事项向法院提起诉讼，或者该事项已经进入刑事程序；

5. 对同一事项，竞争委员会主任或其代理人作出的裁决或法院作出的判决已经生效；

6. 已经开始或即将开始的上诉程序中的相关自然人死亡或相关法人解散。

（四）竞争委员会主任或其代理人根据本条第 1 款第 1 项作出的启动上诉程序的裁定应当包括下列内容：

1. 裁定日期和裁定编号；

2. 上诉人或申诉人的姓名，但本法第 64 条第 3 款规定的情形除外；

3. 作出裁定的事实依据及作为法律依据的本法相关的条款；

4. 裁定人的姓名。

（五）竞争委员会主任或其代理人根据本条第 2 款所作出的启动上诉程序的裁定应当包括下列内容：

1. 裁定日期和裁定编号；

2. 作出裁定的事实依据及作为法律依据的本法相关的条款；

3. 裁定人的姓名。

（六）竞争委员会主任或其代理人所作出的拒绝启动程序的裁定应当包括下列内容：

1. 裁定日期和裁定编号；

2. 上诉人或申诉人的姓名,但本法第 64 条第 3 款规定的情形除外;
3. 上诉书内容的概要;
4. 作出裁定的事实依据及作为法律依据的本法相关的条款;
5. 裁定所依据的理由;
6. 裁定人姓名。

第六十六条 [上诉程序参与人]

(一)上诉程序的参加人包括:
1. 上诉人;
2. 被上诉人;
3. 利益相关的第三人。

(二)被上诉人是指被指控违反本法的人。如果违反者是一个团体,则其中成员也视为是被上诉人。利益相关的第三人是指其权利义务受该案件影响的主体。

第六十七条 [案件程序参与人的权利]

(一)程序参与人及其代表人有权陈述其观点、提交与案件有关的证据和请求。

(二)被上诉人有权要求竞争委员会主任或其代理人举行本案的口头听证。

(三)上诉人有权要求在程序进行中不披露其身份。

(四)在竞争委员会收到所有资料后,被上诉人、上诉人及其代表人有权检查委员会收集的案件所有资料,但其他企业的商业秘密、委员会的内部文件以及依据本法第 64 条第 3 款规定不予披露姓名的上诉人的相关信息除外。

第六十八条 [案件的口头听证]

(一)如果有必要,可以在竞争委员会主任或其代理人指定的时间和地点举行口头听证。被听证人应当在听证举行 10 日前得到书面通知。被传唤出席听证人书面提出合理要求的,则竞争委员会主任或其代理人可以变更听证的时间或地点。

(二)程序参加人及其代表人、竞争委员会的官员、委员会的代表人、被传唤人和竞争委员会可以参加口头听证。程序中不同参与人的口头听证可以在不同的时间和地点举行。

(三)竞争委员会有权对口头听证进行录像或录音,但应当事先告知听证参与人。

(四)应当准备出一份有关口头听证的概要,概要应当包括下列内容:
1. 准备作出概要的时间和地点;
2. 参与人的姓名和职位,如果参加人是法人,则该法人的名称以及该法人的代表人或雇员的姓名和职位;
3. 对口头听证过程的描述和被传唤听证人的解释内容;
4. 参与口头听证的翻译者的参与程序的说明;
5. 有关口头听证的录像或录音的制作的说明;
6. 口头听证会的参加者作出的关于听证会的概要或录音录像记录;
7. 在口头听证过程中向竞争委员会转交资料的清单。

(五)应当准备一份由参加口头听证的竞争委员会官员签名的关于听证会的概要副本。但是如果听证参加人提出要求,则也有权获得听证概要的副本。

第六十九条 [案件程序的中止]

(一)有下列情形的,竞争委员会主任或其代理人可以裁定中止程序:
1. 一项未决的行政争议、行政违法争议、民事争议或刑事争议对本案的裁决起关键作用;

2. 在所有其他必要的行为完成后，对案件有关键作用的证据的获取受到阻碍。

（二）有下列情形的，竞争委员会主任或其代理人可以裁定重新开始案件的程序：

1. 本条第 1 款第 1 项规定的法院裁决或行政裁决生效；

2. 本条第 1 款第 1 项规定的阻碍证据搜集的情形消失；或者

3. 原来需要由上述证据证明的情况、事件可以通过其他的方式得以证明或该情况已经与案件无关。

第七十条 ［案件程序的终止］

（一）在终止案件相关程序以前，竞争委员会应当向参与程序的主体发出书面通知，参与程序的主体有权在不少于 10 日的时间内检查程序进行中搜集的所有材料，但其他企业的商业秘密、委员会的内部文件以及依据本法第 64 条第 3 款不予披露的上诉人姓名除外。

（二）参与程序的主体有权在收到竞争委员会根据本条第 1 款规定发出的通知后 20 日内提交补充资料。到本期限截止时，资料的提交视为完成。

（三）案件程序应当在本条第 2 款规定的期限截止日起的 3 个月内终止。

（四）除了本条第 5 款和第 6 款规定的情形外，案件的相关程序应当以行政违法报告的形式终止。

（五）在下列情形下，案件的相关程序可以由竞争委员会主任或其代理人作出的相应裁决予以终止：

1. 被上诉人是国家机构、地方政府或爱沙尼亚中央银行；

2. 有证据证明出现本法第 65 条第 3 款规定的情形时；

3. 被上诉人为商品市场竞争环境的改善作出重大贡献；

4. 未严重限制竞争；

5. 上诉人撤回上诉，且上诉的撤回未侵犯第三方的权利或自由。

（六）首先收到本法第 4 条第 1 款规定的协同协议、行动或决定通知的主体不是该协同协议、行动或决定发起人并且在案件程序进行中与竞争委员会充分合作的，则不应当针对其作出行政违法报告。

（七）本条第 5 款规定的裁决应当包括下列内容：

1. 裁决日期；

2. 关于启动本程序的裁决；

3. 关于被上诉人的信息；

4. 终止程序的理由和本法相关条款；

5. 对程序参与人的必要建议；

6. 对本裁决提起上诉的程序；

7. 裁决人的姓名和职位。

第七十一条 ［裁决的撤销］

竞争委员会主任或其代理人的裁决所依据的合法行为后被法院已生效的判决撤销或被宣判违法，或有证据证明出现了新的相关情形，或裁决所依据的文件或其他材料是不正确的、不完整的或误导性的，而如果按照新情形或依据正确完整的信息会作出不同的裁决时，则竞争委员会主任或其代理人可以撤销其所做的原裁决。

第七十二条 ［裁决的送达与披露］

（一）本法第 65 条第 1、2 款，第 69 条，第 70 条第 5 款及第 71 条规定的裁决应当在上诉人、被上诉人或其代表人签名或寄出邮信回执时视为送达。

(二)竞争委员会应当在官方刊物《政府公报》中公布本法第 70 条第 5 款或第 71 条规定的有关裁决的通知。

第七十三条 [对裁决的上诉]

当事人有权依照《行政诉讼程序法》规定的程序对竞争委员会主任或其代理人所做的裁决向法院提起上诉。

第九章 法律责任

第七十四条 [法律责任的适用]

(一)对违反本法或基于本法创设的其他法律的法人实施的处罚,在作出处罚之前,应当考虑违法行为的严重性、性质及其他情况,以及与竞争委员会的合作程度和是否及时终止违法行为的情况。

(二)违法行为的实施、协同协议的终止履行或者协同协议的期限已经到期 3 年的,则不应当再对法人实施处罚。

第七十五条 [法人的行政违法责任]

(一)向财政部提交不准确的、不完整的或误导性信息的,应当处以 500 至 5 万克鲁恩的罚金。

(二)对滥用国家补贴的行为应当处以 500 至 5 万克鲁恩的罚金。

(三)向竞争委员会提交不准确的、不完整的或误导性信息的,应当处以最高相当于实施处罚的上一个财务年度违法者营业额 1% 的罚金。

(四)滥用市场支配地位的,应当处以最高相当于实施处罚的上一个财务年度违法者营业额 10% 的罚金。

(五)对于限制竞争的协同协议、行动或决定的违法行为,或者实施事前需要获得豁免而未获得的协同协议、行动或决定的,或者违反豁免条件的,应当处以最高相当于实施处罚的上一个财务年度违法者营业额 10% 的罚金。

(六)对于未在指定的期限内发出市场集中通知的,违法的市场集中或不符合市场集中的许可条件的,应当处以最高相当于实施处罚的上一个财务年度违法者营业额 10% 的罚金。

(七)对于未在会计上分区其主要和次要经营活动的拥有特殊权利、排他性权利或控制必要设施的法人,应当处以最高相当于实施处罚的上一个财务年度违法者营业额 1% 的罚金。

(八)在本法中,营业额是指依据本法第 23 条第 2 款规定计算而得的企业已实现的净营业额或信贷、金融机构的营业额,或者是根据本法第 23 条第 3 款规定计算而得的保险公司的营业额,或者是在无上述依据的情况下,减去增值税和营业税后的法人的营业所得。

(九)违法者无法按照本条第 8 款所列的任何一种方法计算实施处罚前的上一个财务年度的营业额,则至作出行政处罚报告期间当年的实际营业额视为违法者的营业额。

第七十六条 [行政违法报告的准备]

(一)根据本法第 58 条的规定,企业应当被书面传唤参加行政违法报告的准备。传唤书应当载明有关准备的报告的行政处罚内容。

(二)财政部长授权的官员有权按照本法第 75 条第 1 款和第 2 款的规定,准备作出有关行政处罚的报告。

(三)竞争委员会主任和其代理人以及竞争委员会主任和其代理人授权的竞争委员会官员

有权按照本法第75条第3～7款的规定作出行政违法报告进行有关行政处罚报告的准备。

（四）本条第2款或第3款规定的报告中应当载明下列内容：

1. 准备报告的时间和地点；
2. 准备报告的代表机构的名称和地址；
3. 准备报告人的职位和姓名；
4. 接受行政处罚者的名称或商号、注册号码和经营所在地；
5. 受到行政处罚者的法定代表人姓名和职位；
6. 行政处罚的地点、时间和内容；
7. 确定行政法律责任时所适用的本法相关条款；
8. 由受到行政处罚者的法定代表人作出的解释或关于其拒绝作出解释的注释；
9. 表明已告知受到行政处罚者有权获得法律援助的注释。

（五）报告准备人和受到行政处罚者或其代表人应当在报告上签字。受到行政处罚者或其代表人拒绝在报告上签字，则应当载明相关情形。受到行政处罚者或其代表人所做的有关报告的书面记录、拒绝签名的书面记录和拒绝签字的理由说明，应当附于报告后。

（六）有关报告准备的报告书应当在10日内提交法院接受听证。

第七十七条 ［有关行政处罚的程序］

本法规定的对法人实施行政处罚的程序应当按照本法规定的有关程序进行，本法未直接规定的，则按照《行政处罚法》的规定和《执法程序法》进行。

第七十八条 ［对损害的赔偿］

本法规定的禁止性行为造成了他人财产损害或其他损害的，应当通过民事程序给予赔偿。

第十章 相应的实施规定

第七十九条 ［刑法修正案］

《刑法》新增第14816～14819条，内容如下：

第14816条 ［滥用市场支配地位］

法人的管理委员会成员、代替管理委员会履行职能的机构的成员或者监事会成员设置不公平竞争的条件、限制生产、服务、市场、技术发展或投资而侵害消费者的利益，或者其参与了其他直接或间接地导致滥用市场支配地位的经营活动的，应当对其处以罚金或3年以下监禁。

第14817条 ［限制竞争的协议、行为或决定］

法人的管理委员会成员、代替管理委员会履行职能的机构的成员或者监事会成员作出了违法的限制竞争的协议、行为或决定，或者其在未获得豁免前加入了需要事先取得豁免的协同协议、联合行动或决定，或者违反了豁免条件的，应当对其处以罚金或3年以下监禁。

第14818条 ［未履行市场集中的相关义务］

法人的管理委员会成员、代替管理委员会履行职能的机构的成员或者监事会成员未在规定的期限内发出市场集中的通知，或者违反市场集中的禁止规定或许可市场集中的条件的，应当对其处以罚金或3年以下监禁。

第14819条 ［拥有特殊权利、排他性权利或控制基础设施的法人未在其法人会计

报表中明确区分其首要经营活动和次要经营活动]

拥有特殊权利、排他性权利或控制基础设施法人的管理委员会成员、组成代替管理委员会机构的成员或者监事会成员参与的市场行为导致不能通过法人的会计报表中区分其首要经营活动和次要经营活动的,应当对其处以罚金或3年的以下监禁。

第八十条 [《价格法》修正案]

《爱沙尼亚共和国价格法》第九节和第十节废止。

第八十一条 [《地理标志保护法》修正案]

《地理标志保护法》第49条第1款废止。

第八十二条 [《商标法》修正案]

《商标法》第364条第1款第1项废止。

第八十三条 [《国家费用法》修正案]

《国家费用法》修改如下:

1. 在第3条第2款增加201项,内容如下:

"201)由竞争委员会实施的行为";

2. 在该法第七章增加第131节,内容如下:

"第131节 竞争委员会的行为

第14720条 [市场集中的审查程序]

申请有关市场集中的审查程序需支付的国家费用为2万克鲁恩。

第14721条 [申请豁免的审查程序]

申请有关申请豁免的审查程序需支付的国家费用为2万克鲁恩。"

第八十四条 [《消费者权益保护法》修正案]

《消费者权益保护法》第11条第2款第11项废止。

第八十五条 [《商法》修正案]

对《商法》修改内容如下:

1. 对第393条第2款的内容修改如下:

"(二)被兼并公司的所有股份均由兼并公司持有,或者兼并公司所有的合伙人或股东对并购无异议的,则不需准备并购报告,但所有合并方公司在上一个财务年度实现的全球总净营业额超过500万克鲁恩,并其中至少有两家公司上一个财务年度实现的全球净营业额分别超过100万克鲁恩,或者至少有一家兼并公司的经营活动发生在爱沙尼亚境内的除外。"

2. 对第400条第1款第9项的内容修改如下:

"9. 参与兼并的所有合并方公司在上一个财务年度实现的全球总净营业额超过500万克鲁恩,并其中至少有两家公司上一个财务年度实现的全球净营业额分别超过100万克鲁恩,或者至少有一家兼并公司的经营活动发生在爱沙尼亚境内,竞争委员会主任或其代理人应当作出有关是否授予市场集中许可的裁决,但发生在集团内部的合并除外。"

第八十六条 ［《乡村和城市预算法》修正案］

对《乡村和城市预算法》第 11 条第 3 款的修订内容如下：

“（三）在预算草案呈报议会前，政府应当按照《竞争法》的规定向财政部长提交预算草案中有关授予国家补贴的申请书。”

第八十七条 ［本法的实施］

（一）本法适用于在本法生效时或生效后实施的，所有限制竞争的协议、协同行为和决定。

（二）在本法生效之前启动的程序应当按照启动程序时与案件有关的有效法律的规定进行。

（三）1998 年 10 月 1 日之前，国家或地方政府以任何形式或按任何程序授予企业许可，从而可以使该企业在商品市场上比其他企业享有竞争优势，或使其成为商品市场唯一存在的独占企业的，则该许可视为赋予企业特别权利或排他性权利。

（四）本法生效后 3 个月内，共和国政府和各部部长应当修改其根据《竞争法》制定的法规和规章，使上述法规规章与本法规定相一致。

第八十八条 ［关于现行国家补贴的程序］

（一）现行国家补贴是指 1995 年 1 月 1 日至本法生效日之间授予的，并且其有效期持续到本法生效后的国家补贴计划和个别国家补贴，由共和国政府和财政部长授予许可的国家补贴，以及按照本法第 36 条第 3 款的规定视为获得许可的国家补贴。

（二）现行国家补贴应当按照本法的一般要求和第 31 条第 6 款规定的特别要求进行评估。

（三）财政部长认为现行国家补贴不与或不再与公众利益相一致的，其应当将其初步意见以书面形式通知国家补贴授予者，并且给予授予者在 1 个月内提交申辩理由的机会。财政部长认为有正当事由的，可以延长该期限。

（四）根据本条第 3 款规定的由授予者在 1 个月内提交的申辩理由，财政部长作出现行国家补贴与公众利益一致裁决的，财政部长应当将裁决结果告知原国家补贴授予者。

（五）根据本条第 3 款规定的由授予者在 1 个月内提交的申辩理由，财政部长作出现行国家补贴与公众利益不一致裁决的，财政部长有权要求其对补贴计划作出实质性修改，并同时要求其在限定的期限内提交一份新的许可申请，或者在规定的期限内决定终止授予国家补贴。

（六）根据本条第 5 款的规定，提交授予国家补贴许可的申请的程序应当按照本法第 36 条的规定进行。

（七）国家补贴的授予者未在限定的期限内完成财政部长按照本条第 5 款的规定提出要求，则期限终止后，该国家补贴视为非法，财政部长有权启动本法第 42 条规定的程序。

第八十九条 ［《竞争法》的废止］

从本法实施生效之日起，《竞争法》废止。

第九十条 ［本法的生效］

本法于 2001 年 10 月 1 日生效。

阿塞拜疆共和国反垄断法(1997年)

第一章　总　　则

第一条　[本法目标]

本法为防止、限制和消除垄断行为确立组织基础和法律基础。

第一条之一　[反垄断法律]

阿塞拜疆共和国反垄断法律包括阿塞拜疆共和国宪法、本法和其他规范性法律文件。

第二条　[适用范围]

(一)本法在阿塞拜疆共和国境内有效,适用于境内所有法人和自然人。

(二)本法也适用于经济主体、行政权力和管理机关与外国的自然人和法人订立的协议和合同对国内市场竞争造成限制的情形。

(三)本法不适用于经济主体的发明权、商标权和著作权引起的关系,但为限制竞争的目的而故意使用此类权利的情形除外。

第三条　[阿塞拜疆共和国执行反垄断政策的国家机关]

有关防止、限制、消除垄断行为的国家政策,其他国家机关在该范围内行为的协调,由各行政权力机关在其职权范围内执行。各行政权力机关可以为与违反本法规定有关的执行行为作出强制性指令,并依法行使其他权力。

第四条　[主要定义]

下列定义在本法范围内适用:

行政权力和管理机关——阿塞拜疆共和国,以及其城市、地区和行政区域组成单位的行政权力和管理机关。所有行使行政管理职能(设置国家指令,确立对物质资源的限制等)的协会、联盟、企业、团体以及其他的企业联合,也视为管理主体。

市场主体——作为市场关系参与者的经济主体和行政机关。

竞争——在市场主体的独立行为严格限制各实体影响市场中商品流通一般条件的可能性,并刺激消费者所需商品的生产的情况下,市场主体间为取得最有利的经济活动条件而进行的一种对抗。

限制行为的方法——经济主体为保护并与同一或其他市场的竞争者划分其活动范围而使用的方法,以此来限制该特定市场中的竞争(占有资源和销售渠道,经济主体的联合及合并,缔结以划分市场为目的的协议,操纵价格,联合抵制竞争者,特许垄断等)。

支配地位——经济主体可以用其经济潜力影响竞争进而限制其他市场主体进入市场的排他性地位。经济主体的市场份额超过35%或者法律确定的其他最大数额时,其被认为是处于支配地位。

垄断行为——经济主体或行政权力和管理机关以某种垄断形式实施的导致妨碍、限制或排除竞争的行为。

市场壁垒——为了限制新的竞争者进入市场(进入壁垒)和阻止市场中运营经济主体退出市场(退出壁垒)而设置的障碍。

横向协议——处于同一和相同生产阶段或在同一和相同市场中活动的经济主体之间为避免竞争签订的协议。

纵向协议——处于不同生产阶段的经济主体之间或经济主体与其客户及商品供应者之间签订的协议。

自然垄断——在现存条件下，不可能或不适宜竞争的领域内的各种垄断行为。

第二章　垄断行为

第五条　[国家性垄断]

行政权力机关作出的导致或者可能导致限制或排除竞争，损害经济主体和消费者利益的下列行为为违法行为：

1. 对产品的生产和销售作出指导性指令，以及对国家经济部门外运营的经济主体作出强制性国家指令；

2. 对独立的经济主体生产和销售商品的价格进行不正当的控制；

3. 授予行政组织导致限制竞争的权力；

4. 对共和国各地区间的商品流通强制实施不正当的禁令；

5. 设立实施限制竞争行为的企业和其他行政管理组织；

6. 不正当的赋予一些经济主体税收、信贷及其他方面的特权，使其相对于同一市场中的其他主体处于优势地位；

7. 禁止或限制某类商品(服务)的生产或某类生产活动，但法律规定的情形除外；

8. 对外国经济主体设置过低(高)的纳税义务，或者使其免于纳税；

9. 对购买和销售行为施加禁令或限制，但生产和销售均依法被禁止的商品除外；

10. 对经济主体的涉外经济行为实施不正当的限制；

11. 为操纵价格(使价格的上涨、降低或将其维持在同一或相同水平)对市场中的特定商品的交易进行干预，并且该行为将导致限制竞争和侵害消费者利益；

12. 对需求和供给领域的信息网络进行控制，但法律另有规定的除外。

第六条　[部门垄断]

行政部门作出的导致或可能导致限制或排除竞争并对经济主体和消费者的利益造成损害的下列行为，为违法行为：

1. 对新的经济主体进入行业市场设置人为的障碍；

2. 以中央指令的形式为非政府的经济主体建立不正当的原料供应渠道；

3. 对分销、采购和销售产品的并行结构的形成设置障碍；

4. 对经济主体的独立性进行不正当的限制；

5. 以限制竞争为目的建立行政管理组织或控股公司；

6. 在从属于行政部门的经济主体的私有化过程中，获取多数股权；

7. 对资金从一个领域自由进入另一个领域设置不正当的障碍；

8. 对新产品的开发或新企业的设立设置不正当的障碍，针对违反现行法律规定的行为除外；

9. 对商品及替代品的生产、商品进口进行不正当的控制；

10. 不正当地赋予低效率或不盈利的经济主体在财务及其他方面的特权，且该特权不符合公共利益且不利于行业内的竞争；

11. 以限制或排除竞争为目的,为从属经济主体抑制行为创造条件。

第七条 [地方性垄断]

地方性行政权力机关(地区,城市,行政区域组成单位)作出的导致或者可能导致限制或排除竞争,并对损害经济主体和消费者的利益造成损害的下列行为为违法行为:

1. 对经济主体和资本投资进入地方市场设置法律上、组织上和经济上的障碍;
2. 为给地方经济主体设立单方面的特权而使用属于地方财产的物品、地方预算资金和地方额外预算性资金的行为,且该行为可能限制竞争;
3. 为限制地方市场中的经济活动,在征税和私有化领域使用其行政权力,控制与土地有关的关系;
4. 设置税收及其他方面的特权,对在地方市场中处于支配地位的地方经济主体或其联合给予单方优惠;
5. 为取得市场支配地位而设置行政管理组织或控股公司;
6. 限制产品的进出口;
7. 对某些经济主体滥用地方命令(国家命令),以限制竞争。

第八条 [经济主体的垄断]

具有市场支配地位的经济主体作出的导致或者可能导致限制竞争并侵害其他经济主体和消费者的利益的下列行为,为违法行为:

1. 不正当地限制或停止经济、民众及单个经济主体缺乏的产品的生产;
2. 为创造人为的商品短缺或抬高价格而改变产品产量和从流通领域内撤回商品;
3. 对其他经济主体进入和退出市场设置不正当的障碍;
4. 为在市场中获得额外的特权而操纵价格(其上涨、下跌或维持在同一和相同水平);
5. 为对经济主体实行差别待遇,而在商品缺乏替代销售者或者购买者的情况下拒绝销售或购买该商品;
6. 为批发和零售贸易体系中的经济主体制造封闭式销售网络;
7. 允许区别对待缔结的协议中相似的或者相当的条款,该条款可能限制对方相对于其他经济主体的竞争力;
8. 强制对方接受协议中对其不利或者不符合协议目的的条款;
9. 存在过剩生产能力时,不正当地拒绝与对方缔结协议;
10. 未预先通知并经对方同意而违反现存的经济关系。

第九条 [金融信贷垄断]

金融信贷机构作出的导致或者可能导致限制竞争的下列行为,为违法行为:

1. 限制金融资金的流动,对资金从一个活动领域进入另一个活动领域设置不正当的障碍;
2. 在商业银行间缔结建立统一利率政策的协议;
3. 在经济主体获取银行信贷时,依据资产形式和法定组织程序对经济主体实行不正当的差别待遇;
4. 强加非法定条件,且该条件使公司获得银行贷款的难度加大;
5. 对其他金融信贷机构进入(或退出)金融信贷市场设置不正当的障碍;
6. 为制造或维持人为的资金短缺和提高其在信贷资金市场中信率的目的而减少或者终止发放贷款。

第十条 [市场主体间的横向或纵向协议所形成的垄断]

行政权力和管理机关之间、经济主体之间或行政权力机关、行政部门和经济主体之间缔结的导致或者可能导致限制竞争的下列协议,是非法的横向和纵向协议:

1. 当竞争主体之一占有市场支配地位,并可以通过限制行为而形成垄断时,竞争主体之间缔结的下列协议:

(1)依照地域标准、销售量或购买量、商品的类型或潜在购买者(消费者)划分市场;

(2)确立固定的价格(价目表)、折扣、额外报酬(额外费用);

(3)限制市场进入,联合抵制竞争者及在交易关系中拒绝交易者;

(4)为人为的改变建议的数量而协调生产限额;

(5)在拍卖和销售中使价格上涨、下跌或维持在同一或相同水平;

(6)固定市场价格;

(7)实行价格歧视;

(8)同一人在两个或多个生产和销售类似产品的市场主体中担任数个管理职位。

2. 非竞争关系的市场主体之间——其中一方占有支配地位,其他各方是其供货商或购买者(消费者)——缔结的导致或可能导致限制市场竞争的协议。

3. 因经济主体的联合或合并而终止的协议,当其市场份额总和导致或加强了其支配地位时。

4. 市场主体间缔结的以限制或排除竞争为目的而建立合资企业的协议。

5. 阿塞拜疆公司缔结的可能导致限制国内市场竞争的收购外国公司的协议。

6. 对特定产品的销售或购买设定条件的强制协议。

7. 要求向其竞争者之外的特定销售者购买某产品的排他性协议。

8. 为取代市场中的竞争者和阻碍其他的经济主体进入市场,确立成品标准的协议。

第十一条 [自然垄断]

(一)行政机关和经济主体滥用其作为某个商品和服务提供领域的唯一垄断者的权利,侵害国家利益、经济主体利益和消费者权利的,对其单独进行反垄断控制。

(二)自然垄断的目录在相关行政权力机关的申请下,由阿塞拜疆共和国议会批准。

第十二条 [专利许可垄断]

行政机关和经济主体以限制或排除特定市场中的竞争为目的,滥用其在专利和许可上的独占权的下列行为,为违法行为:

1. 专利权人自己不使用专利且不正当地拒绝授权他人许可;

2. 对被许可人进行技术方法上的限制;

3. 限制被许可人使用被许可的技术;

4. 限制被许可人的商业行为;

5. 专利权人对被许可人设置更苛刻的许可费的条件。

第三章 反垄断的控制方法

第十三条 [国家对经济主体成立、重组和清算时遵守反垄断法律的情况实施控制]

(一)相关行政权力机关为防止经济主体滥用其重要地位或实施下列情形中的限制竞争的行为,而实施国家控制对其进行限制:

1. 导致新建立的经济主体在相关商品市场中的份额超过35%的经济主体的合并及联合;

2. 资产的总额超过最低工资额的7.5万倍的经济主体的联合和合并;

3. 资产总额超过最低工资额 5 万倍的企业的清算(企业依照法院判决清算的除外)和分立,并且上述规定也适用于地方性企业(如将导致在相关商品市场中份额超过 35% 的新的经济主体的出现)。

(二)根据本条第 1 款的规定,经济主体的成立、重组和清算,应当在行政权力机关同意的基础上实施。

1. 个人或经济主体对特定的经济主体作出成立、重组、清算决定需要申请相关行政权力机关同意。

2. 申请书应附有依法需要国家登记的文件和相关商品市场中主要产品(或服务)的销售量信息。

3. 根据本条第 1 款规定,经济主体因成立、重组和清算而为获得相关行政权力机关的同意,不需要提供其他任何文件。

4. 相关行政权力机关应在收到申请文件起 15 日内,以书面形式通知申请人其所做的决定。

(三)根据本条第 1 款规定,经济主体未经各行政权力机关的同意作出的成立、重组和清算的行为,可以由法院根据相关行政权力机关的行为作出确认无效的判决。

第十三条之一 [国家对经济主体间收购股份所为交易遵守反垄断法的情况实施监督]

(一)经济主体达成的交易应根据本条第 2 款规定,在取得各行政权力机关的同意后方可实施,下列情形除外:

1. 购买的股份超过构成一个经济主体合股财产 20% 并把投票权转让给其他经济主体(经济联合体),而该限制不涉及设立经济主体的发起人;

2. 转让用于生产的主要资产或者非物质资产所有权或使用权给另一个经济主体(经济联合体),且作为交易标的的资产的账面价值超过转让该财产的经济主体用于生产的主要资产或者非物质资产价值的 10%;

3. 其他的经济主体(经济联合体)通过明确商业活动条款或者可能控制其高层管理机构的运作,而获得某个经济主体的权利。

(二)经济主体在下列情形进行本条第 1 款规定的交易,应征得相关行政权力机关的同意:

1. 本条第 1 款中规定的经济主体资产的账面价值超过了工资的 7.5 万倍。

2. 其中一个经济主体在相关商品市场中的份额超过 35%;

3. 收购股份的经济主体控制转让该股份的经济主体的行为。

(三)为获得对本章第 13 条第 1 款规定交易行为的批准,要求经济主体按照指令提交本章第 13 条第 2 款规定的申请书、文件和资料。

第十四条 [对垄断行为的限制]

当经济主体滥用其支配地位的行为限制竞争并侵害消费者的利益,且出于技术上、地域上和组织上的原因不可能强制拆分处于垄断地位的经济主体时,相关行政权力机关可以分别向行政权力和管理机关提出下列建议:

1. 对经济主体(某些情况下是垄断者)的产品(和服务)的价格实施国家控制,对一个或其他产品(服务)的市场价格制定可允许的限额;

2. 根据市场份额从经济主体的收益中取消税收上的累进税率制的运用;

3. 对滥用市场独立地位的自然垄断经济主体,设置固定的消费税率;

4. 为弱化进入某个市场的障碍而适用生产商品的统一标准;

5. 用标准折旧来代替加速折旧;

6. 制定更严格的贷款条件；

7. 经济主体滥用专利权时，以相对适当的费用对新专利实施强制许可；

8. 当协议中一方或各方从事垄断行为时强制废除市场主体缔结的协议中的限制条款；

9. 停止所有形式的国家支持；

10. 对交易业务设立禁令；

11. 废除进出口业务许可证。

第十五条 ［垄断行为的终止］

（一）当占据支配地位的经济主体开始实施垄断行为，且其行为严重的限制竞争的，如组织、技术和地域条件允许，相关行政权力机关可以作出强制拆分的决定。

（二）在该情况下，相关行政权力机关将权衡经济主体的特性，在至少6个月期间内对经济主体的强制拆分设定条件。

第十六条 ［行政权力机关的获得信息权］

（一）各行政权力机关有权从国家管理机关、行政管理组织以及经济主体处获得履行其职责和义务所必需的信息，包括与违反反垄断法的行为相关的书面（或口头）说明。

（二）阿塞拜疆共和国国会，根据垄断企业国家登记保留的方案，在统计基础上向行政机关提供能够确定企业在国内市场中垄断地位的统计数据。

（三）垄断企业应各行政权力机关的要求，在依照国会指令认可的国家统计会计师统计的基础上，向各行政权力机关提交有关垄断活动主要问题。

（四）各行政权力机关应当对在依照本条取得的机密信息保密。

第四章　法律责任与官员职责

第十七条 ［违反本法的后果］

（一）违反本法时，经济主体、行政权力机关以及其官员应当：

1. 偿还由于违反本法所获得的利益，并按照法律规定的指令纳入国家预算；

2. 基于各行政权力机关颁布的法令，停止侵害，恢复原状，变更或废除协议，实施上述法令中规定的其他行为；

3. 赔偿损失；

4. 缴纳罚款。

（二）引起的损失通过法院或仲裁法庭获得补偿。

第十八条 ［违反本法的责任］

违反本法的经济主体、经济主体的管理人员和各行政权力机关的官员承担下列责任：

1. 经济主体有责任缴纳下列罚款：

（1）未在规定期限履行各行政权力机关的法律指令时，迟延的每1日（最多50日）要缴纳最低工资额50倍的罚款，但是总数不超过最低工资的2万倍；

（2）在未提交本法第13条、第13条之一和第16条指定的资料和信息或提交了错误的信息给各行政权力机关时，处以高至最低工资额5万倍的经济制裁。在决定罚款数额时要考虑经济主体的经济状况。

2. 经济主体的管理人员和行政权力机关的官员：

（1）未在规定的期限内执行各行政权力机关的法律指令的，应按行政指令处以警告或者最低工资额200倍的罚款；

(2)在违反本法第 13 条、第 13 条之一和第 16 条的规定及未提交文件时,应以行政命令形式给予警告或者处以最低工资额 150 倍的罚款。

3. 本条第 2 项规定的人 1 年内(被采取行政措施后)两次实施上述违法行为,应依法承担刑事责任。

4. 本条第 1 款规定作为处罚形式的罚金,在行政权力机关对此作出决定后 30 日内当然纳入国家预算。经济主体不按时交纳罚金或者部分缴纳罚金的情形,各行政权力机关可向法院申请要求支付罚金总金额或者未支付金额的 1% 的日迟延履行金。

5. 审议违反反垄断法的事项的程序由各行政权力机关决定。

第十九条 [各行政权力机关的官员的职责]

各行政管理机关官员有义务遵守法律规定,不得泄露国家秘密和商业秘密,并对因其错误履行职责造成经济主体和国家的损失负责。

阿塞拜疆共和国自然垄断法(1998年)

第一条 ［目的］

本法规定阿塞拜疆共和国境内的与自然垄断有关的国家调控的组织机构及其法定职能,本法的目的是平衡自然垄断主体与国家之间的利益。

第二条 ［本法调整的关系］

本法调整在市场中产生的产品、劳动、服务(以下称为商品)关系,参与该关系的主体包括自然垄断主体、消费者、有关行政权力机关以及地方政府。本法不适用于自然垄断主体实施的不属于自然垄断范围内的行为,本法另有规定的除外。

第三条 ［有关自然垄断的法律］

有关自然垄断的法律由阿塞拜疆共和国宪法、本法、阿塞拜疆共和国“有关反垄断行为”的法律以及其他规范性行政规章组成。

第四条 ［定义］

本法中使用的词语和表述具有下列含义:

自然垄断——是指由于生产的特定技术特征和垄断主体生产(销售)的商品无法被其他商品替代,在缺乏竞争的条件下能更有效满足需求的商品市场。

自然垄断主体——是指在自然垄断条件下从事商品生产(销售)的经济主体。

消费者——是指购买由自然垄断主体生产(销售)的商品的自然人或法人。

第五条 ［自然垄断主体的经营活动范围］

(一)自然垄断主体的经营活动范围包括以下内容:

1. 原油和石油产品的主干管道运输;

2. 天然气的管道运输服务,以及天然气的储存和销售;

3. 电能和热能的传输和销售服务;

4. 为铁路的主干路和支路、公路枢纽和设施、交通管理和交通安全、铁路终点站和乘客站的运营提供的服务;

5. 机场服务,机场、机场跑道和建筑设施运营,以及为航空器提供的航空和导航服务;

6. 公路、隧道、地铁站的运营,以及交通管理和交通安全服务;

7. 港口服务,港口码头的运营,货物运输和安全服务;

8. 公用邮电通讯服务,广播电视收发器、高压电力设备的运营与监控;

9. 水处理的主要设备、主要管道、输水管系统以及压力调节站的运营;

10. 通风,机械清洁设备、水泵和排放雨水的便利设施的运转;

11. 与灌溉和改善系统的有关的水库、运河、蓄水塔主要管道和大坝的运营;

12. 供热服务。

(二)现有经济主体的竞争者出现在本条第一部分规定的经营活动范围,则在竞争条件下从事经营活动的主体就不能被视为自然垄断主体,其行为亦不再受本法调整。

第六条 ［对自然垄断主体的行为的国家控制］

(一)对自然垄断主体的行为的控制由相关行政权力机关实施(以下称自然垄断控制机关)。

(二)可采取下列措施控制自然垄断主体的行为:

1. 控制商品的价格(价目表);

2. 确定必须向其提供服务的消费者,以及(或)在自然垄断主体不能完全满足消费者对商品的需要时,确定对上述商品的最低要求;

3. 使商品的生产(销售)量符合本法的要求。

(三)自然垄断控制机关可采取符合现行法律规定的其他方法。

第七条 [适用控制方法的先决条件]

自然垄断控制机关对特殊自然垄断主体适用的控制方法作出决定,该方法对生产或销售的商品的质量进步以及满足对此类商品的需求有激励性作用。在该情况下必须考虑下列因素以确定成本是否合理:

1. 商品的生产或销售成本,包括工资,原材料的成本和企业的一般管理费用;

2. 税款和其他费用;

3. 主要资产的再生产和折旧所需的费用;

4. 现实的和预计的收入;

5. 消费者所需的相应的生产或销售的商品的质量和数量;

6. 国家补贴以及其他的国家支持措施。

第八条 [对自然垄断主体行为的国家控制]

(一)相关机关依照本法和阿塞拜疆共和国的其他规范性法律文件对自然垄断主体的行为实施控制。

上述机关依照本法和阿塞拜疆共和国其他规范性法律文件对自然垄断主体的行为进行控制的,可采取措施阻止或防止对消费者利益有不利影响的行为及为从自然垄断到经济学上合理的自由竞争设置转换障碍的行为。

(二)自然垄断控制机关控制自然垄断主体下列行为:

1. 取得用于生产(销售)根据本法不在国家管理范围内商品的主要资产的所有权或使用权的行为(如果自然垄断主体用于生产上述商品的主要资产的账面成本高于根据最近通过的财务报告该主体合股资本总额的10%);

2. 通过出售、租借和其他行为将主要资产的所有权或使用权移转给另一个经济主体,且该主要资产是用于根据本法属于国家控制的商品的生产(销售)(如果根据最新的财务报告,自然垄断主体用于生产上述商品的主要资产的账面成本高于其合股资本的10%);

3. 主要资产通过出租移转给消费者;

4. 自然垄断主体在不属本法管制的行为领域内投入资金(投资)。

(三)为获得实施本条第2款列举的行为的许可,自然垄断主体必须向自然垄断控制机关提出申请。有关调查程序和相关文件资料的规定由有关行政权力机关制定。

(四)申请中确定的特定行为对消费者利益有不利影响的,申请人未提交所要求的文件或者所提交文件中包含不真实信息的,自然垄断控制机关可以拒绝对此类行为作出许可。

(五)自然垄断控制机关有权要求申请人提交补充文件以阐明问题,且仅在该情况下申请的期限可以延长。上述要求应在自申请之日起的10日内送达给申请人。自然垄断控制机关应自申请之日起,或自提交补充文件之日起的不迟于15日内把相关决定告知申请人。

(六)自然垄断控制机关拒绝许可申请中确定的行为,或者在确定的调查期限届满时未能作出答复的,则申请人可以向法院提起起诉。

（七）自然人或自然人团体（实体）通过购买自然垄断主体合股资本的股份或通过其他交易（如信托）获得了相对于构成自然垄断主体合股资本全部股份10%以上的投票权，或其持有的大量投票权发生变动的，应当将相关事实在15日内通知自然垄断控制机关。

第九条 ［自然垄断控制机关的职权］

自然垄断控制机关享有下列职权：

1. 在其权限范围内，为确保本法条款得到遵守而实施控制；
2. 对自然垄断主体进行正式登记；
3. 确定用于各特殊自然垄断主体的控制方法；
4. 决定对自然垄断主体使用强制性的控制方法；
5. 为履行法律规定的职权而从自然垄断主体的管理人员处获取资料；
6. 依照法律规定的程序，在职权范围内对违反本法规定的相关事项进行调查，并作出决定；
7. 对自然垄断主体及其管理人员进行罚款（经济制裁）；
8. 发布强制性指示要求自然垄断主体将违反本法的行为所获得的收入纳入国家预算，与必须提供服务的消费者订立协议，指示修改协议；
9. 向有关行政权力机关提出申请以解决控制自然垄断主体行为所需的经费；
10. 行使法律规定的其他权力。

第十条 ［自然垄断主体的义务］

（一）自然垄断主体必须执行自然垄断控制机关在法律规定的权限内作出的自然垄断控制决定。

（二）根据法律规定，自然垄断主体必须在适当的时间内向自然垄断控制机关提交有关其行为和投资计划的报告，以及其他文件和资料。

（三）有权生产（或销售）自然垄断领域相关商品的自然垄断主体，就此类商品的销售无权拒绝与消费者缔结协议。

（四）发生违反本法行为时，自然垄断主体（或其职员）有义务按照自然垄断控制主体的决定实施下列行为：

1. 消除违反本法规定的行为；
2. 恢复原状或执行上述决定中包含的其他指示；
3. 取消或变更与本法规定相抵触的交易；
4. 与必须提供服务的消费者订立协议，并对订立的协议作出相应的修改；
5. 将违反本法的行为所获得的收入纳入国家预算。

第十一条 ［自然垄断主体的责任］

（一）对自然垄断主体的违法行为应处以下列处罚（经济制裁）：

1. 未提交自然垄断控制机关履行其职责所要求的文件或其他资料的，处500倍最低工资的罚款；
2. 未提交本法第8条第7款规定资料的，处600倍最低工资的罚款；
3. 向自然垄断控制机关提交不真实资料的，处1000倍最低工资的罚款；
4. 变更由有关行政权力机关确定的价格（价目表）的，处1.5万倍最低工资的罚款；
5. 违反自然垄断控制机关作出的决定的，处1万倍最低工资的罚款。

（二）根据本条适用的罚款，在处罚决定作出后30日内收归国库。罚款未按时缴纳或者全部缴纳，迟延1日缴纳0.5%的滞纳金。

第十二条 [自然垄断主体的管理人员和自然垄断控制机关的官员对自然垄断实施控制的责任]

(一)根据阿塞拜疆共和国法律,自然垄断主体的管理人员应就不履行依照本法作出的决定的行为承担责任。

(二)对自然垄断主体的行为进行管理的机关的官员违反本法规定的,应根据阿塞拜疆共和国的法律承担责任。

(三)对自然垄断主体及其管理人员适用财产制裁和处罚并不免除其履行垄断控制机关依照本法作出的关于对自然垄断实施控制的决定的义务。

第十三条 [赔偿损失]

自然垄断主体或其他经济主体由于自然垄断控制机关的违反本法规定的决定(包括对价格作出的不公正的决定)而遭受损失时,有权要求其依照民事法律赔偿损失。

保加利亚保护竞争法(1999 年)

第一章　总　　则

第一节　总　　则

第一条　[立法目的]

(一)本法旨在保护和促进经济活动中的竞争秩序和经营者自由。

(二)为实现立法宗旨,本法禁止订立限制性协议、决定,协同行为;禁止滥用垄断和市场支配地位;限制经济集中;禁止不正当竞争行为以及其他可能妨碍、限制、破坏竞争的行为。

第二条　[适用范围]

(一)本法适用于:

1. 保加利亚共和国境内外开展经济活动的所有经营者,只要其行为明显或潜在地妨碍、限制、破坏或者可能会妨碍、限制、破坏国内竞争;

2. 执法机关和地方自治政府,只要其行为明显地或潜在地妨碍、限制、破坏或者可能会妨碍、限制、破坏国内竞争;

3. 政府指定为公众利益提供服务的经营者,由于其遵守法律规定可以实现上述目标且不对本国竞争产生实质性影响;

4. 支持建立市场支配地位或者从事不正当竞争行为的自然人。

(二)本法不适用于:

1. 由不以限制或破坏竞争为目的的工业产权保护法,著作权和邻接权保护法所调整的关系;

2. 限制或者可能限制其他国家的竞争的行为,保加利亚共和国参加并生效的国际公约中另有规定的除外。

第二节　竞争保护委员会

第三条　[地位]

竞争保护委员会(以下称为委员会)为独立的专门政府机关,由国家财政拨款。委员会为法人,总部设在索非亚。

第四条　[成员]

(一)委员会由 11 人组成,设主席 1 名,副主席 2 名,和委员 8 名。其中应有律师 7 名,经济学家 4 名。委员会成员由国会任命和罢免,每届任期为 5 年。可以连任一届。

(二)委员会主席必须是执业 10 年以上的律师,同时必须符合第 3 款的要求。

(三)委员会委员从受过法律或经济学高等教育,从业经历不少于 5 年、具有高尚的职业和道德品质,并且未因一般犯罪被剥夺自由的保加利亚公民中产生。委员会委员不得有偿兼任其他职位,但从事研究和教学活动的除外。

(四)在主席选举产生后的 1 个月内,国会应根据主席的提名,选举产生 2 名副主席和 8 名委员会委员。

(五)委员会主席、副主席和委员需依据保加利亚共和国宪法第 76 条第 2 款在国会宣誓。

第五条 [权力的终止]

(一)委员会主席、副主席及委员有下列情形的,国会可以在其任期届满之前将其罢免:

1. 基于上述人员的要求;

2. 因故意犯罪被剥夺自由的;

3. 不能履行其义务超过 6 个月以上的;

4. 严重违反本法及其誓言的。

(二)具有本条第 1 款中第 2 ~4 项情形的,委员会主席应向国会递交罢免该成员的提案。

(三)在第 1 款权力终止情况下,主席应在此后 1 个月内,向国会递交选举委员会新成员的提案,新成员履行职务直至原任期届满。

第六条 [组织及运行]

(一)委员会的组织和运行规则须在政府公报公布。

(二)委员会的运行应得到行政部门的支持。

第七条 [职责]

(一)竞争保护委员会有权:

1. 依法确认违法行为并予以制裁;

2. 根据法律的规定颁布许可证;

3. 向行政主管机关和地方自治政府的相关部门提出建议,废止与本法相违背的管理性法规,并诉求法院撤销违反本法的具体行政行为;

4. 对本法相关的其他请求发表声明;

5. 制定停止侵害和恢复原状的规则;

6. 宣告法律禁止的协议和决定无效。

(二)在其运行过程中,竞争保护委员会应:

1. 以其采取的方法进行调查,并确定经营者在相关市场上的地位;

2. 通过参与管理条例草案的制定、信息交流以及其他方式与其他政府机关和机构、地方自治政府机关以及非政府组织合作;

3. 根据相关政府机构和当地机关的要求,为经营者或经营者中的部分的改制和私有化的方案提供建议,防止违反本法情形的出现;

4. 在保护竞争领域,组织和协调保加利亚共和国与国际组织或与来自其他国家的组织间的国际合作;

5. 登记所颁发的许可令证;

6. 定期发布信息公告。

第八条 [委员会主席]

(一)委员会主席有权:

1. 向国会提名选举副主席和委员会委员;

2. 代表委员会或授权他人代表委员会;

3. 组织和管理委员会的运行;

4. 确定委员会会议的日期并主持会议;

5. 缔结、修改和终止与行政雇员的雇佣合同;

6. 作出和组织执行委员会的生效决定；

7. 执行预算；

8. 通过媒体向公众公告有关委员会的运行情况。

（二）主席履行其职责，副主席应当予以协助。主席应指定1名副主席在其缺席时代为履行职责。

第二章　限制竞争

第三节　限制性协议、决定和协同行为

第九条　［一般性禁止］

（一）禁止各类旨在或意图导致阻碍、限制、破坏相关市场竞争的经营者之间的协议、关联或联合企业之间的决议以及2个或2个以上的企业之间的协同行为，如：

1. 直接或间接固定价格或其他交易条件；

2. 划分市场或供应的资源；

3. 限制或控制生产、贸易、技术发展或投资；

4. 在同种类型的协议中对某些交易对象适用不同的条款，使其在竞争中处于不平等的地位；

5. 以使对方承担额外义务或缔结额外合同为条件缔结合同，而在本质上或根据商业惯例该条件与主合同的主体内容或履行无关。

（二）第1款规定协议和决定当然无效。即使未依本法第7条第2款第6项予以公告，相关机关和当事人也应确认其为无效。

第十条　［后果显著轻微的协议］

（一）本法第9条第1款中的禁止规定不适用于对竞争后果显著轻微的协议、决定和协同行为。

（二）经营者之间的协议、决定和协同行为所涉及的商品和服务的总份额不超过相关市场5%的，可认定其后果显著轻微。

第十一条　［申报的义务］

（一）经营者应当在缔结、采用和实施协议的30日内，向委员会申报存在本法第9条第1款规定的协议、决定和协同行为。

（二）本条第1款规定的申报应当包括下列资料：

1. 参与经营者的名称；

2. 协议、决定的法律形式或协同行为的类别；

3. 参与经营者在相关市场中的总份额。

（三）申报的内容也可包括申请依据本法第13条获得禁止豁免。

第十二条　［协议、决定和协同行为的评估］

自收到申报之日起2个月内，委员会应当作出决定并宣布：

1. 现有的理由不足以适用本法第9条的禁止规定；

2. 禁止该协议、决定和协同行为。

第十三条　［对禁止的豁免］

（一）委员会可以根据本法第9条第1款的禁止规定作出对禁止豁免的许可，企业之间的协

议、决定或协同行为有利于促进产品数量的增加和服务质量的提高,以及技术和经济的发展或国际竞争力的增强,同时能够确保消费者合理地从中获益,并且:

1. 不会对相关经营者强加限制,而且该限制不是为达到上述第 1 款目的所必需的;或者

2. 不会消除相关市场实质部分竞争。

(二)本法第 9 条规定的中小经营者之间的协议、决定和协同行为能够提高其竞争力的,委员会可以对其进行豁免。

(三)根据本条第 1 款作出的批准许可应当在根据本法第 11 条第 3 款提出的请求提交之日起 2 个月内作出。批准许可的内容可包括经营者必须遵守的条款。

(四)委员会应当对本条第 3 款中规定条款的遵守情况实施监控,发生下列情形的,委员会可撤回或修改其所作出的批准许可,并可禁止企业之间的协议、决定或协同行为:

1. 事实发生变化,并对许可的作出产生重大影响;

2. 参与经营者不遵守许可批准中所规定的条款;

3. 已确定豁免批准是基于经营者提供的不实信息和资料所作出的。

(五)调查资料表明,请求豁免的企业之间的协议、决定或协同行为严重损害或可能损害交易伙伴或消费者的利益,委员会可作出决定,命令立即停止或修正协议、决定和协同行为。此决定不得被提起上诉。

第十四条 [对禁止的集体豁免]

(一)某同一类型的合同符合本法第 13 条第 1 款规定的,委员会可作出不适用本法第 9 条第 1 款禁止性规定的决定。

(二)根据本条第 1 款作出的决定应在政府公报上公布后才生效。

(三)委员会在根据本法第 9 条第 1 款作出集体豁免的决定时,应当详细说明合同包含的条款以及哪些条款将不被认可。

(四)第 1 款规定的决定可规定第 9 条第 1 款的禁止性规定不适用于在委员会决定生效前订立的合同,条件是按照委员会的要求在 3 个月内提交了该合同,并且委员会立即通告了所发生的变化。

第十五条 [统一基本条款]

(一)如果统一一般条款不会限制价格的自由协商和损害消费者的利益,运用其缔结一个或同一类型合同的经营者可以在缔结协议之前统一基本条款。

(二)经过委员会的批准才可统一基本条款,委员会根据本条第 1 款的规定授权经营者在递交申请的 2 个月内进行。

第四节 垄断和支配地位

第十六条 [垄断地位]

(一)垄断是一个企业在市场中的地位,是经营者依法享有的从事某一种经济活动的排他性权利。

(二)垄断地位只有在国家依据保加利亚共和国宪法第 18 条第 4 款的规定,通过法律授权才能获得。

(三)其他任何情况下垄断地位的授予都是无效的。

第十七条 [支配地位]

(一)支配地位是指由于企业独立于竞争者、供应者和购买者,鉴于企业市场份额、资金来

源、进入市场的机会、技术水平及与其他经营者的商业关系使其可以妨碍相关市场竞争的市场地位。

（二）经营者不符合本条第 1 款规定条件但其占有的市场份额超过相关市场的 35% 的，委员会也可认定其具有支配地位。

第十八条 ［禁止滥用支配地位］

本法禁止具有垄断和支配地位的经营者以垄断和支配市场为目的或者导致阻碍、限制和破坏竞争的行为，如：

1. 直接或间接在购买或销售中实行不合理的价格或其他不平等的交易条件；

2. 限制生产、交易和技术发展，对消费者的利益造成损害，包括无正当理由地保留、销毁、损害、指定重新处理，从而造成商品的短缺；

3. 在同种类型的合同中对特定交易伙伴适用不同的条件，使其在竞争中处于不平等的地位；

4. 以使对方承担额外义务或缔结额外合同为条件缔结合同，而在本质上或根据商业惯例上述行为与主合同的主体内容或履行无关；

5. 利用经济优势地位使其他经营者的转制、兼并、合并、分立、分拆和终止，及无正当理由地终止已建立的长期交易关系。

第五节　政府行为

第十九条 ［价格的设定］

具有垄断地位的经营者违反本法第 18 条第 1 项禁止性规定的，内阁可根据委员会的提议设定特定时期最低、固定或最高价格，该经营者必须遵守。

第二十条 ［政府补贴］

（一）政府补贴是由政府提供或以任何政府资源形式提供的补贴，该补贴使某些经营者、某些商品的生产或某些服务的提供处于优势地位，而破坏或可能破坏竞争。

（二）政府机关及其机构提供政府补贴并因此影响或可能影响到保加利亚共和国和其他国家的贸易关系，上述国家已基于国际条约建立政府补贴制度，则政府机关及其机构有义务提前告知委员会政府补贴的相关方案，且委员会应对其可行性发表声明。

（三）本条第 2 款的告知义务不适用于下列政府补贴：

1. 无论商品或服务的来源，为社会利益目的而给予某些消费者的补贴；

2. 为消除自然灾害或其他非常情况造成的损坏而给予的补贴。

（四）委员会可接受下列补贴：

1. 旨在加快低生活标准或失业率超过本国平均水平地区的经济发展；

2. 旨在促进某些商业活动或个别地区的经济发展，在商业交易过程范围内未产生违反国家间共同利益的变化；

3. 旨在支持关系国家重大经济利益方案的执行，或者有助于克服保加利亚共和国经济发展中的重大困难；

4. 在不影响国家间的贸易和竞争条款，以至违背国家之间的共同利益前提下为保护文化和历史遗产而进行的补贴；

5. 获得与保加利亚共和国已建立政府补贴监控制度的国家的明确同意。

（五）委员会认为方案或提供的政府补贴与本条第 2～4 款规定不符且不在可接受的例外的

范围之内的,委员会可建议有关机关和机构在一定期间内取消该方案或者要求收回该补贴。如足以阻止限制竞争及恢复有效竞争,委员会也可建议仅改变补贴数量或条件。

第六节 经济活动的集中

第二十一条 [定义]

(一)下列经济行为构成经济集中:

1. 两个或多个独立的经营者兼并或合并;或者

2. 已控制一个或多个经营者的一人或多人,通过合同或其他任何形式收购股票、股权和资产,从而直接或间接控制一个或多个经营者或其一部分。

(二)本条第 1 款第 2 项中的控制是指在考虑到现有事实和可适用法律的情况下,联合或单独通过取得权利、缔结合同或其他方式确保对经营者施加决定性影响。包括:

1. 取得所有权或使用经营者全部或部分资产;

2. 包括以合同的方式取得权利,以对经营者机关的成员、投票或决策产生决定性影响。

第二十二条 [合营]

本法第 21 条的集中应包括建立合营企业,该合营企业需要能够持续履行一个独立经济体的所有职能,而且不必导致参与合营的经营者之间及其与合营企业之间的竞争行为的协调。

第二十三条 [除外]

下列情形不被视为集中:

1. 在自己或第三方账户上进行股票交易的银行和非银行金融机构或保险公司,以转售为目的暂时持有某一经营者的股票的行为,但仅限于下列两种情况:

(1)对所持股票并不行使实质意义上的投票权,从而不会影响经营者的竞争行为;或者

(2)仅为转让股票做准备而行使投票权,且股票的转让应当自取得之日起 1 年内完成。

2. 该控制由依法履行清算或宣告经营者破产职能的主体获得。

3. 控股公司实施本法第 21 条第 2 款规定的行为,但其目的并非为直接或间接地决定经营者的竞争行为从而获利,而仅为维持其已付资本的全部价值。

第二十四条 [提前申报义务]

(一)经营者出现下列情形时的有义务提前向委员会申报其计划从事本法第 21 条规定的其中任何一种集中行为:

1. 集中行为涉及商品或服务的市场总份额超过 20%;

2. 参与集中行为的企业上一年度的总营业额超过 50 亿保加利亚里瓦。

(二)集中表现为对一个或一个以上经营者的部分控制,不论该部分是否为独立的法律实体,被控制经营者的营业额应当被考虑。

(三)银行和非银行金融机构的集中,应当考虑其资产负债表中的资产,保险公司则应当考虑其保险费(保险金)的总额。

第二十五条 [政府和当地机关的申报义务]

中央行政部门或当地自治政府的机关合并其经营者的,则应当依据本法第 24 条第 1 款的规定,在其发布相关条例之前向委员会申报。

第二十六条 [申报的内容]

(一)第 24 条规定的申报应包括以下信息:

1. 参与集中的经营者;

2. 集中的性质和法律形式；
3. 集中所涉及的商品和服务的类型；
4. 参与集中的经营者依据本法第 21 条第 2 款实施控制的情况；
5. 参与集中的经营者的总市场份额和总营业额；
6. 主要竞争者、供应者和购买者。

(二)经营者根据本条第 1 款的申报内容应当包括申请委员会批准其集中行为的请求。

第二十七条 [集中行为的评估]

(一)委员会应当在收到申报资料之日起 1 个月内对集中行为进行评估,评估时应当考虑下列内容:集中完成前后经营者在相关市场的地位、经营者的经济和财务实力、相关商品和服务的市场以及其供应的进入、进入市场的法律和其他障碍。

(二)委员会应当根据评估的结果作出下列决定:
1. 宣布集中行为在本法第 24 条应申报的范围之外;
2. 批准集中行为;
3. 根据本法第 29 条进行调查。

(三)在调查的过程中发现资料并能够证明已获得申请批准的集中行为严重损害或可能损害交易对方或消费者利益的,委员会可通过决定命令立即终止集中行为或对与集中有关的行为进行调整。该决定不得被提起上诉。

第二十八条 [集中行为的批准]

(一)集中行为未导致支配地位的产生或加强,从而严重阻碍相关市场有效竞争的,委员会可批准该集中行为。集中行为遵守某些条件的也可获得批准。

(二)虽然集中行为导致支配地位的产生或加强,但是该集中总体是为生产现代化或经济现代化、改善市场结构、吸引投资、提高国际竞争力、创造就业、更好地满足消费者的需求、并且基本克服对相关市场上竞争的消极影响,委员会也可批准该集中行为。

(三)委员会根据本条第 1 款和第 2 款作出批准时也可提出额外的条件,从而确保维持市场的有效竞争或对市场产生积极影响。

第二十九条 [调查决定]

(一)集中行为符合本法第 21 条规定,并且有导致支配地位的产生或加强且可能阻碍、限制、破坏相关市场有效竞争重大怀疑的,委员会应当决定对该集中行为展开调查。

(二)根据本条第 1 款所作出的决定应当在政府公报上公布。

(三)委员会应当在公布之日起 3 个月内完成对集中行为的调查并且发布决定。

(四)在委员会依据本法第 55 条发布决定之前,应当禁止所有属于拟实施的集中行为。

第七节　不正当竞争

第三十条 [定义]

(一)不正当竞争是指在经济活动中任何有悖良好的交易惯例、损坏或可能损坏竞争者间利益或竞争者和消费者间利益的作为或不作为。

(二)禁止任何不正当竞争。

第三十一条 [损坏竞争者的商誉]

(一)禁止通过宣称或散布不实信息或歪曲事实,损害竞争者的商誉和信用,以及影响其商品或服务。

(二)禁止以广告或其他方式宣传虚构的商品或服务属性与竞争对手的产品或服务进行比较,并禁止虚构竞争者的商品或服务缺陷。

第三十二条 [欺诈]

(一)禁止隐瞒或掩盖产品或服务的重大缺陷或有害特性。

(二)禁止以散布不实信息或歪曲事实的手段,对商品重要特性或用途进行欺诈。

(三)禁止对无法满足消费者需求或数量不足的商品或服务进行广告宣传。

(四)禁止以引人误解的价格告示、折扣和其他交易条件提供商品或服务。

第三十三条 [仿冒]

(一)禁止出售外观、包装、标识、名称或其他特征导致或可能导致在商品或服务的来源、生产者、销售者、生产方式和地点、获取来源或使用方式、数量、质量、性质、消费者属性和其他重要特征混淆的商品,或对其进行广告宣传。

(二)禁止利用相同或类似的公司名称、标识、认证标志而损害竞争者和/或消费者的利益。

第三十四条 [不正当诱骗客户]

(一)禁止以诱骗客户为目的,实施的不正当竞争,导致客户终止或违反与其他竞争者缔结的合同。

(二)禁止利用强制手段或其他不合法手段,导致销售者不向某些人提供商品或服务。

(三)禁止利用强制手段或其他不合法手段,导致客户购买或不购买或使用某种商品或服务。

(四)禁止销售者在未能表明公司名称,或提供有关个人支付账号和金额的准确信息,利率及总价的情况下,发布包括租赁条款或类似法律性质条款的销售公告。

(五)禁止在免费销售或以虚假的价格提供商品或服务时附加另一种商品或服务,但下列情形除外:广告的标的价值有限且清楚载明广告主企业;根据交易惯例,免费销售或以虚假的价格提供的商品或服务是另一种商品或服务的附属物;商品或服务是作为大批量销售的折扣;和由于销售和定制期刊的印刷问题。

(六)禁止以提供或允诺需满足下列条件而获得某物的方式进行捆绑销售:完成任务、解答难题、问题和谜语;收集系列优惠券或类似票券;参加奖品为现金或价值大大超过商品或服务价格的赌博游戏。

(七)禁止以不正当教唆诱骗客户为目的,长期以低于成本和销售费用的价格在国内市场大量销售商品。

第三十五条 [禁止泄漏生产或交易秘密]

(一)禁止违反良好交易惯例,获悉、利用、泄露生产或交易秘密。

(二)获悉生产或交易秘密是指违反良好交易惯例,未获得所有权人的同意,窃听、盗窃、私拆信件、摄像或研究以隐蔽方式存储的文件或物品,或通过欺诈或贿赂基于职位或合同关系而获得秘密的人而获得秘密的行为。

(三)禁止使用或泄漏生产或交易秘密,并禁止在秘密不得被使用或披露的情况下提供该秘密的知识或信息。

第三章　程　　序

第八节　总　　则

第三十六条　[启动程序的理由]

(一)委员会应当基于下列理由启动程序:

1. 由于个人利益受到违反本法的行为的影响或损害而提出书面申请;

2. 书面请求发布许可令或允许使用统一的一般性条款或获得政府补贴;

3. 委员会的决定;

4. 检察官的请求。

(二)因受违反本法的行为的影响而要求赔偿的请求应当依照《民事诉讼法典》的程序提出。已确认为违法行为的委员会决定应当作为民事法院审判的根据。

第三十七条　[委员会会议]

(一)委员会会议可公开或秘密进行。

(二)双方可聘请律师为其辩护。

第三十八条　[法定人数和多数]

(一)至少7名委员会成员参加方可举行委员会会议。

(二)委员会会议作出决定时,应当公开投票并以6张以上的多数票赞成方为有效。

第三十九条　[申请回避的理由]

(一)出现下列情形时委员会成员应申请自行回避:

1. 委员会成员为一方的代理人;

2. 委员会成员因劳动合同或民事合同而受雇于一方当事人;

3. 由于其他情形,委员会成员可能存在偏见,或与处理结果有直接或间接的利害关系。

(二)当出现本条第1款情形时,当事人可要求委员会相关成员回避。

第四十条　[证据保全]

(一)有证据灭失的危险或可能导致证据的收集有困难的,委员会主席应当命令在启动程序之前收集证据。

(二)证据保全应当根据《民事诉讼法典》的相关规定提出申请。

第四十一条　[合作义务]

(一)委员会履行其法律职责时,政府官员应当与委员会合作,为其提供进入营业场所的许可、口头和书面说明以及相关文件和其他信息媒介。

(二)进入营业场所被拒绝或未能获得信息的,委员会可寻求检察院或内务部的合作。

(三)在委员会研究或调查过程中,政府官员不得获知公务、生产或交易秘密。

(四)国家统计局应当依委员会的请求,在其职责范围内为委员会收集、处理、提供相关问题的信息。

第四十二条　[文件的利用]

委员会在调查过程中获得的文件和信息只可用于相关调查目的。

第四十三条　[上诉]

在委员会决定公布之日起14日内可依据《民事诉讼法典》的规定向最高行政法院提起上诉。本法第13条第5款、第27条第2、3款另有规定的除外。

第四十四条 [决定的生效]

委员会的决定在下列情况下方可生效:

(一)属于不得上诉的决定;

(二)未在本法第43条规定的期限内提起上诉;

(三)上诉被驳回。

第四十五条 [执行]

委员会作出的已经生效的财产罚和罚金决定,其征收应当根据《国家税收征收法》所规定的程序进行。

第四十六条 [时效]

违法行为自发生之日起超过5年的,委员会不得启动程序或应当终止已经启动的程序。

第四十七条 [行政费用和收费]

(一)国家费用和收费的收取应根据本法的程序进行,国家费用应经过内阁会议的同意。

(二)对于政府机构可免除国家费用,但不得免除与程序有关的收费。

第九节 违法行为调查程序和发布许可令程序

第四十八条 [程序的启动]

(一)委员会应当基于利害关系当事人的请求、发布许可令的请求、申请允许使用统一的一般性条款或政府补贴的请求启动程序,或者基于委员会职权自行启动程序。

(二)在下列情况下,委员会不得以决定的形式启动程序或应当终止已经启动的程序:

1. 作为申请人的自然人已经死亡;作为申请者的法人的已经终止;

2. 本法规定责任终止的期限已经届满;

3. 委员会无权对某事发表声明。

第四十九条 [申请的内容]

(一)依据本法第36条第1款第1项所提出的申请应当采用保加利亚语并包括下列内容:

1. 申请人和被提出申请的人的姓名、身份证号码以及在法院登记的资料;

2. 申请人的地址(总部和注册地);

3. 请求的内容和对作为申请依据的情况的描述;

4. 支持申请的证据;

5. 申请人或其代理人的签名;

6. 已支付的适当费用。

(二)根据本法第36条第1款第2项提出的请求应包括本法第11条第2款和本法第26条第1款规定的内容。

(三)要求获得政府补贴的申请应当附证明存在本法第20条第4款规定情形的证据。

(四)无签名或匿名的申请,委员会将不予受理。

(五)申请不符合本条第1~3款规定的,委员会应通知申请人在7日之内予以改正。

(六)申请人未能在本条第5款规定的期间内改正申请内容的,委员会将不予受理。

第五十条 [案卷的整理]

委员会主席应当对收到的申请、发布许可令的请求或委员会依据本法第36条第1款第3项所作出的决定形成一份案卷,并将其交予委员会的一位成员(书记员)。

第五十一条 [调查和研究]

（一）书记员应当对案卷中的相关情况进行研究或调查，但是也应当：

1. 要求申请人、被举报违反本法的人、经营者、政府和当地机关作出书面或口头的说明；口头说明需记录在案并由作出声明的人签名。

2. 要求提供私人文件或公文的副本。

3. 要求政府和当地机关的书面意见。

（二）书记员在进行调查或研究时应得到政府部门以及外部专家和专业人士的协助。

（三）对在调查或研究的过程中收集到的属于交易秘密或属于当事人保护的其他秘密的所有事实和情况，应予以保密。

（四）调查应当在60日内完成。事实或法律复杂，经委员会主席同意，可延长至90日。

（五）在调查或研究完成后，双方当事人有权知悉档案中收集的材料。

第五十二条 ［作出结论］

（一）书记员应当拟定结论并将档案递交给委员会主席。

（二）委员会主席应当在收到案卷之日起2周以内，确定公开会议的召开日期。

（三）应传唤当事人出席会议，同时应依据《民事诉讼法典》的规定通知利害关系人。

（四）下列人员应出席会议：被主张权利的人或其代理人、因违法行为而遭受损失的人或其代理人、申请人、政府或当地机关的代表人以及其他有利害关系的当事人。

第五十三条 ［证据］

（一）提交给委员会会议的证据应为书面形式，并应充分听取各方当事人的说明。

（二）委员会主席可命令一方当事人亲自出席会议并作出说明。

第五十四条 ［举行会议的程序］

（一）委员会会议应当依照程序从解决案卷中的先决问题开始。

（二）可以根据委员会主席确定的程序就案卷的内容向当事人提问。

（三）案卷中事实已阐明的，委员会主席应当允许当事人阐述其观点。

（四）在争议事实和法律问题已阐明后，委员会主席可结束会议并宣布委员会作出决定的时间，同时应确保出席会议的当事人均得到通知。

第五十五条 ［委员会决定］

（一）委员会应在不公开的会议上作出决定，该决议应当：

1. 确定违法行为和违法者，以及决定法律规定的制裁的形式和数量；

2. 确认违反本法规定的行为已导致其他不适当的司法行为的，应指派委员会主席根据《民事诉讼法典》提出的撤销请求；

3. 确定违反本法的行为不存在，或根据本法第46条的规定已过诉讼时效的，驳回申请；

4. 宣布无理由适用本法第9条的禁止规定；

5. 豁免某一协议、决定、或协同行为，从而排除本法第9条禁止性规定的适用；

6. 禁止某一协议、决定、或协同行为；

7. 允许或禁止统一的一般性条款；

8. 允许或建议相关机关或机构取消或改变给予政府补贴的方案；

9. 允许或禁止某一集中行为。

（二）委员会决定应当由匿名投票的委员会成员作出并签名。

第五十六条 ［异议］

（一）任何对决定有异议的委员会成员应当在决定上注明意见并签名。

(二)委员会成员的异议应当记录在决定内。

第五十七条 [决定的内容]

委员会决定应当以书面形式作出,并包括下列内容:

1. 发布机关的名称;
2. 发布决议的事实和法律依据;
3. 明确地划分权利或义务,在作出制裁的情况下列明制裁的形式和数量;
4. 对决定上诉的相关机关和期限。

第四章 责任和制裁

第十节 责 任

第五十八条 [行政和刑事责任]

(一)违反本法的禁止或限制性规定的行为不构成犯罪的,应该适用行政责任;构成犯罪的,应承担刑事责任。

(二)作为确定违法行为依据的法规不应予以列明,但根据本法处以财产罚和罚金应当由委员会决定作出,该决定可向最高行政法院提起上诉。

第十一节 制 裁

第五十九条 [财产罚]

(一)经营者违反本法第 9、18、30 ~ 35 条的行为,以及未获得许可实施本法第 11 条第 1 款、第 13 条第 1 款、第 15 条第 2 款、第 20 条第 2 款和第 24 条第 1 款的行为,委员会可对其处以财产罚,责令其向国家支付 500 万至 3 亿保加利亚里瓦的罚款。

(二)对于多次实施违法行为的经营者,委员会可对其处以 1 亿至 5 亿保加利亚里瓦的罚款。

(三)对于不遵守委员会决定的经营者,委员会可对其处以 1 亿至 5 亿保加利亚里瓦的罚款。

第六十条 [罚金]

(一)对于实施或教唆他人实施违反本法行为的自然人,可处以 100 万至 1000 万保加利亚里瓦的罚款。

(二)对于不及时提供所需证据或未能提供准确信息或不亲自出席会议向委员会作出说明的人可处以 50 万至 250 万保加利亚里瓦的罚金。

(三)对于多次实施本条第 1 款和第 2 款违法行为的人可处以 200 万至 2000 万保加利亚里瓦的罚金。

(四)违法行为的后果显著轻微的,委员会可处以法定最低数额以下的罚金。

最终条款

(一)本法中的相关概念是指:

1. "经营者"是在相关市场从事经济活动的自然人、法人或民事合伙,而不论其采取何种法律和组织形式。

2. "相关经营者"指参与到另一经营者中并经允许对该经营者的管理或运行进行有效控制的经营者。

3. "统一经营者"指订立合同从事共同经济活动的企业或根据《商法》基于联合形式组成的经营者。

4.“协同行为”包括两个以上经营者的协同作为或协同不作为。

5.“相关市场”包括：

(1)“产品市场”，由所有在特征、名称和价格方面消费者可接受的具有可替换性的商品或服务构成；

(2)“地理市场”是指一个特定地域，在该地域内提供相关具有可替代性的商品和服务，并且竞争条件在该地域内是相同的，并区别于相邻区域的竞争条件。

6.“良好交易惯例”指产生于法律和正常交易关系并决定市场行为的规则，且该规则不违反善良风俗。

7.“生产或交易秘密”指其保密性对持有者有利，并且持有者已经对其采取相关保护措施的经济活动中的事实、信息、决定和相关数据。

8.“多次违法行为”是指在对违法者的处罚决定生效后 1 年内，其因同种违法行为又受处罚的违法行为。

9.“经济活动”是经营者以市场交易为目的而从事的活动。

过渡性条款及最终条款

……

(二)主席、副主席以及委员会成员由国会选举产生，应保留其权利，直到本法规定的委任期限届满为止。

(三)在本法生效之时已存在的本法第 9 条规定的协议、决定和协同行为，应在 3 个月内对其进行修正，使之符合本法规定。否则将被认定为无效。

(四)(1)在本法生效之日仍在进行的诉讼，应根据本法规定的程序向委员会完成材料的递交。

(2)未决案件应遵守启动相关程序之日起已生效的程序来完成。

(五)在《商法》中增加第 262 条 a。

发布许可

第二百六十二条 a　根据单行法中条款和程序发布的公司兼并和合并的许可是有效的。若该许可为强制性的，在其作出后，法院应对相关合并或兼并进行商业登记。

……

(六)下列修正案应纳入《银行法》：

下列内容应列入第 19 条第 5 款：

1.“在第 2 款第 3 项规定的情况下，若许可发布是强制性的，且竞争保护委员会已作出兼并或合并许可，中央银行应考虑其要求。”

2. 在第 20 条中，“中央银行”后应加入一个逗号以及以下内容：“在第 3 项规定的情况下，如该许可的发布是强制性的，也包括保护竞争委员会作出的许可。”

3. 第 75 条第 1 款，应在“中央银行”后加入以下内容：“若许可发布是强制性的，在保护竞争委员会发布的许可提交后。”

第 78 条中应增加第 6 款规定：

1.“若许可发布是强制性的，在保护竞争委员会的许可提交后，第 5 款规定的对兼并的许可应当发布。”

(七)下列修正案应当纳入《保险法》

1. 在第 17 条第 1 款第 2 项末尾应当加入下列内容：“若许可发布是强制性的，在竞争保护竞争委员会作出兼并或合并的许可后”。

2. 在第 22 条第 1 项,在词汇“承保人之间”之后应加入以下表述:“若许可发布是强制性的,在获得保护竞争委员会对兼并或合并的许可后”。

(八)下列内容应当纳入《私人基金法》

1. 应插入一条新的第 2 款规定:

“若许可发布是强制性的,则只有在保护竞争委员会的许可提交后,委员会才可发布‘以兼并或合并其他私人基金为目的收购其他私人基金发行股票的许可’。”

2. 现在的第 2 款则变为第 3 款。

(九)《公司法》第 2 条增加第 2 款

“根据第 40 条第 1 款规定,在公司兼并时,若许可发布是强制性的,且在保护竞争委员会对发布的相关提交后,法院应当新公司进行登记或进行变更登记。”

(十)下列内容应纳入《证券、股票交易及投资公司法》

1. 第 97 条中应增加第 8 款规定:

“收购人在初步出价意向书中有义务附上由保护竞争委员会作出的许可。”

2. 下列内容应当纳入第 98 条:

(1)在第 1 款中,删除“给保护竞争委员会”;

(2)删除第 2 款。

(十一)本法应当由保护竞争委员会执行。

(十二)本法使《保护竞争法》(第一次颁布为 1991 年第 39 号法律;后修正为 1991 年第 79 号法律和 1992 年第 53 号法律)废止。

本法由第 38 届国会于 1998 年 4 月 29 日通过,并有国印签章。

捷克保护竞争法及其修正条款(2001 年)

第一章　保护竞争

第一节　引　　言

第一条　[本法目的]

(一)本法旨在保护产品及服务(以下称为商品)市场的竞争,禁止排除、限制或其他方式扭曲竞争,在本法规定的条件下以下列方式威胁竞争(以下称为扭曲):

企业之间协议(第 3 条第 1 款),滥用企业支配地位,企业集中。

(二)在专门法律或依专门法律作出决定的基础上,本法适用于提供一般经济利益服务的企业,但本法的适用有碍此项服务开展的除外。

(三)本法亦适用于企业在国外所实施的扭曲或可能扭曲捷克共和国境内竞争的行为。

(四)本法不适用于第 1 款规定的仅对国外市场产生影响的行为,捷克共和国参加的国际条约另有规定的除外。

(五)本法亦不适用于反对不公平竞争的保护行为及国家补贴的规定。

第二条　[术语定义]

(一)本法所称"企业",是指自然人、法人或其联合,或此种联合与其他组织之间的联合,即使此种联合或其他组织均非法人和企业,但其参与竞争或其行为可能影响竞争。

(二)"相关市场"是指商品市场,该市场的商品在特征、价格和预期的用途上应具同一性、可比较性和可互换性,该市场竞争条件统一并能与其他区域明显区分。

第二节　扭曲竞争的协议

第三条　[定义]

(一)企业间的任何协议或企业联合体所作的决议及协同行为(以下称为协议),导致或可能导致扭曲竞争的,均予禁止且无效,本法或专门法律另有规定的除外,保护竞争办公室(以下称为办公室)通过决定或法令豁免的除外。

(二)第 1 款禁止的协议特别包括导致或可能导致扭曲竞争的协议及含有下列条款的协议:

1. 直接或间接固定价格或其他商业条款或条件;
2. 限制或控制生产、销售、研究及进步或投资;
3. 分割市场或货源;
4. 以履行额外义务为条件签订合同,根据其性质和商业用途及公平交易惯例,履行该义务与合同标的并无关系;
5. 在与其他企业为同一或相等交易时适用不同条件,使其处于竞争不利地位;
6. 协议当事人的义务为限制或损害其与非本协议当事人交易或其他企业经济合作(如联合抵制)。

(三)根据本法规定,协议仅部分被禁止的,则禁止仅适用于此特定部分。如从协议的性质、内容、目的或协议签订之整体判断,该部分不可分离的,则全部协议予以禁止且无效。

第四条 [禁止协议及除外]

(一)转让或授予源自工业产权或其他知识产权或其任何部分的协议,通过超越法律保护权利范围的手段对受让者进行限制的,该协议应予以禁止。

(二)第 1 款规定的禁止应不适用于含有下列内容的协议或其部分:

1. 对于受让人权利或被许可人的限制,通过保护标的的正当使用转让人的权利或许可人的利益以证明正当性;

2. 受让人或被许可人交换经验或者提供专利或被保护标的使用许可的义务,并与转让人或许可人的义务相一致。

第五条 [横向协议与纵向协议]

(一)处于同一市场层次的企业间协议为横向协议。

(二)处于不同市场层次的企业间协议为纵向协议。

(三)处于相同的横向层次及不同的纵向层次企业间的混合协议应视为构成横向协议;对于协议类型有疑问的,此类协议均应被视为横向协议。

第六条 [除外]

(一)第 3 条第 1 款关于协议的禁止规定不适用于:

1. 横向协议中,协议当事人在相关市场的合并份额未超过 5%;

2. 纵向协议中,协议当事人在相关市场的合并份额未超过 10%,办公室通过命令确认更大份额的除外。

(二)第 1 款规定协议禁止的豁免不适用于下列协议,即使其符合第 1 款规定的条件:

1. 直接或间接固定价格、分割市场或货源的横向协议;

2. 在特定市场中,直接或间接固定商品购买人转售价格或对购买人从事该转售给予完全保护的纵向协议;

3. 形成有关具有同一性、可比较性或可替代性的商品协议体系一部分的单项协议,且符合下列条件:

(1)构成上述体系的协议当事人在相关市场份额的总和,及至少一个企业在相关市场的份额超过了上述第 1 款规定的限额;

(2)纵向或混合协议体系限制非协议当事人企业进入相关市场,且就具有同一性、可比较性或可替代性商品的销售达成类似纵向或混合协议所构成平行网络系统的累积影响严重限制了相关市场的竞争。

第七条 [办公室职权]

(一)办公室在行使监督权过程中或基于其他因素确认存在禁止性协议(第 3 ~6 条)的,应当在其决定中宣布该事实并禁止该协议的履行。

(二)企业可向办公室提交申请以确定其协议是否应被本法第 3 ~6 条禁止。

第八条 [豁免]

若涉及协议有下述情形时,企业可向办公室申请取得本法第 3 条第 1 款和第 4 条第 1 款禁止规定的个别豁免:

1. 为促进商品的生产或销售,或促进技术或经济的进步,且同时允许消费者公平分享所得之收益;

2. 对为实现上述第 1 项中所列目标并非不可或缺的企业未施加限制;

3. 对于此协议分配或购买的目标商品，协议未使企业可于此类商品市场实质部分排除竞争。

第九条 ［豁免程序］

（一）第 8 条规定的个别豁免程序应当在涉及的协议至少一方的要求下启动。

豁免的请求应当包括商号、名称或名字和姓、作为营业场所的住所或住处、交易的目标和商品市场份额的数据、理由、为何协议禁止的豁免能被适用并且必须要有该豁免要求的协议。

禁止协议的个别豁免申请的细节根据第 26 条可在办公室的法令中规定。办公室应立即在《商业期刊》宣布启动批准豁免程序，并且将指定对豁免异议的提交期限。

（二）在协议满足第 8 条第 1 ~ 3 项规定的所有条件时，办公室应当批准为期 5 年以上的豁免。

在批准豁免的决定中，为通过申请者在豁免程序启动前或程序期间履行基于本法目的确定的义务，在豁免期间保持有效的竞争和环境，办公室可以附加条件和限制。

（三）办公室必须在程序启动 2 个月内作出授予豁免或不予批准豁免申请的决定；

该期间不包括办公室向传达送达要求完成个别豁免申请的之日起，或根据第 1 款规定去除申请中的不明确内容之日起，至该申请者完成符合规定申请之日的时间。

办公室未能在上述期间对豁免申请作出决定的，其将不得处理该申请，并且随着上述期间届满后授予申请人要求的豁免，但豁免期限最长不得超过 2 年。

在豁免授予决定生效时或本条规定的期间届满之日，豁免得到承认的协议应当被认为不适用第 3 条第 1 款或第 4 条第 1 款的禁止规定。

（四）在被授予豁免的协议当事人要求下，办公室可以延展豁免期间。

决定批准豁免或延展豁免期间时，办公室应当特别地考虑涉及的商品相关市场的竞争环境。

（五）在下列情况下，办公室应依职权或者依协议至少一方当事人的要求决定撤销豁免或修正豁免的，并对豁免的延展期间进行同样限制或附加新的条件：

1. 授予豁免的基础情形发生了实质性改变；

2. 协议的当事人违反了决定附加的条件和义务或者滥用了授予他们的豁免；

3. 授予豁免的决定在不正确或不完全的信息基础之上作出或因被欺诈作出的。

（六）申请程序应遵守第 7 条第 2 款规定，申请内容应遵守第 1 款规定。办公室可以根据第 7 条第 2 款规定撤销或修改申请决定；对申请决定的撤销或修改应遵守本条第 5 款设定的条件。

第三节 支配地位和滥用支配地位

第十条 ［企业联合］

（一）一个企业或多个企业联合（联合支配地位）的市场势力使其能够在相当大程度上独立于其他的企业或消费者行动，则其被认为在相关市场具有支配地位。

（二）办公室评估第 1 款规定的市场势力，依据本法和其他标准取得支配地位的相关企业或企业联合取得在相关市场上讨论的货物确定的供应量或购买量的数量公式（市场份额），特别是该企业的经济和财务的实力，其他企业进入市场的法律或其他障碍，企业间纵向一体化水平，市场结构和直接竞争者市场份额的大小。

（三）一个企业或多个企业在相关市场的份额在调查期间低于 40%，则该企业或企业联合将不被认定为具有支配地位，但根据第 2 款规定标准证明相反的除外。

第十一条 ［滥用市场支配地位］

(一)禁止滥用市场支配地位损害其他企业或消费者。滥用市场支配地位包括下列形式:

1. 直接或间接地在协议中向其他市场的参与者强加不公平的条件,特别在订立协议的对价明显不充分时强制履行合同;

2. 订立合同使合同相对方承担额外的履行义务,其从本质上或依据商业用途和该合同的标的是没有关系的;

3. 同其他交易方在相同或等同的交易中实施不同的交易条件,因此使他们处于不利的竞争地位;

4. 终止或限制生产、销售或研究,并损害消费者;

5. 一致地以不公平低价提供和销售货物,导致或可能导致经济竞争的扭曲;

6. 拒绝批准其他企业以合理条件进入其拥有的传输网络或相似的配销网络或其他基础设施,使该相关企业不能以法律上或其他理由联合使用该网络或其他基础设施,无法与支配的企业一样在同一个市场上开展竞争,并且具有支配地位的企业不能证明共同使用行为由于操作原因、其他原因或不能被合理怀疑的原因而不可行。

(二)办公室在履行监督时或基于其他因素确定有滥用市场支配行为的,办公室应当在其决定中公布并禁止该行为。

(三)企业可以向办公室提交申请,使其评估自身行为是否构成滥用支配地位。

第四节　企业集中

第十二条　[术语的定义]

(一)企业集中产生于先前在市场独立运行的一个或多个企业。

(二)本法规定的企业集中应当包括一个企业通过企业出售合同对另一个企业或其实质性部分的收购。

(三)作为本法规定的企业集中应当进一步包括非企业家的一人或多人控制至少一家企业,或者一个或多个企业家有权直接或间接控制另一个企业,特别是:

1. 拥有股票、业务或成员利益;

2. 通过合同或其他手段允许其决定或影响被控制企业的行为。

(四)设立由多个企业联合控制的新企业(以下称为合资企业),在持续的前提下实施一个自治经济实体的所有功能,其目的不是协调各方的竞争性行为,也将被认为构成上述第 2 款规定的集中。

(五)合资企业的目标是协调人格上仍然独立的企业间的竞争行为,其应当被认定为是依据本条第 2 款规定作出的企业间协议。

(六)银行通过支付企业股票的发行价格而持有一个法律实体的利益,以此作为其对该企业拥有的债权的抵消,不构成上述第 2 款规定的企业集中,可在上述法律实体整顿过程或金融重组的期间内享有上述利益,但最长不得超过 1 年。

业务范围包括证券交易的企业以出售为目的在不超过 1 年的期间内暂时获得另一企业的权益,该企业未行使与上述权益所附的投票权以决定或影响控制企业的竞争行为,不应被认定为构成上述第 2 款规定企业间集中。

在银行或从事证券交易的企业的请求下,办公室可以在一个合理的期限内延展上述的期限。

(七)企业法定机构的特定权力机关对从事专门法规规定的活动的人给予授权,如清算人或破产托管人,不应被认定为上述第 2 款规定的企业集中。

第十三条 ［办公室批准的企业集中］

须办公室批准的企业集中的情形为：

1. 在上一会计年度所有相关企业全球总净营业额超过50亿捷克克朗；或

2. 在上一会计年度所有相关企业在捷克市场总净营业额超过了5.5亿捷克克朗，且至少两家相关企业中的任意一家取得的总净营业额超过2亿捷克克朗。

第十四条 ［营业额的计算］

（一）构成集中的企业的净营业额应是单个企业独自通过构成其营业宗旨的活动取得的净营业额。在企业不是承包商的情况下，该净营业额仅仅是指通过体现企业设立宗旨的活动或日常活动取得的营业额。

（二）合计净营业额应当包括下列净营业额：

1. 相关的所有企业；

2. 控制人或被相关企业控制的人；

3. 由控制至少一个相关企业的人控制的人；

4. 被上述第1~3项规定的两个人以上所联合控制的人。

（三）相关企业的合计净营业额不应当包括相关企业间销售额，及与控制上述企业或被上述企业控制的人之间销售额，以及第2款第3~4项规定的人之间的营业额。

（四）若企业部分被集中，净营业额应包括该部分取得的营业额。

（五）在2年的期间内，相同的企业间发生2个或2个以上的集中，集中构成企业的部分与其他企业交换的，该集中应当被作为一个相同的集中对待。

（六）银行的净营业额是指收入的总额，特别是利息收入、股票资产份额产生的收益、收费和金融活动的佣金和利润。保险公司的净营业额是指各类保险单产生的保险费用的总额。

第十五条 ［程序的启动］

（一）集中批准程序应当依申请而启动。

（二）在第12条的第1、2、4款规定的情况下，集中的各参与方，即意图通过转让、企业或企业实质部分的协议收购或通过建立合营企业的形式实现集中的各当事人，应当联合提交企业集中申报；在第12条第3款规定的情况下，能够直接或间接控制其他企业的企业有义务提交集中申报。

（三）企业有义务在缔结集中协议或以其他方法取得其他企业控制权的7日内提交集中申报。在公开收购的情况下，企业有义务在公布前提交集中申报。

（四）集中申报应当包含理由和办公室制定的法令要求的其他信息（第26条），包括证明实现集中的所有事实的文件。

（五）企业可以在第3款规定的最后期限之前向办公室通知他们其第12条集中的意图，并提交集中申报。

第十六条 ［集中批准的决定］

（一）办公室在接收到集中申报后，应当在《商业期刊》上宣布启动集中批准程序，并应当确定集中异议提交的日期。

（二）程序启动后，办公室应当确定该集中是否应当由办公室批准。该集中不应当由办公室批准的，办公室应当在程序启动后30日内作出不受理的决定。

集中须经批准的，若该集中不会产生或加强相关企业的支配地位而严重妨害竞争，办公室应当在上述期间内发布命令批准集中。

办公室发现该集中极有可能妨害竞争时,应当在指定的时间内通知当事人关于该事实的程序,并通知其程序正在进行。

(三)办公室未在第 2 款规定的时间内对集中通知发布决定,或者未能因第 2 款规定的理由书面通知当事人程序正在进行的,应当被认定为在上述期间届满后批准该集中。

(四)在办公室通知当事人上述第 2 款规定的程序或程序正在进行的情形下,办公室应当在程序启动后 5 个月内发布决定,当集中以公开收购的形式进行的,在程序启动后 2 个月内发布决定。

办公室未在规定的期限内对集中发布决定,应当被认为在上述期间届满后批准该集中。

(五)第 2 款和第 4 款规定的期限,在企业接收到办公室的集中申报要求或删除集中申报中含糊之词之日与企业按照所要求的方式完成了申报之日之间的期间内中止。

法院判定集中决定无效的,第 2 款和第 4 款规定的期限应当自法院终审判决生效时重新起算。

(六)办公室批准集中的决定成为最终决定时,该集中才能在进行商务登记。

第十七条 ［对集中的评估］

(一)在决定是否批准集中时,办公室应当特别考虑保持和进一步发展有效竞争的必要性、因集中而受影响的所有市场的结构、在该市场中集中参与者的市场份额、参与者的经济和财务实力、其他企业进入相关市场的法律和其他障碍、集中参与者的供应商和消费者选择其他替代者的可能性、受影响市场的供求发展前景、消费者的需求和利益、假设对消费者有利且不构成有效竞争的障碍的研究工作和发展。

(二)集中将显著阻碍相关市场竞争的,办公室应当拒绝批准集中的提议。

(三)在对批准集中作出决议时,办公室可以为保持有效竞争而附加条件和限制,或者以集中参与者在程序启动时或期间内履行所许诺的义务为批准的条件。

第十八条 ［集中的中止］

(一)企业在办公室对集中决议批准之前不得决定或影响被控制企业的竞争行为,特别是通过行使股票、股份或合作方的股份或其他既有控制权附有的投票权。

(二)办公室发现企业未申报即实现集中的,可以要求企业出售股票、转让通过集中获得的企业或其相关部分、终止协议或者采取其他适当措施恢复有效竞争的环境。

(三)企业根据第 1 款履行不实施集中义务的,若企业或第三方可能由此遭受重大物质损失或其他严重损害的,应企业的请求,办公室可授权减轻该义务。该请求可以和集中申报一并提交或者在程序进行中的其他任何时候提交,且必须具有充分理由并采用书面形式。

(四)办公室必须对依第 3 款提交的请求在接收到该请求的 30 日内及时作出决定。在审查申请时,除考虑上述损失或其他损害外,办公室还应考虑义务的减轻对相关市场竞争所产生的后果。减轻义务的条件和限制的约束应当根据第 17 条第 3 款进行规定。办公室未在指定的期限内作出决定的,应当被视为已授权减轻义务。

第十九条 ［批准集中决定的撤销］

(一)集中当事人提供的办公室据以批准集中的信息和文件被证明全部或部分是虚假或不完全的,或者批准决定因欺诈取得,或者相关企业违反决定所附的一系列条件、限制和义务的,办公室可以撤销批准集中的决定。

(二)办公室可以在第 1 款规定的事实发现的 1 年内启动撤销集中批准决定的程序,但最长不超过该事实发生后 5 年。

第五节　办公室

第二十条　[办公室职权]

(一)除了本法其他条款规定的权力外,办公室的职权由特别法规定,办公室有权:

1. 监督企业是否和如何遵守本法规定的义务或者办公室依照本法作出的决定;

2. 公布禁止协议的个别豁免申请和批准集中申请,并公布其适用的最终决定。

(二)办公室履行第1款第1项规定的监督时,可以依职权启动程序。第21条在做必要修改后应当适用于办公室的程序。

第六节　办公室程序

第二十一条　[办公室程序]

(一)程序当事人是指其由本法规定的权利或义务受程序中的决定影响的任何人。

若某人的权利或义务受到办公室依本法所做决定的显著影响,且该人在程序结束前要求办公室承认其在程序中当事人的地位,则办公室亦可承认其程序中的当事人地位。

(二)在有关限制竞争协议程序中,由于以销售相同、相似或可替代商品为目的根据第6条第2款第3项订立相似垂直协议平行网络的累积效应而限制竞争,协议的一方当事人一直是建议与其他企业订立协议的企业,办公室可以限制程序的当事人仅包括该企业。

(三)针对限制竞争协议的当事方企业、滥用市场支配地位的企业、公共管理机构提起的启动程序的请求,或对本法适用范围以外事项提起的请求,应当视为是请求对上述主体的认可、拒绝或对其他人指示的调查,办公室应当对申请者提出书面建议而不是发布决定。

当办公室主动启动程序形成申请主体的,办公室应当通知申请人调查结果或发布一项决定,仅在上述主体不是第1款规定的程序当事人时。

(四)在办公室实施下述程序中,企业应有义务接受办公室的调查。

在该调查中,办公室有权要求企业和公共行政机构(特殊法律另有规定的除外)提交其开展活动需要的文件和信息,并确定其完整性、真实性和准确性。

为实现该目的,办公室官员有权进入任何企业的营业场所、土地和运输工具,检查账簿和其他交易记录,并于该处进行复制或摘录并且现场要求口头解释。

(五)企业必须在规定的期限内向办公室提交完整的、真实的和准确的文件和信息,并依据第4款使办公室能够核实。该义务作必要修改后应同样适用于公共行政机构,其他法规另有规定的除外。

(六)要求取得文件和信息时,办公室应当说明调查的主要内容和目的,并且警告若不能提供真实的文件和信息或不能举证证明的,办公室将依第22条对其处以罚款。

(七)基于当事人对程序的提议,或由于该案争议事项的需要,办公室可安排口头听证。在办公室认为必要的范围内,可听取作为证人的其他人提供的信息,而查清完整、真实、可靠的事实状况。

(八)《行政法典》应适用于办公室程序,本法另有规定的除外。

第七节　罚款与救济

第二十二条　[罚款]

(一)办公室可以通过决定:

1. 对故意或过失在指定的期间内,未能向办公室提交所要求的信息或者提交不完整、错误的或不准确的信息,未能提交所要求的账簿和其他商业记录或者根据第 21 条第 4 款未能使办公室官员检查或者拒绝递交调查书等其他情形,处以 30 万捷克克朗的罚款;

2. 对无正当理由故意或过失地未能出席预定的口头听证,拒绝作证或其他妨碍程序的人,处以 10 万捷克克朗罚款。

(二)企业故意或过失地违反第 3 条第 1 款、第 4 条第 1 款、第 11 条第 1 款和第 18 条第 1 款的禁止性规定或者不履行本法第 15 条第 2 款规定的义务的,办公室可以对该企业处以1000 万捷克客户的罚款或上一年度净营业额 10% 的罚款。

(三)办公室可对未遵守强制决定的企业处以 100 万捷克克朗的罚款。

(四)办公室对第 1 款和第 3 款规定的罚款可重复征收。

(五)第 1 款和第 3 款规定的罚款可自办公室知道违反禁止性规定或不履行义务的情况发生之日起 3 年内征收,但违反禁止性规定或不履行义务情况发生 10 年后不得实施罚款。

(六)办公室依照上述规定有权收取和执行罚款,罚款的收入作为国家预算的收入。

第二十三条 [救济]

(一)办公室发现有违反第 22 条第 2 款的禁止性规定或不履行义务行为,应在第 22 条第 5 款规定的最后期限之内针对该案件的事项作出实施救济措施的决定,并规定一个合理的最后履行期限。

(二)救济措施的范围和内容不应超过本法目的。救济措施的实施并不排除同时处以第 22 条第 2 款规定的罚款。

(三)第 22 条第 3 款的规定在作必要修后应当适用于对未遵守关于实施救济措施强制性决定的罚款。

第八节 行业秘密和商业秘密的保护

第二十四条 [秘密的保护]

办公室的雇员或与办公室有其他关系的人,不能基于其从事的活动透露任何他/她在工作过程中知悉且构成商业秘密或机密信息的事实;该义务在上述关系终止后仍然存在。

第九节 卡特尔登记

第二十五条 [卡特尔登记]

(一)办公室应当保存对关于承认、延长或撤销豁免的协议或者基于企业要求决定的协议登记册,不论该协议是否属于禁止协议(以下简称卡特尔登记)。

(二)卡特尔登记应当包括下列内容:

1. 企业的商号、名称或名字和姓、法律形式、识别码、需要成为交易地点的住所或居所和豁免期间上述事项的任何改变;

2. 有关协议内容的文件、批准豁免决定的发布日期和生效日期、豁免的期限;

3. 批准豁免的条件;

4. 限制、延长或撤销豁免的所有决定的发布日期和生效日期或者批准豁免的新条件的规定。

(三)协议当事人应当将第 2 款第 1 项规定的资料在批准或延长豁免的决定生效后发生的所有变化立即通知办公室,但不迟于该变化发生后的 15 日。

（四）卡特尔登记应当公开。任何人均有权在办公室成员在场时使用该登记并可依其意愿复制或摘录。

第十节　共同的、暂时的和最终的条款

第二十六条　［授权性条款］

（一）有关纵向协议的特定种类，涉及专业化、研究和发展、技术转让、机动车辆销售和服务的协议及保险和运输领域的协议，办公室应在政令中允许对依第 3 条第 1 款和第 4 条第 1 款确定的禁止进行一般（类别）豁免。

（二）办公室发现该概括豁免产生的对竞争的限制，将被市场其他参与者尤其是消费者获得的利益超过时，办公室可以在政令中允许对第 3 条第 1 款和第 4 条第 1 款规定的禁止做更进一步的一般豁免。

（三）由于市场的发展，一般豁免规定的协议的效果不能满足第 8 条规定的单独豁免的批准条件的，办公室可以以政令或决定的形式向单独企业收回一般豁免的利益。

（四）办公室应当在政令中规定关于集中通知的细节。办公室可通过政令的形式规定对禁止协议进行单独豁免申请的细节。

第二十七条　［过渡性条款］

（一）根据现行法律规定批准的豁免视为依据本法批准的豁免。

（二）在本法生效前启动的程序应当依照现有法规继续进行。

第二十八条　［废止］

下列法规将被废止：

1. 关于保护竞争的第 63/1991 号法。
2. 修订第 63/1991 号法的关于保护竞争的第 495/1992 号法。

第二章　第 286/1993 号法的变化

第二十九条

第 286/1993 号法的第 1、2 条和第 4 条，修订保护竞争第 63/1991 号法中关于第 495/1992 号法和第 513/1991 号法的内容，商法典，关于第 264/1992 号法、第 591/1992 号法和第 600/1992 号法的内容均被废止。

第三章　第 132/2000 号法的变化

第三十条

第 132/2000 号法的第 16 条关于《区域法》、《自治市法》、《地方机关法》及《首都布拉格市法》相关法律改变和废除的规定均被废止。

第四章 生 效

第三十一条

本法于 2001 年 7 月 1 日生效。

1. 例如关于邮政服务的规定和对若干法律(邮政服务法)进行修订的第 29/2000 号法,关于捷克国家银行的第 6/1993 号法第 23 条并采用第 442/2000 号法的措辞,关于电台和电视广播运行的第 468/1991 号法第 9 条并采用近来规定的措辞,关于通讯和其他法律修订的第151/2000 号法。

2. 采用第 370/2000 法措辞的商法典第 44 条及以下规定。

3. 关于国家补贴的第 59/2000 号法。

4. 采用第 509/1991 号法措辞的民法典第 39 条。

5. 例如,关于版权和与版权相关权利及相关法律(版权法)修订的第 121/2000 号法,关于保护半导体产品制图的第 529/1991 号法并采用第 116/2000 号法的措辞,关于应用程序模型的第 478/1992 号法并采用第 116/2000 号法的措辞,修订的关于商标的第 137/1995 号法,修订的关于动植物新品种权利保护的第 132/1989 号法,修订的关于发明、工业设计、创新的第 527/1990 号法,关于工业设计保护第 207/2000 号法。

6. 采用第 370/2000 号法措词的商法典第 69 条。

7. 采用第 370/2000 号法措辞的商法典第 6 条。

8. 采用第 370/2000 号法措辞的商法典第 70 条及以下条款。

9. 修订的关于破产和清算的第 328/1991 号第 14 条及以下条款。

10. 修订的关于会计的第 563/1991 号法的第 20 条第 2 款第 1 项。

11. 修订的关于银行的第 21/1992 号法的第 1 条第 1 款。

12. 关于保险业和对特定相关法律(保险法)修订的第 363/1999 号法第 2 条第(a)项。

13. 修订的商法典第 183 条第 1 和 2 项。

14. 关于办公室运行的第 273/1996 号法,采用第 187/1999 号法的措辞。

15. 修订的关于行政程序(行政法典)的第 71/1967 号法。

哈萨克斯坦共和国竞争和限制垄断行为法(2001 年)

第一章 总 则

第一条 [立法宗旨]

(一)为促进自由竞争的发展和创业活动,保护消费者的利益以及确保商品市场有效运行的条件,特制定本法。

(二)本法规定与支持创业及预防、限制、禁止和规制垄断活动有关的国家监管制度和法律措施。

第二条 [效力范围]

(一)本法在哈萨克斯坦共和国境内有效。

本法适用于影响哈萨克斯坦共和国商品市场竞争的各种关系,上述关系是指哈萨克斯坦共和国和外国法人(他们的分支机构和代表机构)、个体经营者、中央和地方行政机构(以下称为国家机构)以及自然人参加的关系。

(二)本法不适用于与专有权客体有关的关系,但与使用专有权有关且以限制竞争为目的的协议除外。

第三条 [反垄断法律]

(一)反垄断法律以哈萨克斯坦共和国宪法为基础,包括《哈萨克斯坦共和国民法典》的规则,本法以及其他有关预防、限制、排除垄断活动和不公平竞争和规制自然垄断主体活动的规范性法律文件组成。

(二)哈萨克斯坦共和国批准的国际条约的规定与本法规定不一致的,适用该国际条约的规定。

第四条 [主要定义]

本法使用下列主要概念:

1. 替代商品是指在功能设计、用途、质量和技术特征以及其他要素上类似的一组商品,购买者在消费过程中以该组商品事实上相互替换或准备相互替换;

2. 在特定商品市场具有市场支配(垄断)地位的市场实体的国家登记,是指在竞争性领域开展企业活动,且在相关商品市场的市场份额超过反垄断机构每年制定的最高额的市场实体名录;

3. 价格的国家管制是指根据反垄断机构的决定,对在相关商品市场上拥有支配(垄断)地位的市场实体的商品(劳动、服务)价格进行管制;

4. 竞争是指市场实体之间的对抗,实施对抗的市场实体的独立行为有效限制各实体单方面影响相关商品市场内商品(劳动、服务)流通总体条件的可能性,并刺激消费者所需商品(劳动、服务)的生产;

5. 垄断活动是指市场实体、国家机构旨在阻止、限制或排除竞争和/或损害消费者合法利益的与本法相抵触的作为与不作为;

6. 垄断高价是指在相关商品市场占据支配(垄断)地位的实体所制定的价格,其目的在于通过滥用市场支配(垄断)地位补偿不合理的成本和/或获得额外的收入;

7. 垄断低价是指在相关商品市场具有支配(垄断)地位的市场实体故意制定的价格,其目的在于将竞争对手排挤出该商品市场以限制竞争;

8. 垄断收入是指市场实体通过垄断活动获得的收入;

9. 市场实体在相关商品市场的最大市场份额是指一项指数,该指数是将具有支配(垄断)地位的市场实体列入国家登记的根据;

10. 共谋是指市场实体之间的一致行动,其目的在于对商品(劳动、服务)制定一个单一价格或者分割商品市场,并对商品市场产生和/或可能产生消极影响;

11. 市场实体是指从事商品(劳动、服务)的生产、销售和购买的自然人、法人、及其分支机构和代表机构;

12. 商品(劳动、服务)是指以出售或交换为目的的劳动产品(包括劳务和服务);

13. 商品市场是指没有替代品的商品(劳动、服务)的流通范围或可相互替代的商品(劳动、服务)的流通范围,该范围根据消费者购买该商品(劳动、服务)的经济上的可能性,以及地域上和技术上的可能性确定。

第五条 [反垄断机构]

(一)促进商品市场和竞争的发展,预防、限制和排除垄断活动,保护消费者权利,监督反垄断法律的遵守情况,规制价格以及协调其他国家机构在该领域的行为的国家政策,应当由以保护竞争和限制垄断为目的的被授权机构即哈萨克斯坦共和国反垄断机构实施。

反垄断机构的主要任务、职能、权力和责任应由本法和哈萨克斯坦共和国的其他法律规定。

反垄断机构单一系统由反垄断政策中央执行机构及其地方下属机构(以下称反垄断机构)组成。该地方下属机构应当在反垄断政策中央执行机构确定的职权范围内开展活动。

(二)有关反垄断政策中央执行机构的法规和该机构的职权,应当由哈萨克斯坦共和国政府批准。

第六条 [反垄断机构的职责]

反垄断机构的职责:

1. 支持创业活动和商品(劳动、服务)市场中竞争的发展;

2. 采取措施预防、限制和禁止垄断活动和在商品市场内滥用支配(垄断)地位的行为,禁止不正当竞争;

3. 规制自然垄断主体的活动;

4. 规制和监督国家机构提供服务的程序;

5. 监督反垄断法律的遵守情况和价格的形成程序;

6. 控制市场实体在商品市场的支配(垄断)地位;

7. 为保护消费者利益协调国家机构的活动。

第七条 [反垄断机构的职能]

反垄断机构应依据被授予的职责,在其职权范围内,履行下列职能:

1. 为确定具有市场支配地位的市场实体是否在商品市场内限制竞争和实施垄断活动进行分析;

2. 对关于商品市场的运行、竞争的发展、价格的形成、消费者利益保护的法律草案和规范性法律文件进行专业评价;

3. 向哈萨克斯坦共和国总统、议会和政府提交关于商品市场的状况、该市场竞争的报告,和关于改进反垄断法律及其适用实践的建议;

4. 依职权审理违反反垄断法律的案件并作出决定；

5. 对市场实体遵守反垄断法律的情况进行国家导向的监督；

6. 制定并通过市场主体应当执行的规范性法律文件。

第八条 ［反垄断机构的活动］

（一）为维护和促进竞争，反垄断机构应当：

1. 研究商品市场的状况及其竞争水平，并在此基础上为支持创业和预防、限制、禁止和规制垄断活动制定措施；

2. 向国家机构提出有关旨在促进商品市场的发展和市场竞争而应实施措施的建议；

3. 为建立平行结构以及对在商品市场内拥有支配（垄断）地位的法人实体（它们的分支机构和代表机构）实施分割而采取措施。

（二）反垄断机构应当就下列必须考虑的事项向相关国家机构提出建议：

1. 依据哈萨克斯坦共和国法律规定的程序，在竞争不充分的区域和需要优先发展的区域改进价格政策，特别是对为防止垄断高价而制定商品（劳动、服务）的固定国家价格（价格表）提出建议；

2. 吸引投资者和建立合资企业，变更进出口交易的许可程序以及调整关税，特别是关于引入强制许可和禁止或暂停违反反垄断法律的市场实体进出口业务的建议。

第九条 ［反垄断机构的职权］

反垄断机构在其职权范围内依据本法享有下列权力：

1. 拟定并通过对国家机构和市场实体有拘束力的有关反垄断的规范性法律文件；

2. 确认市场实体获得支配（垄断）地位的可能性；

3. 对将导致在相关市场的份额超过35%的市场实体的设立发表意见，以及对在相关商品市场拥有支配（垄断）地位的市场实体的重组和清算发表意见；

4. 对国家机构、市场实体遵守反垄断法律的情况进行审查；

5. 对国家机构及其官员、在相关市场的份额超过35%的市场实体及其负责人、或在相关商品市场具有支配（垄断）地位的市场实体及其负责人发布强制性指令；

6. 决定对阻碍竞争发展、阻碍反垄断机构指令的实施以及违反本法和其他法律的市场实体及其负责人、及国家机构的官员处以罚款；

7. 为消除违反反垄断立法法律的行为和消除违反有关保护消费者利益法律的行为，向法院起诉；

8. 就违反反垄断法律的犯罪案件向相关法律执行机构陈述和提交有关解决方案的材料；

9. 对反垄断法律的问题提供解释；

10. 国家机构通过的法律违反反垄断法律的，向该国家机构提出关于废除或修改法律的建议；

11. 向检察院指出同反垄断法律相抵触的事实和规范性法律文件；

12. 在反垄断机构的会议上听取国家机构官员、在相关商品市场的份额超过35%或者是在相关商品市场具有支配（垄断）地位的市场实体关于由反垄断机构管辖事项的报告；

13. 行使哈萨克斯坦共和国法律规定的其他权力。

第十条 ［反垄断机构获取信息的权利］

（一）反垄断机构工作人员为履行被赋予的职能，有权在其职权范围内从国家机构和市场实体获取信息。

(二)发生违反反垄断法律的情形的,反垄断机构有权从国家机构官员、市场实体及其头脑、自然人获取必要的信息、文件及其复印件、书面(口头)解释。

(三)在相关商品市场的份额超过35%的市场实体、或在相关商品市场具有支配(垄断)地位的市场实体及其负责人、国家机构及其官员,有义务按照反垄断机构的要求提供反垄断机构履行职能所需要的准确文件、书面和口头解释及其他信息。

(四)反垄断机构在行使职权过程中获得的构成商业秘密的信息不得公开。反垄断机构工作人员泄露其获取的构成商业秘密的信息的,应当依据哈萨克斯坦共和国法律规定的程序承担责任。

第十一条 [反垄断机构的专家委员会]

(一)专家委员会由学者、专家、国家机构和市场实体的代表组成。专家委员会在反垄断机构内设立和工作。

(二)专家委员会应当按照依既定程序批准的规则开展活动。

第二章　垄断活动和保护竞争

第十二条 [国家机构保护竞争的义务]

国家机构应履行以下义务:

1. 支持商品市场和竞争的发展;

2. 在特定生产商拥有垄断地位的行业内,对开展竞争活动的市场实体进行有目的目标导向的投资;

3. 鼓励垄断行业内并行的生产活动;

4. 在本机构管辖的市场实体和在相关市场具有支配(垄断)地位的市场实体实施重组;

5. 鼓励新企业的设立以扩大商品市场竞争。

第十三条 [国家机构限制竞争的法律和行为]

(一)禁止国家机构通过或从事限制企业独立性、为特定市场实体创设歧视条件或优惠条件并导致或可能导致限制竞争的法律或行为。特别是:

1. 在任何经济活动领域限制或不合理的阻止设立新的市场实体,禁止实施某些活动或制造某些类型的商品(劳动、服务),但哈萨克斯坦共和国法律另有规定的除外;

2. 在任何领域内不正当地阻碍市场实体的活动;

3. 禁止从哈萨克斯坦共和国一省到另一省的商品(劳动、服务)销售(购买、交易、收购),或是以其他任何形式限制市场实体进行商品(劳动、服务)销售(购买、交易、收购)的权利,哈萨克斯坦共和国法律另有规定的除外;

4. 对市场实体下达向特定购买者(消费者)群体优先供给商品(提供劳务、服务)或优先签订协议的指令,哈萨克斯坦共和国的法律另有规定的除外;

5. 与市场实体建立联系,以使其在商品市场上取得支配(垄断)地位;

6. 根据地域原则、销售或购买数量、商品(劳动、服务)的分类或根据销售者或购买者的群体分割市场;

7. 授予(特别是临时授予)市场实体权力,该权力的行使导致或可能导致市场实体实施本条第 1 款到第 6 款的违法行为;

8. 不正当地授予特定市场实体或若干实体以优惠条件和/或专有性权利,使该实体处于比其他市场主体优势的地位。

（二）国家机构根据反垄断法的规定就市场实体的设立、重组和清算作出的决议，应当获得反垄断机构的同意。

第十四条 ［市场实体限制竞争的协议（协同行为）］

（一）占有或可能占有特定商品市场的市场份额合计超过35%的具有竞争关系的市场实体（包括潜在竞争者），以任何形式达成的协议（协同行为），导致或可能导致限制竞争的，该协议应当全部或部分禁止并依法认定无效。特别是：

1. 市场实体采取的特别是通过合谋采取的限制生产，从流通领域撤回商品以在商品市场上人为形成或维持商品短缺，或抬高商品的价格；

2. 商品（劳动、服务）有需求或消费者已经订购且其生产或供应可能的，不正当地减少该商品（劳动、服务）的产量或终止其生产；

3. 根据地域原则、销售或购买数量、商品（劳动、服务）的分类或根据销售者或购买者的群体分割市场；

4. 限制其他市场实体作为特定商品（劳动、服务）的销售者或购买者（消费者）进入（退出）市场，或者将其排除出市场；

5. 拒绝与特定卖方或买方签订协议；

6. 在商品市场上，制定（维持）特别是通过合谋的形式制定统一价格（价目表），折扣，加价（额外付款）或收取额外费用；

7. 在拍卖或投标中抬高、压低或维持价格。

（二）非并行的市场实体以任何形式达成的协议（协同行为），协议（协同行为）的主体双方为具有支配（垄断）地位的市场实体与其供应商或购买者（消费者），且协议（协同行为）导致或可能导致限制竞争和/或侵害自然人、法人利益的，该协议（协同行为）应当依法予以禁止并全部或部分认定为无效。

（三）市场实体违反本条的规定的，反垄断机构可对其采取措施，直至提起的诉讼按照司法程序对其进行清算。

第十五条 ［国家机构限制竞争的协议（协同行为）］

国家机构之间或国家机构和市场实体之间以任何形式达成协议（协同行为），导致或可能导致对限制竞争的，应该全部或部分予以禁止和依法认定为无效。包括具有以下目的的协议（协同行为）：

1. 抬高、压低或维持价格（价目表）；

2. 根据地域原则、销售或购买数量、商品（劳动、服务）的分类或根据销售者或购买者的群体分割市场；

3. 对特定的市场实体授予专有权；

4. 限制市场实体的进入（退出）市场或将其排挤出该市场。

第十六条 ［市场实体的支配（垄断）地位］

（一）市场实体的支配（垄断）地位是指市场实体处于独占地位，该独占地位损害竞争，阻止其他市场实体进入商品市场，或者以其他方式限制市场实体经济活动的自由。

市场实体在相关商品市场的份额超过反垄断机构每年确定的最大值的，应当认定该市场实体具有市场支配地位。

市场实体在相关商品市场的市场份额未超过35%的，不应认定其具有支配（垄断）地位。

市场实体在相关商品市场的份额未超过反垄断机构每年确定的最大值，但反垄断机构基于

下列理由可认定该市场实体具有支配(垄断)地位:

1. 市场实体在相关商品市场的市场份额的稳定性;

2. 竞争者的市场份额的相对规模;

3. 新的市场实体(竞争者)进入特定市场的可能性;

4. 界定相关市场边界的程序和市场实体占有支配(垄断)地位的认定应当由中央机构在反垄断政策授权范围内确定。

国际条约或协议使市场实体具有支配(垄断)地位的,该条约或合同必须经反垄断机构同意。

若干市场实体符合下列条件的,应当认定为具有市场支配(垄断)地位:

1. 两个市场实体在特定商品市场的市场份额合计为50%或50%以上;

2. 不超过3个的市场实体在特定商品市场的市场份额合计为70%或70%以上。

(二)为控制和规范市场实体的活动,反垄断机构应根据中央机构在反垄断政策授权的范围内制定的程序,对在共和国、省、阿斯塔纳市和艾马迪市和其他市的商品市场上拥有支配(垄断)地位的市场实体进行国家登记(以下称登记)。

(三)纳入登记的市场实体有义务向反垄断机构提供下列信息:

1. 有关财务活动和经营活动结果的报告;

2. 与管理权有关的出售和/或转让企业股份(财产、权益)的信息;

3. 垄断型生产的信息,包括产量,销售价格,特定产业的利润率。纳入登记的市场实体有义务向反垄断机构报告垄断商品(劳务、服务)即将提高价格及提价的理由。

(四)在商品市场中具有市场支配(垄断)地位的市场实体实施的导致或可能导致限制竞争、滥用支配(垄断)地位的行为,应予禁止并认定为无效,特别是:

1. 制定垄断高(低)价;

2. 将与合同标的无关的使交易方处于与其他市场主体不平等地位的歧视性条款强加给交易方,使其同意签订带有该条款的协议;

3. 为制造或维持商品市场中商品(劳务、服务)短缺或抬高价格,从流通中撤回商品(劳务、服务);

4. 对其他市场实体进入市场设置障碍;

5. 违反行政性规章法令规定的价格形成程序;

6. 商品(劳动、服务)有需求或消费者已经订购且其生产或供应可能的,不正当地减少该商品(劳动、服务)的产量或终止其生产。

第三章 国家监督的特定类型

第十七条 [对市场实体及其联合体的设立、重组和清算的国家监督]

(一)为预防市场实体滥用支配地位,反垄断机构应对下列活动实施国家导向的监督:

在相关商品市场的市场份额超过35%的市场实体的设立;

在相关商品市场上具有支配(垄断)地位的市场实体的重组;

在相关商品市场上具有支配(垄断)地位的市场实体的清算,但根据法院生效判决进行的清算除外。

(二)在本条第1款规定情形的,市场实体实施清算、重组,国家机构和法人应按照哈萨克斯坦共和国法律向登记机构提交材料,并向反垄断机构提交有关同意设立在相关商品市场的市场份额超过35%的市场实体申请,在相关商品市场上具有支配(垄断)地位的市场实体重组、清算的申请,及关于该实体活动的主要类型及其在相关市场上生产和销售的商品(劳务、服务)数量的信息。

文件的清单及其提交和审议的程序,应由中央执行机构在反垄断政策规定的权限内决定。

反垄断机构应当在收到适当文件之日起30日内将决定书面通知申请者。

(三)批准申请将导致产生或强化市场实体的支配(垄断)地位和/或导致限制竞争的,或在审查申请者提供的文件的过程中,发现文件中的对作出决定重要的信息是虚假的,反垄断机构有权拒绝申请。

市场实体满足保障竞争的条件的,反垄断机构有权批准已提交的申请。反垄断机构有关同意实施本条第1款规定的行为的决定,应包含该条件及履行该条件的方式。

(四)市场实体收购其他市场实体全部或部分资产的,导致新出现的市场实体在相关市场的市场份额超过35%的,实施收购的市场实体应向反垄断机构申报。

(五)反垄断机构对市场实体的申报信息进行初步审查后,认为市场实体的设立、合并、联合可能导致限制竞争的,应决定对该市场实体的设立、合并和联合是否符合反垄断法律实施进一步审查。

该决定应在反垄断机构收申报申请之日起15日内通知申请者。

反垄断机构应在本条第2款规定的期限内作出最终决定,并以书面形式通知申请者。

(六)市场实体的设立、合并、联合可能导致限制竞争的,该市场实体的发起人或作出该决定的个人或国家机构按照反垄断机构的要求,采取措施恢复保障竞争的适当条件。

(七)在本条第4款规定的情形下,作出设立、合并、联合决定的个人或国家机构有权在该决定作出前向反垄断机构进行咨询,反垄断机构有义务按本条第2款规定的程序审议该申请。

(八)在本条第1款规定的情形下,市场实体的国家登记和将市场实体从法人单一登记注销的登记,应当经反垄断机构的事先同意由登记机构实施。

未经反垄断机构事先同意而对设立或重组的市场实体及其联合所进行的国家登记,可以通过反垄断机构提起诉讼的司法程序认定为无效。

(九)市场实体的设立、合并和联合违反本条第4款规定的程序,导致或强化市场支配(垄断)地位和/或限制竞争,并且未遵守反垄断机构根据本条第6款提出的要求的,可以通过反垄断机构提起诉讼的司法程序认定该国家登记无效。

第十八条 [对收购市场实体法定资本中的股份(财产、权益)及其他活动遵守反垄断法情况的国家监督]

(一)自然人或法人向反垄断机构提出申请并获得事先同意后,可以实施下列行为:

1. 主体(或主体集团)收购在相关市场上具有支配(垄断)地位的市场实体的法定资本中的有表决权股份(财产、权益),并由此获得处分20%以上此类股份(财产、权益)的权利。但在该市场实体成立时的发起人不适用本款规定;

2. 一个市场主体(主体集团)收购其他市场实体的固定资产或无形资产的所有权或使用权,且作为该项交易标的的资产的账面价值超过了转让该财产的市场实体的固定资产和无形资产的账面价值的10%;

3. 取得可以决定市场实体从事经营活动的条件的权利,或取得可以行使市场实体管理机构职能的权利。

(二)有下列情形的,根据本条第1款的规定实施交易应获得事先同意:本条第1款规定的主体的资产合计账面价值超过月评估指数的 10 万倍的,其中一个主体是纳入国家登记的市场实体,收购方是控制本款规定主体活动的主体集团的。

(三)为实施本条第 1 款规定的交易,自然人和法人应向反垄断机构提交同意实施该交易的申请,并按照反垄断机构规定的信息表提供作出决定所需的信息。

反垄断机构根据本法第 17 条第 2 款规定的程序,对实施本条规定的交易进行国家监督。

(四)批准申请可能导致强化市场实体(主体集团)的支配(垄断)地位和/或限制竞争的,或者申请者提交的对作出决定具有重要意义的信息是虚假的,反垄断机构有权拒绝申请。市场实体(主体集团)满足保障竞争的条件的,反垄断机构有权批准其申请。反垄断机构作出的同意交易的决定应包含该条件及其履行期限。

(五)本条第 1 款规定的交易是由资产账面价值超过月评估指数的 5 万倍的主体实施的,该主体应在交易发生之日起 15 日内向反垄断机构申报。

自然人在 2 个或 2 个以上的资产合计账面价值超过月评估指数的 5 万倍的市场实体中任职,或在属于国家登记的同一商品组中的市场实体中任职,或在属于国家登记的同一生产——销售过程不同阶段商品组的市场实体中任职,且其担任执行机构、董事会(或监事会)成员的,该自然人必须在进入(被选举)该机构或委员会之日起 15 日内通知反垄断机构。

(六)反垄断机构对市场实体的申报信息进行初步审查后,认为所申报的交易的实施可能导致或强化市场实体(主体集团)的支配(垄断)地位和/或限制竞争的,应决定对该交易是否符合反垄断法律规定实施进一步审查。实施进一步审查的决定应在反垄断机构在收到申报申请之日起 15 日内通知申请者。

反垄断机构应当在本法第 17 条第 2 款规定的期限内作出最终决定,并以书面形式通知申请者。

(七)本条第 5 款规定的行为可能导致或强化市场实体的支配(垄断)地位和/或限制竞争的,实施该行为的主体应按照反垄断机构的要求,在规定的期限内采取措施恢复竞争所需的必要条件。

(八)在本条第 5 款规定的情形下,自然人有权就是否同意其实施的行为向反垄断机构咨询,反垄断机构有义务根据特定程序审议该申请。

(九)已完成的交易违反本条所规定的程序,导致或强化市场实体的市场支配(垄断)地位和/或限制竞争的,可通过反垄断机构提起诉讼的司法程序认定该交易无效。

不执行反垄断机构根据本条第 4 款和第 7 款所作出的命令和决定,反垄断机构可向法院提起诉讼认定原交易无效。

违反本条关于进行交易须获得反垄断机构同意(通知)规定的,应依法进行刑事处罚。

第十九条 [对在特定商品市场上具有支配(垄断)地位的市场实体的强制拆分]

(一)具有支配(垄断)地位的市场实体在 1 年内实施 2 项或 2 项以上旨在限制竞争的违反反垄断法律行为的,反垄断机构有权提起诉讼,对一个或若干法人基于其下属机构进行强制拆分,但该拆分应促进竞争发展。

(二)具备下列条件的,可以对市场实体实施强制拆分:

1. 该实体在组织上和地域上存在拆分的可能性;

2. 该实体的下属机构之间缺乏密切的技术上的相互关系[特别是在该实体消费其下属机构商品(劳务、服务)的数量不超过其下属机构生产总量的 30% 的];

3. 存在经重组而成为独立法人并在特定市场上独立经营的可能性。

(三)反垄断机构关于强制拆分市场实体的决定,应当由该实体的所有者或其授权的机构按照反垄断机构的拆分决定规定的条件和期限执行。反垄断机构的拆分决定规定的执行期限不得少于6个月。

(四)拆分具有独占地位的市场实体或具有支配(垄断)地位的市场实体不可能或不适宜的,应当采取其他反垄断强制措施,特别是在该市场实体固定价格的情形下。

(五)市场实体支配(垄断)地位的出现是由于提供商品市场上没有类似物的商品(劳务、服务),关于强制拆分的决定可以在该支配(垄断)地位出现后不少于1年的时间内作出。

第二十条 [价格国家管制的采用]

关于对在商品市场上具有支配(垄断)地位的市场实体的商品(劳务、服务)价格进行国家管制的决定,应由反垄断机构根据哈萨克斯坦共和国政府的规定作出。

第四章 违反反垄断法律的责任

第二十一条 [反垄断机构命令和决定的执行的强制性]

(一)市场实体(及其负责人)、国家机构(及其工作人员)违反反垄断法律的,其应按照反垄断机构的命令和决定停止违法行为,特别是:

1. 在反垄断机构规定的期限内执行其命令和决定;
2. 赔偿损失;
3. 将通过违反反垄断法律的行为获得的垄断收入归入国家预算;
4. 停止违反本法的行为和/或消除违反本法行为的后果;
5. 恢复违法行为之前的状况,或实施命令和决定中指定的其他行为;
6. 废除反垄断机构认定的与反垄断法律相抵触的法令;
7. 终止或修改协议;
8. 与其他市场实体签订协议;
9. 根据规定的条款和期限以拆分的方式实施重组;
10. 实施命令和决定中所规定的其他行为。

(二)有违反反垄断法律的情形的,反垄断机构有权根据哈萨克斯坦共和国法律处以行政罚款。

第二十二条 [违反反垄断法律的责任]

违反反垄断法律的主体应根据哈萨克斯坦共和国法律规定的程序承担法律责任。

第二十三条 [市场实体的法律责任]

(一)市场实体实施下列违法行为的,应当处以罚款:

1. 未按时执行反垄断机构的命令和决定;
2. 违反本法第17、18条规定程序的行为(作为或不作为);
3. 未遵守反垄断机构根据本法第17条第3款和第18条第4款的规定确定的合法条件;
4. 未根据反垄断机构的要求按时提交本法第17条和第18条规定应提交的文件和其他信息;
5. 向反垄断机构提交虚假信息;
6. 违反本法第17条和第18条规定的提交申请和通知的程序。

(二)本条第1款规定罚款的收取,应当按照反垄断机构根据哈萨克斯坦共和国法律规定程序作出的决定执行。

第二十四条 [市场实体负责人、国家机构工作人员违反反垄断法律的责任]

(一)市场实体的负责人、国家机构工作人员、法人(其分支机构和代表机构)实施下列违法行为的,应处以行政处罚:

1. 未能按时执行反垄断机构的命令和决定;

2. 未能按照反垄断机构的要求按时提交反垄断机构履行职责所需的文件或其他信息;

3. 妨碍反垄断机构授权的工作人员执行公务;

(二)国家机构工作人员未经反垄断机构同意对市场实体进行本法第 18 条规定的登记的,应根据哈萨克斯坦共和国法律规定的程序承担行政责任。

(三)个体经营者实施下列违法行为的,应当承担行政责任:

1. 未按照反垄断机构的要求按时提交反垄断机构履行职责所需的文件或其他信息;

2. 违反本法第 17、18 条规定程序的行为(作为或不作为);

3. 未遵守反垄断机构根据本法第 17 条第 3 款和第 18 条第 4 款的规定制定的合法条件。

(四)本条第 1 款、第 3 款规定的罚款的收取,应当按照反垄断机构根据哈萨克斯坦共和国法律规定程序作出的决定执行。

第五章 反垄断机构命令和决定的通过、上诉和执行的程序

第二十五条 [反垄断机构受理反垄断案件的根据]

(一)反垄断机构应审查违反反垄断法律的事实,并在职权范围内作出与该事实有关的决定和命令。

下列事项应当作为审查违反反垄断法律事实的根据:

1. 商品市场的分析;

2. 自然人、法人及其他利益相关主体的申请;

3. 国家机构提供的信息;

4. 执法机构的报告;

5. 公共协会的申请;

6. 大众传媒的公告;

7. 与其他国家机构联合审查;

8. 反垄断机构主动启动。

(二)申请应以书面形式提交给反垄断机构,并附有证明违反反垄断法律事实的材料。

(三)违反反垄断法律案件的审理,应当由反垄断机构根据哈萨克斯坦共和国法律规定的程序进行。

第二十六条 [反垄断机构命令和决定的执行程序]

(一)反垄断机构作出的命令和决定应在该命令和决定规定的期限内执行,未能按时执行反垄断机构命令和决定的,应承担本法和哈萨克斯坦共和国其他法规所规定的责任。

未执行关于恢复违法行为之前的状况的命令和决定的,反垄断机构有权向法院起诉,要求法院采取恢复违法行为之前状况的强制措施。

未执行关于全部或部分地废除与反垄断法律相抵触的法令的命令和决定的,反垄断机构有权向法院起诉,要求法院认定该法令全部或部分的无效。

未执行关于修改或解除违反反垄断法律的协议或者关于与另一市场实体签订协议的命令和决定的,反垄断机构有权向法院起诉,要求法院认定该协议全部或部分无效,或要求法院强制签

订协议。

未执行关于将违反反垄断法律获得的收入归入国家预算的命令和决定的，反垄断机构有权向法院起诉，要求将违法所得归入国家预算。

（二）在规定的期限内不缴纳罚款，或者不全额缴纳罚款的，反垄断机构有权向法院起诉，要求强制执行该罚款，并按罚款总额或未缴纳罚款额的1%按日加收滞纳金。

反垄断机构向违法主体收取的罚款应由该违法者缴纳，并归入国家预算。

缴纳罚款并不免除执行反垄断机构作出的命令和决定、或实施反垄断法律所规定的其他行为的义务。

（三）不执行反垄断机构作出的命令和决定的，反垄断机构有权向法院起诉，要求强制执行其作出的命令和决定。

第二十七条 ［对反垄断机构的命令和决定提起诉讼的程序］

（一）国家机构（及其工作人员）、市场实体（及其负责人员）有权向法院起诉，要求认定反垄断机构作出的命令和决定全部或部分无效，或者要求撤销或变更反垄断机构作出的行政处罚。

从法院受理起诉到法院判决生效之前，反垄断机构作出的命令和决定应暂停执行。

（二）对反垄断机构作出的命令和决定可以在其作出之日起6个月内起诉，但不适用法定时效规定的条件除外。

蒙古禁止不公平竞争法(2000 年)

第一章　总　则

第一条　[立法目的]

本法旨在规制为从事商业活动主体创造公平市场竞争环境,确认和执行禁止、限制和防止妨碍竞争活动的法律和组织基础形成的关系。

第二条　[关于禁止不公平竞争的立法]

(一)关于禁止不公平竞争的相关立法包括宪法、本法和其他与上述法律相一致的立法。

(二)蒙古国缔结或参加的国际条约与本法有不同规定的,适用国际条约的规定。

第三条　[本法适用范围]

(一)本法应当公平地适用于参与市场竞争的法律实体和政府以及地方行政组织。

(二)证券、金融市场及广告活动将会或可能会对竞争产生消极影响的,则应适用本法,法律另有规定的除外。

(三)保护知识产权立法范围内的活动及其后果,不应当被视为阻碍竞争。

第四条　[法律术语的定义]

本法中使用的术语应作如下解释:

1. “产品”是指向市场提供的一切物品、支付工具、服务和可转让的权利;
2. “市场”是指实际供应特定产品的区域;
3. “金融组织”是指信托或保险组织,以及证券市场上的职业经纪商;
4. “竞争者”是指向市场供应特定产品的人。

第五条　[市场上的垄断地位]

(一)若独自行动的单个经营实体、或共同行动的经营实体集团,占据市场上特定种类产品的销售额超过 1/3 的,则可以认定存在支配地位。

(二)若一经营实体非法使用其支配地位,阻止竞争者进入该市场,或者限制或阻碍竞争和消费者,则可以认定存在垄断行为,且从事该行为的实体应当被确认为垄断。

(三)若单个实体以最低最小社会成本,单独占据市场上特定商品的全部供给,则可以认定存在合法垄断。

第二章　禁止具有支配性地位的实体阻碍公平竞争

第六条　[滥用支配地位、损害公平竞争]

具有支配性地位的经营实体不得独自采取下列行为:

1. 为创造人为短缺或提高价格,中断或限制商品的生产或销售;
2. 为出售商品利用其支配性地位向消费者要求额外条件,并以差异价格出售商品;
3. 为阻止其他经营实体进入市场或将其逐出市场,以低于成本的价格出售货物和产品;
4. 无正当理由拒绝与其他经营实体建立商业关系,并为将其逐出市场确立不合理的标准;
5. 在销售货物和产品时捆绑不属于同一系列的货物;

6. 限定消费者转售商品的价格和地域;

7. 将不得购买其竞争者的货物和产品作为出售自己货物和产品的条件;

8. 要求他人以低价向其出售货物和产品,可能导致该货物和产品的生产量和销售量的减少;

9. 无正当理由要求消费者或竞争者向其转让融资工具、资产、权利和劳动力;

10. 要求竞争者通过分割和分离方式重组或清算其公司;

11. 要求在合同中包含与该合同无关,或不利于合同相对方的条件。

第七条 [禁止占据支配性地位的实体达成一致阻碍竞争]

共同拥有支配性地位的经营实体不得以阻碍竞争为目的,以下列任何方式作出决定、缔结协定或协议:

1. 相互协商限定价格,或限制生产或销售;

2. 以地域、产品、服务、销售、货物的名称、种类以及消费者为标准,划分市场;

3. 共同拒绝加入对竞争有重要意义的协议或谈判;

4. 在参与竞争性的招投标、拍卖时,事先就价格达成一致,或隐瞒上述活动中的真实情况以欺骗其他竞争者,并阻挠其他竞争者或对其施加压力;

5. 阻止竞争者加入有益于其商业运行的组织;

6. 限制向第三方销售或购买商品。

第八条 [禁止竞争性的经营实体间董事兼任]

支配性经营实体管理层中的个人,不得在与其竞争的经营实体的管理层中任职。

第九条 [禁止对竞争者实施控制]

(一)支配性经营实体不得以实施市场垄断行为为目的,获取其竞争者的股份。

(二)国民经济关键领域内商品或者人民生活的必需品因竞争加剧而产生的利益被证明超过了由竞争引起的任何损失,则本法第 9 条第 1 款不予适用。

第三章 禁止损害公平竞争的行为

第十条 [损害竞争的行为]

从事商业性活动的实体禁止实施下列损害竞争的行为:

1. 散布可能损害竞争者或其货物和产品信誉,或者导致竞争者的损失的虚假、不准确或误导性信息;

2. 传播或散布虚假的或不准确的与自身或竞争者的企业、地理位置、产品制造方法、使用商品的主要说明和指示有关的信息;

3. 广告宣称其商品与他人生产的商品是相同的;

4. 赞助实体要求被赞助人实施有害竞争的活动;

5. 违反有关货物和产品广告中的条款和订单次序;

6. 任意使用其他商品的商标、标志、名称和质量保证,或者复制品牌或包装;

7. 未经专利所有人或作者的同意,出售、公布或散布科学、技术、工业或贸易信息和秘密。本条款不适用于不受蒙古国专利和版权法限制的自由交易的商品的再设计;

8. 隐瞒商品的质量瑕疵或危险性特征。

第十一条 [禁止政府和地方行政组织发布旨在限制竞争的决定]

(一)政府和地方行政组织不得授予任何与商业活动有关的许可权利(许可证照),法律另有规定的除外。

(二)政府和地方行政组织不得发布下列决定,法律另有规定的除外:

1. 禁止或限制从事商业活动的实体从事特定种类的活动、商品生产或销售;

2. 禁止或限制从事商业活动的实体将商品由一个市场出售至另一个市场;

3. 禁止或限制竞争者进入任何商业活动领域市场。

(三)政府和地方行政组织不得就下列事项作出决定,或相互之间、或与任何经营实体之间进行谈判,法律另有规定的除外:

1. 提高、降低或在同一水平保持货物和产品的价格;

2. 指地域、生产量、销售量、商品的名称和种类、销售商或消费者划分市场;

3. 阻止任何从事商业活动的实体进入某一市场,或将其驱逐出市场;

4. 就经营实体的商品和产品向另一个从事商业活动的组织实体及个人担保。

(四)补偿由自然灾害和任何其他紧急事件引起的损失,而由政府或政府授权组织发放的贷款或提供的补贴,不应当被认为是限制竞争。

第四章　不公平竞争的监督和管制组织

第十二条　[不公平竞争的监督和管制机构]

(一)不公平竞争的监督和管制机构(以下称为监管机构)是负责监督禁止不公平竞争的立法执行情况的政府管制机关,其职责包括:禁止、限制和约束损害竞争的行为,就实体参与竞争和从事商业活动的行为进行检查并发布结论,确定经营实体的支配性地位和自然垄断地位及其造成的损失,就创建公平竞争环境提出建议,并向相关机构提交建议。

(二)监管机构应当成立管理委员会:

1. 管理委员会应当由主席和4名委员组成,监管机构的主席应当也是管理委员会的主席,管理委员会委员应当采用兼职工作方式;

2. 管理委员会成员的职责应由政府基于监管机构主席的建议给予任命或免除;

3. 管理委员会应当依本法第14条第1款第1~3项、第14条第2款及第15条第2款的规定发布决定(决议);

4. 监管机构应当在其全部权力范围内,独立于政府和地方行政组织,依本法规定履行其主要职责。

(三)普通国家检查员、高级国家检查员、国家检查员应当在监管机构内和国家检查员地方区域内工作。

(四)监管机构的主席具有普通国家检查员资格。财政部应当依监管机构主席的提议,任命或罢免高级国家检查员和国家检查员。

(五)政府应当批准监管机构的政策计划和机构设置,并且应当从国家预算中为其提供活动经费。

(六)监管机构应当每年向政府报告其活动。

第十三条　[国家检查员的权力]

监管机构的国家检查员应当行使依《国家监督法》第21条规定的国家检查员的权力,并且应当得到上述法律第23条规定的行使权力的保证。

第十四条　[监管机构的权力]

监管机构应当依职责行使下列权力:

1. 不考虑经营实体和组织的所有权,仅就其执行禁止不公平竞争法的情况进行检查并发表结论;

2. 认定、登记以及研究某一经营实体的支配性地位或自然垄断地位及其造成的损失,并且对其活动进行监督,政府应当批准与认定经营实体支配性或自然垄断地位及其造成的损失有关的程序;

3. 要求非法利用其支配性地位的经营实体的管理层通过分立或分离的方式重组该实体,上述要求同样适用于拒绝接受停止活动的要求的情况,直至违法行为得到纠正;

4. 约束、禁止、限制经营实体的非法行为,并就其从事有害于公平竞争的行为实施行政处罚;

5. 从政府、地方行政组织及其官员、经营实体处获取对创造竞争环境具有重要意义的消息、信息和文件,以便处理、分析及发布结论;

6. 对否决政府和地方行政组织发布违反禁止不公平竞争法律的决定,向相关更高级别的组织及其官员,提出解决方法的建议;

7. 对竞争环境的创建和保护提出建议并将其付诸实施;

8. 向公众告知其关于创造竞争环境的决定;

9. 使专门进行监督的工作人员、检查机构和其他相关组织参与监督、检查工作和发布结论;

10. 如有必要,管理委员会可以重审国家检查员作出的处罚通知,并就此作出决议。

第十五条 [对经营实体的重组(兼并、合并)实施控制]

(一)禁止占据支配性地位的实体兼并或合并竞争性经营实体。

(二)通过兼并或合并方式进行的经营实体的重组,应当依监管机构作出的决定在国家登记机关登记。监管机构应当在收到相关材料后 14 日内,以书面方式发布其决定。如有必要监管机构可以将该期限延长 13 日。

(三)通过兼并或合并方式重组经营实体后,该实体会占据市场支配地位而导致构成限制竞争状况的,监管机构可以拒绝经营实体重组。

(四)拒绝决定将作为对其不予在国家登记机关登记的理由。

第五章 自然垄断的国家管制

第十六条 [自然垄断行为的管制]

监管机构应当以下列方式管制自然垄断行为:

1. 对其根据自身能力向市场提供的货物和产品的数量和规格的变化,给予许可;

2. 在考虑实际支出的基础上,对其针对特殊货物和产品的消费者所作的销售价格的变化进行控制并给予许可;

3. 若出现促进竞争或自然垄断的商品和产品减少的情况,则为解决问题,向相关机构提出创造竞争的请求。

第六章 其他规定

第十七条 [提起控告]

(一)认为监管机构的决定违法的个人可以向法院提起控告。

(二)若未根据本法第 18 条第 2 款规定执行对有过错实体处罚的,则将在法院裁决执行程序中,对该实体强制执行。

第十八条 [对违法个体实施的处罚]

(一)由于违反禁止不公平竞争法律导致对他人物质损失负有责任的个体,应根据本法进行赔偿。

(二)若违反禁止不公平竞争法律的行为尚未构成刑事违法,监管机构的国家检查员应当对其实施下列行政处罚:

1. 对于违反第 6、7、10 条及第 9 条第 1 条款的经营实体,处以 10 万至 250 万图格里克的罚款,并没收非法获取的全部收入和财产,暂停其活动直至违法行为得到纠正,并且向作出决定而向授予其许可的相关权力机构提交建议,以便废除其用于违法本法的特殊许可权;

2. 对于违反本法第 8 及第 15 第 1 款的官员,处以 3 万至 6 万图格里克的罚款,并要求其恢复违法前的状态;

3. 对于违法本法第 11 条第 1 款、第 11 条第 2 款、第 11 条第 3 条款的官员处以 3 万至 6 万图格里克的罚款。

俄罗斯关于商品市场竞争和限制垄断活动的俄罗斯联邦第948－1号法(2005年)

第一章　总　　则

第一条　[立法目的]

(一)本法为预防和终止下列行为确定组织基础和法律基础:

1. 在俄罗斯联邦的商品市场上的垄断活动和不正当竞争;

2. 联邦行政机构、俄联邦各部门的行政权力机关、地方政府以及其他被授予上述行政机构的职责或权力的机构或组织的限制竞争活动。

(二)本法旨在俄罗斯联邦境内提供统一的经济环境,保障商品的自由流通,支持竞争、经济活动的自由,并为商品市场的有效运行创造环境。

第一条之一　[关于商品市场竞争和限制垄断行为的反垄断法律和其他规范性法令]

(一)反垄断法律以俄罗斯联邦宪法为基础,包括本法和调整本法第2条规定的法律关系的联邦法律。

(二)本法第2条规定的法律关系,同时受本法和联邦法律相一致的俄罗斯联邦总统令调整。

(三)在本法、俄罗斯联邦法律、俄罗斯总统令的基础上以及在适用上述法律的过程中,俄罗斯联邦政府有权采用颁布政令的方式调整第2条规定的法律关系。

(四)俄罗斯联邦总统令或者俄罗斯联邦政府政令与本法或联邦法律相冲突的,适用本法或有关联邦法律。

第二条　[本法的适用范围]

(一)本法在俄罗斯联邦全境有效。

(二)本法适用于影响俄联邦商品市场竞争的各种关系,包括俄罗斯和外国的法人、俄联邦行政机构、俄联邦各部门的行政权力机关和地方政府以及其他被授予上述行政机构的职能或权力的机构或组织、包含个人企业在内的自然人。

(三)本法适用于上述主体在俄联邦领土之外导致或可能导致对俄联邦市场中的竞争产生限制或其他负面效应的活动或所签订的协议。

(四)本法不适用于以排他性权利为依据的法律关系,但是下列协议除外,该协议的使用和目的在于限制竞争或者可能导致不正当竞争地获得、使用以及侵犯知识产权的排他性权利。

(五)与金融服务市场中的垄断活动和不正当竞争有关的关系,如不影响商品市场中的竞争,由俄联邦的其他法规调整。

第三条　[删除]

第四条　[基本概念的界定]

本法使用下列概念:

“商品”是指以出售或交易或其他促进流通为目的的活动(包括劳务和服务)的产品。

“替代品”是指一组在功能、用途、质量和技术特性、价格和其他因素类似的商品,消费者在消费过程中(包括生产性消费)实际上是互替或准备互替地使用它们。

“商品市场”是指没有替代品的商品的流通范围或指在俄罗斯全境或部分地区内替代品的流通范围,决定该流通范围的基础是消费者在一特定区域内具备购买一商品的机会,而在该区域外则不具有这样的机会。

“经济实体”是指俄罗斯和外国的个人企业家、商业性组织、非商业组织,但不从事企业性活动的组织如农业消费者合作社等除外。

“竞争”是指经济实体之间的对抗,通过这种对抗,所有实体的自主行为有效限制了各实体在一相关商品市场中单方面影响一般商品流通条件的机会。

“不正当竞争”是指经济实体在企业活动中为获取优势的任何行为,该行为与现行法规、商事惯例、公平性、合理性和公正性要求相抵触,并且可能造成或已经造成对竞争对手的损害,或者已经损害了竞争对手的商誉。

“支配地位”是指一个或若干经济实体在一个无替代品或互替品商品的市场中所占有的排他性地位,或者是指一个或若干个经济实体在一组替代商品的市场(以下将称其为特殊商品)中所占有的排他性地位,使该实体或这些实体有机会对有关市场中的一般商品流通条件施加决定性影响,或有可能阻碍其他实体进入这一市场。一个经济实体在特殊商品市场中的份额超过了65%,而该实体又不能证明它在该市场中不占有支配性地位时,该经济实体的这种地位将被视为是支配性的。一个实体在特殊商品市场中的份额低于65%,但反垄断机构根据该经济实体的市场份额的稳定性、其他竞争者的相对市场份额、新厂商进入该市场的可能性或者其他与该市场有关的标准,证明该经济实体在该市场中的支配性,则该经济实体的市场地位也将被视为是支配性的。一个经济实体在特殊商品市场中的份额不超过35%,则该实体的市场地位不能被视为是支配性的。

“垄断活动”是指经济实体所从事的与反垄断法规相抵触的行动(无论行动是否实施),该行动直接趋向于阻止、限制和排除竞争的行动。

“垄断高价”是指由在特殊的商品市场中占据支配地位的经济实体所控制的商品固定价格,其目的在于补偿或可以补偿不正当的成本,并且/或者获取或可以获取相当高额利润,而该情形不可能发生在可比较的条件下或者在竞争的条件下。

“垄断低价”是指由一个在特殊商品市场中占支配地位的经济实体作为购买者所控制的可购买商品的价格,其目的在于获取超额利润并且/或者靠损害卖方利益来补偿其自己的不正当成本;或者,它是由一个在特殊商品市场中占支配地位的实体作为卖方所控制的一个商品的价格,该价格水平引起了该商品销售者的损失,其目的是或可能是通过将竞争对手排挤出市场而限制竞争。

“反垄断机构”包括联邦反垄断机构和它的地区分支机构。

“收购公司法定资本中的股票(股份)”是指收购一公司的股票或股份,或者通过信托管理、合资、代理合同或其他交易,使自己或使其代表能够行使附于这些股票(股份)的表决权。

“主体集团”是指符合下列一项或几项条件的法人集体或法人和自然人集体:

1. 作为一项协议(协同行为)的结果,一个主体或若干主体有权直接或间接控制(包括基于买卖合同、信托协议、合资协议、代理协议、其他交易或其他方式)一个法人超过50%的附表决权股票、法定资本或总资本的出资额。间接控制法人的表决权被理解为可能通过第三人实际控制其表决权,上述主体被认为拥有上述权利或权力;

2. 一个主体或若干主体通过契约或其他途径有机会决定一方或多方的决议,包括决定作为契约方的一方或多方主体或第三方企业的运营条件;

3. 一个主体有权指定唯一的执行机构，并且/或者有权任命一个法律实体的执行机构50%的组成成员，并且/或者有权任命董事会（监事会）50%的组成成员，或者一个法律实体的另一个管理机构是根据该主体的意愿选举产生的；

4. 一个自然人掌管一个法律实体唯一的执行机构的权力；

5. 同一自然人及其配偶、父母、子女、兄弟、姐妹和/或由同一个法律实体提议的人，构成了2个以上的法律实体的执行机构和/或董事会（监事会）或另一个管理机构50%以上的组成人员，或者两个以上法律实体的董事会（监事会）50%以上的组成人员是在依据法律实体的意愿选举产生的；

6. 在一个法人内或组成同一集团的若干法人内工作的自然人，同时也是另一个法人的唯一的执行机构；或者在一个法人内或组成同一集团的若干法人内工作的自然人，构成了另一个法人的执行机构/或董事会（监事会）或者其他管理机构50%以上的人员；

7. 同一自然人及其配偶、父母、子女、兄弟姐妹和/或法律实体有权利直接或通过代理人（律师）控制2个或2个以上法律实体中任何一个实体的50%以上附表决权的股份或法定资本或总资本；

8. 自然人和/或法律实体有权利直接或通过代理人（律师），来控制总计50%以上的投票权，无论该权利是通过集合有投票权的股份获得的，还是通过组合一个法律实体的法定资本或总资本来实现的；同时，上述自然人及其配偶、父母、子女、兄弟、姐妹和/或由其提议的人和同一个法律实体构成另一个法律实体的执行机构和/或董事会（监事会）或者其他的管理机构；

9. 法人实体是一家金融—工业集团的参与者；

10. 自然人之间是配偶关系、父母与子女关系、兄弟姐妹关系。

有关主体集团的条款适用于与这一集团有关联的每一个人。

“关联人”指的是有能力向法律实体和/或从事企业性活动的自然人的活动施加影响的自然人和法律实体。

一个法律实体作为关联人的表现形式有：

1. 董事会（监事会）或者其他管理机构的成员，执行机构的成员，还包括控制唯一执行权力的自然人；

2. 与特定的法律实体属于同一主体集团的人；

3. 通过集中有表决权的股份，或通过组合特定法律实体参与的法定资本或总资本，有权控制总计20%以上投票权的人；

4. 通过集中有表决权的股份，或通过组合特定法律实体参与的法定资本或总资本，某特定法律实体有权控制其总计20%以上投票权的人；

5. 某法律实体是一个金融—工业集团的参与者的，其关联者应当还包括该金融—工业集团参与者的董事会（监事会）或其他管理机构、执行机构的成员，也包括控制该金融—工业集团参与者的唯一执行机构权力的人。

作为一个从事企业性活动的自然人关联者的表现形式有：

1. 与特定的自然人属于同一主体集团的人；

2. 在一个法律实体中特定自然人控制该实体20%附有表决权股份或者法定或总资本。本法适用于经济实体的条款应同时适用于主体集团。

第二章之一　垄断行为

第五条　[经济实体滥用市场支配地位]

(一)禁止占有支配地位的经济实体(主体集团)从事导致或可能导致阻止、限制或消除竞争和/或侵犯其他经济实体或自然人利益的下列行为(包括不作为行为):

1. 出于制造或维持市场中商品短缺或价格上涨的目的而从市场中撤回商品;

2. 将不利于当事人的或与合同主题无关的条款(无正当理由地要求转让金融资产、其他财产、产权、人力,仅在合同中包含当事人不感兴趣的商品的条款时才同意签订合同)强加给其他当事人;

3. 在商品的交易、消费、购买、生产、销售等环条,对进入商品市场设置条件,导致一个或若干经济实体与其他经济实体相比处于不平等地位(歧视性条款);

4. 对其他经济实体进入或撤出市场制造障碍;

5. 违反由规范性法令确立的定价程序;

6. 设定并维持垄断性高价或低价;

7. 生产有需求或有消费者订单的商品且不会招致损失的,却减少或停止生产;

8. 可以生产或供应某种产品,却无正当理由地拒绝就该商品与特定购买者(消费者)缔结供货合同。

(二)在特殊情况下,若经济实体能证明其行为的积极效应,包括在社会经济范围内的积极效应大于对特定商品市场的负面影响,则经济实体从事本条第 1 款规定的行为(不作为行为)将被视为合法。

第六条　[经济实体限制竞争的协议(协同行为)]

(一)在同一商品市场(替代品市场)的经济实体之间缔结合同和其他交易、协议或者协同行为,导致或可能导致:

1. 固定(维持)价格(价目表)、折扣、加价(销售毛利)或收费;

2. 在拍卖或投标中抬高、压低或操纵价格;

3. 根据地域、销售或购买商品的级别、所售商品的种类,或者卖方或买方(消费者)集团来划分市场范围;

4. 限制其他经济实体作为卖方或买方(消费者)进入市场,或者将他们排除出市场。

(二)拒绝与特定卖方或买方(消费者)缔结合同。

(三)在同一商品市场(或替代品市场)经济实体之间缔结合同或协同行为导致或可能导致阻碍、限制或消除竞争并且损害其他经济实体的利益的,也应被禁止。

(四)相关商品市场上的非竞争性经济实体缔结、接受(潜在的购买者)和提供(潜在的出售者)某类商品(替代品)的协议或者协同行为,若上述协议或者协同行为导致或者可能导致阻碍、限制或消除竞争并且损害其他经济实体的利益的,则应当被禁止。本款规定不适用于那些共同占有市场份额不足 35% 的经济实体。

(五)在特殊情况下,经济实体能够证明其行为的积极效应,包括在社会经济范围内的积极效应大于对特定商品市场负面影响的;或者经济实体上述协议的缔结或协同行为的实现是联邦法律所能预见的,反垄断机构在适用本法第 19 条第 1 款时,则可以认定本条第 2 款和第 3 款规定的经济实体的协议或者协同行为为合法。

(六)导致或可能导致限制竞争后果的商业组织企业性活动的协作行为应被禁止。

（七）企业活动违反上述规定，反垄断机构提起诉讼的，应通过法院的正当程序解散该企业。

第二章之二　联邦行政机构、俄联邦各部门的行政权力机关、各市政当局或被委托行使上述机构职能或权力的其他机构或组织的限制竞争的法令、行为、协议或协同行为

第七条　［联邦行政机构、俄联邦各部门的行政权力机关、各市政当局或被委托行使上述机构职能或权力的其他机构或组织的法令和行为］

（一）联邦行政机构、俄联邦各部门的行政权力机关、各市政当局或被委托行使上述机构职能或权力的其他机构或组织，采用法案或行为的方式限制经济实体的独立性或给经济实体的活动创造歧视性环境，其行为导致或可能导致阻碍、限制或者消除竞争，并且损害经济实体的利益的，应当禁止。被禁止的法案和行为包括：

1. 在任何行业或产业中限制新的经济实体的形成，并对实施某些活动、制造某些类型的商品强加禁令，但俄联邦法律另有规定的除外；

2. 在任何领域中无正当理由地阻碍经济实体的活动；

3. 禁止从俄联邦的一个区域（共和国、国土、地区、城市、市区）到另一个区域销售（购买、交易、收购），或者在其他方面限制经济实体进行销售（购买、交易、收购）的权利；

4. 对经济实体下达指令，要求对特定买方（消费者）团体优先供给商品（或履行劳务，或提供服务）或优先签订合同，而无视俄联邦的法规和正式法令规定的优先顺序；

5. 在任何活动领域中无正当理由阻碍设立新经济实体；

6. 无正当理由授予特定经济实体或若干经济实体以特权，使上述实体与在同一商品市场中运行的其他经济实体相比，处于更优越的特殊地位。

（二）联邦行政机构、俄联邦各部门的行政权力机关、各市政当局、其他被授权行使上述机构职能或权力的机构或组织，决定授予一个或若干经济实体的特权的草案，必须经过反垄断当局的批准。

（三）联邦行政机构、俄联邦各部门的行政权力机关、各市政当局、其他被授权行使上述机构职能或权力的机构或组织，不应当被授予从事导致或者可能导致限制竞争的活动的权力。

（四）联邦行政机构、俄联邦各部门的行政权力机关、各市政当局、其他被授权行使上述机构职能或权力的机构或组织的职能与经济实体职能合并的，应当被禁止。经济实体也应当被禁止授予上述机构的职能和权力，包括国家监督机构的职能和权力，俄联邦法律另有规定的除外。

第八条　［联邦行政机构、俄联邦各部门的行政权力机关、各市政当局、其他被授权行使上述机构职能或权力的机构或组织的协议或协同行为］

联邦行政机构、俄联邦各部门的行政权力机关、各市政当局、其他被授权行使上述机构职能或权力的机构或组织之间的、上述主体与经济实体之间以任何方式达成的协议或协同行为，导致或者可能导致阻碍、限制或者消除竞争，并且/或者损害经济实体的利益的，应当被禁止。上述协议或协同行为导致或可能导致：

1. 抬高、压低或操纵价格（价目表），除非此类协议的缔结为联邦法律或俄联邦政府或总统的规范性法令所允许；

2. 根据地域、销售或购买商品的数量、所售商品的种类，或者卖方或买方（消费者）集团来划分市场范围；

3. 限制经济实体进入市场或将其排除在市场之外。

第九条 ［出于国家和地方当局的需要而订购商品、履行劳务和提供服务中的执行招投标的反垄断要求］

(一)进行招投标时不得有下列行为：

1. 在招标中为某一参与者制造优先的条件，包括披露机密信息，为某些参与者降低参与费用；

2. 组织者、雇员和关联人员参与投标；

3. 某一招投标项目的组织者协助投标参与者的活动，导致或可能导致限制参与者之间的竞争，或者损害他们的利益；

4. 不正当地限制参与者参加招投标活动。

(二)对本条规则的违反应当作为依法庭程序认定招投标无效的理由。

第三章 不正当竞争

第十条 ［不正当竞争的方式］

(一)下列不正当竞争行为应予禁止：

1. 散布能使其他经济实体遭受损失或使其商誉受损的虚假、错误、歪曲信息；

2. 在生产特点、方式和地点以及商品的消费特性或质量方面误导消费者；

3. 将一个经济实体生产或销售的商品与另一经济实体的商品作不准确的对比；

4. 销售、交换或以其他方式将某商品带入市场流通领域，包括非法使用智力活动的成果和其他同等手段区别对待法人、区别对待产品、劳务和服务；

5. 接受、使用或公开被法律保护的被认为是商业或商事秘密的信息。

(二)通过区别对待法人、区别对待商品、劳务或者服务的方式来获得和适用排他性权利时，不正当竞争应被禁止。

(三)反垄断机构针对违反本条第2款有关区别对待商品、劳务或服务的条款的行为的决定应当递交联邦行政机构中负责专利和商标的机关，目的是根据商标、服务标志、商品原产地标志的法律程序，作出有关排他性权利事项登记有效性前期终止的决定，或者作出确认该事项登记为无效的决定。

第四章 反垄断机构

第十一条 ［反垄断机构］

(一)促进商品市场发展和竞争的国家政策，反垄断法律遵守的国家监督、反垄断活动以及不正当竞争和其他限制竞争活动的预防和终止由反垄断机构负责执行。

(二)联邦反垄断机构的权力由俄罗斯联邦的现行法和其他规范性法令所确定。

(三)为行使其各项权力，联邦反垄断机构可建立地方代表机构并任命相应的负责人。

(四)地方代表机构从属于联邦反垄断机构，并在联邦反垄断机构所定条例的基础上依照俄联邦法律开展其各项活动。

(五)联邦反垄断当局应在其权限之内向地方代表机构授权。

第十二条 ［反垄断机构的权力］

根据本法反垄断机构拥有下列权力：

1. 在有真实迹象证明有违反反垄断法律行为的情形下，启动法律程序，并且根据违法结果作出决定并发布指令。

2. 对经济实体发布下列具有约束力的指令：

(1)有关禁止可能导致违反反垄断法的措施的指令；

(2)有关消除违反反垄断法所造成后果的指令；

(3)有关恢复违反反垄断法前既存状态的指令；

(4)有关强行分拆一个商业或者非商业实体，或者将一个或更多的组成部分分离于其结构的指令；

(5)有关变更条件或者撤销合同和其他交易的指令；

(6)有关与经济实体缔结合同的指令；

(7)有关将因违犯反垄断法规而获得的利润转交给联邦国库的指令；

(8)有关修改或限制商标登记使用的指令；

(9)有关执行经济技术信息和其他旨在杜绝歧视性条件的要求的指令；

(10)有关确保竞争措施的指令。

3. 向联邦行政机构、俄联邦各部门的行政权力机关、各市政当局、其他被授权行使上述机构职能或权力的机构或组织及其所属官员发布有约束力的指令：

(1)有关废除或变更被上述主体通过的但与反垄断法律相抵触的法案的指令；

(2)有关终止违反反垄断法行为的指令；

(3)有关废除或变更被上述主体决定的但与反垄断法律相抵触的协议的指令；

(4)有关确保竞争措施的指令。

4. 对商业性组织和非商业性组织、及其领导人、自然人(包括自然人企业)，以及联邦行政机构、俄罗斯各联邦的行政机构、各市政当局、其他被授权行使上述机构职能或权力的机构或组织的违反反垄断法律的行为。依据有关行政违法的法律确立的程序，实施行政处罚。

5. 为使反垄断机构对经济实体执行监管控制活动，联邦行政机构、俄罗斯各联邦的行政机构、各市政当局、其他被授权行使上述机构职能或权力的机构或组织要收集所有必要的文件和信息，包括书面和口头形式的陈述。

6. 就有关违反反垄断法律的事项向普通法院或者商事法院递交申请，该申请包括：

(1)宣布下列事项全部或部分无效；

(2)联邦行政机构、俄联邦各部门的行政权力机关、各市政当局、其他被授权行使上述机构职能或权力的机构或组织的法案、协议与反垄断法律不一致；

(3)与反垄断法律不符的合同和其他交易；

(4)与另外的经济实体强制缔结协议；

(5)对商业和非商业组织的清算；

7. 对适用和违反反垄断法律有关的案件进行审查时参与普通法院或商事法院的会议。

8. 确定某一经济实体市场支配地位的事实。

9. 对适用反垄断法律的问题予以澄清。

10. 对占特定商品市场中超过35%市场份额的经济实体建立并保存登记。

11. 在引进、修改或终止海关关税和引进非关税措施时，对商品市场是否存在限制竞争的情形发布结论。

12. 在俄联邦国际合作的政府间与部门间的活动中以及反垄断机构的权限范围内的国际项目的执行中，与国际组织和外国国家机构发展合作关系，参与俄联邦国家条约的协商与适用。

13. 在反垄断机构权限范围内，与联邦行政机构、俄联邦各部门的行政权力机关、各市政当局、国际组织和外国国家机构发展信息交换机制。

14. 向相应的联邦行政机构、俄联邦各部门的行政权力机关、各市政当局、其他被授权行使上述机构职能或权力的机构或组织,就竞争发展问题递交建议。

15. 分析商品市场状况。

16. 执行本法规定的其他权力。

第十三条 [获取信息的权利]

(一)反垄断机构的工作人员,被合理授权以完成赋予他们的职责,在出示身份证明及反垄断机构主管人员(或其代表)所作出的决定书的情况下,有权利自由进入联邦行政权力机构、俄联邦各部门的行政权力机构、各市政当局、其他被授权行使上述机构职能或权力的机构或组织以及经济实体根据业已确立的程序实行检查,以获取反垄断机构执行其职责必需的文件和信息。

(二)警察当局有义务在反垄断机构的工作人员执行职务的过程中提供协助。

第十四条 [向反垄断机构提供信息的义务]

商业和非商业组织(包括他们的董事)、联邦行政权力机构、俄联邦各部门的行政权力机构、各市政当局、其他被授权行使上述机构职能或权力的机构或组织(包括他们的官员)、自然人包括个人企业,有义务根据反垄断机构的要求递交可信赖文件、书面或口头说明以及反垄断机构开展执法活动所必需的其他信息。

第十五条 [反垄断机构保守商业和服务秘密及法律保护的其他秘密的义务]

(一)在反垄断机构行使权力的过程中获得的构成商业或服务秘密的信息或者被法律保护的秘密,不得被披露,联邦法律另有规定的除外。

(二)因反垄断机构的工作人员泄露构成商业或服务秘密的信息所引起的损失可以根据民事法律获得补偿。

第十六条 [删除]

第五章 国家反垄断控制的特殊类型

第十七条 [国家对商业性组织和非商业组织的创建、重组和解散的监管]

(一)根据其最新资产负债表计算的资产总额超过联邦法律规定的最低工资的 3 万倍的商业性组织之间的合并和收购,应当得到反垄断机构的预先批准。

(二)个体或者机构就商业性组织合并或收购的事项作出决定时,除向工商注册机构提交文件外,还应当向反垄断机构递交申请,根据俄联邦立法,包括一份为获得允许商业组织合并或收购而提交的申请、有关该组织基本业务活动、在相关产品市场中生产和出售的商品(劳务、服务)数量方面的信息,即下列信息:

1. 以电子形式提供联邦反垄断机构事先核准的事项;

2. 反垄断机构应在收到要求的文件之日后的 30 日内将其作出的决定书面通知申请者;

3. 如有必要,反垄断机构可延长上述期限,但不得超过 20 日。

(三)批准申请将会抑制竞争的,包括造成或强化各经济实体的支配地位,以及在审查申请者所提供文件的过程中发现文件中的信息或对决策具有重要意义的信息不准确的,反垄断机构应当拒绝申请。

(四)下列情况下,即使可能出现本条第 3 款规定的不利结果的,反垄断机构有权批准申请:

1. 个体或机构就合并或商业性组织的收购作出决定时,可以证明其行为的积极效果,包括在社会经济范围内的积极效果超过对相关商品市场的负面影响;

2. 个人或机构作出合并决定或收购商业组织决定时，反垄断机构发布旨在确保它们之间竞争的命令。

（五）自下列行为进行国家登记（或法人进行的变更或修正国家登记）之日起，设立人或参与人（设立人或参与人之一）应当在45日内向反垄断机构提出申请：

1. 非商业性组织（协会、团体、非商业性合伙）的设立、合并或收购，且上述组织的成员中至少有两个是商业性组织；

2. 非商业性组织（协会、团体、非商业性合伙）的参与者（成员）组成的变更，且上述组织的成员中至少有两个是商业性组织；

3. 依据资产负债表，组建者（参与者）的资产数额合计超过根据联邦法律确立的最低工资单位的2000倍的商业组织的设立、合并或收购。

向反垄断机构制作的通知，应当提交本条第2款规定的信息。

本款的规定应当适用于已经或者打算与其参与者（成员）的企业性活动相互协调的非商业组织。

（六）本条第5款预见的行为可能或已经导致限制竞争的，采取单独决定的商业性组织或非商业性组织、个体或机构的组建者（参与者），有义务根据反垄断机构的指令采取措施恢复保障竞争的必要条件。

（七）在本条第5款预见的情形中，决定设立、合并或收购的个体或机构应当有权利在采取上述决定之前请求根据本条第2款确定的顺序要求对单独申请负有审查义务的反垄断机构同意其申请。

（八）反垄断机构初步批准后，工商注册登记机关应当执行商业组织的国家登记，并对其进行记录，其记录对象不包括统一的法人国家登记簿中的商业组织。

（九）违反本条第1款和第5款确定程序，设立、合并或收购商业性组织和非商业性组织、对非商业性组织的组成成员进行变更，导致限制竞争、确立或强化市场支配地位或者没有符合反垄断机构依据本条第4款和第6款发布的要求，均将成为法庭根据联邦反垄断机构提起的诉讼对其进行清算的理由。

第十八条 ［国家对收购商业性组织法定资本中的股票（股份）及其他活动遵守反垄断法规的情况进行监管］

（一）法人和自然人在下列场合应向反垄断机构提出申请，以获得初步认可来实施交易：

1. 一主体（或主体集团）收购一经济实体法定资本中的表决权股票（股份）并由此获得处置20%以上此类股票（股份）的权利。但上述规定不适用于经济实体发起人创建经济实体的场合；

2. 由一经济实体（或主体集团）收购另一经济实体的固定资产或无形资产的所有权或使用权，而上述资产在资产负债表中的价值超过了被转让经济实体账面固定资产或无形资产总价值10%；

3. 一主体（或主体集团）获得的权利能让其决定一经济实体从事企业活动的条件或行使其管理职能。

（二）在本条第1款规定的主体的资产负债表中的总资产合计超过联邦法律确定的最低工资单位的3000万倍，或上述主体其中的被包括在经济实体注册簿中一个主体在特定商品市场中占有35%以上的份额，或受让者是一个控制该经济实体的主体集团的情况下，其从事本条第1款规定的交易需要获得反垄断机构的初步批准。

关于在特定商品市场中占有35%以上份额的经济实体的注册簿（以下称为注册簿）应根据

俄联邦政府规定的程序编纂。

(三)进行本条第1款规定的交易的人有义务向反垄断机构申请进行交易的许可,并根据本法第17条第2款规定提供作出决定所必需的信息。

反垄断机构根据本法第17条第2款所定程序对本条规定的交易实施国家监管。

(四)审查提交的文件时发现该文件中所包含的对作出决定有重要意义的信息是不准确的,或者根据本条第3条规定交易各方未在确定的期限内提交反垄断机构所要求的信息,上述信息包括本条第1条规定的信息的来源、获得的情况、金融资产和其他财产的数量等完成交易所必需的内容,反垄断机构有权拒绝批准其申请。批准申请将强化一个经济实体(或主体集团)的支配地位或造成对竞争的限制的,反垄断机构有权拒绝批准其申请。

(五)尽管可能存在本条第4款提到的不利后果,但在下列情况下,联邦反垄断当局仍有权批准申请:

1. 交易当事人证明在相关商品市场上,其行为的积极效果(包括在社会经济方面的积极效果)大于对相关商品市场的消极影响;

2. 反垄断机构发布执行行动的命令旨在强化竞争;

3. 反垄断机构根据本条第1款作出的同意交易决定自决定生效起1年内交易未被执行的,则该决定失效。

(六)本条第1款规定主体的最新资产负债表中资产总价值超过了联邦法律确定的最低工资单位200万倍的,法人或自然人应当自本条第1款规定的交易完成后的45日内向反垄断机构递交申请。

经济实体最新资产负债表的资产总值超过了联邦法律确定的最低工资单位200万倍的,或者被登记在注册簿上的经济实体持有某特定商品市场35%以上份额的,则该经济实体有义务将管理机构、董事会(监事会)的自然人成员选举事项在选举日后45日内通知反垄断机构。申请人在向反垄断机构提交通知时,还应当提交包括本条第3款规定的申请信息的申请书。

(七)本条第6款所预见的行为导致或可能导致限制竞争的,或者创建、强化一个经济实体(或主体集团)的支配地位,执行该行为的主体应当有义务按照反垄断机构的指令执行行为以确保竞争。

(八)本条第6款第1项规定情况下,上述主体有权在完成该行为之前根据规定程序申请获得反垄断机构的同意。

(九)违反本条规定的程序的交易,导致限制竞争,包括建立和强化市场支配地位的,可以由法院基于反垄断机构提起的诉讼而判决无效。

违反反垄断机构根据本条第5款和第7款作出的决定和指令,应当成为法院根据反垄断机构提起的诉讼判决上述交易无效的理由。

第十九条 [强制拆分从事企业活动的商业组织和非商业组织]

(一)如从事企业活动的营利性和非营利性组织占有市场支配地位,并系统性采取了垄断活动,反垄断机构有权基于上述组织的部门结构作出强制拆分其一个或多个组织的指令。

系统性采取垄断活动指的是在3年内根据法定程序,发现两起以上垄断活动。

(二)下列情况下,应当决定强制拆分商业组织:

1. 该决定引导竞争的发展;

2. 下属机构在组织上或地区上存在着分解的可能性;

3. 在该组织的下属机构之间在技术上不存在密切的相互依赖性(特别是在该法人使用其下

属机构产出（劳务、服务）的数量不超过其下属机构产出（劳务、服务）的30%）；

4. 经分解而重组成的法人能够在一个特定市场中独立运营。

（三）反垄断机构强制拆分（分割）从事企业活动的营利性组织或非营利性组织的指令，应当由组织的所有者或所有者委托的主体，在不少于6个月的指定期限内执行完毕。

第十九条之一 ［国家对经济实体之间限制竞争的协议或协同行为的监管］

（一）根据本法第6条第4款规定，意图缔结协议或采取协同行为的经济实体，有权利向反垄断机构提出申请，要求其就该协议或协同行为是否与反垄断法律的要求相一致进行审查。

（二）意图缔结协议或采取协同行为的经济实体或其代表机构向反垄断机构进行申请的，其应当根据联邦反垄断机构核准的信息列表提交信息。

（三）自收到审查申请所需全部必要信息之日起30日内，反垄断机构应当对协议或协同行为是否与反垄断法律相一致作出决定。

由于下列原因，可以作出协议或协同行为与反垄断法律不一致的决定：

1. 有本法第6条第1～3款规定的情形；

2. 经济实体提交的与作出决定有关的信息不准确；

3. 未按本条第2款规定提交信息。

必要的情况下，反垄断机构可以延长审查申请的期限，但是不超过20日。反垄断机构应当以书面形式通知申请者审查期限的延长及其理由。

（四）作出协议或协同行为与反垄断法律的要求一致的决定生效起2年内，该协议未能达成或协同行为未实施，该决定失效。

（五）在作出协议或协同行为与反垄断法律的要求一致的决定的同时，反垄断机构有权向协议或协同行为的各方发布旨在确保竞争的指令。

在下列情形下，反垄断机构有权撤销协议或协同行为与反垄断法律要求相一致的决定：

1. 决定作出后发现，当事方提交的关于作出决定的信息是不准确的；

2. 协议或协同行为的各方未能遵守本条第5款规定的反垄断机构发布的指令。

第二十条 ［删除］

第二十一条 ［删除］

第六章　违反反垄断法的责任

第二十二条 ［反垄断机构的指令和决定的强制执行］

商业组织和非商业组织（以及其管理人员）、联邦行政机构、俄联邦各部门的行政权力机关、各市政当局、被委托行使上述机构（及其官员）的职能或职权的其他机构或组织、包括个人企业家在内的自然人，应当在法定期限内执行反垄断机构发布的指令和决定规定的行为。

第二十二条之一 ［违反反垄断法的责任类型］

（一）出现违反反垄断法行为的，联邦行政机构、俄联邦各部门的行政权力机关、各市政当局、被授权行使上述机构职能或职权的其他组织或机构、商业组织和非商业组织官员或管理人员，以及包括个人企业家在内的自然人，应当承担民事、行政或刑事责任。

（二）根据本条第1款承担责任的主体为了审查的需要，仍需依据反垄断机构发布的决定或指令向反垄断机构提交申请（通知）或实施反垄断法律规定的行为。

第二十三条 ［删除］

第二十三条之一 ［垄断活动或不正当竞争行为的收益恢复原状］

经济实体的行为被认定为垄断活动或不正当竞争行为后,其违反反垄断法律所获收益应当恢复原状。当相关指令尚未被执行时,该收益应当在反垄断机构提起的诉讼后由法院判决归入联邦预算。

第二十四条 [删除]

第二十五条 [删除]

第二十六条 [对经济实体的损害赔偿]

联邦行政机构、俄联邦各部门的国家行政机构、各市政当局或被委托行使上述机构职能或职权的其他机构或组织的违法行为(包括不作为)引起的对自然人或法人的损害,包括通过采取立法法案形式违背反垄断法律造成的损害、抑或上述主体未能履行或不适当履行职责造成的损害,应当由俄联邦、俄联邦相关机构或各市政当局负责赔偿。

第七章 反垄断机构发布指令、作出决定或指令的程序以及对上述决定或指令的上诉程序

第二十七条 [反垄断机构作出决定或发布指令]

(一)反垄断机构应当在其权限范围内作出本法规定的决定或指令。

(二)有关机构的提议、自然人和组织的申请、反垄断机构的主动调查都应当作为反垄断机构启动案件以及为作出决定或指令而审查案件的理由。

(三)旨在阻止创建歧视性环境的决定和指令应当以竞争原则为导向,并且可以包括下列要求:确保利害关系人获得信息以使其对商品流通的环境进行比较;进入市场;在大众媒体上公开上述信息;以及经济、技术方面和其他方面的要求。

联邦法律和俄联邦其他规范性法令可以为阻止创建歧视性环境而确立要求。这些要求应当与本法的条款相一致。

(四)反垄断机构应当根据联邦反垄断机构确立的程序,审查主体的提议、自然人和组织的申请,作出本法规定的决定或发布命令,并且监督反垄断法律的遵守情况。

第二十八条 [对反垄断机构的决定和指令提起上诉的程序]

(一)联邦行政机构、俄联邦各部门的行政权力机关、各市政当局或被委托行使上述机构职能或权力的其他机构或组织(以及上述机构和组织的官员)、商业性和非商业性组织(以及他们的管理人员)、包括个人企业家在内的自然人,应当有权利向普通法院或商事法院提起上诉请求法院判决反垄断机构的决定和指令全部或部分无效。

(二)在普通法院或商事法院受理起诉申请的期间内和普通法院或商事法院的判决生效之前,联邦反垄断机构的下列指令和决定应当中止执行:

1. 关于将违反反垄断法所获收益归入到联邦预算的指令和决定;
2. 关于强制拆分商业性和非商业性组织的指令和决定;
3. 关于分离出一个或多个下属分支机构的指令和决定;
4. 关于修改协议或协同行为条件的指令或决定;
5. 关于终止合同或其他交易的指令和决定;
6. 关于与经济实体缔结协议的指令和决定。

在本法第 12 条第 2 款规定的其他情况下,提起上诉不中止反垄断机构的决定和指令的执行。

对反垄断机构的指令和决定可以在实施之日起 3 个月内提出上诉。

第二十九条 [删除]

俄罗斯关于自然垄断的俄罗斯联邦
第147－FZ号法(2001年)

第一章　总　　则

第一条　[立法目的]

本法为俄联邦境内自然垄断领域的联邦政策的法律基础,并旨在消费者和自然垄断实体之间建立利益平衡,使得自然垄断实体确保其出售的商品对消费者而言是可接受的,且上述自然垄断实体的运营是有效率的。

第二条　[本法适用范围]

本法适用于俄联邦商品市场中的自然垄断实体、消费者、联邦行政当局和地区行政机构、地方自治机构之间的关系。本法不适用于非自然垄断领域,联邦法律另有规定的除外。

第三条　[基本术语定义]

本法中,下列基本术语的含义如下:

"自然垄断"是指商品市场的一种状况,在此状况下的商品市场中,由于工业技术特性,生产中不存在竞争(原因在于每件产品生产成本实质性的减少导致产量的增加)需求能够被有效满足,且由自然垄断实体生产的商品不能被市场上的其他商品替代,因此导致在商品供给市场上其需求受价格影响的幅度小于其他类型的商品。

"自然垄断实体"是指在自然垄断条件下从事商品生产(销售)的商业实体(法律实体)。

"消费者"是指获得自然垄断实体生产(销售)的商品的个体或法律实体。

"自然垄断实体或商业实体的管理人员"是指为自然垄断实体(或其他商业实体)的利益,被授权从事活动(不包括律师的代理权)的个体。

使用"商品"、"商品市场"、"商业实体"和"主体集团"等概念时,应与俄联邦法律《关于在商品市场中竞争和限制垄断活动法案》中第4条规定的含义相一致。

第四条　[自然垄断实体活动的范围]

本法调整自然垄断实体在下列领域的活动:

1. 通过输油管道对石油和石油产品的运输;
2. 天然气的管道运输与电力和热能运输有关的服务;
3. 铁路运输;
4. 运输车站、港口和机场服务;
5. 公共电信和邮政服务。

第五条　[监管自然垄断实体活动的权力机构]

(一)为对自然垄断实体的活动实施监管和控制,依照为联邦行政机构确立的程序,组建监管自然垄断的联邦行政机构(以下简称自然垄断监管机关)。

(二)为行使其权力,自然垄断监管机关可以成立地区分支机构并且在其职能范围内授予其独立权力。

第二章 对自然垄断实体的活动进行政府监管和控制

第六条 [监管自然垄断实体活动的方法]

监管自然垄断的机关可以采用下列方法监管自然垄断实体的活动(以下简称监管方法):

1. 通过确定或固定价格(费用)或最高限价的方式执行价格监管;

2. 在提供强制性服务安排和/或确定了最低服务标准的情况下,由于消费者对自然垄断实体生产(销售)的产品的消费需求无法得到全部满足,考虑到维护公民的权利及其法律利益和保证国家安全、环境安全和文化价值的必要,对上述消费者团体进行认定。

第七条 [自然垄断领域的国家控制]

(一)为了国家政策在自然垄断实体的活动领域有效实施,自然垄断实体实施或参与的活动依本法规定可能导致损害消费者利益或在经济上证明限制相关商品市场从自然垄断市场转变为竞争性市场的,自然垄断监管机关应当对该活动实施控制。

(二)自然垄断监管机关应当对下列事项实施控制措施:

1. 任何交易的结果为自然垄断实体获得固定资产的所有权或使用该固定资产的权利,其中该固定资产并非用于现行联邦法律所规定的商品生产和销售,依据最新资产负债表的显示,该固定资产的价值超过自然垄断实体资本价值 10% 的,应当对该交易实施监管;

2. 自然垄断实体在非本法调整的范围内、针对商品生产或销售进行资本投资,依据最新资产负债表的显示该投资超过自然垄断实体资产价值 10% 的,应当对该不受本法调整的投资实施监管;

3. 某商业实体通过出售、租赁或其他交易方式,获得自然垄断实体用于生产或销售由本法规定调整的商品的固定资产的一部分,且上述固定资产的账面价值超过自然垄断实体资产价值 10% 的,则应当对该出售、租赁或其他交易实施监管。

(三)进行本条第 2 款所列的活动之时,自然垄断实体应当向相关自然垄断监管机关提交申请并提供为通过决定所要求的信息,以获得从事上述活动的许可。

有关上述信息的内容、提交的形式以及审查申请的程序,应当由相关自然垄断监管机关制定的规则来确定。

如果申请中提及的活动可能导致本条第 1 款规定的消极后果,或者该申请未能提交要求的全部文件,或者根据对上述文件的审查发现其中为通过交易而提交的信息是不可信的,则自然垄断监管机关可以拒绝其申请。

自然垄断监管机关应当在接到申请后 30 日内向申请人就其决定(同意或拒绝)提供书面的通知。拒绝决定应说明理由。

为通过决定而要求附加信息的,自然垄断监管机关可以要求申请人提交上述信息,并且为审查该申请延长期限 30 日。提供附加信息的要求和延长审查期限的通知应当在收到申请后 15 日内向申请人提出。

自然垄断监管机关在审查申请的最后期限后 15 日内,申请人未收到回复的,或者申请人认为该申请被拒绝的理由是非法的,申请人可以向法院上诉以保护其权利。

(四)某实体或实体集团,通过市场收购的方式或者其他交易方式(包括签订合同、信托合同、抵押合同的方式),取得某自然垄断实体的章程(总)资本的 10% 有表决权的股份(预期利益),有义务在取得上述权利 30 日内向相关自然垄断监管机构申报该事项及导致上述实体股权结构变化的所有相关事项。自然垄断实体获得另一商业实体章程(总)资本的 10% 有表决权的股份(预期利益)的,应当承担相同的义务。

为了依据本款所列要求实施监管,自然垄断监管机关被授权可以要求商业实体(公司、合伙)提供关于其有权处置10%以上投票权的股东的信息。

第八条 [自然垄断实体的义务]

(一)被授权生产(出售)某类商品能力的自然垄断监管实体不得拒绝与特定消费者订立提供商品合同。

(二)自然垄断实体有义务向适当的自然垄断监管机关提交下列文件:

1. 依据该机关所列程序和期限提交当前活动报告;

2. 投资计划的草案。

第三章 自然垄断监管机关及其职能和权力

第九条 [自然垄断监管机关]

(一)自然垄断监管机关应在本法第4条规定的活动范围内建立。

(二)监管自然垄断的联邦行政机关实行首长负责制。该机关首长由俄联邦总统依据俄联邦政府的建议任命和罢免,自然垄断监管机关的首长应当是该机关的管理委员会的成员。

(三)为了确定监管垄断的联邦行政机关的活动主要范围和作出决定,该机关的管理委员会由7名成员组成,包括从在相关领域具有经验的高级资格专家中遴选出的首长。管理委员会的成员应当由俄联邦政府任命,每届任期不少于4年。为了保证该机关运转的连续性,从该机关成立的第5年开始,每年管理委员会成员的1/3应当被更换。

(四)自然垄断监管机关的工作人员与政府雇员有同等法律地位。

(五)在相关商品市场出现竞争发展的可能性的情况下,以及(或者)对自然垄断实体的商品的需求的性质发生变化时,监管自然垄断的联邦行政机关应被撤销。

第十条 [自然垄断监管机关的职能]

自然垄断监管机关应当行使下列基本职能:

1. 对受到国家监管和控制的自然垄断实体建立并保存登记;

2. 依据本法,确定对特定的自然垄断实体的监管方法;

3. 在本法规定的职能范围内实施监管;

4. 依据有关程序,就修订有关自然垄断的现行法提出建议。

第十一条 [自然垄断监管机关的权力范围]

自然垄断监管机关有权:

1. 作出对自然垄断实体有约束力的决定,该决定与提出、修订或废除规制、或与适用本法规定的监管方法(包括固定价格或费用)有关;

2. 对违反本法的案件,在其权限范围内作出决定;

3. 向自然垄断实体递交强制性命令以停止违反本法行为或矫正上述违法造成的结果,缔结消费者合同或修正既存合同,并就违法所得上交联邦预算;

4. 就自然垄断实体的登记或注销作出决定;

5. 向行政权力机关和地方自治机关递交强制性命令,以撤销或修正其作出的与本法不符法案,以及停止违反本法的行为;

6. 对自然垄断实体实施处罚作出决定;

7. 依据本法,以警告或处罚的形式,使自然垄断实体的负责人或行政权力机关和地方自治

机关的官员承担行政责任;

8. 向法院上诉或诉讼,并参与与违反本法有关的司法程序;

9. 行使本法规定的其他权力。

第十二条 [监管机关决定对自然垄断适用监管方法的理由]

(一)自然垄断机关应当依据本法和其他联邦法律,对特定自然垄断实体,在分析其行为基础上,就适用特殊的监管方法作出决定,并考虑这些方法在提高生产或销售商品的质量且对该类商品的需求的满足方面的促进作用。该决定应在考量下列因素的情况下对成本进行评价:

1. 生产或销售成本,原材料和其他材料成本,管理费用;

2. 税收和其他费用;

3. 生产性固定资产的价值、更新上述资产的投资需要、折旧;

4. 来自于以各种价格销售的商品(服务)的销售的预期利润;

5. 各种消费者团体与商品生产地点的距离;

6. 生产(或销售)的商品的质量对消费者需求的满足程度;

7. 政府补贴和其他来自于国家的支持。

(二)自然垄断监管机关有义务在作出适用特殊监管方法的决定时,有义务考虑与自然垄断实体的活动有关的利害关系人提交的信息。

第十三条 [获取自然垄断实体活动的信息的权利]

(一)为了执行自然垄断监管机关被授予的职能,其官员被授权得以不受限制的获得与自然垄断实体的活动有关信息,无论该信息出自行政权力机关、地方自治机关还是自然垄断实体。

(二)自然垄断实体、行政权力机构和地方自治机关,应自然垄断监管机关的要求,有义务提交准确的文件、书面和口头的解释和其他所求信息,以便于自然垄断监管机关执行其职责。

(三)依本条的条款规定自然垄断监管机关获得的具有商业秘密性质的信息,不得被披露。

第十四条 [自然垄断监管机关决定的公布]

(一)自然垄断监管机关有义务通过媒体公开提出、修正或废除其对自然垄断实体的活动的监管的决定、注销自然垄断实体的信息、适用于自然垄断实体的监管方法以及自然垄断监管机关对自然垄断实体实施的特别指示和要求。

自然垄断监管机关应当每年公开其活动报告。

(二)自然垄断监管机关有义务通过媒体公开因违反本法承担责任的全部案件。

(三)有关撤销自然垄断监管机关的清算信息以及作出该决定的理由应当在媒体上公布。

第四章 违反本法的责任

第十五条 [违反本法的后果]

(一)依自然垄断监管机关的决定命令,违反本法的自然垄断实体负责人、行政权力机构和地方自治机构官员,有义务:

1. 制止违反本法的行为,并且(或者)纠正上述违法行为的后果;

2. 恢复违法行为前的状态,或者采取决定或命令中规定的措施;

3. 撤销或变更与本联邦立法不一致的行为;

4. 与得到强制性服务的消费者订立合同;

5. 修正上述合同;

6. 支付罚金;

7. 对发生的损失进行赔偿；

（二）自然垄断实体应当在依自然垄断监管机关的决定规定的日期内，将违反本法所得上缴联邦预算。

（三）自然垄断监管机关决定实施的处罚应当在决定规定的日期内上缴联邦预算。

第十六条 ［依照联邦第196－FZ号法律（2001年10月30日），本法第16条自2002年7月1日起，失去法律效力。］

第十七条 ［自然垄断实体对因其违反本法造成的损失的赔偿］

自然垄断实体违反本法作为或不作为造成损失的，包括对另一实体实施掠夺性定价造成损失的，应当依据民事法律的规定赔偿。

第十八条 ［依照联邦第196－FZ号法律（2001年10月30日），本法第18条自2002年7月1日起，失去法律效力。］

第十九条 ［依照联邦第196－FZ号法律（2001年10月30日），本法第19条自2002年7月1日起，失去法律效力。］

第二十条 ［由于自然垄断监管机关不公正的裁决或作为（包括不作为）导致自然垄断实体的损失的赔偿］

自然垄断监管机关作出的决定违反本法的，包括缺乏恰当的经济证实的情况下作出的确定（固定）价格或费用的决定，并导致该自然垄断实体或另一经济实体遭受损失，则受损方有权要求依民事法律程序对其损失进行赔偿。

第五章 自然垄断监管机关作出决定（命令）的程序及决定（命令）的执行和保护的程序

第二十一条 ［自然垄断监管机关对自然垄断实体活动的监管的提出、修正和废除作出决定的程序］

（一）所有与对自然垄断实体活动的监管的提出、修正和废除有关的决定，应当依据自然垄断监管机关认可的程序，由该机关的管理委员会的成员以多数决的方式作出。

在联邦行政权力机关和地区权力机关、地方自治机关、消费者组织、协会、联合会和商业体提出建议的基础上，应当考虑关于对自然垄断实体活动监管的提出、修正和废除的疑问。

自然垄断监管机关应当依据本法第12条规定，通过分析，作出与对自然垄断实体活动的监管的提出、修正和废除有关的决定，并作出与本法所规定的监管方法的运用有关的决定。与自然垄断监管机关采纳的决定一致的独立的经济学专家意见可以被采纳。

自然垄断实体的一个代表有权出席对该自然垄断实体活动的监管的提出、修改或废除的检查程序，自然垄断实体应当提前获得该检查的日期的通知。

（二）管理委员会应当在收到申请的6个月内作出提出、修改、废除的决定或拒绝一项建议的决定。拒绝或部分拒绝某一建议必须有合理原因。

第二十二条 ［自然垄断监管机关审查违反本法案件的相关依据］

（一）自然垄断监管机关在其职能范围内，被授权对可能违反本法的案件进行检查，并作出决定。

（二）审查此类案件的依据包括来自商业实体、消费者、消费者公共组织、协会、联合会的上诉，以及由行政权力机关、地方自治机关和检察官提供的证据。

(三)自然垄断监管机关被授权可以基于从媒体和其他显示有违反本法的行为的材料中获得的信息,主动审查案件。

第二十三条 [自然垄断监管机关对有关违反本法的案件的审查和作出决定的程序]

(一)自然垄断监管机关对有关违反本法的案件的审查程序由俄联邦政府决定。

(二)在对案件进行审查的基础上,自然垄断监管机关作出的决定应当在该决定作出的 10 日内以书面形式递交各利害关系人。基于上述决定发布的命令应当在同一期限内递交。

(三)与违反本法有关的案件的裁决,影响公共利益的,应当在作出后的 1 个月内,在媒体上公布。

第二十四条 [自然垄断监管机关执行决定(命令)的程序]

(一)对于自然垄断监管机关作出的决定或命令,自然垄断实体及其负责人、行政权力机关和地方自治机关及其官员应当在建议或命令规定的期限内执行,但不得超过其收到决定或命令后的 30 日。

(二)行政权力或地方自治机关未执行该决定(命令)而撤销其采取的违法行为或恢复违法前状态的,为使上述违法行为失效(部分或全部)、并(或)强制恢复违法前的状态,自然垄断监管机关被授权启动司法程序。

(三)自然垄断实体未能依决定(命令)缔结合同或修改合同的,自然垄断监管机关有权提起诉讼强制其缔结合同或修改其已缔结的合同。

(四)自然垄断实体未依命令将因违反本法所获利益上缴联邦预算的,自然垄断监管机关有权提起诉讼没收其非法利益。

(五)[依照联邦法律 196 – FZ(2001 年 10 月 30 日),本法第 24 条第 5 款自 2002 年 7 月 1 日起,失去法律效力。]

第二十五条 [对自然垄断监管机关的决定(命令)提起上诉的程序]

(一)自然垄断实体及其负责人、行政权力机构和地方自治机构及其官员,以及消费者、消费者公共组织、协会、联合会和检举人,有权向法院上诉(抗议)主张自然垄断监管机关的决定(命令)因违反本法而部分或全部无效。

(二)向法院提起的上诉(抗议)将中止决定(命令)的执行,直至法院依法作出判决,法院另有裁决的除外。在暂停期间,由法院对决定进行审查。

第六章 附 则

第二十六条 [为监管自然垄断组建俄联邦行政机关的条件]

联邦自然垄断监管机关应当在为维持国家机器运行的目的而设计的预算分配界限内组建。

第二十七条 [本法的生效]

(一)本法自官方公布之日起生效。

(二)建议俄联邦总统和俄联邦政府在本法正式公布起 6 个月内,依本法制定规范性法令。

俄联邦政府应当在 3 个月内依法定程序,向俄联邦国家杜马提交关于促使俄联邦法律与本法一致的建议。

俄罗斯关于保护金融服务市场竞争的联邦第117号法(2001年)

第一章　总　　则

第一条　[本法的调整对象]

(一)本法调整的对象是在证券市场、银行服务市场、保险服务市场和其他金融服务市场(以下称为金融服务市场)中影响竞争的关系,该关系与保护金融服务市场的竞争秩序密切相关。

(二)本法也应当适用于俄联邦境外居民实施和达成的导致或能够导致限制俄联邦境内金融服务市场竞争的行为和协议。

第二条　[金融服务市场保护竞争的俄联邦法律和其他规范性法律文件]

(一)影响金融服务市场竞争且与保护金融服务市场的竞争相关的关系应当由本法、其他联邦法律、俄联邦总统令、俄联邦政府的决定以及联邦反垄断机构制定的、俄联邦中央银行制定的规范性法律文件和负责监管金融服务市场的联邦行政权力机构的规范性法律文件来调整。

(二)俄联邦参加的国际条约中另有规定的,适用条约。

第三条　[本法使用的基本术语]

为实现本法之目的,使用下列术语:

"金融服务"是指与筹集和使用法人和自然人的资金有关的活动。本法中所指的金融服务是指银行交易的完成、保险服务和证券市场服务的提供、金融租赁协议和货币资源或证券信托协议的执行,以及其他金融业性质的服务。

"金融机构"是指拥有独立执照能够完成银行业交易,或在证券市场、保险市场提供服务、或提供其他金融业属性服务的法律实体和非国有养老基金及其管理公司、共同基金管理公司、租赁公司、消费者信用社和其他在金融服务市场实施交易的组织。本法涉及的金融机构应当包括在金融服务市场从事营业活动的拥有独立执照的个体企业家。

"金融服务市场"是指金融机构在俄联邦或其一部分领域内的活动范围,由为消费者提供金融服务的法律条文规定的程序确定。

"金融服务市场的竞争"指金融机构之间的竞争,即它们通过独立的活动有效地限制了它们其中任一机构在金融服务市场上单方面影响金融服务的一般条件和状况的机会。

"金融服务市场的不正当竞争"是指金融机构旨在获得违反俄联邦法律和商业惯例的优势地位的行为,上述行为造成或可能造成其他竞争的金融机构的损失或商业信誉的诋毁。

"金融机构的支配性地位"指在金融服务市场上某一金融机构(若干金融机构)提供金融服务的领域,使该金融机构(若干金融机构)能够对金融服务市场中提供金融服务的一般条件和情形施加至关重要的影响,或者能够阻止其他金融机构进入市场。

"金融服务市场上的资本集中"指金融机构之间的合并或关联关系以及相互间资产或股份(法定资本中的股份)的获取,还包括由第三人收购某一金融机构的资产或股份(法定资本中的权益)。

"协议"是指金融机构之间的协议,或者是金融机构(某一或若干)与联邦行政权力机构、俄联邦各部门的行政权力机关、地方自治当局之间的协议,这些协议限制了金融服务市场内的竞争。出于本法的立法目的,本法中的协议不包括通过某一金融服务直接提供而完成的交易。

“主体集团”指根据俄罗斯联邦法律被视为一个主体集团的某一法人集体和/或自然人集体。

“关联主体”指依据本法被视为一个关联主体的某一法人实体和/或自然人。

本法中有关金融机构的条款适用于关联主体和主体集团。

第二章　金融机构的支配性地位

第四条　[金融机构支配性地位的界定]

(一)在金融服务市场上,“金融机构的支配性地位”由联邦反垄断机构根据本法界定,并符合联邦反垄断机构为各类不同金融服务市场所订立的程序规定:

1. 证券市场的界定应获得监管证券市场的联邦行政权力机构的批准;

2. 银行服务市场的界定应获得俄联邦中央银行的批准;

3. 保险服务市场的界定应获得监管保险服务市场的联邦行政权力机构的批准;

4. 其他金融服务的界定应获得监管相应金融服务的联邦行政权力机构的批准。

(二)金融机构在某一金融服务市场的份额应当在规定的金融服务市场边界内,通过计算金融机构的某一特定种类金融服务的营业额占所有金融机构总营业额的比率来确定。确定金融机构金融服务营业额和金融服务市场边界的方法由俄联邦政府规定。

(三)某一金融机构的支配性地位应当在金融机构提供金融服务的市场边界内确定,而不论宪法性文件规定的该组织所处的位置。

第五条　[金融机构滥用市场支配地位]

具有金融服务市场支配地位的金融机构的行为阻止其他金融机构进入金融服务市场,同时(或者)在证券市场上对提供金融服务的一般条件施加消极影响的,应当被禁止,该行为包括但不限于:

1. 在协议中包含歧视性条款,使得某一家金融机构与其他金融机构相比处于不平等地位;

2. 以包含对某一金融机构无利益的条款作为同意签署协议的条件;

3. 在协议谈判中为提供金融服务限定不合理高价(或低价)。

第三章　金融服务市场的竞争被限制时可采取的控制措施

第六条　[金融服务市场中金融机构限制竞争的协议或协同行为]

根据本法规定的程序,下列行为应当被认定为全部或部分无效,并被禁止:如果金融机构之间、金融机构与监管金融服务市场的联邦行政权力机构之间、与联邦行政权力机构之间、与俄联邦各部门的行政权力机关之间、与当地自治当局和其他法律实体之间(包括金融机构与俄联邦中央银行之间)的任何形式的协议和协同行为,导致或能够导致限制金融服务市场的竞争的,应被禁止。包括直接或间接以下列事项为目的的协议或协同行为:

1. 制定或保持价格(关税)、折扣、涨价、额外费用、附加费用、利率;

2. 在某一贸易会议中增加、降低或保持价格;

3. 以地域原则或金融服务市场的金融服务种类或金融服务市场的金融服务的消费者为标准分割金融服务市场;

4. 限制进入金融服务市场或者消除金融服务市场现有的金融机构;

5. 以建立不合理的成员资格标准作为进入支付系统和其他系统的障碍，导致未能进入该系统的本处于相互竞争中的金融机构不能向其客户提供必要的金融服务，也因此不能参与金融服务市场的竞争。

第七条 ［金融机构之间的被豁免的协议或协同行为］

俄联邦法律规定不被禁止的金融机构间的协议或协同行为及旨在完成下列目的的金融机构间的协议或协同行为应被豁免：

1. 作为协议方的金融机构行动的统一标准；
2. 开展共同的科学研究和发展；
3. 出于完成主要活动的目的共同购买技术方法；
4. 使用统一的数据处理和数据库软件和硬件。

俄联邦政府同样可以建立豁免其他协议和协同行为的条件和情形，其中包括针对特定类型金融机构之间的协议或协同行为。

第八条 ［就限制金融服务市场竞争的金融机构之间的协议和协同行为向联邦反垄断机构提交申请］

（一）金融机构应当根据本法确定的程序，对任何形式的协议或者所采用的影响协同行为的决定向联邦反垄断机构提交通知（以下称为通知），无论这些协议或决定是金融机构之间的，还是金融机构与联邦行政权力机构、与俄联邦各部门的行政权力机关、与当地自治当局或任何法律实体之间达成的，达成协议或协同行为的金融机构已拥有或有能力拥有的市场份额合计低于俄联邦政府确定的比率的除外。

通知的形式由联邦反垄断机构确定。应当附带提供下列文件：

1. 包括全部附加文件在内的已签署协议或执行协同行为决定的复印件；
2. 协议或协同行为各方主要活动信息和营业额；
3. 提交给俄联邦中央银行和负责监管金融服务市场的联邦行政权力机构的金融和经济陈述或报告。

联邦反垄断机构无权要求金融机构提交其他文件和信息。

（二）协议或协同行为的一方或各方应当在协议签署或作出执行协同行为的决定之日起15日内向联邦反垄断机构提交申请通知。

第九条 ［联邦反垄断机构对金融机构间限制金融服务市场竞争的协议或协同行为作出认定的程序］

（一）在对收到的通知和全部文件进行确认完成的基础上，联邦反垄断机构应当在收到上述通知和文件的30日内，对可能导致限制金融市场竞争的协议或执行协同行为的决定的申请文件进行审查，作出实质性决定以确认金融机构间的该协议或协同行为是合法的或是限制金融服务市场竞争的。

联邦反垄断机构可以根据联邦反垄断机构确立的程序，作出就提交的通知和全部文件进行附加审查的决定，并应当立即就该事项对协议或协同行为各方提出建议。

联邦反垄断机构应当在作出对提交的申请和全部文件进行附加审查的决定后30日内，就协议或协同行为被认定合法或是限制了金融服务市场竞争作出实质性决定。

（二）联邦反垄断机构认定已签署的协议或协同行为是限制金融服务市场竞争的，则协议或协同行为各方应当根据联邦反垄断机构的要求，废除已签署的协议或终止上述协同行为的履行，或修正协议或协同行为的条款，或执行联邦反垄断机构出于恢复金融服务市场必要的竞争环境的目的而在决定中规定的其他合法要求。

(三)联邦反垄断机构在下列条件下,可以废除或修正金融机构的协议或协同行为被确认合法或是限制金融服务市场竞争的决定,包括对协议或协同行为的申请审查的30日的期限届满后又进行的附加审查决定:

1. 对某一协议或协同行为认定为合法或是限制了金融服务市场竞争的决定所依据的事实发生改变;

2. 某一协议或协同行为的当事方违反了认定该协议或协同行为合法或限制金融服务市场竞争的决定中的条款;

3. 认定该协议或协同行为合法或限制金融服务市场竞争的决定是基于该协议或协同行为当事方所提供的不准确信息。

第十条 [对限制了金融服务市场竞争的金融机构间的协议或因协同行为而发生的交易认定无效]

联邦反垄断机构可以依司法程序提起控告从而认定造成限制金融服务市场竞争的金融机构间的协议或因协同行为而发生的交易是全部或部分无效的。

由于签署协议或执行限制竞争的协同行为引起的损失,和/或对金融服务市场的消费者利益的损害,根据本法确立的程序应当给予赔偿。

第十一条 [金融机构协会(联合会)的建立]

(一)金融机构协会(联合会)的建立应当依据本法现行规定的程序,得到联邦反垄断机构的初步同意。

(二)金融机构协会(联合会)的参与者或参与者之一应当在作出成立该金融机构协会的决定的30日内,向联邦反垄断机构递交申请以获得本条第1款规定的同意。

联邦反垄断机构应当在收到所要求的全部必需信息后30日内,作出认定金融机构协会(联合会)为合法或是限制了金融服务市场的竞争的决定。

(三)为了恢复金融服务市场的必要的竞争环境,当联邦反垄断机构认定金融机构协会(联合会)的组建限制了金融服务市场的竞争时,参与上述协会(联合会)的金融机构有义务应联邦反垄断机构的要求,修正组建条款,以及履行联邦反垄断机构的决定中规定的其他合法要求。

(四)根据联邦反垄断机构依据司法程序提起的控告,金融机构所采取的组建协会(联合会)的行为,以及限制金融服务市场竞争的行为,可以被认定为全部或部分无效。

根据本法确立的程序,因为组建限制金融服务市场竞争的协会(联合会)引起限制竞争而造成的损失应当赔偿。

第四章 联邦行政权力机构、俄联邦中央银行、俄联邦各部门的行政权力机关和地方自治当局旨在限制金融服务市场竞争的行政规章性法规(令)和行动

第十二条 [联邦行政权力机构、俄联邦中央银行、俄联邦各部门的行政权力机关和地方自治当局旨在限制金融服务市场竞争的行政规章性法规(令)和行动]

(一)联邦行政权力机构、俄联邦中央银行、俄联邦各部门的行政权力机构和地方自治当局不得为特定金融机构创建不合理的优势地位,和/或损害其他金融机构的利益而采用行政规章性法规(令)和/或履行职责方式,或与其他联邦行政权力机构、俄联邦中央银行、俄联邦各部门的

行政权力机关和地方自治当局、金融机构协同行为的方式,来限制金融服务市场的竞争。俄联邦法律另有规定的除外。

(二)联邦行政权力机构、俄联邦中央银行、俄联邦各部门的行政权力机构和地方自治当局因此不得采取下列行为:

1. 无正当理由的阻碍金融服务市场上新的金融机构的成立;

2. 限制金融机构进入金融服务市场,或者消除金融服务市场上现有的金融机构,俄联邦法律另有规定的除外;

3. 阻碍金融服务市场上金融机构的活动;

4. 制定规范以限制金融服务的消费者对提供服务的金融机构进行选择;

5. 给予某一或若干金融机构优先权利,使其获得同一金融服务市场上的其他金融机构不具备的优势。

第十三条 [在某一独立预算的基金项目中被邀请完成特定交易的金融机构的招标选择]

在某一独立预算的基金项目中被邀请完成特定交易的金融机构的名单应当通过公开招标的方式确定。

第十四条 [为在某独立预算的基金项目中选择被邀请完成特定交易的金融机构而举行公开招标的程序]

(一)为在某一特定预算的基金项目中选择被邀请完成特定交易的金融机构而确定公开招标的程序,应当由联邦行政权力机构、俄联邦各部门的行政权力机构、地方自治当局在联邦反垄断机构批准的基础上依据下列要求来确定:

1. 确立创建招标委员会和其商议机制的规则;

2. 确立组织和进行公开招标人和投标人资格标准的程序;

3. 公开招标的组织者不得与其项目中的投标人混同,以防导致在投标人间限制竞争或者损害特定投标人的利益;

4. 投标人在招投标开始前的合理期限内熟悉公开招标的规则;

投标人违反了公开招标规则和俄联邦法律的,应被限制或终止进入公开招标的资格,或者被排除在有资格参与公开投标的权利人之外。

(二)进行公开招标的程序还应当规定:

1. 公开招标中,应当向任何投标人提供有利于参与投标的条件,包括获得真实信息,在公开招标中降低参与费用;

2. 公开招标的组织者及其工作人员不得同时成为公开招标的投标人或公开招标的任何投标人的关联人;

3. 作为关联人参与公开招标的人应当被视为一个投标人;

4. 公开招标中的投标人不少于2名。

(三)对本条规定的条款的违反应当被视为宣布公开招标未完成的理由。

第五章 不正当竞争

第十五条 [不正当竞争的形式]

金融服务市场上金融机构之间的不正当竞争应被禁止,该竞争证明其行动的目的是在商业活动中获得优势,或者是为在相互之间或与第三人签署或履行与俄联邦法律和商业惯例相背离的协议或协同行为并能够给或已经给金融服务市场上其他同为竞争者的金融机构造成损失或者

商业信誉的损害,包括但不限于下列行为:

1. 散布虚假、错误或歪曲的信息,造成其他金融机构的损失或损害其商业信誉;

2. 某一金融机构将其提供的金融服务与其他金融机构提供的金融服务所作的错误的比较;

3. 在本法未作规定的情况下,未得到所有者的同意,接收、使用和披露构成服务或商品秘密的信息。

第六章 金融服务市场资本集中的国家监管

第十六条 [金融服务市场资本集中的国家监管]

在下列情况下,应当对获得金融机构的资产或份额(法定资本中的股份)实行国家监管:

1. 通过一次或数次交易,某一法律实体或自然人(主体集团)获得某一金融机构超过 20% 的股份(法定资本中的权益)的;

2. 通过一次或数次与财务转让有关的交易,某一法律实体或自然人(主体集团)获得某一金融机构的资产,该资产的价值超过了俄联邦政府确定的金融机构的资产的价值的;

3. 某一法律实体或自然人(主体集团),通过信托协议、合资协议或代理协议或其他交易方式,获得了对某一金融机构从事商业性活动条件的决定权,或者获得了执行其行政机构的职责的权利的;

4. 某一金融机构成立且其法定资本被改变的;

5. 金融机构发生合并或关联关系的。

第十七条 [联邦反垄断机构对获得金融机构的资产或股份(法定资本中的权益)的交易的履行进行初步审查的程序]

(一)某一金融机构的法定资本价值、被收购的资产或份额超过俄联邦政府确定价值的,联邦反垄断机构应当有必要对本法第 16 条规定交易的履行作出预先同意的初步审查。

金融机构合并、发生关联关系的情况下,如果因合并或发生关联关系而产生新的金融机构,或者上述合并或关联关系中的参与者中至少有一方满足上述条件的,也应遵守上述规定。

(二)为获得履行本法第 16 条规定的交易所需的初审同意,交易的参与方应当向联邦反垄断机构提交:为获上述初审同意的申请,主要活动的信息和营业额,向俄联邦中央银行、负责监管金融服务市场的联邦行政权力机构提交的金融和经济声明/报告,有关商业组织的股份(法定资本的股份)所有者(全部)的信息,有关非商业组织的成员和其资产的所有者的信息及提交给负责国家登记机关的文件。

联邦反垄断机构无权要求金融机构提交其他文件和信息。

联邦反垄断机构应当在收到本条款所列文件之后 30 日内,以书面方式将有关是否初审同意实施本法第 16 条规定的交易的决定通知交易方。

如有必要,联邦反垄断机构可以将上述期限延长 15 日。

第十八条 [申请的驳回]

同意申请可能导致交易方市场支配地位的产生或增强,并且限制金融服务市场的竞争的,联邦反垄断机构有权驳回为实施本法第 16 条规定的交易而提出的初审同意申请。

在上述情况下,如果满足了旨在促进金融服务市场竞争的要求,则上述申请可以被批准。

联邦反垄断机构的决定中应当明确上述要求及其履行条件,以便本法第 16 条规定的交易的实施能够通过初审。

准确的文件和对作出决定至关重要的信息未被提供的,联邦反垄断机构有权驳回为实施本法第 16 条规定的交易而提出的初审同意申请。

联邦反垄断机构和俄联邦中央银行拒绝同意金融机构实施本法第 16 条规定的交易，或在俄联邦法律规定的其他情形下，交易各方应当在联邦反垄断机构作出本法第 17 条第 2 款规定的决定后的 3 个月内，将其在金融机构的参与管理权转让，或者将金融机构的资产或份额（法定资本的股份）转移给未参与该交易的第三方，并且应当同时遵守联邦反垄断机构的其他要求，以便恢复金融服务市场的必要的竞争环境。

在下列情况下，联邦反垄断机构应当准予实施本法第 16 条规定的交易的初级审查申请：

1. 可限制金融服务市场竞争的交易各方能够证明该交易的积极效果（包括社会和经济效应）超过了对金融服务市场的消极影响的；

2. 如交易各方能够证明金融机构的份额（法定资本的股份）的所有权是与从中获得收益不相关联的。在该情形下，获得该份额后 1 年期内应当允许享有这种份额（法定资本的股份）的所有权和有关权利。

第十九条 ［就实施获得金融机构资产或份额（法定资本的权益）的交易问题向联邦反垄断机构申报的程序］

（一）金融机构的法定资本的价值、被收购的资产或份额未超过俄联邦政府限定的价值的，金融机构应当就本法第 16 条规定交易的实施，在实施后 30 日内向联邦反垄断机构提出申请。

在金融机构合并、发生关联关系的情况下，如果有新的金融机构成立或上述合并、关联一方符合该条件，也应遵守与金融机构的法定资本有关的上述规定。

（二）交易各方应当向联邦反垄断机构提交下列资料：交易的通知，主要经营活动的种类和营业额的信息，向俄联邦中央银行、负责监管金融服务市场的联邦行政权力机构提交的金融和经济声明/报告，有关商业组织的股份（法定资本的股份）所有者（全部）的信息，有关非商业组织的成员和其资产的所有者的信息。

联邦反垄断机构无权要求金融机构提交其他文件和信息。

在详细审查通知和所有必要文件的基础上，如果有充分迹象表明被通知的交易能够导致某一金融机构的支配地位的产生或增强，以及对竞争的限制，联邦反垄断机构应当在接收所有必要信息后 30 日内认定交易是否合法或是否限制了金融服务市场的竞争作出实质性决定，并且应当将该决定送交申请人。

（三）如有必要，联邦反垄断机构可以将本条第 2 款规定的期限延长 15 日。

（四）联邦反垄断机构依据本条第 3 款作出延长详细审查通知和全部文件决定的，则在联邦反垄断机构同意之前，交易各方无权对金融机构行使管理权，或者处置金融机构的各自的资产或份额（法定资本的权益）。

但交易各方有权在联邦反垄断机构以及俄联邦中央银行依联邦法律作出决定前，接受来自该金融机构的收入。

（五）根据本条第 1 款规定，交易的参与者有权向联邦反垄断机构和依正当程序负有审查申请义务的机构提出请求，要求其同意进行本法第 16 条规定的交易。

（六）下列影响金融机构在金融服务市场地位的权利应当由联邦反垄断机构依据联邦反垄断机构确定的程序批准：获得金融机构的资产或份额的交易的履行、获得金融机构进行商业活动的条件的控制权、行使某一金融机构的行政机构的职责。

第二十条 ［解决与监督金融服务市场资本集中有关争议的程序］

本法第 16 条规定的交易，违反本法确定的程序，导致金融机构支配性地位的产生或增强，并限制了金融服务市场的竞争的,可以在联邦反垄断机构提起的控告中依据司法程序认定其无效。

上述交易各方未在联邦反垄断机构设定的期限内执行该机构为恢复金融服务市场必要的竞争环境而作出的决定的,该交易也可以在联邦反垄断机构提起的控告中依据司法程序被认定无效。

未执行联邦反垄断机构依据本法作出的决定应当被视为上述交易在联邦反垄断机构提起的控告中依据司法程序被认定为无效的理由。

在履行本法第 16 条规定的交易或履行本法第 19 条规定的申报时,违反本法中有关获得联邦反垄断机构初审同意的条款,应当被视为联邦反垄断机构依据本法对其处以罚款的理由。

第七章　对金融服务市场的保护竞争的活动的国家监管

第二十一条　[负责金融服务市场反垄断监管的联邦机构]

促进金融服务市场竞争的国家政策和反垄断规则的执行应当由联邦反垄断机构完成:

1. 证券市场:与负责监管证券市场的联邦行政权力机构共同完成;

2. 银行服务市场:与俄联邦中央银行共同完成;

3. 保险服务市场:与负责监管保险服务市场的联邦行政权力机构共同完成;

4. 其他金融服务市场:与负责监管其他金融服务市场的联邦行政权力机构共同完成。

第二十二条　[联邦反垄断机构保护金融服务市场竞争的任务和职能]

(一)联邦反垄断机构的任务应当与俄联邦中央银行、监管金融服务市场的联邦行政权力机构共同完成,该任务包括:

1. 促进金融服务市场竞争的发展;

2. 阻止、限制和禁止不正当竞争,禁止金融服务市场的金融机构滥用市场支配地位;

3. 金融服务市场中反垄断法的遵守实施国家监管。

(二)联邦反垄断机构应当依据本法规定履行下列主要职责:

1. 就改进关于保护金融服务市场竞争的反垄断法律和其他行政规章性法规(令)及其实际适用的事项向俄联邦政府提交建议;就关于金融服务市场运行和该市场竞争发展的事项的联邦法案和其他行政规章性法规(令)草稿向俄联邦政府陈述意见;

2. 向俄联邦中央银行、联邦行政权力机构、俄联邦各部门行政权力机构和当地自治机构提出有关采取措施促进金融服务市场发展竞争的建议;

3. 当金融机构签署协议和采取协同行为时,监督反垄断法和其他关于保护金融服务市场竞争的行政规章性法规(令)被遵守的情况;

4. 监督金融机构之间的合并、关联关系以及金融机构之间获得权利、资产或份额(法定资本的股份)的情况;

5. 披露违反反垄断法和其他保护金融服务市场竞争的规范性法律文件的事实。

第二十三条　[联邦反垄断机构的权力]

联邦反垄断机构有权:

1. 为终止违反反垄断法和其他保护金融服务市场竞争的规范性法律文件的行为,向金融机构发布有约束力的命令,及/或为消除违法行为后果、恢复原状、废除或修改与反垄断法律和其他保护金融服务市场竞争的规范性法律文件相冲突的协议,与其他主体签订的协议以及将违反反垄断法和其他保护金融服务市场竞争的规范性法律文件行为的收益上缴联邦预算;

2. 向俄联邦政府、俄联邦中央银行就撤销或暂停联邦行政权力机构、俄联邦中央银行制定的行政规章性法规(令)提出建议,就废除或修正其签署的协议或与反垄断法律和其他保护金融服务市场竞争的规范性法律文件不一致的协同行为提出建议;

3. 向俄联邦各部门的行政权力机关和地方自治机构就撤销或修正其制定的行政规章性法规(令)发布命令,就废除或修正其签署的协议或与反垄断法律和其他保护金融服务市场竞争的规范性法律文件不一致的协同行为发布命令;

4. 向有权在金融服务市场上发布从事营业活动许可的经营许可审查机构,就废除违反反垄断法律和其他保护金融服务市场竞争的规范性法律文件的金融机构的经营许可提出建议;

5. 对金融机构就其违反反垄断法律和其他保护金融服务市场竞争的规范性法律文件处以罚金;对上述金融机构的负责人、包括个人企业家在内的公民、联邦行政权力机构、俄联邦各部门的行政权力机关和地方自治机构的官员,就其违反反垄断法律和其他保护金融服务市场竞争的规范性法律文件的违法行为进行行政处罚;

6. 就违反反垄断法律和其他保护金融服务市场竞争的规范性法律文件向法院控告或向仲裁院提起仲裁,包括但不限于,确认违反反垄断法和其他保护金融服务市场竞争的规范性法律文件的协议部分或全部无效,强制执行与其他主体的协议,以及参与法院或仲裁院关于适用和违反反垄断法律和其他保护金融服务市场竞争的规范性法律文件的案件审理;

7. 向各执法机构就违反反垄断法律和其他保护金融服务市场竞争的规范性法律文件的违法行为提出控告和事实材料,其目的是解决基于违法行为相关的证据的刑事诉讼;

8. 披露金融服务市场上金融机构取得支配地位的可能性;

9. 披露金融机构滥用支配地位的事实、违反禁止协议和协同行为的事实、不正当竞争的事实,以及违反反垄断法和其他保护金融服务市场竞争的规范性法律文件的事实;

10. 为保护金融服务市场的竞争(包括但不限于特定种类的金融服务),与俄联邦中央银行、负责监管金融服务市场的联邦行政权力机构等机构联合签发规范性法律文件、命令和指示及其他有关文件;

11. 就适用反垄断法律和其他保护金融服务市场竞争的规范性法律文件事项,与俄联邦中央银行、负责监管金融服务市场的联邦行政权力机构等机构联合作出解释;

12. 履行俄联邦法律规定的其他权力。

第二十四条 [联邦反垄断机构与俄联邦中央银行、负责监管金融服务市场的联邦行政权力机构的行动的协调]

(一)联邦反垄断机构与俄联邦中央银行、负责监管金融服务市场的联邦行政权力机构行动的协调应建立在俄联邦法律和本法规定的职责分工、各专业领域和责任划分的基础上。

(二)基于联邦反垄断机构的质询,俄联邦中央银行、负责监管金融服务市场的联邦行政权力机构,应当递交其所采纳的规范性及其他法律文件、其与金融机构缔结的协议以及必要信息,以便对金融服务市场的竞争状况作出分析并予以国家监督。

第二十五条 [获取信息的权利]

(一)以履行其职责为目的,联邦反垄断机构授权的工作人员有权根据联邦反垄断机构确立的程序自由进入联邦行政权力机构、俄联邦中央银行、俄联邦各部门的行政权力机构、地方自治当局、金融机构及其协会、其他组织和机构,同时有权以书面请求的方式在不泄露情况、服务和商业秘密的条件下要求提供必要的文件和信息。

(二)联邦反垄断机构的工作人员执行其职务获得必要的文件和信息时,民兵团体有义务为其提供实际协助。

第二十六条 [向联邦反垄断机构提供信息的义务]

联邦行政权力机构、俄联邦中央银行、俄联邦各部门的行政权力机关、地方自治当局(及其官员)、金融机构及其负责人、包括个人企业家在内的公民,应当向联邦反垄断机构提交可信的文件,提供书面或口头的解释和其他联邦反垄断机构为依法执行职务所必需的信息,但构成银行业秘密的除外。

第二十七条 [联邦反垄断机构保守商业秘密的义务和责任]

(一)联邦反垄断机构不得披露获得的构成商业秘密的信息。

(二)联邦反垄断机构的工作人员披露了构成商业秘密的信息的,上述工作人员应当根据俄联邦法律确立的程序承担法律责任。金融机构所受损失应当依据俄联邦民事法律予以赔偿。

第八章 违反反垄断法律和其他保护金融服务市场竞争的规范性法律文件的责任

第二十八条 [联邦反垄断机构的决定和命令的约束力]

(一)当发生违反反垄断法律和其他保护金融服务市场竞争的规范性法律文件的行为时,联邦行政权力机构、俄联邦各部门的行政权力机构、地方自治当局(及其官员)、金融机构及其负责人、包括个人企业家在内的公民,有义务依据联邦反垄断机构的决定和命令,终止违反反垄断法律和其他规范性法律文件的违法行为,恢复原状,撤销或修改协议,与其他主体缔结协议,撤销与反垄断法律和其他行政规章性法规(令)不一致的行动、将违反反垄断法律和其他有关保护金融服务市场竞争的行政规章性法规(令)的收益纳入联邦预算,并履行联邦反垄断机构的决定和命令中规定的其他行为。

(二)当存在违反反垄断法律和其他保护金融服务市场竞争的规范性法律文件的违法行为时,联邦反垄断机构应当有权根据本法确立的行政程序对其处以罚金和发出警告。

第二十九条 [违反反垄断法律和其他保护金融服务市场竞争的规范性法律文件所应承担的责任的类型]

对于违反反垄断法律和其他保护金融服务市场竞争的规范性法律文件的违法行为,联邦行政权力机构的官员、俄联邦各部门的行政权力机关的官员、地方自治当局(及其官员)、金融机构及其负责人、包括个人企业家在内的公民,应当承担民事责任、行政责任、刑事责任或俄联邦法律规定的其他责任。

第九章 对联邦反垄断机构的决定和命令的采纳、上诉和执行的程序

第三十条 [联邦反垄断机构对违反反垄断法律和其他保护金融服务市场竞争的规范性法律文件的案件的审理依据]

(一)联邦反垄断机构应当在其职权范围内对违反反垄断法律和其他保护金融服务市场竞争的规范性法律文件的案件予以审理,作出决定并在其职权范围内发布命令。

下列内容是联邦反垄断机构对违反反垄断法律和其他保护金融服务市场竞争的规范性法律文件的案件的审理依据:联邦行政权力机构、俄联邦各部门的行政权力机关、地方自治当局、金融机构、包括个人企业家在内的公民所作的控告及其代理人的陈述。

违反反垄断法律和其他保护金融服务市场竞争的规范性法律文件的案件可以在联邦反垄断

机构自行启动后进行审理。

（二）联邦反垄断机构提起本条第 1 款规定的控诉时，应当提供证明违反反垄断法律和其他保护金融服务市场竞争的规范性法律文件的书面文件。

（三）本法规定的行政违法案件的程序及该类案件中适用行政制裁应当遵守《俄联邦行政违法行为法典》规定的程序。

违反反垄断法律和其他保护金融服务市场竞争的规范性法律文件的案件的审查程序，应当由负责监管金融服务市场的俄联邦中央银行、联邦行政权力机构分别批准并由联邦反垄断机构签署认可的规则来确定。

第三十一条 ［对联邦反垄断机构的决定和命令的上诉程序］

（一）联邦行政权力机构、俄联邦各部门的行政权力机关、地方自治当局（及其官员）、金融机构及其负责人、包括个人企业家在内的公民有权向法院或仲裁院提出申请，要求确认联邦反垄断机构的决定和命令全部或部分无效。

（二）本条第 1 款规定的申请的受理，在法院或仲裁院的决定生效之前，应当在法院或仲裁审查期间暂停执行联邦反垄断机构的决定和命令。

（三）对联邦反垄断机构的决定和命令可在俄联邦法律规定的期限内提取上诉。

第三十二条 ［联邦反垄断机构的决定和命令的执行程序］

（一）联邦反垄断机构的决定和命令应当在其设定期间内执行。不履行上述决定和命令将承担俄联邦法律和本法规定的责任。

（二）不履行撤销或修正违反反垄断法律和其他保护金融服务市场竞争的规范性法律文件的行为的决定和命令的，为恢复到上述违法行为发生前的状态，联邦反垄断机构应当有权向仲裁院申请确认该行为全部或部分无效或强制恢复到违法行为发生前的状态。

（三）不履行联邦反垄断机构作出的关于修正或者废除违反反垄断法律和其他保护金融服务市场竞争的规范性法律文件的协议的决定和命令或者为了与其他主体缔结协议的决定和命令，联邦反垄断机构有权向法院或仲裁院提出控诉，主张该协议是全部或部分无效的，或者要求强制缔约。

（四）不履行联邦反垄断机构作出的将违反反垄断法律和其他保护金融服务市场竞争的规范性法律文件所得收益纳入联邦预算决定的，联邦反垄断机构有权向法院或仲裁院提出控诉，主张为了联邦预算利益而征收该非法收益。

第十章　附　　则

第三十三条 ［本法的生效］

本法在官方公布之日起 6 个月后生效。

自本法生效之日起，总统与政府的行政性规章应与本法规定相一致。

乌克兰保护经济竞争法(2001 年)

本法确立维护和保护经济竞争、限制经济活动中的垄断的法律基础。本法目的是在发展竞争性关系的基础上确保乌克兰经济的有效运转。

第一章　总　　则

第一条　[定义]

为实现本法立法目的,将使用以下术语及其定义:

“经济竞争(竞争)”是指经济实体之间追求相对于其他经济实体的优势而形成的一种对抗,由于这样一种行为,使得消费者和经济实体有机会从众多卖方、买方中选择,同时没有单一的经济实体能够为市场上产品的流通设定条件。

“信息”是指任何形式、任何类型、固定在任何媒介[包括信件、书籍、笔记、图例(地图、图表、组织结构图、图画、图解,等等)照片、全息图,电影胶片,录像带、胶卷、录音带、计算机数据库或者上述材料全部或者部分的复制品]中的知识、说明,以及任何公开宣布或者记录的知识。

“控制”是指一个或多个相关的法人或自然人直接或者通过他人施加在一个经济实体或其一部分的经济活动上的决定性影响,特别是通过:拥有、使用其所有或者相当部分资产的权利;确保在该经济实体的管理主体的形成、投票结果和决定等方面有决定性影响的权利;达成可能为经济活动设定条件、作出有约束力的指示或履行经济实体管理主体的职能的协议和合同;担任经济实体监事会、董事会或者其他监督机构或者执行机构中的负责人、副负责人的职务,该人同时在其他经济实体中也担任一个或者数个上述提及的职位;占据该经济实体监事会、董事会、其他监督机构或执行机构中半数以上的职位,这些人同时也在其他经济实体中担任一种或者数种上述提及的职务。共同或者协同从事某种经济活动的法人和/或自然人,包括那些共同或者协同对该经济实体的经济活动产生影响的人,应被认为是相关的。

“中小企业”是指在相关市场中存在显著拥有更大份额的竞争者的前提下,上一财政年度从产品(货物、劳务、服务)销售获得的总收入(收益)或总资产不超过 500 000 欧元金额的经济实体。该总收入或总资产是依据由乌克兰国家银行确定的该财政年度的最后一日的汇率而计算的。

“垄断”是指在产品市场上垄断(支配)地位的获得以及该种地位的维持和加强。

“权力机关”是指各部以及其他的中央行政机关;克里米亚自治共和国最高议会(国会);克里米亚自治共和国行政机关;克里米亚自治共和国行政权力机关负责监管自然垄断和证券市场的国家机关;负责私有化的国家机关;国家电视广播委员会;地方行政权力机关。

“协会”是指法人和/或自然人的协会,包括企业协会和公共组织协会。

“行政性经济管理和监管机关”是指在权力机关和地方自治政府授权范围内履行管理或者监管职能的经济实体、协会和其他人。

“乌克兰反垄断委员会机关”是指乌克兰反垄断委员会、乌克兰反垄断委员会常设和临时管理机构、乌克兰反垄断委员会的委员、乌克兰反垄断委员会地方机关的管理委员会;

“产品市场”是指在特定时间和地域范围内存在着供求关系的某种产品(可替代性产品)的

流通范围。

“经济实体”是指从事生产、销售、购买产品或者其他经济活动的法人或自然人,包括对其他法人或自然人实施控制的人,而无论其组织形式、法律形式、所有制形式如何;对其他经济实体实施控制的经济实体集团。当国家权力机关,地方自治政府机关,行政性经济管理和监管机关从事生产、销售、购买产品以及其他经济活动时,也应视为经济实体。自然人为最终消费目的而购买产品的活动,不视为经济活动。

“产品”是指经济流通中的任何对象,包括货物、劳务、服务、确认义务和权利的文件(尤其是证券)。

第二条 [本法的适用范围]

(一)本法调整国家权力机关、地方自治政府机关、行政性经济管理和监管机关与经济实体之间的关系;经济实体与其他经济实体、消费者、其他与经济竞争有关的法人、自然人之间的关系。

(二)本法适用于发生在乌克兰国内或者能够对乌克兰国内经济竞争产生影响的各种关系。

第三条 [有关保护经济竞争的法律]

(一)保护经济竞争的法律应以乌克兰宪法确立的规范为基础,包括本法、乌克兰反垄断委员会法、反不公平竞争法,以及根据这些法律所通过的其他规范性和立法性的法律法规。

(二)如果乌克兰最高议会(国会)批准的国际条约与本法规定不同,则应适用国际条约规定。

(三)保护经济竞争的法律适用的特殊性,尤其是适用于特定行业的特殊性,可通过修订本法排他性地确立。

第四条 [有关经济竞争发展和限制垄断的国家政策]

(一)经济活动中有关发展经济竞争和限制垄断的国家政策,例如消除经济、金融、物资、技术、信息、向经济实体提供咨询或其他类型支持等领域的垄断,促进竞争发展的相关措施,应由国家权力机关、地方自治政府机关和行政和经济管理监控机关来实施。

(二)经济实体、权力机关、地方自治政府机关、行政性经济管理和监管机关应促进经济竞争的发展,不得实施损害竞争的违法行为。

(三)国家监督保护经济竞争法律的执行,乌克兰反垄断委员会机关负责保护经济实体和消费者利益免受违法行为的损害。

(四)权力机关、地方自治政府机关、行政和经济管理监控机关应当协助乌克兰反垄断委员会履行维持和保护经济竞争、限制垄断的职能,以及协助其监督保护经济竞争法律的实施。

(五)为了保护经济竞争的法律以及反不正当竞争法律的统一实施,乌克兰反垄断委员会有权就法律适用作出建议性解释。

第二章 经济实体的反竞争协同行为以及滥用市场垄断(支配)地位

第五条 [协同行为]

(一)经济实体达成的任何形式的协议、协会作出的任何形式的决定以及经济实体实施的其他形式的协同竞争行为(作为或者不作为),为协同行为。

这种经济实体的建立行为,如果意在或导致了建立该经济实体的经济实体之间的竞争行为的协调,或者意在或导致了建立该经济实体的经济实体与新建立的经济实体之间的竞争行为的协调,亦视为协同行为。

(二)实施了或者意在实施协同行为的人,为协同行为的参与者。

第六条 [经济实体反竞争的协同行为]

(一)导致或可能导致阻止、消除或者限制竞争的协同行为,为反竞争协同行为。

(二)协同行为构成反竞争行为,尤其是该行为与下述行为有关:

1. 限定价格或者有关产品买卖方面的其他条件;

2. 限制生产、产品市场、技术和技术发展、投资或者对上述方面进行控制;

3. 根据地域原则、产品分类、销售或者购买量、卖方、买方或者消费者的范围以及其他标准来划分市场或供应源;

4. 扭曲拍卖、竞争,投标的结果;

5. 将其他经济实体、买方、卖方排挤出市场或者限制其进入(退出)市场;

6. 对与其他经济实体达成的相同协议适用不同条件,致使经济实体在竞争中受到不利影响;

7. 缔结协议使其他经济实体承担了额外义务,而根据企业活动中的贸易惯例或者其他公平惯例,上述义务或其内容与协议目的无关;

8. 无客观公正的理由而对经济实体的市场竞争施加实质意义上的限制。

(三)反竞争协同行为应被禁止并且应承担法律责任。

(四)已从事反竞争协同行为,但早于其他参与者主动将有关协同行为的事实通知乌克兰反垄断委员会或者其地方机关,并提交对于该案处理有实质性重要意义的信息的人,应当免于本法的第 52 条规定的对于反竞争协同行为的责任。

如果该人有下述行为则不能免于追究责任:

已将反竞争协同行为的事实通知乌克兰反垄断委员会,但未采取有效的措施终止该行为;

作为反竞争协同行为的发起者或者控制者;

未提交该人知悉并能够自由获得的与所从事违法行为相关的所有证据或者信息。

第七条 [中小企业的协同行为]

本法第 6 条不适用于中小企业间有关联合购买产品的自愿协同行为,如果该行为没有导致对竞争的实质性限制,并且有助于提升中小企业竞争力。

第八条 [有关产品供应和使用的协同行为]

(一)本法第 6 条不适用于有关产品供应和使用的协同行为,如果协同行为的参与者对其他参与者施加限制的对象属于以下情况:

1. 使用该参与者或其他供应者提供的产品;

2. 购买来自其他经济实体的其他产品,或向其他经济实体或消费者销售其他商品;

3. 购买特定产品,而根据该产品的性质或依据企业活动中的商业惯例或其他公平惯例,该购买行为与相关合同的目的无关;

4. 为了将供应的产品出售给其他经济实体或消费者而固定价格或其他合同条件。

(二)本法第 6 条适用于本条第 1 款的协同行为,如果该行为:

1. 导致在整个市场或者市场主要部分对竞争的实质限制,包括相关市场的垄断;

2. 限制其他经济实体进入市场;

3. 导致不合理的价格上涨或产品缺陷。

第九条 [有关知识产权的协同行为]

（一）知识产权转让协议和知识产权授权协议中关于知识产权受让方经济活动限制的内容不适用本法第 6 条的规定，但上述限制超过知识产权主体合法权利的边界除外。

（二）转让的权利范围、允许合法使用知识产权客体的期间和地域范围、活动类型、使用范围、产品最小产量等限制不应超过本条第 1 款规定的知识产权主体合法权利的边界。

第十条 ［可批准的协同行为］

（一）乌克兰反垄断委员会可批准本法第 6 条的协同行为，如果协同行为的参与者能够证明该协同行为有助于：

1. 改善产品生产、购买或者销售；
2. 发展技术、科技和经济；
3. 中小企业的发展；
4. 产品进出口的优化；
5. 制定和应用统一的产品技术条件和标准；
6. 生产合理化。

（二）如本条第 1 款规定的协同行为实质性限制整个市场或其主要部分的竞争，该行为不能得到乌克兰反垄断委员会的批准。

（三）如参与者证明限制竞争行为对公共利益产生的积极效果超过消极影响，乌克兰内阁有权批准该协同行为，即使乌克兰反垄断委员会依据本条第 2 款未予批准。

（四）如出现下列情形，可以不给予本条第 3 款规定的批准：

1. 协同行为参与者实施执行协同行为所不必要的限制；
2. 对竞争的限制威胁市场经济体系。

（五）乌克兰反垄断委员会依据法定程序批准之前，禁止实施本条第 1 款规定的协同行为。

第十一条 ［协同行为的典型要件］

（一）对于本法第 7 ~ 10 条规定的协同行为，乌克兰反垄断委员会可以确立其典型要件。

（二）乌克兰反垄断委员会关于确立典型要件的决定有明确规定的，符合乌克兰反垄断委员会确立的可批准协同行为典型要件的协同行为应被批准而无需获得乌克兰反垄断委员会机关根据本法第 10 条第 1 款作出的批准。

第十二条 ［经济实体的垄断（支配）地位］

（一）满足下列条件的经济实体在该产品市场中居于垄断（支配）地位：

1. 该市场不存在竞争者；
2. 经济实体未面临实质竞争，由于市场进入障碍、特权或其他环境因素，其他经济实体只能有限进入原材料市场、材料市场、销售市场。

（二）如果经济实体的产品市场份额超过了 35%，该经济实体将被视为居于垄断（支配）地位，但其证明处于实质竞争的除外。

（三）如果经济实体在产品市场中的份额等于或小于 35%，同时未处于实质性竞争，尤其是由于其竞争者占有相对较小的市场份额，则该经济实体也被视为处于垄断（支配）地位。

（四）如果两个或两个以上经济实体间在产品市场中不存在竞争，或在特定产品上不存在实质性竞争，并且符合本条第 1 款规定的条件，上述经济实体中的任何一个均应被视为居于市场垄断（支配）地位。

（五）如果满足下列条件，若干经济实体中的任何一个均被视为居于市场垄断（支配）地位：

1. 在同一市场中份额最大的 3 个以下经济实体的市场份额合计超过 50%；

2. 在同一市场中份额最大的 5 个以下经济实体的市场份额合计超过 70%；

3. 但其证明不符合本条第 4 款规定条件的除外。

第十三条 ［滥用市场垄断(支配)地位］

(一)拥有市场垄断(支配)地位的经济实体的作为或者不作为导致或可能导致阻碍、消除或限制竞争的后果,尤其是限制其他经济实体的竞争或对其他经济实体或消费者利益造成损害的,而上述情况在实质竞争存在的情况下是不可能的,则该作为或不作为应被视为滥用市场垄断(支配)地位。

(二)以下行为,尤其将被视为滥用市场垄断(支配)地位:

1. 对某产品的购买或销售固定价格或施加其他条件,而这在市场上存在实质竞争的情况下是不可能发生的;

2. 无客观公正的理由,在同样的协议中,对经济实体、买方或卖方适用不同的价格或其他条件;

3. 要求相关经济实体承担与合同标的在本质上无关或与企业活动中商业惯例或其他公平交易惯例无关的附加义务,作为签订合同的前提条件;

4. 限制生产、销售或技术发展,导致或可能导致对其他经济实体、买方或者卖方的损害;

5. 在没有替代性的购买或销售渠道的情况下,部分或全部的拒绝买卖某种产品;

6. 无客观正当理由而在市场上实质性地限制其他经济实体的竞争;

7. 制造市场进入(退出)障碍或将买方、卖方或其他经济实体排除出市场。

(三)滥用市场垄断(支配)地位之行为为法律所禁止,并应依法承担责任。

第十四条 ［关于行为合法性的结论］

为了预防违反保护经济竞争法律的行为,增加其适用的可预见性,乌克兰反垄断委员会依据经济实体递交的信息,可根据本法第 6、10、13 条的规定以建议性解释的形式就经济实体行为的合法性给出自己的意见。

第三章 权力机关、地方自治政府机关、行政性经济管理和监管机关的反竞争行为

第十五条 ［权力机关、地方自治政府机关、行政性经济管理和监管机关的反竞争行为］

(一)权力机关、地方自治政府机关、行政性经济管理和监管机关作出的任何行为(决定、命令、指示、法规等)、制作的书面或者口头的指令、达成的协议或者其他任何作为或者不作为,如果导致或可能导致阻碍、消除、限制或扭曲竞争的后果,将被认为是反竞争行为。

(二)权力机关、地方自治政府机关、行政性经济管理和监管机关的下列行为应被视为反竞争行为:

1. 禁止或阻止在任何活动范围内的组建新企业或以其他组织形式从事企业活动,对生产、购买或销售特定类型的产品或者对特定活动设置限制;

2. 直接或间接地强制经济实体加入协会、康采恩、分行往来,区域性组织或其他形式的企业联合会或者其他形式的经济实体集中;

3. 直接或间接地强制经济实体优先签订合同,为特定的消费群体优先提供产品或者优先从特定的销售群体中购买产品;

4. 根据地域原则,产品的分类、销售量或购买量,消费者或销售者群体,对产品进行集中分配或在经济实体间进行市场分配;

5. 禁止从本国一个地区向另一个地区销售特定产品，或者仅在符合特定数量范围或特定条件下才许可从一个地区向另一个地区销售产品；

6. 向特定经济实体或经济实体集团赋予特权或其他优惠条件，从而使其具有相对竞争者的优势地位，导致或可能导致阻碍、消除或限制、扭曲竞争的后果；

7. 相对为竞争者提供的相关条件，为其他竞争实体或经济实体集团的经济活动设置不利的或歧视性的条件；

8. 禁止或限制企业独立活动，包括禁止和限制产品购销、固定价格、制定经济活动发展和利润使用的计划。

（三）权力机关、地方自治政府机关、行政性经济管理和监管机关的反竞争行为应被禁止，并应依法承担责任。

第十六条 ［禁止权力机关和地方自治政府机关的授权］

禁止权力机关、地方自治政府机关向协会、企业和其他经济实体授权，如该授权导致或可能导致阻碍、消除、限制或扭曲竞争。

第十七条 ［禁止诱使违反经济竞争保护法的行为和制定违反经济竞争保护法的法律的行为］

禁止权力机关、地方自治政府机关、行政性经济管理和监管机关（学院机构或政府机构）促使经济实体、权力机关、地方自治机关、行政性经济管理和监管机关违反经济竞争保护法的作为或不作为，或者为违反上述法律创造条件，或者使违反上述法律的行为合法化的作为或者不作为。

第四章　经济实体和协会的限制性和歧视性行为

第十八条 ［经济实体和协会的限制性行为］

（一）禁止经济实体和协会诱使其他经济实体违反经济竞争保护法或者为这种违法行为提供便利。

（二）禁止经济实体和协会强迫其他经济实体从事下列行为：

1. 本法第 16 条规定的反竞争协同行为；

2. 本法第 7 ~ 10 条规定的协同行为；

3. 本法第 22 条规定的经济实体集中行为。

第十九条 ［经济实体非法利用其市场地位］

（一）禁止乌克兰反垄断委员会相关机关依据本法第 10 条授权从事协同行为的经济实体以及依据本法第 7 ~ 9 条授权从事协同行为的经济实体，对经济实体的经济活动设置特定限制，该限制不适用于其他经济实体的相关经济活动并且无客观公正的理由而对不同的经济实体采取不同的措施。

（二）禁止乌克兰内阁依据本法第 10 条第 3 款批准从事协同行为的经济实体实施依据本法第 13 条被认为是滥用市场垄断（支配）地位的行为，而不论其是否具有垄断地位。

（三）禁止本条第 1 款中提及的经济实体无客观公正的理由而诱使其他经济实体为其经济活动提供优惠条件。

（四）本条第 1 款和第 3 款亦适用于中小企业因缺少特定产品的供需替代性来源所依赖的经济实体。若买方除获得惯例性的价格折扣或其他形式利益外，还获得其他买方所未得到的特殊利益，则应认定该产品的卖方依赖该买方。

第二十条 [经济实体对竞争者的歧视性行为]

禁止与作为其竞争者的中小企业相比实质上具有更大市场力的经济实体对中小企业的经济活动制造障碍,尤其是实施依据本法第19条第1款和第3款禁止的行为。

第二十一条 [协会的限制性行为]

(一)禁止协会通过拒绝经济实体加入该协会的方式使该经济实体处于相对于其竞争者的不利地位,若上述拒绝是没有依据和不公正的。

(二)若有关协会满足以下条件,则本条第1款不适用于该协会:

1. 协会在相关市场或地域范围内能联合所有的参与者;

2. 协会的组建或运营不以营利为目的;

3. 协会的建立与活动既未导致经济集中,也未导致本法规定的反竞争协同行为。

第五章　经济实体集中行为的控制

第二十二条 [经济实体的集中行为]

(一)为防止产品市场的垄断、市场垄断(支配)地位的滥用以及限制竞争,乌克兰反垄断委员会对经济实体的集中行为(以下称为集中)实施国家控制。

(二)以下行为应当被视为集中:

1. 经济实体或其附属机构与其他经济实体实施合并;

2. 一个或多个经济实体直接或通过他方控制一个或多个经济实体,或控制经济实体的一部分,尤其是通过下述方法:

(1)通过完整的财产组合或结构性拆分的方式直接或间接的购买或(通过其他方式)取得经济实体的资产,接收(为进一步的管理)、租赁、特许权或者取得(通过其他方式)使用资产的权利,尤其是购买被清算的经济实体的资产;

(2)一个人——担任一个或多个监事会、董事会的负责人、副负责人职务或者其他经济实体的监督或执行委员会中的上述职位——被任命或选举为监事会、董事会的负责人或者副负责人或者其他经济实体中的监督或执行委员会的成员,或者2个或2个以上的经济实体的监事会、董事会半数以上的成员重合,或监督或执行委员会半数以上的成员重合;

(3)2个或2个以上经济实体设立长期独立地从事经济活动的经济实体,即使该设立经济实体的行为未导致原经济实体之间或其与新设经济实体之间的竞争行为的协调。

3. 直接或间接的购买、取得(或通过其他方式)或(为管理的目的)接受股份(股票),以确保在相关经济实体的更高级别的管理委员会中取得或超过25%或50%的表决权。

(三)下列行为不视为集中行为:

1. 设立经济实体,其目的或结果是协调原经济实体之间或者其与新设经济实体之间的竞争行为,根据本法第5条第1款第2项的规定,该行为应当视为协同行为。

2. 经济活动主要为金融交易或者与证券相关交易的主体购买经济实体的股份(股票),若该购买是为了进一步的再出售,同时上述人员在该经济实体更高级别的管理委员会或其他管理委员会中不参与投票。进一步的再出售应在股份(股票)购买之日起一年内实施。根据上述人员提交的申请,该申请必须证实进一步的再出售已不可能,乌克兰反垄断委员会相关机关可以作出关于延长上述期间的决定。

3. 依据本条第2款,存在控制关系的经济实体之间实施的行为;但根据法律规定,获得上述控制关系必须得到乌克兰反垄断委员会的许可,而未获得该许可的除外。

4. 获得对经济实体或其一部分的控制，包括由于仲裁人员、国家权力机关官员的权利而获得的管理或使用该经济实体的财产的权利。

第二十三条 ［经济实体集中的参与者］

以下应当被视为集中的参与者：

1. 与正在进行的合并或者必然进行的合并相关的经济实体；

2. 控制或意图控制一个或多个经济实体的经济实体，该控制正在被获得或必然被获得；

3. 为管理（使用）、租赁、特许权，其资产（财产）、股份（股票）正在被（作为财产）获得、接受或者必然被获得的经济实体，以及其购买者（接受者）、获得者；

4. 已经是或意图成为新设经济实体的创设人（或参与创设人）的经济实体。

若创设人之一是行政权力机关、地方自治机关、行政性经济管理和监管机关，且经济实体的资产（财产）、股份（股票）被纳入新设经济实体的授权资本中，则该经济实体也应视为经济集中的参与者。

通过控制关系而与本条第 2 至 4 款规定的集中参与者有关的自然人和法人，是根据本法第 1 条将相关主体的集团视为单一的经济实体的基础.

第二十四条 ［需要批准的经济实体集中行为］

（一）经乌克兰反垄断委员会或者其管理委员会事先批准，可以实施下列经济集中行为：

在本法第 22 条第 2 款和其他法律规定的情况下，考虑相关的控制因素，若合并各方在最近一个财政年度的国内外资产总额或产品销售总额超过 1200 万欧元，该数额按照乌克兰国家银行确定的该财政年度的最后一日的汇率计算，同时：

考虑相关控制因素，该合并的两个以上参与方的国内外资产额（总额）或产品销售额（销售总额）超过 100 万欧元，该数额按照乌克兰国家银行确定的该财政年度的最后一日的汇率计算，并且

考虑相关控制因素，该合并一个以上参与方的国内资产额（总额）或产品销售额（销售总额）超过 100 万欧元，该数额按照乌克兰国家银行确定的该财政年度的最后一日的汇率计算。

（二）递交申请年度的上一财政年度的产品（货物、劳务、服务）的销售收入（收益），在扣减增值税、消费税和其他基于销售额计算的税或关税后，应当适用于合并参与方销售额的计算。但是，存在控制关系的经济实体集团成员间产品销售收入，如已计入销售总额，则不重复计算。

（三）商业银行是合并参与方的，其资产总额的 1/10 应当同时计入资产额和销售额。若保险公司是合并参与方，其净资产应当被计入资产总额，且乌克兰关于保险行为的法律规定的保险行为的收入应当计入销售额。

（四）为适用本条规定计算起始点的程序和特定种类经济实体所应适用的专门程序应由乌克兰竞争委员会制定。

（五）依据本条第 1 款规定需要授权的合并，在授权前禁止实施。在合并被授权前，合并各方不得实施可能导致限制竞争或不能回复原状的行为。

第二十五条 ［授权经济实体合并的理由］

（一）合并未导致整个市场或其重要部分的垄断或实质性限制竞争的，乌克兰反垄断委员会或者其管理委员会应当授权合并。

（二）合并若对公共利益的积极效果超过限制竞争的消极影响，但因其不符合本条第 1 款规定的条件而未被乌克兰反垄断委员会批准时，乌克兰部长内阁可以批准该合并。

（三）合并导致的限制竞争不是达到合并目的所必需的，或者对市场经济体系构成威胁的，

则不得依据本条第 2 款的规定予以批准。

第六章　关于批准经济实体的协同行为或集中行为的申请和案件的审查

第二十六条　[经济实体协同行为和集中行为批准申请的提交]

(一)依乌克兰反垄断委员会规定的程序,协同行为和集中行为的参与者、权力机关、地方自治机关、行政性经济管理和监管机关,应当提交下列文件:

请求批准协同行为的申请——向乌克兰反垄断委员会或其地方机关提交;

请求批准集中行为的申请——向乌克兰反垄断委员会提交。

协同行为和集中行为的参与者、权力机关、地方自治机关、行政性经济管理和监管机关应当提交一份联合申请。

为审查申请所必需的获取受限的信息应由上述主体向乌克兰反垄断委员会的有关机构分别提交。

上述主体可以指定一人并且可代表其提交该申请。

申请及其附件应当包含完整和可信的信息。

提交不准确信息的,申请人应当依据本法第 52 条承担责任。

(二)自收到申请 15 日内,乌克兰反垄断委员会委员、地方机关的负责人未将申请发回申请人处,并未通知其该申请和其他文件不符合乌克兰反垄断委员会规定的要求且上述事实阻碍其审查,则该申请应视为被接受并进行审查。

参与者拒绝将乌克兰反垄断委员会或其行政委员会审查该申请所必需的文件和其他信息给予集中行为的其他参与者的,则乌克兰反垄断委员会委员根据申请人的请求,应命令该参与者在指定时间内提供该类信息。命令应当通知该申请人。在收到命令规定的所有信息时,则该申请应视为被接受并进行审查。

(三)乌克兰反垄断委员会机关批准在特定期限内实施协同行为的,经济实体有权向乌克兰反垄断委员会机关提出延长该期限的申请。此类申请应在不迟于该期限届满前 3 个月内提交。

(四)协同行为或集中行为是以竞争性的程序进行的(招投标、拍卖、竞争等),则关于该事项的申请既可在竞争性程序之前,亦可自竞争程序之后优胜者获胜之日起 30 日内提交,法律另有规定除外。

(五)若经济实体与其他不同经济实体共同实施相同的协同行为,每项协同行为均应提交一份申请,关于协同行为的其他参与者的信息应当依据乌克兰反垄断委员会规定的程序提交。

第二十七条　[经济实体协同行为和集中行为批准申请的审查]

(一)乌克兰反垄断委员会机关应当自乌克兰反垄断委员会相关机关受理申请之日起 30 日内,对请求批准协同行为的申请进行审查。

申请变更乌克兰反垄断委员会机关批准的行为,但不改变参与者的范围,也不涉及产品市场,则乌克兰反垄断委员会机关应当在 30 日内对该申请进行审查。

乌克兰反垄断委员会或者其行政委员会应自乌克兰反垄断委员会的相关机关接受申请之日起 30 日内,对请求批准集中行为的申请进行审查。

(二)若申请人提交了撤回申请的请求,而且由乌克兰反垄断委员会的相关机关以决议的方式确认,则不应再对该申请进行审查。

(三)若申请未被审查,申请人有权再次向乌克兰反垄断委员会及其地方机关提交申请。

(四)有关被通报的协同行为的信息,特别是关于参与者的组织机构和法律形式、参与者及其代表机构和分支机构的住所、协同行为的类型和内容,可以印刷或电子方式公布,也可由乌克兰反垄断委员会或其地方机关以其他方式公布。

有关被通报的协同行为的其他信息以及有关集中行为的信息可以公布,除非该信息已公布,或者申请者反对该种形式的公开。

第二十八条 [对请求批准经济实体的协同行为和集中行为的申请作出决定]

(一)乌克兰反垄断委员会机关在本法第 27 条第 1 款规定的审查期限内未开始审查关于协同行为、集中行为案件的,应当视为作出批准该协同行为、集中行为的决定。

(二)本法第 27 条第 1 款规定审查申请的期限最后一日,应当是依据本条第 1 款作出批准协同行为、集中行为的决定之日。

第二十九条 [对经济实体的协同行为和集中行为作出初步结论]

(一)根据请求作出初步结论的申请及所附信息,乌克兰反垄断委员会机关应当对协同行为作出初步结论,同时乌克兰反垄断委员会或其管理委员会应当对集中行为向经济实体、权力机关、地方自治机关、行政性经济管理和监管机关作出初步结论。

请求对协同行为、集中行为作出初步结论的申请的审查期限为 1 个月。

(二)乌克兰反垄断委员会相关机关应当以书面形式作出初步结论,其中包括下列内容:

1. 批准协同行为、集中行为的可能性;

2. 反对协同行为、集中行为的可能性;

3. 批准协同行为、集中行为的必要性或者缺乏上述必要性;

4. 作出任何结论所依据的信息不充分。

(三)获得对协同行为、集中行为的初步结论不免除协同行为参与者、集中行为参与者、权力机关、地方自治机关、行政性经济管理和监管机关依据本法第 10 条和第 24 条向乌克兰反垄断委员会相关机关提交要求批准协同行为和集中行为的申请的义务。

第三十条 [对经济实体的协同行为和集中行为案件的审查]

(一)若存在禁止协同行为、集中行为的理由,并有必要执行彻底的调查或专家审查,乌克兰反垄断委员会相关机关应当启动审查协同行为或集中行为的案件,应当在命令中确认该事实,并以书面方式通知申请人。申请人应当向乌克兰反垄断委员会机关提交相关信息以使其作出决定,该信息应当与启动案件审查的申请一同提交。

(二)信息的缺失阻碍审查的,乌克兰反垄断委员会机关可以要求申请人和其他人提交该附加信息,并可以依据本法第 43 条规定的程序启动专家审查。

(三)对协同行为或集中行为的审查期限应当不超过3 个月。该期限应当自申请人提交完整信息并且依据本条第 1 款和第 2 款已收到专家结论之日起开始。若在案件审查期限内,乌克兰反垄断委员会未作出决议,应当视为批准该协同行为或集中行为。

本款第 1 项规定的案件审查期限的最后 1 日,应当是对协同行为、集中行为作出决定之日。

(四)由于下列理由不能审查案件的,对该案件的审查应当暂停:本案有关的另一案件已由乌克兰反垄断委员会机关、法院、仲裁法院处理,或者与本案有关的另一事项已由国家机关处理。乌克兰反垄断委员会机关作出的中止和恢复案件审查的命令应当公布并通知申请人。

当导致案件审查中止的情况不复存在,乌克兰反垄断委员会机关应当恢复对案件的审查。

审查案件的期限应当自案件审查中止之日起中止。案件审查的期限应当自案件审查恢复之日起继续计算。

(五)若乌克兰反垄断委员会机关作出的决定可能实质性影响第三方应受本法保护的权利和利益,则该第三方可以参与对该申请的审查。

与第三方参与案件审查有关的事项应当由乌克兰反垄断委员会机关处理。与第三方参与案件审查有关的命令应当公布,并且通知参与案件各方。

第三十一条 [关于经济实体的协同行为和集中行为的案件的决定]

(一)关于经济实体协同行为、集中行为的案件的审查决定应当由下列主体作出:

乌克兰反垄断委员会(作出下列事项的决定)——关于批准协同行为,禁止协同行为,批准集中行为,就经济性公司、协会的章程性文件及其修改达成协议,禁止集中行为。

乌克兰反垄断委员会管理委员会(作出下列事项的决议)——关于批准集中行为,就经济性公司、协会的章程性文件及其修改达成协议,在本法第 10 条第 1 款规定的豁免之外批准协同行为,禁止协同行为。

乌克兰反垄断委员会委员、乌克兰反垄断委员会地方机关的相关管理委员会(作出下列事项的决议)——关于在本法第 10 条第 1 款规定的豁免之外批准协同行为、禁止协同行为。

(二)乌克兰反垄断委员会机关在批准协同行为、集中行为的决定中可以规定:协同行为、集中行为的参与者应当满足并履行消除或减弱协同行为对竞争的影响的要求和义务。特别是,此类规定和义务可以涉及在管理方面的限制,使用或处置财产及经济性实体转让财产的保证。

批准协同行为的决定可以规定该协同行为在不确定或确定的期限内实施,但不得超过 5 年。

(三)协同行为、集中行为应当在批准协同行为、集中行为的决定作出之日起 1 年内实施,但该决议规定更长期限的除外。若协同行为、集中行为未在上述期限内实施,协同行为、集中行为的参与者应当再次递交申请要求乌克兰反垄断委员会机关批准该协同行为、集中行为。

(四)除获取受限的信息以及由相关委员、地方机关负责人确定的其披露会侵犯他人利益的信息外,决定应当送达申请人。

(五)除本法第 58 条规定的案件外,作出决定的乌克兰反垄断委员会机关没有撤销或修正其决定的权利。上述机构有权更正决定中的印刷错误或明显的计算错误,在不变更内容的情况下解释决定,以及对在案件审查中未作决定的事项作出附加决定。

(六)与审查申请后所作决议有关的信息、与协同行为、集中行为有关的案件,应当在乌克兰官方的时事通讯、其他书面或电子媒体上公布,或者以其他方式公布。

第三十二条 [终止审查经济实体的协同行为、集中行为案件的情形]

(一)在下列情况下,对经济实体的协同行为、集中行为的案件审查应当终止,不得对实质性事项作出决定:

1. 收到申请人递交的要求撤回原申请或终止该案件审查的申请;

2. 申请人未在乌克兰反垄断委员会机关、地方机关的负责人规定的期限内提交信息,并且缺乏该信息阻碍案件审查。

(二)若案件的审查被终止,申请人有权再次向乌克兰反垄断委员会及其地方机关递交要求批准协同行为、集中行为的申请的权利。

第三十三条 [乌克兰部长内阁批准经济实体协同行为、集中行为的程序]

(一)在乌克兰反垄断委员会作出决定禁止协同行为或集中行为之日起 30 日内,本法第 26 条第 1 款规定的人可以根据本法第 10 条第 3 款和第 25 条第 2 款向乌克兰部长内阁递交要求批准该协同行为或集中行为的申请。

(二)乌克兰部长内阁应当就批准或拒绝批准协同行为、集中行为作出有根据的决定。

（三）乌克兰部长内阁批准协同行为、集中行为的决定可以包含参与者在协同行为、集中行为中应当满足和履行的特定要求和义务，包括参与者实施特定行为的要求和义务。该要求和义务不得以延长对协同行为、集中行为的参与者的经济行为的控制为目的。

（四）乌克兰部长内阁批准协同行为、集中行为的程序由乌克兰部长内阁确定，并且应规定下列内容：

1. 在独立的专家中选拔人员组建委员会，以确定协同行为、集中行为的积极效果和消极影响；

2. 建立对经批准的协同行为、集中行为的决定执行的监控程序。

（五）若乌克兰部长内阁关于批准协同行为、集中行为的决议失效或依据法定程序被撤销，则乌克兰反垄断委员会机关应当对于采取措施恢复原状或采取其他措施消除或减弱协同行为、集中行为对竞争的消极影响作出决议。

第三十四条 ［缴纳与审查申请有关的支出的税费］

（一）提交要求批准协同行为、集中行动的申请，及根据本法第 14 条和第 29 条请求作出初步结论的申请而产生的税费，应当依据本条第 2 款规定的数量来征收。

（二）税费应当依下列要求征收：

1. 提交要求批准集中行为的申请——免税的最低公民收入的 300 倍；若税费是依据本款第 4 项为作出集中行为初步结论而缴付的——则为免税的最低公民收入的 220 倍；

2. 提交要求批准协同行为的申请——免税的最低公民收入的 150 倍；若税费是依据本款第 4 项为作出协同行为初步结论而缴付的——则为免税的最低公民收入的 70 倍；

3. 根据本法第 14 条和第 29 条提交要求作出初步结论的申请——免税的最低公民收入的 80 倍；

4. 对本款规定的事项制作额外的经认证的副本——每份副本为免税最低公民收入的 1/2。

（三）所付款项应当被转入由乌克兰反垄断委员会拥有的乌克兰政府预算的财政特别基金，并且应当用于满足乌克兰反垄断委员会及其地方机关的需要，但法律直接规定其他用途的除外。

（四）在乌克兰反垄断委员会机关及其地方机关负责人规定期限内，未向乌克兰反垄断委员会及其地方机关提交证明税费缴付的文件，应当视为未完成申请。若在乌克兰反垄断委员会机关和地方机关的负责人确定的期限内未支付应缴数额的税费，则该申请不予审查；在此情形下，申请人有权向同一机关再次递交申请。

（五）再次递交的申请中包含的协同行为、集中行为的特征未有实质性改变的，不应要求再次缴纳税费。

第七章 关于违反保护经济竞争法律案件的审查

第三十五条 ［关于违反保护经济竞争法律案件的审查］

（一）对于违反保护经济竞争法律的案件审查应当以发布启动命令的方式启动，并应当以作出决定的方式终结。

（二）在对违反保护经济竞争法律的案件审查过程中，乌克兰反垄断委员会机关应当：

1. 收集并且分析文件、专家作出的结论、主体作出的解释，以及作为案件证据的其他信息，并在其权力范围内作出决定；

2. 接受案件参与方的解释或接受其他人请求作出的解释，或者接受该机关主动选择的主体的解释。

第三十六条 [启动案件审查的根据]

(一)乌克兰反垄断委员会机关应当根据下列理由启动违反保护经济竞争法律的案件审查:

1. 经济实体、公民、协会、政府机构、组织提交申请,该申请表明由于本法规定的违反保护经济竞争法律的作为或不作为侵害其权利;

2. 国家权力机关、地方自治机关、行政性经济管理和监管机关提交申请,该申请表明存在违反保护经济竞争法律的行为;

3. 乌克兰反垄断委员会机关主动启动:

若申请人提交的请求包含提交申请可能的消极影响的信息,为保护申请人的利益,案件审查应当由乌克兰反垄断委员会机关主动启动。

(二)若违反保护经济竞争法律的行为对市场竞争环境没有实质影响,应拒绝审查申请。

第三十七条 [启动案件审查]

(一)若有迹象表明存在违反保护经济竞争法律的行为,乌克兰反垄断委员会机关应当发布命令启动案件审查。

(二)启动案件审查的命令应当自发布之日起 3 个工作日内送达相对人。

(三)启动案件审查的通知应当送达申请人和第三人。

第三十八条 [案件的合并和拆分,案件审查的中止和恢复]

(一)乌克兰反垄断委员会机关可以发布命令将若干案件合并审查或将一个案件拆分单独审查。

(二)案件的审查可依据乌克兰反垄断委员会相关机关的主动提议或案件参与人的申请被中止,直至与本案有联系的另一案件被乌克兰反垄断委员会机关、法院、仲裁机构处理或直到与本案有关联的另一案件被特定国家机关处理。中止审查和恢复审查的命令应当发布。

第三十九条 [案件参与人]

(一)当事人、第三人及其代表人应当是案件参与人。

(二)相对人和申请人应当是案件当事人(若案件是依相关申请而启动的)。

提交申请的人,以及对违反保护经济竞争法律的行为提起控诉的人,应当是申请人。

违反保护经济竞争法律的案件的被审查人被视为相对人。

由于决定能实质影响其受本法保护的权利和利益而参与案件的人是第三人。乌克兰反垄断委员会机关应当发布命令确定第三人,该命令应当通知案件参与人。

(三)另一主体作为相对人参与案件的,乌克兰反垄断委员会机关应当发布命令取代原相对人或增加共同相对人,该命令应当通知案件参与人。

第四十条 [案件参与人的权利与义务]

(一)案件参与人有下列权利:

1. 了解案件材料(但获取受限的信息和披露会侵犯其他案件参与人(被动参与人)利益或阻碍对案件深入审查的信息除外);

2. 提供证据,提交申请、口头或书面解释(或反对意见);

3. 接收案件决定的副本(但决定中获知受限的信息和披露会侵害曾经参与案件的其他人利益的信息除外);

4. 依据法律规定程序针对决议提起诉讼。

(二)案件参与人应正当行使权利。

第四十一条 [证据]

(一)可能确认违法行为存在或不存在的任何真实资料是案件的证据。

该资料应当通过下列方式确认:当事人和第三人的解释,政府官员和公民的解释,书面证据、物证以及专家作出的结论。

若当事人、第三人、政府官员或公民的口头证据包含证明违法行为存在或不存在的资料,应当记录在案。

(二)无论证据在何处,其应当由乌克兰反垄断委员会及其地方机关收集。

(三)案件参与人有权出示证据并证明其可信性(客观性)。

第四十二条 [追究违反保护经济竞争法律的行为责任的追诉期限]

(一)追诉期限届满后,经济实体不再因违反保护经济竞争法律的行为承担责任。

追究违反保护经济竞争法律的行为责任的追诉期限是自违法行为发生之日起 5 年,或在持续违法情形下自该违法行为终止之日起 5 年。

本法第 50 条第 13 ~ 16 项规定的违反保护经济竞争法律的行为,追究其责任的追诉期限应当是自违法行为发生之日起 3 年,或在持续违法的情形下自该违法行为终止之日起 3 年。

(二)乌克兰反垄断委员会机关审查与违反保护经济竞争法律的行为有关的案件时,该追诉期限应当中止。

第四十三条 [专家审查]

(一)乌克兰反垄断委员会机关有权主动或应案件参与人请求,设置专家审查程序,该程序应当由命令确立。

(二)设置专家审查程序或确定向专家询问的问题范围时,乌克兰反垄断委员会相关机关有权征询案件当事人和其他案件参与人的建议。与设置专家审查程序有关的命令应当包含要求专家作出结论的问题和实施专家审查的人员。

(三)专家审查应当由来自相关政府机关的专家或其他专家实施。任何具有作出结论所需必要知识的人员都可以被指定为专家。

(四)若对作出结论有必要,乌克兰反垄断委员会机关可以向专家提供案件材料以便其熟悉案情。专家无权披露获取受限的信息,以及案件材料中披露将侵害其他案件参与人(曾经参与案件的人)的利益或阻碍进一步审查的信息。

(五)若提供的材料不充分或者专家不具有履行委托义务必要的知识,则专家有权拒绝作出结论。

(六)若需要实施补充专家审查,或若干专家所作结论之间存在矛盾,则乌克兰反垄断委员会机关可以补充进行或再次进行专家审查。

(七)在下列情况下,专家应当依法承担刑事责任:披露获知受限的信息或其他禁止披露的信息,作出错误结论或无正当理由拒绝履行委托义务。

(八)专家审查的费用应当由实施违反保护经济竞争法律行为的主体承担。若违法行为人拒绝支付上述费用,则承担该费用的主体可以向法院要求偿还。

第四十四条 [证据的查封和扣押]

(一)在下列情形下,书面证据和物证,特别是文件、物品或其他媒介形式的信息,若能够在与违反保护经济竞争法律行为的案件中作为证据或证据来源,则应当根据乌克兰反垄断委员会委员或地方机关负责人发布的命令,由委员或地方机关负责人或乌克兰反垄断委员会被授权的官员或其地方机关亲自实施查封:

1. 未被提供,并且有充分理由认为其能够作为案件证据或证据来源的文件、物品或其他媒

介形式的信息处于特定场所;

2. 相关文件、物品或其他媒介形式的信息有灭失的危险。

(二)书面证据原件被查封的,则乌克兰反垄断委员会或其地方机关应被查封的相关证据的所有人的请求,应当在请求之日起 3 日内将经验证的证据副本给予该所有人。乌克兰反垄断委员会或其地方机关验证的书面证据副本出示给其他人时应当与原件具有同样效力。

(三)由于其数量巨大或者证据只有一部分与案件相关等原因调导致查封证据受到阻碍的,乌克兰反垄断委员会或其地方机关的被授权官员可以收集证据的摘录部分,该摘录部分应通过法定程序由文件所有人验证。

应被查封的书面证据原件的所有人的请求,在依据乌克兰反垄断委员会的相关决议向法院、仲裁机构提起上诉的期限届满后,可以归还证据。经原件被归还人通过法定程序验证的书面证据副本应当留存在相关案件的资料中。

特定案件中,经乌克兰反垄断委员会相关机关检查和调查的物证,可以在案件审查完成前,应所有人请求予以归还,若该请求不损害对案件的审查。

(四)不可能查封证据的,乌克兰反垄断委员会委员、地方机关负责人或者经乌克兰反垄断委员会委员或地方机关负责人授权的乌克兰反垄断委员会官员或其地方机关,应当扣押可以作为案件证据或证据来源的物品、文件、其他媒介形式的信息。

(五)查封或扣押财产、物品、文件、其他媒介形式的信息,无论上述证据在何处,包括经济实体所有的营业场所和交通工具,若依据乌克兰反垄断委员会委员或地方机关负责人的命令,应当在工作时间在其雇员的工作场所内实施,若依据法院的裁判,应当在工作时间,在住所地对相关主体的其他财产实施。

应当制作查封或扣押财产、物品、文件、其他媒介信息的笔录,该笔录应当包括制作日期、决定查封或扣押的人员的姓名和职务、被查封或扣押财产、物品、文件、其他媒介信息的明细。笔录应当由乌克兰反垄断委员会、地方机关中实施查封或扣押决定的两名经授权的官员签署。笔录也应当由查封或扣押现场的人员签署。

相关人员拒绝签署该笔录的,应当在笔录中注明。该人有权作出与笔录内容有关的解释和备注作为该笔录的附件,并有权主动将其拒绝表示记录在笔录中。

应当将查封或扣押的笔录副本送交文件、物品和其他媒介形式的信息被查封或扣押的经济实体或其代表。

(六)被查封的物品、文件和其他媒介形式的信息的退还应当依据查封的法定程序在笔录中注明。

乌克兰反垄断委员会委员及其地方机关负责人应当发布命令归还或转移扣押的财产、物品、文件和其他媒介形式的信息。

(七)乌克兰反垄断委员会及其地方机关应当保存书面证据和物证。

为保存而接收物品、文件或其他媒介形式的信息的人员应当为其隐藏、损坏、遗失行为依法承担责任。

第四十五条 [协助关于违反保护经济竞争法律案件的审查]

为确保关于违反保护经济竞争法律行为的案件的审查,特别是为实施本法第 44 条规定的措施,内务机关、海关机关、和其他具有法定保护竞争职能的机关在其权利范围内,应当有义务协助乌克兰反垄断委员会及其地方机关开展工作。

第四十六条 [乌克兰反垄断委员会机关的建议]

(一)乌克兰反垄断委员会机关有权给予权力机关、地方自治机关、行政性经济管理和监管机构、经济实体、协会如下建议:终止违反保护经济竞争法律的行为;消除违法行动的原因及其有利条件;当违法行动终止后,消除违法行动的后果。上述建议应当采取书面形式。

(二)乌克兰反垄断委员会机关经审查后作出的建议,对接受建议的机构或主体有约束力。自乌克兰反垄断委员会的地方机关应当收到建议之日起10日内,告知其对该建议审查的结果,克兰反垄断委员会机关延长上述期限除外。

(三)建议被执行,或违法行为未引起对竞争的实质性限制或扭曲,未对公民个人或社会造成重大损害,且采取了消除违法结果的相关措施的,则不应当启动违反保护经济竞争法律案件的程序,已经启动的程序应当终止。

第四十七条 [案件的预先决议]

(一)案件审理过程中,如有经济实体请求乌克兰反垄断委员会机关采取措施以防止违反保护经济竞争的法律的行为对其造成消极的、不可挽回的损失,乌克兰反垄断委员会可以依请求作出下列预先决议:

1. 禁止涉嫌违法行为的主体实施特定行为,包括限制证券流通;

2. 如实施特定行为对保护他人的合法权益是必要的,可以强制要求实施。

(二)不服预先决议的,在收到决议之日起15日内可以依据本法第60条规定的程序提起上诉。此期间为不变期间。

(三)法院最终判决相对人的违法行为不成立的,相对人可以向法院起诉,要求赔偿因经济实体依据本条第1款提请实施的预先决议所造成的损失。

(四)基于对该案审理结果作出决议时,预先决议自动失效,在预先决议中规定了更短期限的除外。

第四十八条 [关于涉嫌违反保护经济竞争法律案件的决议]

(一)乌克兰反垄断委员会机关对涉嫌违反保护经济竞争法律的案件可以作出下列决议:

1. 确认违反保护经济竞争法律的事实;

2. 终止违反保护经济竞争法律的行为;

3. 要求权力机关、地方自治机关、行政性经济管理和监管机关撤销或修改其反竞争协议或终止其反竞争协议;

4. 确认经济实体具有市场垄断(支配)地位的事实;

5. 强制拆分具有市场垄断(支配)地位的经济实体;

6. 罚款;

7. 限制证券的流通;

8. 消除违反保护经济竞争法律行为造成的影响;

9. 如实施本法第19条禁止的行为,则撤销对其协同行为的授权;

10. 要求相对人在规定期限内以决议或法律规定的方式,自费公布乌克兰反垄断委员会或其地方机关关于违法案件的官方信息,包括决议的全文(不包括获取渠道受限的信息以及乌克兰反垄断委员会相关委员、地方机关负责人确定的泄露可能会损害其他案件相关人利益的信息);

11. 终结案件程序。

(二)乌克兰反垄断委员会机关对其作出的决议无权废除或修正,本法第58条规定的情况除外。其有权在不变动决议内容的情况下更正其中印刷和计算错误,解释其决议,如审查案件时依据已考虑的事实未作出决议的,则有权作出另外的决议。

(三)为保护公共利益或防止对经济实体造成消极不可恢复的影响,乌克兰反垄断委员会机关在审查依本条第 1 款、乌克兰反不正当竞争法第 30 条第 1 款作出的视为与下列事项有关的暂缓执行决议后,应当作出新决议:

1. 法院、仲裁机构受理申请撤销上述暂缓执行决议的案件;

2. 依法院或仲裁机构相关裁决(指令)当事人的申请,实施作为监督程序的调查;

3. 依法院或者仲裁机构相关裁决(指令)当事人的申请,以及基于新发现的情况,进行再审。

乌克兰反垄断委员会相关机关可依案件参与人的申请或依职权作出本款规定的决议。这类决议可在向法院或者仲裁机构提交相应申请的前后作出,但法院或者仲裁机构因上诉已暂缓执行乌克兰反垄断委员会先行审查决议的除外。

第四十九条 [终止审查涉嫌违反保护经济竞争法律案件的理由]

出现下列情况的,对涉嫌违反保护经济竞争法律的案件应当终止审查:

1. 该案不应由乌克兰反垄断委员会或其地方机关审查;

2. 相对人或其住所不明;

3. 作为法人的相对人被清算;

4. 乌克兰反垄断委员会机关已经或正在审查同一相对人基于同样理由的案件;

5. 违法行为未被证明;

6. 存在法律规定的其他理由。

第八章 违反保护经济竞争法律的责任

第五十条 [违反保护经济竞争法律的行为]

违反保护经济竞争法律的行为包括:

1. 限制竞争的协同行为;

2. 滥用市场垄断(支配)地位;

3. 权力机关、地方自治机关、行政性经济管理和监管机构限制竞争的行为;

4. 不履行或不完全履行乌克兰反垄断委员会机关的决议或预先决议的行为;

5. 参加协同行为的经济实体实施本法第 10 条第 5 款所禁止的行为;

6. 本法第 16 条禁止的权力机关、地方自治机关的授权;

7. 本法第 17 条禁止的行为;

8. 本法第 18 条第 2 款、第 19 条和第 20 条禁止的限制性和歧视性行为;

9. 本法第 18 条第 1 款禁止的限制性行为;

10. 违反本法第 22 条第 3 款第 2 项规定的条件;

11. 违反经乌克兰反垄断委员会机关同意集中而成立的经济实体的章程而导致限制竞争结果的行为;

12. 应获乌克兰反垄断委员会机关批准而未获批准实施的经济实体集中行为;

13. 在乌克兰反垄断委员会机关、其地方机关负责人或法律规定的期限内未向乌克兰反垄断委员会机关或其地方机关提供信息的;

14. 在乌克兰反垄断委员会机关、其地方机关负责人或规范性文件和法律规定的期限内未向乌克兰反垄断委员会或其地方机关提供完全信息的;

15. 向乌克兰反垄断委员会或其地方机关提供虚假信息的;

16. 妨碍乌克兰反垄断委员会官员或其地方机关官员调查、检查、查封或扣押财产、文件、物品及其他信息媒介；

17. 经济实体、协会、权力机关、地方自治机关、行政性经济管理和监管机构提出的建议，导致违反保护经济竞争法律的行为或者为此类违法行为提供便利；

18. 经济实体向乌克兰反垄断委员会或其地方机关提交包括违反保护经济竞争法律行为信息的申请，导致其经济活动受到限制；

19. 协同行为及集中行为实施者，未履行就批准该类行为的决议规定的要求和义务；

20. 本法第 21 条禁止的协会的限制性行为。

第五十一条 ［责任的种类］

违反保护经济竞争法律的行为应承担法律规定的责任。

第五十二条 ［罚款］

（一）乌克兰反垄断委员会机关应向协会及下列经济实体处以罚款：

1. 法人；

2. 自然人；

3. 作为法人和自然人的经济实体集团，根据本法第 1 条规定上述经济实体集团可视为本条第 4 项规定的经济实体。

对于违法行为依以下规定处罚：

（二）对本法第 50 条第 1、2、4 项下违法行为处以的罚款，不得超过该经济实体上一会计年度销售产品（商品、劳务、服务）收入（收益）的 10%。如果其非法收入超过上述收入（收益）10% 的，罚款不得超过非法收入的 3 倍。非法收入数额可用估算方法确定；

对本法第 50 条第 5、8、10、11、12、19 项下违法行为处以的罚款，不得超过该经济实体上一会计年度销售产品（商品、劳务、服务）收入（收益）的 5%；

对本法第 50 条第 9、13 ~ 16、18 项下违法行为处以的罚款，不得超过该经济实体上一会计年度销售产品（商品、劳务、服务）收入（收益）的 1%。

（三）经济实体销售产品（商品、劳务、服务）的收入（收益）是指，组成本法第 1 条项下可视为经济实体的集团中所有法人和自然人的总收入。

（四）若干作为经济实体并可组成视为经济实体的集团的法人和/或自然人，其实施的行为（作为或者不作为）导致上述经济实体集团违反保护经济竞争法律，且拥有实施违法行为所必须的权利并已经或者能够在竞争中获得或可能获得利益，则必须对实施上述行为（作为或者不作为）且（或）获得或能够获得上述利益的法人和/或自然人组成的经济实体处以罚款。可能对作为经济实体的其他法人和/或自然人的活动产生影响或可能获取上述经济实体一部分收入的，尤其应被视为获得利益。

（五）若相对人没有收入（收益），或无视乌克兰反垄断委员会机关或其地方机关负责人的要求，不提供有关收入（收益）的信息，依本条第 2 款第 1 项处以的罚款，其数额不得超过可免税居民最少收入的 2 万倍，依本条第 2 款第 2 项处以的罚款，其数额不得超过可免税居民最少收入的 1 万倍，依本条第 2 款第 3 项处以的罚款，其数额不得超过可免税居民最少收入的 2000 倍。

（六）乌克兰反垄断委员会、乌克兰反垄断委员会行政委员会在其会议期间，对超过可免税居民最少收入 1000 倍的罚款决议享有专属权。

（七）若经济实体运营时间不超过 1 年，罚款数额应基于其在罚款决定作出之前的收入来计算。

第五十三条 ［强制拆分］

(一)若经济实体滥用市场垄断(支配)地位,乌克兰反垄断委员会机关有权对拥有市场垄断(支配)地位的经济实体实施强制拆分。

(二)如下情形不适用强制拆分:

1. 根据组织结构或地域,不能拆分企业、企业组成部门或组成单位;

2. 各企业、企业组成部门或组成单位之间存在紧密技术联系(如果各企业、各企业组成部门或组成单位总产量的30%以上在经济实体内部使用)。

(三)乌克兰反垄断委员会机关对经济实体的强制拆分决议应当在至少6个月的期限内履行。

(四)若经济实体已消除垄断地位,则可依其自由裁量是否实施基于强制拆分决议作出的重组方案。

第五十四条 [经济实体、权力机关、地方自治机关、行政性经济管理和监管机构官员和其他雇员的行政责任]

(一)经济实体、权力机关、地方自治机关、行政性经济管理和监管机构的官员和其他雇员,如实施了本法第50条第13~16项规定的违法行为,应依法承担行政责任。

(二)权力机关、地方自治机关、行政性经济管理和监管机构的官员,如实施了本法第50条第4、13~16项规定的违法行为,应依法承担责任。

第五十五条 [损害赔偿]

(一)违反保护经济竞争法律行为的受害人,可以向法院或仲裁机构要求赔偿。

(二)对实施本法第50条第1、2、5、10、12、18、19项规定的违反保护经济竞争法律行为造成的损害,受害人可以向违法者要求双倍赔偿。

第九章 对决议、命令的履行、检查、再审、上诉程序,期间计算和信息交换程序

第五十六条 [乌克兰反垄断委员会机关及其地方机关负责人决议和命令的履行程序]

(一)乌克兰反垄断委员会机关及其地方机关负责人的决议和命令应当以邮件、交付签收或其他方式通知相关人履行。此交付执行的决议是指对上述主体作出决议的摘要,但不包括获知渠道受限的信息以及乌克兰反垄断委员会相关委员、地方机关负责人确定泄露会损害其他案件相关人利益的信息。

若因下列原因导致决议未送达:

自然人不在其最后住所地(登记地址);

经济实体、行政性经济管理和监管机构的官员或授权代表不在其相关合法地址;

则乌克兰反垄断委员会机关的决议自其在下列印刷媒体上公布10日后视为送达:《乌克兰之声》,《乌克兰议会公报》,《政府信使报》,《乌克兰内阁新闻》,《乌克兰官方时事通讯》,以及相对人最后住所地(登记地址)或合法地址所在地议会的印刷媒体。

(二)乌克兰反垄断委员会机关、其地方机关负责人的决议和命令具有法律约束力。

(三)乌克兰反垄断委员会相关机关处以罚款的违法者,应自收到决议之日起30天内缴纳罚款。

(四)对第52条第4款下经济实体处以的罚款,可由组成该经济实体的任一法人或自然人全部或部分缴纳。若某个或某些法人或自然人缴纳了全部罚款,则可免除其他人的缴付义务。

(五)未缴纳罚款的,每日应处以未缴纳罚款1.5%的滞纳金。滞纳金总额不得超过乌克兰

反垄断委员会相关机构有关决议所确定的罚款数额。

滞纳金的计算和追加自法院或仲裁机构对罚款作出强制缴纳令时中止。

滞纳金的计算和追加自如下期间暂停：法院或仲裁机构审查、复核、或再审：

1. 涉及撤销乌克兰反垄断委员会相关机关罚款决议的案件；

2. 法院或仲裁机构进行监督作出的相关决议（判决）；

3. 法院或仲裁机构基于新情况作出的相关决议。

（六）乌克兰反垄断委员会机关有权基于被罚款人的申请，推迟或延长罚款的缴纳期限。

（七）若罚款未在决议确定的期限内缴纳且滞纳金也未缴纳，乌克兰反垄断委员会机关应依法强制收缴罚款及滞纳金。

（八）收缴的罚款及滞纳金应转入乌克兰国库特殊基金，视为乌克兰反垄断委员会的收入，并用于满足其活动需要，法律另有规定除外。

（九）乌克兰反垄断委员会相关机构和官员作出的对经济实体、权力机关、地方自治机关、行政性经济管理和监管机构官员和其他雇员的行政处罚决议，应依法律规定的程序执行。

第五十七条 ［对决议，涉嫌违反保护经济竞争法律案件的复核以及对申请和涉嫌协同行为案件的复核］

（一）乌克兰反垄断委员会地方机关行政委员会、乌克兰反垄断委员会委员、乌克兰反垄断委员会行政委员会对涉嫌违反保护经济竞争法律案件、要求批准协同行为的申请及涉嫌协同行为案件作出的决议，乌克兰反垄断委员会可按其确定的程序依当事人申请或依职权进行复核。

（二）复核决议的申请可在收到决议之日起2个月内提交。该期间为不变期间。

（三）乌克兰反垄断委员会地方机关行政委员会作出的决议可由乌克兰反垄断委员会行政委员会或乌克兰反垄断委员会复核；乌克兰反垄断委员会委员、乌克兰反垄断委员会行政委员会作出的决议均由乌克兰反垄断委员会复核。

（四）乌克兰反垄断委员会机关在复核时应暂缓执行相关决议直至核查完毕，并将复核情况以书面形式告知案件当事人。

（五）乌克兰反垄断委员会机关根据决议的复核结果，有权：

1. 维持决议；

2. 变更决议；

3. 撤销部分决议，并对撤销部分重新审查；

4. 撤销决议并作出新决议或重新审查案件或终结案件审查。

第五十八条 ［对涉嫌违反保护经济竞争法律案件决议的再审以及对申请和涉嫌协同行为，集中行为案件决议的再审］

（一）下列情况，乌克兰反垄断委员会机关依职权或依申请可对其作出的涉及违反保护经济竞争法律案件的决议，要求批准协同行为和集中行为的申请以及涉嫌协同行为和集中行为案件的决议进行再审：

1. 乌克兰反垄断委员会机关未掌握或不可能掌握案件实质性情况，致使其作出的决议不合法或依据不足的；

2. 基于不准确信息作出决议，其不合法或者依据不足的；

3. 乌克兰反垄断委员会机关依据本法第31条第2款对协同行为和集中行为所做决议规定的要求或义务，参与方没有履行的；

4. 批准协同行为或集中行为决议所依据的情况不存在的；

5. 乌克兰法律规定的其他理由。

乌克兰反垄断委员会机关对其作出的决议应暂缓执行直至再审完毕,并将再审情况以书面形式告知案件当事人。

(二)下列情况,对涉嫌违反保护经济竞争法律案件的决议,要求批准协同行为和集中行为的申请及涉嫌协同行为和集中行为案件的决议应当允许再审:

1. 本条第 1 款第 1、2 项的决议自作出之日起未满 5 年(包含 5 年)。

2. 本条第 1 款第 3、4 项的决议处于有效期;

3. 本条第 1 款第 5 项的决议自作出之日起未满 3 年(包含 3 年),法律另有规定除外。

(三)乌克兰反垄断委员会机关根据对决议再审的结果,可以:

1. 维持决议;

2. 变更决议;

3. 撤销决议;

4. 依据本法第 31 条和第 48 条规定及《乌克兰反不正当竞争法》第 30 条第 1 款规定作出新决议。

(四)若乌克兰反垄断委员会根据决议再审结果作出禁止集中行为的决议,因集中行为而成立的经济实体,其国家登记应依乌克兰反垄断委员会的要求以合法形式消除。

第五十九条 [变更、撤销或审查乌克兰反垄断委员会机关无效决议的理由]

(一)变更、撤销或审查乌克兰反垄断委员会机关无效决议的理由如下:

1. 案件重大情况未完全调查;

2. 案件重大情况确定时未被证明;

3. 决议意见与案件情况不相符;

4. 违反或误用实体法或程序法规则。

(二)违反或误用程序法规则的行为,只有在其导致错误决议的情况下,方可作为变更、撤销或审查乌克兰反垄断委员会机关无效决议的理由。

第六十条 [对乌克兰反垄断委员会机关决议的上诉]

(一)申请人、被申请人、第三人有权自收到乌克兰反垄断委员会机关作出决议之日起的 2 个月内,就决议的全部或部分向法院起诉。该期间为不变期间。

(二)就乌克兰反垄断委员会,乌克兰反垄断委员会行政委员会和乌克兰反垄断委员会委员作出决议提起的上诉,由乌克兰高级仲裁机构受理。就乌克兰反垄断委员会地方机关行政委员会作出决议提起的上诉,由克里木自治地区仲裁机构,其他地区仲裁机构,基辅和塞瓦斯托波尔市仲裁机构受理。

(三)法院或仲裁机构受理乌克兰反垄断委员会相关机关决议无效的上诉,不影响此决议的执行,本条第 4 款列举的情况除外。

(四)乌克兰反垄断委员会相关机关基于如下依据作出的决议,法院或仲裁机构依诉讼程序予以撤销:

1. 本法第 48 条第 1 款、《乌克兰反不正当竞争法》第 30 条第 1 款;

2. 本法第 57 条第 5 款对决议复核的结果;

3. 本法第 58 条第 3 款对决议再审的结果。

由于法院或仲裁机构的诉讼撤销程序及监督性复核或基于新发现的情况和法院或仲裁机构相关决议(判决)当事人申请提起的再审,在案件审查期间,法院,仲裁机构相关决议(判决)的复核或再审期间，乌克兰反垄断委员会相关机关作出的上述决议应当中止执行。乌克兰反垄断委员会相关机关依本法第 48 条第 3 款及法院，仲裁机构的其他决定，可以不中止执行的除外。

（五）如有充分理由，法院或仲裁机构可以中止乌克兰反垄断委员会相关机关决议的效力，且不受本条第 4 款规定的限制。

第六十一条 ［案件的通告］

（一）经乌克兰反垄断委员会请求，法院或仲裁机构，应将依保护经济竞争法律审理的案件向其通告。

（二）乌克兰反垄断委员会委员、乌克兰反垄断委员会地方机关负责人或乌克兰反垄断委员会官员，经委员、地方机关负责人分别授权的乌克兰反垄断委员会地方机关，有权获知案件事实并接收相关文件副本。

若判决影响乌克兰反垄断委员会及其地方机关在对保护经济竞争实施国家管理过程中的权利义务，则其有权以无独立请求权第三人的身份参与案件。

第六十二条 ［保护经济竞争法律中期间的界定和计算］

（一）上诉期间，尤其是在请求批准协同行为、经济实体集中行为的申请及涉嫌违反保护经济竞争法律案件的审查期间等期间内提起上诉的，应当依据保护经济竞争法律，由乌克兰反垄断委员会机关或其地方机关负责人确定。上述期间应以公历日期，确定到来事件的发生，时段确定。

（二）期间以年、月、日计算的，开始当日不计入，从次日开始计算。

期间以年计算的，期间最后一年中和期间开始时对应的日为最后 1 日。

期间以月计算的，期间最后一月中和期间开始时对应的日为最后 1 日。若该月没有和期间开始时对应的日，则以该月最后 1 日为期间最后 1 日。

期间最后 1 日是节假日的，以节假日后第一个工作日为期间最后 1 日。

午夜 12 点为其终止时间。若需在上述期间对乌克兰反垄断委员会或其地方机关提起诉讼，期间至停止业务活动时终止。

（三）必要文件于期满前交邮的，不视为逾期。

第六十三条 ［信息交换］

（一）依本法第 1 条因控制关系而联系的经济实体有义务确保其相互间信息交换，包括本法第 22 条第 2 款规定情况中的信息，并应以确保防止违反保护经济竞争法律行为的方式和范围而采取其他措施。

（二）经济实体未履行本条第 1 款规定的要求，未获得信息并未采取其他措施的其他经济实体对此不能免责。

第十章　附　　则

（一）除本章第 2、3 条自公布之日生效，本法其余部分自颁布次年生效。

（二）若协同行为于本法生效后实施并可依本法第 10 条批准的，经济实体可于本法生效后向乌克兰反垄断委员会机关申请批准。

（三）若乌克兰反垄断委员会机关自本法生效 1 年内未对经济实体依本章第 2 条提出的要求批准协同行为申请作出决议禁止的，视为批准该申请。

（四）本法第 44 条关于进入并检查或搜查他人住所或其他不动产的规定，自法院制定对其作出裁决的程序时生效。

(五)《乌克兰保护经济竞争法》生效之日起3个月,应指示乌克兰内阁部长:

1.(将本法)提交给乌克兰议会,目的在于使乌克兰立法与本法一致;

2. 使其规范性文件及法律与本法一致;

3. 确保乌克兰政府各部及其他中央机构审查和废除其与本法相冲突的规范性文件及法律;

4. 促进依本法制定的规范性文件及法律的实施。

(六)下列法律废止:

《乌克兰限制垄断和禁止企业不正当竞争法》;

《乌克兰知识产权保护相关法律修正案》第12条;

《乌克兰经济实体法人或自然人经济勒索相关法律修正案》第1章第3条。

乌克兰反垄断委员会法(2002 年)

第一章　总　　则

第一条　[乌克兰反垄断委员会]

乌克兰反垄断委员会是具有特殊地位的中央行政机关,其活动宗旨是对企业竞争进行国家保护。

第二条　[乌克兰反垄断委员会的隶属关系和财务管理]

乌克兰反垄断委员会隶属于乌克兰总统,对乌克兰议会负责。

乌克兰反垄断委员会每年应向乌克兰议会提交工作报告。

第三条　[乌克兰反垄断委员会的职责]

乌克兰反垄断委员会基本职责如下:

1. 对反垄断法遵守情况实施国家监督;
2. 预防、调查、终止各种反垄断法违法行为;
3. 对经济集中实施控制;
4. 促进公平竞争。

第四条　[乌克兰反垄断委员会活动的基本原则]

乌克兰反垄断委员会应依以下原则活动:

1. 合法;
2. 公开;
3. 基于经济实体法律地位平等和消费者权利优先,保护经济实体权利。

第五条　[乌克兰反垄断委员会相关法律]

乌克兰反垄断委员会应依乌克兰宪法、《乌克兰限制垄断和禁止企业不正当竞争法》、《乌克兰反不正当竞争法》、本法、其他法律以及依上述法律通过的规范性文件和法律进行活动。

乌克兰议会批准的国际条约规则与本法相关规定不一致的,则该国际条约规则应优先适用。

“产品”、“产品市场”、“行政性经济管理和监管机构”、“竞争”、“垄断地位”、“经济实体”、“信息”等术语在本法中的含义与其在《乌克兰限制垄断和禁止企业不正当竞争法》中的适当含义相同。

“权力机关”的含义与《乌克兰限制垄断和禁止企业不正当竞争法》中的“国家权力机关”一词含义相同。

第二章　乌克兰反垄断委员会活动的结构、权限及组织

第六条　[乌克兰反垄断委员会机关体系]

乌克兰反垄断委员会由主席和 10 名委员组成。

乌克兰反垄断委员会第一副主席和其他 3 名副主席从委员中任命。

乌克兰反垄断委员会应建立地方机关。

乌克兰反垄断委员会及其地方机关构成由委员会主席领导的乌克兰反垄断委员会机关体系。

乌克兰反垄断委员会及其地方机关是法人,可在银行分支机构开立结算账户和其他账户,并持有包括国徽图案和委员会或相关地方机关名称的印章。

第七条 ［乌克兰反垄断委员会的权限］

根据上述职责,乌克兰反垄断委员会应当:

1. 在经济集中过程中,尤其是在经济实体成立、重组、清算,企业协会成立,某个或若干经济实体加入协会,权力机关、地方自治机关、行政性经济管理和监管机构向经济实体协会转型,以拥有、获取、管理(使用)为目的购买或收购股票或股份、资产或财产(表现为经济实体或其组成部门整体财产的形式),租赁经济实体或其组成部门整体财产,以其他方式控制经济活动的过程中,对反垄断法遵守情况进行监督;

2. 在经济实体经济活动及权力机关、地方自治机关、行政性经济管理和监管机构涉及经济实体的权力行使过程中,对反垄断法遵守情况进行监督;

3. 对反垄断法违法案件进行审查,并在其权限内依审查结果作出决议;

4. 将请求处理反垄断法违法行为的申请提交法院或仲裁机构,同时应将证明违法行为构成犯罪的材料提交执法机构;

5. 向国家权力机关、政府部门、地方自治机关、经济实体及其协会提出建议以采取措施限制垄断,发展企业和促进竞争,预防反垄断法违法行为;

6. 向权力机关、地方自治机关、行政性经济管理和监管机构、经济实体提出与如下事项相关的建议:终止反垄断法违法行为(不作为),消除其产生原因和为其(包括已终止的违法行为)提供便利的条件,在反垄断委员会确定期限内采取措施消除其影响;

7. 依法定程序参与制定、提交规制竞争发展,竞争政策,经济垄断的立法文件草案,以供审议;

8. 参与州际协议的议定、国际项目与计划的制定与实施、并应与外国政府机构和非政府组织及国际组织就乌克兰反垄断委员会权限范围内的事项进行合作;

9. 总结适用反垄断法的实践,并提出建议予以改进;

10. 批准乌克兰反垄断委员会及其地方机关的收支预算;

11. 制定和组织实施预防反垄断法违法行为的措施;

12. 向乌克兰民众系统性通报委员会活动情况;

13. 在其权限范围内采取其他行动对反垄断法遵守情况进行监督。

第八条 ［乌克兰反垄断委员会的权力］

(一)乌克兰反垄断委员会在其权限范围内享有如下权利:

1. 界定产品市场范围,确定产品市场上经济实体的垄断地位;

2. 对经济实体采取如下具有约束力的监管措施:终止反垄断法违法行为、恢复原状及强制拆分垄断组织;

3. 对权力机关、地方自治机关、行政性经济管理和监管机构采取如下具有约束力的监管措施:废除或修正其通过的非法条例,终止其违法行为和其所达成的与反垄断法相悖的协议;

4. 禁止或许可国家权力机关、地方自治机关,行政性经济管理和监管机构及经济实体建立的垄断性组织;

5. 经济实体违反反垄断法的,向权力机关提出如下具有约束力的申请:废止许可证、终止其对外经济活动；

6. 在法律规定情况下实施罚款及其他制裁措施；

7. 依其职权通过规范性文件和法律，尤其是关于反竞争协同行为，滥用市场垄断（支配）地位，权力机关、地方自治机关、行政性经济管理和监管机构实施的歧视性行为，申请委员会许可经济实体经济集中的审查程序，反垄断法违法行为相关案件的审查程序，履行、检查、修正、起诉乌克兰反垄断委员会决议的程序，以及不公平竞争行为的规范性文件和法律，上述规范性文件和法律对权力机关、地方自治机关，行政性经济管理和监管机构、经济实体皆有约束力；

8. 有权监督其实施，并解释其适用；

9. 实施乌克兰反垄断委员会相关法律规定的其他行为。

（二）禁止其他国家权力机关行使本条第1款规定的乌克兰反垄断委员会对反垄断法遵守情况实施国家监督的权力。

第九条 ［乌克兰反垄断委员会主席］

乌克兰反垄断委员会主席由乌克兰总统经议会同意后任免。

乌克兰反垄断委员会主席任期为7年。

乌克兰反垄断委员会主席在任期届满后应继续履行其职责直至新主席就任。

若乌克兰反垄断委员会主席触犯刑法或故意违反法定职责或因其健康状况无法履行职责，应被免职。乌克兰反垄断委员会主席有权向总统递交辞呈。辞职不影响其作为乌克兰反垄断委员会委员的权力。

为接替任期届满前离职的乌克兰反垄断委员会主席，应委任一名新主席以完成其剩余任期。

乌克兰反垄断委员会主席应：

1. 领导乌克兰反垄断委员会，指导其活动；

2. 向乌克兰总理提交任免乌克兰反垄断委员会副主席和委员的建议；

3. 确定乌克兰反垄断委员会副主席和委员的职责；

4. 向乌克兰反垄断委员会提交委员会及其地方机关收支预算以待批准；

5. 作为预算分配管理人，维持乌克兰反垄断委员会并确保其活动；

6. 聘任、调任和辞退乌克兰反垄断委员会及其地方机关官员；依法对其采取相关激励措施并实施纪律处罚；

7. 在预算内设置乌克兰反垄断委员会地方机关或临时性行政委员会，以审查反垄断法违法行为相关案件和与委员会职责内其他事务相关的案件；

8. 颁布对乌克兰反垄断委员会官员及其地方机关有约束力的命令、规定、指令和其他法令；

9. 在与国家权力机关、地方自治机关、行政性经济管理和监管机构、经济实体、公民个人和企业协会或私人社团交往中代表乌克兰反垄断委员会；

10. 实施乌克兰反垄断委员会相关法律规定的其他活动。

乌克兰反垄断委员会主席——根据乌克兰议会命令，每年至少一次——向其报告委员会活动。

乌克兰反垄断委员会主席享有本法规定的委员地位。

第十条 ［乌克兰反垄断委员会副主席］

（一）由乌克兰反垄断委员会主席提议，经总理提名，由总统从反垄断委员会委员中任免委员会副主席。

（二）乌克兰反垄断委员会副主席根据主席指示履行其特定职责，在主席缺席或不能行使权力的情况下代行其职责。

(三)在乌克兰反垄断委员会副主席缺席的情况下,由乌克兰反垄断委员会委员行使其权力。

第十一条 [乌克兰反垄断委员会委员]

由乌克兰反垄断委员会主席提议,经总理提名,由总统任免乌克兰反垄断委员会委员。

乌克兰反垄断委员会委员任期为 7 年。

乌克兰反垄断委员会委员在任期届满后应继续履行其职责直至新委员就任。

为接替任期届满前辞职的委员,应任命一名新委员完成其剩余任期。

委员不得连任 2 次以上。

委员应是具有高等学历(如法律或经济)的年满 30 周岁的乌克兰公民,最近 10 年在其专业领域内的服务年限不少于 5 年。

委员应是高度专业性机构乌克兰反垄断委员会的成员。

委员应是行政委员会负责人或者成员,根据乌克兰反垄断委员会主席指令履行其他职责。

第十二条 [乌克兰反垄断委员会地方机关]

为履行乌克兰反垄断委员会的职责,应在克里米亚自治共和国,其他地区以及基辅和塞瓦斯托波尔市设置乌克兰反垄断委员会地方机关。地方机关权力由委员会在其职责范围内界定。必要情况下,可在其他地区设置地方机关。

地方机关根据乌克兰反垄断委员会批准的规章开展活动。

乌克兰反垄断委员会地方机关由其负责人领导。地方机关正副负责人由乌克兰反垄断委员会主席任命。副负责人经地方机关正负责人推荐,由乌克兰反垄断委员会主席任命。

乌克兰反垄断委员会克里米亚自治共和国地方机关负责人的任命须经克里米亚自治共和国议会同意。

依据本法以及本条第 2 款规定的规章,履行职责的地方机关负责人应享有相应权利并在其权限范围内被授予相应职责。

第十三条 [乌克兰反垄断委员会会议制度]

(一)乌克兰反垄断委员会会议是作为高度专业性机构的委员会的工作形式。

(二)乌克兰反垄断委员会在其会议中应:

1. 对其管辖权限范围内的案件进行审查并作出决议;
2. 修正委员、行政委员会、委员会地方机关负责人作出的决议;
3. 通过并在其权力范围内发布规范性文件;
4. 审议基于反垄断法实施一般效果要求修正法律的提案;
5. 审议并批准委员会活动报告草案,以将其提交乌克兰议会;
6. 审议委员会咨询机构和其成员的规章;
7. 建立常务行政委员会;
8. 听取委员、地方机关负责人报告工作以及委员会部门负责人的报告;
9. 审议乌克兰反垄断委员会职权范围内的其他事务。

(三)地方机关负责人可以参加乌克兰反垄断委员会会议并享有建议性投票权。

第十四条 [乌克兰反垄断委员会行政委员会]

(一)为检查有关反垄断法违法行为案件及委员会职权范围内其他事务,应由委员和委员会地方机关负责人组成至少包括 3 人的常设性和临时性行政委员会。

（二）应依据部门、地区或其他标准设立行政委员会。

（三）行政委员会作出决议时，作为其成员的乌克兰反垄断委员会地方机关负责人享有与同为其成员的乌克兰反垄断委员会委员相同的权利。

第十五条 ［乌克兰反垄断委员会的人员及其地方机关］

（一）乌克兰反垄断委员会或者其地方机关的工作人员分别从事组织、技术、分析、信息、参考和其他类型的工作，其目的是为了维护乌克兰反垄断委员会或者其地方机关活动的开展，以及为了审议反垄断法违法行为准备材料。

（二）有关乌克兰反垄断委员会工作人员分类的规程应经委员会主席的批准。

第三章 乌克兰反垄断委员会的委员及其地方机关的负责人的地位

第十六条 ［乌克兰反垄断委员会的委员及其地方机关负责人的权利和义务］

（一）为执行乌克兰反垄断委员会被授予的任务，乌克兰反垄断委员会的委员有权：

1. 通过出示证件自由地进入企业、政府机关、组织，获取检查所必须的文件和其他材料，法律另有规定的除外；

2. 要求官员和公民提供口头或书面的解释；

3. 取得检查反垄断法的遵守情况所必须的文件和其他信息；

4. 与国家权力机关、地方自治机关、行政和经济监管机关、企业和社团达成协议，要求其专家、地方议会的代表参与检查；

5. 针对行政性违法行为作出声明；

6. 根据被赋予的职责，审议有关反垄断法违法案件、申请、有关经济集中的案件并且在上述结果的基础上作出决定；

7. 审议有关行政违法案件并且对违反反垄断法的行为处以行政罚款；

8. 无需特殊授权，代表反垄断委员会和其地方机关地区办公室出席法庭或者仲裁庭；

9. 授权反垄断委员会的官员和地方机关的官员实施本条第 1 款第 2 ~ 6 项部分所规定的某些权力；

（二）反垄断委员会的委员及其地方机关的负责人应有义务：

1. 遵守乌克兰法律的要求，客观和公正无偏见地行使其权力；

2. 向国家权力机关、地方自治机关、行政性经济管理和监管机构和经济实体发出有关官员违反乌克兰反垄断法的申请。

（三）乌克兰反垄断委员会的地方机关的地区办公室负责人，在履行其职责时，享有本条第 1 款第 2 至 8 项部分的权利，有权无需特殊授权代表地方机关地区办公室出席法庭或仲裁庭。

（四）地方机关负责人可授权其代表实施本条第 3 款赋予规定的权力。乌克兰反垄断委员会地方机关的负责人在履行其职责时，可授权地方机关的官员实施本条第 1 款第 2 ~ 6 项部分赋予的权力。

（五）反垄断委员会委员和其地方机关的负责人不应是国家权力机关、地方自治机关、行政和经济监管委员会所设立的委员会、理事会和其他组织的成员，但是，经乌克兰反垄断委员会同意的除外。

（六）禁止乌克兰反垄断委员会的委员和其地方机关的负责人兼职（从事科学、教育和创造性活动除外）和从事企业家的活动。

第十七条 [乌克兰反垄断委员会委员的独立性]

乌克兰反垄断委员会委员在运用其权力监督反垄断法的遵守情况以及审议违法案件时应保持独立。

乌克兰反垄断委员会委员应在其职权范围内独立作出决定。

乌克兰反垄断委员会委员应在乌克兰反垄断委员会及其行政委员会的会议中作出决定,各委员应享有平等的权利并应严格遵守法律。

第十八条 [乌克兰反垄断委员会委员的纪律责任和免职]

(一)根据本法规定的程序,基于一般理由,乌克兰反垄断委员会委员可被处以纪律责任(免职除外)。

(二)有下列情形的在下述情况下,乌克兰反垄断委员会委员可被免职:

1. 健康状况使其难以继续工作;

2. 自愿;

3. 严重渎职或者犯罪犯有罪行。

(三)根据法律规定的程序,乌克兰反垄断委员会委员有权辞职。

第四章 乌克兰反垄断委员会执法权的法律基础

第十九条 [实施乌克兰反垄断委员会权力的保障]

乌克兰反垄断委员会应依照乌克兰宪法和法律履行其职责,不受权力机关、行政和经济监管机关、地方自治机关及其官员、经济实体、公民社团及其机构的干涉。

禁止中央和地方国家行政机关、地方自治政府机关及其官员和公民社团及其代表干预乌克兰反垄断委员会和地方机关的活动。

为妨碍其履行职责或者使其作出非法的决定而对乌克兰反垄断委员会及其地方机关的官员施加任何形式的影响,应依法承担责任。

第二十条 [乌克兰反垄断委员会与国家权力机关、地方自治机关、行政和经济监管机关、媒体以及公共组织的关系]

乌克兰反垄断委员会及其地方机关在有关发展竞争和消除经济垄断的事务方面应与国家权力机关、地方自治机关、行政和经济监管机关互相配合积极互动。

乌克兰反垄断委员会及其地方机关在预防反垄断法的违法方面应与媒体和公共组织互相配合积极互动。

权力机关、地方自治机关、行政和经济监管机关在作出可能导致在相关市场上限制或扭曲竞争的决定时应有义务与乌克兰反垄断委员会达成一致,在乌克兰反垄断委员会法律有规定的情况下,权力机关、地方自治机关、行政和经济监管机关在组建、重组和清算经济实体,组建企业协会,将权力机关、地方自治机关、行政和经济监管机关转变为协会时,应征得有义务申请反垄断委员会的同意,如果有关乌克兰反垄断委员会的法律有规定的话。

第二十一条 [关于反垄断法违法行为的通知义务]

国家权力机关、地方自治机关、行政和经济监管机关及其官员有义务将表明存在反垄断法违法行为的信息通知给乌克兰反垄断委员会及其地方机关。

第二十二条 [乌克兰反垄断委员会委员及其地方机关负责人提出要求的拘束力]

乌克兰反垄断委员会委员及其地方机关的负责人在其权力范围内所提出的要求具有拘束力,并应在其规定的时间内完成,但法律另有规定的除外。

不履行乌克兰反垄断委员会的委员及其地方机关的负责人提出的合法要求，应依法承担责任。

依对乌克兰反垄断委员会委员及其地方机关负责人提出的要求，应向其免费提供有关对反垄断法的遵守情况实施监督以及审议反垄断法违法案件所必须的文件、数据信息以及其他类型的信息。

乌克兰反垄断委员会委员及其地方机关负责人收到的信息和法律限制信息的获取权应由其依法运用或行使。

第二十三条 ［乌克兰反垄断委员会活动的程序准则］

乌克兰反垄断委员会、行政委员会、委员、地方机关负责人应依照乌克兰法律所确定的程序来从事有关调查、预防和终止反垄断法违法行为的活动。

在审议有关反垄断法违法案件时，乌克兰反垄断委员会及其地方机关所依照的程序应确保维护自然人、法人以及国家的权利和合法利益。

第二十四条 ［乌克兰反垄断委员会的决定］

乌克兰反垄断委员会、委员、行政委员会、委员、地方机关负责人在其权限范围内应作出有拘束力的指示和决定。

乌克兰反垄断委员会、行政委员会、委员、地方机关负责人应作出有关强制拆分垄断组织和对违反反垄断法行为处以罚款的决定。

乌克兰反垄断委员会应通过媒体对其决定和活动作出公告。

第二十五条 ［向法院或仲裁庭提出申请］

为保护受到违反反垄断法的行为侵害的国家、消费者、企业的利益，乌克兰反垄断委员会及其委员应向法院或者仲裁庭提交申请，包括：

1. 宣布权力机关、行政和经济监管机关、地方自治机关的法令无效，若上述机关在规定的期限内未遵守乌克兰反垄断委员会作出的撤销非法法令、停止违法行为的指令，乌克兰反垄断委员会及其委员应申请终止上述机关限制竞争的法令；宣布国家权力机关、行政和经济监管机关、地方自治机关的法令无效，终止上述机关的限制竞争的法令，若其尚未得到执行，乌克兰反垄断委员会有权指令在规定的期限内，撤销非法法令，停止违法行为等；

2. 因为尚未自愿支付的延期支付首期罚款强制征收罚款和滞纳金，滞纳金是对未自愿履行原始罚款而征收的额外金额；

3. 责令经济实体停止违反反垄断法的行为；

4. 履行乌克兰反垄断委员会的决定的义务；

5. 法律另有规定的，从其规定。

第五章　有关乌克兰反垄断委员会活动的其他事项

第二十六条 ［对乌克兰反垄断委员会活动给予科学和方法支持］

为准备与乌克兰反垄断委员会的组织和活动、监控反垄断法遵守情况的方法和方式、反垄断法适用和完善以及其他事项相关的建议，乌克兰反垄断委员会应建立咨询性机构，从事技术、经济和科学研究，征集有权获得专家和顾问的建议支持，并应有权根据相关计划培训工作人员。

第二十七条 ［组成结构、工作人员人数上限、职务、工资数额、提供物资和其他资助类型］

乌克兰反垄断委员会及其地方机关的组成结构、工作人员人数上限、职务等须经乌克兰反垄断委员会主席在收支预算范围内核准同意。

向乌克兰反垄断委员会主席支付工资,提供物质支持、日常服务支持,提供交通、医疗服务和社会保障,应依照关于部长的法律中所规定的期限和程序来执行;对于第一副主席,享受第一副部长待遇;对于副主席和委员,享受副部长待遇;对于乌克兰反垄断委员会的中央办公室的其他官员,享受部委中的相关领域的专家待遇;对于克里米亚共和国的乌克兰反垄断委员会的地方机关负责人及其副负责人代表,分别享受克里米亚共和国的政务委员会的副主席和克里米亚共和国的部长待遇;对于乌克兰反垄断委员会地方机关负责人、基辅和塞瓦斯托波市的乌克兰反垄断委员会地方机关负责人,分别享受地区政府的副主席、基辅和塞瓦斯托波市政府的副主席待遇;对于乌克兰反垄断委员会地方机关的副负责人、基辅和塞瓦斯托波市的地方机关的副负责人,分别享受地区国家行政机关的部门和独立部门的负责人、基辅和塞瓦斯托波市政府的部门和独立部门的负责人待遇;对于地方机关的其他官员,分别享受依照克里米亚共和国部门中的专家、地区国家行政机关的部门和独立部门中的专家、基辅和塞瓦斯托波市政府的专家待遇来执行。

另外,履行与乌克兰《法院和其他法律保护机构的官员的国家保护法》第 2 条所规定的公务职责直接相关的乌克兰反垄断委员会及其地方机关的官员的薪酬应高于相关公务员薪酬的 30%。

乌克兰内阁应依法确定向乌克兰反垄断委员会及其地方机关的工作人员支付的工资的数额。

第二十八条 [给予乌克兰反垄断委员会的财务、物质和技术支持]

乌克兰反垄断委员会及其地方机关所需资金应由国家预算的一般资金和专项资金进行支付。

为维持乌克兰反垄断委员会及其地方机关之运行的国家预算的分配数额,包括支付官员工资等支出,应每年在国家预算批准期间由乌克兰议会作为一项独立的国家预算确立。

维持乌克兰反垄断委员会及其地方机关的资金应依据拨款的规范性文件由乌克兰国家财政部将国家预算中的一般性资金转移到其经常性预算账户。转移数额应在下一年度国家预算的批准期间由乌克兰议会确定。

为获得经济实体的设立、重组、清算的核准而递交申请所支付的费用,对违反反垄断法的行为所处以的罚款以及因为延迟缴纳罚款所导致的滞纳金,应该包括在国家预算的专项基金的收入中;转入特别账户;不应被没收;并依据其特殊目的,根据有关国家预算的法律所规定的程序和限度用作乌克兰反垄断委员会及其地方机关的活动资金。

乌克兰反垄断委员会的收支预算(包括维持乌克兰反垄断委员会及其地方机关分配的资金、物资支持和日常服务中的其他类型支持的预算,交通和医疗服务预算,社会保障分配和支付给乌克兰反垄断委员会及其地方机关官员工资的资金预算)应听取在乌克兰反垄断委员会主席建议的基础上经乌克兰反垄断委员会批准。

由乌克兰国家预算负担的费用向乌克兰反垄断委员会提供交通、物资和技术手段应根据乌克兰内阁所确定的程序进行。

第二十九条 [乌克兰反垄断委员会官员的人身权和财产权的保护]

乌克兰反垄断委员会的官员在履行其公务时是国家权力的代表,其人身权和财产权应与法定保护机关的官员受到同等的保护。

应对履行与乌克兰《法院和其他法律保护机构的官员的国家保护法》第 2 条所规定的公务职责直接相关的乌克兰反垄断委员会及其地方机关的官员的生命和健康给予强制国家保险,通过国家预算来支付,数额等于支付给相关官员在其最后职位的工资,并连续支付 5 年。

上述人员在履行职务时致残、受伤、导致疾病或者其健康受到其他永久性伤害，而不能继续其职业活动时，将获得保险赔偿，数额相当于上述人员最后职位所获得的工资，并依据其工作能力的受损程度而支付1至5年；因履行公务导致身体或其他健康损害造成死亡的，保险赔偿数额等于上述人员最后职位的5年工资，并支付给其家人。

因为履行公务，乌克兰反垄断委员会或其地方机关的官员及其家庭成员所遭受的财产损失，应依据法定程序，通过国家预算得到全额补偿，该补偿金应向违法行为人进行追偿。

强制国家保险的程序和数额以及得到强制保险的职位名单应由乌克兰内阁确定。

第二十九条之一 ［乌克兰反垄断委员会的主席、副主席、委员的社会保障］

乌克兰反垄断委员会主席、副主席和委员，在任期结束后，应允许其继续从事以前的工作和研究；由于企业、政府机关办公室、组织的解散而不可能继续从事以前的工作或者研究，应允许其在其他企业、政府机关办公室、组织中从事同样工作，或者考虑到公务员级别，将其安排在乌克兰反垄断委员会中与其专业水平相适应的人才储备中。在其失业期间，应向主席、副主席和委员支付平均月工资，但期限不得超过1年。

由乌克兰内阁确定支付上述资金的程序。

本条规定导致本法第27条规定的社会保障水平降低的，不适用本条规定。

第三十条 ［乌克兰反垄断委员会官员的证件］

乌克兰反垄断委员会委员、地方机关负责人，乌克兰反垄断委员会及其他地方机关的行政人员应持有证件。由乌克兰总统批准关于授予乌克兰反垄断委员会官员证件的法律地位。

乌兹别克斯坦共和国市场竞争和限制垄断法(1996年)

第一章 总 则

第一条 [立法目的]

本法旨在防止、约束和限制垄断行为和不正当竞争行为,并为此确立组织机构和法律依据,为市场竞争关系的形成和有效运作创造环境。

第二条 [本法的适用范围]

(一)本法规范乌兹别克斯坦共和国国内市场的竞争关系,其参与者包括法人、自然人、外国企业、国家管制机构和国家权力机关等。关于乌兹别克斯坦共和国境外的特定主体的行为和签订的协议,若其导致或可能导致国内市场的竞争限制或其他不利影响,则适用本法。

(二)对于发明、工业样品、商标、生物品种和版权保护的法律和规范所规制的关系,不适用本法,除非这些合法权利的滥用导致了竞争限制。

(三)在劳动市场、证券市场和金融服务市场中,涉及垄断行为和不正当竞争行为的,除非对市场竞争产生重大影响,否则适用其他法律的规定。

(四)依据乌兹别克斯坦共和国法律,国家直接规制的自然垄断主体行为有:

1. 石油、液化气、天然气和煤炭生产;
2. 石油、石油产品和煤气的管道传输;
3. 电力和热能的生产和传输;
4. 铁路运输;
5. 水路运输和航空运输;
6. 基础电信和邮政通讯服务;
7. 自来水和排水设施服务。

(五)对于本条第4款规定的主体,本法仅在不影响其特殊功能发挥的情形下方可适用。

第三条 [基本概念]

本法使用以下基本概念:

1. 商品——生产的成品,包括以出售(交换)为目的提供的产品和服务;
2. 可替代商品——在功能、使用方式、质量和技术特点、价格和其他参数上可比较的一类商品;
3. 市场——乌兹别克斯坦共和国全境或部分地区商品流通的区域,该区域可能和行政区域划分不一致;
4. 企业——包括外资企业,即具备完善的组织结构和法律形式,从事商品生产、销售和购买以及提供服务的法人、法人的联合,以及不具有法人资格的从事企业性行为的自然人;
5. 竞争——企业的竞争行为,企业独立行为对相应市场中商品流通的基本条件产生影响,以减少其他企业影响市场的机会。
6. 不正当竞争——企业为取得优势地位,违反法律和商业行为规范实施的限制企业之间的竞争行为,该行为使得企业能影响相应市场中商品流通的基本条件;

7. 优势地位——企业(或企业集团)在市场中(存在或不存在可替代商品的)拥有的排他性地位,该地位使企业(或企业集团)能对限制竞争产生决定性影响,限制其他企业的市场进入或经济自由。当一个企业(或企业集团)拥有65%或以上的市场份额时,则被认定为具有优势地位。当企业(或企业集团)拥有35%到65%的市场份额时,且国家反垄断机构发现其优势地位是基于以下事实形成的,亦可被认定为具有优势地位:

(1)企业在市场中拥有固定的市场份额;

(2)其他竞争者拥有的相对市场份额;

(3)新竞争者进入该市场的机会;

(4)界定特定市场的其他标准;

8. 独占垄断——企业在市场中作为唯一销售者或者购买者的情形;

9. 垄断行为——企业、国家行政机关或者地方权力机关违反反垄断法实施的,旨在减少、限制或者消除竞争的作为或者不作为;

10. 价格歧视——在其他条件相同时,供货商向一个特定购买者提供的产品价格高于或低于其他购买者;

11. 歧视性条件——生产商或者供货商强加给消费者的一系列与合同标的无关的条件;

12. 不适当比较——通过比较或陈述的方式诋毁某个竞争对手或者作为整体的竞争对手和其他企业的商品;

13. 垄断高价——拥有市场优势地位的企业以补偿由于设备利用率低而产生的不合理支出或者通过降低商品质量来获取额外利润为目的而设定的商品价格;

14. 垄断低价——作为购买者的具有市场优势地位的企业以追求超额利润或以卖方利益为代价而弥补不合理支出为目的设定的商品购买价格;或由具有市场优势地位的销售商设定的、将导致一定程度亏损的商品销售价格,实施该价格通过将竞争对手驱逐出市场的手段而导致或可能导致限制竞争;

15. 企业集团——符合下列一个或多个条件的一组实体:

(1)以包括买卖合同、财产信托管理、联合行动、命令、租赁或其他协议在内的协议或协同行为等方式产生的实体或实体的联合,其直接或间接的拥有控制权,或其投票数量能产生决定性影响;因此,通过对法人的间接控制进行投票被认为是通过第三人实施实际控制,且其拥有上述权利或权力;

(2)由于双方或多方合同或协议的存在,使得一个或多个合同参与者或其他企业的管理行为状况在实质上被确定,或者使其取得实施执行机构功能的权利;

(3)一个企业有权对另一法人的执行管理人员和/或董事会成员进行超过50%的指派;两个或多个法人中,超过50%的执行管理人员和/或董事会成员由对同样的自然人代表。

依本法目的,企业集团被视为一个企业。

第四条 [国际协议]

关于竞争和限制垄断行为,如果乌兹别克斯坦共和国签订的国际协议与国内立法有不同规定,则适用国际协议中的相关规定。

第二章 垄断行为

第五条 [企业滥用市场支配地位]

(一)具有支配地位的企业,其行为若导致或者可能导致竞争的限制和/或对其他企业利益

的歧视,该行为将被禁止。该行为包括:

1. 从流通中收回商品,意图导致或将导致市场的供应不足状态的产生或维持,或价格的上升;

2. 设定垄断高价或垄断低价;

3. 向合同相对方强加与合同标的无关的条件,包括对金融财产及其他财产或财产权的出让的不合理要求;

4. 合同中存在歧视条款,使合同相对方与其他企业相比处于不平等的地位;

5. 只在合同相对方额外购买或销售其他商品的情况下,或合同相对方不从其他企业购买货物或不向其他企业销售货物的条件下才同意签订合同;

6. 存在生产、运输适当商品的商机时,不合理的拒绝签订合同;

7. 为其他企业设立市场进入障碍。

(二)在特定的案件中,如果该企业能证明其行为产生的包括社会经济范围内的积极影响将超过特定市场内的不利后果,该行为,特别是本条第一部分的行为将被国家反垄断部门认定为合法。

第六条 [限制竞争协议(协同行为)]

(一)总计拥有特定商品 35% 或更多市场份额的竞争企业或潜在竞争者之间,其协议(协同行为)若导致或可能导致限制竞争,则应被禁止并宣布为全部或部分无效。

该协议(协同行为)包括:

1. 确立或维持固定价格、收费、折扣、额外费用、附加费用或利润;

2. 通过人为操纵价格涨落,为真正市场价格的确立制造障碍;

3. 确立对生产、市场和资本投资的控制;

4. 对商品生产量采取协调行为,以人为改变商品供应量;

5. 提高、降低或维持拍卖、证券交易和其他招投标价格;

6. 确立价格歧视;

7. 以地域原则、销售或购买的数量、产品的分类、买方或卖方的数量、范围及消费者为依据,对市场进行划分;

8. 对市场进入的限制,或者对市场中作为特定商品销售者的其他企业或这些企业的购买者、消费者进行排除。

(二)关于非竞争性企业间的协议(协同行为),其中一个企业拥有优势地位,且协议的其他当事人是该企业的供应商或经销商时,若该协议(协同行为)将导致或可能导致限制竞争,则其应被禁止并宣布为全部或部分无效。该协议(协同行为)包括:

1. 限制购买者的地域、范围或数量;

2. 对其购买者进行转售价格限制;

3. 禁止企业销售竞争者生产的商品。

(三)在特定情况下,如果企业能够证明其协议(协同行为)改善了市场交易环境,增进了商品的竞争力,显著增加了消费者利益,从而使其在特定市场中的积极影响超过消极后果,则该协议(协同行为)将被国家反垄断机关认定为合法。

(四)法人(联合会、协会、关联公司)联合体、商会和社团干涉其成员企业的经济活动,若导致或可能导致限制竞争,则应予以禁止。若违反该特定要求,则国家反垄断机构(地方反垄断机构在其权限范围内)可以在司法命令中要求解散该法人(联合会、协会、关联公司)联合体、商会或社团。

第七条 ［国家行政机关和地方权力机关的行为］

（一）禁止国家行政机关和国家权力机关实施下列行为：

1. 在任何活动范围内对企业的设立施加限制，基于经营种类的不同或就特定商品的生产设置禁令，法律另有规定的除外；

2. 指示企业与特定消费者优先订立合同，或主要向特定消费者提供商品；

3. 同意企业进行不公正纳税，或授予企业其他特许权和许可权，从而使企业与在同一市场中的其他企业相比处于优势地位；

4. 购买企业股票（股份），法律另有规定的除外；

5. 对不同企业的活动施加歧视的或优先的条件。

（二）特殊情况下，为消除自然灾害、事故所产生的影响，防止流行病，国家行政机关和地方权力机关可以采取本条第一部分规定的行为。

（三）行政机关与其他行政机关或企业达成的协议（协同行为），扰乱市场正常运行、妨碍竞争的促进、损害消费者合法利益的，应予以禁止，并且自约定时全部或部分无效。该协议（协同行为）包括：

1. 提高、降低、固定价格或收费；

2. 依据地域原则，销售或购买的数量，产品的分类，买方、卖方或消费者的阶层、范围或数量对市场进行的划分；

3. 对企业市场准入设限或者将企业排除出市场。

（四）法人联合体和行政团体以垄断商品的生产或销售以及分配现有行政权力为目的，将特定主体的不同功能和权利（包括行政机关的不同功能和权利）在企业间进行分配，从而导致或可能导致限制竞争及行政机关与企业的功能交叉，则该行为应被禁止。

第八条 ［不正当竞争行为的禁止］

禁止实施下列不正当竞争行为：

1. 发布错误的、不准确的或不完整的信息，使其他企业遭受损失或破坏其商业信誉；

2. 通过非法使用智力活动成果或者其他类似特别手段进行商品销售，使不同的法人、不同的生产、不同的服务绩效平等化；

3. 使消费者混淆生产的特点、方式和地点，消费者特征和商品的质量；

4. 企业通过广告宣传等方式，对其生产或销售的商品与其他企业的商品进行不正当比较；

5. 未获所有者同意的情况下，接受、使用、披露其科技信息、工业或者交易信息（包括商业秘密）；

6. 为新企业的商品和服务设置市场进入障碍。

第三章 国家反垄断机关

第九条 ［国家反垄断机关的基本任务和工作目标］

（一）国家反垄断机关负责实现促进市场竞争发展的国家政策，限制和抑制企业、国家行政机关、地方权力机关实施的垄断行为和不正当竞争行为。

（二）国家反垄断机关在其职权范围内独立于其他行政机关，就其决定可以向法院上诉。

（三）国家反垄断机关的基本任务和工作目标为：

1. 针对反垄断立法和消费者权利保护立法的遵守实施国家控制；

2. 与管理国有资产的国家机关相互配合,共同创造市场竞争环境,协调、发展和实现产业和地方的非垄断化规划;

3. 以发展竞争和创业为基础促进市场关系的形成;

4. 防止和限制垄断行为、企业滥用市场支配地位的行为,采取措施限制不正当竞争和侵犯消费者利益的行为;

5. 指导乌兹别克斯坦共和国的垄断企业的国家注册(促进该种注册);

6. 保持工作的公开,通过大众媒体包括特定期刊,使公众知悉关于经济中反垄断的实现、竞争的发展和消费者权利保护的进程;

7. 分析国外反垄断规则和消费者权利保护的经验。

第十条 [国家反垄断机关的权力]

国家反垄断机关拥有以下权利:

1. 认定企业市场支配地位的存在;

2. 对企业作出强制指令,以停止违反反垄断法的行为或消除影响、恢复原状、变更或撤销违反反垄断法的合同,针对企业违反反垄断法的行为作出没收资产(收入、利润)的决议;

3. 要求国家行政机关、地方权力机关撤销或变更其违反反垄断法的法规或指令;

4. 决定企业、企业的董事及其管理人员就其违反反垄断法或不履行国家反垄断机关指令的行为承担责任;

5. 就违反反垄断法的案件向法院起诉,包括宣布与反垄断法相抵触的合同全部或部分无效,并且参与法院有关反垄断法适用和违反反垄断法的案件的审理;

6. 将有关违反反垄断法的刑事案件通知有关机关立案并移送直接材料;

7. 向主管机关提出有关许可的设置或取消、关税的调整、配额的设置或取消,以及税款利益、软贷款(长期优惠贷款)及其他有关国家资助的设置或取消的建议;

8. 对反垄断法的适用进行解释;

9. 决定针对占有市场支配地位的企业设立登记程序;

10. 执行法律规定的其他权利。

第十一条 [获取信息的权利]

国家反垄断机关官员有权进入企业相关场所,根据调查需要,有权使用必要的文件和信息。

第十二条 [向国家反垄断机关提供信息]

企业、国家行政机关、地方权力机关和其他组织,以及这些组织的主管和管理人员应当根据国家反垄断机关依法作出的指令,向其提供必要的文件和其他信息。

第十三条 [国家反垄断机关保守商业秘密的义务]

(一)国家反垄断机关依本法授权所获取的商业秘密信息,不得泄露。

(二)如果国家反垄断机关的雇员泄漏了商业秘密信息,则应依法进行赔偿。

第四章 对竞争的国家控制

第十四条 [对企业设立、重组和清算的国家控制]

(一)国家反垄断机关对以下事项实施控制:

1. 法人的设立、合并和收购;

2. 企业通过合并和收购进一步形成金融产业集团、控股公司;

3. 对具有市场支配地位企业的清算和剥离,但清算是依法院决定执行的情况除外。

（二）本条第 1 款第 2、3 项规定的情形中，决定企业合并、收购和清算事项的相关人员或机构，应向国家反垄断机关提交下列信息：

1. 请求同意企业设立、重组和清算的申请；

2. 关于参与合并的企业的经营种类、相应市场份额以及其同意结合的信息。

（三）国家反垄断机关有权要求提交作出决定所必需的其他信息。有关特殊信息的特征和认可形式的要求由国家反垄断机关确认的规则确定。

（四）国家反垄断机关在收到必要的文件之时起 30 日内向申请人发出书面决定。

（五）如果批准申请将导致相应企业支配地位的产生、加强和/或对竞争的限制，或者如果在审查所提交的文件时发现，与决定作出有关的重要信息是可疑的，则国家反垄断机关有权驳回申请。

（六）国家反垄断机关有权批准申请并要求申请人满足将直接促进竞争的特殊要求。在这种情况下，国家反垄断机关在批准本条第 1 款第 2、3 项规定的行为时，应当将该特殊要求和执行的条件纳入国家反垄断机关的决议中。

（七）当决定企业设立、重组、清算的人员或机构能证明其行为将改善市场交易环境，显著增加买方利益时，即使可能出现特定不利后果，国家反垄断机关仍有权批准该申请。

（八）当企业设立、重组、清算能够导致相应企业支配地位产生、增强或者对竞争的限制，在这种情形下，应国家反垄断机关的要求，企业的发起者、作出合并或收购决定的人员或机构有义务采取措施以恢复必要的竞争性环境。

（九）本条第 1 款第 2、3 项规定的情形中，仅在国家反垄断机关预先同意的前提下，登记机关可以对企业的国家登记和与清算有关的企业登记实行除外制度。

（十）法人的设立、合并或收购，企业的合并或收购，设立金融和工业集团、控股公司的行为，如果违反了依本条作出的指令，且未满足国家反垄断机关依本条第 2 款规定提出的要求，则国家反垄断机关可以申请裁决令，以确认国家注册无效。

（十一）在企业合并、收购中，企业的发起者、作出合并或收购决议的人员或机构必须在 15 日内向国家反垄断机关就经营活动的种类、产量和实现程度作出说明。

第十五条　［购买股份、财产权益和其他财产权利时，对反垄断法律的遵守实施国家控制］

企业通过申请获得国家反垄断机关预先批准的，得从事下列行为：

1. 个人或企业集团购买企业所有者的股票、资本中有投票权的资产，使其在该企业中拥有超过 35% 的特定份额。该要求不影响企业的设立，但设立金融和工业集团、控股公司的情况除外；

2. 个人或企业集团通过协议、合同、命令或其他方式取得权利，使其能决定企业进行经营活动的行为条件或者实现企业执行机构的功能。

参与协议各方的资产总额大于月最低工资的 4000 倍，或者协议一方是被国家企业登记机关记录的拥有市场支配地位的企业，或者收购方是参与对特定企业监督的企业集团，在上述情况下，本条第 1 款规定的协议获得预先批准是强制的。

为执行本条第 1 款规定的协议，相关人员应向国家反垄断机关申请批准该协议，并且提交作出决定所必需的资料。

如果协议参与方证明其行为将改善市场交易环境，显著增加消费者利益，从而使其对特定市场的积极影响超过消极影响，在这种情况下，即使存在限制竞争的可能性，国家反垄断机关仍有权批准申请。

若同一自然人在两个或更多企业的执行机构、董事会或监事会中任职,且上述企业的资产总额超过月最低工资的2000倍,或者被国家登记机关归为同类商品企业,或者被国家登记机关划为处于货物生产-销售过程中不同阶段的企业,在此种情况下,特定机构或会议选举结束后15日内,必须向国家反垄断机关报告。申请人提交申请的同时要提交本条第3款规定的资料。

协议或行为违反依本条作出的命令,并导致企业支配地位的产生或增强,或者对竞争造成限制的,依法可将其确认为无效。

第十六条 [对企业的强制拆分]

(一)拥有支配地位的企业违反反垄断法,基于促进竞争的目的,国家反垄断机关有权向法院提起诉讼,要求对企业进行强制拆分,或者在其原有结构的基础上分离出一个或多个法人。

(二)在下列情况下,企业将被强制拆分:

1. 结构性拆分后的主体在组织上和地域上可以隔离;

2. 结构性拆分后的主体在技术上不存在密切的相互支撑关系;

3. 结构性拆分后的主体在特定商品市场可以独立经营。

第五章 违反反垄断法的责任

第十七条 [违反反垄断法的后果]

(一)企业、国家行政机关和地方权力机构违反反垄断法的,应当履行国家反垄断机关依反垄断法授权发布的以下指令:

1. 赔偿损失;

2. 交纳罚金、迟延给付赔偿金。

(二)违反反垄断法的主体可能承担行政责任、刑事责任或其他责任。

第十八条 [违反反垄断法的罚金]

(一)企业有下列违法情形的,国家反垄断机关有权对其处以罚金:

1. 不履行或迟延履行要求停止违法行为、恢复原状、废除或修改协议的指令的,将被处以以下数额的罚金:

(1)对行政机构和企业法人,处以最低月工资的100倍到500倍的罚金;

(2)对企业中的自然人,处以最低月工资的5倍到7倍的罚金。

2. 拒绝向国家反垄断机关提供资料、提供明显可疑资料,或者在未获得国家反垄断机关事先同意的情况下、实施本法第15条第1款和第2款规定的行为的,将被处以以下数额的罚金:

(1)对行政机构和企业法人,处以最低月工资的40倍到50倍的罚金;

(2)对企业中的自然人,处以最低月工资的5倍到7倍的罚金。

(二)企业或行政机构在接到罚金处罚决定之日起30日内,均应支付罚金。罚金记入国家预算。

(三)如果立即缴纳罚金将导致企业破产,国家反垄断机关或法院在对应缴纳罚金的企业进行调查后,有权允许其分期缴纳罚金。

(四)缴纳罚金并不免除企业履行国家反垄断机关的决定或指令,或者履行反垄断法规定的其他行为的责任。

第十九条 [对企业造成损害的赔偿]

(一)国家行政机关或地方权力机关,包括国家反垄断机关,当其规范性文件违反反垄断法并对企业或其他主体造成损害时,该企业或其他主体有权依法定程序请求赔偿。

（二）企业的作为或不作为违反反垄断法的规定，对其他企业或主体造成损害时，造成损害的企业应依法定程序赔偿损失。

第六章　国家反垄断机关作出决定的程序、决定的履行及上诉程序

第二十条　［国家反垄断机关对违反反垄断法的行为进行立案与审查的依据］

（一）国家反垄断机关在其职权范围内，审查违反反垄断法的事实并作出决定、发布指令。

（二）国家反垄断机关依据其自己的调查，企业、国家行政机关、地方权力机关和国家检察机关的控告，对违反反垄断法的行为进行立案与审查。

第二十一条　［对违反反垄断法行为的立案与审查］

（一）乌兹别克斯坦共和国部长内阁有权发布对违反反垄断法的行为进行立案与审查的命令。

（二）国家反垄断机构在审查案件后作出的决议，应当在其被批准之日起 5 日内以书面形式送达相关当事人。根据被批准的决议发布的指令，应在相同期限内送达。

第二十二条　［国家反垄断机构决议的履行］

国家反垄断机构的决议（指令）须在规定期限内履行。不及时履行者将承担法律责任。

第二十三条　［对国家反垄断机构决议上诉的程序和依据］

（一）对国家反垄断机构的决议有异议的，行政机关、企业、官员有权请求法院确认决议全部或部分无效，或者请求撤销或改变经济制裁。

（二）自国家反垄断机构的决议（指令）发布之日起 1 个月内，可对该决议（指令）提起上诉。

第二十四条　［反垄断法遵守情况的公共监督］

依其章程以反对垄断行为从而促进竞争发展和保护消费者权益为宗旨的公共社团，有权联合相应的机构对反垄断法的遵守情况进行公共监督。

越南竞争法(2003 年)

根据 1992 年越南社会主义共和国宪法(于 2001 年 12 月 25 号第十届全国立法机构第十次会议通过第 51 – 2001 – QH10 号修改增补决议修正)制定本法;本法旨在促进竞争。

第一章　总　　则

第一条　[适用范围]

本法规定限制竞争行为、不正当竞争行为、为解决竞争案件而采用的规则和程序以及对违反竞争法规而应当采取的措施。

第二条　[适用对象]

本法适用于:

1. 商业组织、个人(以下统称为经营者),包括从事产品生产、供应或提供公用事业服务的经营者,以及国家垄断部门的经营者和在越南从事经营活动的外国经营者。

2. 在越南从事经营活动的专业组织。

第三条　[术语解释]

本法中,相关术语应做如下解释:

1. 本法中的相关市场包括相关产品市场和相关地域市场。

相关产品市场由在特性、使用目的和价格上可以相互替代的商品和服务组成。

相关地域市场是指商品和服务可在相似竞争条件下相互替代的、与相邻区域有显著区别的特定地理区域。

2. 专业组织包括商品行业协会以及同业公会。

3. 限制竞争行为是指经营者从事的抑制、扭曲和阻碍市场竞争的行为,包括限制竞争协议行为、滥用市场支配地位行为、滥用垄断地位行为以及经济集中。

4. 不正当竞争行为是指经营者在商事活动过程中违反一般商业道德标准所从事的,损害或可能损害国家利益或其他经营者、消费者合法权益的行为。

5. 经营者在特定商品或者服务市场中的份额,是指在此类商品或服务的相关市场中,该经营者的月度、季度、年度的营业额(销售额或购买额),在所有从事此种经济活动的经营者的营业额(销售额或购买额)中所占的百分比。

6. 合并市场份额是指从事限制竞争协议或经济集中的多个经营者在相关市场中所占的市场总份额。

7. 商品或服务的总成本包括:

(1)商品或服务的生产成本;商品的购买价格;

(2)将商品或服务提供于消费者的流通成本。

8. 竞争案件是指出现违反本法规定的情形,依法由有权国家机关调查和处理的案件。

9. 竞争执法程序是指相关机构、组织或个人依照本法规定的解决和处理竞争案件的规则和程序所从事的活动。

10. 商业秘密是指符合下列条件的信息:

(1)不属于一般性常识;

(2)可用于商业活动,且一旦运用将使经营者较未拥有、未运用该信息的经营者处于更有利的地位;

(3)信息所有者已经采取必要的措施防止该信息的公开或轻易获取。

11. 多层次销售是指符合下列条件的零售商品的销售方式:

(1)通过多层次销售体系中的参与者所形成的多层次、多分支网络实现零售商品的销售;

(2)商品通过多层次销售体系中的参与者直接在消费者的住所、工作地点或其他地点进行销售,而非经营者或参与者进行零售的一般地点;

(3)多层次销售的参与者可以得到佣金、奖金或其他的经济利益,这些利益来源于其自身的销售业绩和其发展的其他在销售网络中的低层次参与者的销售业绩。

第四条 [商业竞争权]

(一)经营者享有自由、合法竞争的权利。国家保护此种合法的商业竞争权。

(二)竞争应当遵循诚实信用原则,不得侵害国家利益、公共利益,以及经营者、消费者的合法权益,而且应当遵守本法规定。

第五条 [本法、其他相关法律以及国际条约的适用]

(一)本法和其他法律对限制竞争行为、不正当竞争行为有不同规定时,本法规定优先适用。

(二)越南社会主义共和国签署或加入的国际条约中的规定与本法不一致的,国际条约的规定优先适用。

第六条 [国家行政机关禁止从事的行为]

国家行政机关不得从事下列妨害市场竞争的行为:

1. 强迫经营者、组织或个人向其指定的经营者购买、销售商品或提供服务,国家垄断领域的商品、服务以及法律规定的紧急状况除外;

2. 对不同经营者实行差别待遇;

3. 以排斥、限制、阻碍其他经营者参与市场竞争为目的,强迫专业组织或者经营者相互联合;

4. 其他阻碍经营者合法经营活动的行为。

第七条 [国家对竞争的管理义务]

(一)中央政府对市场竞争进行统一管理。

(二)中央政府对竞争的管理职责由商务部承担。

(三)政府部门、部级机关、省部级人民委员会应当在各自职权范围内,配合商务部的竞争执法工作。

第二章 对限制竞争行为的规制

第一节 限制竞争协议

第八条 [限制竞争协议]

限制竞争协议包括:

1. 直接或间接固定商品、服务价格的协议;

2. 分配销售渠道、供货来源、提供服务的协议;

3. 限制或控制产品或服务的生产量、购买量或销售量的协议;

4. 限制技术进步或投资的协议;

5. 经营者在签订购买、销售商品或服务的合同时,向其他经营者附加条件的协议,或者强制其他经营者接受与合同目的没有直接关系的义务的协议;

6. 妨碍、限制或禁止其他经营者进入市场或发展经营活动的协议;

7. 将非协议参与方的经营者排除在市场之外的协议;

8. 在招投标过程中串通,以使协议当事方(一方或多方)赢得商品供应或服务供给的权利。

第九条 [禁止的限制竞争协议]

(一)禁止本法第 8 条第 6、7、8 项规定的限制竞争协议。

(二)本法第 8 条第 1 ~ 5 项规定的限制竞争协议当事人在相关市场中的合并市场份额达到30%以上的,该协议应被禁止。

第十条 [有关限制竞争协议的豁免情形]

(一)本法第 9 条第 2 项规定的限制竞争协议符合下列情形之一的,应在确定期限内享有豁免权,以降低成本、增进消费者利益:

1. 使组织结构或经营模式合理化,提高经营效率;

2. 促进技术进步,提高商品和服务的质量;

3. 促进不同种类产品的质量标准和技术指标的统一;

4. 优化营业活动、货物运输和支付的条件,但不得涉及价格或价格因素;

5. 增强中小经营者的竞争力;

6. 增强越南经营者在国际市场的竞争力。

(二)授予豁免的规则、程序和豁免有效期限应当遵守本章第 4 节的规定。

第二节 滥用市场支配地位、垄断地位

第十一条 [拥有市场支配地位的经营者、经营者团体]

(一)经营者在相关市场中占据市场份额的30%以上,或有严重限制竞争的能力,则视为拥有市场支配地位。

(二)经营者团体中的经营者出于限制竞争目的实施协同行为,并符合以下情形之一的,视为拥有市场支配地位:

1. 两个企业在相关市场中合计占据市场份额的50%以上;

2. 三个企业在相关市场中合计占据市场份额的65%以上;

3. 四个企业在相关市场中合计占据市场份额的75%以上。

第十二条 [拥有垄断地位的企业]

经营者在相关市场中没有其他经营者与其进行商品或服务交易的竞争,则认为该经营者具有垄断地位。

第十三条 [被禁止的滥用市场支配地位行为]

拥有市场支配地位的经营者和经营者团体不得实施下列行为:

1. 为消灭竞争者而以低于总成本的价格销售商品、提供服务;

2. 对商品或服务设定不合理的购买、销售价格或固定最低转售价格,侵害消费者利益的;

3. 限制商品、服务的生产和销售,限制市场,妨碍技术进步,侵害消费者利益的;

4. 以产生不公平的竞争为目的,对相同的交易设置不同的商业条件;

5. 经营者在签订购买和销售商品、服务的合同时,向其他经营者附加条件,或强制其他经营

者接受与合同目的没有直接联系的义务；

6. 阻止新的竞争者进入市场。

第十四条 ［被禁止的滥用垄断地位行为］

拥有垄断地位的经营者不得从事下列行为：

1. 本法第 13 条规定的行为；

2. 设置对消费者不利的条件；

3. 无合理理由滥用垄断地位单方修改或废除已签订的合同。

第十五条 ［对经营者在国家垄断领域中从事经营活动，经营者生产、供应公共产品、服务的控制］

（一）国家对经营者在国家垄断领域从事经营活动采取以下控制措施：

1. 确定国家垄断领域内商品、服务的购买和销售价格；

2. 确定国家垄断领域内商品和服务的数量、容量以及市场范围。

（二）国家依据其所规定的价格，通过订购商品、分配计划或投标的方式，控制经营者生产及供应公用产品或服务。

（三）经营者在国家垄断领域之外从事经济活动，生产、供应公用产品、服务的，不适用第 1 款和第 2 款规定，但仍适用本法其他条款规定。

第三节　经济集中

第十六条 ［经济集中］

经济集中是指经营者的下列行为：

1. 经营者之间的吸收合并；

2. 经营者之间的新设合并；

3. 经营者之间的收购；

4. 经营者之间的合营；

5. 法律规定的其他经济集中行为。

第十七条 ［吸收合并、新设合并、经营者收购以及经营者合营］

（一）经营者的吸收合并是指一个或多个经营者将其所有资产、权利、义务和合法利益移转给另外的一个经营者，同时被合并的经营者终止存续。

（二）经营者的新设合并是指两个或多个经营者将其所有资产、权利、义务和合法利益移转以成立一个新设的经营者，同时参与合并的各个经营者的终止存续。

（三）经营者收购是指某一经营者收购其他经营者的全部或部分资产，同时足以对被收购经营者的全部或某项业务实现控制或支配。

（四）合资经营是指两个或多个经营者共同投入其部分财产、权利、义务以及合法利益以建立一个新的经营者。

第十八条 ［禁止经济集中的情形］

参与经济集中的各方在相关市场中的联合市场份额超过 50% 的，该经济集中不得进行，但本法第 19 条规定的情形，以及经济集中所形成的经营者仍然属于法律规定的中小型经营者范畴的除外。

第十九条 ［禁止经济集中的豁免情形］

本法第 18 条所禁止的经济集中行为在下列情形中可以予以豁免：

1. 经济集中的一方或多方当事人有解散或破产的风险;

2. 经济集中有利于扩大出口,促进社会经济发展或技术进步。

第二十条 [经济集中的申报]

(一)参与经济集中的经营者在相关市场中拥有 30% 至 50% 的合并市场份额的,其各自的法定代表人应当在实施经济集中之前向竞争主管机关进行申报。

参与经济集中的经营者在相关市场中拥有 30% 以下的合并市场份额的,或者经营者在实施集中之后仍然属于法律规定的中小型企业的,则不必申报。

(二)参与经济集中的经营者符合本法第 19 条规定的豁免条件的,应当依据本章第四节的规定提交豁免申请材料,以代替经济集中申报。

第二十一条 [经济集中申报材料]

(一)经济集中的申报材料应当包括:

1. 经济集中的书面申请书,其应当符合竞争主管机关规定的格式;

2. 所有参与经济集中的经营者的营业登记执照的有效副本;

3. 参与经济集中的各经营者最近连续两年的财务报告,并附带符合法律规定的审计报告;

4. 参与经济集中的各经营者的附属机构列表;

5. 参与经济集中的各经营者及其附属机构所从事的商品、服务交易种类的列表;

6. 参与经济集中的各经营者最近连续两年在相关市场中的市场份额情况的报告。

(二)提交经济集中申报材料的经营者对该材料的真实性负责。

第二十二条 [经济集中申报材料的受理]

竞争主管机关应当自收到经济集中申报材料起 7 日内,就材料的有效性、完整性向提交者发出书面通知;材料不完备的,竞争主管机关应当明确指出需要补充哪些内容。

第二十三条 [经济集中申报的答复期限]

(一)竞争主管机关应当自收到完整的经济集中申报材料起 45 日内,书面答复提交申报材料的经营者。竞争主管机关的书面答复必须确定经济集中是否具有以下情形之一:

1. 经济集中不具有禁止情形;

2. 依据本法第 18 条的规定禁止经济集中;禁止原因应当在书面答复中详细说明。

(二)经济集中涉及众多复杂情形的,竞争主管机关的负责人可以延长本条第 1 款规定的答复期限,但不得超过两次,每次不得超过 30 日,并将该情况在不迟于答复期限届满前 3 个工作日书面通知申报材料的提交者,并详细说明延期理由。

第二十四条 [经济集中的实施]

应依据本法第 20 条第 1 款进行申报的参与经济集中的企业的法定代表人,只有在竞争主管机关书面答复该经济集中不属于禁止的情形后,方可按照企业法规的规定到相关主管机构实施经济集中的程序。

第四节 豁免的执行程序

第二十五条 [豁免的决定权]

(一)商务部长应当审查并书面决定本法第 10 条以及第 19 条第 1 项规定的豁免。

(二)总理应当审查并书面决定本法第 19 条第 2 项规定的豁免。

第二十六条 [豁免申请材料的提交主体]

提交豁免申请文件的主体是拟参与限制竞争协议或进行经济集中的各方当事人。

第二十七条 ［限制竞争协议或经济集中各方当事人的法定代表人］

（一）限制竞争协议或经济集中各方当事人可以授权一名代表申请豁免。该授权应为书面形式，且获得各参与方的认可。

（二）代表方的权利义务应当由各参与方决定。

（三）各参与方应在授权范围内对代表方的行为承担责任。

第二十八条 ［限制竞争协议豁免的申请材料］

（一）限制竞争协议豁免的申请材料包括：

1. 依据竞争主管机关规定格式制作的申请书；

2. 参与限制竞争协议各方经营者的营业登记执照的有效副本；在社团参与限制竞争协议的情况下，应提供该社团章程的有效副本；

3. 参与限制竞争协议的各经营者最近连续 2 年的财务报告，并附带符合法律规定的审计报告；

4. 参与限制竞争协议的各经营者最近连续两年在相关市场中的市场份额情况报告；

5. 详细阐述其符合本法第 10 条规定的豁免情形的报告；

6. 限制竞争协议参与方对代表方的书面授权文件。

（二）材料的提交者以及限制竞争协议的参与者应对材料的真实性负责。

第二十九条 ［经济集中豁免的申请材料］

（一）经济集中豁免的申请材料应当包括：

1. 依据竞争主管机关规定格式制作的申请书；

2. 参与经济集中的各经营者营业登记执照的有效副本；

3. 参与经济集中的各经营者最近连续两年的财务报告，并附带符合法律规定的审计报告；

4. 参与经济集中的各经营者最近连续两年在相关市场中的市场份额情况报告；

5. 详细阐述其符合本法第 19 条规定的豁免情形的报告；

6. 经济集中参与方对代表方的书面授权文件。

（二）材料的提交者以及经济集中的参与者应对材料的真实性负责。

第三十条 ［豁免申请材料的受理］

（一）豁免申请材料由竞争主管机关受理，向商务部长提出意见以作决定或呈交总理决定。

（二）竞争主管机关应当自收到豁免申请材料起 7 日内，就材料的有效性、完整性向提交者发出书面通知；材料不完备的，竞争主管机关应当明确指出需要补充的内容。

（三）材料提交者应当依法对豁免申请材料的审查支付费用。

第三十一条 ［补充豁免申请材料的要求］

竞争主管机关有权要求豁免申请材料提交者补充提交必要的文件、信息并就相关事项作出解释。

第三十二条 ［相关参与方的信息提供］

（一）竞争主管机关有权要求相关组织和个人提供与其正在实施的限制竞争协议或经济集中有关的信息。

（二）收到竞争主管机关的要求起 15 日内，有关组织和个人应作出书面答复。

第三十三条 ［豁免申请的撤回］

（一）材料提交者撤回豁免申请的，应当以书面形式通知竞争主管机关。

（二）在本条第 1 款规定的情形下，竞争主管机关审查豁免申请的费用不予退回。

第三十四条 [作出决定的期限]

(一)商务部长在收到完整的豁免申请材料后 60 日内,应当作出如下决定:

1. 授予豁免;

2. 拒绝授予豁免。

(二)涉及众多复杂情形的,商务部长可以延长本条第 1 款规定的决定期限,但不得超过两次,每次不得超过 30 日。

(三)经济集中豁免属于总理受理范围的,决定期限为收到完整的豁免申请材料之日起 90 日。涉及众多复杂情形的,该期限为 180 日。

(四)在决定期限延长的情形中,竞争主管机关应当在不迟于期限届满前 3 个工作日书面通知申报材料的提交者,并详细说明延期理由。

第三十五条 [授予豁免的决定]

(一)授予豁免的决定应当包含下列内容:

1. 当事人的名称和住所;

2. 获准行为的细节;

3. 享受豁免的期限、条件,以及当事人的义务。

(二)竞争主管机关应当依据政府规章将授予豁免的决定向社会公布。

第三十六条 [限制竞争协议豁免、企业集中豁免的执行]

(一)商务部长发布授予豁免决定后,获得豁免的限制竞争协议的当事人方可实施其协议。

(二)获得豁免的经济集中参与者的法定代表人只有在总理或商务部长发布授予豁免决定后,方可按照企业法规的规定到相关主管机构进行经济集中的程序。

第三十七条 [豁免的撤销]

(一)发布授予豁免决定的机构有权撤销豁免。

(二)授予豁免的决定在下列情形中将被撤销:

1. 发现豁免申请中存在欺诈;

2. 获得豁免的经营者未能在授予豁免决定规定的期限内遵守有关条件和义务;

3. 授予豁免的条件已经不存在。

第三十八条 [有关授予豁免决定的申诉]

对于授予豁免的决定、拒绝授予豁免的决定或撤销豁免的决定不服的,可以依据有关申诉和抗告的法律规定提起申诉。

第三章 不正当竞争行为

第三十九条 [不正当竞争行为]

本法规定的不正当竞争行为包括:

1. 误导性指示;

2. 侵犯商业秘密;

3. 限制交易;

4. 诋毁其他经营者;

5. 扰乱其他经营者的经营活动;

6. 以不正当竞争为目的的广告;

7. 以不正当竞争为目的的促销;

8. 协会的差别待遇；

9. 非法的多层次销售；

10. 依据本法第 3 条第 4 项或政府规定的标准认定的其他不正当竞争行为。

第四十条 ［误导性指示］

（一）出于维护竞争目的，经营者不得使用可能在商品名称、宣传语、商业标记、包装、地理说明以及政府规定的其他因素方面产生混淆的信息作为商品和服务的说明。

（二）商品和服务的商业活动不得使用本条第 1 款规定的误导性信息。

第四十一条 ［侵犯商业秘密］

经营者不得从事下列行为：

1. 违反商业秘密合法所有人所采取的保密措施，获取或收集商业秘密；

2. 在未获得商业秘密所有人许可的情况下，泄露、使用商业秘密；

3. 违反保密协议，或欺骗、利用负有保密责任人员的信任，获取、收集、泄露他人的商业秘密；

4. 在商业秘密所有人实施商事法律规定的有关程序、实施商品流通程序的过程中获取、收集他人的商业秘密，或者违反国家机关采取的有关措施获取、收集他人的商业秘密，或者出于商业经营、申请有关商业执照、商品流通等目的使用上述商业秘密。

第四十二条 ［限制交易］

经营者不得威胁或强迫消费者、其他经营者的商业伙伴与其交易或终止交易。

第四十三条 ［诋毁其他经营者］

经营者不得直接或间接发布严重损害其他经营者声誉、经济地位或商业活动的虚假信息，诋毁其他经营者。

第四十四条 ［扰乱其他经营者的经营活动］

经营者不得直接或间接阻碍、扰乱其他经营者合法商业活动。

第四十五条 ［以不正当竞争为目的的广告］

经营者不得从事下列广告行为：

1. 直接与其他经营者的同类商品或服务进行比较；

2. 模仿其他产品广告以误导消费者；

3. 在以下方面向消费者发布错误或误导性的信息：

（1）价格、数量、质量、效用、设计、种类、包装、生产日期、有效期限、商品来源、生产商、生产地点、加工商、加工地点；

（2）服务的使用和模式，以及保证期限；

（3）其他错误或误导性信息。

4. 法律禁止的其他广告行为。

第四十六条 ［以不正当竞争为目的的促销］

经营者不得从事下列促销活动：

1. 组织虚假的有奖促销；

2. 组织不诚信或引起商品、服务混淆的促销，欺骗消费者；

3. 在同一个促销项目中，在不同促销地点对类似的消费者实行差别待遇；

4. 免费向消费者提供试用产品，但要求消费者用其正在使用的、其他经营者生产的同类产品进行交换；

5. 其他法律禁止的促销活动。

第四十七条 [组织的差别待遇]

专业组织不得从事下列行为:

1. 实施差别待遇,拒绝符合条件的经营者加入或退出组织,使这些经营者在竞争上处于不利地位;

2. 不合理地限制成员经营者的经营活动或其他与经营有关的活动。

第四十八条 [非法的多层次销售]

经营者不得从事下列行为以招募人员进入多层次销售网络而获得非法利益:

1. 要求参与者交付一定保证金、购买一定数量产品或支付一部分费用以加入多层次销售网络;

2. 不承诺以原价的 90% 以上价格回购销售给参与者用于转售的商品;

3. 以参与者介绍他人加入多层次销售网络为前提,向其支付佣金、红利或其他经济利益;

4. 在加入多层次销售网络的益处、商品质量和效用等方面提供虚假信息,引诱他人加入多层次销售网络。

第四章 竞争主管机关、竞争委员会

第一节 竞争主管机关

第四十九条 [竞争主管机关]

(一)中央政府应当决定设立竞争主管机关,并规定其组织机构和设置配备。

(二)竞争主管机关具有下列职权:

1. 依据本法规定控制经济集中程序;

2. 接受豁免申请材料;向商务部长提出意见以作决定或呈交总理决定;

3. 调查与限制竞争行为或不正当竞争行为有关的竞争案件;

4. 处理和许可不正当竞争行为;

5. 法律规定的其他职责。

第五十条 [竞争主管机关的负责人]

(一)竞争主管机关的负责人由商务部长提名,并由总理任免。

(二)竞争主管机关的负责人应当组织和指示竞争主管机关行使本法第 49 条第 2 款规定的职权。

第五十一条 [竞争案件的调查人员]

1. 竞争案件的调查人员(以下简称调查人员)由竞争主管机关负责人提名,并由商务部长任命;

2. 调查人员依据竞争主管机关负责人的决定调查特定竞争案件。

第五十二条 [调查人员的任职标准]

调查人员应符合下列条件:

1. 具有良好的道德品质,诚实、公正;

2. 具有法律、经济或金融学士学位;

3. 在本条第 2 项涉及的专业领域工作 5 年以上;

4. 接受过职业调查技术培训。

第二节　竞争委员会

第五十三条　[竞争委员会]

(一)竞争委员会由中央政府设立。竞争委员会由11名至15名成员组成,其成员由总理依据商务部长的提名予以任免。

(二)竞争委员会组织处理和解决涉及本法规定的限制竞争行为的竞争案件的上诉。

第五十四条　[竞争委员会主席]

(一)竞争委员会主席由总理依据商务部长的提名,从竞争委员会成员中进行任免。

(二)竞争委员会主席应当组织竞争委员会的机构运作。

(三)竞争委员会主席应当决定建立由至少5名竞争委员会成员组成的竞争案件处理委员会,其中的1名主持审理特定的竞争案件。

第五十五条　[竞争委员会成员的任职标准]

(一)竞争委员会成员应符合下列条件:

1. 具有良好的道德品质,诚实、公正以及拥有社会主义法治理念;

2. 具有法律、经济或金融学士学位;

3. 在本条第1款第2项涉及的专业领域工作5年以上;

4. 有能力完成分配的工作。

(二)竞争委员会成员的任期为5年,并可连任。

第五章　竞争案件的调查和处理

第一节　总　　则

第五十六条　[竞争执法程序的原则]

(一)涉及限制竞争行为的竞争案件的处理应当遵循本法的规定。

(二)涉及不正当竞争行为的竞争案件的处理应当遵循本法规定以及有关处理行政侵权的法律规定。

(三)在竞争执法程序的进行过程中,调查人员、竞争主管机关负责人以及竞争委员会成员应当在其职权范围内,保守经营者的商业秘密,尊重有关组织和个人的合法权益。

第五十七条　[竞争执法程序中使用的语言和文字]

竞争执法程序中使用的语言和文字应当是越南语。竞争执法程序的当事人有权使用其母国语言和文字,但应当提供翻译。

第五十八条　[竞争案件的申诉]

(一)有关组织或个人(以下统称为申诉人)认为其合法权益受到违反本法规定的行为的侵犯的,则有权向竞争主管机关提出申诉。

(二)提出申诉的时限是2年,自违反竞争法的行为实施之日起算。

(三)申诉材料应当包括下列文件:

1. 书面申诉书,其应当符合竞争主管机关规定的格式;

2. 违法行为的证据。

(四)申诉人对其向竞争主管机关提交的证据的真实性负责。

第五十九条　[申诉材料的接受]

(一)竞争主管机关应当接受申诉书。

(二)自收到申诉材料起 7 日内,竞争主管机关应当书面通知申诉人申诉材料被受理。

(三)申诉人应当依照法律规定提前支付竞争案件的处理费。

第六十条 [证据]

(一)证据是指调查人员和竞争案件处理委员会用以判断是否存在违反本法行为的事实资料。

(二)证据来源于以下途径:

1. 物证,即实施违法行为的工具或方式,金钱以及其他可以证明违反本法规定行为后果的事物;

2. 证人证言,相关组织和个人作出的解释;

3. 文件原件,经合格机构或组织确认、证明、提供的文件副本或译本;

4. 专家结论。

第六十一条 [行政预防措施的采用]

(一)在本法第 76 条第 6 项和第 79 条第 4 项中规定的特定案件中,竞争主管机关的负责人和竞争委员会主席可以采取有关处理行政侵权的法律中规定的措施。

中央政府应当规定竞争主管机关的负责人和竞争委员会主席可以采取的行政预防措施。

(二)下列人员可以提议采用行政预防措施:

1. 申诉人可以向竞争主管机关的负责人和竞争委员会主席提出建议;

2. 调查人员可以向竞争主管机关的负责人提出建议;

3. 主审委员可以向竞争委员会主席提出建议。

(三)在申诉人建议采取行政预防措施的情况下,申诉人应当根据中央政府的规定支付保证金。错误地采取了行政预防措施,给被调查方造成损失的,申诉人应当予以赔偿。赔偿数额应当由申诉人和被调查人协商确定;协商不成的,双方可依据民事法律的有关规定向法院提起损害赔偿诉讼。

(四)在调查人员或主审委员建议采取行政预防措施的情况下,对被调查方造成损失的,竞争主管机关或竞争委员会应当予以赔偿。赔偿数额应当由被调查方与调查人员或竞争委员会协商确定;协商不成的,被调查方可以依据民事法律的有关规定向法院提起损害赔偿诉讼。必须进行赔偿的,竞争主管机关或竞争委员会应当认定提议者以及相关人员的责任,包括财产责任,以追究其相应的处罚形式并强制其赔偿竞争主管机关或竞争委员会向被调查人支付的数额。

(五)行政预防措施所针对的当事人可以就该决定依据申诉和抗告的法律规定提出申诉。

第六十二条 [处理竞争案件的费用]

处理竞争案件的费用应当用于竞争案件的处理。中央政府应当根据有关行政费用的法律,规定该费用的数额、收取、支付、管理和使用。

第六十三条 [竞争案件处理费用的承担]

(一)被认定为违反本法规定的当事人应当支付竞争案件处理费用。

(二)被调查人没有违反本法规定的,申诉人应当支付竞争案件处理费用。

(三)在依据本法第 65 条第 2 项的规定启动竞争案件处理程序的情形下,被调查方未违反本法规定的,竞争主管机关应当支付竞争案件处理费用。

第二节 竞争执法程序的参与人

第六十四条 ［竞争执法程序的参加人］

竞争执法程序的参与人包括：

1. 申诉人；
2. 被调查方；
3. 律师；
4. 证人；
5. 专家；
6. 翻译人员；
7. 利害关系人。

第六十五条 ［竞争案件的被调查人］

竞争案件中被调查的当事人(下称被调查人)包括下列情形中竞争主管机关作出的调查决定所针对的组织和个人：

1. 依据本法第58条规定的申诉所针对的人；
2. 竞争主管机关发现其已经或正在实施违反本法的行为，但自该行为实施之日起2年后发现的除外。

第六十六条 ［相关当事人的权利和义务］

(一)被调查的当事人应当具有下列权利：

1. 出示文件、物品，了解申诉人或竞争主管机关出示的文件材料；
2. 出席庭审；
3. 发现调查人员、竞争案件处理委员会成员具有本法第83条规定情形的，可以要求更换该人员或成员；
4. 授权律师参与竞争执法程序；
5. 要求传唤证人；
6. 建议竞争主管机关聘请专家；
7. 依据本法规定，建议变更竞争执法程序的工作人员或诉讼参与人。

(二)申诉人应当具有下列权利：

1. 本条第1款规定的权利；
2. 建议竞争主管机关的负责人或竞争委员会主席采取与竞争案件有关的行政预防措施。

(三)被调查人和申诉人应当承担下列义务：

1. 及时提供与其建议或请求有关的完整、真实、准确的证据；
2. 应竞争主管机关或竞争案件处理委员会的传唤出庭，经传唤无正当理由没有出席的，竞争案件处理委员会应当依据现有信息继续审理案件。
3. 遵守竞争主管机关以及竞争案件处理委员会作出的决定。

第六十七条 ［申诉人和被调查人的律师］

(一)依据有关律师的法律规定符合参加诉讼条件，并经申诉人或被调查人授权的律师，可以参与竞争执法程序以保护其所代表的当事人的合法权益。

(二)在参与竞争执法程序的过程中，律师拥有下列权利和义务：

1. 参与竞争执法程序全过程的所有阶段；

2. 确认、搜集并提供证据以保护其所代表的当事人的合法权益;

3. 研究竞争案件材料中的文件并作笔记以及复印必需的文件以保护其所代表的当事人的合法权益;

4. 依据本法规定,代表其当事人建议更换竞争执法程序中的工作人员或竞争执法程序参与人;

5. 向其所代表的当事人提供法律援助以便保护其合法权益;

6. 尊重事实和法律;不得贿赂、强迫或煽动其他人提供虚假的证言或文件;

7. 应竞争案件处理委员会的传唤出庭;

8. 不得泄露其在竞争执法程序过程中所了解的调查秘密;不得使用其在竞争案件材料中所作笔记和复印的文件侵犯国家利益或组织、个人的合法权益。

第六十八条 [证人]

(一)竞争案件处理委员会可传唤,或竞争主管机关依有关当事人的请求可邀请了解与竞争案件有关情况的人作为证人参加竞争执法程序。丧失民事行为能力的人不得成为证人。

(二)证人应当具有下列权利和义务:

1. 提供所有他们拥有的、与竞争案件的解决有关的文件、书证和物证;就其了解的与竞争案件解决有关的所有情况,向竞争主管机关或竞争案件处理委员会提供口头或书面证词;

2. 参与庭审并向竞争案件处理委员会提供证词;

3. 在政府机关、组织或企业工作的,可以在受传唤或向竞争主管机关或竞争案件处理委员会提供证词时请假;

4. 报销交通费以及其他法律规定的费用;

5. 证据涉及国家机密、职业秘密、个人隐私或将对申诉人或被调查者身份产生不良和负面影响(仅在二者是证人近亲属的情况下)的,可以拒绝提供证据;

6. 诚实地陈述其所了解的与竞争案件的解决有关的所有情况;

7. 对由于其提供的错误证词给申诉人、被调查人或其他人员造成的损失依法进行赔偿或承担责任;

8. 在庭审时必须公开作证的情况下,应竞争案件处理委员会传唤出庭作证;

9. 向竞争主管机关或竞争案件处理委员会保证行使其权利并履行其义务,但未成年的证人除外。

(三)拒绝作证、提供错误证词、提供虚假材料或经竞争案件处理委员会传唤无正当理由缺席的证人,应当依法承担责任,但本条第 2 款第 5 项规定的情形除外。

(四)证人依法受到保护。

第六十九条 [专家]

(一)专家是指具有必要的专门知识,应竞争主管机关负责人或竞争案件处理委员会成员请求,或相关当事人的请求并经竞争主管机关负责人或竞争竞争案件处理委员会批准,依法提供专家意见的人。

(二)专家应当具有下列权利和义务:

1. 查阅竞争案件材料中与专家意见有关的文件;要求征询专家的机构提供必要的资料;

2. 就与专家意见有关的事项向竞争执法程序的参与人提问;

3. 应征询专家的机构的传唤出庭,并诚实、有据、客观地回答与专家意见、专家结论相关的问题;

4. 专家被要求解决的事项已经超出其专业能力范围，或现有的文件不足、无助于解决该专业问题的，应书面通知征询专家的机构；

5. 保存好收到的文件并将其与专家结论或不能提供意见的通知一并交还给征询专家的机构；

6. 不得自行搜集文件；不得私自与竞争执法程序的其他参与人联系，若此种联系可能影响专家结论的公正性；不得泄露其在专家论证过程中了解的信息；不得将专家结论告知他人，但专家征询决定的签署者除外；

7. 不同意本案专家所得出的共同结论的，可在共同结论中书面阐明其观点；

8. 可以报销交通费以及法律规定的其他费用。

（三）无正当理由拒绝出具专家结论、出具错误的专家结论或经征询专家的机构传唤无正当理由缺席的专家，应当承担相应的法律责任。

（四）在下列情形中，专家应当拒绝参与竞争执法程序或应当被更换：

1. 出现了本法第 83 条规定的情形；

2. 已经作为律师、证人或翻译人参与同一个竞争执法程序的；

3. 已经作为竞争案件处理委员会委员在该案件的诉讼程序中工作。

第七十条 ［翻译人员］

（一）翻译人员是指，当竞争执法程序参与人不能使用越南语时，能够将非越南语翻译成越南语的人。翻译人员应当依据涉案当事人的协议选定并由竞争案件处理委员会委员同意并任命。

（二）翻译人员应当具有下列权利和义务：

1. 应竞争案件处理委员会传唤出庭；

2. 真实、客观、准确地进行翻译；

3. 为了能够更清楚地进行翻译，要求竞争执法程序工作人员以及竞争执法程序参与人解释内容；

4. 不得与其他竞争执法程序参与人联系，如果这种联系可能影响翻译的真实性、客观性和准确性；

5. 可以报销交通费以及法律规定的其他费用；

6. 向竞争案件处理委员会保证行使其权利并履行其义务。

（三）翻译人员故意错误翻译或经竞争案件处理委员会传唤无正当理由缺席的，应当承担相应的法律责任。

（四）在下列情形中，翻译人员应当拒绝参与竞争执法程序或应当被更换：

1. 出现了本法第 83 条规定的情形；

2. 已经作为律师、证人或专家参与同一个竞争执法程序的；

3. 已经作为竞争案件处理委员会委员在该案件的诉讼程序中工作。

（五）本条规定亦适用于竞争执法程序中的聋哑参与人的翻译人员。只有该聋哑人的代理人或亲属可以理解聋哑人表示的，竞争案件处理委员会也可认可其作为该聋哑人的翻译人员。

第七十一条 ［与竞争案件有利害关系的人］

（一）有相关利害关系的人可以提出独立的主张，或加入到申诉人或被调查人一方参与竞争执法程序。

（二）提出独立主张的或加入到申诉人一方参与竞争执法程序的具有相关权利义务的人，或者仅具有相关利益的人应当依据本法第 66 条享有申诉人的权利和义务。

(三)提出独立的主张或加入到被调查人一方参与竞争执法程序的具有相关权利义务的人,或者仅具有相关义务的人应当依据本法第 66 条享有被调查人的权利和义务。

第七十二条 [拒绝专家论证、翻译或要求更换专家或翻译人员的程序]

(一)在开庭之前拒绝专家论证、翻译或要求更换专家或翻译人员的,应当以书面形式提出,并明确说明理由。

(二)在庭审过程中拒绝专家论证、翻译或要求更换专家或翻译人员的,应当在庭审记录中书面记载。

第七十三条 [专家或翻译人员的更换决定]

(一)庭审开庭前专家或翻译人员的更换,由竞争委员会主席决定。

(二)庭审过程中专家或翻译人员的更换,由竞争案件处理委员会在听取被要求变更者及其他竞争执法程序参与人的意见后决定。

有必要更换专家或翻译人员的,竞争案件处理委员会应当作出决定推迟庭审。其他专家或翻译人员的指定应当符合本法第 69、70 条的规定。

第三节 竞争执法程序参与机构,竞争执法程序工作人员

第七十四条 [竞争执法程序参与机构]

竞争执法程序参与机构包括竞争主管机关和竞争委员会。

第七十五条 [竞争执法程序工作人员]

竞争执法程序工作人员包括竞争委员会成员、竞争主管机关负责人、调查人员以及庭审书记员。

第七十六条 [竞争主管机关负责人在竞争执法程序中的职权]

竞争主管机关负责人在竞争执法程序中享有下列职权:

1. 指定调查人员调查特定的竞争案件;
2. 对竞争案件调查人员的调查活动进行监督;
3. 变更或撤销竞争案件调查人员作出的没有依据或违法的决定;
4. 决定更换竞争案件调查人员;
5. 决定请求专家论证;
6. 决定是否适用、变更或撤销行政预防措施直到将竞争案件的材料转交竞争委员会处置;
7. 在竞争主管机关的职权范围内决定对竞争案件进行初步调查,停止调查和正式调查;
8. 在调查过程中,应相关当事人的请求邀请证人;
9. 签署由指定的调查人员提交的对竞争案件的书面调查结论;
10. 当竞争案件涉及限制竞争行为时,将竞争案件的材料转交给竞争委员会;
11. 在竞争主管机关的职权范围内处理申诉和指控。

第七十七条 [调查人员参与竞争执法程序时的权力]

调查人员参与竞争执法程序时享有下列权力:

1. 要求相关组织和个人提供与竞争案件有关的必要信息和文件;
2. 要求被调查人提供文件并解释与竞争案件有关的情况;
3. 建议竞争主管机关负责人邀请专家论证;

4. 建议竞争主管机关负责人就竞争案件采取行政预防措施。

第七十八条 ［调查人员参与竞争执法程序时的义务］

调查人员在参与竞争必行程序时，须遵守如下规定：

1. 将竞争主管机关负责人的调查决定送交被调查人；
2. 保守经营者的商业秘密；
3. 保存提交的文件；
4. 依据竞争主管机关负责人的指定调查竞争案件；
5. 依据对竞争案件初步调查或正式调查的结果制作调查报告；
6. 对竞争主管机关的负责人负责，并依据法律行使职权。

第七十九条 ［竞争委员会主席在竞争执法程序中的职权］

（一）依据本法第 54 条第 3 款规定设立竞争案件处理委员会。

（二）在开庭之前依据本法第 73 条第 1 款、第 83 条以及第 85 条第 1 款的规定，决定更换竞争案件处理委员会成员、庭审书记员、专家或翻译人员。

（三）任命新的竞争案件处理委员会成员、庭审书记员以代替依据本法第 85 条第 2 款规定在庭审过程中变更的人员。

（四）在收到竞争案件材料后，决定适用、变更或撤销行政预防措施。

第八十条 ［竞争案件处理委员会］

（一）在处理竞争案件时，竞争案件处理委员会应当独立地、仅依据法律规定开展工作。

（二）竞争案件处理委员会应当依据多数决投票的方式作出处理决定；对立意见的双方票数相同的，应当依据庭审主席一方的观点作出决定。

第八十一条 ［庭审主席的职权］

庭审主席拥有以下职权：

1. 组织研究竞争案件材料；
2. 在竞争案件处理委员会作出的决定的基础上，签署向竞争委员会主席提出适用、变更或撤销行政预防措施的建议；决定向竞争主管机关退还竞争案件材料并要求补充调查；决定停止处理竞争案件；
3. 在竞争案件处理委员会作出的决定的基础上，签署开庭决定；
4. 决定传唤庭审的参加人；
5. 签署并公布竞争案件的处理决定或竞争案件处理委员会的其他决定；
6. 在处理竞争案件过程中，实施本法规定的其职权范围内的其他活动。

第八十二条 ［庭审书记员］

（一）庭审书记员享有下列职权：

1. 在开庭之前准备必要的专业性工作；
2. 公布庭审规则；
3. 向竞争案件处理委员会报告经传唤的当事人的到庭情况；
4. 制作庭审笔录；
5. 进行庭审主席指派的其他工作。

（二）在本法第 83 条规定的情形下，庭审书记员应当拒绝参与竞争执法程序或应当被更换。

第八十三条 ［竞争案件处理委员会成员、调查人员、庭审书记员、专家和翻译人的拒绝和变更情形］

在下列情况下,竞争案件处理委员会成员、调查人员、庭审书记员、专家和翻译人应当拒绝行使职权或应当被替换:

1. 是申诉人或被调查人的亲属;

2. 与竞争案件存在利害关系;

3. 存在其他可以认定可能影响其公正性的明显理由。

第八十四条 [竞争案件处理委员会成员、庭审书记员拒绝参与竞争执法程序或要求变更的程序]

(一)竞争案件处理委员会成员和庭审书记员在庭审开庭之前拒绝参与竞争执法程序或要求变更的,应当以书面形式提出,并明确说明原因和理由。

(二)竞争案件处理委员会成员和庭审书记员在庭审过程中拒绝参与竞争执法程序或要求变更的,应当在庭审笔录中书面记载。

第八十五条 [变更竞争案件处理委员会成员或庭审书记员的决定]

(一)庭审开庭前,竞争案件处理委员会成员和庭审书记员的变更由竞争委员会主席决定。

(二)在庭审过程中竞争案件处理委员会成员或庭审书记员的变更,由竞争案件处理委员会在听取拒绝人员或被要求替换的人员的意见后决定。竞争案件处理委员会应当秘密讨论并依多数决投票的方式作出决定。有必要变更竞争案件处理委员会成员或庭审书记员的,竞争案件处理委员会应当作出决定推迟庭审。竞争委员会主席应当决定重新指派竞争案件处理委员会成员或庭审书记员。

第四节 竞争案件的调查

第八十六条 [初步调查]

在下列情形中,竞争案件的初步调查应当依据竞争主管机关负责人作出的决定进行:

1. 竞争主管机关已收到竞争案件材料;

2. 竞争主管机关发现有违反本法规定的情形。

第八十七条 [初步调查的期限]

(一)初步调查的期限是 30 日,自初步调查决定作出之日起算。

(二)在本条第 1 款规定的期限内,竞争案件的调查人员应当完成初步调查并建议竞争主管机关负责人作出终止调查或启动正式调查的决定。

第八十八条 [终止调查的决定和启动正式调查的决定]

基于初步调查的结果以及调查人员的建议,竞争主管机关负责人应当作出下列决定:

1. 初步调查的结果显示没有违反本法的情形发生的,终止调查;

2. 初步调查的结果显示存在违反本法规定情形的,启动正式调查。

第八十九条 [正式调查的内容]

(一)对于限制竞争协议、滥用市场支配地位或垄断地位、经济集中的案件,调查应当包括以下内容:

1. 确定相关市场;

2. 确定被调查人在相关市场中的市场份额;

3. 搜集和分析有关违法行为的证据。

(二)对于不公平竞争案件,调查人员应当确定被调查人是否已经从事或将要从事不公平竞争行为。

第九十条 ［正式调查的期限］

正式调查的期限规定如下：

1. 对于不公平竞争案件，正式调查期限为90日，自决定作出之日起算；确有必要的，该期限可以依据竞争主管机关负责人的决定，延展一次且不得超过60日。

2. 对于限制竞争协议、滥用市场支配地位或垄断地位、经济集中的案件，正式调查期限为180日，自决定作出之日起算；确有必要的，该期限可以依据竞争主管机关负责人的决定，延展两次，每次最多不得超过60日。

3. 调查人员应当在不迟于调查期限届满的7个工作日前，将调查期限的延长通知所有的相关当事人。

第九十一条 ［调查笔录］

（一）调查人员在进行调查活动时，应当制作调查笔录，明确记载调查的时间、地点、调查人员、被调查人、调查内容以及被调查人的申诉或意见。

（二）在调查人员和被调查人在调查笔录签名之前，调查人员应当将调查笔录交被调查人阅读核对。

（三）被调查人拒绝在调查笔录上签名的，调查人员应当在笔录中注明该情况及原因。

第九十二条 ［在调查过程中邀请证人作证的请求］

（一）在调查过程中，有关各方可以请求竞争主管机关邀请证人作证。请求者应当向竞争主管机关说明邀请证人的原因。

（二）竞争主管机关邀请证人作证的，应当明确被邀请人的全名和住址，提供证言的时间和地点，案件的当事人以及相关主体。

（三）证人证言应当由调查人员在笔录中记录，在调查人员和证人在调查笔录签名之前，调查人员应当将笔录交由证人阅读核对。

第九十三条 ［调查报告］

（一）调查结束后，竞争主管机关负责人应当将调查报告连同与限制竞争行为有关的竞争案件全案材料转交给竞争委员会。

（二）调查报告应当包括以下主要内容：

1. 对案件事实的简要说明；

2. 已证实的事实和证据；

3. 建议采取的措施。

第九十四条 ［涉嫌犯罪的竞争案件材料的移交］

调查人员通过调查发现竞争案件中存在犯罪行为的，应当立即建议竞争主管机关负责人予以认定并向有刑事案件起诉权的国家机关移交相关材料。

第九十五条 ［无需提起刑事诉讼的案件材料返还］

有刑事案件起诉权的国家机关发现依据刑事诉讼法的规定没有足够的理由对移送的案件提起诉讼的，必须向竞争主管机关返还材料以便其依据本法规定的程序继续进行调查。本法第90条规定的调查期限自收到返还的材料之日起算。

第九十六条 ［补充调查及期限］

（一）竞争案件处理委员会提出书面要求的，竞争案件调查人员应当补充调查。

（二）补充调查的期限为60日，自竞争案件处理委员会作出补充调查的书面要求之日起计算。

第九十七条 [调查过程中的协调和配合义务]

地方行政机构、公安机关及其他机构和组织应当依照竞争主管机关负责人的要求,对调查过程予以协调和配合。

第五节 庭 审

第九十八条 [竞争案件应经庭审程序审查和处理]

竞争委员会负责处理的竞争案件应当通过庭审的方式进行审查和处理。

第九十九条 [开庭前准备]

(一)收到调查报告以及完整的竞争案件材料后,竞争委员会主席应当决定成立竞争案件处理委员会。

(二)在收到竞争案件材料的30日内,竞争案件处理委员会应当作出下列决定之一:

1. 开庭审理;

2. 退回材料,补充调查;

3. 终止处理竞争案件。

(三)作出开庭审理决定的15日内,竞争案件处理委员会应当开庭审理。

(四)在退回材料补充调查的情形下,再次受到提交材料之日起15日内,竞争案件处理委员会应当作出本条第2款规定的决定。

第一百条 [退回材料补充调查]

发现根据已搜集的证据不足以认定存在违反本法的行为的,竞争案件处理委员会应当决定退回材料补充调查。

第一百零一条 [终止处理竞争委员会职权范围内的竞争案件]

(一)在下列情形中,竞争案件处理委员会应当决定终止处理竞争委员会职权范围内的竞争案件:

1. 没有足够的证据证明存在违反本法的行为,在竞争主管机关负责人建议终止处理竞争案件后,竞争案件处理委员会认为该建议合理的;

2. 被调查人已主动停止其违法行为并消除影响,且申诉人自愿撤回书面诉状的;

3. 在本法第65条第2项规定的情形下,调查措施已经实施,而被调查人已主动停止其违法行为并消除影响,竞争主管机关负责人建议终止处理该竞争案件的。

(二)终止处理竞争案件的决定应当向被调查人、申诉人(如果有的话)以及竞争主管机关送达。

第一百零二条 [开庭审理的决定]

(一)开庭审理的决定应当在不迟于开庭前10日送达当事人。

(二)开庭审理的决定应当包括下列内容:

1. 被调查人;

2. 根据本法第65条第2项的规定已开展调查的,包括申诉人或竞争主管机关;

3. 违反的本法条款;

4. 开庭的时间和地点;

5. 公开或秘密审理方式;

6. 竞争案件处理委员会成员的全名;

7. 该竞争案件的调查人员以及庭审书记员的全名;

8. 律师的全名；
9. 翻译人员的全名；
10. 证人的全名；
11. 专家的全名；
12. 案件的利害关系人。

第一百零三条 ［应到庭人员的传唤］

决定开庭审理的，竞争案件处理委员会应当在不迟于开庭前10个工作日将传唤送达应当出席庭审的人。

第一百零四条 ［庭审］

（一）庭审应当公开进行。庭审内容涉及国家机密或商业秘密的，应当秘密进行。

（二）庭审的参与人包括：

1. 竞争案件处理委员会成员，庭审书记员；
2. 被调查人；
3. 申诉人；
4. 律师；
5. 该竞争案件的调查人员；
6. 在开庭审理决定中列明的其他人员。

（三）在听取庭审参加人的意见和答辩后，竞争案件处理委员会应当依多数决投票方式讨论、秘密投票并作出决定。

第六节　竞争案件处理决定的效力

第一百零五条 ［竞争案件处理决定］

（一）竞争案件处理决定应当包括下列主要内容：

1. 案情简介；
2. 案情分析；
3. 案件处理结论。

（二）主审委员应当在竞争案件处理决定上签字。

（三）竞争案件处理决定应当在签署后7个工作日内送达有关当事人。

第一百零六条 ［竞争案件处理决定的效力］

竞争案件处理决定签署后30日内，没有本法第107条规定的上诉提出的，该决定生效。

第七节　对未生效的竞争案件处理决定的上诉

第一百零七条 ［竞争案件处理决定的上诉］

（一）有关当事人不服竞争案件处理委员会就竞争案件作出的全部或部分处理决定的，可以向竞争委员会提起上诉。

（二）有关当事人不服竞争主管机关负责人就竞争案件作出的全部或部分处理决定的，可以向商务部长提起上诉。

第一百零八条 ［对竞争案件处理决定的上诉状］

（一）对竞争案件处理决定的上诉状应当包含下列主要内容：

1. 上诉时间；

2. 上诉人的名称、住址;

3. 被上诉的竞争案件处理决定的案号和日期;

4. 上诉原因以及上诉请求;

5. 上诉人的签字和盖章(若有)。

(二)上诉状应当写明竞争案件处理决定中所存在的问题以及补充提供的证据(如果有的话),以证明上诉是合法有据的。

第一百零九条 [接受对竞争案件处理决定的上诉状]

在接到竞争案件处理决定的上诉状后 5 个工作日内,作出竞争案件处理决定的机构应当依据本法第 108 条检验上诉状的合法性。

第一百一十条 [竞争案件处理决定的上诉后果]

(一)竞争案件处理决定中被上诉的部分不得执行。

(二)在接到竞争案件处理决定的上诉状后 15 个工作日内,接受上诉的机关应当依据本法第 107 条规定进行审核,并将该案件连同全案材料及其建议转交竞争委员会或商务部长。

第一百一十一条 [对竞争案件处理决定的上诉的处理期限]

在接到上诉材料后的 30 日内,竞争委员会或商务部长应当在其职权范围内对该上诉进行处理;在特定的复杂案件中,该期限可以延展一次,但不得超过 13 日。

第一百一十二条 [在处理对竞争案件处理委员会作出的竞争案件处理决定的上诉时竞争委员会的权力]

在审查和处理对竞争案件处理委员会作出的竞争案件处理决定的上诉时,竞争委员会应当享有下列权力:

1. 认定上诉不具有充分理由的,维持竞争案件处理决定;

2. 认定该决定违法的,变更部分或全部竞争案件处理决定;

3. 在下列情形中,撤销竞争案件处理决定并将竞争案件材料退回竞争案件处理委员会重新审理:

(1)证据搜集不够充分或不够确实;

(2)竞争案件处理委员会的组成违反本法规定,或存在其他严重违反竞争执法程序规定的情形。

第一百一十三条 [商务部长在处理对竞争主管机关作出的竞争案件处理决定的上诉时的权力]

在审查和处理对竞争主管机关作出的竞争案件处理决定的上诉时,商务部长应当享有本法第 112 条第 1 项和第 2 项规定的权力、撤销竞争案件处理决定的权力,以及在证据不确实或不充分的情况下要求竞争主管机关依据本法规定的程序重新审理竞争案件的权力。

第一百一十四条 [上诉处理决定的效力]

对竞争案件处理决定的上诉的处理决定自签署之日起生效。

第一百一十五条 [针对上诉处理决定提起诉讼]

(一)当事人不服对竞争案件处理决定上诉的处理决定的,可以对该决定的部分或全部内容向有管辖权的省级或市级人民法院提起行政诉讼。

(二)在法院依本条第 1 款规定受理针对竞争案件处理决定的上诉决定的书面起诉状的情形下,商务部长以及竞争委员会主席应当自接到法院请求起 10 个工作日内指令将竞争案件材料移交法院。

第一百一十六条 ［诉讼结果］

竞争案件处理决定中，没有被提起诉讼的部分应当继续执行。

第八节　违反竞争法行为的处理

第一百一十七条 ［对违反竞争法行为的制裁措施以及救济措施］

（一）对于任何违反竞争法的行为，违法的组织或个人应当被处以下列制裁：

1. 警告；

2. 罚款。

（二）依据违法行为的性质和严重程度，违法的组织或个人可能被处以下列附加制裁：

1. 撤销商业登记执照、剥夺许可证照和营业证书；

2. 没收用以实施违法行为的设备和工具。

（三）除本条第 1 款和第 2 款规定的制裁措施之外，违法的组织或个人还可能被要求采取以下一项或几项救济措施：

1. 对滥用市场支配地位的企业进行重组；

2. 对吸收合并或混合合并的企业进行拆分；强制出售部分被收购企业；

3. 公开认错；

4. 取消商业合同或转让协议中的非法条款；

5. 其他为消除违法行为的限制竞争效果而采取的必要措施。

（四）组织或个人违反竞争法损害国家利益、其他组织或个人合法权益的，应当依法对利益受损者承担损害赔偿责任。

第一百一十八条 ［对违反竞争法行为的罚款数额］

（一）对违反竞争法规定的限制竞争协议、滥用市场支配地位、滥用垄断地位以及经济集中的行为，有权制裁的机关可以对其课以罚款，其最高限额为违法行为作出前一个会计年度该组织或个人总营业额的 10%。

（二）对违反规定的不公平竞争行为，或本条第 1 款之外其他违反本法规定的行为，有权制裁的机关可以依据行政处罚法或相关法律规定处以罚款。

（三）中央政府应当规定对违反本法行为处以罚款的数额。

第一百一十九条 ［制裁、处理竞争违法行为的职权］

（一）竞争案件处理委员会和竞争委员会享有下列权力：

1. 发出警告；

2. 依据本法第 118 条第 1 款规定进行罚款；

3. 没收用以实施违法行为的设备和工具；

4. 采取本法第 117 条第 3 款第 3 ~ 5 项规定的措施；

5. 要求有权国家机关撤销营业登记执照、剥夺许可证照和/或营业执照。

6. 要求有权国家机关采取本法第 117 条第 3 款第 1、2 项规定的措施。

（二）竞争主管机关可以采取本法第 117 条第 1 款第 1 项、第 2 款第 2 项，第 3 款第 3 项，以及第 118 条第 2 款规定的措施。

（三）其他有权制裁的机关应当依据行政处罚法的规定对知识产权的不正当竞争行为进行制裁。

第一百二十条 ［国家公务人员和雇员违法行为的处理］

违反竞争法规定的国家公务人员或雇员应当依据其行为的性质和严重程度,承担刑事责任;造成损失的,应当依法赔偿相应损失。

第一百二十一条 [竞争案件处理决定的执行]

(一)在竞争案件处理决定生效 30 日后,有义务履行决定内容的当事人未主动履行也未依据本章第 7 节规定提起诉讼的,竞争处理决定的受益方当事人可以书面请求有权国家机关在其职权范围内组织对竞争案件处理决定的执行。

(二)竞争案件处理决定涉及有履行义务的一方当事人的财产的,受益方当事人可以要求义务方当事人总部所在地、住所地或其财产所在地的省级或中央直属城市民事判决执行机构组织对竞争案件处理决定的执行。

第六章 本法的实施

第一百二十二条 [实施效力]

本法自 2005 年 7 月 1 日起生效。

第一百二十三条 [实施指南]

中央政府及最高人民法院应当细化和指导本法的实施。

本法于 2004 年 12 月 3 日由越南社会主义共和国第十一届国会第六次会议通过。

图书在版编目（CIP）数据

三十一国竞争法典 / 时建中主编. 一北京: 中国政法大学出版社，2009.7

ISBN 978-7-5620-3529-9

Ⅰ.三... Ⅱ.时... Ⅲ.反不正当竞争法 - 汇编 - 世界 Ⅳ.D912.290.9

中国版本图书馆CIP数据核字(2009)第127876号

书　　名	三十一国竞争法典
出 版 人	李传敢
出版发行	中国政法大学出版社(北京市海淀区西土城路25号)
	北京100088信箱8034分箱　　邮政编码100088
	zf5620@263.net
	http://www.cuplpress.com　（网络实名：中国政法大学出版社）
	(010)58908325（发行部）　58908285(总编室)　58908334(邮购部)
承　　印	固安华明印刷厂
规　　格	787×1092　16开本　41.75印张　1000千字
版　　本	2009年8月第1版　2009年8月第1次印刷
书　　号	ISBN 978-7-5620-3529-9/D·3489
定　　价	59.00元